马克思主义哲学与当代实践

——有关重要问题探析

贾高建 著

中央编译出版社
Central Compilation & Translation Press

图书在版编目(CIP)数据

马克思主义哲学与当代实践：有关重要问题探析/贾高建著．—北京：中央编译出版社，2020.6

ISBN 978-7-5117-3475-4

Ⅰ.①马… Ⅱ.①贾… Ⅲ.①马克思主义哲学-研究-中国 Ⅳ.①B0-0

中国版本图书馆 CIP 数据核字(2020)第 094265 号

马克思主义哲学与当代实践：有关重要问题探析

| 出 版 人：葛海彦
| 出版统筹：贾宇琰
| 责任编辑：李媛媛
| 责任印制：刘 慧
| 出版发行：中央编译出版社
| 地　　址：北京西城区车公庄大街乙 5 号鸿儒大厦 B 座（100044）
| 电　　话：（010）52612345（总编室）　　（010）52612335（编辑室）
| （010）52612316（发行部）　　（010）52612346（馆配部）
| 传　　真：（010）66515838
| 经　　销：全国新华书店
| 印　　刷：佳兴达印刷（天津）有限公司
| 开　　本：710 毫米×1000 毫米　1/16
| 字　　数：532 千字
| 印　　张：43
| 版　　次：2020 年 6 月第 1 版
| 印　　次：2020 年 6 月第 1 次印刷
| 定　　价：128.00 元

网　　址：www.cctphome.com　　邮　　箱：cctp@cctphome.com
新浪微博：@中央编译出版社　　微　　信：中央编译出版社（ID：cctphome）
淘宝店铺：中央编译出版社直销店（http：//shop108367160.taobao.com）
（010）55626985

本社常年法律顾问：北京市吴栾赵阎律师事务所律师　闫军　梁勤
凡有印装质量问题，本社负责调换。电话：（010）55626985

序　言

摆在读者面前的这部书稿，是我在马克思主义哲学研究方面的部分论文和文章的汇集，体现了自己对马克思主义哲学一些重要问题的认识和思考。

作为哲学发展史上最重要的思想成果，马克思主义哲学是一种与以往的哲学有着根本不同的"新唯物主义"学说体系。如何正确认识这一学说，讨论中还存在各种不同的看法，需要进一步做出研究；而马克思主义哲学的基本原理涉及方方面面，如何正确理解和把握这些原理，并将其运用于实践领域，更是有许多具体问题需要探索。本书的研究便是在这些方面所做的一种努力。在我看来，马克思主义哲学之所以不同于以往各种哲学，首先在于它科学地解决了哲学研究的定位及其与具体科学的关系问题，将哲学真正提升到世界观的高度；而正是在这一高度上，马克思和恩格斯对哲学的内容体系进行了全新的研究和改造，创立了一种辩证的、历史的、实践的唯物主义，使哲学成为真正具有科学性质的世界观和方法论。对于马克思主义哲学的性质和功能，必须全面理解和把握；近年来的一些新的探索值得肯定，但其中一些片面和极端的倾向则应防止和反对。要真正推进马克思主义哲学的创新发展，就不能只是热衷于堆砌概念和构造体系，而应在基本原理的研究上实实在在地多下一点功夫，切实将其推向前进。马克思主义哲学不是一种书斋学问，而是要直接面向实践；但这个"实践"不能只是作为一个哲学概念抽象地加以谈论，而是要真正把哲学理论运用于研究当代实践中的现实问题。这种研究当然不那么容易，但却是我们应该努力去做的。

在这部专辑中，所选文稿正是围绕"马克思主义哲学与当代实践"这一主题，从不同方面分别展开论述。全书按照三个部分进行编排：第一篇"学说体系的讨论与争议"，主要着眼于马克思主义哲学的性质、功能、学说体系等综合性问题，针对讨论中出现的各种不同观点的争议，从总体上进行研究与探讨；第二篇"基本原理的研究与探索"，则是进一步深入到马克思主义哲学基本原理的层面，对一些重要理论问题特别是热点和难点问题进行探讨，并试图在新的条件下做出新的研究，形成新的认识成果；第三篇"实践领域的应用与思考"，进而从理论层面转向实践层面，力图运用马克思主义哲学的科学世界观和方法论，对当代实践中的一些重要现实问题做出深层分析和思考。三个部分的内容按照问题的逻辑逐层深入、循序展开，力求展现一种相互贯通、有机联系的研究脉络。

编入本书的文稿绝大多数都是公开发表过的，少数几篇发表于相关内刊。原稿刊发情况，在每篇文稿的结尾处都做了标注。此外，还有几篇讲稿和讲课提纲，是我在中央党校工作时撰写和使用过的。当年曾为多个班次的学员讲授过马克思主义哲学的专题课程，并为此撰写过不少这样的讲稿或讲课提纲；这些讲稿或提纲由党校教务部门内部印发，其中一部分也曾以不同方式公开发表或出版。它们虽然在体例上不同于一般的论文和文章，但却是以特殊的形式集中表明了对马克思主义哲学相关问题的看法；因此在编选这部专辑时，也从中挑选了有代表性的几篇一并编入。

同时需要说明的是，本专辑的内容与我正在编选的另一部专辑的内容有着较多的联系，后者的主题是社会哲学问题研究，特别是社会运行和社会发展问题研究。社会哲学是哲学学科体系中的一个分支学科，也是我所关注的重点研究方向之一。这一领域的研究与马克思主义哲学中历史观方面的研究密切相关，但在逻辑上要低一个层次，所研究的问题相对直接和具体。这两部专辑所选的文稿，原则上不相互重复；但也确有一些文稿的内容具有交叉性质，与两部专辑的主题都有关联，有的还涉及全书的逻辑完整性。考虑到这一因素，对于其中少数几篇做了双重收录处理，其余则尽可能相对区分，各自编入不同的专辑。

由于书中编选的文稿写作和发表于不同的时期，其具体内容自然都具有一定的历史性。特别是关于实践领域中现实问题的讨论，更是与不同时期的历史实际相联系的。通览这些文稿，从中可以看出对相关问题的研究和思考随着实践的发展而不断推进的过程。在编入本书时，总体上保留了文稿发表时的原貌，只是对个别文字做了一些必要的处理，同时在标题下加注了发表时间。不过，由于不少文稿是依据作者手中的原稿编排，其中难免有一些具体文字与当时的发表稿存在差异；还有的文稿在发表时对标题做了改动，此次编辑过程中根据实际需要恢复使用原标题。对于这种情况，也都在文后分别注明。

按照图书出版规则，对于文稿中原有的注释重新做了修订，有些地方还适当增补了新的注释。其中有关马克思主义经典著作的注释及引文，仍继续保留了当时所采用的版本，虽然现在已有新的版本推出，但考虑到本书文稿的历史性特点，还是以不做变动为宜。

中共中央党史和文献研究院第五研究部（原中共中央编译局马列著作编译部）协助核查了有关经典著作的译文修改情况，院信息资料馆提供了数据收集和处理方面的技术帮助。冯潇然同志协助进行了有关引文和注释的核校工作。中央编译出版社对此书的出版给予了大力支持，责任编辑李媛媛同志认真负责地完成了编辑工作任务。对于所有为本书的研究和出版做出贡献、付出辛劳的人们，谨在此表示真诚的谢意。

贾高建

2019 年 12 月

目 录

序　言 / 001

第一篇　学说体系的讨论与争议 / 001

关于马克思主义哲学研究的几个重要问题 / 003

马克思主义哲学研究中应注意的几个逻辑问题 / 020

关于历史唯物主义的几个争议问题 / 031

正确认识和理解马克思主义哲学 / 047

关于马克思和恩格斯的哲学思想 / 052

从重大问题的角度把握马克思主义哲学体系的内在逻辑 / 063

马克思主义哲学是无产阶级的科学世界观和方法论 / 069

唯物史观告诉我们什么？/ 072

唯物史观的经典思想 / 079

关于历史唯物主义的若干热点和难点问题 / 083

坚持和发展马克思主义哲学的唯物史观 / 101

历史唯物主义与历史虚无主义：历史观层次的相关问题 / 106

重视马克思主义哲学的学习和运用 / 113

发挥马克思主义哲学在当代实践中的指导作用 / 117

学习马克思主义哲学,培养正确的思维方式 / 123

哲学思维与领导能力 / 127

学习艾思奇,促进马克思主义哲学的创新发展 / 140

理论研究应关注现实实践中的重大问题 / 143

努力推动马克思主义哲学的大众化 / 147

第二篇　基本原理的研究与探索 / 151

冲开社会历史领域中的迷障 / 153

关于社会历史规律的辩证性质问题 / 163

从《历史决定论的贫困》看波普的"历史进程无规律论" / 174

把握历史的观点,正确认识事物 / 178

"社会"范畴探析 / 186

关于"社会形态"范畴的思考 / 190

关于社会形态理论发展的五个关节点 / 197

社会形态演替进程中的"跨越"与"卡夫丁峡谷"问题 / 207

技术社会形态与社会现代化问题 / 215

社会结构模式研究刍议 / 224

论制度与体制的科学区分及其辩证关系 / 233

略论制度和体制 / 241

社会转型问题研究:一种立体的逻辑框架 / 245

论对生产力状况的整体认识 / 256

科学技术是第一生产力 / 266

正确认识地理环境对生产力存在和发展的作用 / 271

关于生产力发展中的超越问题 / 278

关于生产力与生产关系的几个问题 / 288

精神生产研究述评 / 298

关于精神生产力和精神生产关系的研究述评 / 304

论发展精神生产力 / 311

社会意识范畴辨正 / 318

当前价值观研究中的几个逻辑问题 / 322

关于民主、自由、人权的若干思考 / 327

马克思与自由问题 / 350

关于自由的几个问题 / 362

历史主体研究四题 / 370

正确认识历史主体的选择作用 / 380

人民群众创造历史与个人历史作用的辩证关系 / 388

阶级分析和阶层分析：两种不同方法的比较研究 / 404

社会进步与人的发展 / 414

第三篇　实践领域的应用与思考 / 437

中国道路的哲学启示 / 439

中国社会发展道路的科学探索 / 446

实践精神与当代中国社会发展 / 456

唯物史观与当代中国社会发展 / 464

按照客观规律的要求加快推动中国社会发展 / 476

当代中国社会发展进程中的基本关系与内在逻辑 / 485

坚持"三个有利于"的判断标准 / 499

实现科学发展所应把握的几个基本关系 / 514

遵循唯物史观，推进"四个全面" / 524

坚持党的基本路线，推动社会全面进步 / 532

从整体高度把握全面建成小康社会的目标要求 / 539

社会发展动力问题与我国社会主义改革 / 544

在新的历史条件下坚持推进改革开放 / 567

公平与效率：有关争议问题探析 / 572

现阶段经济发展问题的社会综合分析 / 581

市场经济与政治秩序 / 589

市场经济与法治国家：内在联系的逻辑分析 / 602

市场经济条件下道德观念演变的双层分析 / 615

关于市场经济与道德流变研究的几个方法论问题 / 623

大胆吸收和借鉴资本主义的文明成果 / 641

经济全球化不等于资本主义化 / 651

当代中国社会发展的创新要求与领导者的责任 / 655

唯物史观与党的群众路线 / 661

把社会发展中的人文关怀与科学精神统一起来 / 669

推动社会发展进步，实现人民美好向往 / 674

第一篇　学说体系的讨论与争议

关于马克思主义哲学研究的几个重要问题

(2015年11月)

在整个马克思主义学说体系中,马克思主义哲学无疑具有最为根本的地位。要真正认识和了解马克思主义,必须深刻理解和把握它的哲学。长期以来,我们对马克思主义哲学的研究十分重视,并形成了比较丰厚的成果积累;而随着实践的推进和认识能力的提升,这一领域的研究也在不断深化。近些年来,在对以往的成果进行总结和反思的基础上,马克思主义哲学的研究又取得了不少新的进展。但是与此同时,讨论中也出现了各种不同的观点和见解,特别是在一些重要问题上产生了较大的争议和分歧;这些问题关系到对马克思主义哲学的基本理解和把握,因而有必要给予充分的关注。

一、关于马克思主义哲学的研究定位:科学世界观与"形而上学"

众所周知,在19世纪中叶的特殊历史条件下,马克思和恩格斯批判地吸取了以往哲学史特别是德国古典哲学的积极成果,创立了被他们自己称为"新唯物主义"的新的哲学。对于这个新的哲学,多年来已经有一个基本的评价,即认为它实现了哲学史上的根本变革，使哲学第一次具有了真正科学的性质，成为一种科学世界观和方法论。这样一个评价，当然是有多方面的依据的，而其中首要的一条，便是它科学地解决了哲学研究的定位问题。

在马克思主义哲学产生之前，哲学作为人类思想史上最古老的学科之一，并没有明确的研究定位。哲学这一概念的本意是"爱智慧"，因而哲学也被称为"智慧之学"；但这个提法并不是一种严谨的规定。古代时期，由于科学尚未生长起来，哲学家们见仁见智，力图借助逻辑推演和主观臆想去勾画对世界认识的各方面图景；到了近代，哲学家们仍继续维持这样一种旧的传统，并且还试图将各门科学的研究也纳入自己的逻辑体系，使哲学成为一种"包罗万象"的"科学的科学"。随着历史的发展，这样一种做法必然越来越不合时宜。马克思和恩格斯明确宣告了这种旧哲学的"终结"，他们重新审视了哲学的定位及其与具体科学的关系问题，对这一问题做出了科学的解决；其基本要求，便是在近代以来科学发展的基础之上，将哲学真正提升到世界观的高度，使之成为一种严格意义的世界观和方法论。正如他们在谈到自己的哲学时所指出的：这已经不再是旧的意义上的哲学，"而只是世界观"。[①] 从基本规定上说，所谓世界观是人们对世界的根本观点和看法，亦即对世界的根本性问题的回答；而马克思和恩格斯所创立的新的哲学，便是专门探究这一层次的根本性问题，包括自然、社会以及人类思维等领域的最一般规律。它是一种科学世界观，同时具有根本的方法论意义。

对于马克思主义哲学研究的这一定位，应该是有广泛共识的。而在近些年的讨论中，这方面问题的认识又有了新的进展。比较一致的观点是，马克思主义哲学作为一种科学世界观和方法论，不仅要揭示世界存在和发展的最一般规律，同时要研究和探索作为主体

---

① 《马克思恩格斯文集》第9卷，人民出版社2009年版，第146页。

的人与这个世界的关系问题，研究现实的人及其实践活动，以及人自身的发展和解放问题。同时还提出，马克思主义哲学不仅是一种世界观，而且还有着自己的价值观，要充分重视它的价值维度的研究，把世界观和价值观统一起来。应该说，这样一些新的认识，对于进一步完整地理解马克思主义哲学的定位问题，是有着重要意义的，应给予充分的肯定。

但是与此同时，讨论中也出现了某些片面和极端的倾向。有一种观点认为，马克思主义哲学所实现的根本变革，并非使哲学成为以往所理解的那种"科学世界观"，而是从根本上改变了传统哲学的研究定位，超越了"形而上学"，实现了哲学的"转向"；也就是说，它不再研究世界的本原及其一般规律等"形而上学"问题，而是转向现实的人及其实践活动；不再研究包括自然界在内的"整个世界"或"宇宙世界"，而是转向与人及其实践相关联的"现存世界"或"人类世界"。虽然都在讲"世界"，但此"世界"并非彼"世界"，两者定位各不相同。还有一种观点索性彻底否定了马克思主义哲学的世界观定位，认为马克思主义哲学压根不再研究世界观领域的问题，而只是研究人的思维方式和认识方法，从而由"知识论哲学"转向"认识论哲学"，由"实体性哲学"转向"主体性哲学"，如此等等。

这无疑是一种具有挑战性的重大分歧。如果这些观点成立，那无疑将从根本上颠覆以往对马克思主义哲学的理解，"科学世界观"被当作"形而上学"从马克思主义哲学的研究定位中排除出去，属于这一领域的一系列原理便统统失去了存在的前提。但情况真的如此吗？回答却是否定的。

认真研读一下马克思主义经典作家的著作便可以看出，马克思和恩格斯作为马克思主义哲学的创始人，从一开始便是着眼于包括自然、社会以及人类思维等领域在内的"整个世界"或"宇宙世界",而从来没有在这个世界中再以人的活动为轴心划分出一小块领地,然后将自己的新的哲学局限于这一狭小的范围,将所谓"与人的实践没有直接关系"的"整个世界"或"宇宙世界"排斥在研究视野之外。不错,他们关注作为主体的人及其实践活动,强调主体通过实践"改变世界"的能动作用,重视打着主体印记的"人化自然",但这并不是说只需要研究人自己的实践以及与之相关的"现存世界"或"人类世界"就可以了,而将这方面研究与"整个世界"或"宇宙世界"的研究对立起来。在他们的著作中,有着大量关于"整个世界"或"宇宙世界"、关于世界存在和发展的一般规律的论述,特别是集中体现在《反杜林论》、《自然辩证法》、《路德维希·费尔巴哈和德国古典哲学的终结》等著作中。恩格斯还特别指出,他们所创立的唯物辩证法,"就归结为关于外部世界和人类思维的运动的一般规律的科学"。[①] 无视这些重要著作和成果的存在,拒绝承认马克思主义哲学从世界观的高度对这些根本问题的研究,不是一种客观的态度。

有一些论者试图对此做出解释,认为恩格斯的观点不同于马克思的观点,他的著作不能代表马克思主义哲学。这个说法恐怕连提出者自己也会觉得勉强。的确,马克思和恩格斯在阐发自己思想的过程中各有侧重,他们研究问题的关注点也各有不同,但这绝不意味着思想观点的对立,或者反对和否定对方的研究。相反,他们多次公开申明相互之间观点和主张的一致性,他们的著作应该说是他们共同合作的成果。恩格斯在《反杜林论》的序言中曾专门指出:"本书所阐述的世界观,绝大部分是由马克思确立和阐发的,而只有极小的部分是属于我的,所以,我的这种阐述不可能在他不了解的情况下进行,这在我们相互之间是不言而喻的。在付印之前,我曾

---

① 《马克思恩格斯选集》第 4 卷,人民出版社 2012 年版,第 249—250 页。

把全部原稿念给他听，而且经济学那一编的第十章（《〈批判史〉论述》）就是马克思写的，……在各种专业上互相帮助，这早就成了我们的习惯。"① 而进一步说，不仅是恩格斯的著作，而且在马克思本人的著作中，也同样有不少关于一般世界观的论述。如在谈到自己的辩证法与黑格尔的辩证法的区别时，马克思就明确指出："在黑格尔看来，思维过程，即甚至被他在概念这一名称下转化为独立主体的思维过程，是现实事物的创造主，而现实事物只是思维过程的外部表现。我的看法则相反，观念的东西不外是移入人的头脑并在人的头脑中改造过的物质的东西而已。"② 他公开宣布："因为我是唯物主义者，而黑格尔是唯心主义者。"③

一些论者还提出了一个理由，即认为马克思和恩格斯明确宣告了以往那种旧哲学的"终结"，而旧哲学正是把形而上学地研究"整个世界"或"宇宙世界"、构建某种"世界图景"作为自己的使命的，所以马克思和恩格斯也就是否定了这个研究定位。这是一个明显的误解。马克思和恩格斯批评旧的哲学，主要是反对那种依靠哲学家本人的主观臆想和思辨推演去构建"世界图景"的研究方式，否定这个意义上的"形而上学"，而并不是说不需要研究"整个世界"、不需要进行一般世界观领域的研究了。恰好相反，他们主张在各门具体科学发展的基础上，以科学的方法进行这一领域的研究，从而使哲学真正成为一种科学世界观。对此，恩格斯曾做过专门的说明，他指出："由于这三大发现和自然科学的其他巨大进步，我们现在不仅能够说明自然界中各个领域内的过程之间的联系，而且总的说来也能说明各个领域之间的联系了。这样，我们就能依靠经验自然科学本身所提供的事实，以近乎系统的形式描绘出一幅自然界

---

① 《马克思恩格斯文集》第9卷，人民出版社2009年版，第11页。
② 《马克思恩格斯选集》第2卷，人民出版社2012年版，第93页。
③ 《马克思恩格斯选集》第4卷，人民出版社2012年版，第468页。

联系的清晰图画。描绘这样一幅总的图画,在以前是所谓自然哲学的任务。而自然哲学只能这样来描绘:用观念的、幻想的联系来代替尚未知道的现实的联系,用想象来填补现实的空白。"① "今天,当人们对自然研究的结果只要辩证地即从他们自身的联系进行考察,就可以制成一个在我们这个时代是令人满意的'自然体系'的时候,……自然哲学就最终被排除了。"② 自然领域是这样,那么社会领域又是如何呢?恩格斯进而指出:"而适用于自然界的,同样适用于社会历史的一切部门和研究人类的(和神的)事物的一切科学。在这里,历史哲学、法哲学、宗教哲学等等也都是以哲学家头脑中臆造的联系来代替应当在事变中去证实的现实的联系……。因此,在这里也完全像在自然领域里一样,应该通过发现现实的联系来清除这种臆造的人为的联系;这一任务,归根到底,就是要发现那些作为支配规律在人类社会的历史上起作用的一般运动规律。"③ 这些论述清楚地说明了经典作家解决问题的思路,而正是按照这样一个思路,他们在否定旧哲学的基础上创立了自己的新的哲学,并使之成为一种完全不同于那种"形而上学"的科学世界观。

实际上,一些论者之所以在马克思主义哲学的研究定位问题上坚持将所谓"整个世界"或"宇宙世界"的研究排除出去,并非有多少经典依据,而主要是基于这样一种认识,即认为这一领域的研究与人自身的存在和发展没有关系,因而没有意义。这种观点在逻辑上是不能成立的。须知所谓"现存世界"或"人类世界"与"整个世界"或"宇宙世界"是不可分割地联系在一起的,前者说到底从属于后者,是作为后者的一种特殊形态而存在的;不研究"整个世界"或"宇宙世界",就不可能真正认识"现存世界"或"人类

---

① 《马克思恩格斯选集》第4卷,人民出版社2012年版,第252页。
② 《马克思恩格斯选集》第4卷,人民出版社2012年版,第252—253页。
③ 《马克思恩格斯选集》第4卷,人民出版社2012年版,第253页。

世界",也谈不上正确地进行主体的各类实践活动。进一步说,所谓"现存世界"或"人类世界"并不是一种不变的存在,而是要在新的实践的基础上不断向"整个世界"或"宇宙世界"拓展;而这里的前提就是不断探索处于"现存世界"或"人类世界"之外的新的未知领域,也就是要研究"整个世界"或"宇宙世界"。不进行这种研究,就不可能有新的实践和新的拓展,而所谓"现存世界"或"人类世界"也就只能成为一种僵死和封闭的领域,而这样的结果显然是荒谬的。

最后,关于那种完全否定马克思主义哲学的世界观定位,试图用所谓"认识论哲学"、"主体性哲学"取代"知识论哲学"、"实体性哲学"之类的观点,更是没有什么经典依据,而主要是这些论者自己的愿望和主张而已。并且这也不是什么新的见解,而只不过是"以西解马"的老套路。对于这种观点,我们只能说,哲学家们完全可以按照自己的愿望提出各种不同的学术观点和主张,但不能将这些主张随意附加给马克思主义哲学。马克思主义哲学研究首先要有客观的态度,特别是要原原本本地解读经典作家的思想,这应该是一个最基本的要求。

二、关于马克思主义哲学的学说体系:辩证唯物主义、历史唯物主义和实践唯物主义

明确了马克思主义哲学的研究定位,接下来所要面对的问题便是:基于这样一个新的定位,马克思主义哲学究竟形成了怎样的学说体系?这一体系中究竟包括什么内容,或者说主要成果?弄清这一问题,才能进一步理解马克思主义哲学所实现的根本变革,以及它何以成为一种科学世界观和方法论。而在这一问题上,讨论中同样出现了较大的争议,提出了不同的观点和看法。

按照传统的理解，马克思主义哲学立足于世界观的高度，在批判地吸取以往哲学发展的积极成果的基础上，取得了一系列新的重大成果。它借助近代以来科学发展的新的条件，实现了唯物主义与辩证法的科学统一；特别是将唯物主义和辩证法应用于社会历史领域，揭示了社会历史领域的客观规律，创立了历史唯物主义亦即唯物史观。所以，马克思主义哲学的基本内容可以概括为"辩证唯物主义和历史唯物主义"。正是按照这一理解，以往的教科书将马克思主义哲学原理区分为相应的两大部分。而在新时期的讨论中，许多论者对此提出了批评，认为这一传统体系实际上形成了一种"板块结构"，不利于对马克思主义哲学的整体把握，且容易造成各种误解；而在内容上，传统体系更多地偏重于客体方面的研究，对于主体方面亦即现实的人及其与世界的关系问题，特别是实践问题关注不够，对于这方面的成果阐发不够。因此，需要在深入研究经典作家思想的基础上，打破传统体系的局限，建构新的马克思主义哲学体系。由此出发，一些论者主张以"辩证唯物主义"为主线，对原有体系做出新的调整和梳理；而另一些论者则提出了以"实践唯物主义"整合马克思主义哲学的新的思路。

从总体上看，讨论中形成的这些新的认识是值得肯定的。马克思主义哲学作为一种从根本上区别于旧哲学的科学世界观，其成果无疑是多方面的。实现唯物主义与辩证法的科学统一、创立唯物主义历史观，这些当然是重要成果；而与此同时，马克思主义哲学还以社会实践为基础，科学地解决了人与外部世界的关系问题，这同样也是十分重要的成果。从这个意义上说，马克思主义哲学不仅是"辩证唯物主义和历史唯物主义"，而且同时也是"实践唯物主义"，综合起来应是辩证唯物主义、历史唯物主义、实践唯物主义的统一，或者说是辩证的、历史的、实践的唯物主义。经典作家所讲的"新唯物主义"，应从所有这些成果的有机统一来认识，而马克思主义哲学的学说体系，也应按照这个有机统一的要求来把握。在表现形式上，的确应改变传统教科书的"板块结构"，将各方面内容作为一个统一的整体逐层展开。至于这个统一体系的名称，虽然可以从不同的角度去考虑，但仅仅称为"辩证唯物主义"或"实践唯物主义"，都不足以反映"新唯物主义"的多方面成果；因此，在没有更适合的表述之前，继续使用"马克思主义哲学"这一名称似乎更为稳妥。

但值得注意的是，有关这方面问题的讨论中还提出了其他一些不同观点和看法，其中也包括某些片面和极端的倾向。一些论者认为，对于传统教科书体系并不简单是一个调整和整合的问题，因为这一体系中包含了许多不属于马克思主义哲学的内容，特别是"辩证唯物主义"部分关于世界的本原及其一般规律等的原理，都属于"旧唯物主义"的范畴，是"形而上学"；所以应对传统体系进行"清理"和"分解"，将这些内容从马克思主义哲学中剔除出去，在此基础上重新解读和阐释马克思主义哲学。不难看出，这一观点是与前面有关马克思主义哲学的定位问题上所遇到的极端观点相呼应的，所涉及的仍然是所谓"整个世界"或"宇宙世界"与"现存世界"或"人类世界"的关系问题。之前已经指出，马克思主义哲学在否定旧哲学的时候，并没有否定"整个世界"或"宇宙世界"这一研究定位；那种试图将"整个世界"或"宇宙世界"与"现存世界"或"人类世界"机械地分割开来，从而将"整个世界"或"宇宙世界"的研究从马克思主义哲学的研究对象中排除出去的做法，是没有根据的。而在这里，试图将"辩证唯物主义"关于世界的本原以及一般规律等方面的原理当作"旧唯物主义"和"形而上学"加以排斥，也同样是没有道理的。如前所述，马克思和恩格斯所批判的"形而上学"，主要是指那种依靠哲学家本人的主观臆想和思辨推演去构建"世界图景"的研究方式，而不能简单地将所有关于

"整个世界"或"宇宙世界"的研究一律等同于"形而上学";更不能将马克思主义哲学从世界观的高度对这一领域所做的科学性质的研究,也都错误地等同于"形而上学"。

不仅如此。在依照这种"清理"和"分解"的思路"重释"马克思主义哲学的过程中,已有的"实践唯物主义"和"历史唯物主义"这两个概念先后被赋予某种特殊的含义,并用来标志两种不同的观点。一种观点认为,可以用"实践唯物主义"来"重释"马克思主义哲学,但这种"实践唯物主义"不同于上面提到过的与"辩证唯物主义"和"历史唯物主义"相统一的"实践唯物主义",而是主张摒弃"整个世界"或"宇宙世界",只研究与人及其实践相关联的"现存世界"或"人类世界",特别是摒弃"物质本体论",主张"实践本体论",认为"现存世界"或"人类世界"中的一切都是"实践"创造的,因而都应用"实践"来解释。另一种观点则认为,应该把马克思主义哲学归结为"历史唯物主义",因为只有在人类历史的进程中,才能现实地提出人与世界的关系问题;而这个世界当然不是与人"无关"的"整个世界"或"宇宙世界",而只能是与人及其活动相联系的世界,也就是所谓"现存世界"或"人类世界"。离开"历史"的世界,只能是抽象的、虚幻的世界;而"现存世界"或"人类世界"中的一切,包括人类实践,都可以纳入"历史唯物主义"的解释框架,所以这种"历史观"也就是马克思主义哲学的"世界观",二者是完全等同的。

虽然这两种观点分别借用了马克思主义哲学的两个基本用语,但从根本上讲都是难以成立的。就这种特殊含义的"实践唯物主义"而言,且不论其机械分割"整个世界"或"宇宙世界"与"现存世界"或"人类世界"这一前提性错误,即使在所谓"现存世界"或"人类世界"的范围内,也不可能用"实践本体论"来取代"物质本体论"。因为实践的作用再大，也只能改变物质的存在形态，而不能创造或消灭物质本身；而即使是这种改变，也必须借助物质的力量、遵循物质运动的规律才能实现。对此，马克思和恩格斯曾有过明确论述："人并没有创造物质本身。甚至人创造物质的这种或那种生产能力，也只是在物质本身预先存在的条件下才能进行。"① 重视实践的作用当然是正确的，但若要将这种作用夸大到"本体"的高度，那就是错误的了。真理往前走一小步便是谬误，更何况是走向极端。这样的做法，无异于试图"拽着自己的头发离开地球"。这样一种理解，严重偏离了马克思主义哲学所固有的、真正的实践唯物主义精神，并对这一用语的使用造成混乱。（其实，持这类观点的一些论者也已意识到这一点，所以明确提出用"实践哲学"这一名称取代"实践唯物主义"的提法，以为这样便可以将"旧唯物主义的残留"彻底地"清理"出去了。）

在讨论中，一些论者还经常引用马克思在《关于费尔巴哈的提纲》中的论述："从前的一切唯物主义（包括费尔巴哈的唯物主义）的主要缺点是：对对象、现实、感性，只是从**客体**的或者直观的形式去理解，而不是把它们当作**感性的人的活动**，当作**实践**去理解，不是从主体方面去理解。"② 这段话被解释为马克思主张"实践本体论"，而反对"物质本体论"。其实，仔细研读一下便可以看出，马克思在这里并非简单地否定"从前的一切唯物主义"，而只是指出其"缺点"，即他们"只是""从**客体**的**或者直观**的形式"去理解外部世界。请注意这个"只是"。因为人所面对的世界是在主客体的相互作用中存在的，仅仅看到客体的方面无疑是不够的，同时还要看到另一个方面，即主体的方面，要从主客体之间的双向互动关系去理

---

① 《马克思恩格斯全集》第 2 卷，人民出版社 1957 年版，第 58 页。
② 《马克思恩格斯文集》第 1 卷，人民出版社 2009 年版，第 499 页。

解。客体方面和主体方面，这两个方面缺一不可，必须全面理解和把握。应该知道，马克思指出以往唯物主义的缺点和不足，是要向前进一步发展唯物主义，而绝不是要掉过头来推翻唯物主义的既有前提，不能由此得出非此即彼的极端结论。

关于那种特殊意义的"历史唯物主义"观，虽然在具体理路上与这种"实践唯物主义"有所不同，但其进行"历史"考察的结果却是殊途同归，即同样是把"整个世界"或"宇宙世界"与"现存世界"或"人类世界"机械地分割开来，进而用后者排斥前者。其实，在经典作家那里，"历史唯物主义"中的"历史"本来是一个领域概念，是指与自然领域相对应的社会历史领域；他们明确地将"自然界和历史"作为这样两个不同的领域并提①，并深入探究了"自然领域"与"社会历史领域"之间的异同②。他们所创立的"新唯物主义"世界观，无疑是将这两个基本领域全都纳入视野，是既包括历史观也包括自然观的完整体系。而一些论者却以"人与世界的关系都是在社会历史过程中所发生的"为由，以历史观排斥自然观，将"历史"变成一种独断的尺度，并以此来"裁决"自然领域，只承认与人及其活动发生直接联系并在这一意义上进入到社会历史领域的"人化自然"，而将这一领域之外的自然界或者说"宇宙世界"斥为虚妄；甚至提出马克思主义哲学不承认一般意义的"存在"和"意识"，而只承认"社会存在"和"社会意识"。这样一来，马克思主义哲学也就只剩下这种膨胀了的历史观，而真正属于一般世界观层次的内容以及自然观等等则被当作旧的"形而上学"完全排除出去了。这样一种偏颇的理解，既没有经典依据，也不合乎逻辑。将唯物主义历史观推向极端，并将其与马克思主义哲学的

---

① 《马克思恩格斯文集》第 4 卷，人民出版社 2009 年版，第 297 页。
② 《马克思恩格斯选集》第 4 卷，人民出版社 2012 年版，第 252 页。

其他原理隔绝和对立起来，只能在扭曲历史唯物主义基本精神的同时，严重损害马克思主义哲学的完整性和科学性。

以上这些片面和极端倾向的产生，无疑是有多方面的根源的。而从认识论根源看，这里存在着一个颇具迷惑性的逻辑误区。一些论者之所以力主将有关"整个世界"或"宇宙世界"的研究从马克思主义哲学中排除出去，常常是基于这样一个推论，即认为只有从实践出发，或者从"历史"出发，才能达到对世界的真正的认识；离开实践或"历史"，就只能是形而上学的抽象或直观。所以，那种关于"整个世界"或"宇宙世界"的研究，包括以往"辩证唯物主义"部分对于世界的本原及其一般规律的研究，都属于这类抽象或直观，因而必须抛弃。这样一个貌似有理的推论，实际上却包含着一个严重的逻辑错误，即它混淆了两个相互联系但又十分不同的问题：一个是认识的目标，即我们究竟要认识什么；另一个则是认识的路径，即应该如何去认识。所谓从实践出发，或者从"历史"出发，其实都讲的是路径问题，即要求通过实践或"历史"的路径去认识。而通过这一路径所要认识的目标是什么呢？当然是外部世界，并且不仅是"现存世界"或"人类世界"，还应该是"整个世界"或"宇宙世界"。这两个不同的问题绝不能混为一谈，不能把认识的路径误解为目标本身，以为强调从实践或者"历史"出发，就只是要对实践或"历史"本身进行研究就足够了，而把真正的目标排除在外，把所有对于这一目标的认识都笼统地加以否定。这样的逻辑错位和混淆，必然导致认识的扭曲和中断。必须看到，马克思主义哲学关于世界的本原及其一般规律的认识，绝不是什么离开实践或"历史"的"形而上学"，而恰恰是从实践、"历史"出发，通过这一正确路径而取得的科学认识成果，它是我们所要达到的真正的认识目标的体现。①

综合起来说，马克思和恩格斯所创立的"新唯物主义"，亦即辩证的、历史的、实践的唯物主义，是一种着眼于整个世界的完整的世界观体系，它的基本原理贯穿世界观层次的各个研究领域。正如恩格斯所指出的："……在这里第一次对唯物主义世界观采取了真正严肃的态度，把这个世界观彻底地（至少在主要方面）运用到所研究的一切知识领域里去了。"② 我们必须全面理解和把握马克思主义哲学的学说体系，深刻认识其内在逻辑，防止和反对各种片面和极端的倾向。

三、关于马克思主义哲学的基本功能："解释世界"和"改变世界"

马克思主义哲学所实现的根本变革，不仅体现在它的研究定位和学说体系上，而且还体现在它的基本功能上。这种哲学从一开始就不是一种书斋学问，而是直接面对实践，为人们认识世界、改造世界的活动提供根本的方法论指导。正如马克思所指出的："哲学家们只是以不同的方式**解释**世界，问题在于**改变**世界。"③ 在这个意义上，马克思主义哲学突出体现了作为一种"实践的唯物主义"的特殊品格。在近些年来的讨论中，对于这一问题的认识进一步深化，并得到了广泛的认同。

---

① 对于这个问题，可参阅我在《马克思主义哲学研究中应注意的几个逻辑问题》一文中的相关讨论。原载《中共中央党校学报》2010 年第 2 期，收入中国辩证唯物主义研究会编：《马克思主义哲学论丛》总第 1 辑，社会科学文献出版社 2010 年版。
② 《马克思恩格斯文集》第 4 卷，人民出版社 2009 年版，第 297 页。
③ 《马克思恩格斯文集》第 1 卷，人民出版社 2009 年版，第 507 页。

但与此同时，前面所提到的有关马克思主义哲学的研究定位和学说体系问题上的某些争议和分歧，包括某种片面和极端的倾向，也进一步延伸到这个基本功能问题上。例如，有一种观点认为，马克思主义哲学与旧哲学的不同，在于它不是这样那样地"解释世界"，而是要"改变世界"；所以它只需要关注人和人的实践，关注与人及其实践直接相联系的"现存世界"或"人类世界"就可以了，而有关"整个世界"或"宇宙世界"的研究，特别是有关世界的本原等本体论问题的研究，都是为了"解释世界"，所以都是"形而上学"，应该"超越"和摒弃。这样一种观点，也同样是站不住脚的。

首先，从逻辑上说，决不能将"改变世界"与"解释世界"简单地对立起来。"改变世界"是我们的落脚点，但是要想"改变世界"，首先必须认识和了解这个世界，从这个意义上讲，也就是要"解释世界"。那种错误的、荒谬的"解释"当然应该反对，但不能因此就走向极端，从根本上反对"解释世界"，亦即否定认识世界的必要性。"改变世界"当然要依靠实践，而实践是作为主体的人能动地作用于作为客体的外部世界的过程；这种实践要想取得成功，就不能只是盲目的实践，而必须以对外部世界的认识为前提。至于所谓"现存世界"或"人类世界"，当是与"整个世界"或"宇宙世界"不可分割地联系在一起的，这一点我们在前面已经指出过了；不认识"整个世界"或"宇宙世界"，就不能认识"现存世界"或"人类世界"。所谓"现存世界"或"人类世界"当然是人们实践的结果，但是不应忘记，人们正是在对"整个世界"或"宇宙世界"进行不断的探索和认识的基础上，才创造出这个结果。而为了满足不断生长着的新的需要，人们还必须不断地对未知领域进行新的探索，促使"整个世界"或"宇宙世界"不断地向"现存世界"或"人类世界"转变。没有新的认识或"解释"，这一切皆无可能。因此,简单地将有关"整个世界"或"宇宙世界"的研究仅仅归结为"解释世界",似乎与"改变世界"无关,是毫无道理的。

其次,从经典作家的论述来看,马克思批评以往的哲学家们,是因为他们"只是""解释世界",而没能由此再向前一步;从这里并不能得出结论,认为马克思根本反对"解释世界",并进而理解为否定有关"整个世界"或"宇宙世界"的研究,特别是有关世界的本原等本体论问题的研究。当然,旧哲学采用那种非科学的"形而上学"方式去"解释世界",无疑是错误的、不可取的,马克思和恩格斯也因此而明确宣布了这种哲学的"终结";但是不能由此便得出结论,认为他们反对一切方式的"解释"和研究,把所有这一领域的研究都统统归结为"形而上学"。恰好相反,他们正是在批判旧哲学的基础上,创立了自己的"新世界观",对整个世界的根本性问题做出了科学的回答和"解释",并使之成为面向实践、指导实践的科学方法论,最终发挥出"改变世界"的基本功能。

在谈到马克思主义哲学的功能问题的时候,还不能不提到当前马克思主义哲学研究中所存在的一个令人担忧的问题,即某种严重脱离现实实践的学院化、思辨化倾向。马克思主义哲学本来是面向实践、为实践服务的,是用来"改变世界"的,但在当前的一些研究中,恰恰忘记和偏离了这一点。如果说当年被马克思批评过的那些"哲学家们"只是忙于"解释世界"而不是"改变世界"的话,那么现今的一些"哲学家们"则是连"解释世界"也没有兴趣,而只是热衷于解释各种概念和"范式",亦即"解释哲学"。而具有讽刺意味的是,这种脱离实践的现象却是在几乎无处不在的"实践"语境下发生的。究其原因,就在于马克思主义哲学本应具有的活生生的实践精神被改变成了纸面上的实践概念,本应面对现实实践的研究被改变成了对实践概念的考证和思辨,其中包括各种牵强附会的推演和主观臆断。所以,尽管言必称"实践",但距离真正的实践却越来越远;口口声声要"摒弃""形而上学",但实际上却越来越接近那种真正应该摒弃的、"以哲学家头脑中臆造的联系来代替应当在事变中去证实的现实的联系"① 为特征的"形而上学"。这样一些以"实践"相标榜的所谓研究,最大的弊端就是不能实践,甚至妨害实践。

当然,应该确认,在近些年来的马克思主义哲学研究中,与这种空谈实践的做法不同的、真正面向现实实践的研究也一直在不断深化和拓展着,并取得了一系列积极成果。当代社会发展的活生生的实践对马克思主义哲学提出了新的要求,同时也为马克思主义哲学的生长提供了新的土壤。我们应从哲学理论的高度深入研究和探索当代实践中的各种重大问题,为实践提供根本的方法论指导;同时又要着眼于新的需要,在总结新的实践成果的基础上进行真正意义的理论创新,促进马克思主义哲学的不断丰富和发展。而只有在理论与实践的这种真实的双向互动中,才能使马克思主义哲学的实践唯物主义品格真正体现出来,确保其认识世界、改造世界的方法论功能切实有效地得到实现。

(原载《马克思主义与现实》2015 年第 6 期;《新华文摘》2016 年第 8 期转载)

---

① 《马克思恩格斯选集》第 4 卷,人民出版社 2012 年版,第 253 页。

马克思主义哲学研究中应注意的几个逻辑问题

——兼论正确理解和把握马克思主义哲学的实践观

(2010年3月)

近年来,关于马克思主义哲学的研究不断深化,在如何正确理解和解读经典意义的马克思主义哲学,如何认识和把握马克思主义哲学的历史演变,以及如何建构马克思主义哲学的当代形态等方面,都取得了新的进展。但同时也应看到,讨论中还存在着较大的分歧和争议;而需要注意的是,这些争议往往涉及一些具有根本意义的重要逻辑问题,这些问题常常被相互混淆,形成认识上的误区,妨碍了讨论的正确展开。因此,有必要就此做一些分析和梳理,以便为有关争议的解决提供必要的逻辑根据。

一、马克思主义哲学的目的与对象:"为了什么而研究"与"对什么做研究"

在有关的讨论中,许多论者正确地指出,马克思主义哲学作为一种在批判以往旧的哲学的基础上产生的全新的世界观和方法论体系,从一开始就不是一种书斋学问,而是直接面向实践,为实践服务的;它要为实践提供指导,通过实践改变现存的世界。如马克思所明确宣告的:"哲学家们只是用不同的方式**解释**世界,问题在于**改**

变世界。"① 恩格斯在回顾马克思的一生时也曾感慨地说:"因为马克思首先是一个革命家。他毕生的真正使命,就是以这种或那种方式参加推翻资本主义社会及其所建立的国家设施的事业,参加现代无产阶级的解放事业。"② 马克思和恩格斯正是在这样一种革命的实践中走到了一起,并共同创立了为这一实践服务的学说体系,其中首先便是这种直接面向实践的新的哲学。也正因为此,他们把自己称为"实践的唯物主义者",并将"实践的唯物主义者"等同于"共产主义者",表明"对**实践的唯物主义者即**共产主义者来说,全部问题都在于使现存世界革命化,实际地反对并改变现存的事物"。③

认识马克思主义哲学的实践指向和诉求,对于深刻理解和把握整个马克思主义哲学,无疑具有十分重要的意义。但是,这里有一个问题:我们能否由此便得出结论,认为马克思主义哲学就应该专门研究实践,从而成为一种关于人们的实践活动及其规律的学问呢?不能。因为这里所涉及的是两个不同的逻辑问题,即马克思主义哲学的目的和对象;二者密切相关但又相对区别,决不能混为一谈。

从逻辑上看,当我们说马克思主义哲学面向实践、指导实践,并要通过实践"改变世界"时,无非是说明了这一哲学的研究目的是什么,是"为了什么而研究"。说实践是马克思主义哲学的目的,这一点毫无问题。但是,为了达到这一目的,马克思主义哲学究竟应该研究一些什么呢?怎样才能为人们的实践提供方法论的指导呢?这个问题便涉及马克思主义哲学研究的对象,即它要"对什么做研究"。对象问题与目的问题密切联系,因为研究对象的确定是以既定的研究目的为前提的,是为了达到这一目的而确定的,在逻辑上具有一致性。但是,如若直接将实践作为研究对象,仅仅研究实践本

---

① 《马克思恩格斯选集》第1卷,人民出版社1995年版,第57页。
② 《马克思恩格斯选集》第3卷,人民出版社1995年版,第777页。
③ 《马克思恩格斯选集》第1卷,人民出版社1995年版,第75页。

身，能否达到既定的目的呢？回答是否定的。因为实践是人作为主体作用于客体亦即外部世界的现实活动，是以主体与客体的双向互动以及人与世界的全部关系为前提的。而要能够正确地进行这种实践活动，并通过这种实践改变世界，首先必须正确地认识作为实践对象的外部世界；否则实践就会成为盲目的实践，也就难以取得预期的成功。所以，马克思主义哲学如果要为实践提供方法论的指导，从而达到预期的目的，就必须对整个世界做出研究，从而提出一种科学的世界观和方法论。这就是说，它必须把整个世界、包括人与世界的关系作为自己的研究对象。如果我们系统研读一下马克思和恩格斯的著作，那么不难看出，马克思主义哲学从一开始便正是这样做的，经典作家的研究视野，已经覆盖了这样一种宽广的范围。当然，马克思主义哲学与以往的旧哲学不同，它不再将哲学看作是包罗万象的体系和凌驾于各门具体科学之上的"科学的科学"，而是科学地解决了哲学与科学的分工问题，将哲学定位于严格的世界观层次上，着重探讨这个世界的根本性问题，揭示这个世界的最一般规律。这一科学定位，将马克思主义哲学提升到了与以往旧的哲学所不同的新的高度。

顺便指出，讨论中还有一种观点，认为随着科学的发展，这种关于世界的根本性问题的研究就是没有必要和"多余"的了。持这种观点的论者还引述了恩格斯的话作为依据："一旦对每一门科学都提出要求，要它们弄清它们自己在事物以及关于事物的知识的总联系中的地位，关于总联系的任何特殊科学就是多余的了。"① 一些论者之所以主张"哲学主题的根本转换"，将实践确定为马克思主义哲学的研究对象，也是与这一看法有关。其实，这完全是对恩格斯的误读。恩格斯这段话出自《反杜林论》，本意是针对那种试图包罗万

---

① 《马克思恩格斯选集》第3卷，人民出版社1995年版，第364页。

象、取代具体科学的旧的哲学体系说的，亦即所谓"特殊的科学"。就在这段话之前，恩格斯明确指出，"而且不再需要任何凌驾于其他科学之上的哲学了"。① 但这并不是说不再需要哲学，也不是说不需要研究普遍联系，而是需要一种实现了与科学分离、真正上升到世界观和方法论层次上的哲学，并在这一层次上揭示世界的普遍联系。这种哲学，正是被恩格斯称为"现代唯物主义"的马克思主义哲学，而正如恩格斯在同一页上所指出的，无论在自然观方面还是历史观方面，"现代唯物主义本质上都是辩证的"。②

这里还需要说明的是，马克思主义哲学把整个世界、包括人与世界的关系作为研究对象，其中无疑也包括了对实践的研究。研究外部世界及其规律，本来就是为了指导实践，因而在对外部世界及其规律进行研究并取得科学认识的基础上，还要进一步研究如何将这种认识运用到实践中去，并通过实践改变世界。然而必须明确，这种对于实践本身的研究只是整个研究的一部分，决不能以偏概全，将这方面研究等同于对整个世界的研究，将实践等同于马克思主义哲学研究对象的全部。这样做看上去是要突出实践的地位，但实际上却取消了这一问题的前提，使得对实践的研究无法真正展开，更谈不上研究的科学性了。

二、马克思主义哲学的路径与结果："通过什么去研究"与"研究出了什么"

以上所探讨的，只是讨论中涉及的一个方面的问题。而与此同时，许多论者都进一步指出，实践不仅是马克思主义哲学的目的，而且还是马克思主义哲学的基础。要真正认识世界，只能通过实践，

---

① 《马克思恩格斯选集》第3卷，人民出版社1995年版，第364页。
② 《马克思恩格斯选集》第3卷，人民出版社1995年版，第364页。

离开了实践,就不可能有科学的认识。而这方面的讨论同样涉及值得注意的逻辑问题。

首先应该确认,以实践作为自己全部研究和认识的基础,的确是马克思主义哲学的基本要求和主张。在马克思主义哲学看来,实践作为主体能动地作用于客体的现实的感性活动,成为连接主体与客体的物质中介和桥梁,人正是通过实践与外部世界发生深层次的联系,并实现主客体双向互动。在自然领域,人"通过实践创造**对象世界,改造无机界**"①,并且是"把内在的尺度运用于对象",使自然界"表现为**他的作品和他的现实**"。② 而社会历史领域本来就是人的活动领域,"全部社会生活在本质上是**实践的**"③;其中,物质生产作为人类最基本的实践活动,是"一切历史的一个基本条件"④,它构成整个社会结构体系存在和发展的根基。因此,要达到对现实世界的内在本质及其规律的认识,包括对自然界的认识和对社会的认识,都只能通过实践,在实践的基础上去认识,而不是像旧唯物主义那样只是以直观的方式去认识。如马克思所指出的:"从前的一切唯物主义(包括费尔巴哈的唯物主义)的主要缺点是:对对象、现实、感性,只是从**客体**的**或者直观**的形式去理解,而不是把它们当作**感性的人的活动**,当作**实践**去理解,不是从主体方面去理解。"⑤ 直观的方式只能认识表面的现象,而借助于实践则可以深入到事物的内部,认识事物的本质。同时,只有借助于实践,才能从根本上打破唯心主义、不可知论等各种哲学怪论,"凡是把理论引向神秘主义的神秘东西,都能在人的实践中以及对这个实践的理解

---

① 《马克思恩格斯选集》第 1 卷,人民出版社 1995 年版,第 46 页。
② 《马克思恩格斯选集》第 1 卷,人民出版社 1995 年版,第 47 页。
③ 《马克思恩格斯选集》第 1 卷,人民出版社 1995 年版,第 56 页。
④ 《马克思恩格斯选集》第 1 卷,人民出版社 1995 年版,第 79 页。
⑤ 《马克思恩格斯选集》第 1 卷,人民出版社 1995 年版,第 54 页。

中得到合理的解决。"①

马克思主义哲学强调实践的基础作用，并将自己的研究置于这一基础之上；可以说，他的全部成果都是在这个基础上取得的。但是，我们能否由此得出结论，即认为马克思主义哲学的主要成果就是关于实践的观点和学说，它的主要内容就是阐述这个实践观呢？或者像一些论者在讨论中所做的那样，即便讲到别的东西，也一定要从实践讲起并以此为重点呢？这恐怕就需要质疑了。

从逻辑上看，这种做法实际上是将两个不同的问题混淆起来了：一个是马克思主义哲学研究的路径问题，即"通过什么去研究"；一个是马克思主义哲学研究的结果问题，即"研究出了什么"。应该明确的是，我们强调实践是马克思主义哲学的基础，认为马克思主义哲学的全部成果都是在这个基础上取得的，主要是从"路径"的意义上说的，即说明了马克思主义哲学是以实践为路径，其全部研究都是通过这条特殊的路径展开的。但是，"路径"不等于就是"结果"，我们还必须说明，马克思主义哲学通过这样一条路径，究竟得到了什么结果，到底研究出了什么东西。这才是最重要的和最需要说明的，是文章的主题。如果仅限于路径的说明，或者将主要的关注点放在路径问题上，进而以路径的研究代替马克思主义哲学最终成果的阐发，甚至以为马克思主义哲学的主要成就就在于这条路径本身，那就是逻辑上的偏差了。路径的价值，最终体现在所能产生的结果，如果只是强调路径是如何的正确和高明，但最终拿不出什么结果来，那仍然是无济于事。

马克思主义哲学之所以如此看重实践，并以此作为基本路径，就是因为这一路径能够引领我们达到真理的彼岸。而马克思主义的创始人正是借助于这一特殊的路径，克服了旧唯物主义直观认识的

---

① 《马克思恩格斯选集》第1卷，人民出版社1995年版，第56页。

局限，将哲学上对客观世界的认识提高到一个新的水平。他们所取得的主要成果，就是在当时的社会实践所提供的基础之上，并借助于对这一实践的认识和理解，将唯物主义和辩证法的研究进一步推向前进，真正实现了两者的科学统一，从而深刻地揭示了世界的本质和最一般的规律；而其中最重要的成果，便是突破了社会历史领域的特殊性给人们造成的认识上的障碍，揭示了社会历史领域的客观规律，创立了唯物史观，亦即历史唯物主义。他们所取得的这些成果，使哲学从整体上第一次具有了真正科学的性质，从而成为一种真正意义的科学世界观和方法论。而这里需要特别指出的是，马克思主义哲学在承认客观规律的同时，也充分肯定了人的主体性，主张将二者在实践的基础上合理地联结起来，以达到对世界的真正全面的认识和把握。这也就是马克思所强调的，不仅从客体的方面去理解，而且从主体的方面去理解。这样一种科学世界观和方法论，便是马克思主义哲学研究的最终结果，也是实践作为马克思主义哲学研究路径的最终价值和意义的体现。

但是，这里我们又遇到了新的争议。对于马克思主义哲学的这一研究结果，讨论中存在着不同的意见，涉及如何正确理解和评价这一结果，以及如何看待马克思主义哲学所实现的"超越"。这就需要我们继续做一些研究和考察。

三、马克思主义哲学的超越与前提："否定了什么"与"肯定了什么"

这方面争议的焦点，首先是对马克思主义哲学所说的"外部世界"的理解。如前所述，马克思在《关于费尔巴哈的提纲》中深刻地指出了旧唯物主义的历史局限，即："对对象、现实、感性，只是从**客体**的**或者直观**的形式去理解，而不是把它们当作**感性的人的活**

动，当作**实践**去理解，不是从主体方面去理解。"① 按照马克思和恩格斯的观点，我们所面对的世界，不是离开人而存在的纯自然，而是为人们的实践改造过的"人化自然"。他们在批评费尔巴哈时指出："他没有看到，他周围的感性世界决不是某种开天辟地以来就直接存在的、始终如一的东西，而是工业和社会状况的产物，是历史的产物，是世世代代活动的结果。"② 马克思和恩格斯强调，"这种活动、这种连续不断的感性劳动和创造、这种生产，正是整个现存的感性世界的基础"③，而"先于人类历史而存在的那个自然界，不是费尔巴哈生活其中的自然界；这是除去在澳洲新出现的一些珊瑚岛以外今天在任何地方都不再存在的，因而对于费尔巴哈来说也是不存在的自然界"④。

马克思和恩格斯的这一观点，对于马克思主义哲学来说无疑具有特殊重要的意义。它科学地揭示了人与外部世界之间的关系，强调了人的主体性以及实践的作用，要求将主体与客体结合起来去认识世界；只有这样，才能真正理解"现存的感性世界"是怎样形成的，以及怎样存在和发展变化的。以前的唯物主义包括费尔巴哈在内不懂得这一点，因而存在明显缺陷；马克思主义哲学的这一新的认识成果可以看作是对旧唯物主义的一种"超越"。但是，在这里的问题是：这个"超越"是否意味着，马克思主义哲学全盘否定了以前的唯物主义，反对"从客体的形式"去理解现实世界，而只是主张"从主体方面"、"当作实践"去理解？或者说，它只关注于"人化自然"，而不关心本来意义的自然界？讨论中对此提出了各种不同的观点，而在我看来，绝不能简单地得出这样的结论。

---

① 《马克思恩格斯选集》第 1 卷，人民出版社 1995 年版，第 54 页。
② 《马克思恩格斯选集》第 1 卷，人民出版社 1995 年版，第 76 页。
③ 《马克思恩格斯选集》第 1 卷，人民出版社 1995 年版，第 77 页。
④ 《马克思恩格斯选集》第 1 卷，人民出版社 1995 年版，第 77 页。

从逻辑上讲，本来意义上的自然与"人化自然"，并不是截然分开、互不相干，而是密切联系、不可分割的，并且在根本上是统一的。在人类产生之前，当然也还没有"人化自然"，这时有的只是本来意义上的自然。人类产生之后，通过物质生产及其他各种社会实践对这种本来意义上的自然发生作用，改变了自然界的具体形态，由此形成了"人化自然"。所以，所谓"人化自然"只是自然界的一种特殊形态，是由本来意义上的自然转化而来的；而且，这一转化并没有改变自然的根本属性，所谓"人化自然"在属于人的同时，在根本上仍然属于自然界。因此，要认识"人化自然"，就必须从根本上认识整个自然界，而不能仅仅局限于这种属人意义上的具体形态。而且，从本来意义上的自然向"人化自然"转化的过程并不是一个一劳永逸的一次性过程，而是动态的、无止境的、从广度和深度上不断向前推进的过程，人们需要通过实践不断地认识自然、改变自然，从而不断促进本来意义的自然向"人化自然"转化。不去认识未知的、本来意义上的自然，如何促进这种转化？可以说，已有的转化是过去实践和认识的结果，而新的转化则有待于新的实践和新的认识。自然界的存在是无限的，马克思关于"先于人类历史的自然界""除去在澳洲新出现的一些珊瑚岛以外今天在任何地方都不再存在"的说法，只是就地域范围而言，对此不应做机械的理解。而从更广泛的意义上说，人类现有的认识和实践还十分有限；无论在宏观领域还是微观领域，都还有更多的未知领域等待我们去开辟。那种断言"人化自然"以外的自然界"没有意义"，主张将其从马克思主义哲学的视野中排除出去的观点，是十分错误的；按照这种观点，马克思主义哲学只能在已有实践和认识的范围内打转转，而不应去开辟新的认识和实践领域，这样一种哲学，才真的是毫无用处、"没有意义"。

再进一步说，自然向"人化自然"的转化是通过人们的实践活动实现的，在这个意义上，马克思将实践看作是"现存的感性世界"

的基础。但这是不是说实践就可以为所欲为,任意地"改变世界",随心所欲地创造出"人化自然"呢?绝非如此。因为自然界的存在和改变有着内在的、不以人的意志为转移的客观规律,人们的实践只有在遵循这个客观规律的前提下才能达到预期的目的,否则将一事无成。在实现"转化"的过程中是如此,在转化后的"人化自然"中也同样是如此,"人化自然"仍然是一种自然,自然界所固有的客观规律在这里仍然存在并发生作用,人们在"人化自然"领域中仍然不能任意妄为。正因为此,马克思才十分明确地指出:"当然,在这种情况下,外部自然界的优先地位仍然会保持着"。[①] 这一"优先地位"常常为一些论者所忽视,但却是实实在在存在着的;而且,在周围的自然环境已被人们的各种短视的、失去约束的"实践"破坏得如此严重的当代,我们应该能够对此有比马克思当年所处的时代所能获得的更为深刻的认识。自然界及其客观规律归根到底是第一位的,而实践的作用则是第二位的;我们不应在肯定实践的重要作用的同时又走向另一个极端,把它夸大为没有前提的、能够决定一切的造物主或创造者,这就如同试图揪着自己的头发离开地球一样荒谬。

因此,马克思主义哲学在超越旧唯物主义的时候,并不是全盘否定,而是有确定的前提的,这个前提就是承认外部世界及其规律的客观性,承认存在第一性,思维第二性,这是唯物主义的基本立场,否定了这一立场,就不再是唯物主义。对此,马克思曾做过明确的论述,他提出要将黑格尔的唯心主义辩证法"倒过来",因为"观念的东西不外是移入人的头脑并在人的头脑中改造过的物质的东西而已"[②]。恩格斯则进一步指出:"同黑格尔哲学的分离在这里也是由于返回到唯物主义观点而发生的。这就是说,人们决心在理解

---

① 《马克思恩格斯选集》第1卷,人民出版社1995年版,第77页。
② 《马克思恩格斯选集》第2卷,人民出版社1995年版,第111页。

现实世界（自然界和历史）时按照它本身在每一个不以先入为主的唯心主义怪想来对待它的人面前所呈现的那样来理解；他们决心毫不怜惜地抛弃一切同事实（从事实本身的联系而不是从幻想的联系来把握的事实）不相符合的唯心主义怪想。除此以外，唯物主义并没有别的意义。"① 马克思和恩格斯所反对的，只是仅仅从"客体的形式"去理解外部世界，但并不是要反对这种"客体的形式"本身。他们主张将主体与客体联系起来去把握，这样才能达到对现实世界的全面的、科学的认识。而正是从这样一种全面、科学的立场出发，马克思和恩格斯系统阐述了他们的"新唯物主义"，对此我们也必须全面地去理解，而不能片面化，走极端。

除了以上讨论的观点之外，讨论中还存在另外一些更为极端的观点，如认为马克思主义哲学是"实践本体论"，将实践与物质对立起来，并试图将后者从马克思主义哲学中排斥出去；还有一种观点认为马克思主义哲学根本否定本体论，既超越了唯心主义，也超越了唯物主义，从而是一种完全超越了"形而上学"的"实践哲学"。这些观点明显背离马克思主义哲学的基本立场，其错误之处不难看出，这里就不再赘述了。但这同时也表明，在当今马克思主义哲学的研究中，如何坚持一种科学的态度，的确是一个需要充分关注的问题。

（原载《中共中央党校学报》2010 年第 2 期；收入中国辩证唯物主义研究会编：《马克思主义哲学论丛》总第 1 辑，社会科学文献出版社 2010 年版）

---

① 《马克思恩格斯选集》第 4 卷，人民出版社 1995 年版，第 242 页。

关于历史唯物主义的几个争议问题

(2019年7月)

近年来,在马克思主义哲学研究中,有关历史唯物主义的研究成为一个关注较多的热点领域。围绕如何深入理解和把握历史唯物主义及其与马克思主义哲学的关系,国内学界进行了多方面的探讨,并取得了一些新的进展。而与此同时,讨论中也出现了各种不同的看法和观点,包括一些较大的争议和分歧。有鉴于此,本文拟就其中所涉及的几个突出问题谈一些认识,以参加这方面的讨论。

一、世界观与历史观:关于历史唯物主义的真实底蕴

在以往的研究中,马克思主义哲学的历史唯物主义通常是被当作一种科学历史观去理解的。马克思主义哲学是世界观,历史唯物主义则作为一种历史观从属于这个世界观,它是马克思主义哲学体系中的一个组成部分。而正是这样一种特定的理解,在近年来的讨论中遇到了诸多质疑。一些论者认为,这个理解没有充分体现历史唯物主义的本来意义,历史唯物主义并不仅仅是对社会历史领域的认识,而且还是一种对于整个世界的"解释原则",即用"历史

的"观点来解释"世界";因而它不仅是历史观,同时也是世界观。由此出发,持这种观点的论者进一步提出,马克思和恩格斯创立的"新唯物主义"也就是历史唯物主义,历史唯物主义就是整个马克思主义哲学。这些论者还特别批评了将辩证唯物主义看作世界观而将历史唯物主义看作历史观的做法,认为马克思主义哲学中并不存在"独立于历史唯物主义之外或超然于历史唯物主义之上"的"辩证唯物主义"。至于近年来讨论较多的"实践唯物主义",也被认为同样应"归结为"历史唯物主义,应该用历史唯物主义解释实践唯物主义。

讨论中提出的这一争议观点,不仅涉及对历史唯物主义的理解,而且涉及对整个马克思主义哲学的理解。这个观点究竟能否成立?对于这样的重大问题,有必要做一些认真的考察和分析。

如果只是着眼于历史观与世界观的逻辑关系,强调二者之间的相互联结和内在统一,提出历史唯物主义不仅仅是历史观,同时也是世界观,原本是可以成立的。因为这样做只是表明历史观本身具有世界观的属性,属于世界观的有机组成部分。同时,由于世界观体系中各个部分之间的有机联系,历史观会对世界观的其他部分发生作用,从而影响到整个世界观,这也是没有问题的。正如讨论中一再提到的,马克思主义哲学对于自然领域的认识,绝不仅仅是从纯粹自然的角度简单、直观地去认识,而且还要从"历史的"角度、从"人类史"和"自然史"的关系去认识,或者如一些论者所说的去"解释"。这也就是马克思和恩格斯在批评费尔巴哈的唯物主义时特别指出的:"他没有看到,他周围的感性世界绝不是某种开天辟地以来就直接存在的、始终如一的东西,而是工业和社会状况的产物,是历史的产物,是世世代代活动的结果"。[1] 马克思和恩格斯同时还

---

[1] 《马克思恩格斯选集》第1卷,人民出版社2012年版,第157页。

批评了布鲁诺所说的"自然和历史的对立":"好像这是两种不相关的'事物',好像人们面前始终不会有历史的自然和自然的历史"①。需要特别注意的是,马克思在这里提出了"历史的自然"和"自然的历史"这两个相互关联的命题,用于揭示"人类史"和"自然史"之间相互作用、相互制约的关系,这对于全面理解和把握马克思主义哲学的科学世界观具有十分重要的意义。

但是,从讨论中的情形看,一些论者所持的争议观点显然并不满足于这样一种理解。其所提出的历史唯物主义不仅仅是历史观、同时也是世界观,不只是要说明历史唯物主义同时具有的世界观属性,而是要进一步宣称历史唯物主义就是马克思主义哲学的全部世界观,这个世界观中并没有其他别的内容。所以要将历史唯物主义与马克思恩格斯创立的"新世界观"画等号,与整个马克思主义哲学画等号。如果说对于"实践唯物主义"还能够手下留情,试图将其纳入这种"历史唯物主义"的解释框架重新加以解释的话,那么对于"辩证唯物主义"就绝对不能容忍了,一定要将其从马克思主义哲学中清除出去,宣布其"并不存在"。这样一来,这种新的"解释"就朝着极端的方向发展了。

提出这样一种极端的观点,理由是什么?一些论者引用马克思在《关于费尔巴哈的提纲》中那段著名的话:"从前的一切唯物主义(包括费尔巴哈的唯物主义)的主要缺点是:对对象、现实、感性,只是从**客体**的或者**直观**的形式去理解,而不是把它们当作**感性的人的活动**,当作**实践**去理解,不是从主体方面去理解。"② 由此认为,马克思主义哲学的"新唯物主义"与以往的旧唯物主义根本不同,旧唯物主义离开人及其实践,从客体的或者直观的形式去理解

---

① 《马克思恩格斯选集》第 1 卷,人民出版社 2012 年版,第 156 页。
② 《马克思恩格斯选集》第 1 卷,人民出版社 2012 年版,第 133 页。

世界，而"新唯物主义"则是从人及其实践的角度去理解世界。按照这一区分，历史唯物主义是以人及其实践为着眼点的，所以它是"新唯物主义"；而所谓"辩证唯物主义"则是在人及其实践之外的"直观"，因而属于旧唯物主义。另有一些论者引证《德意志意识形态》，认为马克思和恩格斯关注的既然是存在于特定历史条件下的"现实的人"，并从这种"现实的人"出发去认识世界，那么所看到的就只能是与人相关的"生活世界"和"意义世界"，是在社会历史发展中不断"生成"的世界，而不是旧的"形而上学"所看到的"从来就有"的外部世界。由此得出结论，马克思主义哲学的世界观只能是历史唯物主义，而所谓"辩证唯物主义"超出了这一范围，属于旧的"形而上学"，所以应该摒弃。

如果我们深入研究一下马克思和恩格斯的相关论述，便可以看出这样一些论证存在明显的错误，完全偏离了马克思和恩格斯的本意。其一，马克思在《关于费尔巴哈的提纲》中对旧唯物主义提出批评，是要指出旧唯物主义的"缺点"和不足，并指出克服这些缺点的路径和方向，而不是要全盘否定以往的唯物主义、将"新唯物主义"与旧唯物主义完全对立起来。马克思批评旧唯物主义"只是"从客体方面去理解对象世界，并不是说不需要这个方面，而是说只有这个方面还不够，还需要从主体的方面、从人及其实践去理解。应该将客体和主体这两个方面统一起来，全面理解和把握，而不能将二者非此即彼地对立起来。如果按照某些论者的观点，"新唯物主义"就是只讲主体方面、不讲客体方面，那就是走向了与旧唯物主义相反的另一个极端，这同样是错误的和不可取的。应该看到，马克思和恩格斯的"新唯物主义"是要在以往唯物主义发展成果的基础上再向前推进一步，而不是要回过头来推翻唯物主义的基本前提。

其二，在《德意志意识形态》中，马克思和恩格斯强调把"现实的人"作为研究的"出发点"，但他们明确指出这里所进行的是对于人类社会历史发展的研究，是要阐述这个意义上的"历史观"①，而并不是要以此"独断"整个世界观。在他们看来，"历史可以从两方面来考察，可以把它划分为自然史和人类史。但这两方面是不可分割的：只要有人存在，自然史和人类史就彼此相互制约。自然史，即所谓自然科学，我们在这里不谈；我们需要深入研究的是人类史，因为几乎整个意识形态不是曲解人类史，就是完全撇开人类史。"② 也正是在这部著作中，马克思和恩格斯批评了费尔巴哈对"感性世界"的"直观"，指出这个感性世界"是工业和社会状况的产物，是历史的产物"；但这也只是从"自然史和人类史""彼此相互制约"的意义上说的，并不是要用这种"历史的产物"去否定"外部自然界的优先地位"③，用"人类史"否定"自然史"。并且在这里，马克思和恩格斯对这一问题的关注，主要是为了揭示物质生产领域在社会历史发展中的基础性作用，并由此阐发他们的新的历史观。他们明确指出："这种历史观就在于：从直接生活的物质生产出发阐明现实的生产过程，把同这种生产方式相联系的、它所产生的交往方式即各个不同阶段上的市民社会理解为整个历史的基础……"④ "这种历史观和唯心主义历史观不同，它不是在每个时代中寻找某种范畴，而是始终站在现实历史的**基础上**"⑤ 他们批评以往的唯心主义历史观，指出"迄今为止的一切历史观不是完全忽

---

① 《马克思恩格斯选集》第1卷，人民出版社2012年版，第170—173页。
② 《马克思恩格斯选集》第1卷，人民出版社2012年版，第146页。
③ 《马克思恩格斯选集》第1卷，人民出版社2012年版，第157页。
④ 《马克思恩格斯选集》第1卷，人民出版社2012年版，第171页。
⑤ 《马克思恩格斯选集》第1卷，人民出版社2012年版，第172页。

视了历史的这一现实基础,就是把它仅仅看成与历史进程没有任何联系的附带因素。……这样,就把人对自然界的关系从历史中排除出去了,因而造成了自然界和历史之间的对立"。①

马克思和恩格斯由"人与自然界的关系"入手,从"直接生活的物质生产"出发阐发了新的唯物主义历史观,这一成果无疑具有特殊重要的意义。但是与此同时,他们并没有像一些论者所"解释"的那样将自己的哲学局限于这一方面,更没有将这一历史观"上升"到独一无二的专断地位,以此排斥和抹煞"新世界观"的其他方面。恰好相反,马克思和恩格斯对于世界观领域的各方面研究都给予了应有的关注,不仅关注社会历史领域和历史观,而且也关注自然领域和自然观;不仅提出"历史的自然",而且还提出"自然的历史"②,指出了"自然史和人类史"的"彼此相互制约"③。同时,他们还从整体的高度研究和回答了世界观领域的一系列根本性问题,揭示了包含在自然、社会以及人类思维等各个领域中的最一般规律,这个方面的成果在逻辑上应属于世界观体系中的最高层次,高于自然观和历史观。对于这些成果的阐述,体现在马克思和恩格斯的一系列著作当中,包括《德意志意识形态》、《〈资本论〉第一卷第二版跋》、《反杜林论》、《自然辩证法》、《路德维希·费尔巴哈和德国古典哲学的终结》等。特别是恩格斯晚年所写的《路德维希·费尔巴哈和德国古典哲学的终结》,更是系统地回顾和阐述了马克思主义哲学的创立过程及所取得的各方面成果。而被一些论者拒斥和反对的"辩证唯物主义",正是指这些成果中处于最高逻辑层次的那部分内容(并非像一些论者所误解的那样只是一种"自然观");无视

---

① 《马克思恩格斯选集》第 1 卷,人民出版社 2012 年版,第 173 页。
② 《马克思恩格斯选集》第 1 卷,人民出版社 2012 年版,第 156 页。
③ 《马克思恩格斯选集》第 1 卷,人民出版社 2012 年版,第 146 页。

这些成果的存在，硬说马克思主义哲学的"新世界观"体系中除了一种历史观之外别无他物，这不是一种客观的态度。

当然，在这种观点背后，还有一个常见的"理由"，即认为所有这些成果统统属于"旧唯物主义"，所以必须抛弃。而这个说法更是没有道理。不错，在世界观领域的这些不同方面的研究中，以往的唯物主义确曾取得过积极的成果，但同时又存在难以避免的历史局限。马克思和恩格斯在创立自己的哲学时，不仅在历史观方面取得了革命性的突破，创立了历史唯物主义，而且在其他各个方面也都实现了革命性变革。需要强调的是，他们并不是像一些极端的论者所主张的那样全盘否定旧的哲学，而是批判地吸取了以往哲学研究中所取得的各种积极成果，同时克服了这些哲学的缺点和局限，将唯物主义世界观提升到一个全新的水平。如他们自己所说的，"现代唯物主义……不是单纯地恢复旧唯物主义，而是把2000年来哲学和自然科学发展的全部思想内容以及这2000年的历史本身的全部思想内容加到旧唯物主义的持久性基础之上。"① 他们借助自然科学发展的新的历史条件，在世界观的高度实现了唯物主义和辩证法的科学统一，使之成为一种新的、辩证的唯物主义；同时还在实践的基础上科学地解决了人与外部世界的关系问题，使自己的哲学成为一种新的、实践的唯物主义。从总体上看，马克思和恩格斯所创立的"新唯物主义"是一种辩证的、历史的、实践的唯物主义，所谓辩证唯物主义、实践唯物主义同历史唯物主义一样，都是马克思主义哲学基本特征的重要体现，因而应该统一起来去把握，而不能将它们"非此即彼"地对立起来。

---

① 《马克思恩格斯选集》第3卷，人民出版社2012年版，第517页。

二、历史观与实证科学：关于历史唯物主义的学科性质

在有关历史唯物主义的讨论中，除了围绕世界观与历史观的关系问题所发生的争议和分歧，还有另外一个突出的争议问题：马克思和恩格斯所创立的历史唯物主义学说究竟是一种哲学层面上的历史观，还是一种社会科学层面上的实证科学？传统的理解通常是前者，即认为历史唯物主义作为一种科学历史观，是马克思主义哲学的有机组成部分。而一些论者则对这种理解提出质疑，认为不能将历史唯物主义划归到哲学范畴，它应属于实证科学。持这种观点的论者引证了马克思和恩格斯的经典论述："在思辨终止的地方，在现实生活面前，正是描述人们实践活动和实际发展过程的真正的实证科学开始的地方。关于意识的空话将终止，它们一定会被真正的知识所代替。"① 这段话中所讲的"真正的实证科学"，被认为是对历史唯物主义学科性质的说明。

围绕这一问题，还出现其他一些不同的观点。如有的论者认为，历史唯物主义不是传统意义上的哲学或实证科学，而是介于"哲学和实证科学之间"，从研究方法看是实证科学，而从思想内容看则属于哲学。另有论者主张从新的"历史科学"的意义上理解历史唯物主义，认为历史唯物主义本身包含着两个不同的层面，一个是"类哲学"的层面，一个是"类科学"的层面。还有论者提出，应区分"唯物主义历史观"和"历史唯物主义"这两个不同的概念，认为前者属于科学的范畴，是"描述人类历史演进的实证科学"，而后者则属于哲学的范畴，是"概括社会历史发展及其规律的历史哲学"。

---

① 《马克思恩格斯选集》第 1 卷，人民出版社 2012 年版，第 153 页。

有关历史唯物主义学科性质问题的这一争议，同样事关重大。那么究竟应该如何认识这一问题呢？还是先来看一看讨论中被引证的马克思和恩格斯的经典论述究竟是怎样的。

上述马克思和恩格斯关于"实证科学"的那段话引自《德意志意识形态》。从全书内容看，马克思和恩格斯在这里正是要在批判旧的唯心主义历史观的基础上阐述自己的新的唯物主义历史观。他们将自己的观点明确概括为一种"历史观"，并将"这种历史观"与"唯心主义历史观"、"迄今为止的一切历史观"相对立。① 马克思和恩格斯指出，体现着唯心主义历史观的"德国哲学"是"从意识出发，把意识看作有生命的个人"，而历史则被看作"想象的主体的想象活动"②。正是这种"关于意识的空话"和"思辨"，在马克思和恩格斯看来必须"终止"。那么在这种"空话"和"思辨"终止之后，代替它们的应该是什么呢？马克思和恩格斯由此提出了那个著名的论断：代替它们的将是"真正的知识"，即"描述人们实践活动和实际发展过程的真正的实证科学"。如果这段话只读到这里，那么确实很容易让人将这种"真正的实证科学"与马克思和恩格斯所创立的新的唯物主义历史观联系起来，似乎马克思和恩格斯就是把这种新的历史观看作一种"实证科学"。但是如果我们将此处的论述接着读下去，就会发现他们的看法其实并非如此，这种理解是一种明显的误读。

在做出有关"实证科学"的论述之后，马克思和恩格斯接着写道："对现实的描述会使独立的哲学失去生存环境，能够取而代之的充其量不过是从对人类历史发展的考察中抽象出来的最一般的结果的概括。"③ 请注意，马克思和恩格斯在这里区分了两种不同的知

---

① 《马克思恩格斯选集》第1卷，人民出版社2012年版，第171、172、173页。
② 《马克思恩格斯选集》第1卷，人民出版社2012年版，第152—153页。
③ 《马克思恩格斯选集》第1卷，人民出版社2012年版，第153页。

识：一种是"对现实的描述",这与上文所说的"描述人们实践活动和实际发展过程的真正的实证科学"应该是一个意思;而另一种则是"从对人类历史发展的考察中抽象出来的最一般的结果的概括"。这种"最一般的结果的概括"不同于"实证科学",它不是直接"描述"现实,而是"从对人类历史发展的考察中"形成的"抽象",在逻辑上应该处于更高的层次。而正是这种"概括"和"抽象",被马克思和恩格斯认为可以用来对已经"失去生存环境"的"独立的哲学""取而代之"。理解这一点非常重要。这是马克思和恩格斯在同一段话里再一次提到"代替"问题,两个"代替"密切相关,但角度和内容各不相同,需要区别对待。

第一个"代替"说的是用"描述人们实践活动和实际发展过程的真正的实证科学"代替"关于意识的空话"和"思辨",亦即体现着唯心主义历史观的旧的哲学。众所周知,包括"德国哲学"在内的旧哲学企图用思辨的方式建构一种包罗万象的形而上学体系,其基本特征是在各门具体科学的发展尚不充分的条件下,"用观念的、幻想的联系来代替尚未知道的现实的联系,用想象来补充缺少的事实,用纯粹的臆想来填补现实的空白"[1]。于是在自然领域便形成所谓"自然哲学",在社会历史领域则形成所谓"历史哲学、法哲学、宗教哲学等等"[2]。而随着自然科学的不断进步,当人们能够"依靠自然科学本身所提供的事实……描绘出一幅自然界联系的清晰图画"的时候,"自然哲学就最终被排除了"[3];"而适用于自然界的,同样适用于社会历史的一切部门和研究人类的(和神的)事物的一切科学","在这里也完全像在自然领域里一样,应该通过发现

---

[1] 《马克思恩格斯选集》第4卷,人民出版社2012年版,第252页。
[2] 《马克思恩格斯选集》第4卷,人民出版社2012年版,第252—253页。
[3] 《马克思恩格斯选集》第4卷,人民出版社2012年版,第252—253页。

现实的联系来清除这种臆造的人为的联系"。① 也就是说，就像自然领域中需要发展自然科学一样，社会历史领域里也需要发展各种专门的社会科学，它们作为"描述人们实践活动和实际发展过程的真正的实证科学"，将取代旧的哲学体系中的"历史哲学"等"思辨"和"臆想"。

但是，这里马上就出现了一个新的问题：那种充斥着"关于意识的空话"的旧哲学被"终止"了，是不是说哲学作为人类认识的一个专门领域也彻底关闭了，从此不再需要任何哲学了呢？不是的。马克思和恩格斯提出的第二个"代替"，正是要回答这个问题。他们认为，在"对现实的描述"使旧的哲学"失去生存环境"之后，"取而代之"的将是一种新的知识，即"从对人类历史发展的考察中抽象出来的最一般的结果的概括"。那么这种新的知识具体是怎样的呢？马克思和恩格斯接下去对此做了一个简要的阐释："这种抽象与哲学不同，它们决不提供适用于各个历史时代的药方和公式"；"它们只能对整理历史资料提供某些方便，指出历史资料的各个层次的顺序。"而且还特别指出，接下来他们所要做的，便是"举出几个我们用来与意识形态相对照的抽象，并用历史的实例来加以说明"②。毋庸赘言，这些论述中所说的"哲学"、"意识形态"等，都是特指上述旧的哲学；而从书稿接下去所阐述的内容可以明白无误地看出，马克思和恩格斯所讲的"抽象"和"概括"，不是别的，而正是人们所熟知的唯物主义历史观的基本观点；也正是在阐述这些观点的过程中，马克思和恩格斯使用了"历史观"这一概念，并特别阐明了"这种历史观与唯心主义历史观不同"。③ 由此，我们完全可以将这样一种新的唯物主义历史观理解为一种不同于以往旧哲

---

① 《马克思恩格斯选集》第4卷，人民出版社2012年版，第253页。
② 《马克思恩格斯选集》第1卷，人民出版社2012年版，第153页。
③ 《马克思恩格斯选集》第1卷，人民出版社2012年版，第172页。

学的、新的意义上的哲学，它是作为一种科学世界观的马克思主义哲学的有机组成部分。

这样一来，问题应该是很清楚了。代替那种"关于意识的空话"和"思辨"的，将是两种新的知识：一种是"描述人们实践活动和实际发展过程的真正的实证科学"，即各门社会科学；一种是"从对人类历史发展的考察中抽象出来的最一般的结果的概括"，即作为马克思主义哲学有机组成部分的唯物主义历史观。这两种知识相互联结，但逻辑上属于不同的学科层次，不能混为一谈。那种试图将历史唯物主义排除在哲学之外，而将其归结为"实证科学"的观点，是不能成立的。

讨论中提出的其他一些争议观点，虽然各自有着不同的角度，但从总体上看也都难以成立。首先，对于马克思和恩格斯所创立的这种新的"历史观"，恩格斯在之后的著作中确曾使用了"唯物主义历史观"和"历史唯物主义"等不同的术语进行表述。虽然这两个术语从字面上看存在某种差异，但从实际提出和使用情况看，二者的内涵是一致的，应该作为同义语来对待。如果强行做出区分，将"历史唯物主义"和"唯物主义历史观"作为两种不同的学问分别归属于哲学和"实证科学"，不仅没有必要，而且也容易引起混乱。其次，历史唯物主义作为一种哲学历史观，所揭示的是社会历史领域的最一般规律，亦即"从对人类历史发展的考察中抽象出来的最一般的结果的概括"，有着自己明确的逻辑定位；认为它是介于"哲学和实证科学之间"的模糊学科，或者是既包含哲学类内容又包含科学类内容的混合体系，是没有根据的。当然，从历史唯物主义在马克思主义哲学体系中的地位来看，的确有一个逻辑层次的区分问题；马克思主义哲学不仅有自己的历史观以及自然观等等，并且还如前所述从整体高度研究和回答了世界观领域的一系列根本性问题，揭示了包含在自然、社会以及人类思维等各个领域中的最一般规律。在抽象程度上，这部分内容处于更高的逻辑层次。但是，这种分层只是马克思主义哲学体系的内部分层，并不涉及哲学与实证科学之间的关系。

如果说这里还有什么值得注意的情况，那就是在研究和阐释历史唯物主义以及整个马克思主义哲学的学说体系时，应严格遵循其逻辑定位，分清楚所涉及的哪些内容属于这一学科范围，哪些则不是。过去在这方面确曾有过某种"泛化"现象，包括在一些教科书中也有此类表现，而这也是引起有关历史唯物主义学科性质争议的原因之一。但它并不是历史唯物主义本身的问题，而是需要我们在研究中进一步梳理和规范的问题，是一个如何正确理解和把握历史唯物主义基本原理的问题。

三、"推广说"与"独创说"：关于历史唯物主义的生成路径

在马克思和恩格斯创立自己哲学的过程中，社会历史领域无疑是他们关注的重点领域，而历史唯物主义的创立则是他们所取得的最重大的成果。但是，马克思和恩格斯究竟如何创立了历史唯物主义，这一成果在马克思主义哲学中的生成路径是怎样的？围绕这一问题，长期以来也一直存在不同观点的争议。

按照一种传统的观点，历史唯物主义的创立是马克思和恩格斯将辩证唯物主义的立场和方法推广到社会历史领域，在历史观方面加以应用的结果。这便是所谓"推广说"。而在后来的讨论中，这一观点受到许多质疑，出现了不同的看法和见解。一些论者提出，马克思和恩格斯并不是首先创立了辩证唯物主义，然后再运用这一理论去创立历史唯物主义，而是首先着眼于社会历史领域，独创性地提出了历史唯物主义的基本观点。这便是所谓"独创说"。当然，这

一问题还涉及有关辩证唯物主义的不同看法和和争议,其中包括那种试图以历史唯物主义否定辩证唯物主义的极端倾向,对此我们在前面已经做过分析。

客观地说,传统的"推广说"之所以受到质疑,是因为它本身确实存在缺陷,难以自圆其说。而从马克思主义哲学创立时期的著作来看,也的确找不到太多关于辩证唯物主义的具体论述,其内容主要是围绕社会历史领域的相关问题,集中批判德国古典哲学以及青年黑格尔派的唯心主义历史观,系统阐发新的历史观亦即历史唯物主义。因此,认为马克思和恩格斯首先创立了辩证唯物主义,然后将辩证唯物主义推广到社会历史领域的看法,也缺乏必要的文本依据,讨论中就此提出批评,应该说是有道理的。但是,如果由此便认为历史唯物主义的创立与辩证唯物主义无关,是离开辩证唯物主义而独立创立的,恐怕也同样需要质疑。

这里首先应弄清一个前提性问题,即究竟什么是辩证唯物主义。我们在前面已经指出,一些论者常常将辩证唯物主义理解为一种自然观,这其实是一个误解。"辩证唯物主义"这一用语是从整个世界观的高度对马克思主义哲学基本特征的一种说明,其指向应是马克思主义哲学中处于最高逻辑层次的那部分内容。它高于自然观和历史观,是从整体高度研究和回答世界观领域的一系列根本性问题,揭示包含在自然、社会以及人类思维等各个领域中的最一般规律。这个意义上的辩证唯物主义,与作为一种历史观的历史唯物主义之间,既有整体与部分的关系,又有一般与特殊的关系。而正是这样一种特定的关系,使二者的创立过程不可分割地联结在一起。

众所周知,在马克思主义哲学产生之前,唯物主义和辩证法已经历了长期的发展,形成了许多重要的思想成果,同时又不可避免地带有各种历史的局限。马克思和恩格斯在创立自己哲学的时候,并不是将以往的这些成果撇在一旁而凭空进行新的"创造",而是首先对这些成果进行了深入的研究，并以此作为进一步发展的基础。他们批判地吸收了费尔巴哈唯物主义的"基本内核"和黑格尔辩证法的"合理内核"，同时深刻分析了这些成果的重大局限，由此开启了将唯物主义进一步推向前进、建立一种"新唯物主义"的认识进程。这种"新唯物主义"的建立需要从多个方面着手，而克服以往的唯物主义长期以来仅仅停留在自然观方面这一重大缺陷，在历史观方面取得决定性的突破，无疑是其中最紧迫的任务之一。马克思和恩格斯正是在这样的思想背景下，通过创造性的研究和探索，创立了唯物主义历史观，亦即历史唯物主义。由此看来，历史唯物主义的创立从一开始就不是一个孤立的过程，而是作为整个马克思主义哲学创立过程的一部分而展开的。而且，虽然不能将它简单地看作是辩证唯物主义的"推广"和"应用"，但马克思和恩格斯在创立这一新的历史观的时候，的确已经形成了自己的唯物主义基本立场，以及克服旧唯物主义的历史局限、将唯物主义进一步推向前进的基本方向，同时还有在唯物主义基础上将黑格尔"倒立着的"辩证法重新颠倒过来的基本主张。这样一些基本认识，在《关于费尔巴哈的提纲》、《神圣家族》、《〈资本论〉第一卷第二版跋》等著作中可以清楚地看出来。而正是这些认识构成了历史唯物主义的重要思想前提，并推动了历史唯物主义的创立。

当然，辩证唯物主义作为马克思主义哲学中最高逻辑层次的原理，是要以包括历史观在内的各个方面的研究为基础的。可以说，历史唯物主义的创立，为辩证唯物主义提供了历史观方面的重要支撑，并使其最终得以确立。而有关这一层次基本原理的阐发，则主要体现在《反杜林论》、《路德维希·费尔巴哈和德国古典哲学的终结》等著作中。从总体上看，辩证唯物主义与历史唯物主义作为马克思主义哲学中两个不同层次的重要内容，是内在地联系着的；这两部分原理的创立过程，也不是各自孤立、互不相干，而是相互联结、相互融通、相互促进，作为一个统一过程的不同方面而协调展开的。只有从这种联结和统一中，才能正确理解和把握历史唯物主义以及与之密切相关的辩证唯物主义的生成路径。

这里还应提到的是，历史唯物主义的生成路径问题不仅涉及它与辩证唯物主义的关系，而且还涉及近年来讨论较多的实践唯物主义问题。如前所述，马克思和恩格斯在创立自己的哲学时，不仅在世界观的高度实现了唯物主义和辩证法的科学统一，使之成为一种新的、辩证的唯物主义，而且还在实践的基础上科学地解决了人与外部世界的关系问题，使之成为一种新的、实践的唯物主义。实践唯物主义与辩证唯物主义一样，都是"新唯物主义"的重要内容，体现着马克思主义哲学的基本特征。就研究定位而言，实践唯物主义与辩证唯物主义处于相同的逻辑层次，它们都着眼于包括自然、社会和人类思维等各个领域在内的整个世界，是从整体高度回答世界观领域的根本性问题，只是所关注的具体方面不同。而实践唯物主义与作为一种历史观的历史唯物主义之间，也同样存在着整体与部分、一般与特殊的关系，因而不可分割地联系着的。从创立过程来看，历史唯物主义与实践唯物主义无疑也是相互交织着的，而二者的创立过程与辩证唯物主义的创立过程融合在一起，最终构成马克思主义哲学创立的统一过程。从这个过程中产生的，不是某种孤立、片面的认识成果，而是一种完整、科学的世界观思想体系，是与旧哲学有着根本不同的"新唯物主义"哲学，即辩证的、历史的、实践的唯物主义。

（原载《马克思主义与现实》2019年第4期；《新华文摘》2019年第22期转载）

正确认识和理解马克思主义哲学

(2014年9月)

努力学习和把握马克思主义哲学，是我们党对各级领导干部提出的明确要求，必须充分重视。而要真正学好马克思主义哲学，首先要弄清楚它是一种什么样的学问，对马克思主义哲学有一个正确的认识和理解。应该看到，这方面还存在一些模糊和不正确的观念，需要进一步澄清和梳理。

一、马克思主义哲学是一种什么性质的学问

对于许多干部来说，马克思主义哲学并不是一个陌生的概念，以往都曾以这样那样的方式学习过或接触过。但要认真讨论一下，马克思主义哲学究竟是一种什么性质的学问？却往往又有各种不同的看法。有人认为哲学是一种抽象的理论，是"玄学"，离现实比较远，与实际工作关系不大；有人认为哲学是一种"闲学"，可学可不学，属于"无用"之学；还有人把哲学看作某种说教类的东西，以为它是一些空洞理念或信条的汇集。究竟应该怎样认识这一问题呢？

这里应注意两个基本要点。第一，要了解哲学这一学科自身存在的历史差异。应该说，哲学是人类思想史上最古老的学科之一，

同时也是内部差异最大的学科之一。从古到今曾有过各种各样的哲学，而各种哲学在性质上往往有很大差别。从学科定位看，各种哲学所关注的问题很不相同，对哲学究竟应该研究什么理解各异；从体系内容看，各种不同的流派和思潮异彩纷呈，相互之间常常大相径庭，甚至完全对立。所以，不宜简单地一概而论，用某一种特殊的规定去套所有的哲学。但是第二，应该明确，我们在这里所谈的哲学，并不是所有这些不同的哲学，而是其中的一种哲学，即马克思主义哲学。那么，在这么多的哲学中，我们为什么选择了马克思主义哲学而不是别的什么哲学？这就需要了解马克思主义哲学所特有的性质和功能。

我们知道，马克思主义哲学是在19世纪的特定历史条件下产生的一种哲学理论。马克思和恩格斯批判地吸收了德国古典哲学以及整个哲学史上的积极成果，克服了以往哲学发展的局限，创立了自己的新的哲学。而正是这个新的哲学，实现了哲学发展中的根本变革，成为哲学史上最重要的成果。之所以这样说，是因为它使得哲学的学科性质发生了重大改变，使哲学第一次具有了真正科学的性质，成为一种科学世界观和方法论。

首先，马克思主义哲学科学地解决了哲学的定位问题，以及哲学与各门具体科学的关系问题。在马克思主义哲学产生之前，哲学定位上的模糊和混乱日益凸显，以至于哲学家们试图将当时已经广泛兴起的各门具体科学的内容也纳入哲学体系中，使哲学成为一种"包罗万象"的学问。马克思和恩格斯宣告了这种哲学的"终结"，指出由于各门具体科学的发展，这样的旧哲学已不再需要；他们把自己的新的哲学定位在世界观的高度，研究世界的本质和最一般规律，以及人与外部世界的关系，而把各个领域中特殊规律的研究交给各门具体科学，实现了哲学与各门具体科学的合理分离。

其次，正是在这个世界观的高度上，马克思主义哲学取得了一系列开创性的重大成就：它在近代科学的基础上，实现了唯物主义与辩证法的科学统一；它揭示了社会历史领域的客观规律，创立了历史唯物主义亦即唯物史观；它立足于社会实践，科学地解决了人与外部世界的关系问题。马克思将自己的哲学称为"新唯物主义"，新就新在它是辩证唯物主义、历史唯物主义、实践唯物主义的统一，亦即辩证的、历史的、实践的唯物主义。这样一种新的哲学，不再像其他一些哲学那样是凭着哲学家本人的主观意愿而随意构建的非科学的体系，更不是什么不着边际的空洞说教，而是一种以承认和尊重客观规律为前提的真正科学的学说体系。

进一步说，这样一种新的哲学，从一开始就不是一种远离现实的书斋学问，而是直接面对现实实践，为实践提供科学方法论的指导。当年马克思和恩格斯之所以要创立这一哲学，就是为了借助它的科学方法论，深入研究和探索他们在实践中所遇到的各种重大问题，并指导其他各方面的理论研究。可以说，整个马克思主义的学说体系，都是在这一方法论的指导下建立起来的。如今，我们正在进行建设中国特色社会主义的伟大事业，这是马克思恩格斯所开创的科学社会主义在中国的具体实践。而要在新的实践中取得成功，同样需要马克思主义哲学的方法论指导。因此，对于各级领导干部来说，马克思主义哲学绝不是可学可不学的无关紧要的学问，而是必须下气力学习和掌握的看家本领。

二、马克思主义哲学能否适合于当代实践

在这里，往往又会遇到一个带有普遍性的疑问：马克思主义哲学毕竟产生于 19 世纪，如今一百多年过去了，它还能不能适合今天的新的实践和新的要求？是不是有些"过时"了？

对于这一问题的回答,仍需从马克思主义哲学的性质说起。如上所述,马克思主义哲学实现了哲学史上的根本变革,使哲学第一次具有了真正科学的性质,成为一种科学世界观和方法论;其内容所包含的是对客观规律的科学揭示和反映。那么,判断这一学说是否"过时",就要看它所揭示的客观规律是否继续存在,它对这些规律的揭示是否继续有效。而进一步说,马克思主义哲学所揭示的并非某些特殊条件下的特殊规律,而是自然、社会以及人类思维等各个领域中最一般的规律,这些规律在历史发展的各个阶段上都普遍存在,并不会因为过了一百多年的时间就发生改变。历史实践一再表明,马克思主义哲学的基本原理具有普遍的真理性,其所揭示的一系列规律是不以人的意志为转移的,自觉遵循这些规律,我们就能够取得成功,而背离这些规律,就必然会遭到挫折和失败。因此,从这个意义上说,马克思主义哲学的基本原理并不过时,它在当代实践中的指导意义没有改变,对此一定要有一个明确的认识。

但是另一方面,我们又要清楚地看到,马克思主义哲学并没有结束真理,它作为人类认识的具体成果,只能是绝对真理和相对真理的统一,因而必须在实践中不断发展。按照人类认识发展的规律,每一代人都是在他们当时所处的特定历史条件下进行认识活动的,因而不可避免地会受到这些历史条件的限制和制约;这就需要后人在已有的基础上继续开拓,将认识不断向前推进。对于马克思主义哲学来说,也同样是如此。马克思主义哲学的已有成果是经典作家在当年的具体历史条件下取得的,而一个多世纪以来,人类社会发展的历史进程发生了许多重大变化,出现了一系列新情况、新问题,需要我们从哲学理论的高度做出新的研究和探索,不断取得新的认识成果,从而进一步丰富和发展马克思主义哲学。

实际上,马克思主义哲学自产生以来,始终处于不断的发展过程中。马克思主义经典作家从一开始便十分重视在总结实践经验和科学发展的新的成果的基础上，对马克思主义哲学的基本原理不断做出新的阐发。在中国，我们党将马克思主义的基本原理与本国的具体实际相结合，不断推进马克思主义的中国化，而马克思主义哲学在这一过程中不断获得新的生机和活力。同时还应指出，我国哲学理论界长期致力于马克思主义哲学的学科建设，并在马克思主义哲学理论研究中取得了许多有价值的成果；这些成果对推动马克思主义哲学的创新发展起到了积极的作用，并为我们党的理论创新提供了学理支持。

马克思主义哲学的基本原理应该继续坚持，同时又要在新的实践的基础上不断发展；坚持和发展应该统一起来，而不能片面地割裂开来，更不能简单地对立起来。要以科学的态度对待马克思主义哲学，反对各种绝对化、极端化的错误倾向。只有这样，我们才能对马克思主义哲学有一个正确的理解和把握，才能真正学好、用好马克思主义哲学，并使之在当代中国社会发展的实践中发挥出应有的作用。

（原载《学习时报》2014 年 9 月 8 日）

关于马克思和恩格斯的哲学思想

(2012年9月)

要研究马克思主义,首先必须研究马克思主义哲学。因为马克思主义哲学是整个马克思主义理论体系的基础,是它的科学世界观和方法论;不懂得马克思主义哲学,就不能真正懂得马克思主义。而我们要把马克思主义运用于指导现实实践,并要在新的实践的基础上继承和发展马克思主义,归根结底也都必须从哲学层次解决问题。在这里,我们主要是根据教学计划的安排,侧重于从原著入手,深入学习和研究马克思主义创始人亦即马克思和恩格斯的哲学思想,以求根据第一手材料弄清楚马克思主义哲学的本来面目;同时,我们还应着眼于当代实践,对马克思主义哲学的继承和发展问题有一个正确的认识。

本课程辅助教材《马克思列宁主义基本问题》第一章中已对这一方面的内容做了阐述,所以这里不打算面面俱到地详细展开,而主要想针对学习中应注意的有关问题,从总体上谈一些看法和体会,供大家参考。

一、追寻马克思和恩格斯的思想轨迹，了解马克思主义哲学的形成过程

依照本专题的教学定位，首先需要返回到马克思和恩格斯所处的时代，了解他们如何创立了马克思主义哲学，以及在这一过程中他们的著作和成果的状况。

1. 哲学思想史与马克思恩格斯所实现的根本变革

哲学是一门古老的学科，人类哲学思想的发展曾经历了一个漫长的历史过程。在以往的各个阶段上，都曾产生了许多重要的思想成果，但也存在着重大的历史局限。马克思和恩格斯是在19世纪的特定历史条件下，批判地汲取了哲学思想史上的积极成果，特别是在批判地扬弃了德国古典哲学的基础上，创立了一种新的哲学，即马克思主义哲学。

马克思主义哲学的创立实现了哲学史上的根本变革，它使哲学第一次具有了真正科学的性质，成为一种科学世界观和方法论。而这种新的哲学"一开始就主要是面向工人阶级的"。①

2. 马克思主义哲学的形成过程与马克思恩格斯的主要著作

马克思和恩格斯从青年时代就开始了自己的哲学活动。马克思主义哲学的形成和发展经历了若干阶段，其中每个阶段上都有一批具有经典意义的重要著作，体现了他们所取得的主要成果。

马克思主义哲学的产生（1842—1848年）。马克思和恩格斯思想立场的转变；对包括费尔巴哈哲学在内的旧唯物主义的历史局限性的超越；对黑格尔的唯心主义辩证法在唯物主义基础上的改造；以实践为基础、体现着唯物论与辩证法的科学统一的"新唯物主义"的创立，特别是历史唯物主义亦即唯物史观的创立。这一时期的主

---

① 《马克思恩格斯选集》第4卷，人民出版社2012年版，第265页。

要成果体现在《黑格尔法哲学批判》、《1844年经济学哲学手稿》、《关于费尔巴哈的提纲》、《神圣家族》、《德意志意识形态》、《共产党宣言》等著作中。

在革命实践和理论研究过程中对马克思主义哲学的运用和发展（1848—1883年）。马克思和恩格斯将马克思主义哲学的科学世界观和方法论运用于研究现实实践特别是欧洲革命实践中的重大问题，并使之在运用中进一步发展和完善。《路易·波拿巴的雾月十八日》、《法兰西内战》、《致约·魏德迈的信》等著作。与此同时，马克思在政治经济学研究中对马克思主义哲学的运用和发展；《〈政治经济学批判〉序言》、《资本论》、《经济学手稿（1857—1858年）》等著作。恩格斯在自然科学研究和思想领域的斗争中对马克思主义哲学的运用和发展；《自然辩证法》、《反杜林论》等著作。

恩格斯晚年对马克思主义哲学特别是历史唯物主义的进一步研究和阐发（1883—1895年）。马克思去世以后，恩格斯又连续撰写了一系列著作，对马克思主义哲学的形成过程做了概括说明，并进一步研究和阐发了马克思主义哲学特别是历史唯物主义的基本原理。这一阶段的著作包括《在马克思墓前的讲话》、《家庭、私有制和国家的起源》、《路德维希·费尔巴哈和德国古典哲学的终结》以及关于历史唯物主义的书信《致约·布洛赫》、《致瓦·博尔吉乌斯》等。

二、研究马克思和恩格斯的思想成果，把握马克思主义哲学的内在逻辑

马克思和恩格斯所创立的马克思主义哲学有着多方面的丰富内容，后人曾从各种角度做过概括。学术界的不同理解和教科书版本。而在这里，我们主要从经典作家的原著入手，学习和研究马克思和

恩格斯的思想成果，力求达到对马克思主义哲学的比较深入的理解和把握。根据教学实际，本专题将马克思《关于费尔巴哈的提纲》、《〈政治经济学批判〉序言》、恩格斯《路德维希·费尔巴哈和德国古典哲学的终结》等著作列为必读书目，其他原著也应该结合学习。

认真研读马克思和恩格斯的原著，可以看出他们的哲学思想主要是围绕以下一些重大问题，按照自己特有的思路展开的，由此也就可以清楚地了解马克思主义哲学的内在逻辑。同时，应充分认识这些重大问题的解决所具有的方法论意义。

1. 关于世界的本原以及思维与存在的关系问题

哲学是关于世界观的学问，而世界观首先要回答世界的本原问题。要回答这个问题，就要弄清思维与存在的关系问题，亦即物质和意识的关系问题。恩格斯把它明确地概括为"全部哲学，特别是近代哲学的重大的基本问题"①。

恩格斯指出："哲学家依照他们如何回答这个问题分成了两大阵营。凡是断定精神对自然界说来是本原的，从而归根到底承认某种创世说的人（而创世说在哲学家那里，例如在黑格尔那里，往往比在基督教那里还要繁杂和荒唐的多），组成唯心主义阵营。凡是认为自然界是本原的，则属于唯物主义的各种派别。"②

马克思和恩格斯继承了以往唯物主义的传统，同时又向前推进了唯物主义，尤其是在社会历史领域里。他们所创立的是一种彻底的唯物主义哲学。恩格斯在谈到马克思主义哲学的唯物主义立场时指出："这就是说，人们决心在理解现实世界（自然界和历史）时按照它本身在每一个不以先入为主的唯心主义怪想来对待它的人面前所呈现的那样来理解；他们决心毫不吝惜地抛弃一切同事实（从

---

① 《马克思恩格斯选集》第4卷，人民出版社2012年版，第229页。
② 《马克思恩格斯选集》第4卷，人民出版社2012年版，第231页。

事实本身的联系而不是从幻想的联系来把握的事实）不相符合的唯心主义怪想。除此以外，唯物主义并没有别的意义。不过在这里第一次对唯物主义世界观采取了真正严肃的态度，把这个世界观彻底地（至少在主要方面）运用到所研究的一切知识领域里去了。"①

这方面成果的方法论意义。

2. 关于世界联系和发展的一般规律问题

哲学作为世界观的学问，不仅要回答世界"是什么"，而且要回答世界是"怎样的"。马克思和恩格斯继承了以往辩证法的传统，但又在唯物主义基础上批判地改造了辩证法。"这样，辩证法就归结为关于外部世界和人类思维的运动的一般规律的科学"②。

从唯物主义和辩证法相统一的立场出发，马克思主义哲学揭示了物质世界的普遍联系和永恒发展。恩格斯指出："当我们通过思维来考察自然界或人类历史或我们自己的精神活动的时候，首先呈现在我们眼前的，是一幅由种种联系和相互作用无穷无尽地交织起来的画面"。③ "世界不是既成**事物**的集合体，而是**过程**的集合体，其中各个似乎稳定的事物同它们在我们头脑中的思想映象即概念一样都处在生成和灭亡的不断变化中，在这种变化中，尽管有种种表面的偶然性，尽管有种种暂时的倒退，前进的发展终究会实现。"④ 同时，马克思主义哲学还进一步揭示了世界联系和发展的客观规律。关于对立统一规律、质量互变规律、否定之否定规律；关于本质和现象、内容和形式、原因和结果、必然和偶然、可能和现实，等等。

这方面成果的方法论意义。

---

① 《马克思恩格斯选集》第 4 卷，人民出版社 2012 年版，第 249 页。
② 《马克思恩格斯选集》第 4 卷，人民出版社 2012 年版，第 243 页。
③ 《马克思恩格斯选集》第 3 卷，人民出版社 2012 年版，第 395 页。
④ 《马克思恩格斯选集》第 4 卷，人民出版社 2012 年版，第 250 页。

3. 关于社会历史领域的特殊性及其客观规律问题

社会历史观是世界观的重要组成部分。但由于社会历史领域的特殊性，在这方面唯心主义长期占据统治地位，而"旧唯物主义在历史领域内自己背叛了自己"①，甚至费尔巴哈这样的"杰出的哲学家"也"停留在半路上"。② 所谓社会历史领域的特殊性："在社会历史领域内进行活动的，是具有意识的、经过思虑或凭激情行动的、追求某种目的的人；任何事情的发生都不是没有自觉的意图，没有预期的目的的。"③ 这种特殊性给人们造成了认识上的障碍。

马克思和恩格斯在创立自己的哲学的时候，从人们"行动的目的"考察到"行动实际产生的结果"，从"精神的动力"追溯到隐藏于其后的"动力的动力"④，从而突破了社会历史领域的特殊性所造成的认识障碍，并由此揭示了社会历史发展的客观规律。

唯物史观关于社会历史规律的基本原理。"正像达尔文发现有机界的规律一样，马克思发现了人类历史的发展规律，即历来为繁芜丛杂的意识形态所掩盖的一个简单事实：人们首先必须吃、喝、住、穿，然后才能从事政治、科学、艺术、宗教等等；所以，直接的物质的生活资料的生产，从而一个民族或一个时代的一定的经济发展阶段，便构成基础，人们的国家设施、法的观点、艺术以至宗教观念，就是从这个基础上发展起来的，因而，也必须由这个基础来解释，而不是像过去那样做得相反。"⑤ 社会基本矛盾运动：生产力和生产关系，经济基础和上层建筑。社会形态由低级到高级不断演替的历史过程。马克思在《〈政治经济学批判〉序言》中对这些原理

---

① 《马克思恩格斯选集》第4卷，人民出版社2012年版，第255页。
② 《马克思恩格斯选集》第4卷，人民出版社2012年版，第248页。
③ 《马克思恩格斯选集》第4卷，人民出版社2012年版，第253页。
④ 《马克思恩格斯选集》第4卷，人民出版社2012年版，第255页。
⑤ 《马克思恩格斯选集》第3卷，人民出版社2012年版，第1002页。

的经典阐述。(此外还应注意恩格斯在《致约·布洛赫》等书信中对各领域相互作用的进一步说明。)

这方面成果的方法论意义。

4. 关于人对外部世界的作用以及实践问题

马克思和恩格斯所创立的马克思主义哲学作为一种科学世界观和方法论，不仅要研究外部世界（包括自然界和社会）的本质和规律，而且还要研究人对外部世界的作用，即人作为主体怎样认识和改造作为客体的外部世界。如马克思所说："哲学家们只是用不同的方式**解释**世界，问题在于**改变**世界。"[①] 在这方面，马克思和恩格斯特别强调实践的意义。

马克思指出："从前的一切唯物主义（包括费尔巴哈的唯物主义）的主要缺点是：对对象、现实、感性，只是从**客体的或者直观**的形式去理解，而不是把它们当作**感性的人的活动**，当作**实践**去理解，不是从主体方面去理解。"[②] 这就是说，人们不是简单地直观外部世界，而是作为主体能动地认识和改造外部世界。我们所面对的世界，不是与人无关的纯自然，而是打着主体印记的"人化自然"。而主体与客体的互动关系，又是通过实践来实现的。实践是认识的基础，只有通过实践才能达到对世界的深层次的认识；实践是检验真理的标准，"人应该在实践中证明自己思维的真理性"[③]；最后，实践是人们改造世界以及改造自身的手段，"环境的改变和人的活动或自我改变的一致，只能被看作是并合理地理解为**革命的实践**。"[④]

认识与实践的辩证过程，真理的绝对性和相对性。

---

① 《马克思恩格斯选集》第1卷，人民出版社2012年版，第136页。
② 《马克思恩格斯选集》第1卷，人民出版社2012年版，第133页。
③ 《马克思恩格斯选集》第1卷，人民出版社2012年版，第134页。
④ 《马克思恩格斯选集》第1卷，人民出版社2012年版，第134页。

社会历史领域的主客体关系，人民群众和个人在历史上的作用。这方面成果的方法论意义。

5. 关于人的发展和人的解放问题

马克思主义哲学研究外部世界，研究人对世界的认识与改造，最终是为了科学地解决人自身的发展和解放问题。马克思主义哲学关注人、为了人，那种认为马克思主义哲学"见物不见人"的观点是不正确的。

马克思和恩格斯反对抽象地谈论人。他们把人看作"生活在现实的、历史地发生和历史地确定了的世界里面"的"现实的人"①，强调人的本质"是一切社会关系的总和"②。所以，他们把人的解放和发展理解为一个现实的历史过程。

社会进步与人的发展。必然王国与自由王国。马克思《经济学手稿（1857—1858年）》中从人的发展的角度对"三大社会形态"的论述。③《共产党宣言》中的名言——"代替那存在着阶级和阶级对立的资产阶级旧社会的，将是这样一个联合体，在那里，每个人的自由发展是一切人的自由发展的条件。"④

这方面成果的方法论意义。

总起来说，以上几个方面的问题都属于哲学上的重大问题，这些问题的解决具有十分重要的意义。而由此形成的理论成果一环扣一环地联结在一起，构成马克思恩格斯哲学思想的基本脉络，同时也展现出马克思主义哲学的内在逻辑。对此，我们应深入理解和把握。

---

① 《马克思恩格斯选集》第4卷，人民出版社2012年版，第243、247页。
② 《马克思恩格斯选集》第1卷，人民出版社2012年版，第135页。
③ 《马克思恩格斯全集》第46卷上册，人民出版社1979年版，第104页。
④ 《马克思恩格斯选集》第1卷，人民出版社2012年版，第422页。

三、继承马克思和恩格斯的哲学思想，坚持和发展马克思主义哲学

我们研究马克思和恩格斯的哲学思想，深入理解和把握马克思主义哲学，最终是为了运用它来指导我们的现实实践。但是，在马克思主义哲学诞生后的一百多年来，这个世界已发生了巨大的变化，社会实践已向我们提出了许多新的问题。马克思和恩格斯所创立的这种哲学究竟还灵不灵，还能否适合新的实践的需要？对此我们必须有一个明确的认识和回答，并以科学的态度加以对待。

1. 马克思主义哲学的基本原理并不过时

逻辑考察。如前所述，马克思和恩格斯所创立的马克思主义哲学实现了哲学史上的革命变革，使哲学成为一种科学世界观和方法论。而这样一来，（1）马克思主义哲学的基本原理就不是凭着哲学家本人的主观意愿而随意构建的非科学的体系，而是对客观规律的科学揭示和反映；只要这些客观规律还存在，它就不会过时。（2）进一步说，马克思主义哲学所揭示的是自然、社会和人类思维的最一般规律，这些规律的抽象层次高，涵盖面广，并不会因为过了一百多年就发生改变。

实践考察。我们过去所经历的偏差和曲折一再证明，马克思主义哲学的基本原理是不能背离的，背离了就要出问题，就要受到客观规律的惩罚。以往曲折实践的问题分析。中共十一届三中全会以后，最根本的拨乱反正是从哲学层次上展开的；我们重新回到马克思主义哲学的基本立场、观点和方法上来，运用这些立场、观点和方法科学地分析当代中国的社会发展问题，从中国实际出发开辟了中国特色社会主义的新的道路。

在现阶段的实践中，我们已经取得了重大成就，但同时也面临着不少新的问题。而要想进一步解决好这些问题，把改革开放和社

会主义现代化建设继续推向前进，就必须继续坚持马克思主义哲学的基本原理，按照客观规律的要求去做；当然要真正做到并不容易。

2. 马克思主义哲学需要不断发展

我们说马克思主义哲学的基本原理并不过时，绝不是说马克思主义哲学不需要发展。马克思主义哲学是以实践为基础的开放的体系，它的生命力就体现在不断发展之中。所谓发展，就是要根据新的实践的新的进展，以及各门具体科学的新的成果，进行哲学的提炼和反思，使自己得到深化、拓展和修正等。当然，在马克思主义哲学的发展过程中，还应注意吸收和借鉴其他学派特别是现代西方哲学的积极成果。

马克思主义哲学从产生时起，就处于不断发展的过程中。马克思恩格斯的哲学思想本身就是在不断发展的过程中展开的，而在以后的每一个重要的历史阶段，无产阶级及其政党都要在新的实践的基础上促进马克思主义哲学的新的发展。列宁哲学思想。毛泽东哲学思想。中国特色社会主义理论体系的哲学基础。

改革开放以来，我国哲学界对马克思主义哲学进行了许多新的研究和探讨。这些研究和探讨主要从以下两种意义上展开：

其一是对已有原理的深化研究。主要是在新的实践和科学成果的基础上对马克思主义哲学的已有原理进行新的反思，并就其具体内容展开进一步深入的研究。如在现代物理学和天文学等学科的新的成果的基础上对马克思主义哲学的物质观的研究；随着计算机技术的发展而对人类思维以及人工智能等问题的研究；从各个角度和方面对实践问题的研究；对于主客体关系以及主体性问题的研究；社会历史领域里的决定论与选择论问题的研究；针对当代社会主义和资本主义交错并存的实践而对历史唯物主义关于生产力与生产关系原理的研究；阶级和阶层问题的研究；关于人的问题的研究等等。

其二是从新的方面或角度所进行的新的研究。主要是根据新的实践所提出的新的问题，以及具体科学的新的成果，进行新的研究和新的概括，力图使马克思主义哲学得到新的拓展。如对系统科学成果的概括和马克思主义哲学系统观的研究；包含在马克思主义哲学之中但以往未能展开的价值论的研究；技术社会形态等概念的提出和历史唯物主义社会形态理论的多维视角的研究；关于信息革命和人类前景问题的研究；社会关系体系中的制度与体制问题研究；马克思主义哲学的当代形态问题研究等。

除了以上研究之外，马克思主义哲学的研究还在应用方面取得多方面的进展，并与各门具体科学的研究相结合而形成科技哲学、经济哲学、政治哲学、文化哲学、社会哲学、管理哲学、领导哲学、战略哲学等边沿学科和交叉学科。可以说，在人类已经跨入 21 世纪的今天，马克思主义哲学正在不断地从时代中汲取新的营养，并在新的实践中发挥着自己的重大作用。

（本文为中共中央党校讲课提纲，曾多次印发校内及各分校相关班次，此处依据中央党校分校工作办公室 2012 年 9 月印发稿）

从重大问题的角度把握马克思主义哲学体系的内在逻辑

(2000年8月)

学习马克思主义,必须从根本上把握其科学世界观和方法论,这就要求我们认真学习和研究马克思主义哲学。但是,马克思主义哲学有着多方面的丰富的内容,在这些内容的把握上,学术界存在各种不同的理解,各种教科书的写法也不尽相同。而在"三个基本"的教学中,我们不妨以马克思主义创始人的有关原著为依据,从重大问题的角度去探索他们的研究思路,进而把握马克思主义哲学体系的内在逻辑。

认真研读经典作家的原著,我认为马克思主义哲学的基本原理主要是围绕以下几个方面的重大问题渐次展开的。

第一,关于世界的本原以及思维与存在的关系问题。

哲学是关于世界观的学问,而世界观首先要回答世界的本原问题。这个问题集中到一点,就是思维与存在的关系问题,亦即物质和意识的关系问题。恩格斯把它明确地概括为"全部哲学,特别是近代哲学的重大的基本问题"。[①]

---

① 《马克思恩格斯选集》第4卷,人民出版社1995年版,第223页。

恩格斯指出："哲学家依照他们如何回答这个问题而分成了两大阵营。凡是断定精神对自然界说来是本原的，从而归根到底承认某种创世说的人（而创世说在哲学家那里，例如在黑格尔那里，往往比在基督教那里还要繁杂和荒唐得多），组成唯心主义阵营。凡是认为自然界是本原的，则属于唯物主义的各种学派。"①

马克思主义哲学是唯物主义哲学，并且是彻底的唯物主义哲学。它确认世界的本原是物质的，存在第一性，意识第二性，意识是存在的反映。恩格斯在谈到马克思主义哲学的唯物主义立场时指出："这就是说，人们决心在理解现实世界（自然界和历史）时按照它本身在每一个不以先入为主的唯心主义怪想来对待它的人面前所呈现的那样来理解；他们决心毫不怜惜地抛弃一切同事实（从事实本身的联系而不是从幻想的联系来把握的事实）不相符合的唯心主义怪想。除此以外，唯物主义并没有别的意义。不过在这里第一次对唯物主义采取了真正严肃的态度，把这个世界观彻底地（至少在主要方面）运用到所研究的一切知识领域里去了。"②

思维与存在的关系问题还有第二个方面，这就是世界的可知性问题。马克思主义哲学主张可知论，反对不可知论。

第二，关于世界联系和发展的一般规律问题。

哲学作为世界观的学问，不仅要回答世界"是什么"，而且要回答世界是"怎样的"。马克思主义哲学坚持唯物论和辩证法的统一，认为世界处于普遍联系和永恒发展之中。恩格斯指出："世界不是既成**事物**的集合体，而是**过程**的集合体，其中各个似乎稳定的事物同它们在我们头脑中的思想映象即概念一样都处在生成和灭亡的不断变化中，在这种变化中，尽管有种种表面的偶然性，尽管有种种暂

---

① 《马克思恩格斯选集》第 4 卷，人民出版社 1995 年版，第 224 页。
② 《马克思恩格斯选集》第 4 卷，人民出版社 1995 年版，第 242 页。

时的倒退，前进的发展终究会实现"。①

马克思主义哲学不仅承认世界的联系和发展，而且承认这种联系和发展是有着客观规律的。而"辩证法就归结为关于外部世界和人类思维的运动的一般规律的科学"②。唯物辩证法所揭示的规律包括对立统一规律、质量互变规律、否定之否定规律等，而所谓本质和现象、内容和形式、原因和结果、必然与偶然、可能和现实等基本范畴也是从不同角度揭示世界的联系和发展。

第三，关于社会历史领域的特殊性及其客观规律问题。

社会历史观是世界观的重要组成部分。但由于社会历史领域的特殊性，在这方面唯心主义长期占据统治地位，而"旧唯物主义在历史领域内自己背叛了自己"③，甚至费尔巴哈这样的"杰出的哲学家"也"停留在半路上"。④ 所谓社会历史领域的特殊性主要表现在："在社会历史领域内进行活动的，是具有意识的、经过思虑或凭激情行动的、追求某种目的的人；任何事情的发生都不是没有自觉的意图，没有预期的目的的。"⑤ 这种特殊性给人们造成了认识上的障碍。

马克思和恩格斯在创立自己的哲学的时候，从人们"行动的目的"考察到"行动实际产生的结果"，从"精神的动力"追溯到隐藏于其后的"动力的动力"，从而突破了社会历史领域的特殊性所造成的认识障碍，并由此揭示了社会历史发展的客观规律，创立了唯物史观。"正像达尔文发现有机界的发展规律一样，马克思

---

① 《马克思恩格斯选集》第 4 卷，人民出版社 1995 年版，第 244 页。
② 《马克思恩格斯选集》第 4 卷，人民出版社 1995 年版，第 243 页。
③ 《马克思恩格斯选集》第 4 卷，人民出版社 1995 年版，第 248 页。
④ 《马克思恩格斯选集》第 4 卷，人民出版社 1995 年版，第 241 页。
⑤ 《马克思恩格斯选集》第 4 卷，人民出版社 1995 年版，第 247 页。

发现了人类历史的发展规律，即历来为繁芜丛杂的意识形态所掩盖着的一个简单事实：人们首先必须吃、喝、住、穿，然后才能从事政治、科学、艺术、宗教等等；所以，直接的物质的生活资料的生产，从而一个民族或一个时代的一定的经济发展阶段，便构成基础，人们的国家设施、法的观点、艺术以至宗教观念，就是从这个基础上发展起来的，因而，也必须由这个基础来解释，而不是像过去那样做得相反。"① 马克思和恩格斯科学地揭示了社会基本矛盾亦即生产力与生产关系、经济基础与上层建筑之间的矛盾运动，进而说明了社会形态由低级到高级不断演替的历史过程。与此相应，他们还对社会历史进程中的阶级、国家、社会革命等重大问题做出了科学的研究。

第四，关于人对外部世界的认识与实践问题。

马克思主义哲学作为科学的世界观和方法论，不仅要研究外部世界（包括自然界和社会）的本原和规律，而且还要研究人作为主体怎样认识和改造作为客体的外部世界。如马克思所说："哲学家们只是用不同的方式**解释**世界，问题在于**改变**世界。"② 在这方面，马克思主义哲学特别强调实践的意义。

马克思指出："从前的一切唯物主义（包括费尔巴哈的唯物主义）的主要缺点是：对对象、现实、感性，只是从**客体**的或者直观的形式去理解，而不是把它们当作**感性的人的活动**，当作**实践**去理解，不是从主体方面去理解。"③ 这就是说，人们不是简单地直观外部世界，而是通过实践能动地认识和改造外部世界。实践是认识的基础，只有通过实践才能达到对世界的深层次的认识；实践又是检

---

① 《马克思恩格斯选集》第 3 卷，人民出版社 1995 年版，第 776 页。
② 《马克思恩格斯选集》第 1 卷，人民出版社 1995 年版，第 57 页。
③ 《马克思恩格斯选集》第 1 卷，人民出版社 1995 年版，第 54 页。

验真理的标准,"人应该在实践中证明自己思维的真理性"①。最后,实践是人们改造世界以及改造自身的手段,"环境的改变和人的活动或自我改变的一致,只能被看作是并合理地理解为**革命的实践**。"②马克思主义哲学还进而研究了认识与实践的辩证过程,研究了社会历史领域的主客体关系,特别是人民群众和个人在历史上的作用问题。

第五,关于人的发展和人的解放问题。

马克思主义哲学研究外部世界,研究人对世界的认识与改造,最终是为了科学地解决人自身的发展和解放问题。马克思主义哲学关注人、为了人,那种认为马克思主义哲学"见物不见人"的观点是不正确的。

当然,马克思和恩格斯反对抽象地谈论人。他们把人看作"生活在现实的、历史地发生和历史地确定了的世界里面"的"现实的人"③,强调人的本质"是一切社会关系的总和"④。所以,他们把人的解放和发展理解为一个现实的历史过程。马克思主义哲学研究了社会进步与人的发展的关系,以及必然王国与自由王国的关系。这里应特别注意马克思在《经济学手稿(1857—1858年)》中从人的发展的角度对"三大社会形态"的论述,⑤ 以及《共产党宣言》中的名言——"代替那存在着阶级和阶级对立的资产阶级旧社会的,将是这样一个联合体,在那里,每个人的自由发展是一切人的自由

---

① 《马克思恩格斯选集》第1卷,人民出版社1995年版,第55页。
② 《马克思恩格斯选集》第1卷,人民出版社1995年版,第55页。
③ 《马克思恩格斯选集》第4卷,人民出版社1995年版,第236、240页。
④ 《马克思恩格斯选集》第1卷,人民出版社1995年版,第56页。
⑤ 《马克思恩格斯全集》第46卷上册,人民出版社1979年版,第104页。

发展的条件。"①

总起来说，以上几个方面的问题和原理是内在地联系在一起的，它们在马克思主义哲学中具有不可或缺的重要地位。虽然马克思主义哲学的教科书体系可以按照不同方式展开，但这样一些重大问题和基本原理是必须了解和把握的，它们构成了马克思主义哲学的基本架构。

（原载《学习时报》2000年8月14日，发表时标题改为《重大问题与内在逻辑》）

---

① 《马克思恩格斯选集》第1卷，人民出版社1995年版，第294页。

马克思主义哲学是无产阶级的科学世界观和方法论

——《路德维希·费尔巴哈和德国古典哲学的终结》简析

（1998 年 12 月）

恩格斯所著《路德维希·费尔巴哈和德国古典哲学的终结》是马克思主义哲学的基本著作之一。它写于 1886 年，最初发表于《新时代》杂志，1888 年修改后作为单行本出版。在这一著作中，恩格斯全面系统地说明了马克思主义哲学与德国古典哲学的关系，特别是阐述了马克思主义哲学的基本原理及其所实现的革命变革，是一本概论式的经典著作，值得我们认真学习和研究。

众所周知，马克思主义哲学是在批判地扬弃了旧哲学特别是以黑格尔和费尔巴哈为代表的德国古典哲学的基础上创立的。在这里，恩格斯对黑格尔哲学和费尔巴哈哲学进行了系统的分析和批判，对此我们应有一个总的了解。在肯定黑格尔哲学的历史作用的前提下，恩格斯科学地揭示了黑格尔哲学所包含的辩证法的"合理内核"[1]，并对其做了进一步的阐发；同时又深刻分析了黑格尔哲学的唯心主义体系与其辩证方法的矛盾，考察了黑格尔哲学的解体过程。对于费尔巴哈哲学，恩格斯则从哲学基本问题出发确认了其唯物主义的基本立场，肯定了其推翻黑格尔哲学的"绝对观念"、"使唯物主义

---

[1] 《马克思恩格斯选集》第 2 卷，人民出版社 1995 年版，第 112 页。

重新登上王座"的"解放作用"①；但同时又指出了它的重大缺陷，即没有摆脱旧唯物主义的历史局限，特别是没有摆脱唯心史观。

在批判分析黑格尔哲学和费尔巴哈哲学的基础上，恩格斯集中论述了马克思主义哲学的创立及其在哲学史上所实现的伟大革命变革，这是我们必须深刻地加以认识的。马克思和恩格斯在创立自己的哲学时，首先借助于费尔巴哈这一"中间环节""返回到唯物主义观点"，并且"第一次对唯物主义世界观采取了真正严肃的态度，把这个世界观彻底地（至少在主要方面）运用到所研究的一切知识领域里去了"；②与此同时，对黑格尔的辩证法进行了批判的改造，使之"不是用头立地而是重新用脚立地"，这样"辩证法就归结为关于外部世界和人类思维的运动的一般规律的科学"。③特别重要的是，马克思和恩格斯冲破了社会历史领域的特殊性给人们造成的认识上的障碍，揭示了"作为支配规律在人类社会的历史上起作用的一般运动规律"④，创立了唯物史观，结束了唯心史观在历史观领域长期占统治地位的局面。这样，马克思主义哲学就成为一种完全不同于旧哲学的新的哲学，而这种新的哲学如恩格斯所指出的，"一开始就主要是面向工人阶级的"⑤；它是现代工人阶级即无产阶级的科学世界观和方法论。

恩格斯在论述马克思主义哲学创立的过程中，对其基本原理做了精辟的阐述，这应该是我们学习的重点。关于马克思主义哲学的彻底的唯物主义的立场，恩格斯指出："这就是说，人们决心在理解现实世界（自然界和历史）时按照它本身在每一个不以先入为主的

---

① 《马克思恩格斯选集》第 4 卷，人民出版社 1995 年版，第 222 页。
② 《马克思恩格斯选集》第 4 卷，人民出版社 1995 年版，第 242 页。
③ 《马克思恩格斯选集》第 4 卷，人民出版社 1995 年版，第 243 页。
④ 《马克思恩格斯选集》第 4 卷，人民出版社 1995 年版，第 247 页。
⑤ 《马克思恩格斯选集》第 4 卷，人民出版社 1995 年版，第 258 页。

唯心主义怪想来对待它的人面前所呈现的那样来理解；他们决心毫不怜惜地抛弃一切同事实（从事实本身的联系而不是从幻想的联系来把握的事实）不相符合的唯心主义怪想。"① 关于唯物辩证法，恩格斯强调了"一个伟大的基本思想，即认为世界不是既成**事物**的集合体，而是**过程**的集合体，其中各个似乎稳定的事物同它们在我们头脑中的思想映象即概念一样都处在生成和灭亡的不断变化中，在这种变化中，尽管有种种表面的偶然性，尽管有种种暂时的倒退，前进的发展终究会实现。"② 关于唯物史观的论述最为详尽，恩格斯在科学分析社会历史领域的客观规律与人的活动的基础上，从阶级斗争的直接动力作用追溯到更深层次的社会基本矛盾运动，特别是揭示了生产力对"生产秩序"（即生产关系或经济关系），以及经济关系作为经济基础对国家、法、哲学、宗教等政治的和思想的上层建筑的决定作用；③ 这些基本原理都是我们应该全面理解和把握的。

马克思主义哲学产生已经一百多年了，但它的基本原理并不过时，它的生命力经久不衰。这是因为它使哲学真正具有了科学的性质，同时又是一个以实践为基础的开放体系。如今，重温恩格斯的《路德维希·费尔巴哈和德国古典哲学的终结》，认真学习和研究马克思主义哲学的基本原理，对于我们正在进行的建设有中国特色社会主义的伟大事业具有重要的意义；马克思主义哲学过去是、现在仍然是指导我们前进的科学世界观和方法论。

（原载《人民日报》1998年12月17日，发表时标题改为"《路德维希·费尔巴哈和德国古典哲学的终结》简析"）

---

① 《马克思恩格斯选集》第4卷，人民出版社1995年版，第242页。
② 《马克思恩格斯选集》第4卷，人民出版社1995年版，第244页。
③ 《马克思恩格斯选集》第4卷，人民出版社1995年版，第250—257页。

唯物史观告诉我们什么？

(2013年6月)

唯物史观即历史唯物主义的创立，是马克思主义哲学最重要的成果。它科学地回答了社会历史领域的一系列重大问题，为这一领域的认识和实践提供了根本的方法论指导。在当代中国社会发展进程中，我们要顺利实现全面建成小康社会的战略目标，将中国特色社会主义事业不断推向前进，就必须自觉遵循唯物史观的方法论。

那么，历史唯物主义作为一种哲学历史观，究竟告诉我们什么？其方法论意义何在？这个问题涉及许多方面，而从当前实际来看，应特别注意以下几个重要之点。

第一，社会历史领域与自然领域一样，存在着不以人的意志为转移的客观规律，而人作为主体又具有特殊的能动作用。要注意把握好遵循客观规律与发挥人的主体性之间的关系，以科学的态度进行创造性实践。

社会历史领域是否存在不以人的意志为转移的客观规律，是一个长期争议的根本性问题。与自然领域相比，社会历史领域的确具有很大的特殊性：在自然领域中存在着的是各种自然事物，它们的运动是按照各自的自然属性进行的，所谓客观规律就通过这些自然的过程体现出来；而社会历史领域中存在着的却是有着自觉能动性的人，他们所进行的活动都是在一定的意识指导下进行的。所以，这里从表面上看似乎不存在什么客观规律，一切事情都因主体方面的不同而不同，这便是唯心史观得以长期占据统治地位的认识论原因。而马克思和恩格斯在创立自己哲学的时候，最终突破了社会历史领域的这种特殊性给人们造成的认识上的障碍，揭示了隐藏在各种历史现象背后的客观规律。他们指出，虽然社会历史领域与自然领域存在明显差别，但"不管这个差别对历史研究，尤其是对各个时代和各个事变的历史研究如何重要，它丝毫不能改变这样一个事实：历史进程是受内在的一般规律支配的"。① 社会历史领域的客观规律决定着社会历史发展的必然趋势，人们要想在这一领域的活动中取得成功，就必须认识和遵循这些规律。当然，历史唯物主义对客观规律的强调并不意味着否定主体即人的能动作用，社会历史规律终究是在人的活动中表现出来的，其本身所固有的辩证性质，为主体选择留下了广阔的空间。人既是"剧作者"，又是"剧中人"，所谓"决定论"与"选择论"应该辩证地统一起来，而不是机械地分割和对立起来。

按照历史唯物主义的这一观点，我们在现阶段社会发展的实践中，就要注意把握好遵循客观规律与发挥人的主体性之间的关系。首先必须强调遵循客观规律，照客观规律办事；同时又要重视人的主体性的发挥，创造性地开展工作。应该指出，我们所进行的中国特色社会主义事业，是科学社会主义在中国的具体实践；而科学社会主义之所以称为"科学"，最根本的一条就是承认客观规律，以及为其所决定的历史必然性。因此，我们要建设中国特色

---

① 《马克思恩格斯选集》第4卷，人民出版社2012年版，第253—254页。

社会主义,也必须坚持科学社会主义的科学精神,尊重和遵循客观规律,这是我们事业成功的根本保证。尤其是当我们的社会发展进入关键时期、遇到多种复杂矛盾的情况下,更是应特别强调这一点。而另一方面又要看到,建设中国特色社会主义是一个前无古人的新的事业,没有什么现成的经验可以借鉴;这就要求我们充分发挥主体的能动作用,创造性地进行实践。而当我们这样做时,绝不是不顾客观规律任意而为,而是要在实践探索中不断达到对客观规律的认识,并努力使我们的行动与客观规律的要求相符合,尽可能防止偏差和失误。也只有这样,主体的能动作用才能真正有效地得到发挥。

第二,社会结构体系是一个有机的整体,生产力与生产关系、经济基础与上层建筑之间的矛盾运动支配着整个社会的发展进程;而人类社会与自然界又从根本上联结在一起。要注意把握好社会发展的整体性要求,全面推进各领域的改革和发展。

马克思和恩格斯所创立的唯物史观,有一个很大的优点,即从一开始便是以一种整体的眼光看待社会及其发展,而不是像某些"发展理论"那样是从对社会发展的片面理解起步的。马克思和恩格斯全面审视了社会结构体系中经济、政治、文化等基本构成领域之间的有机联系,并揭示了这一联系的内在机制:"……人们在自己生活的社会生产中发生一定的、必然的、不以他们的意志为转移的关系,即同他们的物质生产力的一定发展阶段相适合的生产关系。这些生产关系的总和构成社会的经济结构,即有法律的和政治的上层建筑竖立其上并有一定的社会意识形式与之相适应的现实基础。"[①]

---

① 《马克思恩格斯选集》第 2 卷,人民出版社 2012 年版,第 2 页。

生产力与生产关系、经济基础与上层建筑之间相互作用、相互制约，构成社会基本矛盾运动，支配着整个社会的发展进程。此外，马克思和恩格斯还阐明了人类社会与自然界之间的相互联系和制约，要求人们"合理地调节他们和自然之间的物质变换"①，寻求"人和自然界之间……矛盾的真正解决"②。

按照历史唯物主义的这一观点，我们在现阶段社会发展的实践中，必须充分重视社会结构体系的有机联系和社会发展的整体性要求，切实将社会各个领域、各个层次的发展作为一个统一进程加以推进。这不仅是指在发展中兼顾社会各个领域、各个层次的发展，不能顾此失彼；而且还要使这些不同领域、不同层次之间达到一种有效的协调，克服各种失衡、错位和脱节的现象。要做到这一点，就必须认识它们之间有机联系的内在机制，特别是要遵循社会基本矛盾运动的规律去运作。同时，还应按照"五位一体"的总布局，把生态文明建设放在突出地位，使社会发展与环境保护更好地结合起来，努力建设美丽中国。

这里还应特别指出的是，经过30多年的努力，我国社会各领域的改革已经取得了一系列重要成果，但仍有许多难点问题需要进一步探索和解决。这些问题之所以成为难点，往往是由于它们相互牵扯和交织在一起，仅靠单个领域的改革难以奏效，而必须着眼于社会各个领域的有机联系，从整体的高度加以解决。也正因为此，有关改革的"顶层设计"问题成为讨论的热点；而所谓"顶层设计"的基本原则，正是促使社会各领域的改革协调统一，在良性互动中整体推进。

---

① 《马克思恩格斯文集》第 7 卷，人民出版社 2009 年版，第 928 页。
② 《马克思恩格斯文集》第 1 卷，人民出版社 2009 年版，第 185 页。

第三，社会发展最终是以人的发展为目标，而人的发展又只能通过社会发展来实现。要注意把握好社会发展与人的发展之间的关系，使发展成果更多更公平地惠及全体人民。

历史唯物主义研究社会发展，最终是为了人的，是把人的发展作为社会发展的最高价值目标。马克思和恩格斯从青年时代起，就把实现人类解放作为自己的最终追求，具有一种对人类命运充满真挚关切的仁爱胸怀。但他们并不是像人本主义那样停留在对人的问题的抽象谈论上，而是着眼于人的现实存在，探索人的发展和解放的现实道路。他们所创立的唯物史观，正是这种研究和探索的逻辑结果。在历史唯物主义看来，人不是"抽象的人"，而是"现实的人"①，即现实地存在于一定的社会结构体系之中的；人的本质"在其现实性上""是一切社会关系的总和"②，要真正解决人的问题，必须通过推动社会进步和发展才能实现。正是从这一立场出发，马克思和恩格斯对资本主义社会做了深入研究，揭示了由资本主义社会走向社会主义和共产主义社会的客观必然性；而所有这些研究的最后落脚点，都是为了人的发展和解放这一目标。正如他们在《共产党宣言》中所指出的："代替那存在着阶级和阶级对立的资产阶级旧社会的，将是这样一个联合体，在那里，每个人的自由发展是一切人的自由发展的条件。"③

按照历史唯物主义的这一观点，我们在现阶段社会发展的实践中，一定要正确处理社会发展与人的发展之间的关系，特别是要把握好人的发展这一最高价值目标，并通过社会发展促使这一目标的不断实现。从一般意义上讲，社会主义社会作为社会历史发

---

① 《马克思恩格斯选集》第4卷，人民出版社2012年版，第247页。
② 《马克思恩格斯选集》第1卷，人民出版社2012年版，第135页。
③ 《马克思恩格斯选集》第1卷，人民出版社2012年版，第422页。

展的新的阶段，理应创造出比资本主义社会更为有利的条件来促进人的发展和解放；然而由于历史的原因，我国是在相对落后的基础上建设社会主义的，这样一种特殊的实际使得这一目标的实现在很大程度上受到局限。而这也就要求我们以加倍的努力推动社会各个领域的发展，尽快缩小历史的差距。应该说，经过新中国成立60年特别是改革开放30多年的不懈奋斗，我们在经济发展和社会各领域发展中都取得了重大成绩，人民生活水平有了显著提高。但从总体上看还很不够，还需要继续坚持不懈地进行努力。要按照党的十八大关于全面建成小康社会的战略部署，继续大力推进社会各领域的发展，同时更加关注各方面民生问题的解决，使社会发展的成果更多更公平地惠及全体人民，使人的发展的目标在更高层次上得到实现。

第四，人民群众是历史的创造者，个人的历史作用要通过人民群众的实践来实现。要注意把握好人民群众和个人之间的关系，在新的历史条件下更好地贯彻党的群众路线。

在以往的思想史上，历史唯心主义总是把各种天才和超人看作历史的创造者，而忽视和贬低人民群众的历史作用。历史唯物主义驳斥了这种英雄史观，提出了人民群众是历史的创造者的基本观点。如马克思和恩格斯所指出的，"全部历史的过程"不是由那些自命不凡的思想家或少数杰出人物所决定，而是"决定于活生生的人民群众本身的发展"；[①] "历史活动是群众的活动"。[②] 之所以如此，是因为人民群众作为历史主体中的基本构成部分，是社会历史发展的最主要的承担者，一切社会过程的进行都有赖于人民群众的实践，一切社会变革也最终需要通过人民群众的实践来完成。那么，个人在

[①] 《马克思恩格斯全集》第10卷，人民出版社1998年版，第318页。
[②] 《马克思恩格斯文集》第1卷，人民出版社2012年版，第287页。

历史上是否就不起作用呢？当然不是。唯物史观在强调人民群众在社会历史发展中的决定作用的同时，又充分肯定了个人特别是杰出个人对历史发展的贡献。历史上的杰出个人起着先行者、组织者和引领者的重要作用，以多种方式影响着社会历史发展的具体进程。马克思曾指出："如爱尔维修所说的，每一个社会时代都需要有自己的大人物，如果没有这样的人物，它就要把他们创造出来。"[1]

按照历史唯物主义的这一观点，我们在现阶段社会发展的实践中，必须注意把握好人民群众和个人之间的关系，将人民群众的决定作用与个人的历史作用有效地结合起来，共同推动历史的进步。在这方面，我们党总结出来的群众路线，为我们指出了正确的方向和路径。群众路线是党的生命线和根本工作路线，过去是如此，在今天新的历史条件下也同样是如此。每一个党员干部特别是领导干部都要增强这方面的意识，自觉坚持全心全意为人民服务的根本宗旨，努力提高做好新形势下群众工作的能力；要尊重人民群众的首创精神，密切党同人民群众的血肉联系，切实解决这方面存在的某些突出问题，真正做到一切为了群众，一切依靠群众，从群众中来，到群众中去，团结和带领广大人民群众，为全面建成小康社会，推进中国特色社会主义伟大事业，实现中华民族伟大复兴的中国梦而奋斗。

（原载《人民日报》2013年6月3日；《新华文摘》2013年第16期转载）

---

[1]《马克思恩格斯选集》第1卷，人民出版社2012年版，第502页。

唯物史观的经典思想

——重读马克思《〈政治经济学批判〉序言》

（2002年4月）

1859年初，正在英国伦敦深入进行政治经济学研究的马克思将他的阶段性成果以《政治经济学批判》为题付梓。为着这一著作的出版，马克思专门撰写了一篇重要文献，这就是著名的《〈政治经济学批判〉序言》。在这篇《序言》中，马克思简要讲述了自己从事政治经济学研究的经过，并特别说明了自己所用来指导这一研究的方法论；而这一方法论的说明，正是对历史唯物主义关于社会历史发展的客观规律的原理所做的经典式的概括。马克思首先揭示了社会结构体系中生产力与生产关系、经济基础与上层建筑这几个基本结构层次之间的内在联系，指出"人们在自己生活的社会生产中"，"同他们的物质生产力的一定发展阶段相适合"而形成"一定的、必然的、不以他们的意志为转移的关系"即"生产关系"，"这些关系的总和"构成"社会的经济结构"并成为"现实基础"，而"法律的和政治的上层建筑竖立其上并有一定的社会意识形式与之相适应"[①]。由此出发，马克思进而探讨了社会基本矛盾亦即生产力与生产关系、经济基础与上层建筑之间矛盾运动的规律，并以这一规律

[①] 《马克思恩格斯选集》第2卷，人民出版社1995年版，第32页。

为依据,说明了人类社会由低级形态向高级形态不断演进的历史过程。① 这一部分论述文字不长,但思想内容十分丰富,需要我们认真研读和体会。

众所周知,在马克思主义哲学产生之前,历史观领域中一直是唯心主义占据统治地位,社会历史过程不是被看作"绝对精神"的体现,就是被当成各种偶然事件的杂乱堆积。马克思和恩格斯在创立自己的哲学的过程中,最终突破了这一领域的特殊性给人们造成的认识上的障碍,从而揭示了社会历史发展的客观规律,形成了唯物主义历史观;这是哲学发展史乃至整个人类思想史上的重大成果,它使人们对社会历史发展的真正科学的认识成为可能。唯物史观所揭示的社会历史发展的客观规律包括多方面的内容,但《〈政治经济学批判〉序言》中所阐述的社会基本矛盾运动的规律,应是最基本的规律。生产力与生产关系、经济基础与上层建筑这两对矛盾贯穿于整个社会历史进程,推动着社会的不断发展;我们要认识千百年来人类社会的厚重历史,要透过纷繁复杂的历史现象把握社会发展的内在逻辑和必然趋势,就必须从社会基本矛盾运动的规律入手,研究这些规律在各个历史阶段上是如何展开和起作用的。特别应该看到,自《序言》问世之后的一百多年来,人类社会又经历了许多新的重大发展——资本主义社会在继续生存中发生着深刻变化,而社会主义社会在疾风骤雨中产生,在曲折探索中前行;农业社会向工业社会的转变在世界范围内尚未完成,而知识经济又初露端倪,信息社会的曙光已在前头。这些重大事实虽然以其复杂绮丽的表象引起了种种疑惑和争议,但只要认真分析一下就可以看出,深藏于这些表象之中的,其实正是社会基本矛盾的活生生的运动过程。只有遵循历史唯物主义的基本原理,深刻认识社会历史发展的客观规

---

① 《马克思恩格斯选集》第 2 卷,人民出版社 1995 年版,第 32—33 页。

律及其所决定的必然性,并对这些规律在现实实践中的特殊表现做出具体的分析,我们才有可能真正把握时代的脉搏,在当代社会发展的新的进程中保持清醒的头脑和长远的眼光。

当然,在我们强调社会历史发展的客观规律及其所决定的必然性时,又不能对这些规律做机械的、形而上学的和简单化的理解。相反,我们应正确认识这些规律与各种具体的历史条件的关系,特别是与作为主体的人的活动的关系,从而将历史发展的统一性与多样性结合起来,将历史决定论与主体选择论结合起来。客观地说,在当时的特殊背景下,马克思主义经典作家所面对的主要任务是将社会历史发展的客观规律揭示出来并加以强调,而对于问题的另一方面的阐述尚未充分展开,这一点从《序言》中也可以看出来。而在近年来的探讨中,这方面的认识得到了加强,这使得我们得以更加全面地把握历史唯物主义的基本原理,从而也能更加科学地认识现实的、丰富多彩的历史进程。但从根本上说,社会历史发展的客观规律终究是不以人的意志为转移的,《〈政治经济学批判〉序言》中的经典思想是经得起时间的检验的,那种企图以这样或那样的方式否定这些规律的非决定论的倾向是站不住脚的。

马克思主义哲学的一个显著特征在于它的实践性。认识社会历史发展的客观规律,最终是为了指导我们的社会实践。而多年来的实践告诉我们,唯物史观所揭示的这些客观规律是必须遵循的,违背了这些规律,就必然会受到惩罚。马克思和恩格斯创立的科学社会主义,就是以历史唯物主义关于社会历史发展的客观规律的原理为科学依据的,其科学性的要求就在于照客观规律办事。而我们过去在很长时期里忽视生产力的发展,迟迟未能完成工作重点的转移,同时又脱离生产力的实际,建立了一套高度集中的计划经济体制以及与之相应的政治体制,结果就在很大程度上违背了客观规律,使我们的社会主义事业遭受了重大曲折。十一届三中全会以后,我们纠正了过去的错误，确立了经济建设这个中心，并且围绕这个中心大力推进改革开放，努力以适合现阶段生产力实际的、充满生机和活力的新体制取代原有的那套旧体制。经过20多年的努力，我们取得了举世瞩目的重大成就，一条有中国特色的社会主义道路正在开辟出来。这一结果充分证明，只要我们真正坚持以历史唯物主义的基本原理为指导，切实按照社会历史发展的客观规律去做，我们就一定能够取得预期的成功。如今，当代中国的社会发展正处于一个十分关键的阶段：我们的经济发展正面临着继续完成工业化和大力吸收信息革命成果的双重任务；我们的经济体制改革正在进行最后的攻坚，而政治体制改革的深层次问题还有待进一步提上日程；在思想文化领域里，也还有许多严峻的问题需要我们认真研究和解决。面对这些问题，我们别无他法，只有继续坚定不移地遵循唯物史观的基本原理，按照客观规律的要求继续开拓前进。对于一切不符合客观规律的东西，都必须坚决地抛弃和改变；而对于符合客观规律的、具有历史必然性的东西，则应该坚决地支持和倡导。只要我们真正做到了这一点，我们就一定能够将我们的社会发展进一步推向前进。这也就是我们今天重读《〈政治经济学批判〉序言》的现实的落脚点。

（原载《学习时报》2002年4月15日；《新华文摘》2002年第8期转载）

关于历史唯物主义的若干热点和难点问题

(1993 年 10 月)

历史唯物主义部分已经开设的几个课题，主要是在把握历史唯物主义的基本原理的基础上，结合我国社会主义实践中的一些重大问题进行专题探讨。而今天的课，则是要进一步就当前历史唯物主义领域里的若干热点和难点问题做一些介绍和考察。这些热点和难点也都是在当代的现实实践中产生的，属于理论前沿；研究这些问题，对于促进历史唯物主义的新的发展，更好地指导我们的社会主义实践，都是十分必要的。

当前历史唯物主义领域里的热点和难点问题主要分为两类，一类是传统的基本理论在新的实践的基础上进一步深化以及更好地加以运用的问题，另一类则是实践提出的新课题，或者说是过去被忽视、而今被实践突出出来的新问题。所以，在此我们也相应地分为两个部分来讲。

一、传统理论与新的实践

所谓传统理论，主要是指过去历史唯物主义教科书中所涉及的那些基本原理，如社会存在和社会意识的原理，生产力与生产关系、经济基础与上层建筑矛盾运动以及社会形态演进的原理，阶级、国家、社会革命的原理，人民群众和个人不同历史作用的原理等。这些基本原理从总的精神来说无疑都是对社会历史规律的科学揭示，是应该坚持的。但是，新的实践不断向这些基本原理提出各种新的问题，要求我们针对这些问题做进一步深入的探讨，促进传统理论的发展，适合新的实践的需要。同时，对于传统理论中所存在的一些偏差和不足，也应在这一过程中不断发现和克服。

这方面的热点和难点，在前面几个专题中已经涉及了一些。如生产力标准问题，党的基本路线的理论根据问题，改革的动力作用问题，公平与效率问题，意识形态建设问题，社会主义社会形态在经济落后国家的建立和生长问题等，都是当代实践提出的、人们关注最多的一些问题。除此之外，这方面还有不少热点和难点，这里主要讲以下三个问题。

1. 关于生产关系的实现形式与市场经济体制

我们现在正在进行经济体制的改革，这种改革被看作是社会主义经济制度的自我完善，但同时又强调必须从根本上变革旧体制，而不是枝节的修补。那么，"制度"和"体制"究竟是什么关系，应该怎样理解和把握？我们现在又提出建立社会主义市场经济新体制，所谓"市场经济"的实质究竟是什么，"社会主义市场经济"应怎样理解？社会主义公有制能否与市场经济相结合？在这些问题上，都还存在不少模糊的认识。经济学家们会对此做出各种具体的说明，而从历史唯物主义的高度来说，这些问题都是与生产关系的实现形式问题直接关联着的；只有从生产关系的实现形式问题入手，才能从应有的理论高度认识和解决以上各种实际问题。

大家知道，过去哲学上讲生产关系，主要是把它作为生产力的形式来看待的。即认为生产力是内容，生产关系是形式，二者的统一便构成物质生产方式。这一观点不能说错，但仅仅停留在对内容和形式的这种比较单一的区分上,而不对生产关系本身再做具体的分析,就难免会导致简单化的理解。反映在社会主义实践中,便形成了曾存在一时的"唯一模式论",即认为社会主义生产关系只能有一种模式,这就是苏联模式,离开这种模式,就是离开社会主义。这时,制度和体制的区分还不可能提出,还被看作是一回事,体制改革的问题当然更谈不上。

随着实践的发展,人们逐渐对"唯一模式论"产生怀疑,开始认识到社会主义制度可以而且应该根据本国实际去选择不同的模式。这便促使人们对历史唯物主义关于生产关系的传统理论进行新的探讨,结果发现,生产关系不能仅仅从形式的意义上去理解,它对生产力来说是形式,而就其本身而言,也有一个内容和形式的统一问题。形式和内容的区分是相对于一定的范围和条件而言的,不能把它们绝对化。生产关系作为一种物质利益关系,其内容主要是规定着这一关系根本性质的一些基本原则;但这些基本原则还需要通过各种具体规定和要求体现出来,这便是生产关系的具体实现形式。一定的内容可以通过不同的形式展现出来,一种生产关系,也完全可以有各种不同的具体实现形式。具体到社会主义生产关系,当然也不可能只有一种"模式",而是可以有各种不同的"模式";所谓"模式",也就是它的具体实现形式。

正是由于对生产关系的具体实现形式的这种认识,才使我们有可能把"制度"和"体制"作为两个相互对应的范畴来把握。所谓经济制度和经济体制,不是别的,正是生产关系的内容和它的具体实现形式的规范化和确定化的表现,二者之间的关系正是内容和形式的关系:"制度"是内容,而"体制"则是具体实现形式。所以,一种制度完全可以采取各种不同的体制。而我国经济体制改革的任务,也正是在这个意义上提出的:社会主义的根本制度是要坚持的,不能改变的;但是作为这一制度的具体形式的经济体制,却是可以变革，也必须变革的。这也就是说，社会主义生产关系的基本内容、基本原则是要坚持的、不能改变的，而它的具体实现形式却是可以也应该加以变革的。根据我国经济体制的实际情况，党的十四大突出强调要从根本上改变旧体制，而不是修修补补，这也就是说，我国的社会主义生产关系，应该彻底抛弃过去那种存在严重弊端的旧的实现形式，而换上一种全新的好的实现形式。这种实现形式方面的根本变革，不会动摇作为社会主义生产关系基本内容的根本制度，因为它们是两个不同的范畴。当然，形式和内容是相互制约的，形式的变化是要影响到内容，但我们的改革恰是要破除过去那种不利于内容的旧形式，为社会主义生产关系探寻更有利于它的新的实现形式。所以，这种改革，只能是社会主义生产关系的自我完善。

那么，我们提出经济体制改革的目标是建立社会主义市场经济新体制，所谓"市场经济"的实质究竟是什么呢？从历史唯物主义的层次来看，所谓市场经济也只不过是生产关系的一种具体的实现形式而已。过去我们不懂得生产关系的内容和形式的区分，把市场经济和计划经济当作是资本主义生产关系和社会主义生产关系的本质区别，其实不然。任何一种生产关系，都需要通过一定的经济运行形式，在包括生产、流通、分配、消费等环节在内的经济运行过程中体现出来。而市场经济就是这样一种经济运行形式，其特点是以市场机制作为经济运行的基础性机制，而把计划机制作为国家宏观调控的手段。计划经济则是与市场经济相反的另一种经济运行形式，其特点是以计划机制作为经济运行的主要机制，而把市场机制作为辅助手段。所以无论市场经济还是计划经济，都不是生产关系的内容，而是它的实现形式，都不属于根本制度，而是属于经济体制。正因为市场经济实质上属于生产关系形式或体制的范畴，所以它既可以为资本主义生产关系所采用，也可以为社会主义生产关系所采用，而不会因此而改变了两种生产关系的基本性质。那么，我们在市场经济前面冠以"社会主义"一词，又是什么含义呢？它只是说明市场经济这一形式是为社会主义生产关系所采用，是包含着社会主义生产关系的基本内容的，而不是说市场经济体制本身有什么主义之分。所谓社会主义市场经济与资本主义市场经济的区别，正是应该从这个意义上去理解。

至于为什么要选择市场经济体制作为我国社会主义生产关系的实现形式，这只能从现阶段我国生产力的实际水平来说明。生产关系具体实现形式的选择不是任意的，而是以生产力的客观要求为转移的。我国现阶段的生产力水平，不适合搞计划经济，而只能采用市场经济的形式。

当然，在社会主义公有制生产关系的条件下搞市场经济，这对于我们无疑是一个全新的尝试，如何把社会主义生产关系的基本内容、基本原则同市场经济形式妥善地结合起来，还有许多具体的问题需要解决。市场经济体制是经济运行形式，而社会主义生产关系的各个方面的形式，都须与市场经济形式相协调。例如，公有制的实现形式问题，在目前就是一个关键问题。不改变公有制的实现形式，使公有企业成为真正的市场主体，社会主义市场经济就不能真正建立起来。

2. 关于生产力决定作用的辩证性质与两种社会制度的交错并存

过去我们在阐述历史唯物主义关于生产力对生产关系的决定作用时，总是说生产力的状况决定生产力关系的性质，有什么样的生产力，就有什么样的生产关系；生产力的变化决定生产关系的变化，生产力发展了，生产关系也要随之改变。但是现实实践却使人们感到困惑：西方国家生产力发展水平高，但仍保留着资本主义生产关系，而我们国家生产力相对落后，却建立了社会主义生产关系。这种资本主义与社会主义交错并存的局面看来还要在相当一个时期内维持下去。这岂不是与历史唯物主义的原理明显矛盾么？究竟是理论不够正确，还是我们的实践出了差错？这个疑问作为思想深层的问题在相当的范围内存在。

其实，如果我们深入考察一下理论与实践的这种似乎明显的矛盾，就会发现，我们既不应由此而否认我们的社会主义实践，也不应由此而怀疑历史唯物主义关于生产力决定作用的原理。这里的问题在于，过去我们对生产力的决定作用的认识过于机械和简单，把它在一定程度上形而上学化了。这就给人造成一种印象，似乎生产力决定生产关系，应像对号入座那样一一对应。实践所提出的不容回避的问题促使我们对传统理论中关于生产力决定生产关系的原理进行新的反思，从而达到对这一规律的辩证性质的新的认识。

生产力对生产关系的决定作用，不是形而上学地而是辩证地存在着的，其辩证性质主要体现为绝对性和相对性的统一。所谓绝对性，是说生产力在一定的发展阶段上毕竟是对生产关系的确立提出了一个基本要求的，亦即有一些基本的条件规定的，只有符合这个基本要求和基本条件的生产关系才能建立和存在。这是绝对的。从发展的趋势看，生产力要求生产关系尽可能地有利于它的发展，不利于生产力发展的那些生产关系，最终是要被破除和代替的，这个总的趋势也是绝对的。但是另一方面，生产力决定作用的相对性又表现在：一定的生产力对生产关系的基本要求和条件往往有一个辩证的幅度和范围，而不是一个形而上学的僵硬的点。就是说，在生产力发展的一定阶段上和一定时期内，有可能容许不同的生产关系这样那样地存在。而生产力要求生产关系优胜劣汰的总趋势，又是具有一定的弹性和伸缩性的，其具体实现过程往往是不一致的。这样，生产关系在生产力基础上的存在和发展状况，在这个相对性的范围之内，就是由各种具体的社会历史因素所制约和影响着的，于是便会出现各种复杂多样的情况，包括不同生产关系在一定的生产力水平上交错并存。

生产力决定作用的这种辩证性质，还可以用"区间"的概念来说明。生产力在根本意义上决定着生产关系，任何生产关系的存在，都必须有一定的生产力根据。但是一种生产关系的生产力根据，往往是一个"区间"，这个"区间"有上限和下限，即最高点和最低点。而不同的生产关系的存在"区间"，并不是机械地先后排列的，而是存在不同程度的交错。这种交错也就为不同生产关系在一定的生产力水平上并存提供了可能，而在适宜的具体历史条件和因素的影响下，可能便转化为现实。

从历史上看，生产力决定生产关系的辩证性质在各个社会发展阶段上都曾有过许多具体的表现；而在当代，突出的表现便是社会主义与资本主义在一定的生产力水平上交错并存。从对生产决定生产关系原理的形而上学理解出发，当然无法说明这一现实问题；而当我们从理论上深入了解了生产力决定作用的辩证性质，这一问题也就便于认识和解决了。当代社会主义和资本主义正处于生产力决定作用的相对性范围或"交错区"之内：西方国家的具体历史条件，使资本主义生产关系还可以在现有的生产力水平上继续存在，而中国所处的特殊的历史条件，却使我们较早地建立了社会主义的生产关系。可以说，我们是在生产力根据的"下限"进入社会主义的，亦即平时人们常说的"起点低"。也正因为此，我们才不得不经历一个特殊的"社会主义初级阶段"。但是，不能由此便说中国社会主义搞得"超前了"，因为我们毕竟已经具备了建立社会主义生产关系所需要的最起码的生产力条件，这些条件经过新中国成立后几十年的发展更是有了很大的改善。虽然我们的生产力根据不够充分，但决不是脱离生产力根据的"超前"，这里有着原则的不同。

生产力对生产关系的决定作用既有绝对性的一面，又有相对性的一面，只看到绝对性方面而忽视其相对性方面是不对的。但是又要看到，生产力决定作用的相对性最终要从属于绝对性，生产力的发展，最终要推动生产关系的变革。而处于更高历史地位的社会主义生产关系，最终要取代资本主义生产关系；虽然社会主义生产关系在开始时有这样那样的不足，会遇到这样那样的曲折，但它最终会随着生产力的发展而不断生长和成熟起来。这一点是由生产力决定作用的绝对性所规定的，怀疑这一总的趋势，以生产力决定作用的相对性否认其绝对性的方面，同样是不正确的。

3. 关于社会形态理论与"信息社会"等问题

按照历史唯物主义传统理论，人类社会的历史发展有一个由低级形态不断向高级形态演进的过程，其中包括原始共产主义社会、奴隶社会、封建社会、资本主义社会、社会主义和共产主义社会等几种基本的社会形态。但是，近些年来，随着我国对外开放的实行和对西方国家的接触了解，特别是对世界新技术革命的了解，一个新的概念也开始从西方流入我国，并获得了颇为广泛的传播，这便是"信息社会"的概念。伴随它的还有一系列相应的概念，如"农业社会"、"工业社会"、"后工业社会"等。美国社会学家阿尔温·托夫勒的《第三次浪潮》以及约翰·奈比斯特的《大趋势》等书在中国成为畅销书。但是，信息社会等概念与历史唯物主义传统理论对社会形态的划分显然不同，如何对待这些新引进的概念，许多人存在疑惑，而理论界也就此进行了新的探讨。

一种观点认为，信息社会等概念是西方资产阶级学者用以区分社会发展阶段的概念，是不科学的、反历史唯物主义社会形态理论的；西方学者提出信息社会概念，是鼓吹技术决定论和历史趋同论，抹煞不同社会形态的本质区别，否认资本主义必然为社会主义所代替。持这种观点的同志认为，划分社会形态只能以生产关系为基本标准，人类社会只能据此划分为原始社会、奴隶社会、封建社会、资本主义社会、社会主义和共产主义社会等具体形态，而不能有别的划分。

但是另一些同志不赞成这种观点。他们认为，对信息社会等概念不应简单地加以否定，而应对其进行具体的分析。西方学者用这些概念来反对历史唯物主义的社会形态理论、宣扬"趋同论"等固然是错误的，但是我们不妨对这些概念进行提炼和改造，吸取其合理的内容，以丰富和发展历史唯物主义的社会形态理论。于是，讨论中提出了一个新的观点，即认为社会形态可以从不同的标准和角度加以区分：历史唯物主义传统理论所讲的社会形态，主要是"经济社会形态"，即以生产关系为区分社会形态的基本标准；而我们完全可以为传统理论补充一个新的范畴，即"技术社会形态"，这种社会形态主要从生产力的技术发展水平以及与此相联系的产业结构着眼去加以划分的。所谓"信息社会"以及"农业社会"、"工业社会"等概念，完全可以在这个特定的意义上使用。

这两种观点如何评价？应该说，后一种观点是比较可取的。唯物辩证法告诉我们，任何事物的质都是多方面的，而不是单方面的，事物的区分可以从它不同的质的方面出发。对于社会发展阶段和类型来说，同样是如此，它的质的规定性完全可以从不同方面和角度去把握，所以它的划分标准不是一维的，而是多维的。毋庸置疑，当年马克思提出"社会形态"这个范畴的时候，是有着特定的涵义的，是从"经济社会形态"这个特定的角度和方面提出来的；在马克思那里，社会形态是作为"经济社会形态"的同义语而使用的。后来在我们的教科书中也有一个流行的范畴，即"社会经济形态"，讲社会形态，也就是讲"社会经济形态"。而据考证，"社会经济形态"这个概念的来源也就是马克思的"经济社会形态"，只是当时在翻译过程中出了偏差，把"经济"与"社会"两个词的词序倒置了。据查德文原文是 Ökonomische Gesellschaftsformation，正确的译法应该是"经济社会形态"，而不是"社会经济形态"。那么，既然经济社会形态主要是从生产关系入手去划分社会发展阶段和基础，它便是从这一个角度和方面去揭示社会发展阶段和类型的质的规定；而这并不妨碍我们从其他角度和方面去揭示社会发展阶段和类型的质，并对其加以区分。所谓"技术社会形态"，正是从生产力状况这个不同的角度和方面着眼的，是可以成立的。如果我们把"社会形态"这个范畴作为标志着社会发展的一定阶段和类型的总的范畴，那么经济社会形态和技术社会形态就是分别从两个不同的角度和方面去揭示社会形态的质，它们并不矛盾。相反，却可以使我们对社会形态亦即社会发展阶段和类型的认识趋于全面，从而更好地指导社会实践。

所以，如果我们把西方学者提出的"信息社会"以及"农业社会"、"工业社会"等概念批判地加以改造，把它们归入"技术社会形态"的范畴，对于丰富历史唯物主义的社会形态理论是十分有益的。但是在这里还应进一步指出两点：

第一，技术社会形态固然是从生产力的技术水平着眼，但它不应只停留在对生产力的考察上，而应以此为基点考察整个社会领域，揭示不同的生产力状况给社会的经济、政治、文化等各个领域所造成的不同的影响。农业社会、工业社会以及即将到来的信息社会，在社会各个领域都有不同的技术特征。西方学者只强调这些特征而抹煞生产关系的不同性质，是错误的；而我们如果由此便撇开这些特征，也同样是不对的。相应地，经济社会形态也不应只考察生产关系，而是以生产关系为基点，考察其对整个社会的作用和影响，以及由此形成的整体特征。

第二，必须正确处理技术社会形态与经济社会形态的关系。有的同志担心，提出技术社会形态范畴会不会造成混乱？只要我们处理好它与经济社会形态范畴的关系，就不会出现这种情况。必须明确，这两种社会形态范畴各有自己的特定角度和方面，各有自己的价值和意义，它们是互补关系，而不能相互替代。以其中任何一个否定另一个，都是不正确的。但同时又要看到，正如事物的各方面的质有主要和次要之分一样，这两种社会形态范畴的地位也不是简单平列的，经济社会形态仍然是我们把握社会形态的最主要的质、划分社会发展阶段和类型的最重要的范畴。我们仍必须首先掌握历史唯物主义关于经济社会形态的理论。

二、新的课题与新的探讨

除了传统理论在新的实践过程中不断深化之外，历史唯物主义还不断拓展自己的研究领域，围绕实践提出的新课题进行新的探讨。这些方面最引人注目的便是关于人的问题的探讨，而这一探讨又与社会主客体问题的研究交织在一起。

所谓社会主体，也就是在现实社会中存在着的人；而所谓社会客体，主要是指人所存在于其中的社会结构体系，即传统理论中所谓生产力、生产关系（经济基础）、上层建筑等等。过去，我们对社会客体的方面研究较多，而对社会主体的方面即人的问题研究较少，甚至在"左"的观念影响下把这方面问题统统划到历史唯心主义一边去。但是随着当代实践特别是我国社会主义实践的发展，有关社会主体即人的问题从各个角度日益突出地提到我们面前，要求我们做出回答。再加上中西文化交流中这方面问题也大量出现，便促使我们在这方面进行一系列新的研究和探讨。这里我们主要讲两个问题。

1. 人的价值、人的发展与人权问题

人的价值这个概念在理论上有各种不同的涵义，可以从不同层次和角度展开探讨。从历史唯物主义的角度来讲，它首先意味着在社会主体与社会客体的统一中，在人类社会的历史过程中，作为社会主体的人所处的价值地位。

我们正在进行社会主义的实践,将来还要搞共产主义。但是搞社会主义和共产主义的最终目的究竟是什么？这个问题上有着各种模糊认识。人们往往把建立一种理想社会当作最终目的,而实际上这种理想社会只是为了人才建立的,人本身的存在和发展才是真正的最终目的。对于作为社会主体的人来说,作为社会客体的社会结构体系在根本上只能具有手段的意义。这种根本意义上的目的和手段的关系,便确定了人在社会历史领域中的最高价值地位,它是人的价值的最根本的体现。那么,社会主义和共产主义社会是否承认人的这种最高价值地位？答案无疑是肯定的。马克思主义创始人明确认为,共产主义就是要最终实现人的解放。《共产党宣言》有一句名言:"代替那存在着阶级和阶级对立的资产阶级旧社会的,将是这样一个联合体,在那里,每个人的自由发展是一切人的自由发展的条件。"① 这一被恩格斯认为最能体现他们思想而又在过去的很长时期中被人们忽视了的论断,其落脚点正是人的存在和发展,是把人作为最终目的的。并且按照马克思和恩格斯的思想,资本主义以及以往一切阶级社会都由于存在阶级对立而不能真正广泛地保证人的最高价值地位的实现,只有社会主义和共产主义社会才有可能做到这一点。

我们在根本意义上承认人的最高价值地位,即把作为社会主体的人看作最终目的,而把作为社会客体的社会结构体系看作手段,这并不排除在二者统一发展的过程中目的和手段的相互转化。为了推动社会结构体系的进步,人又必须作为手段而付出努力和代价。但是,这种具体过程中的目的和手段关系,最终还是为了人的存在和发展,丝毫也不改变人在根本意义上的最高价值地位。

明确了人的最高价值地位,就要求我们在社会主义实践中真正

---

① 《马克思恩格斯选集》第1卷,人民出版社1972年版,第273页。

尊重人的价值，努力实现人的价值。遗憾的是过去我们在这方面做得不够，特别是"文化大革命"期间，人的价值曾遭到粗暴的践踏，给人们的心灵留下了痛苦的印记。这一沉痛的教训必须认真吸取。在新的实践中，必须以人为最终目的。这也就是人民利益高于一切的原则，我们所做的一切，最终都必须以是否符合人民群众的利益为准则。要认识到，社会主义如果不能尊重和实现人的价值，这种社会主义本身就是没有价值的，也就不是真正的社会主义。我们当然要提倡为社会主义事业而献身的精神，但这种献身最终是为了广大社会成员都能走向幸福美好的生活，而绝不是把社会主义当作抽象的教条。

对整个社会来说，要尊重和实现人的价值，就必须维护和促进人的存在和发展。人的发展从广泛的意义上说包括两个方面：需要的不断满足和能力的不断拓展。一方面，人作为特殊的自然存在物和社会存在物的统一，具有多层次、多方面的需要，既有自然方面的需要，也有社会方面的需要；既有物质生活需要，又有精神生活需要。美国心理学家马斯洛曾把人的需要划分为生理需要、安全需要、归属与爱的需要、尊重的需要、自我实现的需要以及认知需要和审美需要等几个基本层次。需要和满足是一对矛盾，二者在实践中不断解决又不断产生；而要维护和保证人的发展，就必须认真研究这些需要，并不断满足和实现这些需要。另一方面，人的特殊本质决定了人具有自觉能动的特性，这种特性便体现为在各个领域中的认识和实践的能力；而要维护和保证人的发展，还必须大力开拓人的能力，使其广泛、全面地得到发展。这也就是人的素质的不断提高。当然，作为主体的人的发展是以作为客体的社会结构体系的进步为基础的，是要受到各方面社会条件的制约的。社会生产力的发展水平，是人的发展的根本前提，而社会关系和社会制度，则直接制约着人的发展的实现。在资本主义社会和以往的阶级社会里，人的发展首先表现为剥削阶级的发展，广大劳动阶级则处于被压迫的地位；马克思曾深刻地分析了阶级社会中人的发展的这种"异化"现象。而在社会主义社会中，我们应该并且能够消除这种异化，使广大劳动群众获得解放，并在大力发展生产力的基础上，促使人的发展的真正广泛实现。

但是，在过去的很长时期中，我们对人的发展问题认识不够，对人的需要及其实现问题尤其缺乏认识。在"左"的倾向影响下，甚至一些基本的生活需要都被说成是"资产阶级生活方式"，至于社会政治生活和思想文化生活等方面的一些较高层次的需要及其实现，更是知之甚少。改革开放以来，需要问题开始引起了人们的重视，认识上也有了进步，但总的来说还很不够，还比较简单和片面。我们整天讲人民群众的利益，而人民群众的利益实质上也就是他们各方面需要的实现。不研究这些需要，所谓人民利益只能是一个抽象的概念。当然，我国社会主义还处于初级阶段，还刚刚解决了温饱问题，全面满足广大社会成员的多层次需要还有这样那样的困难。但是，这毕竟是一个关系到社会主义实践的总的方向的问题，我们搞建设，搞改革，都不能忘记这个方向。过去那种漠视人的需要和人的发展，把社会主义变成一些"革命"口号和抽象原则的错误做法，绝不能再出现了。

人的价值和人的发展问题，与人权问题有着密切的联系。所谓人权，就一般涵义来讲便是人作为人所应该享有的普遍权利。要尊重和实现人的价值，促进和保证人的发展，就必须承认和维护人的权利。人权概念在历史上本是由资产阶级思想家提出来的，他们从唯心史观的立场出发，把人权解释为"天赋权利"，从而形成了一套抽象的人权思想体系。但是不论资产阶级人权观如何，人权问题却是客观存在的。我们过去对这一问题缺乏研究，将其简单地归入资产阶级思想体系而加以排斥，在理论上和实践上都造成了不利的后果。近些年来，我们开始正视人权问题，并取得了一些初步的认识成果；但同时又出现了一种不正确的倾向，即仅仅把人权问题研究当作抵制西方国家"人权攻势"的策略手段。实际上，我们首先需要做的，是在运用马克思主义观点对人权问题进行科学研究的基础上，深入探讨在我国社会主义实践中如何正确地解决好人权问题。

从历史唯物主义观点来看，人权不是什么"天赋的"抽象权利，而是在现实的社会中存在着的现实的权利。马克思说："权利决不能超出社会的经济结构以及由经济结构制约的社会的文化发展"；[①] 在不同的社会体系中，人的权利的状况是不同的。在资本主义以前的奴隶社会和封建社会的阶段上，人的权利以公开的特权形式存在，还谈不上普遍的人权。资本主义打破了旧的等级制度，在形式上实现了人与人的平等，这才谈得上作为普遍权利的人权。但是资本主义私有制基础上的阶级对立和实际不平等的存在，使得资本主义人权实际上为资产阶级所享有，而对工人阶级和广大劳动群众却难以真正落实。只有在社会主义社会中，由于公有制的建立和阶级对立的消除，工人阶级和广大劳动群众才真正有可能享有广泛的权利，从而也才可能使人权得到真正广泛的实现。

从内容上讲，社会主义人权应是对资本主义人权的辩证扬弃。资本主义人权包括私有财产、平等、自由等基本权利以及与资本主义社会关系体系相适应的各种具体权利，社会主义人权则应在生产资料公有制的基础上主张彻底的平等和自由，并应确立与社会主义社会关系体系相适应的具体权利体系，包括经济权利、政治权利、思想文化权利以及其他社会生活方面的权利。

我国社会主义社会建立几十年来，在人权方面无疑已取得了很大的成绩。但是也应看到，这方面仍有许多问题需要进一步解决。

[①] 《马克思恩格斯选集》第3卷，人民出版社1972年版，第12页。

我们的人权体系还需要进一步充实和拓展，权利的规定还应进一步科学化和具体化；更重要的是通过经济、政治以及思想文化领域的体制改革，通过发展生产力和物质、文化条件的积累，促使社会主义人权在各个方面的进一步落实。现阶段经济领域中比较突出的问题，是在建立社会主义市场经济体制的条件下，如何保证工人阶级和劳动群众的主人翁地位；政治领域中则是如何加强社会主义民主建设，保障人民当家作主的权利。对于这些问题，我们必须给予足够的重视，并且下大气力认真加以解决。

2. 历史决定论与选择论：社会主义实践中的主体责任

近年来关于社会主体亦即人的问题的研究，还从另一个角度展开，即主体在社会历史过程中的作用。在这方面，出现了有关历史决定论与选择论的争论。

所谓历史决定论，主要是强调社会历史发展有着不依人的意志为转移的客观规律，历史进程就是由这些客观规律所决定的。从这个意义上说，历史唯物主义历来就是主张历史决定论的，它的任务"就是要发现那些作为支配规律在人类社会的历史上为自己开辟道路的一般运动规律"[①]。但是近些年来，在丰富多彩的社会实践面前，不少学者提出，要真正全面地认识社会历史，仅仅注重客观历史规律的研究还是不够的，还必须承认作为社会主体的人在历史过程中的能动选择作用，以历史选择论补充历史决定论。这一主张在理论界引起了争论，一些同志认为，选择论是不能接受的，历史唯物主义只能是历史决定论，人的社会活动最终都要遵从客观历史规律。而同时也出现了另一种相反的倾向，即认为主体的选择在社会历史发展中实际上起着主要的作用，而所谓社会历史规律却是模糊不定的，从而对历史决定论产生怀疑。

---

① 《马克思恩格斯选集》第 4 卷，人民出版社 1972 年版，第 243 页。

究竟应该怎样认识这个问题呢？首先应该确认，社会历史领域中客观规律的存在是不容置疑的，那种企图以选择论否定历史决定论的倾向是错误的。但是另一方面，历史唯物主义主张的决定论应该是辩证的决定论，而不是机械决定论，那种把历史决定论与选择论完全对立起来的做法，也同样是不正确的。应该看到，社会历史领域同自然领域相比有一个显著的特殊性，即在这里活动着的都是有着思维和意识功能、有着自觉能动性的人，整个社会结构体系，都是由作为主体的人来承担的，所谓社会历史规律，就是在人的活动中展示出来的。恩格斯在《费尔巴哈论》中曾着重论证了这种特殊性并不妨碍社会历史过程同自然领域一样受客观规律的支配，然而这种特殊性毕竟使社会历史规律的展开过程具有了主体性的特点。社会历史规律是以人们的利益关系为中介反映在人们的头脑中，通过人们的意识规定着人们活动的一般趋向，最终决定社会历史发展的。但是，由于作为主体的人的个体素质和群体状况不同，他们对自己的利益和客观规律的意识的自觉程度不同，他们所做出的计划和决策以及实际活动的情况也就往往不同，这样，客观规律的实际展开过程也就会出现各种差异，社会历史发展也就表现出复杂多样性来。人们根据自己的意识进行决策并将其付诸实践的过程，就是所谓主体选择的过程。主体选择虽然最终是受客观历史规律制约的，但也毕竟可以在一定范围内影响到具体的历史进程，有时还会造成重大的历史差异。所以，历史唯物主义应该是历史决定论与选择论的辩证统一。

正确理解历史决定论与选择论的关系，可以使我们进一步全面地认识社会历史发展的复杂进程和当代各种重大的历史差异，进一步全面地总结社会主义实践的历史经验。更重要的是，使我们进一步明确在建设有中国特色社会主义实践中的主体责任。大家知道，我们中华民族是历史上最古老的民族，它曾创造了灿烂的文明，但也经历了太多的艰难、停滞和曲折，遭受了太多的痛苦和贫穷。今天，我们的责任是要在尊重客观历史规律的前提下，为中国选择一条最有希望、最少曲折、最合理、最科学的道路，使它能尽快地兴旺发达、走向强盛，使我们的人民能够早日走向富裕、文明的新生活。我们已经确定了建设有中国特色社会主义这条总的道路，但是建设有中国特色社会主义的许多重大问题，还需要我们在改革的实践中进一步摸索。改革是中国的第二次革命，同时也就是中国的第二次选择。改革的命运如何，中国的前途如何，各种可能性就掌握在我们的手上。我们每一个领导干部，都必须具备强烈的主体责任意识，必须努力尽到自己的职责，真正无愧于我们的历史使命。

（本文为中共中央党校讲稿，曾印发校内相关班次，此处依据中央党校教务部 1993 年 10 月印发稿）

坚持和发展马克思主义哲学的唯物史观

（2015 年 9 月）

很高兴来参加中国社会科学院首届"唯物史观与马克思主义史学理论论坛"。如会议文件中所阐明的，这一论坛的主旨是坚持和发展唯物史观，发挥唯物史观在史学研究中的根本指导作用。在马克思主义哲学的唯物史观遇到种种质疑和挑战的今天，围绕这一主题展开深入研讨，无疑具有特殊重要的意义。

众所周知，唯物史观即历史唯物主义是马克思主义哲学最重要的成果，它从人的现实存在和活动出发，揭示了社会历史领域的客观规律，为解开历史之谜、认识社会历史领域的一系列重大问题提供了科学的方法论。事实已经表明，历史唯物主义的基本原理具有普遍的真理性，虽然一个多世纪以来世界发生了很大的变化，社会历史领域出现了许多新的情况，但这些基本原理并不过时，因而应该继续坚持；无论是史学研究还是当代实践中的重大现实问题研究，都应该以历史唯物主义的方法论为指导。当然，历史唯物主义并不是所谓绝对真理的封闭体系，而是一种在实践的基础上不断生长着的活的学说；要真正有效地坚持这一科学方法论，就必须将坚持与发展统一起来，不断深化历史唯物主义理论自身的研究，使之始终保持内在的生机和活力。

应该肯定，经过长期的努力，我们在历史唯物主义理论的研究中已经取得了许多新的进展，获得了一系列有价值的成果。但与此同时，也还有不少问题需要进一步研究和探讨；特别是在一些重大理论问题上，讨论中还存在各种争议和分歧。这些问题涉及对历史唯物主义基本原理的理解和把握，也关系到历史唯物主义在史学研究和现实研究中的方法论应用，因而必须给予充分的重视和关注。

例如，关于社会历史领域中的主客体关系，以及社会发展与人的发展的关系问题。在历史唯物主义看来，社会主客体关系是社会历史领域中的一种基本关系，其中人是主体，而人所赖以存在的社会结构体系则作为客体与之相对应。社会主体与社会客体之间是相互联系和制约着的：一方面，人是现实的人，它的存在和发展要受到其所在的社会结构体系的制约；另一方面，作为客体的社会结构体系又是主体认识和改造的对象，是在人的实践中发展和改变着的。而进一步说，社会主客体之间还存在着一种特殊的价值关系，其中人（主体）是目的，而社会（客体）则是手段，社会发展最终是为人的发展服务的。应该承认，在过去一个时期中，有关历史唯物主义的研究往往更多地侧重于社会客体即社会结构体系的方面，而对于社会主体即人的问题关注不够。在新的时期，主体方面的研究得到了有力的加强，对于人的问题的认识大大地向前推进了。历史唯物主义研究的这一新的进展应该充分肯定，但同时也应看到，讨论中也出现了一种极端倾向，即在强调主体方面的同时，忽视甚至否定客体方面的研究，特别是关于社会历史领域中客观规律的研究。这种倾向是应该防止和反对的。须知马克思恩格斯当年创立唯物史观，就是反对像人本主义那样抽象地谈论人，而是要研究"现实的人"[①]，即存在于一定的社会结构体系之中的人。他们关注人的发展

---

① 《马克思恩格斯选集》第 4 卷，人民出版社 2012 年版，第 247 页。

和解放，但他们不是空喊口号，而是从人所在的社会着眼，研究和揭示社会历史领域的客观规律，探索人的发展和解放的现实道路。忘记了这一点，忽视和否定这一方面的研究，就等于放弃历史唯物主义的基本立场，重新退回到肤浅的人本主义那里去。

与这一问题相联系的是有关决定论与选择论问题的争议。马克思主义哲学的唯物史观承认社会历史领域的客观规律以及由这些规律所决定的历史必然性，在这个意义上主张历史决定论。但历史唯物主义所讲的决定论不是机械决定论，而是辩证决定论，它并不否定人的主体性，而是充分肯定主体选择在历史进程中的重要作用，主张将决定论与选择论结合起来。近些年来，关于这方面问题的讨论深化了对客观规律与人的活动之间关系的认识，对于丰富和发展历史唯物主义的相关原理起到了积极的促进作用。但是讨论中也出现了一种极端倾向，即将决定论与选择论对立起来，片面强调主体作用，以选择论否定决定论，最终导致否定社会历史领域的客观规律。这种倾向同样是不正确的。正如恩格斯曾强调指出的，虽然在社会历史领域活动着的是"具有意识的、经过思虑或凭激情行动的、追求某种目的的人"，但这"丝毫不能改变一个事实：历史进程是受内在的一般规律支配的"[①]。历史唯物主义所要做的，便是"通过发现现实的联系"来消除"哲学家头脑中臆造的联系"[②]。离开了这一基本立场，就不可能正确地认识历史；而在现实实践中，更是会带来严重的危害。新中国成立60多年来的经验教训，已经深刻地证明了这一点。

同时还需要指出的是，我们这里所说的社会历史领域的客观规律，以及经典作家所讲的"现实的联系"，主要是指社会结构体系存

---

① 《马克思恩格斯选集》第4卷，人民出版社2012年版，第253、254页。
② 《马克思恩格斯选集》第4卷，人民出版社2012年版，第253页。

在和发展的内在机制。有一种常见的误解，即将这个意义上的客观规律混同于社会历史发展的一般进程，其实这并不是一回事。当然，历史进程是受客观规律支配的，体现着客观规律所决定的历史必然性；但它只是客观规律起作用的最终结果，而不是客观规律本身，不能混为一谈。提到社会历史发展的进程问题，近些年来也有许多讨论，并取得了积极的进展，特别是对于一般进程与特殊进程的辩证统一有了更为深入的认识。但这里也存在一些值得注意的问题，所谓一般进程常常被简单、机械地加以理解，从而离开了它的本来意义和存在的条件，变成一种不符合实际的僵硬的教条；而社会历史发展的特殊进程则被看作一些互不相干的孤立事件，从而与一般进程分割和对立起来。这样一些片面的认识，不符合历史唯物主义的基本原理，同时也难免会造成历史研究和现实研究中的混乱，必须予以澄清。

除了以上问题之外，历史唯物主义的其他原理也遇到了不少争议，例如阶级、国家、社会革命等方面的原理。至于应用方面的问题，那就更是不少。此外，对于历史唯物主义在马克思主义哲学中的地位，及其与马克思主义哲学其他原理之间的关系问题，近年来也成为讨论的热点，其中所出现的一些争议和分歧也都值得关注。而从总体上看，在以上各方面问题的讨论中，需要特别注意一个共同的思想方法问题，即不要走极端。许多事物本来不是简单对立的，而是可以也应该统一起来加以把握的。我们不能采用那种绝对化和片面化的思维方式，不要总是在非此即彼的对立中思维，或者从一个极端跳到另一个极端。包括历史唯物主义在内的马克思主义哲学是一种科学性质的学问，我们也必须以科学的态度去对待它。只有这样，才能真正有效地推进这一领域的各方面问题研究，取得更多有价值的成果。

从此次论坛的安排来看，研讨的内容比较广泛，既包括唯物史观方面的问题，也包括历史学方面的问题；参加会议的既有历史学科的学者，也有马克思主义理论特别是马克思主义哲学学科的学者，可以说是一次跨学科的研讨活动。这样一种安排很有意义，各相关学科理应携起手来，各取所长，优势互补，形成合力，共同推进唯物史观和马克思主义史学理论研究。

（在中国社会科学院首届"唯物史观与马克思主义史学理论论坛"上的致辞，收入张顺洪、吴英、董新洁主编：《唯物史观与马克思主义史学新视野——中国社会科学院首届唯物史观与马克思主义史学理论论坛文集》，中国社会科学出版社2016年版）

历史唯物主义与历史虚无主义：历史观层次的相关问题

(2017年7月)

历史虚无主义是当前思想文化领域中的错误思潮之一。这一思潮不仅表现在对一些具体历史问题的解读中，而且还反映在更高层次的历史观方面。要真正澄清认识，消除这一错误思潮的不良影响，就必须以马克思主义哲学的历史唯物主义为指导，对历史观层次的一些重要问题做出分析和探讨。

一

众所周知，人所在的社会历史领域与自然领域相比，具有很大的特殊性。在自然领域中，存在着的是各种自然事物，它们的运动是按照各自的自然属性进行的，所谓客观规律就通过这些自然的过程体现出来。而"社会发展史却有一点是和自然发展史根本不相同的"，"在社会历史领域内进行活动的，是具有意识的、经过思虑或凭激情行动的、追求某种目的的人；任何事情的发生都不是没有自觉的意图，没有预期的目的的"。① 正是这样一种特殊的情况，很容

---

① 《马克思恩格斯选集》第4卷，人民出版社2012年版，第253页。

易形成一种认识上的障碍，似乎社会历史发展是由人们的意识和动机所支配的，而不是像自然界那样存在着客观规律。这也是唯心史观在历史观领域中长期占据统治地位的认识论原因。

而当马克思和恩格斯创立自己哲学的时候，他们并没有在这种障碍面前止步，而是通过进一步深入的研究和探索，最终突破了这一障碍，创立了历史唯物主义亦即唯物史观。他们指出，虽然社会历史领域的情况同自然界存在明显差别，但"不管这个差别对历史研究，尤其是对各个时代和各个事变的历史研究如何重要，它丝毫不能改变这样一个事实：历史进程是受内在的一般规律支配的"①。人作为主体无疑具有特殊的能动作用，但人的活动必须遵从社会历史领域的客观规律，否则便不能取得成功。社会历史领域的客观规律决定着社会历史发展的必然趋势，并从根本上制约着人的活动。马克思和恩格斯从这一基本立场出发，进而揭示了社会历史领域的一系列重要规律，特别是社会基本矛盾即生产力与生产关系、经济基础与上层建筑矛盾运动的规律，从而为这一领域的认识和实践提供了科学的方法论指导。

但是，在历史虚无主义那里，社会历史领域的客观规律却遭到忽视和否认。它在考察历史事件及相关问题时，往往只从人们的意识、观念以及他们具体活动的情况去了解，而不去探究隐藏在这些事件背后的客观规律及其作用。在这种思潮看来，历史事件主要取决于人们的动机、愿望和所做努力的程度，可以这样，也可以那样，并不存在什么历史必然性。这样一种倾向，实际上又回到历史唯心主义的老路上去了。

与这一问题相联系的，则是有关决定论与选择论问题的争议。历史唯物主义承认社会历史领域的客观规律及其所决定的历史必然

---

① 《马克思恩格斯选集》第4卷，人民出版社2012年版，第253—254页。

性,也就是在这个意义上承认历史决定论。但这种决定论并不是机械决定论,而是辩证决定论,它在承认客观规律及其决定作用的前提下肯定主体选择的重要作用,主张将决定论与选择论结合起来。应该说,近年来关于这方面问题的讨论深化了对客观规律与人的活动之间关系的认识,对于全面理解和把握历史唯物主义的基本原理起到了积极的促进作用。但是讨论中也出现了一种极端倾向,即将决定论与选择论对立起来,离开客观规律片面强调主体的选择作用,最终以选择论否定决定论。而历史虚无主义思潮正是与这样一种极端倾向直接相通的。

我们强调社会历史领域的客观规律,主张以历史唯物主义为指导处理好尊重客观规律与发挥人的主体性之间的关系,这对于正确认识和解决当代中国社会发展中的重大问题具有特殊重要的意义。应该指出,我们正在进行的中国特色社会主义伟大事业,是马克思主义的科学社会主义在中国的具体实践;而科学社会主义之所以称为"科学",最根本的一条就是承认社会历史领域的客观规律,并要求按客观规律办事。因此,要建设中国特色社会主义,就必须坚持科学社会主义的这一根本要求,这是我们事业成功的根本保证。而历史虚无主义在这一问题上的错误倾向,必然会在实践中造成严重危害,因而必须加以反对。

二

对社会历史领域中客观规律的认识,直接关系到对社会发展的历史进程的理解和把握。在马克思主义哲学产生之前,历史唯心主义不承认社会历史领域的客观规律,而"这样一来,对伟大历史联系的合理看法就不可能产生,而历史至多不过是一部供哲学家使用的例证和图解的汇集罢了"①。马克思主义哲学的历史唯物主义揭示了社会历史领域的客观规律及其所决定的历史必然性,从而为科学把握社会发展的历史进程提供了基本遵循。但同时也应看到,由于不同国家、不同民族所处的具体历史条件不同,其社会发展的历史进程也各不相同,从而使世界历史表现出丰富的多样性。而这是否就意味着,社会发展的历史进程只是一种杂乱无章的随机过程,并没有什么确定的轨迹可寻呢?当然不是。历史唯物主义告诉我们,正是在这些纷繁复杂的特殊进程中,隐藏着为客观规律和必然性所支配的一般趋势和脉络;一般与特殊总是相互依赖而存在,社会发展的历史进程也应从一般进程和特殊进程的辩证统一去考察。

应该看到,在社会基本矛盾运动等客观规律的推动下,人类社会总是要从低级形态向高级形态不断演进。在经济社会形态的视角内,展现出原始社会、奴隶社会、封建社会、资本主义社会、社会主义和共产主义社会等基本形态;在技术社会形态的视角内,展现出渔猎社会、农业社会、工业社会、信息社会等基本形态;而从主体即人的发展的视角看,则展现出马克思所说的"人的依赖关系"、"以**物**的依赖性为基础的人的独立性"、"建立在个人全面发展和他们共同的、社会的生产能力成为从属于他们的社会财富这一基础上的自由个性"等基本形态。② 这些社会形态的形成和演替,并不是随意和无序的,而是按照客观规律及其所决定的必然性有序展开,由此形成一种内在的逻辑链条,也就是通常所说的一般进程。但需要注意的是,这种内在逻辑作为一般进程在不同国家和民族的社会发展中展现出来时,往往会由于具体历史条件的不同而产生各种差

---

① 《马克思恩格斯选集》第 4 卷,人民出版社 2012 年版,第 236 页。
② 《马克思恩格斯文集》第 8 卷,人民出版社 2009 年版,第 52 页。

异，包括不同程度的阶段性"跨越"，由此形成复杂多样的特殊进程。而所谓一般进程就是在这样一些特殊进程的相互交织和联结中表现出来。

在这个问题上，必须防止和反对两种错误倾向。一种是对一般进程简单、机械地加以理解，从而离开了它的本来意义和存在的条件，将其变成一种不符合实际的僵硬的教条；另一种则是将特殊进程看作是一些互不相干的孤立事件，从而与一般进程分割和对立起来。而历史虚无主义却与这两种错误倾向直接相关，并常常是兼而有之：先是将社会发展的一般进程简单化、教条化，然后用具体实践中的各种特殊现象加以质疑和否定，最后引出历史进程纯属偶然、互不相干的结论。这样一来，历史进程的内在逻辑就被"虚无"掉了，历史也就可以为人们随意解释，进而按照自己的主观愿望随意"建构"了。

从当代中国社会发展的历史进程看，我们没有经历过资本主义充分发展的历史阶段，而是在半殖民地、半封建的落后基础上，经过新民主主义的过渡而进入社会主义社会的。这样一个特殊进程的形成，当然是与当时中国的具体历史条件相联系，同时也是我们党领导人民自觉实践的结果。但这一特殊进程并没有与社会发展的一般进程相脱节，其中依然体现着由客观规律所决定的社会形态演进的内在逻辑，并且始终受到这一逻辑的制约。我们已经深深体会到，社会主义作为社会形态演进的更高阶段，必须在大力吸收一切人类文明成果包括资本主义发展成果的基础上，才能真正建立起来。现在所应该做的，不是否定和背离这一逻辑，而是要以此为遵循，切实解决好建设中国特色社会主义实践中的相关问题。

三

考察一种历史观，不仅涉及其在社会历史领域的真理观问题，而且还涉及其在这一领域的价值观问题。马克思主义哲学的历史唯物主义首先是一种真理观，它从唯物主义的立场出发去考察社会历史领域的各种问题，研究和揭示了这一领域的客观规律，为这一领域的认识和实践提供了科学的方法论指导。而与此同时，历史唯物主义又有着自己的价值观，它把人的发展和解放作为最高价值目标，并从现实的人出发探索人的发展和解放的现实道路。在历史唯物主义看来，人作为主体是生活在作为客体的社会结构体系之中的，二者相互联系、相互制约；其中人（主体）是目的，社会（客体）是手段，社会发展最终是为人的发展服务的。但是另一方面，人的发展和解放不能离开社会，而只能在现实的社会发展进程中得到实现。因此，历史唯物主义在进行社会历史领域的价值评价时，主张将人的发展与社会发展统一起来，既从人的发展的角度去评价，也从社会发展的角度去评价，这两种尺度应统筹把握，不可偏废。

不仅如此，历史唯物主义还进一步指出，无论人的发展还是社会发展，都是一个历史的过程，因而应该历史地加以看待，也就是以具体的、历史的尺度来进行这一领域的价值评价，而不是简单地套用某种一成不变的抽象信条或观念。无论是评价历史事件还是历史人物，都应从具体的历史条件出发，看这些事件或人物对当时的社会发展和人的发展起到了什么样的作用，以及在什么程度上起到了这种作用。当然，这些事件及人物，也都会由于当时条件的制约而具有这样那样的历史局限，这同样需要具体地、历史地做出评价。

然而，在历史虚无主义那里，情况却不是这样。它在社会历史领域的价值评价，并不是采用具体的、历史的尺度和方法，也不重视主体尺度与客体尺度的统一，而恰恰是从某种抽象的信条或观念出发，将某种特定的价值取向绝对化、普遍化，用来衡量和评价历史上的各种事物。而且在许多时候，这种非历史的态度还常常与某种片面化、极端化的倾向叠加在一起，表现出很大的主观随意性，这就更不可能得出客观和公正的结论。

在当代中国社会发展的历史进程中，我们党带领人民进行革命、建设和改革的历史实践，谱写了许多雄伟壮丽的历史篇章。可以说，从我们党成立的那天起，便是把为人民谋利益作为自己的根本宗旨；我们推翻旧社会、建立新中国，就是为人民求解放，让劳动群众过上幸福美好的生活。虽然也曾经历过各种曲折和失误，但我们最终在各方面取得了举世瞩目的重大成就，这一点不容否定。为了社会的进步和人民的福祉，无数共产党人和先进分子进行了不懈的努力和奋斗，做出了巨大的贡献和牺牲；他们所表现出来的崇高品德和风范，是我们党和国家的宝贵精神财富，应得到应有的尊崇和弘扬，而决不能被"虚无"化。在当前新的发展阶段上，我们要不忘初心、继续前进，在以习近平同志为核心的党中央领导下，高举中国特色社会主义的伟大旗帜，为实现"两个一百年"战略目标和中华民族伟大复兴中国梦而奋斗。

（原载《马克思主义与现实》2017年第4期）

重视马克思主义哲学的学习和运用

(2015年5月)

感谢大家拨冗莅临,参加《马克思恩格斯列宁哲学论述摘编(党员干部读本)》出版座谈会。今天适逢马克思197周年诞辰;我们选择这一天召开这样一个座谈会,也是为了以此纪念这位人类历史上最伟大的思想家。

摆在我们面前的这本《马克思恩格斯列宁哲学论述摘编(党员干部读本)》,是根据中央有关精神和中央领导同志的指示编辑出版的。大家知道,我们党历来重视马克思主义哲学的学习和运用;正如习近平总书记所指出的,"学哲学、用哲学,是我们党的一个好传统。"① 党的十八大以来,这一传统得到了进一步的发扬,中央政治局先后两次以马克思主义哲学为主题进行集体学习,并要求全党认真学习和把握马克思主义哲学的基本原理。要学习就需要有适宜的读物,而《马克思恩格斯列宁哲学论述摘编(党员干部读本)》正是为了配合干部学习的有关安排,适应广大党员干部学习马克思主义哲学的需要而编辑的。为完成好这项任务,中央编译局组织了专门的选编组,在中央宣传部和中央马克思主义理论研究和建设工程

---

① 《人民日报》,2013年12月5日,第1版。

办公室的具体指导下认真开展工作。选编组从马克思主义经典作家的著作中选择和摘录了哲学方面的代表性论述，按照其内在逻辑编辑成书；之后在认真听取各方面意见的基础上数易其稿，特别是按照马克思主义理论研究和建设工程专家咨询委员会的审阅意见进行了多次修改和调整，最终通过审核，成为马克思主义理论研究和建设工程的又一项新的成果。

应该指出，作为我们党的指导思想的马克思主义，是一个内容十分丰富的科学思想体系，而其中最根本的东西便是它的哲学。当年马克思和恩格斯批判地吸收了以往哲学史特别是德国古典哲学的积极成果，在新的历史条件下创立了被他们自己称为"新唯物主义"的新的哲学。这种新的哲学实现了哲学史上的根本变革，使哲学第一次具有了真正科学的性质，成为一种科学世界观和方法论。正是在这样一种科学世界观和方法论的指导下，马克思和恩格斯对资本主义社会进行了深入的研究和批判，进而揭示了社会主义取代资本主义的客观必然性，使社会主义从空想变成科学。可以说，整个马克思主义的学说体系，都是以这一科学世界观和方法论为指导而建立起来的。因此，要学习马克思主义，最根本的就是从哲学层面把握它的科学世界观和方法论。也正因为如此，我们党才特别重视马克思主义哲学的学习和研究，并努力将其运用于中国革命和建设的实践。在以往的进程中，我们以这一科学世界观和方法论为指导，创造性地解决了中国革命的特殊道路问题，取得了革命的成功；继而又进行了建设社会主义的艰苦探索，最终开辟了建设中国特色社会主义的正确道路。如今，我们党和国家的事业发展已进入一个新的阶段，全党和全国人民正在以习近平同志为总书记的党中央带领下，协调推进"四个全面"，为实现"两个一百年"的奋斗目标和中华民族伟大复兴的中国梦而奋斗。在这一新的实践中，同样需要认真学习和研究马克思主义哲学，以这一科学世界观和方法论为指导，探索和解决各种新的重大问题。

马克思主义哲学是一种科学性质的学问，要真正学好用好这一哲学，就必须采取科学的态度和方法。其中十分重要的一条便是读原著，从马克思主义经典作家的著作中原原本本地学习和把握马克思主义哲学。现在对马克思主义哲学有各种各样的解说，其中不乏真知灼见，但同时也会存在某些不正确的理解，甚至明显的误读和曲解。要想明辨是非，做到正确理解和把握，就必须研读原著，掌握第一手材料。我们编辑出版这本《马克思恩格斯列宁哲学论述摘编（党员干部读本）》，也正是为了帮助和推动广大党员干部学习马克思主义经典作家的哲学原著。当然，作为一种摘编本，它只是选摘了原著中有代表性的部分论述，可以为学习原著提供某些方便，但并不能完全代替原著；应把阅读这个《摘编》与完整地阅读原著结合起来。要注重从整体上把握马克思主义哲学的内在逻辑，防止将其中的某些论断与这一整体逻辑割裂开来，孤立、片面地去理解，那样就会走向谬误。此外，还应防止那种教条化和绝对化的倾向，要看到马克思主义哲学是一种不断发展着的活生生的学问，经典作家的认识成果与人类认识的其他科学成果一样，都是绝对真理与相对真理的统一。我们要在继承前人已有成果的基础上，不断做出新的研究和探索，推动马克思主义哲学的创新发展。

分专题摘编马克思主义经典作家的论述，是一项政治性、专业性都很强的工作，各方面要求是比较高的。在这本书的编辑过程中，虽然参与工作的同志付出了很大的努力，但难免还存在这样那样的疏漏和不足。希望各位专家和同志们提出意见和建议，以便我们进一步改进工作。此外还应说明的是，除了这本《马克思恩格斯列宁哲学论述摘编（党员干部读本）》，我们还将不断推出马克思主义经典作家其他各方面论述的摘编本；目前已有一个系列安排，有关编辑工作正在抓紧进行中。希望这些工作继续得到各方面的支持和帮助。

（在中共中央编译局召开的《马克思恩格斯列宁哲学论述摘编（党员干部读本）》出版座谈会上的致辞，原载《马克思主义与现实》2015年第3期）

发挥马克思主义哲学在当代实践中的指导作用

(2015年5月)

我们党所具有的一个显著特征,便是从一开始就强调从思想上建党,把马克思主义的科学理论作为我们事业的指南。其中,正如习近平总书记所指出的,"十分重要的一条就是坚持用马克思主义哲学教育和武装全党"。① 党的十八大以来,中央政治局先后两次以马克思主义哲学为主题进行集体学习,强调要"不断接受马克思主义哲学智慧的滋养",自觉运用马克思主义哲学的基本原理指导当代实践。对此,我们必须从应有的高度深刻认识和理解。

一

众所周知,马克思主义是一个博大精深的思想体系,其基本内容包括哲学、政治经济学、科学社会主义等基本组成部分,贯穿哲学社会科学的各个学科领域。而在其中,处于最深层次的便是它的哲学。当年马克思和恩格斯在创立自己的学说时,批判地吸取了以往哲学史特别是德国古典哲学的积极成果,在新的历史条件下创立

---

① 《人民日报》,2013年12月5日,第1版。

了被他们自己称为"新唯物主义"的新的哲学。这种新的哲学实现了哲学史上的根本变革，使哲学第一次具有了真正科学的性质，成为一种科学世界观和方法论。从基本特征上说，它是一种辩证的、历史的和实践的唯物主义。它立足于世界观的高度，科学地揭示了世界的本质和最一般规律，并以实践为基础科学地解决了人与外部世界的关系问题；其中最重要的成果，便是揭示了社会历史领域的客观规律，以及人类社会从低级形态到高级形态不断演进和发展的必然趋势，从而为人们认识和改造社会的实践提供了根本的方法论指导。正是在这样一种科学世界观和方法论的指导下，马克思和恩格斯对资本主义社会进行了深入的研究和批判，特别是从政治经济学的层面上揭示了资本主义生产方式的内在矛盾及其运动规律，通过剩余价值学说"彻底弄清了资本和劳动的关系"；在此基础上进一步揭示了社会主义取代资本主义的客观必然性，并对未来社会主义社会的一系列重大问题做出了科学的研究和探讨，创立了科学社会主义。可以说，整个马克思主义的学说体系，都是以这一科学世界观和方法论为指导而建立起来的。

正因为马克思主义哲学是这样一种具有根本指导意义的科学世界观和方法论，我们党才十分重视对这一哲学的学习和运用。学习马克思主义，最根本的就是要把握它的世界观和方法论，并将其运用于革命和建设的具体实践，探索和解决所遇到的重大问题。在以往的进程中，中国共产党人正是以这一科学世界观和方法论为指导，创造性地解决了中国革命的特殊道路问题，取得了革命的成功；继而又进行了建设社会主义的艰苦探索，最终开辟了建设中国特色社会主义的正确道路。如今，我们要把党和国家的事业发展继续推向前进，实现"两个一百年"的奋斗目标和中华民族伟大复兴的中国梦，同样需要科学世界观和方法论的指导；这就要求我们充分重视马克思主义哲学的学习和研究,真正理解和把握这一科学世界观和方法论。

　　这里值得注意的是,对于马克思主义哲学的性质和功能,还存在着一些模糊的、不正确的认识。有一种观点认为,哲学是一种抽象的理论,与现实实践距离比较远,属于可学可不学的"无用之学"。这样来看待马克思主义哲学,无疑是十分错误的;须知马克思主义哲学不同于其他哲学,它从一开始就不是一种书斋学问,而是直接面对现实,为实践提供根本性的方法论指导。对于各级干部来说,绝不是可学可不学,而是必不可少的"看家本领"。还有人趋奉现代西方哲学某些学派的观点,根本否定哲学的世界观性质,主张"摒弃"所谓"形而上学";这一观点更是与马克思主义哲学相去甚远。对于这样一些观点和主张,我们必须保持清醒的认识,决不能因此而偏离了对马克思主义哲学的正确理解和把握。

二

　　从马克思主义哲学产生到现在,已经有一个多世纪过去了。在这一过程中,世界发生了很大的变化,当代实践遇到了许多新的重大问题。那么,马克思主义哲学还能否继续适用?如何以马克思主义哲学为指导,探索和解决这些新的重大问题?对于经常遇到的这样一些疑问,我们也必须正确面对和回答。

　　首先应该肯定,正是马克思主义哲学所特有的性质和功能,决定了它的基本原理并不过时。我们说马克思主义哲学实现了哲学史上的根本变革,使哲学成为一种科学世界观和方法论,因而它的基本原理并不像其他某些哲学那样,是凭着哲学家本人的主观意愿而随意构建的非科学的体系,而是对客观规律的科学揭示和反映。从逻辑上说，只要这些客观规律还存在，它就不会过时。再进一步说，马克思主义哲学所揭示的并非某些特殊条件下的特殊规律，而是自然、社会以及人类思维等各个领域中最一般的规律，这些规律在历史发展的各个阶段上都普遍存在，并不会因为过了一百多年的时间就发生改变。历史和现实一再表明，马克思主义哲学的基本原理具有普遍的真理性，其所揭示的客观规律是不以人的意志为转移的，自觉遵循这些规律，就能够获得成功，而背离这些规律，就难免会遭遇失败。

仔细考察一下就可以看出，我们在当代实践中所遇到的各种新的重大问题，并没有超越马克思主义哲学所揭示的客观规律，而是同样需要从这些客观规律出发去认识和解决。例如，当代资本主义的发展出现了许多新的变化，而社会主义实践则经历了不少曲折，进行了各种新的探索。要认识这些新变化、新探索，仍然需要遵循从实际出发、实事求是的方法论原则，从生产力与生产关系、经济基础与上层建筑的矛盾运动去分析，了解这一基本矛盾在当代实践中的具体表现。从根本上说，当代资本主义的新变化，正是在于适应生产力发展的新要求而对原有的生产关系以及上层建筑做出新的调整。而社会主义的新探索，则是要在更高的层次上促使生产关系与生产力、上层建筑与经济基础相适应；这些探索的成败，同样取决于是否真正符合社会基本矛盾运动的客观要求。我国在社会主义建设实践中取得的正反两方面经验，都充分证明了这一点。在现阶段，随着"四个全面"战略布局的实施，中国特色社会主义事业正面临新的任务和挑战；特别是改革已进入深水区，许多深层次矛盾不断凸显出来，必须攻坚克难，下气力取得突破。而要做到这一点，必须坚持按客观规律办事，特别是要遵循社会基本矛盾运动的规律。应认真研究现阶段社会各个领域的客观实际，真正按照生产力的要求去改革生产关系，按照经济基础的要求去改革上层建筑；只有这样，才能使社会各领域的改革协调推进，最终实现全面深化改革的战略目标。

我们强调马克思主义哲学的基本原理继续适用于当代实践，绝不是说它就是最终真理，不需要发展了。马克思主义哲学历来认为，人类认识的每一项科学成果，都是绝对真理和相对真理的统一；对于马克思主义哲学本身来说，也同样是如此。在新的实践的基础上，马克思主义哲学也需要不断做出新的发展：已有的原理需要不断完善，并进一步深入展开；同时还要不断增加新的内容，使之得到丰富和拓展。长期以来，我们在这方面已经做了大量工作，对于马克思主义哲学的各方面研究不断深化，并取得了许多新的有价值的成果。这些新的成果对于当代实践中重大问题的探索具有较强的针对性，因而应给予应有的重视和关注。

三

学习和运用马克思主义哲学，还必须强调一个重要原则，即应全面准确地理解和把握其基本原理。在有关马克思主义哲学的种种疑问中，有很多都是由于对马克思主义哲学基本原理的了解不够准确和全面，简单化、片面化，甚至存在明显的误读和曲解。这种情况，是应该尽力防止和消除的。

必须指出，马克思主义哲学的基本原理是一个有着严密的内在逻辑的完整体系，因而必须从整体上全面认识和把握。作为一种科学世界观和方法论，它首先从彻底的唯物主义立场出发回答了世界"是什么"的问题，阐明了世界的本原以及思维与存在之间的关系；继而辩证地回答了世界"怎么样"的问题，揭示了世界的普遍联系和永恒发展，以及事物联系和发展的一般规律。而在这一过程中，马克思主义哲学特别关注了社会历史领域的问题，突破了这一领域的特殊性给人们造成的认识上的障碍，揭示了社会历史发展的客观规律，创立了唯物史观。与此同时，马克思主义哲学还以实践为基础，科学地解决了人与外部世界的关系问题，实现了主客体的统一；而它的最高价值目标，则是实现人自身的发展和解放。马克思主义哲学的这些基本原理不可分割地联系在一起，按照自己特有的内在逻辑联结成一个整体，离开了这个整体，就不能正确把握这些基本原理。

不仅如此，马克思主义哲学体系中的每一个基本原理，也都有着自己的完整内容和内在逻辑，片面地抽取其中的某些部分，以偏概全或者简单化地加以理解，就必然会损害其真理性。例如，马克思主义哲学强调生产力在社会基本矛盾运动中的根本地位及其在社会发展中的根本决定作用，但同时也指出社会各个领域、各个层次之间的相互制约和相互作用；如果只是看到前一个方面，将这一原理简单地理解为只承认经济因素单一决定作用的"经济决定论"，就是错误的了。对此，经典作家专门做过说明，批评这种错误倾向。马克思主义哲学揭示了社会历史领域的客观规律以及为这些规律所决定的历史发展的必然趋势，但同时又承认各种偶然性和主体的选择作用，主张将决定论与选择论、统一性与多样性结合起来。如果片面地理解这一原理，将辩证决定论理解成机械决定论，用僵死的公式去套裁丰富多样的历史实践，就只能导致谬误。

既然马克思主义哲学是一门科学性质的学问，那就必须以科学的态度来对待它。对于马克思主义哲学的基本原理，一定要下功夫深入学习和研究，真正弄懂弄通，而不能停留在只言片语和浅层次的了解上。只有这样，才能正确理解和把握这一科学世界观和方法论，并将其自觉运用于当代实践，有效发挥其根本指导作用。

（原载《光明日报》2015年5月13日）

学习马克思主义哲学，培养正确的思维方式

（2010 年 8 月）

思维方式问题是一个带有根本性的问题。它体现着人们进行思维活动、认识和处理各种问题时所运用的基本方法。这些方法是不是正确，是不是合理，直接影响到人们认识和实践的结果；而对于承担着重要职责的各级领导干部来说，更是至关紧要。因此，在推动当代中国社会发展、建设中国特色社会主义的进程中，必须重视解决这个思维方式问题；而要做到这一点，一个基本的途径，便是加强马克思主义哲学的学习，把握马克思主义哲学的立场、观点和方法，并用以指导自己的认识和实践。

哲学是人类思想史上最古老的学科之一，虽然哲学家们对于这门学科的性质和定位有着不同的理解，但从总体上看，它应是关于世界观的学问，同时具有一般方法论的意义。而马克思主义哲学作为哲学史上最重要的成果，在以往发展的基础上实现了一个根本变革，它使哲学第一次具有了真正科学的性质，成为一种科学世界观和方法论。马克思和恩格斯把自己的哲学称作"新唯物主义"，亦即辩证的、历史的和实践的唯物主义，它对人们在认识世界、改造世界的过程中所遇到的一系列根本问题做出了科学的解答，对我们的认识和实践也就具有了根本的指导意义。建党 89 年和建国 61 年的

经验告诉我们，遵循马克思主义哲学的方法论，就能够对我们所遇到的各种实际问题做出科学的分析和解决，从而正确地推动我们事业的发展；而背离这些方法，认识和实践就难免发生偏差，党的事业也会遭受挫折。所以，我们应该自觉地学习、掌握和运用这些科学方法，以此建立和培养正确的思维方式。

例如，马克思主义哲学以彻底的唯物主义立场解决了思维与存在的关系问题，明确了我们认识和实践的根本前提。存在第一性、思维第二性，主观服从客观，一切从实际出发、实事求是，这一方法论要求永远不会过时。如果忽视这一要求，甚至这样那样地否认或贬低人们认识和实践的根本前提，必然要在现实中碰壁。那么怎样才能认识客观存在，真正做到从实际出发呢？马克思主义哲学进一步研究了世界的联系和发展，并揭示了联系和发展的一般规律。它要求我们在认识和实践的过程中必须联系和发展地看问题，而不能孤立和静止地看问题；并应通过对联系和发展规律的系统研究和把握，培养辩证思维方式，使我们的思维多一点深刻、少一点肤浅，多一点全面、少一点片面，多一点远见、少一点短视，多一点灵活、少一点死板，如此等等。特别还应看到，马克思主义哲学注重研究社会历史领域的问题，深刻揭示了这一领域中的一般规律，这对于我们的认识和实践无疑具有更为直接的指导作用。也正因为如此，思维方式的培养必须充分重视唯物史观，亦即历史唯物主义的方法论。

马克思主义哲学承认客观规律，强调照客观规律办事，是否意味着否定人的主体性，将人看作一种消极和被动的存在呢？绝不是。马克思主义哲学在实践的基础上科学地解决了主体即人与外部世界之间的关系问题，认为人作为主体可以通过实践能动地认识和改变外部世界。承认客观规律和发挥主体的能动作用并不是对立的，只有认识了客观规律，并依照这种认识进行实践，才能使主体的能动作用更好地发挥出来，否则必然导致盲目性。因此，在实际工作中，一定要注意将这两个方面有机地统一起来，而不能非此即彼、走极端。进一步说，马克思主义哲学将人的发展和解放作为自己的最高价值目标，认为一切活动最终都是为了人。但人不是抽象的人，而是现实的人，只有遵循客观规律进行社会实践，推动社会的进步和发展，才能为人的发展创造现实条件。这样一来，马克思主义哲学便将对人的关怀建立在科学方法的基础之上，从而使人文精神与科学精神有机地统一起来了。当我们考察思维方式问题时，不能不深刻理解和把握这两个精神的统一，并努力将其体现在各种具体的认识和实践过程中。

应该说，注重马克思主义哲学的学习，努力从哲学层次上解决思维方式问题，是我们党的一个好传统。毛泽东同志曾说："我劝同志们要学哲学。""马克思主义有几门学问……但基础的东西是马克思主义哲学。这个东西没有学通，我们就没有共同语言，扯了许多皮，还扯不清楚。有了辩证唯物论的思想，就省得许多事，也少犯许多错误。"[①] 在革命和建设的长期实践中，我们在全党广泛开展了马克思主义哲学的学习、研究和宣传教育工作，取得了许多积极的成果。当然，也有一些教训值得吸取。如今，在建设中国特色社会主义的新的历史时期，我们应该在认真总结以往经验的基础上，进一步加强和改进这方面的工作。要看到，虽然我们在社会发展的各个领域都取得了重大的成就，但仍然面临着许多艰巨的任务和挑战；改革和发展实践中还有不少难点问题需要我们进一步探索和解决。适应新的形势和任务要求，必须大幅度提高干部队伍的素质；而加强马克思主义哲学的学习，培养正确的思维方式，就是一个必不可少的重要环节。

---

① 《毛泽东文集》第6卷，人民出版社1999年版，第396页。

中共十七届四中全会提出，要"把建设马克思主义学习型政党作为重大而紧迫的战略任务抓紧抓好"①。全会的《决定》强调用中国特色社会主义理论体系武装全党，其中特别指出要"牢固树立辩证唯物主义和历史唯物主义世界观和方法论"，"切实提高战略思维、创新思维、辩证思维能力"。②我们应努力按照这一要求去做，将马克思主义哲学的学习、研究和宣传教育工作提高到一个新的水平，为建设马克思主义学习型政党、提高干部队伍的素质做出贡献。

（原载《人民日报》2010年8月2日，发表时标题改为"重视培养正确的思维方式"）

---

① 《中共中央关于加强和改进新形势下党的建设若干重大问题的决定》，人民出版社2009年版，第10页。
② 《中共中央关于加强和改进新形势下党的建设若干重大问题的决定》，人民出版社2009年版，第12页。

哲学思维与领导能力

（2012年9月）

一个领导者的领导能力，取决于多方面的因素。而在这些因素之中，哲学思维具有特殊重要的意义。领导者应重视学习哲学，通过哲学素养的增强促进领导能力的提升。可以说，"学好哲学，终身受用"。[①]

许多同志都学习过相关的哲学课程，对哲学基本原理并不陌生。但如何将这些原理与领导能力联结起来，却往往使人感到困惑。所以这里不打算在一般意义上具体展开，而主要是着眼于哲学思维与领导能力的关系，从应用的角度做一些概括和梳理，提供一个线索，供同志们参考。同时，也结合学习中经常会遇到的有关问题，谈一些看法与大家交流。

准备讲三个问题。

---

① 陈云：《身负重任和学习哲学》，见《陈云文选》第3卷，人民出版社1995年版，第362页。

一、哲学究竟是一种什么性质的学问

要研究哲学思维与领导能力的关系，首先涉及对哲学本身的认识。哲学作为一个专门的学科，究竟是一种什么性质的学问？虽然大家都学过哲学，但在这个问题上却存在各种不同的看法，而这些看法影响到对这门学问的真正理解和把握。要弄清这个问题，应注意以下两个要点：

1. 哲学的性质问题存在历史差异

哲学是人类思想史上最古老的学科之一，从古到今曾有过各种各样的哲学。虽然同属于哲学，但在性质上却往往有很大差异。主要体现在两个方面：

一是研究定位不同。哲学一词源于希腊文，意为"爱智慧"，亦即"智慧之学"。从历史上看，哲学研究所涉及的范围十分广泛，并依照不同的定位分别展开。从总体上说，哲学应是关于世界观的学问，同时具有一般方法论的意义；但在长时期中，它却是以一种"包罗万象"的形态存在着的，定位问题没有得到科学解决。

二是体系内容不同。哲学史上有各种不同的流派和思潮，如唯物主义与唯心主义、辩证法与形而上学、可知论与不可知论等。不同的哲学提供了不同的世界观和方法论；积极成果和历史局限。

需要关注的是 19 世纪中叶以后的哲学变革。这一变革的结果是马克思主义哲学的产生和发展，同时也出现了现代西方哲学的各种派别（科学主义和人本主义等思潮）。

2. 马克思主义哲学的性质和功能

马克思主义哲学是哲学史上最重要的成果。它实现了哲学史上的根本变革，使哲学第一次具有了真正科学的性质，成为一种科学世界观和方法论。得出这一结论的主要依据。马克思所说的"新唯物主义"①：辩证的、历史的、实践的唯物主义。

在近年的讨论中，马克思主义哲学的价值维度受到广泛关注，这无疑是十分重要的。但应强调指出的是，马克思主义哲学将人文关怀建立在科学方法的基础之上，体现了人文精神与科学精神的统一。

了解马克思主义哲学的功能："哲学家们只是以不同的方式**解释**世界，问题在于**改变世界**。"②

这一问题上的不同认识和分歧。读懂马克思，真正理解马克思主义哲学。

二、领导能力如何有赖于哲学思维

领导工作是一种特殊的实践形式，它要求领导者带领和引导职责范围内的社会成员进行相关的社会活动，以实现一定的社会目标。要做好这种特殊性质的工作，就要求领导者具备相应的认识和解决问题的能力；而这些能力与哲学思维密切相关。应以马克思主义哲学为指导，同时广泛吸取其他各种哲学传统中的合理因素，努力提升领导能力。以下侧重就几种基本能力做一些分析。

1. 尊重客观、把握实际的能力

领导者要想正确地开展工作，一个基本的前提就是认清自己所处的环境和所面对的局势，从实际出发对事物做出客观的分析，而不能脱离这个客观实际，依据主观意志或抽象观念进行决策。现实过程中许多失误的根本原因都在于此。

---

① 《马克思恩格斯文集》第1卷，人民出版社2009年版，第502页。
② 《马克思恩格斯文集》第1卷，人民出版社2009年版，第507页。

从哲学上看，这里涉及思维与存在的关系问题。这一看似抽象的问题其实非常现实，因为它关系到我们认识和实践的出发点。马克思主义哲学作为一种彻底的唯物主义哲学，正确地解决了这个问题，从而为我们提供了科学的方法论指导；特别是马克思恩格斯创立了唯物史观，将唯物主义的基本立场贯彻到社会历史领域，更是具有重大意义。恩格斯在阐述他们的唯物主义立场时指出："这就是说，人们决心在理解现实世界（自然界和历史）时按照它本身在每一个不以先入为主的唯心主义怪想来对待它的人面前所呈现的那样来理解；他们决心毫不怜惜地抛弃一切同事实（从事实本身的联系而不是从幻想的联系来把握的事实）不相符合的唯心主义怪想。除此以外，唯物主义并没有别的意义。不过在这里第一次对唯物主义世界观采取了真正严肃的态度，把这个世界观彻底地（至少在主要方面）运用到所研究的一切知识领域里去了。"① 只有深刻理解和把握马克思主义哲学的这一基本精神，坚持彻底的唯物主义立场，才能真正具备尊重客观、把握实际的自觉性，时刻保持清醒的头脑，处理好这方面的基本关系。

当然，要提高尊重客观，把握实际的能力，不仅要解决基本立场问题，而且还要对客观实际有进一步的认识和了解。而这就需要从哲学的高度研究现实世界的存在状态和方式，把握事物联系和发展的最一般规律。从这个意义上说，整个马克思主义哲学，都为这方面能力的提高提供了方法论的支持。

讨论：真理与价值的关系问题。唯物主义与实用主义。

2. 全面协调、统筹兼顾的能力

当我们面对客观实际，开始考察问题的时候，不难看出这个客观实际是十分复杂的，其中各个事物都不是孤立地存在着，而是处

---

① 《马克思恩格斯文集》第4卷，人民出版社2009年版，第297页。

于内部和外部的种种联系之中。作为一个领导者，应善于将这些不同方面的联系综合起来加以把握，尽可能地做到统筹兼顾、全面协调；而不能简单片面地看问题和处理问题，更不能走极端。这应该是一个领导者思维成熟的标志之一。现实生活中片面性思维的多种表现及其危害。

从哲学上看，唯物辩证法的两大原则，第一个就是讲世界的普遍联系。如恩格斯所指出的，"当我们通过思维来考察自然界或人类历史或我们自己的精神活动的时候，首先呈现在我们眼前的，是一幅由种种联系和相互作用无穷无尽地交织起来的画面"。① 不仅如此，唯物辩证法还进而揭示了事物联系的一般规律。唯物辩证法的系统观点告诉我们，系统是事物联系的基本形式，而系统是由各个部分组成的有机整体。而矛盾观点则告诉我们，事物矛盾的两个方面也是相互依赖、相互联结的，它们既相对立，又相统一。历史唯物主义还具体地揭示了社会结构体系中经济、政治、文化等各个领域之间的有机联系，说明了生产力与生产关系、经济基础与上层建筑等各个结构层次之间的相互联结和相互作用："……人们在自己生活的社会生产中发生一定的、必然的、不以他们意志为转移的关系，即同他们的物质生产力的一定发展阶段相适合的生产关系。这些生产关系的总和构成社会的经济结构，即有法律的和政治的上层建筑竖立其上并有一定的社会意识形式与之相适应的现实基础。物质生活的生产方式制约着整个社会生活、政治生活和精神生活的过程。"② 领导者要真正做到全面协调、统筹兼顾，就必须按照马克思主义哲学的这些基本观点和方法，认真研究和把握工作实际中所遇到的各种联系。

---

① 《马克思恩格斯文集》第9卷，人民出版社2009年版，第22页。
② 《马克思恩格斯文集》第2卷，人民出版社2009年版，第591页。

讨论：整体大于部分之和。社会全面协调发展的整体性要求与相关争议问题。

3. 继承发展、开拓创新的能力

领导工作不是简单地维持现状，而是要在已有的基础上，进一步开拓创新，将各项工作推向前进。由此便有一个继承和发展的关系问题。既要勇于打破旧事物，探索新事物，又要善于总结已有经验，汲取和保留已经取得的积极成果。这里同样要防止简单化、走极端。

从哲学上看，唯物辩证法在揭示普遍联系的同时，也揭示了世界的永恒发展。这是它的又一个基本原则。如恩格斯所指出的，"这种辩证哲学推翻了一切关于最终的绝对真理和与之相应的绝对的人类状态的观念。在它面前，不存在任何最终的东西、绝对的东西、神圣的东西；它指出所有一切事物的暂时性；在它面前，除了生成和灭亡的不断过程、无止境地由低级上升到高级的不断过程，什么都不存在。……诚然，它也有保守的方面：它承认认识和社会的一定阶段对它那个时代和那种环境来说都有存在的理由，但也不过如此而已。"[①] 要正确理解和把握唯物辩证法的发展观。与此相联系，唯物辩证法的否定观进一步告诉我们，否定是事物发展过程中的决定性环节，但这种否定并不是简单抛弃，而是"扬弃"。按照黑格尔的说法，辩证的否定是"扬弃否定、否定中包含肯定"。[②] 恩格斯指出："在辩证法中，否定不是简单地说不，或宣布某一事物不存在，或用随便一种方法把它毁掉。……每一种事物都有它的特殊的否定形式，经过这样的否定，它同时就获得发展，每一种观念和概念也

---

① 《马克思恩格斯文集》第4卷，人民出版社2009年版，第270页。
② [德]黑格尔：《小逻辑》，贺麟译，商务印书馆1981年版，第81页。

是如此。"① 在领导工作的实践中，应坚持以这一方法为指导，处理好继承和发展的关系。

讨论：传统与现代化。"国学热"中应注意的问题。

4. 灵活机动、促进转化的能力

领导者要推动各项工作的开展，必然会遇到许多的矛盾。只有解决好这些矛盾，才能实现既定的目标。而在解决矛盾的过程中，决不能死板僵化，把事情搞得很绝对；而应具有足够的灵活性，促使矛盾朝着最为有利的方向转化。

从哲学上看，唯物辩证法可以为这种灵活性提供方法论的支持。在唯物辩证法看来，事物的存在总是具体的、有条件的。对立统一规律更是具体地揭示了矛盾双方在一定条件下相互转化的可能性，转化的关键是创造条件。列宁曾指出："辩证法是一种学说，它研究对立面怎样才能够同一，是怎样（怎样成为）同一的——在什么条件下它们是相互转化而同一的，——为什么人的头脑不应该把这些对立面看作僵死的、凝固的东西，而应该看作活生生的、有条件的、活动的、彼此转化的东西。"② 毛泽东对此做了进一步的阐述，指出"客观事物中矛盾着的诸方面的统一性或同一性，本来不是死的、凝固的，而是生动的、有条件的、可变动的、暂时、相对的东西，一切矛盾都依一定条件向它们的反面转化着"③。这一方法在军事和政治领域的运用："兵无常势，水无常形"。④ "十六字诀"与优势劣势之间关系的转化。作为"三大法宝"之一的统一战线。在现阶段，这一方法论对于领导工作的实践同样具有普遍的指导意义。

---

① 《马克思恩格斯文集》第 9 卷，人民出版社 2009 年版，第 149 页。
② 《列宁全集》第 55 卷，人民出版社 1990 年版，第 90 页。
③ 《毛泽东选集》第 1 卷，人民出版社 1991 年版，第 328 页。
④ 参见《孙子兵法》"虚实篇"。

讨论：老子的命题："反者道之动"。① "祸兮，福之所倚，福兮，祸之所伏。""曲则全，枉则正；洼则盈，敝则新；少则得，多则惑。""大音希声，大象无形"；"大直若屈，大巧若拙，大辩若讷，大赢若绌"。"知其雄，守其雌"，"知其白，守其黑"，"知其荣，守其辱"。"将欲歙之，必固张之；将欲弱之，必固强之；将欲废之，必固举之；将欲取之，必固与之。""柔弱胜刚强。"② 这一思想的合理性与局限性。

5. 循序渐进、适时突破的能力

要做成一件事情，往往有一个逐步展开的过程，而不能一蹴而就，所谓欲速则不达。但到了一定程度，又需要集中力量，迅速取得实质性突破。领导者应善于把握这个积累与突破的关系，合理调控事物发展的具体进程。

从哲学上看，唯物辩证法揭示了事物发展中质量互变的规律。质、量、度的基本规定。发展是从量变开始，量变引起质变，质变又促进新的量变；即列宁所说"从量到质和从质到量的过渡"③。要合理调控事物发展的具体进程，必须遵循唯物辩证法所揭示的这一规律。毛泽东的《论持久战》。中国改革的渐进式战略。

讨论："渐进式"与"激进式"。防止认识上的偏差。

6. 远见卓识、审时度势的能力

在推动发展的过程中，领导者应目光远大，能看到长远，而不能目光短浅，只看到眼前。要善于将眼前的发展与长远的发展结合起来，审时度势，把握好前进的方向。这是一种战略眼光。但社会现实是复杂的，常会使人陷入困惑。

---

① 参见《老子》第四十章。
② 参见《老子》第五十八章及相关各章。
③ 《列宁选集》第2卷，人民出版社1995年版，第412页。

从哲学上看，唯物辩证法揭示了事物发展的内在必然性，这种必然性隐藏在各种偶然性之中，是由事物自身的客观规律所决定的。历史唯物主义特别揭示了社会发展的内在必然性，指出"历史事件似乎总的说来同样是由偶然性支配着的。但是，在表面上是偶然性在起作用的地方，这种偶然性始终是受内部的隐蔽着的规律支配的"①。领导者应努力认识和把握这些客观规律及其所决定的发展的必然性，从而正确把握事物发展的基本趋势。而唯物辩证法所揭示的否定之否定规律，进一步表明了事物发展的一般进程和道路，即螺旋式上升、波浪式前进。"在高级阶段重复低级阶段的某些特征、特性等等，并且……仿佛是向旧东西的复归（否定的否定）"。② 发展是前进性和曲折性的统一，领导者应善于把握这个统一。应当坚信，"在这种变化中，尽管有种种表面的偶然性，尽管有种种暂时的倒退，前进的发展终究会实现。"③

讨论：历史决定论与非决定论。卡尔·波普《历史决定论的贫困》。

7. 掌握主动、自觉实践的能力

我们强调领导工作要从实际出发，要遵循客观规律；但是另一方面，领导者又不能只是被动地服从和顺应必然性，而应该努力保持一种主动地位，自觉地进行能动的实践。要充分发挥自己的聪明才智，创造性地开展工作。那么，如何做到这一点呢？

从哲学上看，"实践的唯物主义"在坚持唯物主义基本立场的前提下，充分重视人的主体性，重视主体的实践活动。马克思指出："从前的一切唯物主义（包括费尔巴哈的唯物主义）的主要缺点是：

---

① 《马克思恩格斯文集》第4卷，人民出版社2009年版，第302页。
② 《列宁选集》第2卷，人民出版社1995年版，第412页。
③ 《马克思恩格斯文集》第4卷，人民出版社2009年版，第298页。

对对象、现实、感性，只是从**客体的**或者**直观**的形式去理解，而不是把它们当作**感性的人的活动**，当作**实践**去理解，不是从主体方面去理解。"① 而马克思主义哲学深刻地揭示了主体与客体之间的联系和统一，并将实践作为连接主客体的桥梁。毛泽东深入研究了认识和实践的关系问题，指出："通过实践而发现真理，又通过实践而证实和发展真理。从感性认识而能动地发展到理性认识，又从理性认识而能动地指导革命实践，改造主观世界和客观世界。"② 按照马克思主义哲学的方法论要求，应在实践的基础上将承认和尊重客观规律与充分发挥人的主体性结合起来，而真正的主动性和创造性，正是建立在这个结合之上。毛泽东论人的能动性在战争中的体现。

讨论：历史决定论与主体选择论。机械决定论以及"多线论"的错误之处。

8. 依靠群众、引领群众的能力

要做好领导工作，就必须处理好领导与群众的关系。领导者必须善于团结和依靠广大群众，引领他们投身于共同的事业。毫无疑问，这里首先有一个价值取向问题；但与此同时，也有一个领导能力问题。要处理好这两方面的关系，防止出现偏差。现阶段做好群众工作的特殊重要性。

从哲学上看，历史唯物主义科学地揭示了人民群众和个人在历史上的不同作用。人民群众是历史的创造者，一切历史过程都是通过他们的实践完成的。正如马克思所说："历史活动是群众的事业"。③ 而杰出的个人在历史上也有重要的作用，他们拥有特殊的品格和才能，因而能够成为倡导者、先行者、发起者、组织者和领导

---

① 《马克思恩格斯文集》第1卷，人民出版社2009年版，第499页。
② 《毛泽东选集》第1卷，人民出版社1991年版，第296—297页。
③ 《马克思恩格斯全集》第2卷，人民出版社1957年版，第104页。

者；他们的活动可以通过对群众实践的影响而影响历史过程。普列汉诺夫《论个人在历史上的作用问题》中的论述："他的见识比别人的远些，他的愿望要比别人的强烈些。他把先前的社会理性发展进程中所提出的紧急科学任务拿来加以解决；他把先前的社会关系所引起的新的社会需要指明出来；他担负起满足这种需要的发起责任。"[1] 群众的实践是领导工作的基础，但群众的实践中又存在着各种盲目的、自发的和分散的倾向，这便为领导者提供了发挥作用的空间。但领导者的作用一定要与人民群众的历史作用相结合，而不能与群众相脱节。党的群众路线及其方法论意义。毛泽东的经典论述："在党的一切实际工作中，凡属正确的领导，必须是从群众中来，到群众中去。这就是说，将群众的意见（分散的无系统的意见）集中起来（经过研究，化为集中的系统的意见），又到群众中去作宣传解释，化为群众的意见，使群众坚持下去，见之于行动，并在群众行动中考验这些意见是否正确。"[2]

讨论：群众与群体。实际应用中的矛盾与错位问题。

三、哲学思维如何转化为领导能力

哲学毕竟是一种理论形态的学说，从哲学思维到领导能力，需要有一个转化的过程，同时还需要一些相关的条件。

1. 转化过程的主要环节

深入理解。不能将哲学仅仅作为一门知识来对待，或仅仅停留在一般的了解上；而是要认真研究它的基本原理，并通过自己的独

---

[1] 《普列汉诺夫哲学著作选集》第 2 卷，生活·读书·新知三联书店 1959 年版，第 373 页。

[2] 《毛泽东选集》第 3 卷，人民出版社 1991 年版，第 899 页。

立思考而深入理解这些原理，使之变成自己的东西。这是一个"内化"过程。要以科学的态度对待马克思主义哲学，注意完整准确，防止片面性和走极端，以及断章取义、以偏概全。

反复熟悉。在深入理解的基础上，还应该进一步熟悉它，这就需要反复学习，真正做到融会贯通。"打开书本清楚，合上书本模糊"，是因为熟悉程度不够。

应用训练。理解了、熟悉了，还需要联系领导工作的实际，进行应用训练。自觉运用哲学方法分析和解决问题，由简单到复杂，由比较生硬到运用自如。

2. 实现转化的相关条件

哲学思维的应用需要各门具体科学的支持。哲学作为研究世界根本问题的学问，只是提供一般方法论的支持；而领导工作涉及社会各个领域，包括经济、政治、文化等，这就需要经济学、政治学、文化学等具体科学提供各自领域中的特殊方法论的支持。只有将一般方法论与特殊方法论结合起来，才能有效地指导领导工作的实践。以为哲学思维可以"包打天下"，是对哲学功能的误解。

哲学思维的应用不仅要与具体科学方法相结合，而且还必须以对领导工作中的实际问题的调查研究为基础。只有充分掌握第一手材料，尽可能地收集各方面的信息，然后才有可能运用哲学和具体科学的方法论进行研究和加工，从中引出正确的结论。"巧妇难为无米之炊"，方法论不能空对空。

哲学思维转化为领导能力，是有一定难度的。但实现这一转化具有重要的价值和意义，只要认真对待，不断努力，就一定能够取得预期的进步。

借用黑格尔在《柏林大学开讲词》中的一段话作为结束语："人应该尊敬他自己，并应自视能配得上最高尚的东西。精神的伟大和力量是不可以低估和小视的。那隐藏着的宇宙本质自身并没有力量足以抗拒求知的勇气。对于勇毅的求知者,它只能揭开它的秘密,将它的财富和奥妙公开给他,让他享受。"①

(本文为中共中央党校讲课提纲,曾多次印发校内及各分校相关班次;原载《中共中央党校报告选》2010年增刊;收入赵理文主编:《中共中央党校干部教育学院讲稿选》,中共中央党校出版社2012年版;此处依据中央党校教务部2012年9月印发稿)

---

① [德]黑格尔:《小逻辑》,贺麟译,商务印书馆1981年版,第36页。

学习艾思奇,促进马克思主义哲学的创新发展

(2010年4月)

今天,我们在这里举行活动,纪念艾思奇同志诞辰100周年。面对前辈的英灵,我们心中充满了敬仰和怀念。

作为我们党在理论战线上的忠诚战士和杰出的哲学家,艾思奇同志对马克思主义哲学在中国的传播和发展做出了不可磨灭的贡献。他从青年时代就开始研究和宣传马克思主义哲学,并在上海出版了《大众哲学》一书。这本书在当年曾产生过巨大的影响,它以通俗的形式介绍和阐述了马克思主义哲学的基本原理,受到广大群众特别是青年的热烈欢迎,以至于一版再版,畅销不衰;一批又一批的进步青年在它的启发下走上了革命的道路。除此之外,艾思奇同志还发表了《思想方法论》、《哲学与生活》等其他许多有影响的著作和文章。后来艾思奇同志到了延安,更为直接地参与到党的思想理论工作中来;他在多个学校任教,并得以和毛泽东等老一辈革命家密切交往,共同研究和讨论哲学问题。他在这一时期的著作和文章,更加注重将马克思主义哲学的学习和研究与中国革命的具体实际相结合,并明确提出了马克思主义哲学的中国化、现实化、通俗化问题。新中国成立以后,艾思奇同志到中央党校(包括其前身马列学院)工作,先后担任哲学教研室主任和副校长,在承担了大量教学

工作的同时，又发表了许多新的论著。特别是他根据中央的决定，主持编写了我国第一部系统的马克思主义哲学教科书——《辩证唯物主义历史唯物主义》；该书概括和总结了当时中国哲学界对马克思主义哲学的研究成果，体现了马克思主义哲学中国化的鲜明特色，突出了毛泽东哲学思想的重要内容。1961年正式出版后，在党校、干校和高等院校普遍使用，整整教育和影响了一代人。十年"文革"结束后，这部教科书又修改再版，再次成为党校、干校和高等院校的基本教材，对哲学领域的教学和科研重新走上正轨发挥了重要作用，并为马克思主义哲学研究在新的历史条件下进一步深入展开提供了必要基础。

缅怀艾思奇同志的一生，使我们感到特别亲切的是，他曾长期在中央党校工作，是我们的老领导、老前辈。在担任哲学教研室主任时，他带领全室同志努力工作，出色地完成了哲学教学和科研的各项任务；担任副校长后，更是殚精竭虑，为党的干部教育事业奉献才智。他重视人才，提挈后学，培养了一大批理论骨干，带出了一支优秀的队伍。艾思奇同志以自己的亲身实践为我们树立了楷模，他的精神永远值得我们学习，也永远激励着我们前进。

从1966年到今天，艾思奇同志逝世已经40多年了。在这些年间，中国发生了许多重大的事件，经历了各种风风雨雨。所谓"文化大革命"给中国社会带来一场浩劫，也促使我们在痛苦中进行反思，包括哲学上的反思。邓小平带领全党拨乱反正，重新恢复和确立了"解放思想、实事求是"的思想路线，实现了党和国家工作重点的转移，并全面实行改革开放，从而使中国社会发展进入了一个全新的历史时期。经过30多年的探索和努力，我们终于走出了一条中国特色的社会主义道路，并取得了举世瞩目的成就。而这些成就的取得，正如胡锦涛总书记《在纪念党的十一届三中全会召开30周年大会上的讲话》中所指出的，"是辩证唯物主义和历史唯物主义的胜利"。当代中国社会发展的实践充分表明，马克思主义哲学是指导我们事业发展的科学世界观和方法论，只有坚持这个世界观和方法论，我们才能不断前进，反之就会遭受挫折。而另一方面，新的实践也对马克思主义哲学提出了新的要求，只有将我们的理论在以往成果的基础上不断推向前进，才能更好地发挥其指导作用。作为新时期的马克思主义哲学理论工作者，我们应该以艾思奇同志为榜样，深入研究当代实践中的重大问题，促进马克思主义哲学的创新和发展。中共十七届四中全会强调，要"推进马克思主义中国化、时代化、大众化"①；在这方面，马克思主义哲学的研究应该走在前头，因为我们有着一个为老一代所培育出来的好的传统。

中央党校是我们党培训轮训党员领导干部的最高学府，也是党的哲学社会科学研究机构。在全校的学科体系中，哲学一直具有重要的地位。我们应该以高度的责任感承担起自己的职责，从党校的实际出发，认真搞好哲学教学和科研工作，特别是马克思主义哲学的教学和研究。我们一定不辜负前辈们的期望和嘱托，努力将已有传统进一步发扬光大，为党的事业的发展做出应有的贡献。

艾思奇同志的精神永存。

（在"艾思奇同志诞辰100周年纪念大会"上的讲话要点，原载《云南日报》2010年4月7日（标题有改动）、《学习时报》2010年4月12日（有删节）；收入李金山主编：《大众哲学家——纪念艾思奇诞辰百年论集》，中共党史出版社2011年版）

---

① 《中共中央关于加强和改进新形势下党的建设若干重大问题的决定》，人民出版社2009年版，第10页。

理论研究应关注现实实践中的重大问题

(2004年1月)

韩树英先生从事马克思主义哲学理论工作多年，在取得了一系列重要成果的同时，也形成了自己鲜明的理论品格。其中一个重要的方面，就是强调理论联系实际，注重从理论的高度研究现实实践中的重大问题。作为韩树英先生的学生，我们都曾从老师那里接受过多方面的教诲，而对于这一点，我们感受很深。

当年先生主编《马克思主义哲学纲要》，这是一本继艾思奇主编的《辩证唯物主义历史唯物主义》之后在中央党校乃至全国党校系统的教学中都发生过重要作用的教科书，在社会上也有广泛影响，先后印行逾300万册，荣获全国"光明杯"优秀哲学社会科学学术著作最高奖，并被列入新闻出版署规定的常备书目。而这本书的重要特点之一，就是着力从哲学理论上研究和总结我国革命和建设实践的经验，特别是改革开放和现代化建设的经验。这方面的内容绝不是一般性的涉及或泛泛之论，而是在占有丰富材料的基础上，运用马克思主义哲学的基本立场、观点和方法进行深入的研究和探讨，凝结了对许多重大问题的深刻认识、体会和反思。《马克思主义哲学纲要》是如此，《通俗哲学》也是如此。《通俗哲学》作为韩先生主编的另一本影响很大的著作，是一部面对一般干部群众包括广大青少年的普及性读物。这本书的影响在某些方面甚至超过了《马克思主义哲学纲要》，可以说是继艾思奇的《大众哲学》之后的又一部受到广泛欢迎的哲学通俗读本。而这本著作的特点之一，也同样是紧密联系实际，并且是以一种生动活泼、易于为普通读者所接受的形式，对现实实践中的许多重要问题从哲学上做了分析。除了理论著作之外，韩先生撰写的许多论文，也都是侧重于从理论的高度研究重大现实问题。他为自己的文集定名为《哲学与社会主义》，就充分表明了这一特点。他十分关注中国社会发展，关注中国特色社会主义实践中经济、政治、文化等各个领域的探索，关注中国社会现代化的历史进程；对于社会主义社会发展的动力问题，社会主义市场经济问题，农业、农村、农民问题等，他都做了比较深入的研究。他还十分重视研究国外的发展经验，包括借鉴国外有关重大问题的研究成果，组织翻译了《通产省与日本奇迹》（［美］查默斯·约翰逊著）、《市场经济与社会主义》（［日］伊藤诚著）等著作，并邀请国外一些学者来中央党校讲学。

马克思主义哲学从诞生的那一天起，就不是一种纯粹的书斋学问，它是直接面向实践、为了实践，以实践为基础的。实践的特性是马克思主义哲学的基本特性。研究马克思主义哲学，必须重视理论与实践的结合，韩树英先生以他自己的身体力行，为我们做出了榜样。作为马克思主义哲学理论工作者，我们应该朝着这一方向不断做出努力。特别是对于在中央党校工作的同志来说，更是应该强调这一点。党校系统的一个突出特点，也是它的特有优势，就是正好处于理论与实践的结合部。一方面，党校是培训、轮训各级领导干部的学校，中央党校更是以培训轮训中高级干部为主；而这样一些学员都是来自第一线的实践领域，他们带来了大量的现实问题，要求我们进行认真的研究和回答。另一方面，党校又是专门的理论研究部门，有一支功底扎实、经验丰富、实力雄厚的理论工作者队伍；党校的教学是以科研为基础，以整个理论界的研究成果为依托。这两个方面结合起来，就是要从理论的高度研究现实实践中的重大问题。课题是来自现实实践的现实问题，但并不是就事论事地做一般性研究，而是从应有的理论高度进行研究。党校所具有的特殊条件，使我们有可能从理论与实践的结合上开辟出独具特色的研究道路，并由此形成党校系统理论研究的主要生长点。我们应该善于发挥党校的优势，扬长避短，重点突破。

当然，我们强调理论与实践的结合，决不是意味着否认基础理论研究的重要性。哲学社会科学与自然科学一样，都需要深厚的基础理论做支撑，而基础理论的研究也应不断向前推进。这就需要有一批富有献身精神的学者投入到这方面的研究中来，不怕清苦，潜心钻研，一点一滴地进行积累。现在许多学科的基础理论研究的确存在不少问题，需要加强。党校也应该在这方面做出贡献。但是，即使是这种基础理论方面的研究，也应该在充分尊重哲学社会科学生长规律的前提下，注意着眼于现实实践的需要，以求将有限的科研力量投入到最重要、最急迫的领域里去。而进一步说，基础理论方面的突破，往往也是以对现实实践中提出的重大问题的研究为导引的，社会实践的发展说到底是理论发展的根本动力。我们所说的从理论高度研究现实实践中的重大问题，本来就包含两方面的意思：一方面，是运用理论分析和解决这些现实问题，产生出应用性成果；另一方面，则是将这些现实问题上升到应有的理论高度，促使我们对基础理论的反思和进一步的研究，从而推动基础理论的发展。这是一个过程的两个方面，应该统一起来加以把握。

谈到理论与实践的结合，还有一个问题需要说清楚。有一种误解，似乎从理论上关注现实问题，就是简单地为现实政策做注解，今天这样说，明天那样说，搞实用主义。这是由于我们过去的确存在过这种情况，产生了不良的影响，也损害了理论联系实际的原则。

实际上，从理论的高度研究现实实践中的重大问题，应是以马克思主义的科学世界观和方法论为指导，本着实事求是的科学态度，将现实实践中实际存在和发生的各种问题提升到应有的理论高度，进行严肃的科学研究和探讨。当年马克思在《〈政治经济学批判〉序言》的末尾曾引用但丁的《神曲》，讲了一段著名的话："但是在科学的入口处，正像在地狱的入口处一样，必须提出这样的要求：'这里必须根绝一切犹豫；这里任何怯懦都无济于事。'"① 马克思本人就是这样做的，我们从事理论研究工作的同志都应该学习马克思的这种精神，按照这样一种要求去做。理论工作者当然应该宣传党的路线、方针、政策，但这与按照科学要求进行理论研究并不矛盾。而且科学的理论研究应该为我们制定政策提供指导，这样才能保证决策的科学性。

在人类已经进入 21 世纪的今天，当代中国社会的发展正处于一个十分关键的阶段。我们固然已经取得了举世瞩目的成绩，但仍面临着许多艰巨的任务。在经济、政治、文化等各个领域里，都还有一系列新的问题需要进一步研究和解决。我们马克思主义理论工作者应该尽到自己的职责，为促进中国社会的进一步发展、为我们民族的强盛和党的事业的成功做出应有的努力。

（原载庞元正、侯才主编：《让哲学引导社会进步——韩树英教授从事党校教育五十周年、诞辰八十周年纪念文集》，中共中央党校出版社 2004 年版）

---

① 《马克思恩格斯选集》第 2 卷，人民出版社 1995 年版，第 34 页。

努力推动马克思主义哲学的大众化

(2014 年 9 月)

首先祝贺《新大众哲学》的出版问世。这套书的编写汇集了哲学界众多专家学者的力量,历经数年的打磨,应该说下了很大的功夫。正如其书名所显示的,这套书的出版,体现了新的条件下马克思主义哲学大众化的新探索和新进展,是当代哲学社会科学研究的又一重要成果。

推动马克思主义哲学的大众化,是哲学理论工作者的一项重要职责。而对于这一任务要求,应从马克思主义哲学所特有的性质和功能去理解。

我们知道,马克思主义哲学是在 19 世纪的特定历史条件下产生的重大思想成果。马克思和恩格斯批判地吸收了德国古典哲学以及整个哲学史上的积极成果,克服了以往哲学发展的局限,创立了自己的新的哲学;而这一新的哲学实现了哲学史上的根本变革,它使哲学第一次具有了真正科学的性质,成为一种科学世界观和方法论。之所以这样说,首先是由于马克思和恩格斯科学地解决了哲学的定位问题,以及哲学与各门具体科学的关系问题;他们宣告了以往那种"包罗万象"的旧哲学的终结,把自己的新的哲学定位在世界观的高度。而正是在这个高度上,马克思主义哲学取得了一系列开创性的重大成就：它依托近代科学的新的发展，实现了唯物主义与辩证法的科学统一；揭示了社会历史领域的客观规律，创立了唯物史观；立足于社会实践，科学地解决了人与外部世界的关系问题。马克思将自己的哲学称为"新唯物主义"，新就新在它是辩证唯物主义、历史唯物主义、实践唯物主义的统一，亦即辩证的、历史的、实践的唯物主义。这样一种新的哲学，既是一种科学世界观，又是一种科学方法论；从基本功能来说，它从一开始就不是一种书斋学问，而是直接面对实践，为实践提供根本性的方法论指导。如马克思所指出的："哲学家们只是用不同的方式解释世界，问题在于改变世界。"

正是马克思主义哲学的这种性质和功能，决定了它必然要以大众化为自己的发展取向。马克思主义哲学要真正展现其科学世界观和方法论的性质，发挥其指导实践的功能，就不能仅仅停留在哲学家们的书本里，也不能只是为少数精英所熟悉，而是应该大力宣传和推广，传播到众多的社会成员中去，为广大群众所了解和掌握。因为人民群众是社会实践的主体，是创造历史的决定力量，马克思主义哲学只有为广大群众所接受，成为他们的思想武器，才有可能充分发挥其对实践的指导作用，并通过人民群众的实践达到改造世界的目的。当然，从另一方面说，人民群众的社会实践也需要马克思主义哲学的大众化。因为这一实践不能只是盲目的活动，而必须借助于科学世界观和方法论的指导，提高主体活动的自觉性。而马克思主义哲学的大众化，也正是适应了这样一种客观要求。

这里需要注意的是，在近年来的讨论中，马克思主义哲学的性质和功能遇到了争议和质疑。一种观点认为，马克思主义哲学不应该去研究世界观的问题，不应该揭示什么一般规律，认为这类问题属于旧哲学的范畴，是"形而上学"，马克思主义哲学应该"摒弃"

和"超越"这种形而上学。一些研究不是像马克思所主张的那样着眼于"改变世界",甚至连"解释世界"都没有兴趣,而只是热衷于解释哲学,使本应充满活力的马克思主义哲学湮没在各种辞藻堆砌和故弄玄虚的释义之中;或者干脆宣称哲学只是抽象的"无用之学",从根本上否定马克思主义哲学对实践的指导作用。对于这样一些观点和倾向,必须有一个清醒的认识;如果按照此类观点去做,马克思主义哲学的性质和功能就会被严重扭曲,马克思主义哲学大众化的前提也将不复存在。因此,要推动马克思主哲学的大众化,首先必须以科学的态度对待马克思主义哲学,坚持马克思主义哲学研究的正确导向。

马克思主义哲学的大众化是一项特殊的社会工程,需要从各个环节着手,坚持不懈地做出努力。应该说,在我们党的历史上,这方面工作积累了比较丰富的经验。从建党开始,就十分重视马克思主义理论的学习、研究和宣传,特别是马克思主义哲学这一科学世界观和方法论的传播。在条件艰苦的革命战争年代,坚持以多种方式开展工作,编印和出版了许多理论读物。其中,艾思奇的《大众哲学》就是众所周知的代表性成果,这本书在广大群众特别是青年学生中产生了重大影响,发挥了十分积极的社会作用。新中国成立后,马克思主义哲学的学习、研究和宣传在新的历史条件下全面展开。毛泽东同志明确提出:"让哲学从哲学家的课堂上和书本里解放出来,变为群众手里的尖锐武器。"由此,马克思主义哲学的大众化得到了大力推动。虽然在具体实施过程中也曾出现过某些偏差和问题,但这方面工作的积极成果应该肯定。进入改革开放新时期,马克思主义哲学的大众化在拨乱反正的基础上继续向前推进,又取得了不少新的进展;其中韩树英教授主编的《通俗哲学》成为继《大众哲学》之后又一部产生广泛社会影响的理论读物,该书一版再版,获得多种奖项和荣誉。如今，一整套《新大众哲学》又摆在我们面前，如编著者所言，此书力求紧扣时代脉搏，从哲学上对当代实践中的相关问题做出回应。我们期待它能够适应马克思主义哲学大众化的新的要求，在新的阶段上发挥出新的更大作用。

（在《新大众哲学》首发式暨出版座谈会上的发言，《中国社会科学报》2014年9月29日摘登）

第二篇　基本原理的研究与探索

冲开社会历史领域中的迷障

——社会历史发展过程的特殊性和社会发展规律的发现

(1988年3月)

一

恩格斯在《反杜林论》中曾对马克思的历史发现做过一段著名的评述。他写道:"这样一来,唯心主义从它的最后的避难所即历史观中被驱逐出去了,一种唯物主义的历史观被提出来了,用人们的存在说明他们的意识,而不是像以往那样用人们的意识说明他们的存在这样一条道路已经找到了。"① 恩格斯把社会历史领域说成是唯心主义的"最后的避难所",这个比喻是有着充分的历史根据的。

确实,从哲学发展史以及全部人类思想史来看,社会历史领域被唯心主义盘踞得最久,其统治也最为牢固。如果说唯物主义和唯心主义作为哲学的两个基本派别,从一开始就存在着不可调和的矛盾和斗争,那么这个斗争在很长的历史时期内,很难说在多大程度上冲击到历史观领域。随着人类认识的发展和社会思想的进步,唯物主义在社会历史观以外的其他领域中不断取得胜利,而唯独在社

---

① 《马克思恩格斯选集》第3卷,人民出版社1972年版,第66页。

会历史领域中,它总是步履艰难,常不免背叛自己。唯心主义在这里的统治似乎是牢不可破的。不是吗?中国古代的唯物主义思想家王充虽然曾在一定程度上观察到了社会治乱同人民物质生活之间的关系,但最终得出的结论却是"昌衰兴废,皆天时也";18世纪法国的唯物主义启蒙思想家爱尔维修从"人是环境的产物"这一难得的命题出发,兜了一个大圈子,却又回到了"意见支配世界"的唯心主义道路上;19世纪德国的唯物主义者费尔巴哈是一个"杰出的哲学家",他的著作曾对黑格尔主义统治下的思想界起过重大的"解放作用"①,然而在社会历史领域里,他的唯物主义也未能免于覆没,结果留下了一个半人半马式的形象:"他下半截是唯物主义者,上半截是唯心主义者"②。

那么,我们不禁要问:社会历史领域究竟有什么特别之处呢?这个领域中究竟存在着什么样的"迷障",竟然使这么多唯物主义思想家"进得去,出不来"呢?

这个问题确实值得研究一番。

当然,对这个问题的解答首先应该注意到历史唯心主义的阶级根源和社会历史根源。剥削阶级思想家的阶级局限,社会生产的不发达和社会交往的规模狭小,都曾在很大程度上限制了人们的眼界。但是,仅有这些还是不足以说明问题的。

如果我们把眼光落在社会历史领域本身,把社会历史领域同自然领域进行一番比较,那么就不难发现,社会历史发展过程有着不同于自然过程的明显的特殊性。而这个特殊性正是需要我们认真探讨和研究的。

众所周知,在自然界中,物质运动的承担者是各种无意识的自

---

① 《马克思恩格斯选集》第4卷,人民出版社1972年版,第218页。
② 《马克思恩格斯选集》第4卷,人民出版社1972年版,第237页。

然事物。根据现代自然科学的水平，人们已经可以把自然事物划分为许多不同的层次，其中包括宇宙天体、宏观物体和各种微观粒子；而从生命和非生命的角度，则可以把自然界划分为无机界和有机界。然而不论哪一类自然事物，都不具有意识的特性。当然自然界无疑是意识的前史："假定一切物质都具有在本质上跟感觉相近的特性、反映的特性，这是合乎逻辑的。"① 无机物具有反应特性，植物和低等动物具有刺激感应性，脊椎动物具有一定的感觉能力和心理活动。但是，所有这一切，都不能算作真正的意识，只有人——这一自然界发展到高级阶段的产物，才具有真正的意识，才能不仅以感性的形式，而且以理性的形式，对自身和外部存在进行能动的认识和反映，并且反过来能动地指导自己的实践。而这种具有意识特性的高级存在物——人，已经不再是简单地属于自然界了，它从自然界中脱离出来，成为社会历史领域中的活动主体了。社会历史运动的主体是有意识的人，这是社会历史领域不同于自然领域的一个最基本的特点。

正是由于这一基本特点，社会历史发展过程才具有了不同于自然过程的特殊性。在自然界中，各类自然事物都有着自己的特定的运动形式，各种运动都遵循着特定的自然规律。机械运动遵循的是经典力学、相对论以及量子力学所揭示的规律，热运动遵循的是热力学、统计物理学、量子统计学所揭示的规律，电磁运动所遵循的是电磁学、电动力学、量子动力学所揭示的规律，化学运动所遵循的是普通化学和量子化学所揭示的规律，生命运动所遵循的是生物学、分子生物学和量子生物学所揭示的规律。但不论哪一种运动规律，都是通过自然事物的物质属性和固有本能而体现出来的，这里不存在有意识的活动。正如恩格斯所指出的："在自然界中（如果我

---

① 《列宁选集》第2卷，人民出版社1972年版，第89页。

们把人对自然界的反作用撇开不谈）全是不自觉的、盲目的动力，这些动力彼此发生作用，而一般规律就表现在这些动力的相互作用中。"在这里，"没有任何事情是作为预期的自觉的目的发生的"。① 水在低温之下凝聚而成为冰，在高温之下则扩散而成为气，这里没有意识的作用；蚕由蚕变茧，由茧变蛾，由蛾变卵，最后又变成蚕，在这一系列过程中它并不知道它在干什么；猫吃老鼠，也并非是被某种崇高的精神所鼓舞，而仅仅是由于一种"天性"或本能罢了。然而，在社会历史领域里，情况就完全不同了。在这里，由于活动的主体是具有意识特性的人，所以一切运动和发展都带上了观念的色彩，社会历史发展过程的客观规律是通过人们有意识的活动表现出来的。从表面上看去，每一项社会活动，都是人们有意识地进行的，"任何事情的发生都不是没有自觉的意图，没有预期的目的的。"② 人们从事物质生产，进行经济交往和社会政治活动，都是在一定的意识的指导之下，而为社会的进步与发展所必需的社会革命或社会改革更要依靠人们的有意识的自觉活动才能实现。意识、观念或者精神，在社会历史发展过程中起着一种特殊的作用，这就是社会历史发展过程所不同于自然过程的特殊性。

而正是这种特殊性，给人们的认识造成了一道似乎难以逾越的障碍。自然界中的运动和发展没有这种特殊性，没有意识在起作用，认识它的客观规律也就相对地比较容易，它的物质本质也就比较易于把握。而社会历史领域中意识的特殊作用，往往掩盖了社会历史运动的客观规律，它使人们产生一种错觉，似乎在这个领域里，意识便是决定一切的因素。——既然人们的一切活动都直接受意识所支配，那么得出这一结论就似乎是顺理成章了。殊不料，问题恰恰

---

① 《马克思恩格斯选集》第 4 卷，人民出版社 1972 年版，第 243 页。
② 《马克思恩格斯选集》第 4 卷，人民出版社 1972 年版，第 243 页。

就出在这里，两千多年的迷误也就是发生在这里。有多少在认识的历程中艰难跋涉的思想家，正是在这里迷失了自己的方向，陷入了唯心主义的泥潭之中。这里便是社会历史领域中的迷障。

二

马克思主义的创始人既是伟大的革命家，又是天才的思想家。他们没有像旧思想家那样被社会历史发展过程的特殊性所迷惑，而是透过这种特殊性深入到社会的内在本质的领域，科学地解决了社会存在与社会意识的关系问题，从而打破了唯心主义长期以来在历史观方面占统治地位的局面，创立了唯物主义的历史观。历史唯物主义的创立是"科学思想中的最大成果"①，它使人类对于社会历史的研究第一次建立在真正科学的基础之上。然而，马克思和恩格斯是怎样克服了社会历史发展过程的特殊性给人们造成的认识上的障碍，从而冲开了社会历史领域中的"迷障"的呢？

大致说来，他们是从两个方面着手克服这个障碍的。

首先，马克思和恩格斯看到了人们的活动都有一定的动机和目的这一事实，但是他们没有单纯地从动机和目的的角度去考察人们的活动，而是把动机和目的同最终结果联系起来，从二者的统一中去考察人们的活动。由此他们发现，"尽管各个人都有自觉预期的目的"，但是"人们所期望的东西很少如愿以偿，许多预期的目的在大多数场合都彼此冲突，互相矛盾，或者是这些目的本身一开始就是实现不了的，或者是缺乏实现的手段的。"②"行动的目的是预期的，但是行动实际产生的结果并不是预期的，或者这种结果起初似乎还

---

① 《列宁选集》第 2 卷，人民出版社 1972 年版，第 443 页。
② 《马克思恩格斯选集》第 4 卷，人民出版社 1972 年版，第 243 页。

和预期的目的相符合，而到了最后却完全不是预期的结果。"① 这种活动的客观结果不以人们的意志为转移的情况，在社会历史领域里是普遍存在的。例如，在社会历史发展过程中，一切保守的、落后的以及反动的社会力量都总是想阻止社会的变革，都总是抱住已经过时的、陈旧的以及腐朽的东西不放，千方百计地压制和破坏新的事物的生长。但是事情的结果却总是同他们的愿望相反，历史的进步总是远远地把他们抛在一边。有时他们也可能会得逞于一时，但社会历史发展的车轮最终是阻拦不住的。与此同时，先进的、积极的社会力量都总是想要促进和推动社会历史的前进和发展的，但他们也不能按照自己的愿望任意地塑造历史。谁要是单纯从自己的主观愿望出发去进行历史实践，虽然这种愿望本身可能是良好的和真诚的，但结果也会难免在实践中碰壁。大的方面的活动是这样，其他各个方面的活动也莫不如此。

这样一来，既然人们的主观目的和愿望并不一定能够实现，人们活动的结果往往与他们的预期目的并不一致甚至相反，那么就必然产生一个问题，即人们活动的结果究竟是由什么东西决定的呢？要解决这个问题，就必须从人们的意识领域里摆脱出来，而去研究存在于人们的意识之外的、不以人们的意志为转移的社会历史发展的客观规律。所以恩格斯指出："无数的个别愿望和个别行动的冲突，在历史领域内造成了一种同没有意识的自然界中占统治地位的状况完全相似的状况。……这样，历史事件似乎总的说来同样是由偶然性支配着的。但是，在表面上是偶然性在起作用的地方，这种偶然性始终是受内部的隐蔽着的规律支配的，而问题只是在于发现这些规律。"②

---

① 《马克思恩格斯选集》第 4 卷，人民出版社 1972 年版，第 243 页。
② 《马克思恩格斯选集》第 4 卷，人民出版社 1972 年版，第 243 页。

马克思和恩格斯不仅将人们活动的预期目的和客观结果统一起来加以考察,而且还从另一个方面入手进行探究。他们在确认人们的活动都有一定的目的和动机这一事实的时候,并没有简单地停留在这一事实上,并没有到此为止,而是进一步深入到这一事实的背后。他们提出了这样一个问题:人们的这些目的和动机,这些观念的东西,是怎样产生出来的呢?"在这些动机背后隐藏着的又是什么样的动力?在行动者的头脑中以这些动机的形式出现的历史原因又是什么?"①

在当时思想迷乱的历史观领域,要提出这样的问题,无疑是需要深刻的头脑和犀利的目光的。它一下子就抓住了问题的真正要害,直指事物的本质和根源。马克思和恩格斯不仅提出了上述问题,而且还进一步提出了一个具体的原则:"如果要去探究那些隐藏在——自觉地或不自觉地,而且往往是不自觉地——历史人物的动机背后并且构成历史的真正的最后动力的动力,那么应当注意的,与其说是个别人物、即使是非常杰出的人物的动机,不如说是使广大群众、使整个整个的民族、以及在每一个民族中间又使整个整个阶级行动起来的动机;而且也不是短暂的爆发和转瞬即逝的火光,而是持久的、引起伟大历史变迁的行动。"② 这个原则之所以重要,是因为它可以使我们避免纠缠于许多琐碎的事情,而从总体上把握整个社会历史发展的一般规律。历史的必然性是必然要通过人民群众的实践而表现出来的,而个人的活动只是次要的因素。应该把个别人物的思想动机同人民群众的思想动机联系在一起进行考察。所以恩格斯指出:"探讨那些作为自觉的动机明显地或不明显地、直接地或以思想的形式、甚至以幻想的形式反映在行动者的群众及其领袖即所谓

---

① 《马克思恩格斯选集》第 4 卷,人民出版社 1972 年版,第 244 页。
② 《马克思恩格斯选集》第 4 卷,人民出版社 1972 年版,第 245 页。

伟大人物的头脑中的动因,——这是可以引导我们去探索那些在整个历史中以及个别时期和个别国家的历史中起支配作用的规律的唯一途径。"①

总起来说,在社会历史发展过程的特殊性面前,马克思和恩格斯从人们活动的预期目的追寻到活动的结果,从人们活动的动机追溯到动机背后的动力。他们沿着这样两条基本思路前进,终于成功地克服了社会历史发展过程的特殊性给人们造成的认识上的障碍,进而揭示了社会历史发展过程的客观规律。他们发现,人类社会的历史发展同自然界的发展一样是一个"自然史的过程"②,而物质生活资料的生产方式是整个社会发展的最终决定力量。这样一来,如恩格斯所说用社会存在说明社会意识的道路就找到了,社会历史领域中的迷障就被冲开了。

如果我们回过头来看一看马克思主义以前的旧唯物主义,就会发现它正好是在以上这两个方面失足的。首先,它只是看到人们的目的和动机,而没有想到要去考察人们活动的客观结果,因此它也就看不到这种客观结果往往不是由人们的主观愿望决定的,是不依人们的意志为转移的。其次,它只是停留在人们活动的主观动机上,而没有想到要深入到这个动机的背后去探寻"隐藏在这些动力后面的是什么,这些动力的动力是什么"③,正如恩格斯所说它"从来没有给自己提出过这样的问题"④。因此它就不可能找到社会历史发展过程的真正动因了。

不过,这里也应该注意这样一个问题,即承认意识因素在社会历史发展过程中的作用、承认人的主观动机和目的是人们行动的直

---

① 《马克思恩格斯选集》第 4 卷,人民出版社 1972 年版,第 245 页。
② 《马克思恩格斯选集》第 2 卷,人民出版社 1972 年版,第 208 页。
③ 《马克思恩格斯选集》第 4 卷,人民出版社 1972 年版,第 244 页。
④ 《马克思恩格斯选集》第 4 卷,人民出版社 1972 年版,第 244 页。

接支配因素,这本身并没有错。相反,抹煞这一点,就是抹煞人类社会与自然界的区别。历史唯物主义历来主张对社会意识的能动作用给予充分的估价。这里的关键在于,对社会历史发展过程的认识不应该仅仅停留在人们的主观动机和目的上,不应该把意识的作用看成是社会历史发展过程中起决定作用的因素。旧唯物主义的真正错误是在这里。恩格斯对它的评价是深刻的:"不彻底的地方并不在于承认**精神的**动力,而在于不从这些动力进一步追溯到它的动因。"①

三

历史唯物主义创立至今已经一百多年了,它作为无产阶级的科学历史观,在社会主义革命和建设的实践中起着巨大的指导作用。无产阶级及其政党运用历史唯物主义的立场、观点和方法,科学地分析社会历史发展过程中的实际问题,从而制定出正确的路线、方针和政策。我们在实践中所取得的每一项成就,都是与历史唯物主义的科学指导分不开的。

但是,我们同时也必须看到,由于社会历史发展过程的特殊性依然存在,假如我们对它缺乏足够的认识,往往也会自觉不自觉地偏离历史唯物主义的基本立场,而滑到历史唯心主义的歧路上去。或者会出现这种情况,即在一般理论上是知道历史唯物主义与历史唯心主义的界限的,但是一到具体的实践中,一遇到具体的实际问题,就往往会自觉不自觉地迷失正确的方向。在这方面,我们是有着历史的经验教训的。例如,在所谓"大跃进"运动中,我们忘记了生产力发展和经济建设的客观规律,忘记了人的主观目的的实现

---

① 《马克思恩格斯选集》第 4 卷,人民出版社 1972 年版,第 244 页。

是要受客观规律所制约的,而单纯地从主观愿望出发,一味强调人的热情与精神,竟然提出了"不怕做不到,就怕想不到"、"人有多大胆,地有多高产"之类的荒唐口号。这样,人的意志、精神实际上就被当成决定性的因素了。

我们国家已经建国三十多年了,在这三十多年的实践中,我们有许多历史经验需要认真总结,这是我们对社会主义再认识的一个重要方面。但是在总结这些经验教训的时候,要注意不要被社会历史发展过程的特殊性妨碍了我们的视线。例如,当我们总结"文化大革命"十年动乱的历史教训时,就不能把历史的责任简单地推到一个人或几个人身上,也不能单纯地归结为"极左思潮泛滥",更不能简单地指责那一代青年"头脑简单,思想偏激,被人利用"等等。而应该从这里所直接表现出来的各种观念现象入手,从各种主观意愿和动机入手,深刻地分析隐藏在它们背后的社会历史原因,这样才能认识这场动乱的真正的历史根源,才能得出真正符合历史唯物主义的正确结论。

在今天的社会主义现代化建设的实践中,我们也必须随时警惕社会历史发展过程的特殊性给我们造成的认识上的障碍。现在我们要做的事情很多,既要搞建设,又要搞改革,既要抓物质文明,又要抓精神文明。不论在哪一个领域,都会有许多复杂的问题需要我们正确地认识和解决。在这里我们随时应该把握的一个重要方法,就是在看到人的意识的能动作用的时候,一方面要认识到人们的主观愿望和动机对于存在于人们意识之外的客观规律来说首先只有从属的意义;另一方面则要善于把握隐蔽在各种观念背后的客观的历史动因。这样才能有助于我们站稳历史唯物主义的基本立场,而不至于在具体的实践中迷失方向。

(原载中共中央党校《函授辅导》1988年第1期)

关于社会历史规律的辩证性质问题

(1991年8月)

同唯心主义非决定论的观点不同,历史唯物主义认为社会历史领域同自然领域一样,存在着不以人的意志为转移的客观规律。不管社会历史过程如何纷繁复杂,它终究是要由其自身内部所固有的规律所制约和支配的。就这个意义说,历史唯物主义是决定论。但是,我们在此所要强调指出的是,当我们承认这种决定论时,必须同时认识到,社会历史规律的存在不仅具有客观性,而且还具有特别显著的辩证性质。只有从社会历史领域的特殊实际出发,把唯物论同辩证法结合起来,深刻认识社会历史规律的这种辩证性质,才能真正科学地把握这些规律,并正确地指导我们的实践;同时也才能真正坚持历史唯物主义的基本立场,战胜唯心主义的非决定论。应该指出,我们过去对这方面问题的认识是不够的,而一个时期以来关于社会历史规律的不少错误和模糊观念,都与此有直接关系。因此,社会历史规律的辩证性质问题,应该引起我们足够的重视了。在这里,本文便试图就这方面问题做一些初步的探讨。

一、问题的根据：物质世界的辩证统一和社会历史领域中的主体性特点

在历史唯物主义看来，人类社会作为人这种特殊的生命存在物的集合体，是自然界长期发展的产物，是物质世界的一部分。而整个物质世界是按照唯物辩证法所揭示的普遍原则辩证地存在着的，社会历史领域当然也不例外。这种辩证性质不仅体现在物质世界包括社会历史领域在内的、为客观规律所支配的存在、运动和发展过程之中，而且还体现在这些客观规律本身。辩证运动的规律本身也是辩证的，否则它就不会是辩证运动的规律了。因为所谓规律，不是别的，而只是物质世界本身所固有的本质的、必然的联系，是属于辩证运动之内并且是它的最基本的内容，所以它当然具有辩证的性质。不论是自然规律还是社会历史规律，都概莫能外，它们在这种辩证性质方面也是统一的、一致的。

仅仅从物质世界的辩证统一这个一般根据出发，我们就必须对包括社会历史规律在内的所有一切规律本身所固有的辩证性质给予充分的重视，必须清醒地认识到，对辩证运动的辩证规律本身，也应辩证地加以把握。而如果我们认识到社会历史领域和自然领域的重大差别，认识到社会历史领域中的主体性特点，我们就更是应该明白，社会历史规律的辩证性质较之自然规律更为显著，不认识这种辩证性质，就无法真正把握社会历史规律。

人们知道，在自然领域存在着的都是无意识的自然事物。各种自然事物依据自己的机械的、物理的、化学的特性或者生物的本能运动着和变化着，而各种自然规律也就是通过这些无意识的特性或本能体现出来。正如恩格斯所说："在自然界中（如果我们把人对自然界的反作用撇开不谈）全是不自觉的、盲目的动力，这些动力彼此发生作用，而一般规律就表现在这些动力的相互作用之中。"在这

里，"没有任何事情是作为预期的自觉的目的发生的"①。但是，在社会历史领域，情况就十分不同了。在这里，活动着的是"具有意识的、经过思虑或凭激情行动的、追求某种目的的人"②。人作为自然界发展的高级阶段所产生的、不仅具有感性意识而且具有理性意识的特殊生命存在物，能够自觉地将自身同外部存在区分开来并能动地与之发生关系，因而使自己成为主体。这样社会历史领域里的各种活动、运动和发展，都带上了主体性的特点，即都是通过作为主体的人们有意识地进行的。在这里，"任何事情的发生都不是没有自觉的意图，没有预期的目的的"③。而所谓社会历史规律，也正是通过人们的有意识的活动或曰社会实践体现出来的，它在直接的表现形式上是作为人的活动（或实践）的总的趋势和一般取向而存在的。因此，社会历史规律的展现过程与人即主体的活动过程是同一过程，而不是两个过程，而这也就是说，社会历史规律的展现和实际发生作用的过程也不可避免地带有主体性的特点。

正是由于社会历史领域所特有的主体性，使得社会历史规律的辩证性质较之自然规律更为显著。我们说社会历史规律要通过人们的有意识的活动或实践表现出来，这一般是通过人们的自身利益反映在他们的头脑中，形成一定的意向、观念、主张等等，引导着他们活动或实践的方向。但是，由于主体自身的具体状况不同，包括生理与心理素质的不同，社会经验和文化素养的不同，知识水平与各方面能力的不同，看问题的角度和方法不同，以及作为群体的整体状况不同，其对社会历史规律的意识和反映也就不同，而其最后确定的行动方案和具体方式也就不同，其活动和实践的过程当然也会相应地不同。这样，社会历史规律的展现和实际发生作用的过程

---

① 《马克思恩格斯选集》第4卷，人民出版社1972年版，第243页。
② 《马克思恩格斯选集》第4卷，人民出版社1972年版，第243页。
③ 《马克思恩格斯选集》第4卷，人民出版社1972年版，第243页。

也就由于主体方面的差异而表现出各种不同的情况。社会历史领域的主体性特点对社会历史规律的这种影响，使得社会历史规律的状况大为复杂化，使它不像自然规律那样便于为人们所认识和把握，以至于在很长的历史时期里，人们一直把意识和精神的动力看作是社会历史发展的最后动力，把历史仅仅看成是人们的主体意志的实现，而不是客观规律起作用的结果。

马克思和恩格斯在创立自己的哲学的时候，正确地克服了社会历史领域的主体性特点给人们造成的认识上的障碍，最终揭示了隐藏在人们意识背后的客观规律，这当然是历史观领域的最大科学成果。但是，当我们在认识论的意义上超越这种主体性时，又切勿将这种主体性当作无用的东西撇在一旁了事，要看到社会历史领域的主体性特点终归使社会历史规律具有特别显著的辩证性质——这是问题的另一个重要方面。

二、问题的分析：社会历史规律的绝对性与相对性，以及社会历史过程的确定性与不确定性

物质世界的辩证统一决定了社会历史规律同一切规律一样具有辩证性质，而社会历史领域的主体性特点则使得这种辩证性质特别显著。那么，社会历史规律的辩证性质具体是怎样表现出来的呢？从最主要的特征来说，它表现为绝对性和相对性这两个方面的辩证统一。

一方面，社会历史规律具有绝对性。所谓绝对性，就是说社会历史规律终究是要这样那样地表现出它的客观强制性、不可违背或不可逆性，终究是存在着不以人的意志为转移的一面。具体说来，首先，社会历史规律终究为社会历史进程限定了一个大致的范围，规定了可能与不可能的基本界限，使社会历史过程大体上有一个必

须遵守的秩序。不论社会历史过程怎样复杂多变，不论存在着多少具体的可能性，也不论人即主体的影响有多大，这个范围、界限、秩序都是不可逾越、不可打破、不可违背的。其次，社会历史规律终究为社会历史过程规定了一个总的发展趋势，指出了一个根本的方向，它要求社会历史过程最终要按照这一趋势或方向向前推进，而不能背离这一趋势或方向。不论发展的道路多么曲折，也不论在各个发展阶段上出现多少暂时的偏离或倒退，社会历史规律终究要以它的不以人的意志为转移的客观力量将社会历史过程的演变纳入必然性的轨道，使之向着既定的方向前进。

当我们描述社会历史规律的绝对性时，我们使用了"终究"、"根本"、"总的"、"大致"、"大体"等说法，这是因为社会历史规律的绝对性只是在这些意义上才存在，而我们也只能从这些意义上去把握。在这些意义上，社会历史规律的绝对性是不容置疑的，只要人类社会继续存在下去，这种绝对性就会继续不断地顽强地显露出来。但是，在上述各种意义之外，我们同样不容置疑地遇到了社会历史规律的辩证性质的另一方面，与绝对性相对应的相对性的方面。

社会历史规律的相对性，主要是说在各种具体的社会历史过程中，社会历史规律表现出不同程度的宽容性和非强制性，它并不是在每一个具体场合都那样刻板地、机械地规定一切，而是给或然性和多样性留下了充分的余地。具体说来，首先，在绝对性所限定的范围内，它允许社会历史过程显示出多种具体的可能性，虽然可能与不可能的界限在绝对性的意义上是不可逾越的，但可能性本身毕竟可以有一个相对的"区间"或幅度。这个范围、区间、幅度，允许社会历史过程在具体存在中横向展开为这样或那样的不同的形式，表现出各种不同的状况和特点。其次，虽然社会历史规律要求社会历史过程终究要按照其绝对性所规定的总的趋势和根本方向向前推进,但这个要求在具体的发展中又表现出一定的"弹性"或伸缩性,它毕竟允许社会历史过程在演进中表现出或快或慢、或迟或早的差异,甚至容忍暂时的倒退和反复。同时,虽然发展的总的方向是一致的,但社会历史规律的相对性又表现在允许社会历史过程在各种不同的具体条件下,形成各种不同的具体发展道路,从而生长出各具特色的历史传统。

与前述绝对性的情况不同,社会历史规律的相对性总是与"具体"、"一定"、"特殊"、"暂时"等概念联系在一起的。但是不论怎样说,这种相对性是与绝对性一起确确实实地存在着的。绝对性和相对性,是社会历史规律的辩证性质的两个不可或缺的基本方面。

如果我们实际考察一下社会历史领域里的一些最重要的规律,那么我们上面对社会历史规律的辩证性质所做的两个方面的分析就会进一步得到确证。例如,生产力决定生产关系,这可说是历史唯物主义所揭示的最重要的社会历史规律之一。按照一般的理解,生产力的状况规定着生产关系的状况,有什么样的生产力,就有什么样的生产关系,生产力的变化制约着生产关系的变化,生产力发展了,生产关系也必然随之发展。但是,只要我们稍微仔细地考察一下,就会发现生产力的这种决定作用实际上包括绝对性和相对性两个方面。一方面,生产力终究以自身的存在规定着生产关系的存在,为生产关系划定了一个可能性的范围,它不允许生产关系随意越出这个范围,否则生产就无法正常进行,社会生产方式就无法存在下去。同时,生产力还以自身的发展要求为生产关系的演变规定了一个总的趋势和根本方向,它终究要推动生产关系按照这个趋势和方向前进的。从这方面意义讲,生产力对生产关系的决定作用无疑具有绝对性。但是另一方面,生产力对生产关系的存在规定毕竟留有相当的余地,毕竟允许一定的可能性范围内的不同形式乃至不同性质的生产关系以这样那样的条件存在,而生产力的发展要求则表现出明显的弹性或伸缩性，它所规定的生产关系变革的总趋势在实现过程中往往会因具体条件的不同而经历不同的途径和道路。从这个方面的意义上讲，生产力的决定作用又是具有相对性的。生产力决定作用的这种辩证性质如今已愈来愈被人们所认识，一些学者还专门对生产力决定生产关系的"区间"问题做了进一步细致的研究。生产力决定生产关系的规律是这样，社会历史领域里的其他规律也都是这样，只不过其辩证性质的具体表现各具有不同特点罢了。

社会历史规律不是形而上学地存在而是辩证地存在着的，其辩证性质包括绝对性和相对性两个基本方面，那么，这两个基本方面之间的关系又是如何呢？首先，它们是有着相反规定性的对立方面，各自有着不同的意义，正如我们上面所说明的那样。其次，这两个基本方面之间又是相互联结的：社会历史规律的绝对性是其相对性的基本前提，相对性最终不能超出绝对性的界限；而社会历史规律的相对性又是绝对性的必要补充，它使得社会历史过程成为活生生的、有血有肉的现实过程。再者，这两个基本方面之间还是相互依存、相互渗透的：社会历史规律的绝对性只有通过相对性才能表现出来，不通过相对性而赤裸裸地表现出来的绝对性是没有的；而社会历史规律的相对性的背后又必然隐藏着绝对性，不包含绝对性的纯粹的相对性同样是不存在的。我们只有按照这两个基本方面之间的对立统一关系，把它们全面地加以把握，才能真正认识社会历史规律本身所固有的辩证性质。

正是由于社会历史规律具有绝对性和相对性对立统一的辩证性质，它所作用于其中的社会历史过程便有了确定性和不确定性这双重特性。一方面，社会历史规律的绝对性决定了社会历史过程的确定性。既然社会历史规律终究要限定社会历史过程的可能性范围，并规定其总的趋势和方向，社会历史过程便终究是一个有一定的线索和轨迹可循的确定性过程，虽然这种确定性同样是在总的和根本意义上存在。而另一方面，社会历史规律的相对性又决定了社会历史过程的不确定性。既然社会历史规律毕竟是允许社会历史过程在一定范围内有多种可能性存在，并在实际发展中表现出一定的伸缩性和弹性，社会历史过程便在具有确定性的同时又是一个复杂多变、丰富生动的不确定性过程，虽然这种不确定性也是有限定的和有条件的。社会历史过程的确定性和不确定性也是辩证统一的，它们既相互对立，又相互联结、相互渗透，共同存在于统一过程之中，只有确定性而没有不确定性或者只有不确定性而没有确定性的社会历史过程都是不存在的。因此，当我们考察社会历史过程时，必须以社会历史规律的辩证性质为根据，全面把握它的确定性与不确定性这双重特性的统一。

　　基于上述关于社会历史规律的辩证性质的基本观点，历史唯物主义坚决反对两种片面倾向。一种倾向是片面强调社会历史规律的绝对性以及社会历史过程的确定性，忽视或低估社会历史规律的相对性以及社会历史过程的不确定性，结果把活生生的社会历史规律和社会历史过程理解得过于死板和僵化，在大量复杂的历史事实和现实问题面前黯然失色，无法做出令人信服的回答。这种片面性，这样那样地导致机械决定论。另一种倾向则是片面夸大社会历史规律的相对性以及社会历史过程的不确定性，忽视或怀疑社会历史规律的绝对性以及社会历史过程的确定性，结果把社会历史看作是杂乱无章、变化莫测的任意过程，最终陷入否认社会历史规律的非决定论的泥潭。这两种片面倾向性质相反，但都有同样的认识论根源，这就是不懂得社会历史规律的辩证性质，以及为其所规定的社会历史过程的双重特性。

三、问题的意义：正确发挥历史主体的能动作用

我们研究社会历史规律的辩证性质，并不仅仅是为了说明社会历史，而其最终的意义是为了指导我们的社会历史实践。既然社会历史领域中的主体性特点使得社会历史规律的辩证性质特别显著，既然这种辩证性质具体体现为绝对性和相对性两个方面的对立统一，那么这里自然便有了一个如何从社会历史规律的这种辩证性质出发，正确发挥历史主体的能动作用的问题。

根据社会历史规律的辩证性质，这里首先需要加以明确的，是主体能动作用的可能性与不可能性的原则界限。既然社会历史规律具有相对性的一面，而这种相对性是与主体性相关联的，那么历史主体完全有可能在一定范围内发挥自觉能动性，将自己的意志实现出来；这便是人们通常所说的历史主体的选择作用，它是历史主体能动作用的具体形式。在社会历史规律的相对性的范围内，主体的能动选择无疑具有可能性。但是，既然社会历史规律终究具有绝对性的一面，而相对性终究不能超出绝对性的界限，那么历史主体的能动作用或选择便也终究是有限度的，它不可能背离社会历史规律的绝对性。无视这种绝对性而试图将选择的范围无限度加以扩大的做法，最终会在实践中碰壁。社会历史规律的绝对性与相对性之间的原则界限，也就是历史主体动能作用的原则界限。

从社会历史规律的辩证性质出发确定主体能动作用的可能性与不可能性的原则界限，是正确发挥主体能动作用的前提。这一前提既防止了由机械决定论出发的宿命论倾向，又摒弃了由非决定论出发的唯意志主义倾向。只有在这一前提下，才能谈得上正确发挥主体能动作用的问题。

在确定了主体能动作用的可能性与不可能性的原则界限之后，接下来所要明确的，便是主体能动作用的价值尺度问题，即在可能性的范围之内，应该如何选择。"可能"与"应该"是两个概念，在这里"可能"是"应该"的前提，但"可能"不等于"应该"。一般说来，人们总是按照一定的利益原则进行选择的，是否适合于人们的利益需要，这是主体选择的最高的价值尺度。马克思曾说过："人们奋斗所争取的一切，都同他们的利益有关。"① 而对于代表着历史前进方向的先进的社会集团来说，其根本利益是与社会历史规律的实现联系在一起的，要保证自身根本利益的实现，就必须促使社会历史规律的实现，因此，是否有利于社会历史规律的实现，应该是这些社会集团进行能动选择的直接价值尺度。在历史唯物主义看来，现代工人阶级是历史上最先进的阶级，只有自觉地遵循社会历史规律的要求，能动地推动社会历史进步，才能从根本上保证工人阶级和广大劳动群众的利益的实现。与此相反，历史上各种落后的社会集团，总是要从维护自身利益的目的出发，尽力阻止不利于自己的社会历史规律的实现，阻碍社会历史的进步。他们的选择虽然也可能在社会历史规律的相对性范围内暂时得到实现，但终究是要被社会历史规律的绝对性所冲破的。

要正确地发挥历史主体的能动作用，不仅要有一个正确的前提和价值尺度，而且还需要有适合于历史要求的主体能力。主体必须能够正确地认识社会历史规律，认识自身所处的社会历史条件，认识自己的行动及其后果，从而能够做出正确的选择决策，并将其付诸实现。如果历史主体不具备这样的能力，即便是有良好的愿望，也难免会出现这样那样的错误。因此，我们必须注重于主体能力的

---

① 《马克思恩格斯全集》第1卷，人民出版社1956年版，第82页。

提高，以保证从社会历史规律的辩证性质出发，真正正确地发挥历史主体的能动作用，自觉推动社会历史的前进。

（"第二次中日辩证法研讨会"论文，收入北京大学哲学系、大阪经济法科大学哲学教研室合编：《唯物辩证法问题的再探讨》，人民出版社1993年版）

从《历史决定论的贫困》看波普的"历史进程无规律论"

(1992年8月)

《历史决定论的贫困》是卡尔·波普的最重要的著作之一,而就在这一著作中,他集中攻击了历史决定论的主张,阐述了他的"历史进程无规律论"。

波普认为,人类社会的"进化"过程,与生物进化过程一样,是不能说有什么规律存在的。他说,"能否有一条进化规律呢?……我相信这个问题的答案只能是否定的,而且,探求进化的'不变秩序'的规律不能属于科学方法的范围,无论对生物学或社会学来说都是如此"。① 为什么这样说呢? 波普接下去说明了他的理由:"我的理由非常简单。地球上的生命进化或者人类社会的进化,只是一个单独的历史过程。我们可以认为,这样的过程是遵照各种因果规律(如力学定律、化学定律、遗传与变异规律、自然选择规律等)进行的。然而,对进化过程的描述不是规律,而只是一个单纯的历史命题"。② 接着,他还对此做了进一步的论证:"普遍的规律,就

---

① [英]卡尔·波普:《历史决定论的贫困》,杜汝楫、邱仁宗译,华夏出版社1987年版,第85页。
② [英]卡尔·波普:《历史决定论的贫困》,杜汝楫、邱仁宗译,华夏出版社1987年版,第85—86页。

像赫胥黎所说的,是对某个不变秩序的断定,即对某一类的所有过程的断定。……可是,如果我们永远只限于观察一个独一无二的过程,那我们就不能指望对普遍性的假说进行验证,不能指望发现科学所能接受的自然规律"。① 他还借用 H.A.L.弗赛尔的话谈到"人类社会历史":"由于它是独一无二的,所以不可能加以概括……"②。

应该指出,波普并不是一概否定社会领域中规律的存在,而只是否定"历史规律"或"历史连续规律",亦即社会历史进程本身的规律。而对于"社会科学规律",他是承认的,他说:"我想,社会科学规律或假说是存在的,它们与自然科学的规律或假说是相似的"。③ 他还举了不少例子来反驳对这些规律或假说的怀疑。但是他明确指出:社会科学规律和假说"不同于所谓'历史规律'"④。对于波普所做的这一区分,国内一些学者没有给予应有的注意,因而不能抓住波普否定"历史规律"的真正要害,这样也就谈不上对他的这一观点的准确的批评。

从上面的引文可以看出,波普立论的关键之点在于:规律应具有普遍性,并要经过普遍的验证;社会科学的一些规律具有这种普遍性并可以得到验证,因而可以成立,但有关"社会进化"或"历史连续"的规律却不能成立,因为人类社会的历史进程是一个"独一无二"的过程,谈不上"普遍性"的问题。那么,历史进程既然

---

① [英]卡尔·波普:《历史决定论的贫困》,杜汝楫、邱仁宗译,华夏出版社1987年版,第86页。
② [英]卡尔·波普:《历史决定论的贫困》,杜汝楫、邱仁宗译,华夏出版社1987年版,第86页。
③ [英]卡尔·波普:《历史决定论的贫困》,杜汝楫、邱仁宗译,华夏出版社1987年版,第48页。
④ [英]卡尔·波普:《历史决定论的贫困》,杜汝楫、邱仁宗译,华夏出版社1987年版,第48页。

不存在"规律",存在着的是什么呢?波普认为,是"趋势"。他说:"历史决定论者在被称为历史的那些事件连续中所看到的'方向'或'倾向',并不是'规律',而只是趋势"。① "趋势是存在的,或者更确切地说,趋势的假定通常是一种很有用的统计方法"。② 但是,"规律和趋势是根本不同的两回事"③,"我们可以根据规律来做出科学预测,但我们不能仅仅根据趋势的存在来做出科学的预测"④,因为"趋势"可以根据各方面条件和因素的变化而发生改变。

波普的这套论证从形式上看似乎很符合逻辑规则,但若仔细推敲一下,就会发现它最终是难以成立的。规律应该具有普遍性并得到验证,这没有错。但问题在于:社会历史进程能不能归属于"独一无二"的过程?恐怕不能简单地这样说。若从整个人类社会领域、从世界历史的意义上说,这样讲似乎是有道理的;但是不要忘记,所谓人类社会的世界领域是由各个不同的地区、国家和民族所组成的,而世界历史则是这些不同地区、国家和民族的历史发展的统一。世界各个地区、各个国家和各个民族之间虽然是处于相互联系之中的,但它们又毕竟是有着各自的独立性的;它们的历史发展过程固然是相互影响、相互作用的,但同时又毕竟可以这样那样地加以区分的,最终表现为一个个相对独立的特殊过程。而从这个意义上说,

---

① [英]卡尔·波普:《历史决定论的贫困》,杜汝楫、邱仁宗译,华夏出版社1987年版,第95页。
② [英]卡尔·波普:《历史决定论的贫困》,杜汝楫、邱仁宗译,华夏出版社1987年版,第95页。
③ [英]卡尔·波普:《历史决定论的贫困》,杜汝楫、邱仁宗译,华夏出版社1987年版,第91页。
④ [英]卡尔·波普:《历史决定论的贫困》,杜汝楫、邱仁宗译,华夏出版社1987年版,第91页。

人类社会历史进程又不能说是"独一无二"的过程,而同样是有许多同类过程存在的。如果我们经过研究发现,这些同类进程不管具有怎样的特殊性,其中都包含着一些共同的、具有普遍性的内容,亦即我们所说的一般进程,那么,我们就可以认为,社会历史进程是有着"规律"存在的,而不仅仅是可以发生变化的"趋势"。这一规律,是可以在世界不同地区、民族和国家的历史发展的特殊的进程中得到验证的。

波普本人也已意识到,他的历史进程无规律论若要被推翻,首先就得推翻所谓社会历史属于"独一无二"的过程这一论断。他甚至还列举了这样一种与之对立的观点:"文明的生命周期律可以用研究动物物种的生命周期的同样的分法进行研究"。① 但是,他终究没能认识世界各个地区、各个国家和各个民族的特殊历史进程既相互联系又相互区别的辩证关系,没有能从这一角度去正确地认识社会历史进程的规律问题。

最后还应指出,波普在为《历史决定论的贫困》这本书出版所写的序言中,还提到他的一些"最近成果",其中最主要的是从人类知识增长的不可预测来论证他的历史进程无规律论。对于波普的这一"成果",我们将另撰专文探讨。

(原载《党校科研信息》1992 年第 15 期)

---

① [英]卡尔·波普:《历史决定论的贫困》,杜汝楫、邱仁宗译,华夏出版社 1987 年版,第 37 页。

把握历史的观点，正确认识事物

(1990年5月)

学习马克思主义哲学，要善于把握历史的观点，并运用这一观点正确地认识事物。而所谓历史的观点，一般说来就是把事物放在具体的历史条件和历史过程中去认识。当然，这个认识可以从不同的角度去展开，本文主要从以下几个方面做一些讨论。

一、具体地分析事物产生的历史条件

人类社会的历史过程是一个极其纷繁复杂的运动过程，在这一过程中，各种历史事物像波浪一般不断展现在我们面前，构成一次次历史变迁的现实内容。不论我们对这些事物赞成与否，它们既然已经产生了，我们就应该对其有个客观的认识。而要客观地认识这些事物，首先就必须按照历史的观点，具体地分析它们产生的历史条件。

马克思主义哲学认为，历史过程中每一事物的产生，都是在一定的历史条件下，为诸方面历史因素综合作用的结果。在这里，历史的必然性和偶然性生动地交织在一起，所谓具体的历史条件，就要从它们的统一去把握。

首先，每一事物的产生，都有其特定的历史必然性。社会历史过程不是一个由人们的主观意志决定的任意过程，也不像非决定论者所认为的那样是"偶然事件的杂乱堆积"，而是有着客观的历史规律的。而事物产生的历史必然性，就是同特定的客观历史规律相联系的。一个事物如果具备了某种必然性，那么它终究会产生出来，这也就是说，任何历史事物的产生，首先都是特定的客观历史规律起作用的结果。分析事物产生的历史条件，首先必须认识隐藏在这一事物背后而与客观历史规律相联系的历史必然性。但是，这里需要指出，既然要分析的是具体的历史事物，那么对它的必然性的分析，即对当时各方面具体因素怎样具体地构成这一事物产生的必然条件，而具体起作用的又是哪些特定的历史规律的分析，也应该是具体的。只有这样，才能具体地认识这一事物自身特有的具体的必然性。

其次，事物的产生不仅具有特定的历史必然性，而且还有特定的历史偶然性。当各方面具体因素已经构成某种必然条件，而某些特定的历史规律已经具体地展开自己的作用的时候，某种特定的历史事物无疑是一定要产生出来的；但是，这个事物具体何时产生，以什么形式或具体途径产生，产生的具体过程和经历又是怎样，这就是具有偶然性的了。造成这些偶然性的是一些次要的，可以这样也可以那样的、不确定的历史因素，它们也会不同程度地对事物的产生发生影响。因此，要分析事物产生的历史条件，除了分析它的必然条件外，还应进一步分析它的偶然条件。当然，这方面的分析更应该是具体的。

例如，中国于20世纪中叶进入了社会主义社会，这是由20世纪中叶的具体历史条件决定的，我们必须从这些特定的具体历史条件去认识。这里首先存在着特定的历史必然性，中国作为一个半殖民地、半封建的落后国家，当时的国际环境已不允许它再走老式的独立发展资本主义的道路，中国虽然落后，但已初步具备了现代生产力的必要成分，以及代表着这一生产力的现代无产阶级，而民族资产阶级的先天软弱性，必然使革命的领导权落在中国无产阶级及其政党的肩上。社会主义革命时代落后国家民族民主革命的规律，决定了中国当时必然要经过新民主主义而走向社会主义。但是，中国革命的过程中为什么恰好经历了三次国内革命战争而不是两次或四次，日本帝国主义为什么恰好在1937年全面发动侵华战争，中华人民共和国为什么恰好在1949年10月1日宣告成立，这些却是具有偶然性的了，是由当时的各方面偶然条件所规定的。

对于十一届三中全会以来我国发生的社会主义改革，也应该从当时的具体历史条件去认识。经过所谓的"文化大革命"，我国建国初期建立的那一套经济和政治体制的弊端已明显显露出来，国民经济已走到崩溃的边缘。不改革，就再也没有出路了。因此改革具有历史的必然性，是客观规律决定的。但是，恰好在1976年10月粉碎了"四人帮"，恰好在1978年12月18日召开十一届三中全会，对改革的必然性来说就是一种偶然性了。只有把这两个方面的条件统一起来，才能具体地认识这场伟大改革运动的缘起。

二、具体地认识事物所处的历史阶段

任何事物的发展都不是一蹴而就，而是要经历一个逐步展开的历史过程。这个过程有时长一些，有时短一些，依具体事物的自身性质和外部环境而定。但是一般说来，事物的发展过程都是分阶段的，是阶段性和连续性的统一。因此，运用历史的观点观察事物，不仅要具体地分析事物产生的历史条件，而且还要具体地认识事物所处的历史阶段。

马克思主义哲学认为，事物的整个发展过程虽然具有统一的内容，但在它的各个不同的发展阶段上，却有着不同的发展基础、不同的具体任务、不同的具体问题以及不同的具体特征。要认识事物所处的历史阶段，就是要从这些具体的方面着手去认识和评价事物，看它在原有的基础上怎样获得新的发展，对这一阶段的特定的任务怎样去完成，对特定的问题又怎样去解决，而在总体上又不可避免地具备哪些阶段性特征。我们只能要求处于特定历史阶段的事物完成其在这一阶段上所应有的那些发展，而不能用抽象的态度去对待它，用别的历史阶段的尺度去衡量它、苛责它。要求事物在某一特定的历史发展阶段上一下子完成需要几个阶段才能完成的发展任务，不是唯物主义的客观态度，而是一种主观主义的错误态度。

对于新生事物来说，它的发展总要经过从不成熟阶段向成熟阶段的过渡，或是从低级阶段向高级阶段的过渡，而不可能一下子就那样完善，那样理想化。在不成熟阶段或低级阶段，它不可避免地会存在这样或那样的欠缺或不足，我们应该从该阶段的实际出发给予客观的理解。当然，这个客观的态度又决不能成为掩盖非正常的偏差和失误的遁词和借口。应该做到的而没有做到，应该弥补的欠缺而没能弥补，这就需要认真查一查原因了。

从我国社会主义社会的发展过程来看，具体地认识它的阶段性特点有着重要的现实意义。社会主义社会是20世纪出现的新事物，它需要经过一些必要的历史阶段而逐步走向成熟和完善。特别是像我们这样起点较低的国家，更是需要走过一段比较艰辛的道路。党的十三大正式确认我国尚处于社会主义的初级阶段，并对这个初级阶段的实际状况做了客观的估价。我们的经济发展还比较落后，本世纪末的目标只能是达到"翻两番"，要赶上和超过世界发达国家，还不能马上办到。我们的社会主义制度还很不完善，究竟采取什么样的经济体制和政治体制才能使社会主义固有的优越性充分发挥出来，仍是一个需要不断探索的问题。我们的精神文明建设也还需要进行艰苦的努力，各种愚昧、落后的观念，各种旧的习惯势力，以及资产阶级的腐朽思想，都还会在一定程度上继续顽固地存在并产生消极影响。因此，对于这样一个尚处于初级阶段的社会主义社会，我们不能用理想化的标准来要求它，不能一遇到不如人意的地方就怀疑它，甚至否定它。当然，几十年来我们确实有不少失误，有些事情本来可以做好而我们没能做好，这就不能简单地用"初级阶段"来解释。那种所谓"初级阶段是个筐，什么都能往里装"的做法，当然是十分错误的。这就需要我们科学地区分什么是社会主义初级阶段的真正特征，什么是我们工作中的问题，以使我们在具体实践中有一个比较正确的把握。

对于我们的社会主义改革，也要善于具体地认识它的历史发展阶段。我们所进行的改革涉及社会的各个领域，是一项十分复杂的社会工程。它的任务是建立一种真正充满生机和活力的、能够使社会主义的优越性充分发挥出来的社会体制，这个任务不是一下子就可以完成的，而是需要分阶段逐步完成。在每一个阶段上，它都有自己的特定的具体内容，这些内容由简单到复杂、由浅层到深层地依次展开。改革在不断取得进展的同时，会不断触动新的问题，这些问题往往不是单靠某一阶段便能解决的，要靠改革措施在各种阶段上的逐步配套和完善。因此，我们看待改革，也要从改革所处的具体阶段的实际出发去看，而不能要求它一下子解决所有的问题。当然，我们在改革的各个阶段上，又都要科学规划，力争少出偏差，少付代价，保证改革一步一个脚印地顺利前进。

三、具体地把握事物发展的历史趋势

现实社会中虽然存在着各种各样的历史事物，但是从长远的眼光看，不同事物发展的历史趋势可能是很不相同的。有的事物有着光明的发展前景，而有的事物则面对惨淡的未来，有的事物虽然暂时还比较弱小，但它却会逐步发展壮大起来，而有的事物虽然看上去还很显赫，但实际上正日益走向衰亡。因此，历史的观点要求我们，在观察事物时不仅要具体地认识它的现存状况，而且还要具体地把握它的历史趋势。

在马克思主义哲学看来，判断一个历史事物发展的历史趋势如何，关键是看它是否同整个人类社会历史前进的方向相一致。凡是顺应这一方向的，便是有希望的；而凡是背离这一方向的，便终究是没有希望的。固然，每一个历史事物的存在，对它自身来说都有一定的必然性，否则它就不会产生了。但是，具体的必然性要服从于整个人类历史前进的总的必然性。同理，每一个历史事物的存在都是一定的客观规律起作用的结果，但各个方面的具体规律要服从于整个人类社会运动的总的、一般的规律。人类社会运动的总的规律决定了社会历史发展的总的必然性，而这种总的必然性就表现为人类社会前进的总趋势、总方向。社会历史发展的总过程制约着各种历史事物自身发展的具体过程，而人类社会前进的总的历史趋势制约着各种历史事物自身的历史趋势。这一点，我们必须明确。

符合历史前进方向的新生事物虽然开始时比较弱小，但它是和社会发展的总的必然性联系在一起的，这便使它具备了强大的生命力，从而不断成长壮大起来。它在成长中可能会遇到这样那样的困难，出现这样那样的曲折，但未来终究是会属于它的。相反，背离历史前进方向的落后事物或反动事物，由于失去了社会发展的总的必然性依托，因而其生命力会渐趋枯竭，最终将被历史所抛弃。我们看事物，一定要站在整个人类历史发展的高度去看，既不要为新生事物的暂时的弱小而疑虑，也不要为落后事物的暂时的强大而迷惑，要坚信新的、富有生命力的事物终将战胜旧的、正在失去生命力的事物。

按照历史唯物主义的基本观点，人类社会的发展是一个由低级形态向高级形态不断渐进的"自然历史过程"。生产力与生产关系、经济基础与上层建筑的矛盾运动，是社会发展的基本动因，它推动着人类历史从原始社会、奴隶社会、封建社会发展到资本主义社会，而又从资本主义社会向社会主义、共产主义社会过渡。社会主义代替资本主义，是为社会历史运动的一般规律所规定的总的趋势，它体现了人类社会发展的总的必然性。社会主义在这个世界上已经经历了半个多世纪的发展，它虽然遇到了种种的困难和曲折，甚至会出现暂时的倒退和反复，但它终究会在不断摸索和不断总结经验教训的基础上，逐渐走向成熟。像我国这样在相对落后的生产力水平上建立起来的社会主义国家，开始时可能距发达的资本主义国家的经济水平有一定差距，但它终究是会赶上来的。正像人们经常所用的比喻那样，火车在刚刚发明出来的时候，其速度并不比马车快，但是火车最终还是取代了马车。现代资本主义虽然暂时还有一定的力量，但它的内在矛盾最终会促使它让位于具备更高的优越性的社会主义社会，这便是它发展的历史趋势。

社会主义改革是社会主义社会向前发展的客观要求，也是符合社会历史运动的基本规律的，是同人类社会发展的总的必然性联结在一起的。因此，改革是一定要进行下去的，并且一定要达到预期的目的。不论我们在改革的实践中遇到什么样的阻力，也不论改革的进程多么曲折，我们都要坚信这一历史趋势。我国改革十年来，已经取得了巨大的成效，给我们的事业带来了新的生机和希望。改革之潮已形成汹涌奔腾的历史洪流，任何力量都是挡不住的。当然，我们的改革是社会主义性质的改革，它不能离开社会主义社会的基本轨道。改革的实践将会加深我们对于社会主义的理解，使社会主义的基本原则不断丰富和发展。伟大的社会主义改革运动正在震撼着中国的大地，它正在同各种各样阻碍它发展的力量和企图将它引向歧途的力量进行不断的交锋，正在从自身失误的代价中寻找出坚实的道路。我们要积极投身于这场代表着光明未来的历史运动，做一个充满信心的改革者。

（原载《党校论坛》1990年第5期）

"社会"范畴探析

(2011年4月)

近年来,随着认识和实践的推进,有关"社会"方面的问题越来越引起人们的关注。社会发展、社会转型、社会变革、社会建设、社会管理、社会结构、社会体制、社会事业、社会参与、社会矛盾……如此等等,"社会"这一范畴在多种场合、以多种方式被运用和谈论着。但是仔细考察一下就可以看出,人们在使用这一范畴时往往有着不同的理解,是在不同的意义上讲问题。为了更好地认识和把握这一范畴,特别是更好地处理和解决与之相关的实际问题,有必要对这一范畴本身做一些研究和考察,特别是从逻辑上对它的基本内涵做一些分析和梳理。

从目前讨论和应用的情况看,"社会"范畴主要有以下几种不同的含义:

首先,在广义上,所谓"社会"是指整个人类活动的领域,亦即通常所说的人类社会。从哲学上讲,这个广义的社会包括社会主体和社会客体,所谓社会主体是现实地存在于一定的社会结构体系中的人,而所谓社会客体便是人所生存于其中的社会结构体系,它包括经济领域、政治领域、文化领域以及其他社会领域,并可进而区分为生产力、生产关系(经济基础)、上层建筑(政治上层建筑和观念上层建筑）等基本层次。社会主体与社会客体是相互依赖和联系着的，只有将二者有机地统一起来，才能达到对广义社会的全面的认识。

其次，与这个广义的规定相关联，"社会"这一范畴还可以与作为社会主体的"人"对应起来，仅从社会客体的意义上去使用。当我们谈论"社会与人"、"社会发展与人的发展"等问题时，就是指这种客体意义上的社会，即人所生存于其中的社会结构体系。其基本构成一如上述，包括经济领域、政治领域、文化领域以及其他社会领域，并可区分为生产力、生产关系（经济基础）、上层建筑（政治上层建筑和观念上层建筑）等基本层次。从哲学上说，人的发展是目的，社会发展是手段，社会发展最终是为了人的，是以人的发展和解放为最高价值目标；而另一方面，人的发展又要依赖于社会发展，只有通过社会的发展和进步，才能最终实现人自身的发展。

第三，与上述客体意义的用法不同，"社会"范畴还可以在社会主体的意义上加以运用。这时，所谓社会就是指作为主体的人的集合，亦即人的群体形态。还有一种常见的提法是"人类共同体"，也可以从这个意义上去理解。应该说，社会学上所讲的"社会"，便往往是从这一角度着眼，其所谓"社会结构"，也主要是指社会的主体结构，包括阶级结构、阶层结构、年龄结构、性别结构以及其他各类社会群体结构。与这种主体结构相联系，社会学在研究"社会"问题时还重视主体的生存状态，包括衣食住行、生老病死等各个方面，以及人口、居住、教育、就业、收入、医疗、卫生、养老等各种问题，关注与之相应的社会事业的发展和社会保障体系的构建。现在讲"社会建设"，往往集中在各种"民生"问题上，也是侧重从主体角度去理解"社会"范畴。如中共十七大报告所提出的，要"加快推进以改善民生为重点的社会建设"，"努力使全体人民学有所教、劳有所得、病有所医、老有所养、住有所居"①；这一目标要求就清楚地体现出"社会"范畴的主体规定。当然，社会主体是与社会客体相对应的，人的存在和发展状态要受到其所生存于其中的整个社会结构体系的制约。要解决好这些民生问题，就必须从社会的经济、政治、文化等各个领域入手，全面推进作为客体的社会结构体系的发展。

第四，如果说以上几种含义的"社会"都是这样或那样地着眼于整个社会，因而具有某种整体的高度，那么还有一种用法便是将"社会"理解为大的社会结构体系中的一个特殊领域，并与经济领域、政治领域、文化领域并列起来，形成所谓"四位一体"的关系。这无疑是一种狭义的理解。那么这种狭义的"社会"具体包括什么内容呢？讨论中涉及的问题比较混杂，梳理起来有一定的难度。但从逻辑上说，它既然是与经济领域、政治领域、文化领域相并列的一个特殊领域，那么显然不应包括这些领域的内容，而只能是这些领域以外的其他方面的内容，否则就不能并列。如果说经济、政治、文化各领域的划分主要是着眼于社会生活和社会关系的不同种类，其所包含的内容分别是经济生活和经济关系、政治生活和政治关系、文化生活和文化关系，那么这个狭义的社会领域，也就应该包含经济生活、政治生活、文化生活之外的其他社会生活，以及经济关系、政治关系、文化关系之外的其他社会关系。例如，本来意义的家庭生活和家庭关系就可以归入这一领域。社会学研究中曾有过一种"剩余社会科学"的观点，即将社会学看作是研究经济学、政治学、文化学等社会科学所覆盖不了的其他社会现象和社会问题的学说；这种观点实际上就是将社会学定位于研究经济、政治、文化等基本领域之外的狭义社会领域。虽然这种观点受到了许多社会学家的批

---

① 《十七大以来重要文献选编》（上），中央文献出版社 2009 年版，第 29 页。

评和反对,但目前存在的从"四位一体"的意义上理解"社会"范畴的做法,正是与社会学上的这一观点有着逻辑上的联系。

第五,"社会"范畴还有另外一种特殊的含义,即指政治领域以外的其他社会领域。通常所说的国家与社会的关系,便是从这个意义上说的。这个意义的社会首先包括经济领域,马克思就曾明确指出,"**生产关系总合起来**"便"**构成所谓社会**"①。这个意义的"社会"还有一个近义词,即"市民社会"②。在马克思看来,"市民社会"构成"政治国家"的现实基础,而"政治国家""不过是市民社会的正式表现"③。在目前的讨论中,这个意义的社会还涉及与政府的关系,例如关于"小政府、大社会"或是"大政府、小社会"的争论就是如此。我们常说要建立"党委领导、政府负责、社会协同、公众参与的社会管理格局",这里的"社会协同",也是指党委和政府以外的其他各种社会组织和群众团体,所涉及的也是政治领域以外的其他各个社会领域。

从以上考察可以看出,"社会"是一个有着多种含义的复杂范畴,在不同的场合有不同的用法。从总体上说,这些不同的含义和用法各有自己的定位,也各有自己的价值,应该联系起来加以把握。但是,它们毕竟属于不同的层次和角度,逻辑上不是一回事。因此,在使用中应注意将它们相对区分开来,防止出现混淆;这样才有利于我们分门别类地研究人类社会领域里的各种问题,并达到对这些问题的正确认识和解决。

(原载《学习时报》2011 年 4 月 18 日)

---

① 《马克思恩格斯文集》第 1 卷,人民出版社 2009 年版,第 724 页。
② 《马克思恩格斯文集》第 1 卷,人民出版社 2009 年版,第 30 页。
③ 《马克思恩格斯文集》第 10 卷,人民出版社 2009 年版,第 43 页。

关于"社会形态"范畴的思考

(1991年4月)

一

社会形态这个历史唯物主义的基本范畴,是用来标志一定的社会发展阶段和一定的社会类型的总体范畴。它不是指一般社会,而是标志着一定发展阶段的社会和一定类型的社会,故而谓之社会形态,它是"社会"这一范畴的具体化。历史唯物主义提出社会形态这一范畴,是直接针对一些资产阶级社会学家侈谈一般社会,抹煞或无视不同社会类型之间差别这一情况,是为了真正科学地揭示各种具体社会类型的存在和发展的规律。

既然社会形态是这样一个总体范畴,那么它应该包括一些什么内容呢?它的内部构成应该是怎么样的呢?应该确认,社会形态不仅仅是指经济基础和上层建筑的统一,而且应该是包括生产力、生产关系(经济基础)、上层建筑这几个基本层次,以及这几个基本层次以外的其他各种社会要素。它应该是一定社会中所固有的一切成分和要素的综合体系。这样来理解社会形态的内部构成,首先是逻辑上的要求,因为它若不是这样一个综合体系,它也就不能说是一个标志着具体社会的总体范畴。其次,只有把社会形态理解成一个"完整的社会体系",才能引导人们全面地认识一种社会形态,把握它的内部规律。过去我们把生产力这个要素排除在社会形态范畴之外,结果使得我们对社会主义社会的认识很不全面,只注重生产关系和上层建筑领域的"革命",而不懂得发展生产力是社会主义社会的根本任务,不懂得生产力标准在社会主义社会中的意义。历史的教训应该牢记。

明确了社会形态范畴的基本规定性,我们随即便面临着另一个问题,这就是"社会经济形态"这一范畴应该如何理解。我们认为,这里应该区分经典作家所说的"社会经济形态"和后人所理解的"社会经济形态"。经典作家提出的"社会经济形态",如人们所考证的,应该是"经济社会形态"。它是个总体性范畴,而不是专指社会中的某一个层次。但是后人在新的探讨中把"社会经济形态"用作一个专指社会中的经济关系的特殊范畴,即所谓"社会的经济形态",也是有道理的。我们把这两个方面分开来谈。

首先,经典作家的"社会经济形态"或"经济社会形态"既然也是一个总体性范畴,那么,是否就可以做社会形态范畴的同义语了呢?我们认为,过去这样做是有历史原因的,而现在继续这样做,就是不妥当的了。

马克思主义经典作家提出这一范畴的本意,是以人们的生产关系为根据,从生产关系对其他社会关系的决定作用着手去把握整个社会形态。正如列宁所指出的,马克思"从社会生活的各种领域中划分出经济领域,从一切社会关系中划分出生产关系来,并把它当作决定其余一切关系的基本的原始的关系"[1],把握住了这种关系,就可以把握整个社会形态的最基本的性质和面貌。由于过去历史唯

---

[1] 《列宁选集》第 1 卷,人民出版社 1972 年版,第 6 页。

物主义主要就是从经济社会形态的意义上去把握社会形态的（虽然经典作家们也曾从其他角度出发论及社会形态，但都还没有提出新的范畴），所以经济社会形态便成了社会形态的代名词。然而，在当代，当人们开始提出"技术社会形态"等新的概念时，情况就完全不同了。

我们认为，我国学者提出社会形态具有多方面的质，可以从不同侧面、不同角度来划分社会类型，并明确提出"技术社会形态"等范畴，这应看作是对历史唯物主义社会形态理论的重要发展。从经济关系的角度来划分社会形态，这当然是一种最基本的划分，但是这并不等于说社会形态只能从这个角度去把握。社会形态作为一个多层次、多要素的综合体系，其中的每一个层次、每一个要素都可以表现为这个综合体系的一个侧面或一个角度。而且，这些不同的层次或要素都是处于相互制约、相互作用和相互影响的关系之中的，其中的每一个层次、每一个要素都会对其他层次、其他要素发生影响，也就是会对整个社会形态体系发生影响，使之带上自己特有的印记。例如，一个生产力处于落后阶段的国家，这种落后的影响会在经济、政治、思想文化等各个层次，在社会生活的各个方面表现出来。相反，一个生产力处于先进阶段的国家，社会的各个领域都会这样或那样地反映出这种先进性的特点。生产力是这样，社会形态中其他要素也都是如此，只不过影响的程度各有不同罢了。所以，我们完全可以以社会形态中的不同层次和要素的状况为依据，参照其对社会各个领域的影响状况，从不同角度和不同侧面划分和把握社会形态。"技术社会形态"就是从生产力的角度，从生产力的发展水平对社会其他领域的影响着手去划分社会形态的。正如我们可以从经济社会形态的角度把社会划分为原始共产主义社会、奴隶社会、封建社会、资本主义社会和社会主义社会等各种形态一样，我们也完全可以从技术社会形态的角度把社会划分为渔猎社会、农业社会、工业社会、信息社会等不同形态。

当然,我们这里所讲的信息社会等概念不是直接采用西方学者的概念,而是经过批判和改造的。正如人们已经指出的,西方一些学者企图用这一概念去反对马克思主义的经济社会形态理论,抹煞不同的经济社会形态的区别等。但是,我们舍弃这些错误成分,而只吸取其描述生产力发展状况的合理成分,把它变成技术社会形态的概念,是完全可以的。

至于说除了技术社会形态之外,是否还可以从政治、文化等角度出发提出政治社会形态、文化社会形态等范畴(有的学者已经这样提了),我们认为也是应该肯定的。因为第一,它们跟技术社会形态是同一序列的范畴,逻辑上是成立的;第二,从政治角度和文化角度,都可以分别把握社会形态的某一个方面的特征,它们不仅本身就代表着社会形态的一个侧面,而且不同的政治和文化会给整个社会形态染上不同的色彩。因此,提出这些范畴也是有它的独特意义的,不能说没有必要。

既然社会形态具有多方面的质,它可以从不同侧面、不同角度来把握,而经济社会形态只是其中的一个角度和方面(虽然是一个最主要、最基本的角度和方面),除此以外还可以有技术社会形态、政治社会形态、文化社会形态等其他角度和方面。这样一来,经济社会形态(即经典作家的"社会经济形态")就只能按其本来意义,跟技术社会形态等一道作为社会形态这个属概念之下的一个种概念而存在,而不能再用作社会形态的同义语了。

"经济社会形态"即经典作家的"社会经济形态"是这样了,那么在近年来的演化中被后人赋予了新的涵义的"社会经济形态",即作为社会形态内部的一个具体层次的、作为特定的生产关系总和的"社会的经济形态",又该做如何处理呢?我们认为,这个范畴完全可以而且应该继续保留下来。不仅如此,还应该相应地扩充社会的技术形态、社会的政治形态、社会的文化形态（包括意识形态）等范畴。因为既然社会形态不等于一般社会，它是社会的一定发展阶段和类型，那么它的构成成分应该是处于一定发展阶段的、属于特定类型的。因此有必要采用上述各种具体范畴，以与"社会形态"的总体范畴相对应。那么，这里的"社会经济形态"（即社会的经济形态）与前面所说的"经济社会形态"是什么关系呢？概括说来，它们之间有其内部与外部的区别。前者是指社会形态内部的一个组成部分，而后者则是从外部看的社会形态的一个侧面，多少是一个总体性范畴。其他几对范畴的关系也是同样的道理。

鉴于这种情况，我们认为应该正式恢复马克思主义经典作家的"经济社会形态"一词，以与"社会经济形态"一词相区别。这无论从词义上还是从理论上说，都是必要的。

以上我们渐次考察了围绕社会形态这一范畴所出现的各方面问题，到此可以把我们对这些问题的看法综合起来，达到一个总的认识。第一，社会形态是一个标志着社会发展的一定阶段和一定类型的总体范畴；第二，从内部看，它是一个由社会经济形态、社会技术形态、社会政治形态、社会文化形态等具体成分构成的综合体系（社会的经济形态、政治形态、文化形态在相互联系中分别充作经济基础和上层建筑等角色）；第三，从外部看，它可以从经济社会形态、技术社会形态、政治社会形态、文化社会形态等不同角度和侧面去把握。这样一来，社会形态就不再是过去所理解的那种带有片面性和简单性的范畴，而成为一个多层次、多侧面的综合性的立体范畴了。

二

确立多层次、多侧面的社会形态立体范畴，对于推进历史唯物主义的社会形态理论，无疑是有重要意义的。它有助于我们更加全面地把握纷繁复杂、丰富多彩的社会历史运动。但是，也许有人会提出这样的疑问，把社会形态从多种角度加以划分，并提出技术社会形态等概念，会不会妨碍人们对经济社会形态的认识和把握，影响马克思主义的经济社会形态理论？

这个疑问虽然有一定的合理根据，但总的说来是可以消除的。

之所以说有一定的合理根据，是因为如果对经济社会形态与技术社会形态等范畴的关系处理不好，确实有可能导致上述错误。例如，如果技术社会形态范畴过分膨胀，只看到生产力的发展状况在划分社会阶段和类型方面的直接意义，而忘记了一定的经济关系是划分社会阶段和类型的最基本的依据，那么经济社会形态范畴就会湮没在技术社会形态范畴之中。但是，只要我们科学地处理好这些范畴之间的关系，这种偏差是完全可以避免的。这里的关键是把握下列两点：第一，经济社会形态、技术社会形态、政治社会形态、文化社会形态等范畴，都只是以社会形态中的某一个层次或要素为根据，从社会形态的某一个角度着眼的，它们只是分别反映社会在某一个方面的性质和特征。它们之间是一种互补关系，而不能以其中一个取代另一个。第二，这些范畴在社会形态范畴体系中的地位不是简单等同的，而是有主次之别的。一般说来，经济社会形态是我们认识社会、把握社会的最基本的范畴，因为经济关系是直接与一定的生产力水平相适应的，决定着其他一切社会关系的最基本关系，只有由此出发才能把握社会形态的最基本的特征和面貌。而技术社会形态等等都是从其他侧面对社会形态的补充说明。只要抓住了这两个要点，我们就可以比较正确地处理这些范畴之间的关系。

除此之外还有一个问题有必要一提。我们说可以把经济社会形态与社会经济形态这两个范畴区分开来，以后者专指社会形态内部的经济关系这个层次。而学术界有人认为，既然已经有了"经济基础"这一范畴，"社会经济形态"这一范畴就可有可无了。我们认为，这种观点是不正确的。因为经济基础范畴虽然也是指社会的经济关系，但它却不是反映经济关系的自身规定性的范畴，而只是一种关系范畴，只是说明经济关系在与政治关系、思想关系等等的相互联系中所处的地位。经济基础只是相对上层建筑而言的，当我们从整体上考察社会形态的内部状况时，这个范畴当然是必不可少的。但是，除此之外，当我们把经济关系从这个整体联系中抽象出来，把它作为一个相对独立的要素来考察时，经济基础这个范畴从逻辑上说就不适用了。这时就应该有一个反映其自身规定性的相对独立的范畴。而与社会形态这个总体范畴相对应，这个范畴只能是社会经济形态。因此，社会经济形态这个范畴是有它与经济基础范畴并行存在的根据和理由的。

(原载《理论教育》1991年第4期，署名为第一作者)

关于社会形态理论发展的五个关节点

(1991年9月)

社会形态理论是历史唯物主义的基本内容之一。马克思主义经典作家曾对这一理论做过各个角度的阐述,他们的基本立场、基本观点无疑是我们应该坚持的。但是同时又必须看到,随着社会实践的发展,围绕这一理论又不断地提出新的问题,要求我们进行新的研究和探讨。近年来,学术界陆续开展了一些讨论,并提出了一些有价值的见解和意见。但总的看来,对问题的研究还不够深入,同时也显得比较分散。为此我认为,有必要从理论与实践的结合上,对这一理论目前可涉及的各方面问题进行一些综合考察,以现出一个总体性的线索。从这一考虑出发,本文打算依照逻辑次序提出五个问题,这些问题可视为目前社会形态理论发展的五个关节点。

一、社会形态的内部构成:二层次论与完整体系说

关于次生形态按照一种传统的观点,社会形态是由两个层次的内容构成:经济基础加上层建筑,或曰二者的统一。这种观点可以概括为"二层次论"。在近年的探讨中,人们逐渐想到这样理解社会形态内部构成有些过于狭窄和片面,于是一些教科书开始采用"建

立在一定发展阶段的生产力之上的经济基础和上层建筑的统一"的提法，在讲社会形态的构成时注意到了生产力前提。而这一提法仍受到一些学者的批评，认为其不够彻底。批评者认为，应该把生产力包括在社会形态构成之中。由此更进一步，有的学者则明确指出：社会形态不仅包括生产力、生产关系、上层建筑，而且还应包括其他一切社会要素，是由全部社会要素组成的统一完整的社会体系。这种观点，可以概括为"完整体系说"。

我认为，社会形态的构成问题确有必要做进一步的探讨。"完整体系说"虽然还有待于具体论证，但它较之于"两层次论"似乎更为妥当。其理由至少有二：第一，从逻辑上说，社会形态既然是与一般社会相对应的概念，它只是标志着社会的一定类型或一定历史阶段，那么从构成上说就应该包括社会领域里的各个层次的要素，我们没有理由把经济基础和上层建筑以外的其他社会要素排斥在社会形态之外。社会形态概念所特有的具体性并不排斥它的综合性，只不过社会领域的所有构成要素都应从具体的、历史的角度加以把握就是了。第二，从实际意义看，只有把社会形态的构成从"完整体系"的角度加以把握，才能全面认识社会形态存在、运动和发展的规律。特别是生产力，把生产力排斥在外，必然导致对社会形态认识的片面性，这方面已有实践经验的证明。

据考证，关于社会形态就是经济基础与上层建筑统一的提法，来源于苏联哲学家罗森塔尔和尤金合编的《简明哲学辞典》。但是近年来，苏联人的认识也在发生变化，也开始主张"完整体系说"，这从后来出版的一些教科书和其他论著中可以比较明显地看出来。在这个问题上，苏联学术界的认识发展同我国学术界可以说是大体一致的。

在研究社会形态的构成时，还涉及一个相关的问题，即社会形态内部的生产力、经济关系、政治关系、思想关系等各个构成部分，是否可以相应地称作社会的技术形态、经济形态、政治形态、意识形态（文化形态）等。这个意见已有学者提出，但尚未展开讨论。我认为这样做是有必要的：第一，既然社会形态作为一个整体概念表示与一般社会相对应的特殊社会，那么严格说来社会形态内部的各个构成部分也就不能简单地采用一般概念，而应分别采用能够表现其特殊状态的特殊概念，以与社会形态这个整体概念相协调。第二，原有的经济基础、上层建筑等概念，是一种关系概念，即从它们的相互关系中下定义。而社会的技术形态、经济形态、政治形态、意识形态（文化形态）等是从自身规定性上去把握的概念，具有相对的独立性。两个系列的概念各有各的意义，各有各的用途。而社会形态内部构成中的这些不同层次的"形态"，可以看作是它的"次生形态"。

但是，在过去的不少教科书中，"社会经济形态"这一概念是被用作社会形态的同义语的，据说有经典依据可查。但前一时期已有学者做了考证，发现翻译方面存在不准确之处，马克思讲的是Ökonomische Gesellschaftsformation，直译应为"经济社会形态"，即从经济关系的角度把握的社会形态。我认为，为了维护概念的科学性和严谨性，应当把"社会经济形态"和"经济社会形态"这两个用语区分开来加以使用，这样也符合经典作家的原意。而"社会经济形态"便可如上所述看作是社会形态内部构成中的一个次生形态。

二、社会形态的区分标准：经济社会形态与技术社会形态等

马克思提出"经济社会形态"的概念，是把经济关系的性质作为区分不同社会形态的基本标准。正是在这个意义上，经典作家才把经济社会形态与社会形态看作是同义语。但是在近年来的讨论中，

有些学者提出了一个重要的观点，即认为社会形态的划分标准不是单一的，而是多维的，并明确提出了"技术社会形态"等概念。这种观点最初主要是在关于信息社会的讨论中产生的，一些学者反对对信息社会这一概念持简单否定的态度，而主张对其进行批判改造，从技术社会形态的角度使用它。而所谓技术社会形态，是指人类社会发展某一阶段上的生产力水平以及与此相联系的产业结构。还有的学者则更进一步提出，既然社会形态内部包括社会的技术形态、经济形态、政治形态、意识形态（文化形态）等层次，那么社会类型或社会发展阶段也就可以从系统的各个侧面来加以区分。

这种"多维标准论"能否成立？我的看法是，它的提出是有其合理根据的，只是目前的一些观点尚缺乏整体的高度，应该加以修正。唯物辩证法告诉我们，事物的存在具有多方面的质，是主体的而不是平面的。社会形态作为一个多层次、多要素的综合体系，其中每一层次、每一要素，都可以表现为这个综合体系的一个侧面或一个角度；而且，这些不同的层次或要素都是处于相互制约、相互作用和相互影响的关系之中的，其中的每一层次、每一要素都会对其他层次、其他要素产生影响，也就是对整个社会形态体系发生影响，使之带上自己的印记。例如，一个生产力落后的国家，这种落后的影响会在经济、政治、思想文化等各个层次、在社会生活的各个方面表现出来；相反，一个生产力先进的国家，其社会的各个领域都会这样或那样地反映出这种先进性的特点。生产力是这样，其他要素也都是这样，只不过影响的程度各有不同罢了。所以，我们完全可以以社会形态中不同层次和要素的状况为基点，参照其对社会各个领域的影响状况，从不同角度和侧面划分和把握社会形态。所谓"技术社会形态"，应是以生产力状况为基点，从生产力状况对社会其他各个领域的不同影响着手去划分社会形态的。正如我们从经济社会形态的角度把社会划分为原始社会、奴隶社会、封建社会、资本主义社会、社会主义和共产主义社会等各种形态一样，我们也完全可以从技术社会形态的角度把社会划分为渔猎社会、农业社会、工业社会、信息社会等不同形态。（当然，我们这里所使用的信息社会概念与西方学者的概念已经有了不同的含义。）

但是也许会遇到这样的疑问：多维标准论是否会妨碍对马克思的经济社会形态理论的认识？我认为，只要把握好以下两点，就可以避免这种偏差。第一，经济社会形态、技术社会形态以及政治社会形态、文化社会形态诸概念，都只是从不同角度分别反映社会形态的各个方面的性质和特征的，它们之间是互补关系，而不能以其中一个取代或否定另一个。第二，这些概念在社会形态概念体系中的地位不是简单等同的。一般说来，经济社会形态是我们认识和区分社会形态的最基本的尺度，而其他如技术社会形态等都是从不同侧面对社会形态的补充说明。把握好这两个要点，就可以比较好地处理各种不同的区分标准之间的关系。

三、社会形态运动的内部规律：绝对性与相对性的统一

按照一般的观点，社会形态运动的内部规律，主要是社会基本矛盾即生产力与生产关系、经济基础与上层建筑矛盾运动的规律。生产力决定生产关系，生产关系反作用于生产力；经济基础决定上层建筑，上层建筑反作用于经济基础；两对矛盾相互联结、相互制约，形成统一的矛盾运动，推动着整个社会形态的运动、变化和发展。

但是，在现实实践中，有一些问题却引起了人们的困惑。例如从教科书上看生产力决定生产关系，生产力是怎样的，生产关系也就怎样，生产力发展了，生产关系也就随之发展。而在现实中，西

方发达国家生产力水平很高，但依旧保留着资本主义的生产关系，我们国家的生产力并不发达，却建立了社会主义制度。理论与实践似乎并不吻合。在这种情况面前，出现了两种偏向：一种是机械地、僵死地理解社会基本矛盾运动的规律，脱离实际地"坚持"某些教条化的词句；另一种则是怀疑和否定社会基本矛盾运动的规律，以致走上各种形式的非决定论。

摆在我们面前的任务是很清楚的：结合实践提出的新问题，进一步深入和具体地研究社会基本矛盾运动的规律，使人们对这一规律的认识获得新的提高。近年来已有一些学者在这方面做了探讨，而我的看法是，这里的关键是要把握好绝对性和相对性的辩证统一。社会基本矛盾运动的规律既有绝对性的一面，又有相对性的一面，我们既不能以其绝对性否认其相对性，也不能以其相对性否认其绝对性，而只有把它们辩证地统一起来，才能达到真正全面和正确的认识。

例如生产力决定生产关系的规律，生产力的这种决定作用就其客观机制而言只能从根本意义上和总的趋势上去理解，在这个意义上它是绝对的。生产力以自身的存在规定了生产关系存在的可能性的范围，生产力的发展要求规定了生产关系发展的总趋势，生产关系归根结底是为生产力所决定的。但是另一方面，生产力的决定作用又有其相对性的一面：生产力对生产关系的规定留有相对的余地，在一定的生产力水平上，可能会有不同形式，乃至不同性质的生产关系以这样那样的条件存在；生产力的发展要求具有一定的弹性或伸缩性，它所规定的生产关系变革的总趋势在实现过程中往往会因具体条件的差异而经历不同的途径和道路。这样，生产力决定生产关系的规律在现实实践中展开时，就会出现各种复杂的情况。当然，生产力决定生产关系的相对性最终还是要服从于生产力决定生产关系的绝对性的，生产关系最终还是要按照生产力所规定的总的趋势演变和发展的。

有一些学者还借用"区间"这一概念，来说明生产力决定生产关系的相对性，即认为生产力所决定的是由多种生产关系所构成的"可能性空间"，这个区间有上限和下限，并且不同的区间可以相互交错。这些观点虽然还有待于进一步阐发和完善，但无疑有助于我们对问题的多方面研究和探讨。

四、社会形态的历史演替：一般进程与特殊进程，关于"超越"问题

关于这方面问题的探讨，主要是从经济社会形态的角度展开的。按照一般的观点，人类社会的历史发展主要经历原始社会、奴隶社会、封建社会、资本主义社会、社会主义和共产主义社会等五种基本形态。但是近年来，"五形态说"遇到了各种质疑，以至于有人对社会形态的演替有没有一个一般进程也产生怀疑。所谓"多线论"就是认为世界各民族的社会历史发展没有什么共同的规律可循，而是沿着各自的不向道路前进。

我的看法是：社会形态历史演替的一般进程是客观存在的，但世界各地区、各民族的社会历史发展确实又表现为许多特殊进程，关键是怎样正确地认识所谓一般进程、特殊进程以及二者的关系，把它们辩证地统一起来。

要把握所谓一般进程，应注意两个最基本的规定性：第一，应该是独立的自然发展进程；第二，应该是最本质特征的概括和抽象。而社会过程的研究与自然过程的研究相比有其特殊困难之处。社会过程无法像自然过程那样通过实验室将其纯化和简化，使之比较容易认识和把握；在这里只能依靠对现实运动的直接观察。而在现实历史中，世界各地区、各民族的社会形态演进过程处于极其复杂的

相互影响和相互交织之中，我们只能依靠抽象力，在主体意识中完成对象的纯化、简化。这就要求我们必须善于从世界历史的总体发展中去把握社会形态演替的一般进程，善于从交错纵横的变化之流中找到真正代表一般发展趋势的"龙头"。如果我们按照这一方法去观察世界历史，那么就应该承认：尽管世界各地区、各民族的社会形态的演替过程表现出丰富的多样性，并且存在着各种意义的中断、偏差、变异、超越等特殊情况，然而从总体联系上看，从原始社会经奴隶社会、封建社会、资本主义社会到社会主义和共产主义社会，确实是社会形态演替的基本趋势或一般进程。而各种特殊进程实际上都是由这个一般进程演化或衍生出来的。

人们常常举出东西方历史的明显差异来说明社会形态演进的特殊进程，如西欧中世纪的庄园领主制和古代东方的土地"国有+私有"混合制、印度的村社制度和种姓制度、东西方城市的不同历史作用等等。这些差异的形成及其对以后历史的影响确实应该认真研究和评价，但是应该明确，它们不过是古代奴隶社会和封建社会所表现出来的具体形式的多样性而已，并不能证明所谓"多线论"。社会形态的特殊进程还表现为不同国家由一种社会形态过渡到另一种社会形态的时间、顺序、途径等方面的差别，如中国较早地进入了社会主义社会，西方发达国家则迟迟滞留在资本主义阶段。但历史发展的必然趋势最终是不可抗拒的，这种具体过程的多样性也同样不能成为"多线论"的论据。

为人们所关注的另一种特殊进程涉及所谓"超越"问题，即某些国家和民族在社会形态的演进中可以跨过某个特定阶段而直接进入更高的阶段。研究这种超越无疑可以使我们的社会形态理论更加生动。但是应该注意的是，这种特殊进程并没有脱离社会形态演进的一般轨道，而只不过是由于不同国家和民族的历史发展过程发生交织和相互作用而形成的"移花接木"式的现象。历史上的超越主要有以下几种情况：（1）日耳曼式的超越：处于较低发展阶段的征服者在被征服者的较高发展阶段上获得新的起点；（2）美国式的超越：处于较高发展阶段的征服者把他们的发展成就带入被征服地区，改造了原有的起点；（3）斯拉夫式的超越：受处于较高发展阶段的邻近地区的影响，吸取了先进的发展成果。

社会形态演替的历史进程之所以是一般进程和特殊进程的统一，从内在机制来说，是因为社会基本矛盾运动的规律本身就具有辩证的性质，即如前所述绝对性和相对性的统一。这个辩证性质决定了社会形态的演进既具有确定性又具有不确定性，最终表现为一般进程和特殊进程的统一。

五、社会形态理论中的主客体问题

近年来关于历史主客体问题的讨论，实际上已在许多方面涉及社会形态理论。主客体问题应该成为社会形态理论研究中的一个重要方面。

所谓历史主体是指生活在现实社会之中并历史地行动着的人，而历史客体虽然界说广泛，但最主要的便是指人们所生活于其中的社会结构体系。以往的社会形态研究，一般是从历史客体的角度去进行的，社会形态的构成实际上就是以各种社会关系的有机统一为主干。但是，应该看到，社会形态的主体承担者是人，离开了人，就没有什么社会实践，没有什么社会关系，也就没有什么社会形态。人作为主体在社会实践中形成各种社会关系，并且在新的实践中不断改变这种关系，而社会形态运动的客观规律，就是在人们活动中展现出来的。这也就是一些学者所强调的，历史发展的必然过程与历史主体的实践过程是同一过程，而不是两个过程。

正是由于社会形态领域里主体与客体的这种内在的统一性，社会形态运动的客观规律与人的能动选择之间的关系便成为一个特殊重要的问题。社会形态的运动从根本上说是由客观规律决定的，这种客观规律通过人们的利益关系反映在人们的头脑中，规定了人们活动的一般趋向。但是，由于作为主体的人的自身状况不同，对客观规律的意识的自觉程度不同，人们对自己的活动所做出的决定和这些活动展开的具体过程也就往往不同；这样，客观历史规律的具体展现过程也就会出现各种差异。这便是所谓主体的选择作用。在考察这种选择作用时，还必须考虑到"合力"的构成，合力构成不同，主体选择的最终结果也就往往不同。当然，主体的选择作用最终要受到客观规律的制约，那种以"选择论"反对"决定论"的观点无疑是错误的。但是，如果反过来忽视或否定主体的选择作用，也同样是不正确的。

社会形态理论中的主客体问题还包括其他一些内容，如作为历史主体的人的发展能否作为划分社会形态的主体尺度。有的学者已经举出马克思《政治经济学手稿（1857—1858年）》中关于"三大社会形态"的思想（即"人的依赖关系"、"以物的依赖性为基础的人的独立性"、"自由个性"），认为这就是从主体尺度去划分社会形态。如何看待这个问题，也是需要我们认真加以思考的。

以上五个方面的问题，在逻辑上都是相互关联的，所以我们必须将它们综合起来研究。如果我们能够在这五个问题的研究中取得成绩，就一定会使我们的社会形态理论获得新的完善和进步，从而在新的实践面前显示出新的力量和活力。

（原载《求索》1991年第5期）

社会形态演替进程中的"跨越"与"卡夫丁峡谷"问题

(2000年5月)

按照马克思主义哲学的观点,人类社会的历史发展是一个由客观规律所决定的、从低级形态向高级形态不断演进的"自然史的过程",而原始社会、奴隶社会、封建社会、资本主义社会、社会主义和共产主义社会便是这一过程一般所要经历的几个基本阶段。但是,在世界不同地区、国家和民族的社会发展实践中,却还存在一种比较特殊的情况,这便是引起人们广泛关注的"跨越"问题。所谓"跨越",就是说特定地区、国家或民族的社会形态的演替可以跳过某个常规发展阶段,从而直接进入较高的发展阶段。那么,应该怎样看待社会形态演替的这种特殊进程呢?

一、"跨越"现象的产生及其与一般进程的关系

"跨越"现象的存在是历史的事实,这一点是毋庸置疑的。例如,人们常常提到古代日耳曼人跨越了奴隶社会阶段;美国历史上则既没有奴隶社会,也没有封建社会;中国的一些少数民族由奴隶社会甚至原始社会阶段直接进入社会主义阶段,如此等等。但是,社会形态演替进程中的这类"跨越"究竟是怎样产生的呢?如果我

们注意考察一下，那么就会发现，这类跨越的产生是有一定条件的，而不是任意的。

首先，所有这类跨越，都是在世界不同地区、不同民族和不们国家的社会形态演替进程相互影响、相互作用的过程中产生的。它绝不会是某个地区、民族或国家孤立地、单独地发展和演进的产物，离开了与其他地区、民族或国家的联系和交流，"跨越"就无法产生。迄今人们所知道的各种跨越，都首先具备了这一基本条件。

其次，这类跨越的产生，总是以世界不同地区、不同民族和不同国家社会形态演进的不平衡性为条件的。就是说，从世界范围来看，世界各个地区、民族和国家的社会形态演替进程并不是齐头并进、步调一致，而是有快有慢，有先有后的。有的地区、民族和国家社会形态演替的进程可能较快一些，它们走在世界历史的前列；而有的地区、民族和国家的社会形态演替进程则相对慢一些，它们落在世界历史的后面。而社会形态演替进程中的跨越现象，只有在这种不同地区、不同民族和不同国家之间发展的不平衡性的条件下，才有可能。

再次，社会形态演替进程中的跨越，只能是发生在相对落后的地区、民族或国家，就是说，这些原本落后的地区、民族或国家，在发展中经历了某个阶段的跨越之后，赶上了世界先进地区、先进民族或国家的发展水平。而对于处于世界历史发展的领先地位或处于社会形态演进的"龙头"地位的地区、民族和国家，当它们还处于这种地位的时候，它们不可能发生跨越现象。

最后，在以上三个条件相统一的基础上，跨越产生的最关键的条件是先进地区、民族和国家的发展成果向落后地区、民族和国家的转移。转移的具体方式和途径可以是多种多样的，但其实质是相同的：原本处于相对落后地位的地区、民族和国家，借助于世界不同地区、民族和国家之间的相互影响和相互作用，利用世界各个地区、民族和国家社会形态演替进程的不平衡性，这样或那样地吸取和获得了先进地区、民族和国家的发展成果，从而才得以由自己原来比较落后的发展水平跨越某个发展阶段而直接接近和赶上先进地区、民族和国家的较高发展水平，由较低的发展阶段跨越到较高的发展阶段。有没有相当水平的先进成果可以直接吸取或转移，这些先进成果的吸取或转移能否真正实现，是跨越能否最后产生的关键。在世界历史上，社会形态演替进程中的一切跨越都是这种吸取和转移的直接结果。

上述四个方面的条件，划分了跨越现象产生的可能性与不可能性的原则界限，规定了跨越现象存在的范围。只有在符合这些条件的情况下，跨越才有可能产生，否则，不论人们的主观意愿如何，都不可能有什么跨越。而这些条件的存在首先就是对那种不加分析地任意谈论跨越现象的做法的否定——在一些人们看来，似乎社会形态演替进程中的跨越现象是可以无条件地产生的，似乎社会形态的演替本来就是既可以这样，也可以那样，既可以按部就班地前行，也可以随便跳跃和跨越。这种观点无疑是错误的，而若由此进而得出否定"五种形态说"的结论，就更是错误的了。

但是，如果撇开这种不讲条件地任意谈论跨越现象的错误做法不谈，我们毕竟是承认在特定条件下的跨越现象的。这就是，在世界各个地区、各个民族和各个国家的相互影响和相互作用过程中，在存在着发展和演进不平衡性的情况下，原本处于相对落后水平的地区、国家和民族，有可能这样那样地直接吸收和获取先进地区、民族和国家的发展成果，从而实现社会形态演替进程中的跨越。那么，这种有条件的跨越与社会形态演替的一般进程的关系又是怎样呢？它是否意味着对"五种形态说"的偏离或否定呢？

我们的回答是，这种跨越现象不仅不与一般进程相矛盾，不意味着对"五种形态说"的偏离和否定，而且恰恰相反，它正是社会形态演替的一般进程和"五种形态说"的体现和证明。为什么这样说呢？因为这种跨越并不是某一地区、国家和民族的社会形态演替进程在相对独立的条件下自然展开的结果，而是与其他地区、国家和民族的社会形态演替进程相互影响、相互作用的结果，说到底，是比较落后的进程与比较先进的进程之间发生的交融和嫁接，是先进地区、国家和民族的发展成果的扩充和拓展。就像千条江河归大海一样，社会形态演替进程中的这些不同的分支，最终都融入体现着一般进程的、社会形态演替的世界历史的主流。若单就某一地区、民族或国家的进程来说，从较低阶段跨越到较高阶段，中间的某个阶段是空缺的；但若就上述联系和统一来看，这些中间阶段却又是实实在在地存在着的，只不过不是在发生跨越的地区、国家和民族，而是在为这种跨越提供成果的地区、国家和民族。因此，从这个意义上说，所谓跨越，既是跨越，同时又不是跨越；或者说，它是辩证法意义上的跨越，而并不是形而上学意义上的跨越。

如此说来，脱离特定的条件规定而泛泛地谈论跨越，并以此否定"五种形态说"的做法是荒唐的，而从有条件的跨越得出否定"五种形态说"的结论，也同样是没有道理的。明确了这一点之后，我们再来具体地讨论一下与此相关的一个争议问题，亦即马克思和恩格斯曾经谈到的跨越"卡夫丁峡谷"的问题。

二、所谓"卡夫丁峡谷"问题的提出及其真实意义

在有关的讨论中，有些学者引用马克思在《给"祖国纪事"杂志编辑部的信》和《给维·伊·查苏利奇的复信草稿》中关于不能把他对西欧资本主义起源的历史概述无条件地搬用到其他一切民族，以及俄国有可能不经过资本主义制度的卡夫丁峡谷的论述，以此来作为否定一般进程和"五种形态说"的经典依据。在他们看来，马

克思是赞同跨越论的，而赞同跨越论，就是对"五种形态说"的否定。其实，他们没有弄清，马克思在这里讲的跨越，究竟是什么意义上的跨越，也没有弄清这种跨越和一般进程的辩证统一关系。

马克思在1877年11月《给"祖国纪事"杂志编辑部的信》中的确讲过，如果"要把我关于西欧资本主义起源的历史概述彻底变成一般发展道路的历史哲学理论"，认为"一切民族，不管它们所处的历史环境如何，都注定要走这条道路"，那么，这样做，"会给我过多的荣誉，同时也会给我过多的侮辱"。① 但是马克思是针对什么问题而讲这些话的呢？从这封信的内容看，是直接针对当时俄国的发展道路问题的。当时的俄国尚处于比较落后的发展阶段，农村公社在很大程度上还被继续保留下来。那么，"俄国是应当像它的自由派经济专家们所希望的那样，首先摧毁农村公社以过渡到资本主义制度呢，还是与此相反，俄国可以在发展它所特有的历史条件的同时取得资本主义制度的全部成果，而又可以不经受资本主义制度的苦难"？② 这个问题引起了人们的关注。马克思在信中指出，车尔尼雪夫斯基"表示赞成后一种解决办法"，而"我同意他对这个问题的观点"。③ 这就是说，马克思认为俄国在当时有可能"跨越"资本主义的发展阶段。在这种情况下，有人企图把马克思关于西欧资本主义起源的历史概述变成一种绝对的教条，以为俄国也注定只能走同样的道路，马克思当然要提出批评了。

那么，马克思究竟是在什么意义上认为俄国有可能发生跨越呢？这就要联系到1881年2—3月《给维·伊·查苏利奇的复信草稿》中的论述。在这里，马克思更加明确地认为：俄国"有可能不通过资本主义制度的卡夫丁峡谷，而占有资本主义制度所创造的一切积

---

① 《马克思恩格斯选集》第3卷，人民出版社1995年版，第342页。
② 《马克思恩格斯选集》第3卷，人民出版社1995年版，第340页。
③ 《马克思恩格斯选集》第3卷，人民出版社1995年版，第340页。

极的成果"①。但是，人们在引用马克思的这句话时，往往忽略了它前面还有别的话。完整的论述是这样的：俄国"目前处在这样的历史环境中：它和资本主义生产的同时存在为它提供了集体劳动的一切条件。它有可能不通过资本主义制度的卡夫丁峡谷，而占有资本主义制度所创造的一切积极成果"。在这里，当马克思得出俄国有可能跨越资本主义阶段的结论时，他同时指出了这种跨越之所以可能发生的原因和条件，这就是俄国所处的这样一种特殊的"历史环境"：当时欧美国家已充分发展了的资本主义生产与它同时并存，并可以为它提供既定的发展成果。也就是说，马克思在这里并不是孤立地谈论俄国的跨越，而是讲俄国所处的特定条件，使它有可能发生跨越。这正是我们上面所阐述的有条件的跨越。

马克思特别强调俄国所处的特殊条件，就在上述引文的前几页，马克思还有一个类似的论述："和控制着世界市场的西方生产**同时存在**，就使俄国可以不通过资本主义制度的卡夫丁峡谷，而把资本主义制度所创造的一切积极的成果用到公社中来。"② 在这里，马克思还特别在"同时存在"这四个字下面加了重点号。

如果说在《给维·伊·查苏利奇的复信草稿》中马克思强调俄国只有直接吸收和获取欧美资本主义国家的发展成果才能发生跨越，那么在其他一些著作中，马克思以及恩格斯还进一步指出，要使这种发展成果的吸收和获取真正实现，只能是在西方国家及时发生无产阶级革命并与俄国革命互相补充的情况下才有可能。在1882年的《共产党宣言》俄文第二版序中，马克思和恩格斯写道："俄国公社，这一固然已经大遭破坏的原始土地公共占有形式，是能够直接过渡到高级的共产主义的土地占有形式呢？或者相反，也还必须先

---

① 《马克思恩格斯选集》第3卷，人民出版社1995年版，第769页。
② 《马克思恩格斯选集》第3卷，人民出版社1995年版，第765页。

经历西方的历史发展所经历的那个瓦解过程呢？""对于这个问题，目前唯一可能的答复是：假如俄国革命将成为西方工人革命的信号而双方互相补充的话，那么现今的俄国的土地公有制便能成为共产主义发展的起点。"①

其实，恩格斯早在 1874—1878 年的《流亡者文献》中就已指出："俄国的公社所有制早已度过了它的繁荣时代，看样子正在趋于解体。但是也不可否认有可能使这一社会形式转变为高级形式……，而俄国农民无须经过资产阶级的小土地所有制的中间阶段，有可能实现这种向高级形式的过渡。然而这只有在下述情况下才会发生，即西欧在这种公社所有制彻底解体以前就胜利地完成无产阶级革命并给俄国农民提供实现这种过渡的必要条件，特别是提供在整个农业制度中实行必然与其相联系的变革所必需的物资。"②

马克思和恩格斯把西方资本主义国家发生无产阶级革命后对俄国提供帮助，将资本主义发展的积极成果向俄国的转移作为俄国发生跨越的关键条件，然而遗憾的是，这个条件最终未能具备。西方资本主义各国的无产阶级革命迟迟未能发生，而俄国也最终走上了发展资本主义的道路。读一读恩格斯晚年之时给丹尼尔逊的复信，其中有关这一问题的回顾会给我们以更多的启示：

"在俄国，从原始的农业共产主义中发展出更高的社会形式，也像任何其他地方一样是不可能的，除非这种更高的形式**已经存在**于其他某个国家，这种更高的形式——凡在历史上它可能存在的地方——是资本主义生产形式及其所造成的社会二元对抗的必然结果，它不可能从农村公社直接发展出来，除非是仿效某处已存在的样板。假如西欧在 1860—1870 年间已经成熟到能实行这种转变，假如这种

---

① 《马克思恩格斯选集》第 1 卷，人民出版社 1995 年版，第 251 页。
② 《马克思恩格斯选集》第 3 卷，人民出版社 1995 年版，第 282 页。

变革当时已开始在英法等国实行,那么俄国人就应该表明,从他们那种当时大体上还保持原状的公社中能够发展出什么来。但是西方当时却处于停滞状态,不打算实行这种转变,而资本主义倒是越来越迅速地发展起来。因而,俄国就只能二者择一:要么把公社发展成这样一种生产形式,这种生产形式和公社相隔许多历史阶段,而且实现这种生产形式的条件当时甚至在西方也还没有成熟——这显然是一项不可能完成的任务,要么向资本主义发展。试问,除了这后一条路,它还有什么办法呢?"①

综上所述,马克思和恩格斯关于俄国当时有可能不通过资本主义制度的卡夫丁峡谷而发生跨越的论述,完全是从不同国家的社会形态演替进程发生交融和嫁接的意义上讲的,而决不是说俄国在其社会形态独立发展的过程中能够任意跳过资本主义阶段。而上述意义的跨越,正如我们已经阐明的,并不与社会形态演替的一般进程相矛盾,相反却正是这种一般进程在世界历史意义上的复杂联系中的实际体现。因此,马克思以及恩格斯当年曾承认俄国产生跨越的可能性,并不意味着对"五种形态说"的否定,而是与承认"五种形态说"相统一的。那种企图引用马克思有关这一问题的论述来作为否定"五种形态说"的经典依据的做法,是不能成立的。

(原载《中国党政干部论坛》2000年第5期)

---

① 《马克思恩格斯全集》第39卷,人民出版社1974年版,第148页。

技术社会形态与社会现代化问题

（1996年5月）

社会现代化问题是现阶段广为关注的热点之一，对这一问题的研究已从各个方面展开并取得了有益的进展。而当我们从哲学层次上对这一问题进行审视，并试图对已有的成果进行整合和概括时，马克思主义哲学研究中一个正在生长中的新范畴为我们提供了必不可少的逻辑手段，这便是关于技术社会形态的范畴。

一、所谓经济社会形态与技术社会形态

马克思主义哲学的社会形态范畴，就其本身的最一般涵义而言，应是表示社会的一定发展阶段或类型，亦即处于一定发展阶段或一定类型的社会。科学地区分和把握社会形态，对于研究和揭示社会发展的客观规律，无疑具有十分重要的意义。

按照教科书中的传统观点，对于社会形态应从"建立在一定的生产力根据之上的经济基础和上层建筑的统一"去认识。所谓经济基础是一定的社会经济关系亦即生产关系的总和，区分和把握社会形态的性质，首先应从经济基础亦即经济关系、生产关系的性质入手，同时相应地考察它所赖以存在的生产力根据，以及与它相适合

的上层建筑的性质。对社会形态的这种认识是在阐发马克思主义经典作家的有关思想的基础上形成的。正是从这一认识出发，我们可以将人类社会区分为原始共产主义社会、奴隶社会、封建社会、资本主义社会、社会主义和共产主义社会等一系列基本形态，这些形态展开为社会发展的一系列基本阶段。

关于社会形态的上述传统观点无疑具有其科学的依据和合理性质，这一点当然应该确认。但是，正如一切真理都是处于发展过程中一样，马克思主义哲学的社会形态理论也必须不断向前发展。在近些年来的研究和讨论中，一些新成果的取得使我们有可能将对社会形态的认识向前推进一步，其中便包括将社会形态区分为经济社会形态和技术社会形态等不同的系列，并正确看待和处理它们之间的关系。

唯物辩证法告诉我们，事物的质是多方面的而不是单方面的，事物的区分可以从它的不同的质出发。对于社会形态亦即社会发展阶段和类型来说也同样是如此，其质的规定性完全可以从不同的角度和方面去把握，由此它的区分标准也并不是一维的，而是多维的。上述传统观点主要是从经济关系（生产关系）的性质入手去把握社会形态，那么这样所认识的社会形态便是所谓经济社会形态，它是社会形态的一种规定、一种视角。正如一些学者在讨论中所指出的，马克思当年提出社会形态范畴，本来就明确地使用了"经济社会形态"（Ökonomische Gesellschaftsformation），在译成中文时被改为"社会经济形态"，这个"社会经济形态"在传统的教科书里广泛使用，也一直是作为"社会形态"的同义词。现在是恢复马克思原有的"经济社会形态"这一范畴的时候了。这里所要进一步指出的是，对于社会形态除了从"经济社会形态"的视角、亦即从经济关系（生产关系）的性质入手进行区分和把握外，还可以从其他视角和侧面去区分和把握，去揭示它的不同方面的质。

其中便包括从生产力的发展入手进行考察，由此形成的对社会形态的认识便是所谓技术社会形态，它是社会形态的另一种规定，另一种视角。从这一视角出发，我们也可以把人类社会区分为一系列具体形态（这些形态当然不同于经济社会形态系列），通常所谓渔猎社会、农业社会、工业社会以及信息社会等概念，由此便可以从技术社会形态的意义上去理解。

在谈到技术社会形态这一新的范畴时，有一点必须说明，即所谓"从生产力的发展入手进行考察"，决不是说仅仅考察生产力本身，而是以生产力的发展状况为基点，由此出发考察整个社会体系，揭示不同的生产力状况给社会的经济、政治、文化等各个领域所造成的技术方面的影响，亦即社会的技术特征。讨论过程中有的学者提出的将技术社会形态仅仅局限于生产力发展的观点，是不科学的。

当然，我们也必须看到，西方一些学者在使用工业社会、信息社会等概念时，片面强调社会的技术特征而抹煞社会经济关系以及整个社会体系的不同性质，从而超越了技术社会形态视角的合理界限，并企图以此反对马克思主义的经济社会形态理论，这是我们所不能接受的。但是，我们也不能走向另一个极端，因此而否定从技术社会形态的视角对社会的技术特征的把握，或随意缩减它的正当范围。

要解决好这一问题，就必须正确处理技术社会形态和经济社会形态的关系。这两个范畴是分别从两个不同的角度和方面去揭示社会形态的质，它们各有自己的内容和意义，是互补关系，而不能相互替代，或以其中一个否定另一个。当然，事物的质有主次之分，经济社会形态所揭示的是社会形态的最主要的质，它在社会形态范畴体系中应居于主要地位；但技术社会形态等其他视角也决不是可有可无，在把握经济社会形态视角的同时正确把握技术社会形态等不同的视角，可以使我们对社会形态的认识更加全面和完整。所以，我们应该把技术社会形态范畴与经济社会形态范畴辩证地统一起来，科学地加以把握和运用。

二、"现代社会"概念应属于技术社会形态系列

我们从技术社会形态的视角可以将社会区分为渔猎社会、农业社会、工业社会、信息社会等具体形态，其每一种形态都有自己特有的、由生产力发展的不同状况所规定的技术特征，而现代化问题研究中的现代社会以及与之相对应的传统社会的概念，实际上也正是应从技术社会形态的视角去把握，它与上述具体形态的区分在内容上是一致的。

"现代社会"以及"传统社会"并不是一种十分严谨的科学概念，而只是在一定的历时态意义上的代称或指谓。虽然人们可以做出各种不同的理解，但在有关现代化问题的研究和讨论中，它们毕竟具有相对确定的规定性；所谓现代社会一般是指工业社会，而与之对应的传统社会一般是指前工业社会，主要是农业社会。由于现阶段从世界范围看工业社会发展的前锋已开始向信息社会过渡，"第三次浪潮"的冲击已经来临，所以人们在讨论"现代社会"时往往会涉及新的信息社会的一些因素，但从总体上看，仍主要是指工业社会。既然"现代社会"以及"传统社会"概念大致等同于工业社会以及农业社会概念，便可以由此纳入技术社会形态的序列。而对于现代社会以及传统社会的基本特征，也就应该相应地从技术社会形态的视角、从这一视角的合理范围内去认识、归纳和甄别。既然技术社会形态首先是从社会生产力发展的状况入手进行考察，那么现代社会亦即工业社会的特征便首先体现为现代工业在社会生产力体系中占据主要地位，这不仅是指以工业为主体的产业结构，而且是说工业对其他产业起着主导性的作用。而在传统社会亦即农业社

会里，则是农业（其典型形态为手工农业）占据了生产力体系的主要地位。生产力发展的这种不同状况奠定了现代社会区别于传统社会的不同的技术基础，进而决定了它们的整个社会体系的不同的技术特征。按照技术社会形态范畴的科学规定，现代社会（工业社会）区别于传统社会（农业社会）的基本特征不仅体现在生产力方面，而且还应包括社会体系的这些技术特征在内。在经济关系的层面上，现代社会（工业社会）须采取与现代工业相适合的经济运行形式，这种形式实践证明应是市场经济形式，在这里，市场经济只是作为经济关系的技术形式存在的。而在传统社会（农业社会）中，经济关系的技术形式主要是自给自足的自然经济形式。在政治关系的层面上，现代社会（工业社会）也须采取与现代工业以及市场经济相适合的政治运行形式，这种形式通常便是民主政体的形式，民主政体在这里也只是作为政治关系的技术形式而存在。而在传统社会（农业社会），政治关系的技术形式则主要是专制的或集权的政体形式。在思想文化领域里，现代社会（工业社会）的技术特征突出体现为现代科学的充分发展，以及科学精神在各个方面的广泛渗透。而在传统社会（农业社会）中，思想文化领域更多地具有愚昧和神秘的色彩，宗教神学往往发生着深远的影响。

现代社会（工业社会）区别于传统社会（农业社会）的特征当然还表现在社会的其他具体方面，如城乡结构、生活方式等，但以上所述乃是依托于社会基本结构框架的一些最基本的特征。这些基本特征本身当然也还可以从相关内容方面进一步展开，现阶段对讨论中的一些更为微观的描述完全可以分别归入这些基本特征和范围之内。

从技术社会形态的视角认识所谓现代社会以及与之相对应的传统社会，与从经济社会形态的视角考察社会形态并不矛盾。从经济社会形态的视角看，与所谓现代社会相对应的有两种社会形态：资本主义社会和社会主义社会。这两种社会形态的区分首先是从经济关系（生产关系）的性质入手，进而着眼于整个社会体系的性质：以资本主义私有制为基础的生产关系与以社会主义公有制为基础的生产关系，资产阶级的国家与无产阶级的国家，资产阶级的意识形态与无产阶级的意识形态，如此等等。就生产力根据而言，资本主义社会只能以现代工业的发展为基础，而社会主义社会则应以吸取资本主义社会生产力发展的成果为前提。资本主义社会和社会主义社会这两种经济社会形态都可以具有现代社会（工业社会）的特征，我们从技术社会形态的视角揭示这些特征并不会否认和抹煞它们的经济社会形态意义上的差异，特别值得注意的是，我们把市场经济和民主政体分别作为经济关系和政治关系的技术形式归入现代社会的技术特征序列，并不妨碍我们对于这些技术形式所包含的（或所归附）实质内容的区分。市场经济作为一种经济形式既可以为资本主义经济关系所用，也可以为社会主义经济关系所用，这一点在经过激烈争辩之后终于为人们所确认；而民主虽然首先应从国体的意义上区分其阶级性质（谁的民主），但无论资本主义民主还是社会主义民主，都可以在政体的意义上加以概括。技术社会形态只是从技术特征的意义上考察市场经济和民主政体，而经济社会形态则关注于市场经济和民主政体所包含（或归附）的实质内容，两种社会形态视角的侧重点是不同的，同时又如我们已经指出的——是互补的。

不过这里也应看到，在有关现代社会的讨论中存在着一种这样那样超出技术社会形态视角的合理范围，试图把本属于经济社会形态范畴内的某些内容纳入现代社会概念的不正确倾向，对此，我们必须加以克服和防止。技术社会形态与经济社会形态两种视角不能互相混淆，更不能相互否定，这是认识和把握"现代社会"以及其他相应概念时所需特别注意的。

三、从技术社会形态的演变看社会现代化问题

人类社会的发展是一个从低级形态向高级形态不断演进的历史过程，这一过程从经济社会形态的视角看是原始共产主义社会—奴隶社会—封建社会—资本主义社会—社会主义和共产主义社会，而从技术社会形态视角看则是渔猎社会—农业社会—工业社会—信息社会等。既然所谓现代社会和传统社会大体是指工业社会和农业社会，那么所谓社会现代化实际上也就是技术社会形态从农业社会向工业社会的演变，亦即所谓从传统社会向现代社会的演变。

从技术社会形态的视角明确了现代社会（工业社会）以及传统社会（农业社会）的基本特征，我们就可以科学地把握社会现代化的基本内容。社会现代化当然首先意味着经济现代化，而经济现代化又首先意味着生产力发展的现代化，具体说来便是以农业为主体向以工业为主体转化，亦即工业化。工业化是社会现代化的首要内容，这与技术社会形态首先着眼于生产力发展状况是一致的。但是，社会现代化绝不仅限于生产力发展的工业化，而且还包括与工业化相适应的整个社会体系的现代化。就经济领域而言，现代化包括经济关系的技术形式向工业化所要求的市场经济形式的转化，亦即市场化，工业化与市场化的统一构成经济现代化的两个不可或缺的基本方面。与经济现代化相对应的是政治现代化和文化现代化，政治现代化的最主要内容便是现代民主政体的建立，亦即民主化；而文化现代化的主要内容则是以现代科学和科学精神扫除各种愚昧和迷信，亦即科学化。当然，除了这些最基本的方面之外，社会现代化还可以包括其他一些相关的内容，如社会生活的城市化、世俗化等，这与"现代社会"概念的外延是一致的。

社会现代化是技术社会形态意义上的全方位演变过程，这一过

程的各个方面——经济现代化（工业化、市场化）、政治现代化（民主化）、文化现代化（科学化）等等是相互联系、相互制约着的。其中，工业化无疑是经济现代化以及整个社会现代化的根本环节，是全部过程赖以展开的根本动因。工业化过程的展开必然要求市场化过程与之相伴随，它以自身的客观逻辑促使市场化过程的展开；而反过来，市场化过程的进展状况，又作为直接的必要条件制约着工业化的过程。以工业化和市场化的统一为内容的经济现代化呼唤着政治现代化和文化现代化——民主化和科学化，并为二者提供了技术基础和条件：工业化和市场化的进程大大扩展了社会交往和社会参与，而"交换价值的交换是一切平等和自由的生产的、现实的基础"[①]，这一切使现代民主政体的建立成为可能；而现代科学一开始就是伴随着工业化和市场化的进程产生和发展起来的。但是反过来，民主化和科学化又制约着工业化和市场化的进程，政治现代化和文化现代化是经济现代化的重要保障。塞缪尔·P.亨廷顿在他的著作《变动社会的政治秩序》中曾详细地分析了政治现代化的滞后对经济现代化以及整个社会现代化的不利后果；而离开了文化现代化特别是现代科学的发展，经济现代化更是无法设想。最后，政治现代化和文化现代化、民主化和科学化之间也是相互制约的，必须把它们协调起来，才能共同推进。

社会现代化作为传统社会（农业社会）向现代社会（工业社会）演变的历史过程，从技术社会形态的视角看当然具有普遍性、共同性的一面；但是技术社会形态的这一演变过程又总是同经济社会形态的演变过程联结在一起的，而资本主义条件下的社会现代化与社会主义条件下的社会现代化，无疑又具有各自不同的特殊性。从历史上看，西方国家是在资本主义条件下完成社会现代化的，而

[①]《马克思恩格斯全集》第30卷，人民出版社1995年版，第199页。

我国的社会现代化则进展迟缓，直至建立社会主义的经济社会形态，这一过程都未能完全展开。如今，我们必须在社会主义条件下继续完成社会现代化的历史任务，这就需要我们按照社会主义社会的本质要求，将发展生产力作为根本任务，大力推进工业化，同时开拓社会主义公有制基础上实现市场化的新路子，建立社会主义市场经济新体制。与经济现代化的过程相适应，我们还须努力推进社会主义条件下的民主化和科学化，建立社会主义新型民主政体和以马克思主义为指导的真正科学的思想文化体系，实现政治现代化和文化现代化。在社会主义条件下全面实现社会现代化，是一个崭新的现实课题，其中许多具体问题的解决，还需要我们在实践中探索。

最后，还应特别指出的是，依照上述理解去看待我们今天正在进行的体制改革，那么可以发现它实际具有双重的意义：一方面，从经济社会形态的意义上说，它是社会主义制度的自我完善和模式转换；而另一方面，从技术社会形态的意义上说，它同时又是社会现代化过程的组成部分，是其基本内容的实际展开。体制改革集中体现了社会主义现代化与现代化的社会主义这两个历史命题的内在统一。

（原载《江淮论坛》1996年第3期）

社会结构模式研究刍议

(1988年9月)

随着社会实践的发展，人们对社会的认识也不断走向新的层次。在我们深入展开社会各个领域的全面改革的历史时期，从理论上进行社会结构模式的研究，已经是十分必要的了。那么，何为社会结构模式，对它的研究意义何在，这一研究又该从何着手？本文打算就此谈一些总的看法。

一

社会结构模式这个概念也许还不为一些人们所熟悉。我们知道，社会结构是反映社会的内部构成及其各个组成部分之间的关系和联系的综合性范畴。而所谓社会结构模式，简单说来，就是社会结构的具体存在形式或表现形式。

从宏观整体的角度来说，人类社会是由生产力和生产关系、经济基础和上层建筑等几个基本层次构成的。这几个基本层次按照其内在的机制有机地结合起来，便构成社会的基本结构。虽然社会结构还可以从其他各种不同的角度加以考察，但是其他各种角度上的社会结构都要受这个基本结构的制约。我们这里所讲的社会结构，主要就是指它的基本结构。众所周知,历史唯物主义关于社会基本矛盾的原理,从根本上揭示了社会结构的内在机制,说明了生产力与生产关系、经济基础与上层建筑等基本层次之间的辩证关系。但是,必须看到,历史唯物主义的这些原理主要是从内在本质的意义上,从联系的本质规定上去研究社会结构的,因此可以说它所揭示的主要是社会结构的本质内容。而社会结构的这些内容是通过什么样的形式表现出来的呢?也就是说,社会结构的内在机制、社会各个层次之间的内在联系是通过什么样的外在方式而具体地展示出来的呢?这便是社会结构研究的另一个重要方面了。在这里,同在其他地方一样,一定的内容所借以表现的形式是具有多样性的。社会结构的本质内容是确定的,但其表现形式却是多种多样的;也就是说,生产力与生产关系、经济基础与上层建筑这些基本层次的有机组合,它们的内在联系,可以通过各种不同的外部形式表现出来。而社会结构模式这一范畴,就是对这些外部表现形式的典型概括。研究社会结构,不仅要研究它的本质内容,研究它的内部规律,而且还要研究社会结构模式。不研究这一方面,我们就不可能获得对社会结构的全面认识。

这里涉及社会形态这一范畴。我们说在现实中人类社会不是抽象地存在着,而是具体地存在着的。马克思主义创始人批判了资产阶级社会学家侈谈"一般社会"而抹煞不同社会之间的本质差别的错误做法,指出必须从建立在一定的生产力基础之上的社会生产关系或经济关系入手,具体地分析处于一定历史阶段的社会,把握其内在的具体规定性。他们据此提出了"社会形态"这一概念,并将人类社会区分为原始社会、奴隶社会、封建社会、资本主义社会、社会主义和共产主义社会等几种具体的历史形态。而这样一来,随着社会这一范畴的具体化,社会结构的范畴也就具体化了。这样就给社会结构的研究提出了一个要求:不仅要研究一般意义上的社会结构，亦即一般社会的结构，而且要进一步研究具体意义上的社会结构，亦即不同社会形态的特殊结构。但是，这种具体意义上的社会结构研究应该如何做起呢？毫无疑问，这种具体的、关于不同社会形态的特殊结构的研究，也同样应该从内容和形式两个方面着手。首先，要研究这些社会形态结构的具体内容、特殊本质和特殊的规定性，也就是研究这些社会形态中的生产力、生产关系（经济基础）、上层建筑的特殊性质以及它们之间内在联系的特殊规律。关于这一方面的研究，迄今也已做了许多工作；历史唯物主义关于社会基本矛盾的原理就不仅是一般地研究生产力与生产关系、经济基础和上层建筑的矛盾运动，而且还进而具体地研究原始社会、奴隶社会、封建社会、资本主义社会和社会主义社会的生产力与生产关系、经济基础与上层建筑，研究它们的不同特性及其矛盾运动的不同特点。但是，对于各种社会形态结构的研究，也像一般的社会结构研究一样，除了从它的本质内容和内在联系方面着手之外，还必须从它的外部形式或模式着手，要研究这些特定的内容和联系是通过什么样的特定形式或模式体现出来的。社会形态的具体结构模式同样具有多样性的特点，任何一种社会形态，其基本结构都可以表现为各种特殊的具体模式。同是一种社会形态，其基本结构的本质内容相同，但其结构模式却可以是很不相同的；而反过来，不同的社会形态，其基本结构的本质内容不同，却有可能在结构模式上具有某些共同特征。只有把内容和形式这两个方面统一起来加以研究，我们才能全面地认识各种社会形态的具体结构。

我们经常谈到社会制度和社会体制这两个概念。所谓社会制度，可以看作是与社会形态结构属于同一序列的概念；而所谓社会体制，则可以说是跟社会形态的结构模式属于同一序列的概念。一种社会制度的本质内容，可以通过各种不同的社会体制表现出来，这个体制在这里是作为形式存在的，这一点，应该是清楚明白的。

从总体上说，社会结构模式对整个社会结构具有多方面的重要意义。第一，社会结构模式规定着社会结构的本质内容的实际体现。一种社会结构的内容能否按照其本质要求很好地体现出来，要看它能否找到一种理想的表现形式或模式。不同的社会结构模式对社会结构的内容的体现是不同的。不合理的模式会使社会结构中各个层次的本质规定或基本性质受到模糊甚至歪曲，而它们之间的内在联系则难以顺畅甚至发生偏差。第二，社会结构模式影响到社会结构的功能的发挥。在实际过程中，社会结构的各个基本层次都是按照其各自的功能而发挥作用的，它们的功能应与结构整体的目标相适应，以实现一种整体功能。通常所谓社会运行状况，实际上就是社会结构的功能的发挥状况。好的社会结构模式可以保证社会结构各层次正常发挥其功能，并保证这些功能之间的协调统一，这样整个社会的运行就处于正常状态或良性状态。而若社会结构模式不够理想，那么社会结构各层次的功能就不能正常发挥，也不能很好地协调统一，于是社会运行就处于某种非正常状态或恶性状态。第三，社会结构模式还制约着社会结构的自身发展和变革。历史唯物主义所揭示的关于社会基本矛盾运动的规律，是社会结构发展变革的基本规律。但是社会结构发展变革的具体过程却要受到社会结构模式的制约。不同的结构模式对社会结构的发展变革的影响是不同的，合理的结构模式可以保持社会结构内部的生长活力，为新的发展的萌芽提供比较有利的生长条件，社会结构的变革也比较容易实现；而不合理的结构模式则往往趋向于死板僵化，它会使社会结构处于一种超稳定状态之中，一切新的发展的趋向都遭到抑制。在这种情况下，社会结构的变革就很不容易实现。

正是由于社会结构模式对整个社会结构来说具有十分重要的意义，我们才必须充分重视对它的研究。只有认识了各种社会结构模式的特点、作用和规律，才能够全面地把握整个社会结构存在和演进的规律，把握整个社会运行和发展的规律，而在这个基础上，才能比较全面地认识历史。对于我们改造社会的实践来说，社会结构模式研究更是十分必要。我们不能只是简单地实现社会结构的根本性质的变革就完事了，而且还必须为新的社会结构选择其最为适合的社会结构模式。忽视了这一方面的工作，就必然造成实践中的失误。在这方面，我们是有着历史的经验和教训的。十一届三中全会以前的几十年间，我们虽然从根本上确立了社会主义制度，但是却没有能够选择一种最为有利的社会结构模式，甚至可以说没有认识到这种选择的必要性和可能性。我们过去的那一套社会体制在很大程度上是模仿苏联体制，它存在着政企不分、权力过度集中等各种弊端，实践证明很不理想。它使得我国社会主义制度的优越性不能很好地发挥出来，明显地妨碍了我国社会的合理运行和迅速发展。十一届三中全会以来，我们深入开展了包括经济体制改革和政治体制改革在内的全面改革，其实质就是要改变过去那种不合理的社会结构模式，而选择一种最富有活力的，最能使我们社会主义制度的优越性发挥出来的社会结构模式。而要真正科学地进行这种选择，就必须从理论上深入地进行社会结构模式的研究。因此研究社会结构模式是我们的改革实践所提出的重大课题，它无疑具有十分重要的现实意义。

二

从目前的情况来看，关于社会结构模式的研究虽然还有待于真正展开，但在具体问题的探讨中，不少研究者已从不同角度和在不同程度上涉及这一课题。现在的问题是要把社会结构模式研究作为社会结构研究的一个专门部分而系统地加以进行。

要研究社会结构模式，面临的问题当然是很多的；但是一般说来，主要应从以下几个方面着手。

首先，要进行社会结构模式的概括和分类。在现实存在中，社会结构的具体表现形式是多种多样的，这就要求我们抓住它们的主要特征而进行典型概括，并据此进行科学的分类。概括和分类是进一步研究的直接基础，只有在这个基础上，才能具体地考察各种社会结构模式的意义和规律。在这个概括和分类的过程中，需要区分两个不同的层次：（1）社会形态结构模式；（2）一般社会结构模式。我们首先应该对各种具体的社会形态的结构模式进行研究，搞清楚原始社会、奴隶社会、封建社会、资本主义社会、社会主义社会这些不同的社会形态各自具有哪些特殊的结构模式，这些特殊模式又分别具有哪些主要特征。例如封建社会的中国和西欧在社会结构的具体形式方面就有很大的差别，近代以来资本主义各国的社会结构形式也有许多不同，而现代社会主义各国的社会结构形式同样是各有特色。我们所要做的就是要把这些具体结构形式分别加以概括，并把它们区分为一些基本的类型。在这一层次的基础上，我们还要进行更高一个层次的概括和分类，即从一般社会的意义上概括出为各种社会形态所共有的某些一般结构模式。所谓共有不是说完全相同，而是说在一些基本特征上具有共同性。这种一般模式同社会形态的结构模式自然是一般与特殊的关系。

其次，在概括分类的基础上，要分别研究各类社会结构模式的实际作用，比较分析它们各自的长处和短处，并据此对它们进行综合评价。既然各种社会结构模式对社会结构所起的作用是各不相同的，那么我们就必须对它们作用的性质和状况进行考察。要考察它们对社会结构本质内容的体现如何，对社会结构功能发挥的影响如何，以及对社会结构的自然发展和变革的制约如何。当然这些作用的考察应该考虑到各方面的具体条件，在不同的条件下，一种结构模式的作用往往是不同的。一般说来，每一种结构模式都是既有优点又有缺点，既有长处又有短处的，只有优点和长处，没有缺点和短处的绝对好的模式是没有的，而只有缺点和短处，没有优点和长处的、绝对坏的模式也是没有的。因此，在考察社会结构模式时，必须运用比较研究的方法，把各类模式加以科学的比较和对照，客观地分析它们的优劣得失，然后就可以把各方面的情况统一起来，对这些模式做出综合的评价。在研究和评价的过程中，定性分析和定量分析无疑都是必要的，可以根据具体情况确定若干具体指标。但是又要注意不能脱离历史实际，不要用教条和框子去形而上学地裁剪复杂多样的社会实践。

再次，研究各类社会结构模式的形成、确立和转换的规律，也是社会结构模式研究的重要方面之一。一种社会结构模式通常是怎样形成的，它在什么条件下才能得到确立，只有在何种情况下，它才有可能转换为别的模式，这都是我们在社会实践中急需解决的问题。每一种社会结构模式的形成和确立，无疑都是由各方面的社会历史因素所决定的。那么这些因素是什么呢？它们各自是怎样起作用的呢？这是必须搞清楚的。某种结构模式尽管弊端很多，但它却出现了，这是有它的历史原因的。而某种结构模式虽然比较理想，但要使它得到确立，并不仅仅是由人们的主观愿望决定的，还有一个客观条件是否允许的问题。一种社会结构模式一旦形成和确立，就会以传统的力量维持自身的存在，要改变它，并不是一件轻而易举的事情。只有当客观和主观各方面的条件基本具备的时候，才有可能实现模式的转换。这里也有一个条件问题。当条件具备之后，模式转换需要经过一定的途径，而这个途径是各不相同的。不同的模式由于自身的不同特点而只能通过不同的途径来加以改变。比如说，有的模式可以自下而上地加以改变，而有的模式则需要自上而下的途径；有的模式可以以温和的方式正常地进行转换，而有的则往往不得不诉诸激烈的外部对抗甚至暴力的手段。社会结构模式转换的过程也是不同的，有的可以在较短的时间内实现，有的则需要经过一个循序渐进或者多次反复的过程。这些都是需要认真加以研究的。

最后，我们研究社会结构模式的最终目的，是为了在社会实践中发挥人的主观能动性，科学地进行社会结构模式的选择。社会结构模式的形成、确立和转换首先是受客观规律制约的，但是另一方面，人的主观能动性的活动余地也是很大的。在社会主义革命和建设的过程中，我们可以也应该在客观条件允许的范围内，能动地选择最为理想的社会结构模式。然而怎样才能充分发挥主观能动性，很好地进行这种选择呢？这也是我们必须研究的问题。要进行模式选择，就必须按照现代科学方法，科学地制定选择方案，然后有步骤地付诸实践。社会结构模式的选择过程往往就是改变旧的模式而确立新的模式的过程，是社会结构模式的转换过程。而处于不同历史地位的社会积极力量，应该根据所面临的特定的模式转换过程的特点，制定相应的具体对策，以保证选择方案的切实实现。这里是有许多现实而复杂的问题需要从理论上加以解决的。

以上我们是从总体上讲到社会结构模式研究的几个主要方面，而这里无疑还应强调指出，社会结构模式的研究应与我们当前的改革实践紧密结合起来。既然我们的全面改革就是社会结构模式选择的现实过程，那么我们就应该努力探讨和解决改革中的现实问题。目前我国的改革运动正在向纵深发展，其他社会主义国家的改革也方兴未艾,许多过去不大明显的问题已经日益清楚地显露出来,这为我们的研究提供了十分有利的条件。只要我们坚持理论联系实际的正确原则,我们在社会结构模式方面的研究就无疑是可以有所成就的。

(原载《湖北社会科学》1988年第9期)

论制度与体制的科学区分及其辩证关系

(1999年5月)

在中国改革的进程中,"制度"和"体制"是广泛使用的两个基本概念。我们把改革确定为"体制改革",包括经济体制改革、政治体制改革以及其他各方面体制的改革,而同时又强调坚持社会主义基本制度不动摇。那么在这里,所谓"制度"和"体制"究竟是怎样区分的,它们之间的关系又是如何呢?对此我们必须从理论上有一个科学的把握,这关系到对我们正在进行的这场改革的正确认识和理解。

一

所谓制度和体制,过去我们往往是把它们作为两个相近的概念来使用,并没有加以严格的区分,至少在大多数场合是如此。而随着认识的深入和改革开放的不断推进,我们逐渐把这两个概念明确地区分开来,并赋予其特定的涵义。这绝不仅仅是一个无关宏旨的词语选择问题,而是涉及一系列重要的理论和实践问题,它体现着我们在这些问题上所取得的新的认识成果。

首先,这里所说的制度和体制,不是在一般琐细的意义上,而是在包括经济、政治、文化等各个领域在内的整个社会结构体系的意义上使用的。我们说的制度是经济制度、政治制度以及其他各方面的社会制度,我们说的体制是经济体制、政治体制和其他各方面的社会体制。那么这个意义上的制度和体制应如何定位呢?实际上,它们都是用来描述和反映一定的社会关系的,包括经济关系、政治关系以及其他各方面的社会关系。过去我们对于社会关系往往是从其总体性质上笼统地加以把握,而现在我们可以将其区分为制度和体制两个不同的层面;也就是说,任何一种社会关系都应该从制度和体制这两个层面上去把握。

那么,作为社会关系(经济关系、政治关系等等)的两个不同层面的制度和体制,其各自的规定性又是怎样的,它们二者之间的关系又是如何呢?概括说来,所谓制度主要是体现一种社会关系的基本性质规定、基本建构原则,是这些规定和原则的凝结;而所谓体制则主要是指一种社会关系的具体样态,亦即其基本规定和原则的具体实现形式。例如在生产关系领域,我们常说的"公有制原则"、"按劳分配原则"等,就属于制度的范畴,而十五大特别要求的探寻"公有制的具体实现形式",就属于体制的范畴。从哲学上说,制度和体制的这种关系,正是所谓内容和形式的关系。内容和形式是唯物辩证法的一对基本范畴,所谓内容是指事物内部各种要素的总和,而形式则是指构成内容的各种要素的结构和内容的外部表现方式。任何事物都有自己的内容,而任何内容都必须借助于一定的形式才能表现出来;设想只有内容而没有形式,或只有形式而没有内容,都是不可能的。在这里,制度是一种社会关系的内容的凝结,亦即它的基本性质规定和建构原则的凝结,而体制则是这种制度内容的实现形式,任何一种社会关系都有自己的制度内容,而任何一种制度内容(性质规定和建构原则)都只有借助于一定的体制形式才能实现出来。每一种社会关系都是制度和体制的统一,亦即内容和形式的统一。

例如,经济关系即生产关系是一种最基本的社会关系。过去我们在谈到生产关系时,主要是从它的基本性质入手去把握,并由此去区分不同种类的生产关系;如果说也曾涉及内容和形式问题,那只是用来反映生产方式内部的生产力与生产关系之间的关系,即把整个生产关系看作是生产方式的形式,而把生产力看作是生产方式的内容,一定的生产力和一定的生产关系的统一构成一定的生产方式。其实,内容和形式是相对而言的,就像事物的结构无限可分一样,内容和形式的区分也可以从事物结构的各级层次上去进行。就生产关系本身而言,它也有自己的属于这一特定层次的内容和形式:通常所谓所有制关系、人们在生产过程中的相互关系以及分配关系等方面的基本规定和原则,构成生产关系的内容;而这些原则如何才能具体地实现出来,以怎样的方式实现出来,这就涉及生产关系的形式。结果,生产关系的基本规定和原则等内容凝结起来,便形成所谓的经济制度;而这些规定和内容等等所采取的表现方法和实现形式确定下来,便形成所谓的经济体制。这样,一种生产关系就现实地表现为一定的经济制度和一定的经济体制这两个层面的统一。经济关系即生产关系是这样,政治关系以及其他各方面的社会关系也是同样的道理,也可以区分为政治制度和政治体制,以及其他方面的制度和体制。

既然制度和体制作为社会关系的两个层面可以从内容和形式的关系去理解,那么这里就应进一步了解它们之间的相互作用和相互制约。一般说来,内容决定形式,要求形式与之相适合;而形式又反作用于内容,适合的形式可以保证和促进内容的实现,而不适合的形式则会妨碍乃至破坏内容的实现。同理,制度决定体制,一定的制度内容总是要选择与之相适合的体制形式;而体制又反过来制约着制度,体制适合不适合,直接关系到制度内容能否充分地展开和实现出来。制度和体制之间的这种相互制约和相互作用，无疑是社会关系本身存在和发展的一种重要机制。而在认识这种作用机制时，我们还应特别注意这样一种情况，这就是形式或体制的多样性问题。第一，内容决定形式并不意味着一种内容只能有一种形式，相反，一种内容完全可以借助于多种不同的形式表现出来；同理，制度决定体制也并不就意味着一种制度只能有一种特定的体制，而是允许有各种不同的选择。第二，形式适合内容也并不是说一种形式只能适合于某一种特定的内容，在许多场合下，同样的形式完全可以适用于不同的内容；同理，体制适合制度也并不是说一种体制只能适用于某一种制度，而往往有更为广泛的适用性。当然，形式或体制的多样性终究是以内容或制度的决定作用为前提的，但这种多样性的确是现实地存在着的。

将一种社会关系区分为制度和体制两个层面，并从内容和形式的关系上去把握这两个层面的关系，这在认识上无疑是一个重要的进步。它使我们对社会关系的认识深化了，并使我们得以对现实实践中的许多重大问题做出更为科学的分析。而这一认识成果的取得，本来就是与这些重大问题的研究联系在一起的，特别是以对以往社会主义实践中的重大曲折进行深刻反思、对我们的改革开放和建设有中国特色的社会主义的道路进行深入探讨为背景的。从一定意义上说，制度和体制的科学区分，是当今中国改革的一个重要理论支点。

二

如果说1949年中华人民共和国的成立使中国社会发展进入了新民主主义的过渡阶段，那么1956年所有制改造的基本完成，便标志着社会主义社会在中国的正式建立。回顾以往几十年的实践过程，应该说我们曾付出了艰苦的努力，也的确取得了不少重要的成就。

我们毕竟初步建起了自己的工业体系，从根本上确立了社会主义的社会制度，并且拿出了"两弹一星"这样的技术成果；毛泽东在天安门城楼上向全世界宣告："中国人民从此站起来了"，曾激动着多少中国人的心。但是尽管如此，我们仍不得不承认，以往的实践出现了较多的问题。这主要表现在经济虽有发展，但终究是发展不快，"人民的生活没有得到多大的改善"①；社会主义制度虽然建立了，但具体实践中运转不灵，经济方面死板僵硬，吃大锅饭，群众没有积极性，政治方面则各种运动不断，最后导致了"文化大革命"这场浩劫。这些明显的问题，大大损害了人们对社会主义的信念，以至于产生了种种困惑与疑问：社会主义这条路子究竟能否走得下去？加之后来又发生了苏东剧变，就更是造成了很大的冲击和震撼。

那么，从社会主义实践已然遭受的曲折中，能否得出对社会主义的否定性结论呢？深入的研究告诉我们，问题并没有那样简单。其中一个重要之点，就是以制度和体制的区分为依据，把社会主义的具体模式同社会主义社会本身相对区别开来。必须明白，过去我们在建立社会主义基本制度的同时，也为这一新生的制度选择了一套具体的体制作为它的实现形式，这就是我们常说的高度集中的计划经济体制和与之相应的政治体制。这套体制在很大程度上是借鉴苏联，所以被称为"苏联模式"。仔细考察一下就可以发现，这一模式内在地存在着重大缺陷，特别是明显地脱离了现阶段生产力发展的实际；虽然它在某种特定的历史条件下可能起到一些积极作用，但长远看来必然会造成损害。我们所经历的曲折实践已经证明了这一点，我们所遇到的各种问题，实际上都直接同这一模式相联系，这一模式的失败是无疑的了。但是，能否把这一模式的失败等同于社会主义的失败，由此断言社会主义必然如此呢？不能。因为社会主义基本制度的实现形式并不只有一种体制，而是可以有多种不同

---

① 《邓小平文选》第 2 卷，人民出版社 1994 年版，第 249 页。

的体制；社会主义社会并非只能采用"苏联模式"，而是可以采用不同的模式。"苏联模式"只不过是社会主义社会的一种模式，而且是一种不好的模式，社会主义社会完全可以抛弃这种模式而重新选择另外的更为适宜的模式。

当然，我们在以往实践中的失误并不仅仅是体制或模式选择的错误，而且还包括其他一些指导方针上的错误，特别是长期以阶级斗争为纲，没有实现工作重点的转移，忽视发展生产力。而这些错误都是由于背离了历史唯物主义的基本原理和科学社会主义的基本要求，更是不能算在社会主义本身的账上。只要我们从历史唯物主义和科学社会主义的立场出发坚决纠正这些错误，同时建构社会主义的新的体制或模式，我们就完全有可能开辟出一条充满生机和希望的新的道路。

正是基于这样一种理性的认识，中国共产党人在邓小平的带领下，以十一届三中全会为起点开始了具有历史意义的新的探索。首先废止"以阶级斗争为纲"，迅速实现了工作重点的转移，把经济建设确立为全党工作的中心；其次，在坚持"四项基本原则"的前提下，开始对既有的经济体制、政治体制以及其他各方面体制进行全面改革，同时实行对外开放。邓小平强调："把马克思主义的普遍真理同我国的具体实际结合起来，走自己的道路，建设有中国特色的社会主义。"[1] 所谓建设有中国特色的社会主义，也就是要从中国社会主义初级阶段的实际出发，围绕经济建设这个中心，通过全面的体制改革建构社会主义社会的新的模式。中国的改革从一开始就具有十分深刻的性质，它不是要对旧体制做细枝末节的修补，而是要"从根本上改变"旧体制[2]，所以邓小平称之为"中国的第二次革

---

[1] 《邓小平文选》第 3 卷，人民出版社 1993 年版，第 3 页。
[2] 《邓小平文选》第 3 卷，人民出版社 1993 年版，第 370 页。

命"①。但是，这个革命只是体制意义上的革命，他并不是要改变我们的社会主义基本制度，而是要为这一制度寻找新的、更为适合的实现形式；所以邓小平又说："改革是社会主义制度的自我完善。"②所谓坚持"四项基本原则"，实质上就是要坚持社会主义的基本制度；而坚持改革开放，则是要改变作为基本制度的实现形式的具体体制。只有从制度和体制的辩证统一着眼，才能正确理解这两个基本点的关系，理解中国这场改革的真实性质。

经过在改革实践中的反复摸索，我们在经济体制方面已最终确立了社会主义市场经济的目标模式，这无疑是一个重大的突破。众所周知，我们过去长期存在着一种不正确的认识，即将计划经济等同于社会主义，而将市场经济等同于资本主义。追究这种认识的错误根源，也正在于没有能够区分制度和体制，而将它们二者混为一谈。社会主义和资本主义是两种不同的制度，而计划经济和市场经济则是属于体制的层面，如邓小平所说"都是手段"③，本身并没有主义之分。在现阶段，实践证明市场经济体制较之计划经济体制更能适合生产力的实际水平；虽然市场经济体制长期以来一直是为资本主义所采用，但它同样可以为社会主义所采用，作为社会主义经济制度的实现形式而为社会主义服务。所以，我们提出社会主义市场经济的目标模式，就是要将市场经济体制与社会主义经济制度相结合，它本身就体现着制度和体制的辩证统一。搞清楚这一点，有关的一些疑虑和模糊认识就可以消除和澄清了，特别是那种一见到我们采取和引进了一些市场经济的方法就以为是搞了资本主义的看法，就明显地站不住了。

---

① 《邓小平文选》第3卷，人民出版社1993年版，第113页。
② 《邓小平文选》第3卷，人民出版社1993年版，第141页。
③ 《邓小平文选》第3卷，人民出版社1993年版，第367页。

当然，社会主义的经济制度要真正与市场经济体制相结合，还有许多具体问题有待进一步研究和解决，其中最主要的就是公有制的实现形式问题。必须改变过去那种公有制形式，使公有制企业特别是国有企业真正转变为自主经营的市场主体。此外还有必要指出，我们的经济体制改革发展到今天，除了在体制层面上展开之外，也有一些改革进入到了制度的层面。例如，在所有制结构上，现在已不是"一大二公三纯"，而是以公有制为主体、多种所有制成分共同发展；相应地，在分配制度上，实行以按劳分配为主体，多种分配方式并存。这样做是否会影响我们经济制度的社会主义性质？回答是否定的，因为事物的性质是由矛盾的主要方面决定的。我们的经济制度从基本性质上说仍然是社会主义的经济制度，它与市场经济体制有机地结合在一起，便构成有中国特色的社会主义市场经济的完整体系。

随着经济体制改革的不断深化，我们的政治体制改革以及其他各方面体制的改革也稳步向前推进。按照邓小平同志的说法，"政治体制改革同经济体制改革应该相互依赖，相互配合。只搞经济体制改革，不搞政治体制改革，经济体制改革也搞不通……我们所有的改革最终能不能成功，还是决定于政治体制的改革。"[1] 这次党的十五大再一次明确提出，要建设社会主义的民主政治和法治国家。应该相信，在社会主义市场经济体制的基本框架逐步建立的基础上，我国的政治体制改革也一定会取得应有的突破。而随着经济体制改革、政治体制改革以及其他各方面改革目标的实现，我们的社会主义制度终将获得新的、更适合的体制形式，建设有中国特色社会主义的伟大事业也终将取得最后的成功。

(原载《求是内部文稿》1999 年第 10 期)

---

[1] 《邓小平文选》第 3 卷，人民出版社 1993 年版，第 164 页。

略论制度和体制

(2001 年 3 月)

"制度"和"体制"是中国改革的进程中广泛使用的两个基本概念。过去,我们往往是把它们作为两个相近的概念来使用,而随着认识的深入和改革开放的不断推进,我们逐渐把这两个概念明确地区分开来,并赋予其特定的涵义。这绝不仅仅是一个无关宏旨的词语选择问题,而是涉及一系列重要的理论和实践问题,它体现着我们在这些问题上所取得的新的认识成果。

那么,所谓"制度"和"体制"究竟是怎样区分的,它们之间的关系又是如何呢?首先,这里所说的制度和体制,不是在一般琐细的意义上,而是在包括经济、政治、文化等各个领域在内的整个社会结构体系的意义上使用的。我们说的制度是经济制度、政治制度以及其他各方面的社会制度,我们说的体制是经济体制、政治体制和其他各方面的社会体制。这个意义上的制度和体制,实际上都是用来描述和反映一定的社会关系的,包括经济关系、政治关系以及其他各方面的社会关系。过去我们对于社会关系往往是从其总体性质上笼统地加以把握,而现在我们可以将其区分为制度和体制两个不同的层面;也就是说,任何一种社会关系都应该从制度和体制这两个层面上去把握。所谓制度主要是体现一种社会关系的基本性质规定、基本建构原则,是这些规定和原则的凝结;而所谓体制则主要是指一种社会关系的具体样态,亦即其基本规定和原则的具体实现形式。例如在生产关系领域,我们常说的"公有制原则"、"按劳分配原则"等,就属于制度的范畴,而十五大特别要求的探寻"公有制的具体实现形式",就属于体制的范畴。从哲学上说,制度和体制的这种关系,正是所谓内容和形式的关系。内容和形式是唯物辩证法的一对基本范畴,所谓内容是指事物内部各种要素的总和,而形式则是指构成内容的各种要素的结构和内容的外部表现方式。任何事物都有自己的内容,而任何内容都必须借助于一定的形式才能表现出来;设想只有内容而没有形式,或只有形式而没有内容,都是不可能的。在这里,制度是一种社会关系的内容的凝结,亦即它的基本性质规定和建构原则的凝结,而体制则是这种制度内容的实现形式,任何一种社会关系都有自己的制度内容,而任何一种制度内容(性质规定和建构原则)都只有借助于一定的体制形式才能实现出来。每一种社会关系都是制度和体制的统一,亦即内容和形式的统一。

制度和体制作为社会关系的两个层面,是相互作用和相互制约着的。制度作为内容决定着作为形式的体制,一定的制度内容总是要选择与之相适合的体制形式;而作为形式的体制又反过来制约着作为内容的制度,体制适合不适合,直接关系到制度内容能否充分地展开和实现出来。当然,内容决定形式并不意味着一种内容只能有一种形式,一种内容完全可以借助于多种不同的形式表现出来;而形式适合内容也并不是说一种形式只能适合于某一种特定的内容,在许多场合下,同样的形式完全可以适用于不同的内容。由此,制度和体制的相互制约、相互作用便在实践中表现出丰富的多样性来。

将一种社会关系区分为制度和体制两个层面,并从内容和形式的关系上去把握这两个层面的关系,这在认识上无疑是一个重要的进步。它使我们对社会关系的认识深化了，并使我们得以对现实实践中的许多重大问题做出更为科学的分析。而这一认识成果的取得，本来就是与这些重大问题的研究联系在一起的，特别是以对以往社会主义实践中的重大曲折进行深刻反思、对我们的改革开放和建设有中国特色的社会主义的道路进行深入探讨为背景的；从一定意义上说，制度和体制的科学区分，是当今中国改革的一个重要理论支点。

过去，我们在建立社会主义基本制度的同时，也为这一新生的制度选择了一套具体的体制作为它的实现形式，这就是我们常说的以高度集中的计划经济体制和与之相应的政治体制为特征的"苏联模式"。这种"苏联模式"已被实践证明是不成功的，但这并不能等同于社会主义的失败；社会主义社会完全可以抛弃这种模式而重新选择另外的更为适宜的模式。正是基于这样一种理性的认识，中国共产党人在邓小平的带领下，开始了建设有中国特色的社会主义的新的探索；而所谓建设有中国特色的社会主义，也就是要从中国社会主义初级阶段的实际出发，围绕经济建设这个中心，通过全面的体制改革建构社会主义社会的新的模式。不认识制度与体制的辩证关系，就不能真正科学地认识这一探索的意义。这里应特别注意对社会主义市场经济的认识和理解，因为我们过去长期存在着一种不正确的认识，即将计划经济等同于社会主义，而将市场经济等同于资本主义。追究这种认识的错误根源，正在于没有能够区分制度和体制，而将它们二者混为一谈。社会主义和资本主义是两种不同的制度，而计划经济和市场经济则是属于体制的层面，如邓小平所说"都是手段"①，本身并没有主义之分。在现阶段，实践证明市场经济体制较之计划经济体制更能适合生产力的实际水平；虽然市场

---

① 《邓小平文选》第 3 卷，人民出版社 1993 年版，第 367 页。

经济体制长期以来一直是为资本主义所采用,但它同样可以为社会主义所采用,作为社会主义经济制度的实现形式而为社会主义服务。所以,我们提出社会主义市场经济的目标模式,就是要将市场经济体制与社会主义经济制度有机地结合起来。

中国的改革从一开始就具有十分深刻的性质,它不是要对旧体制做细枝末节的修补,而是要"从根本上改变"旧体制[①],所以邓小平称之为"中国的第二次革命"[②]。但是,这个革命主要是体制意义上的革命,他并不是要改变我们的社会主义基本制度,而是要为这一制度寻找新的、更为适合的实现形式;所以邓小平又说:"改革是社会主义制度的自我完善。"[③] 只有从制度和体制的辩证统一着眼,才能正确理解中国这场改革的真实性质。

(原载《学习时报》2001年3月12日,发表时标题改为"怎样理解制度和体制")

[①] 《邓小平文选》第3卷,人民出版社1993年版,第370页。
[②] 《邓小平文选》第3卷,人民出版社1993年版,第113页。
[③] 《邓小平文选》第3卷,人民出版社1993年版,第141页。

社会转型问题研究：一种立体的逻辑框架

(2007年1月)

在近年来的讨论中，社会转型问题引起了广泛的注意。而从社会发展理论研究的角度看，这一问题也确实应该给予重视。但是，究竟怎样看待社会转型，讨论中还存在各种不同的意见和分歧。本文便打算就此谈一些自己的认识，以参加这方面的讨论。

一

从一般意义上说，所谓社会转型应是指社会类型的转换，即社会从一种类型转向另一种类型。对于这个最一般的规定，讨论中的意见尚比较一致。但是，对于社会转型的具体内容应该如何理解，社会转型所涉及的不同的社会类型应该如何把握，学者们的看法就不尽相同了。一些学者从广泛的意义上理解社会转型，如从计划经济体制向市场经济体制的转型、从匮乏性社会向发展型社会的转型、从封闭性社会向开放性社会的转型等等；而比较有代表性的观点是把社会转型理解为从传统社会向现代社会的转型。但是，究竟什么是传统社会，什么是现代社会，又存在不同看法。例如，有的认为传统社会主要是指以体现农业文明的自然经济为基础的社会发展阶段,而现代社会则是指以体现工业文明的市场经济为基础的社会发展阶段;① 有的则认为传统社会和现代社会的分类方法具有广泛的包容性,应该从社会的基础产业、社会劳动方式、社会分工和社会分化程度、社会主要组织形式和社会关系、社会活动的主要场所、社会开放程度、社会管理的权威基础和主要方式等各个方面来区别。② 还有的学者强调社会转型是社会结构的转换,即从"传统社会结构"向"现代社会结构"的转换,认为这种"结构性转型"不是指社会形态的转变,而是指在社会形态层次之下的"社会生活具体结构形式和发展形式"的转变。③

讨论中提出的这些不同意见,对于促进我们对社会转型问题的认识,都是有一定的积极意义的。但是,我认为,要把这方面的研究进一步引向深入,还有待于从社会哲学的层次上进行必要的逻辑梳理和整合。而在这个层次上,有关社会形态理论研究的新的成果正好可以为我们提供适宜的方法论手段。从这一新的成果看来,社会转型并不是与社会形态无关,相反却是以社会形态为基础的。当然,这里所说的社会形态是发展了的新的范畴体系,仅仅拘泥于社会形态的原有范畴是不能够适合新的需要的。

所谓社会形态,从最一般的意义上讲,本来就应是指社会的基本类型,这些不同的社会类型按照历时态的关系展开来,便构成社会发展的不同阶段。当初马克思提出社会形态概念,主要是强调从社会的经济关系(生产关系)的性质入手,联系这种经济关系所赖以存在的生产力根据,以及以这种经济关系为基础的政治的和思想

---

① 陈晏清:《当代中国社会转型论》,山西教育出版社1998年版,第23—24页。
② 刘祖云:《从传统到现代——当代中国社会转型研究》,湖北人民出版社2000年版,第42—43页。
③ 陆学艺、景天魁:《转型中的中国社会》,黑龙江人民出版社1994年版,第21—23页。

的上层建筑来区分和把握不同的社会形态。这样来把握的社会形态，又被称为经济社会形态。正是按照这种理解，我们可以把人类社会区分为原始共产主义社会、奴隶社会、封建社会、资本主义社会、社会主义和共产主义社会等基本形态，这已为人们所熟知。而在近些年来的研究中，人们已经越来越认识到，区分社会形态的标准和尺度不是一维的，而是多维的。"经济社会形态"是我们区分和把握社会形态的基本视角，但并不是唯一的视角；社会发展的基本类型还可以从多种不同的视角进行区分和把握，而"技术社会形态"便是其中之一。所谓技术社会形态，就是从生产力的层次入手，考察一定社会中生产力的发展状况及其对社会各个领域的技术方面的影响，由此把握这一社会的技术特征。从这一视角着眼，我们也可以将人类社会区分为一系列基本形态，包括渔猎社会、农业社会、工业社会、信息社会等。技术社会形态概念的提出吸取了西方学者有关成果的合理成分，并在历史唯物主义的基础上对其加以批判改造，从而进一步拓展和推进了马克思主义的社会形态理论。它与我们原有的经济社会形态概念一起形成了对社会形态进行区分和把握的两个不同视角：如果说前者揭示的是社会的"主义"类型，那么后者所揭示的就是社会的"技术"类型。两者有着不同的着眼点，各有自己的意义和功能；它们不是对立的，而是兼容和互补的。把二者结合起来，可以使我们从不同侧面更加全面、完整地认识和把握社会形态。

此外，这里还有必要指出社会形态理论研究的另一方面的进展，即关于社会形态结构模式问题的研究。过去，我们曾对社会形态的结构模式机械地加以理解，将一种社会形态的某种特定的具体模式混同于这一社会形态的本质规定，将其看作是绝对的、确定不变的东西，不懂得社会形态结构模式的逻辑区分及其多种可能性。例如，在对社会主义社会形态和资本主义社会形态的认识上，这种倾向就曾长期存在。而随着实践的发展和研究的深入，人们越来越清楚地认识到，应该将社会形态的本质规定与它的具体结构模式相对区分开来；一种社会形态并不只是有一种结构模式，而是可以有多种结构模式，它完全可以根据具体条件的不同而采取不同的具体模式，并且不同的结构模式之间是可以相互转换的。不论社会主义社会形态还是资本主义社会形态都是如此，资本主义以前的各个社会形态也都是如此。这方面问题的认识进展，集中体现在关于制度和体制的科学区分及其辩证关系的把握上，正确理解这对范畴，成了正确理解当代中国改革的关键。

社会形态理论研究的新的成果是如此，那么，将这些新的成果应用于社会转型问题研究，我们可以得出怎样的认识呢？这里至少应该指出以下几点：

第一，既然社会转型从一般意义上说是指社会类型转换，而社会形态不是别的，就是社会的基本类型，那么所谓社会转型所要研究的实际上正是社会形态所发生的各种变化，而不是与社会形态无关的别的什么变化。应该从社会形态的变化来理解社会转型的实质，那种试图将社会转型与社会形态完全分离或隔绝开来加以研究的做法，是不正确的。

第二，既然社会形态的区分和把握具有多维视角，包括经济社会形态和技术社会形态等等，那么对于各种不同意义的社会转型就可以按照社会形态本身的不同视角去考察，从而纳入一种立体的逻辑框架；而不是只限于社会形态的某一种特定视角，而将其他方面的问题排除在社会形态范畴之外。其中，既然经济社会形态和技术社会形态作为两个不同视角各有自己的着眼点，那么我们就应该将分属于这两个不同视角的社会转型科学地区别开来，在不同的规定性上去把握；同时，既然经济社会形态和技术社会形态作为社会形态的两个不同视角并不是对立的，而是兼容和互补的，那么我们就有可能将社会转型研究中的某些不同角度的认识成果科学地统一和整合起来,从而摒弃各种孤立和分割的倾向。

第三,既然社会形态与它的具体结构模式应该相对区别开来,一种社会形态可以具有多种不同的结构模式,那么在考察社会转型时也必须相应地区别两种不同的情况:一种情况是整个社会形态的根本性质的变化,即由一种社会形态转向另一种社会形态,这是一种十分深刻的社会转型,即社会基本类型的转变;另一种情况则是社会形态的性质不发生根本改变,而只是它的具体结构模式发生改变,这也是一种社会转型,但并不属于社会基本类型转变,而应属于社会具体类型转变。社会转型的这两种情况当然是相互关联的,但其逻辑层次是不一样的,其中社会具体类型的转变从属于社会基本类型的转变,正如社会形态的结构模式从属于社会形态的根本规定一样。

如果这几点认识可以成立,那么反观近年来有关社会转型研究的具体内容,完全可以纳入这一认识框架加以整合。其中,所谓从传统社会向现代社会的转变,主要应从技术社会形态的视角加以分析,它应是社会形态本身的一种深刻变化,而不只是在社会形态层次之下的"社会生活具体结构形式和发展形式"的转变。

二

认真地说,所谓传统社会与现代社会并不是一种严谨的科学概念,而只是在一定的历时态意义上的代称或指谓,其具体内涵难免会具有某种不确定性。而从近年来讨论中的情况来看,虽然学者们对这两个概念做了各种不同的解释,但大体上还是可以归入技术社会形态视角内的农业社会和工业社会两种社会形态。当然,由于现阶段从世界范围看社会发展的前锋已开始向信息社会过渡,"第三次浪潮"的冲击已经来临,所以人们在讨论现代社会问题时也往往将目光延伸到信息社会的阶段;但至少是在经典意义上,现代社会主要是指工业社会。这里需要指出的是,对于农业社会、工业社会、信息社会等不同的技术社会形态的具体内涵,不应理解得过于狭窄。按照社会形态多维视角中的技术社会形态视角的逻辑定位,这些技术社会形态的基本规定不仅要从社会的技术基础亦即生产力的发展水平去把握,而且要着眼于社会各个领域在这一技术基础上所形成的技术特征。因此,农业社会、工业社会以及信息社会等概念具有广泛的包容性。

具体说来,作为一种技术社会形态的农业社会,其基本规定当然首先体现为传统的手工农业亦即小农经济在社会的生产力体系中占据主要地位;这样一种生产力体系,便构成农业社会的技术基础。而在这样一种技术基础之上,社会的各个领域都会形成与之相应的技术特征:在经济关系的领域里,与这种落后的技术基础相适应的只能是自给自足的自然经济形式,这种自然经济形式作为社会经济关系的技术形式而存在,这一阶段上社会经济关系的全部内容主要就是借助于这种技术形式表现出来。在政治关系的领域里,与小农经济和自然经济相适应的只能是专制的或集权的政体形式,这种政体形式作为社会政治关系的技术形式而存在,它往往还同时具有浓厚的宗法色彩。而在思想文化领域里,则是普遍存在的愚昧和迷信,科学尚未发展起来,各种形式的神秘主义发生着深远的影响。所有这些技术特征都是与农业社会的技术基础相联系的,只要这种技术基础还存在,这些技术特征也必然会这样那样地存在。

工业社会是继农业社会之后生长起来的处于更高发展阶段的技术社会形态,其基本规定在各方面都不同于农业社会。首先是社会的技术基础具有质的不同:工业社会的技术基础是社会化的现代大工业生产在生产力体系中占据主要地位；现代工业技术被运用来改造农业，社会分工充分发展。在这样一种技术基础之上，社会的各个领域也都形成了与之相应的技术特征：在经济关系领域里，市场经济成为最为适宜的经济形式，交换关系成为普遍关系。在政治关系领域里，其主要的技术形式是各种各样的民主政体，因为只有这种政体形式才能较好地与现代工业以及市场经济的要求相适合。而在思想文化领域里，我们看到的是科学的发展和理性的觉醒，与之相伴随的是科学精神和人文精神的生长以及在各个方面的广泛渗透。所有这些技术特征的存在，都是与工业社会的技术基础相联系的；一个社会只要是在技术社会形态的意义上处于工业社会的发展阶段，一般都会具备这些共同的技术特征。

关于信息社会，我们同样也应从技术社会形态的基本规定去分析，但是在这样做时，暂时会遇到一定的困难，因为信息社会作为一种新的技术社会形态尚在形成过程中，其特征还没有完全显露和确定下来。但至少我们已经可以看到一些新的发展趋势：首先，作为社会的技术基础的生产力水平将在这一阶段上又有一个质的提高，以信息产业为代表的高新技术产业将在生产力体系中占据主要地位，并推动整个产业结构的信息化改造。这也就是人们所说的知识经济阶段。而在知识经济的技术基础之上，社会各个领域的技术特征也必然要发生相应的变化：在经济关系领域里，网络经济将有可能成为普遍的经济形式。A.托夫勒曾预言，随着信息时代的到来，生产者和消费者将趋向于合而为一，而"在产销结合再度开始的时候，市场化行将告终"①。在政治关系领域里，国家管理方式和社会参与方式也将借助于信息化的技术手段而发生改变；按照J.奈斯比特的

---

① [美] A.托夫勒：《第三次浪潮》，朱志焱、潘琪、张焱译，生活·读书·新知三联书店1984年版，第380页。

看法，一种"共同参与民主制"将取代"代议民主制"。① 最后，在思想文化领域里，科学将继续获得高度发展，而科学精神和人文精神将会在新的水平上实现自己的新的结合。

除了以上这些主要方面之外，农业社会、工业社会、信息社会等技术社会形态的技术特征还可以从其他一些方面去把握，但上面所指出的乃是依托于社会形态基本结构的一些最基本的特征，这些特征是考察这些技术社会形态时所必须了解的。当然，对这些特征本身的分析还可以进一步展开，有关讨论中的一些更为具体的分析实际上可以分别归入这些基本特征的范围之内。然而无论如何，如果我们对农业社会、工业社会、信息社会等社会类型从技术社会形态的视角做了这样一种整体的把握，并以此去理解所谓传统社会和现代社会的基本区分，即将传统社会理解为技术社会形态意义上的农业社会，而将现代社会理解为技术社会形态意义上的工业社会和信息社会，那么所谓从传统社会向现代社会的转型，也就是从农业社会向工业社会并继而向信息社会的转型。这种转型属于社会形态体系中技术社会形态系列的变化，而且属于社会形态的基本性质的改变（当然是在技术社会形态的意义上），即从一种性质的技术社会形态转变为另一种性质的技术社会形态。按照我们对于社会转型的逻辑层次的分析，这一转型属于社会基本类型的转换，具有十分深刻的性质。

---

① ［美］J.奈斯比特：《大趋势——改变我们生活的十个新方向》，梅艳译，中国社会科学出版社1984年版，第380页。

三

在讨论传统社会向现代社会的转型时，还有必要谈到一个直接相关的问题，这就是社会现代化问题。从已有的讨论看，有不少学者是将这两个问题统一起来的，即认为社会现代化也就是从传统社会向现代社会的转型；但也有一些学者没有这样做。其实无论从哪一方面说，这两个问题都应该是统一的，而不应该是分离的。特别是不能把社会现代化理解得过于偏狭，仅仅从经济发展和某些社会事业的发展去把握；社会现代化应该从社会的整体意义上去理解，从整个社会类型变化及社会转型的意义上去理解，其基本定位不是别的，正是从传统社会转向现代社会。而这里所要强调指出的是，既然我们主张运用社会形态理论研究的新的成果，从技术社会形态的视角对所谓传统社会和现代社会以及传统社会向现代社会的转型做出说明，那么这一方法同样适用于社会现代化问题。既然我们将传统社会看作是技术社会形态意义上的农业社会，将现代社会看作是技术社会形态意义上的工业社会以及信息社会，那么社会现代化也就是从农业社会向工业社会以及信息社会的转化。当然，从经典意义上说，社会现代化首先是指社会从农业社会转向工业社会；但是随着信息革命的到来，社会现代化的含义也在不断伸延。讨论中有的学者明确提出了"两次现代化"的观点，即主张将农业时代向工业时代、农业经济向工业经济、农业社会向工业社会、农业文明向工业文明的转化看作"第一次现代化"，亦即"经典现代化"；而将从工业时代向知识时代、工业经济向知识经济、工业社会向知识社会、工业文明向知识文明的转化看作是"第二次现代化"，亦即

"新现代化"。① 虽然这一观点对现代化的理解还有待于进一步整合并提升到社会整体的高度，但把现代化具体划分为这样两个阶段，在基本方法上是可行的。从技术社会形态的视角看，我们可以将第一次现代化定位在农业社会向工业社会的转化，而将第二次现代化定位在从工业社会向信息社会的转化。

一旦我们从技术社会形态的视角明确了社会现代化的基本规定，那么其基本要求就十分清楚地摆在我们面前了。就第一次现代化即经典意义上的现代化而言，其定位既然是从农业社会向工业社会转化，那么它首先要求作为社会的技术基础的生产力体系由传统的农业经济向现代工业经济转化，亦即工业化；与此同时，它还包括社会各个领域的技术特征的相应改变：在经济关系的领域里，由自然经济形式向市场经济形式转化，亦即市场化；市场化与工业化的统一构成所谓经济现代化的主要内容。在政治关系领域里，现代民主政体取代专制的或集权的政体形式，亦即民主化；在思想文化领域里，则是以现代科学和科学精神扫除各种愚昧和迷信，亦即科学化；民主化和科学化便构成所谓政治现代化和文化现代化的主要内容。只有把所有这些方面的内容有机地统一起来，才能比较全面地把握第一次现代化的基本要求。而第二次现代化的基本要求也同样是依次展开：首先是作为社会的技术基础的生产力体系从工业经济进一步向知识经济转化，亦即信息化；其次则是社会各个领域的技术特征的相应转化。当然，关于第二次现代化的具体内容和要求，还有待于在新的实践中进一步探索。

最后应该指出的是，从传统社会向现代社会的转型亦即社会现代化问题虽然在社会转型研究中具有重要地位，但它并不等于就是

---

① 参见何传启：《第二次现代化：人类文明进程的启示》，高等教育出版社1999年版，第139、257页。

社会转型问题的全部内容。第一,从上面我们所确立的认识框架来看,除了从技术社会形态的视角研究社会的"技术"类型的转变之外,至少还应从经济社会形态的视角研究各种"主义"类型的转变,包括从一种"主义"到另一种"主义"的转变,以及一种主义本身的不同结构模式之间的转变。仅仅研究前一种视角的问题,忽视或否认后一种视角的问题,是不全面、不客观的。第二,即使在技术社会形态的视角内,社会现代化亦即传统社会向现代社会的转型也只是社会转型在特定阶段上的特殊体现,并不能涵盖所有各种技术社会形态之间的相互转换。所以,这方面问题的研究只能看作是社会转型问题中的一个专题研究。而关于社会转型的其他方面及其他相关专题的研究,还有待于在现有成果的基础上继续下气力展开。

(原载《新视野》2007年第1期;收入中共中央党校哲学教研部编:《哲学与社会》丛书第3辑,中国时代经济出版社2010年版;中国科学院中国现代化研究中心编:《中国社会现代化的新选择》,科学出版社2010年版)

论对生产力状况的整体认识

(1987 年 5 月)

要了解一个社会的生产关系,就必须分析它的生产力。然而,理论界过去这种分析却往往只是对生产力要素的分析,特别是偏重于劳动资料的状况。我认为,对生产力状况的分析应该从三个基本环节入手,即生产力的微观结构、宏观结构及其所提供的产品状况。只有把这三个环节有机地统一起来,才能得到对生产力状况的整体认识,并进而比较全面地认识生产力决定生产关系的基本规律。

一

当我们分析生产力状况的时候,应当充分明确,我们所面对的生产力,不是若干要素的抽象存在,而是一个有机地组合起来的完整体系,是在现实的运动中展示出来并不断产生结果的物质力量。现在人们已经越来越多地谈论"生产力系统",而我们对于要求生产关系与之相适应的生产力状况,也应该从系统的角度,从完整的意义上去理解,而不应简单地归结为要素的状况。

所谓生产力的微观结构,就是生产力诸要素在各个相对独立的具体生产过程中的有机结合,亦即生产力的微观系统。生产力的状况首先表现为微观结构的状况，它包括两个主要方面：（1）生产力诸要素各自的状况；（2）它们的技术组合状况。前者主要是指劳动者、劳动资料和劳动对象等的质的和量的状况，这方面的分析为人们所熟悉，不必赘言。但是在实际生产过程中，这些要素必须按照一定的物质技术关系合理地结合起来，才能形成现实的生产力。这种结合便是生产力的技术组合。生产力诸要素的技术组合状况一方面表现在为这些要素之间的质的对应性和量的成比例性，另一方面则表现为生产过程中分工与协作的发展程度。只有把生产力的要素置于一定的物质技术关系中来认识，把对生产力诸要素的考察和对它们的技术组合形式的考察结合起来，才能进而认识生产力微观结构的整体性质和特点。而生产力的各个要素只有在这个整体中并通过这个整体才能对生产关系起作用。

处于特定生产过程中的特定状况的生产力要素按照特定的技术组合形式结合起来，形成生产力的微观结构。这种微观结构如同社会生产力总体中的各种"粒子"，而这些"粒子"在社会的范围内按照其内在机制有机地组合起来，便形成生产力的宏观结构，亦即宏观系统。生产力宏观结构的状况，是生产力整体状况的重要内容。而它的状况如何，首先取决于它由以构成的微观结构的状况如何。在此基础上，相同类别的生产过程构成同一的生产部门，而不同类别的生产过程则构成不同的生产部门。这样，生产力宏观结构的状况便主要体现为部门结构的状况。考察一种生产力，就要看它是由哪些部门组成的，这些部门的性质、特点以及数量、规模等等又是如何；同时，它们之间也存在着技术组合的关系问题：（1）这些部门间的质的协同性和量的成比例性，（2）它们之间的分工与协作的关系。最后，作为所有部门的有机总和的宏观结构的整体性质和特点是怎样的。除部门结构之外，生产力的宏观结构还包括其他一些内容，如生产力的各个微观结构以及各个部门之间的空间组合——

生产力的布局状况，也是一个值得注意的重要方面。

微观结构与宏观结构的统一，构成生产力的实体结构。这是处于现实运动中的生产力的主干。但是，我们还有必要从现实结果的角度，即从产品的角度来考察生产力的状况。生产的目的从社会的角度而言是为了取得满足人们需要的物质资料，因而产品状况是生产力状况的最终体现。产品状况可以从价值和使用价值两个方面去考察（当然价值是一个历史的范畴），通常所谓工农业生产总值、国民收入等是从价值方面叙述产品状况，而产品的使用价值从质的方面看是产品的性能、效用和特点，即它们是一些什么样的产品，从量的方面说则是产品数量的多少，以及各类产品的比率。考察产品状况首先必须同社会再生产和社会消费的需要联系起来，其次还必须同劳动消耗（包括活劳动和物化劳动）的状况联系起来。这两方面的联系，也就是所谓的经济效益问题。

生产力的微观结构、宏观结构和产品状况——当我们依次考察了这三个基本环节之后，就可以对生产力的整体状况有一个大致的了解。什么样的劳动者，使用什么样的劳动资料，面对什么样的劳动对象，以什么样的技术组合进行生产，而各个具体的、相对独立的生产过程在社会范围内以什么样的部门结构和空间结构构成生产力的实体体系，这个实体运动的最终结果——产品的状况又是如何，这便是关于生产力状况的比较完整的概念。当然，生产力的状况还可以从其他一些角度和方面去考察，但是只要把握住了上述三个基本环节，就是把握住了最主要的东西。

二

生产力的整体状况应该从生产力的微观结构、宏观结构及其提供产品的状况这三个环节的有机统一去把握，而生产力对生产关系的决定作用正是通过这三个环节的统一而体现出来的。为了比较清楚地说明问题，我们不妨把它们各个抽象出来，分别加以考察。

生产力微观结构的状况既然是生产力整体状况的基础，生产力对生产关系的决定作用就首先体现在这一环节上。要保证社会生产的各个具体过程能够正常进行，首先必须保证一定状况的劳动者、劳动资料和劳动对象能够按照它们所固有的物质技术关系结合起来，从而形成现实的物质力量。因此，生产关系必须适应生产力微观结构的性质要求。在原始社会中，劳动者刚刚从动物界中分化出来，他们使用打制或磨制的石器以及弓箭和火，借助于"群的联合力量和集体行动"①，即以简单协作的方式从事渔猎、采集以及其他的生产活动。这种微观结构决定了原始社会的生产关系必然要采取公有制的形式，因为只有公有制才是当时能够保证这种原始协作的唯一的生产关系形式。随着生产的发展，金属工具出现了，人们的生产技能有了提高，劳动对象也有了丰富和扩展，这就使得以单个人或单个家庭为单位的独立生产成为可能。而生产力微观结构的这种变化，就为原始公社制度向私有制度的转化提供了第一个前提。但是这种微观结构并不排除协作，而为了在简陋的生产条件下获得较多一些的剩余产品，仍然是只有通过协作才有可能。这在奴隶社会便表现为奴隶制的大庄园经济。到了封建社会，分散的个体劳动终于表现为生产力微观结构的主要特征，而这种微观结构便构成封建土地制度的基础。生产力继续向前发展，机器出现了。机器的发明和应用引起了整个微观结构的变化，生产力诸要素的结合必须采用现代机器协作的方式，生产过程才能进行。资本主义大规模雇佣劳动的制度，就是在生产力微观结构的这种要素的基础上建立起来的。而比资本主义生

---

① 《马克思恩格斯选集》第4卷，人民出版社1972年版，第29页。

产更为发达的现代化生产，无疑是社会主义公有制度的基础，没有这个基础，社会主义就不能得到最后的巩固。

  生产力的宏观结构对生产关系的制约，主要表现在它要求生产关系保证社会生产的各个部门，以及由这些部门所构成的生产力的社会体系，能够维持自己的正常活动和运转，至少不至于遭到破坏。生产力所包含的部门以及这些部门的性质、特点和数量不同，各部门间的联系的密切程度和具体方式不同，从而整个宏观结构的性质和特点不同，对生产关系的要求也就不同。在原始社会，社会生产的部门分工还没有发生，混合统一的生产力宏观结构是原始公社制度赖以存在的重要根据之一。而在原始社会末期，随着生产的发展，"社会大分工"① 开始出现了，农业、畜牧业、手工业和商业等经济部门先后分化和独立起来。社会大分工以及由此决定的交换的发展在原始公社瓦解和私有制度产生的过程中起到了怎样重大的促进作用，这在世界古代史上可以十分清楚地看出来。"当分工渗入公社，而社员开始各自单独生产某一种产品并把这种产品在市场上出卖的时候，表现商品生产者这种物质上的单独性的私有制就出现了。"② 但是在奴隶社会和封建社会、社会生产的各部门之间的分工和联系虽有一定程度的发展，总的说来仍是不太发达的。在广大的农村，混合的自给自足的自然经济虽然不一定具有完整的意义，但无疑是占据着主要地位。而生产力宏观结构的这种状况，就为生产关系领域里独断和专制的性质提供了前提。到了近代，生产力的部门分工获得了广泛发展，商品生产和商品交换在社会生产领域中占据了主导地位，这就要求生产关系为它提供自由活动的场所。因此，资本主义的"自由"、"平等"的生产关系便取代了封建的生产关系而建

---

① 《马克思恩格斯选集》第4卷，人民出版社1972年版，第156页。
② 《列宁选集》第1卷，人民出版社1972年版，第21页。

立起来。资本主义促进了社会分工的发展，它使得生产在整个社会范围内的社会化程度越来越高；各个部门的划分越来越细，它们之间的联系越来越密切，而每一单个部门在社会体系中自由活动的余地越来越小，日益成为社会生产这架大机器上的一个零部件。这样，社会生产力中的各部门又在精密分工的基础上趋于新的融合或联合。而生产力宏观结构的这种变化就使得资本主义私有制以及整个私有制度都不能适应它的要求了。生产力"要求摆脱它作为资本的那种属性，要求**在事实上承认它作为社会生产力的那种性质**"①，而社会主义的以公有制为基础的生产关系，才是能够适应这种"社会生产力"的生产关系形式，因此，社会主义必然取代资本主义。

生产力提供产品的状况对生产关系的制约，是生产力决定生产关系的另一个重要方面。它的作用最明显地表现在生产关系中的分配关系方面，一种生产力提供产品的状况规定着这些产品在社会成员之间分配的客观范围。分配关系只能在这个范围之内选择自己的形式，而不能超出它的界限。这个界限就是劳动产品的性质和数量。在原始社会，由于生产手段的简陋和劳动生产率的低下，劳动产品在质的方面极其粗糙，在量的方面十分稀少，以至于只能维持全体公社成员的最低生活需要。这样的产品状况就向生产关系提出了这样的选择：即公社范围内的平均分配。随着生产的发展，产品逐渐出现了剩余。劳动者不仅能够生产出养活它自己的生活资料，而且还可以提供一份额外产品。而这种产品状况就为私有制下的剥削关系提供了最基本的前提。在奴隶社会，由于生产力提供剩余产品的能力还十分微弱，只有采取最野蛮的方式才能从被剥削者那里榨取到剩余产品，这就直接决定了奴隶占有制度的产生。而在封建社会，由于生产力提供剩余产品的能力有了提高，不用那样的野蛮方式也

---

① 《马克思恩格斯选集》第 3 卷，人民出版社 1972 年版，第 317 页。

能获得剩余产品而且效果更好,于是封建主就抛弃奴隶而宁愿利用农奴。在社会生产的发展中,剩余产品的数量不断增多,而由于社会的两极分化使财富日益积聚在一部分人手中,这就为资本主义的生产关系创造了条件。马克思在《资本论》中分析了原始积累怎样成为资本产生的历史前提。① 在社会主义社会,剥削制度被废除了,财富回到了劳动者的手中。但是由于生产力提供产品的能力还不能充分满足社会的需要,这就使得社会主义的生产关系处处受到物质利益的局限,使它不得不采取各尽所能、按劳分配的形式。而只有到了共产主义社会,当"集体财富的一切源泉都充分涌流之后","社会才能在自己的旗帜上写上:'各尽所能,按需分配!'"②

从以上的考察可以看出,生产力的微观结构、宏观结构及其提供产品的状况这三个基本环节,都从不同的角度和侧面对生产关系提出要求,从而制约和规定着生产关系的性质。一种生产关系的产生和发展,须以这三个环节为基础,任何一个方面都是不可缺少的。而那种把生产力对生产关系的决定作用简单地归结为生产资料的性质的做法,显然是不够科学和全面的。

但是另一方面,生产力的这三个基本环节在决定生产关系的过程中,并不是孤立地、隔绝地、互不相干地起作用,而是作为一个统一的体系而起作用。它们的作用是融合在一起的,即便是使用抽象的方法去考察,也很难完全区分开来。因为生产力的这三个环节本来就是有机地联系着的,它们的作用在现实过程中的统一便是生产力的整体作用。因此,我们在认识生产力决定生产关系的基本规律时,一定要把分析和综合统一起来,把抽象和具体统一起来。

---

① 马克思:《资本论》第1卷,人民出版社1975年版,第781页。
② 《马克思恩格斯选集》第3卷,人民出版社1972年版,第12页。

三

生产力的微观结构、宏观结构及其提供产品的状况还制约着同一种性质的生产关系的具体形式和特点。当然，这种制约的情况是多种多样的，其程度也各不相同。

生产力微观结构的状况对生产关系的具体形式和特点的制约，可以从战后资本主义生产关系的新特点中看出来。在资本主义发展的初期，资本家为了从工人身上榨取更多的剩余价值，往往采取简单粗暴的方式对待工人，强制工人劳动。随着战后科学技术的迅猛发展和生产的现代化程度的不断提高，劳动者在推动全部现代化技术手段中的主动精神愈来愈重要，这就迫使资本家不得不改变旧的管理方式，而注意"行为科学"的研究，采取各种手段笼络人心，调动工人的积极性。这样，资本家阶级同工人阶级在生产关系领域里的对立便被蒙上了一层"人道关系"的面纱。

生产力宏观结构的状况对生产关系的具体形式和特点的影响是十分显著的。在社会发展的同一阶段，由于各个国家和地区的生产力宏观结构（主要是部门结构）的状况不同，它们的生产关系的具体形式和特点也就不同。在奴隶社会阶段，古代中国、印度和埃及是以农业为主要的生产部门，手工业和商业不够发达。在这个基础之上，这些国家一般采取由奴隶主国家占有土地和奴隶的所有制形式。而古希腊、罗马和巴比伦则与此不同，在这些国家和地区，手工业和商业都曾在社会经济中占有重要地位。商品生产和交换的发达是与私有制联系在一起的，因此这些国家和地区所实行的大多是土地和奴隶的私人占有制度。即便是在同一地区，情况也不尽相同，斯巴达和雅典就是两个相反的例子。在封建社会阶段，也有类似的情况，中国封建社会的经济是比较典型的单一小农经济，而这种经济形式成了封建专制集权制度的稳固基础，使之得以长期延续达两千年之久。西欧的情况则与此不同，它的部门分工比较发达，形成了农业、畜牧业、手工业和商业等部门的混合经济，而这种宏观结构使得专制制度难以稳固地建立起来。10世纪以后西欧工商业城市的迅速发展，为整个经济生活不断地输入活力，并使得资本主义经济的萌芽在这个基础上逐渐生长壮大，最后突破了封建制度的桎梏。

从我国封建社会的历史中还可以看到，生产力提供产品的状况对生产关系的具体形式也有重要的调节作用。当一个封建朝代开始的时候，统治阶级对农民的剥削是基本上保持在产品状况所允许的范围之内的。而随着时间的推移，他们的生活日渐趋于骄奢淫逸，对农民的剥削随之而愈益无所限制，以至于超出了产品状况所规定的界限。这时农民阶级就不得不举行起义，反抗这种无法忍受的剥削方式。而严重的自然灾害所造成的粮食歉收往往直接促进了农民起义的爆发。当新的朝代取代旧的朝代建立起来之后，总是要采取轻徭薄赋、休养生息的方针，调整对农民的剥削关系，以确立和巩固自己的统治。这种情况，已成为一个相当普遍的规律。

既然生产力的三个基本环节不仅决定着生产关系的不同性质，而且也制约着生产关系的具体形式和特点，那么，我们在社会主义建设事业中，就要善于从生产力的整体状况出发，不断改进和完善社会主义的生产关系。这对于我国当前的经济体制改革具有直接的意义。首先，从微观结构来看，我国已有的现代化生产在整个国民经济体系中的比重还远不够大，而落后的手工、半手工劳动在广大农村还十分普遍。这种不发达状况就要求我们在社会主义公有制的基本前提之下，采取最有利于生产发展的生产关系形式。近年来农业经济体制改革的成功，证明农业生产责任制是比较适合我国农业生产力的微观结构的状况的；而城市经济体制改革才刚刚拉开序幕，国有企业的所有制改革问题是目前热烈讨论的重点问题。究竟怎么样的生产关系形式才能最适合于我国工业生产力的微观结构，还有待于在实践中探讨。其次，从宏观结构来看，要加速我国经济的发展，一条重要的途径就是从我国的实际条件出发，大力发展社会生产各部门之间和企业之间的分工协作。而要做到这一点，就要打破过去由地区所有制和部门所有制所造成的隔绝和闭塞局面，按照专业化协作的要求和生产的需要，建立各种跨地区、跨部门的经济联合。最后，还必须看到，目前我们的生产力水平还很不高，提供产品的能力还十分有限。而在处理好积累和消费、生产和生活的关系的基础上，怎样具体地贯彻按劳分配的原则，解决好分配领域里的一系列问题，是需要继续认真研究的重大课题之一。

　　总之，我们必须从生产力的三个基本环节入手，全面把握我国目前生产力的状况，从而有效地改革我们的生产关系。随着生产力状况的不断改变，社会主义生产关系也必然不断地改变自己的形式，只有这样，才能真正保证我们社会主义建设事业顺利向前发展。

(原载《学习月刊》1987年第5期)

科学技术是第一生产力

(2000年3月)

在当代经济和社会发展的过程中,科学技术的作用已越来越突出地显现出来。新的历史实践正在不断地证明邓小平同志的重要论断:"科学技术是第一生产力"[①]。应该说,邓小平同志的这一论断充分体现了历史唯物主义的基本观点,是在新的条件下对马克思主义经典作家有关思想的进一步发展,对此我们必须深刻认识和把握。

众所周知,从历史唯物主义的观点来看,生产力作为人们影响和改造自然、从自然界获取物质生活资料的力量,是一个由多种要素构成的复杂系统。其中,具有一定生产经验和劳动技能的劳动者、以生产工具为主的劳动资料以及引入生产过程的劳动对象这三个实体性要素的结合,构成生产力系统的主干。劳动者是生产力中的能动力量,它使用生产工具等劳动资料对劳动对象进行加工改造;劳动资料和劳动对象合起来叫生产资料,它们作为生产力中的物的要素,也都是不可或缺的。那么,除了这三个实体性要素,生产力系统是否还包括别的什么构成成分呢?回答无疑应是肯定的。按照历史唯物主义的观点,科学技术就属于生产力系统中的一种重要构成

[①] 《邓小平文选》第3卷,人民出版社1993年版,第274页。

要素，这也就是通常所说的：科学技术是生产力。对此，马克思曾有过明确的论述，他说："生产力中也包括科学"①，"劳动生产力是随着科学和技术的不断进步而不断发展的"②。

为什么说科学技术是生产力，或者说是生产力系统中的重要构成要素？这个问题可以从以下几点来理解。第一，如果就科学本身的属性来看，那么它无疑是一种知识体系，属于意识领域，而不能直接划归到物质生产力的范畴。但是，科学却可以通过技术等中间环节应用于生产过程，从而转化为生产力。或者说，科学作为一种知识体系，在未加入生产过程之前只是一种潜在的、可能的生产力；而当它应用于生产过程，就会转化为直接的、现实的生产力。第二，科学技术进入生产力系统后，并不是作为一种独立的要素与劳动者、劳动资料、劳动对象等实体性要素相并列而存在，相反却是作为一种附着性要素，渗透和凝结于这些实体性要素之中，通过这些实体性要素表现出来；其中包括劳动者的技术素质、劳动资料和劳动对象的技术规格、技术性能以及工艺水平等。第三，科学技术贯穿于人类社会物质生产力形成和发展的整个历史过程，其在生产力系统中的地位和作用处于历史的演变之中。在人类社会早期，科学技术就以其萌芽状态包含在生产力当中；而随着科学技术在生产实践的基础上不断发展，特别是近代以来真正的自然科学兴起之后，其在生产力系统中的地位和作用也就日趋重要了。

关于科学技术是生产力的观点是马克思主义哲学的基本观点，但是遗憾的是，对于这一观点我们过去是重视不够的。特别是在那"知识越多越反动"、知识分子被当作"臭老九"的年代里，这一问题上的混乱更是严重。而邓小平的功绩，首先就是针对这种情况进

---

① 《马克思恩格斯全集》第 46 卷下册，人民出版社 1980 年版，第 211 页。
② 《马克思恩格斯选集》第 2 卷，人民出版社 1995 年版，第 243 页。

行了大力的拨乱反正。早在1975年前后他第二次出来工作时，就曾做过这方面的努力，明确提出"科学技术叫生产力，科技人员就是劳动者！"①"文革"结束后，邓小平亲自主抓科技工作，并在1978年春召开了全国科技大会；在这次大会的讲话中，邓小平所讲的第一个问题，就是"对科学技术是生产力的认识问题"②。他指出，"科学技术是生产力，这是马克思主义历来的观点"③。他还从科学技术与生产力系统中的劳动者和生产资料的关系入手，对这一观点做了具体的阐发，由此澄清了各种混乱和错误的观念，使人们对这一问题的认识重新回到了历史唯物主义的立场上来。

不仅如此，这里还应注意的是，邓小平在重申马克思主义哲学的这一基本观点的时候，从一开始就不只是简单重复一百多年前马克思已有的论断，而是将其与现代科学技术的发展实际紧密联系起来加以阐发。他指出，"现代科学技术的发展，使科学与生产的关系越来越密切了。科学技术作为生产力，越来越显示出巨大的作用。"④ 在纵览战后科学技术发展的重大成果及其对生产力发展的重大影响之后，他确认现代社会中生产力的发展和劳动生产率的提高"最主要的是靠科学的力量、技术的力量"⑤。应该说，这一认识本身就已经内在地包含了对科学在现代生产力中的地位和作用做出更高判断的逻辑前提。在以后的各种场合，邓小平不断谈到对这一问题的看法；而随着认识的继续成熟，他终于在1988年明确提出了"科学技术是第一生产力"的新的论断。他说："马克思讲过科学技术是生产力，这是非常正确的，现在看来这样说可能不够，恐怕是

---

① 《邓小平文选》第2卷，人民出版社1994年版，第34页。
② 《邓小平文选》第2卷，人民出版社1994年版，第86页。
③ 《邓小平文选》第2卷，人民出版社1994年版，第86页。
④ 《邓小平文选》第2卷，人民出版社1994年版，第87页。
⑤ 《邓小平文选》第2卷，人民出版社1994年版，第87页。

第一生产力。""依我看,科学技术是第一生产力。"①

邓小平关于"科学技术是第一生产力"的新的论断,是对马克思主义哲学关于"科学技术是生产力"的基本观点的新的发展。那么这一新的论断应该如何去理解呢?它是否能够站住脚呢?其实,只要我们了解了这一论断提出的背景和过程,就可以认识到,这一论断的本义无非是强调科学技术在生产力中的地位和作用如今已发生了根本性的变化,现代科学技术已经成为制约着现代生产力发展的最为重要和最为关键的要素。这一点可以有大量现实材料做依据:据统计,"二战"以后发达国家经济增长中科技因素所占的比重迅速上升,最高已达到80%以上,远远超过了其他因素。现代科学技术的发展特别是新技术革命的成果使生产力结构发生了深刻变化,使经济增长方式从粗放式向集约式转变,以至于大部分增长都要靠科技因素来实现。在这个意义上,"科学技术是第一生产力"的论断是完全能站住脚的,是符合现代生产力发展的实际的;而我们对这一论断的理解,也应在科学地把握"科学技术是生产力"这一基本观点的基础上,进一步着眼于现代生产力发展中科学技术所具有的这种特殊地位和作用。

但是,这里还有可能产生一个疑问:如果我们将科学技术看作"第一生产力",它与我们原有的"劳动者是首要的生产力"的观点是否矛盾?其实仔细考察一下就可以看出,这两个命题实际上是从不同的逻辑角度提出的,因而两者并不存在矛盾。所谓劳动者是首要的生产力,主要是着眼于劳动者在生产力系统中的能动作用和主导作用;在劳动资料、劳动对象以及其他各种要素面前,只有作为劳动者的人才是真正意义上的能动主体,是整个生产力系统的主导者和控制者。没有劳动者,全部生产资料只能是一堆死物,不能成

---

① 《邓小平文选》第3卷,人民出版社1993年版,第274、275页。

为现实的生产力；即使是科学技术这种"第一生产力",也仍然需要由劳动者来掌握,这是毫无疑问的。而我们之所以强调"科学技术是第一生产力",只是因为它已成为现代生产力发展中的关键环节,要促进现代生产力的发展,必须依靠科学技术的进步;这并不否认劳动者在生产力系统中的主导作用,而只是表明这种主导作用只有借助于现代科学技术才能更好地发挥出来。

最后,在把握"科学技术是第一生产力"这一论断时,还应特别注意到一个重要的事实,即在现代生产力获得巨大发展的今天,我们已面临着一个全新的阶段的到来,这就是近年来成为人们关注热点的知识经济阶段。从马克思主义哲学的观点来看,所谓知识经济本身归属于生产力的范畴,它是生产力发展进程中继工业时代之后的一个新的更高的阶段。它的到来是以电子计算机技术即信息技术为导引的新技术革命的结果,这场新技术革命将使生产力的状况发生根本性的改变,信息产业将代替现代工业在生产力系统中占据主体地位,智力资源将成为生产力发展的最重要的资源。而在这个新的发展阶段上,"科学技术是第一生产力"的论断必将得到进一步的确证,迅速发展的现代科学技术将会在人类生产力的发展过程中发挥出更大的作用和力量。

(原载《学园》2000年第2期)

正确认识地理环境对生产力存在和发展的作用

(1989年5月)

生产力的存在和发展，在全部社会历史中具有决定性的意义。而要研究生产力存在和发展的规律，有一个重要方面必须予以足够的注意，这就是地理环境对生产力存在和发展的作用。地理环境作为社会的外部存在，对社会发展有着重大影响，而这个影响首先就是对生产力的影响，其对整个社会的影响在很大程度上都是通过生产力而实现的。但是在很长的时期里，人们对这个问题一直缺乏足够深入的认识，因此，有必要把这一问题提出来，认真地加以探讨。

一

历史唯物主义所谓的地理环境，是指存在于社会周围并构成人们生活和活动基础的那些自然条件，它属于自然界的一部分。它之所以能够对生产力的存在和发展起作用，是由它与生产力之间的直接联系所决定的。所谓生产力本来就是人们在物质生产过程中、在与自然界进行物质能量交换的过程中所体现出来的创造物质财富的能力或力量。这种生产或交换并不能在某种神秘的精神领域中实现，而只能在物质自然界的现实基础上得到实现，这便决定了生产力的存在和发展对地理环境的依赖性。

具体说来，首先，任何生产力的存在、运转和发展，都需要一定的空间场所和空间位置。要具备一定规模的生产力，没有适足的空间场所是不行的。亚里士多德早就说过："一个国家光是土地辽阔并没有好处。但是拥有一定大小的幅员却是十分必要的，因为不这样国家就不能自给自足"①。适足的空间场所不仅是一定的生产力正常存在和运转的基本前提，而且也是生产力获得不断发展的必要条件。生产力的新的发展，往往是同空间场所的新的开发和拓展相联系的。至于空间位置，对于生产力的影响也是极大。遍览世界史册，不同国家和地区所处的不同的地理位置，在很大程度上制约着它们的经济发展状况。位于交往要道的沿海地区，常常是贸易发达、产业兴隆；而地处偏远的内陆国家，则往往闭锁落后，生产发展迟滞。这种情况，在现代仍时常可见。

其次，地理环境中的水土资源——地形、地势、土壤、水文、气候等，也是生产力存在和发展的最一般条件。或崇山峻岭、沟壑纵横，或戈壁荒滩、大漠茫茫，或无垠平原、沃野千里，或冰冻三尺、雪积终年，或泉涸土干、水源奇缺，或风调雨顺、四季如春——这些自然条件的不同，对于生产力的存在和发展来说其意义是大不相同的。纵观人类历史，世界四大文明发源地——古埃及、印度、中国、巴比伦，无不依傍于摇篮般的大河流域，这当然绝非偶然。

再者，生产力的三个基本要素是劳动者、劳动资料、劳动对象，而地理环境是劳动资料和劳动对象的最终源泉。地理环境中的矿物资源和生物资源，以及水土资源中的土壤、河流、瀑布等，给人们

---

① [英] J.A.汉默顿：《西方名著提要（哲学·社会科学部分）》，何宁译，商务印书馆1963年版，第58页。

提供了可供利用的生产手段和用以加工的原始材料。这些资源的状况如何，从根本上制约着生产力的存在和发展，规定着它的基本面貌、发展途径和演进方向。从总体上说，一定的生产力，只有从地理环境中开发出一定的矿物资源、生物资源以及其他资源才能形成，否则所谓生产就成了无源之水，无本之木。以上各类资源丰富的国家，生产力的发展无疑具有深厚的根基和巨大的潜力，而那些资源贫乏的国家，生产力的发展必然遇到种种限制和制约，甚至难以保证基本的独立性。

由此说来，生产力的存在和发展无论怎样都脱离不了地理环境的影响和制约，无论过去、现在还是未来，地理环境总是要这样那样地对生产力的存在和发展起作用，这是不可改变的客观规律。在这个意义上，我们可以说：地理环境对生产力的作用具有恒定性。

认识地理环境作用的恒定性无疑具有首要意义。它告诉我们，当我们探讨生产力的存在和发展问题时，永远也不要忘记它对地理环境的依赖性。但是，要正确认识地理环境对生产力存在和发展的作用，仅仅看到问题的这一方面还是不够的。马克思主义认为，人作为一种具有高度能动性的存在物，并不只是消极地适应和顺从自然，而是能够在认识和遵循自然规律的基础上，积极地改造自然、征服自然。而人对自然的这种能动作用，在实践中具体体现为生产力的发展对地理环境的影响。因此，我们在研究地理环境对生产力的作用时，还必须把它置于人与自然、生产力与地理环境的相互制约关系中去考察。

俄国著名的马克思主义者普列汉诺夫曾对这方面问题做过论述。他的论述表明：地理环境对生产力的作用，一方面具有恒定性，而另一方面又具有可变性。

地理环境对生产力作用的这种可变性可以做具体分析。首先，随着生产力的发展，地理环境作用的具体内容不断发生变化。这一方面是由于人们借助于生产力对既有的地理环境进行改造，多少改变了它的状况；另一方面则是新的自然领域不断得到开发，使地理环境的外延不断扩展。而地理环境本身内容的变化，必然导致其作用内容的变化。其次，地理环境作用的具体程度也依照生产力水平的不同而有所不同。一种情况是随着生产力水平的提高，自然条件对生产力的某些限制逐渐被打破，原先所遇到的困难逐渐被克服，地理环境的某些因素的作用逐渐减弱。另一种情况则与之相反，即在生产力发展的新的阶段上，地理环境的某些因素的作用会日益显著。再次，生产力的不断发展，还会导致地理环境作用的某些具体性质的变化。这里也有两种情况，一种是原先的某些不利因素可能会转变成有利因素，另一种情况则是原先的某些有利因素却转变成不利因素。但在一般条件下，地理环境的作用多是由不利向有利转变。

无论地理环境作用的可变性在各种具体场合体现出怎样的具体情况，它都包含着这样一种总的趋势：随着生产力的进步，越来越多的自然力量被人们所征服和控制，地理环境对生产力的某些特定意义的制约不断地为生产力所超越。但是，我们在看到这个总的趋势的时候，又必须认识这样一个客观真理，即：人对自然的征服是无止境的，一些自然力量被征服了，马上又会有另一些新的自然力量在前头。生产力只能超越地理环境的某些特定意义的制约，但却不能从总体上超越地理环境的制约。生产力与地理环境之间的矛盾不断解决，又不断产生，永无止境。从这个意义上说，地理环境作用的可变性，终归是以它的恒定性为前提的。

地理环境对生产力存在和发展的作用，既具有恒定性，同时又具有可变性。我们只有把这两个方面辩证地统一起来，才能对它从总体上有一个比较正确的认识。

二

地理环境的重要作用及其辩证性质,在现实实践中是通过对生产力的各个方面的影响而具体地表现出来的。因此,我们在对它从总体上进行考察之后,还必须进而具体地考察它的各个表现方面。

一般说来,地理环境对生产力的影响主要表现在以下六个方面:

第一,地理环境的状况如何,会影响生产力基本构成要素的状况及其技术组合方式。从生产力的微观结构看来,同一类生产过程,由于地理环境具体状况的不同,它所提供的劳动对象的质量和特性,其开发、加工和改造的难易程度等往往会有所不同,而所需要的生产工具的特点以及其他辅助材料和手段的特点也就相应地不同;劳动者的配置状况及其运用劳动资料进入生产过程的具体形式也就随之不同。例如,同样是农业生产,在广阔的平原和崎岖的山地,情况就大相径庭。前者可以很便利地发展大规模的集中经营,或建立配备全套大型机械的现代化农场,而后者却只有东一片西一块、坡前坡后、沟里沟外的分散耕地,这里只适宜各类小规模的分散经营,生产工具也只能因地制宜,配备山地专用的小型机械。

第二,地理环境的状况如何会影响生产力的部门结构和社会分工。从生产力的宏观结构看来,社会分工的发展促使各个生产部门的分化,从而形成一定的生产力部门结构。但生产力各个部门的存在和发展,都要不同程度地受到地理环境的制约,有的则是直接为特定的地理条件所规定的。例如,占国土60%以上的优质平原使美国拥有第一流的农业,并成为世界最大的粮食出口国;而得天独厚的石油储藏使西亚中东地区成为世界最重要的能源生产基地,石油业在那里可称为全部经济的命脉。日本是一个资源奇缺的岛国,它在依赖进口原料的基础上大力发展加工工业,结果成为"世界上最大的加工场"。

第三，地理环境的状况如何，会影响生产力的区域布局。从生产力的空间结构来看，各生产部门的地理分布，首先要取决于各地自然条件的差异。平川宜农、山区宜林、草原宜牧，加工工业要靠近原料产地。此外，交通是否便利，地理位置是否优越，也都是影响生产力布局的重要因素。地理环境之所以能够起到这方面的作用，是因为生产力的发展只有从各地区的自然条件出发，合理布局，妥善安排，才能发挥各地的优势，取得尽可能大的成果。否则，必然造成浪费和损失，不利于经济的发展。

第四，地理环境的状况如何，会影响生产力运行的经济效益。经济效益需要从生产过程的投入—产出关系来衡量，投入包括活劳动和死劳动，产出则体现为产品的质和量。马克思指出："撇开社会生产的不同发展程度不说，劳动生产率是同自然条件相联系的。"[①]优越的自然条件会使人们在生产中以较小的投入获得较大的成果，而低劣的自然条件则与之相反。例如，中东地区不仅储油量大，而且具有便于开发的其他各种良好的自然条件，结果其形成一吨石油生产能力所需的投资以及每生产一吨石油所花费的成本都是世界上最低的，大约只有非洲和拉美主要产油国的 1/5 到 1/10，而与美国一些油田或北海油田相比，只有 1/30，甚至更少。

第五，地理环境的状况如何，会影响生产力发展中的技术交流。这种情况在古代史上尤其明显，那时人们超越地域分隔的能力还十分有限，对复杂的地形更是无可奈何；只有那些地理位置优越的地方，技术交流才能较多地开展，而在更多的地区则被自然条件限制在十分有限的范围内。马克思曾说："某一个地方创造出来的生产力，特别是发明，在往后的发展中是否会失传，取决于交往扩展的

---

① 《马克思恩格斯全集》第 23 卷，人民出版社 1972 年版，第 560 页。

情况。当交往只限于毗邻地区的时候,每一种发明在每一个地方都必须重新开始"。① 在现代,情况当然不同了,各种新的技术成果可以漂洋过海走遍全球;但是,新技术的交流和传播,在总体上仍不免有一个先沿海地区、后内地地区、然后边远地区的渐次推进过程。

第六,地理环境的状况如何,会影响生产力的发展速度。这一方面实际上是一个综合结果。地理环境既然能够影响生产力诸要素的状况及其技术组合方式,能够影响生产力运行的经济效益,还能影响生产力发展中的技术交流,那么,就必然能够对生产力的发展速度发生影响。充裕的空间场所和优越的地理位置,适宜的水土资源和富足的各类物产,使生产力诸要素及其技术组合便于进入适于总的发展的理想状态,使之在运行中得以取得良好的经济效益,并使之在发展中能够获得充分的技术交流的机会,其结果必然是促进生产力以较快的速度向前发展。而差劣的地理环境,其作用则与之相反。

地理环境对生产力作用的以上六个具体方面,在现实实践中依照具体情况的不同而各有特点。这些具体方面作为地理环境作用的具体表现,也都分别体现着恒定性与可变性的统一。其中每一个方面的具体内容都随着生产力的发展而不断地发生变化,但这些方面的作用本身却永恒存在。对此,我们也应该有一个正确的认识。

我们认识地理环境对生产力存在和发展的作用,是为了合理地利用这种作用,有效地为生产力的发展服务。在我们的社会主义建设实践中,我们必须认真研究我们所处的地理环境的具体状况及其作用的特点,然后在此基础上制定切实可行的生产力发展对策,这样才能收到事半功倍之效果,推动社会主义建设事业的顺利前进。

(原载中共中央党校《函授辅导》1989年第5期)

---

① 《马克思恩格斯选集》第1卷,人民出版社1972年版,第60页。

关于生产力发展中的超越问题

（1987 年 7 月）

随着世界新技术革命的来临和中国现代化建设的发展，人们越来越多地关注到一个十分现实的问题，即中国的经济建设能否直接采用新技术革命的成果，从而跳过传统发展模式中的某些阶段，大大加速前进的步伐。这个问题关系到我们的经济—社会发展战略，不应该过于简单地下结论，而应从各方面进行认真的研究。从历史唯物主义的角度来看，这个问题属于生产力发展中的超越问题。本文试图从这一角度出发，进行一些初步的探讨。

一、生产力发展中的超越：可能与不可能

所谓生产力发展中的超越，即是指生产力的发展从某一较低阶段跳过传统发展模式中的中间阶段而直接进入较高阶段，亦有人称之为跳跃或跨越。这里我们首先要探究的问题便是：这种现象，即超越或跳跃、跨越，在现实的生产力发展过程中有可能发生吗？它是不是一种主观臆想呢？

如果我们从整体的角度、从整个人类社会的角度来看生产力的发展，那么对上述问题表示怀疑是完全有理由的。摆在我们面前的

是一个客观实在的、循序渐进的、一个环节紧扣着另一个环节的自然历史过程。人们在生产实践中不断加深对自然界的认识，不断提高劳动技能，不断改进生产工具，并不断地把新的劳动对象纳入生产范围；随着生产力各种要素的进步，它们之间的技术组合也不断地改变自己的形式。人类的生产力即是这样一步步地不断向前发展着的。而每一时代、每一阶段的发展都是建立在以往已达到的水平的基础上的，每一个微小的进步都是经过艰苦的探索才获得的。从渔猎采集的原始生产力到农业革命，从农业革命又到工业革命，而今又从现代大工业走向以信息技术为标志的新的产业革命，人类生产力的发展经过了一个个基本的历史阶段。而每个阶段又可划分为许多小的阶段。从这个总的过程来看，生产力的发展是不存在什么超越的。除非是有地球以外的"神的启示"，人类是不可能在尚属于未知的领域里任意地进行跳跃的。人类只能一步步地摸索着前进。

但是，如果我们不是仅仅停留在对生产力发展的这种整体考察上，而是进一步分别地考察人类社会的各个部分——世界不同国家和地区的生产力的发展，我们就会发现，由于下述两个重要原因，情况变得复杂化了。首先，这些不同的国家和地区的生产力的发展具有不平衡性。有的发展速度快一些，有的发展速度慢一些；有的发展阶段高一些，有的发展阶段低一些；完全一致的情况是没有的。其次，社会生产力的发展具有一种重要的特性，即它的既得成果像植物品种一样具有可移植性。某一国家和地区的发展成果可以被移植到其他国家和地区，并在那里生根、开花、结果。不同国家和地区生产力发展的不平衡性和生产力发展成果的可移植性，这两个方面结合在一起，便出现了这样一种可能，即生产力发展相对落后的国家和地区可以从先进国家和地区取得先进的技术成果和生产手段，从而使得本国或本地区的生产力发展不再按部就班地经过先进国家和地区所经历过的所有阶段，而直接进入较高的阶段。这样，在这些相对落后的国家和地区，生产力发展中的超越就不再是不可能的，而是完全可能的了。

从历史上看，局部发展中的这种超越古已有之。居住在莱茵河和易北河一带的古代日耳曼人还在原始社会的阶段上便从罗马人那里学来了先进的农耕、畜牧和手工业技术；而在征服罗马帝国之后，他们更是在很大程度上继承了帝国在奴隶制度下发展起来的先进的生产力。这一切使得日耳曼人的生产力发生了超越，这种超越则使他们直接从原始社会过渡到封建社会。当时的大多数斯拉夫部落也是这样，由于受到拜占庭先进技术的影响，以至于在那里开始出现产生私有制和剥削的可能性时，其生产力就达到了适合于个体生产的发展水平，因此斯拉夫人也同日耳曼人一样直接从原始社会进入封建社会。在近代—现代史上，美国和德国就曾大量吸取和利用了英国工业革命的技术成果和经验，结果跳过了英国所经历过的技术发展的许多具体阶段，先后赶上和超过了英国。而最典型的例子莫过于日本。19世纪60年代，日本所有的还只是"纯粹封建性的土地占有组织和发达的小农经济"①，但是明治维新之后，日本摹仿欧美教育制度，学习欧美先进文化，输入欧美科学技术，引进欧美机器设备，从而迅速完成了工业革命，跨过工场手工业充分发展的阶段而直接进入了大机器工业阶段，并直接吸取了第二次产业革命的成果，用70年左右的时间走完了欧美资本主义国家150年乃至200年走过的路。第二次世界大战使日本经济遭到严重破坏，再次拉开了它与欧美主要资本主义国家的距离。但是，在战后短短的15年内，日本又吸收了全世界半个世纪来的几乎全部先进技术，从而迅速实现了工业现代化，赶上和超过了世界先进水平，一跃而起成为高度发达的资本主义经济大国。

---

① 《马克思恩格斯全集》第23卷，人民出版社1972年版，第785页。

由此可见，虽然从人类生产力的发展过程来看超越是不可能的，然而在一定范围内，局部发展中的超越却是可能的。这里的范围主要是指：（1）超越只能在生产力发展相对落后的国家和地区发生，而先进的国家和地区由于是人类生产力整体发展过程的先导，一般不会发生超越。（2）超越的幅度仅限于从这些落后的国家和地区原有的生产力水平到当时人类生产力已经达到的先进水平之间，超过这个界限是不可能的。在上述范围内生产力的发展能够实现超越的客观根据，就是生产力发展的不平衡性和生产力成果的可移植性。而这种超越的实质，就是生产力发展相对落后的国家和地区把先进国家和地区已经取得的成果移植到自己原有的基础上，并通过有效的消化、吸收和创造而使之获得新的发展。

既然生产力发展中超越的可能性问题应该从生产力发展过程的辩证性质具体地加以分析，那么在这个问题上就必须反对两种错误倾向。一种是脱离超越的客观根据和规定范围，盲目地无限度地鼓吹超越，这是主观唯心主义的倾向；另一种则是绝对地否认超越的可能性，抹煞超越的客观根据，把超越一概视之为主观主义的臆想，这是片面的形而上学的倾向。这两种倾向无论在理论上还是实践上，都是十分有害的，必须坚决加以反对。

二、可能与现实：超越实现的条件

我们说生产力发展相对落后的国家和地区，在人类生产力业已达到的发展水平的范围内，有可能实现不同程度的超越；那么是否在所有的情况下，这种超越都能得到实现呢？回答当然是否定的。

这是因为，生产力发展的不平衡性和生产力成果的可移植性只是这些国家和地区超越的客观根据，而超越的实现仅有根据是不够的，还必须具备一系列的条件。客观根据的存在只是提供了超越的可能，而只有具备了各方面的条件，可能才会转变为现实。

那么，生产力发展中超越的实现，主要取决于哪些方面的条件呢？

既然所谓超越的实质，就在于把先进国家和地区已经取得的发展成果移植到相对落后的国家和地区，那么这种移植能否实现，首先就要看国际环境是否允许。国际环境首先是指国际间经济社会交往的发展程度，因为这是生产力成果移植的唯一途径。在古代，世界各个国家和地区之间的交往被局限在十分狭窄的范围内；而到了近代，资本主义发展起来之后，国际交往便日益广泛地发展起来了。但是，这只是构成交往的一般背景，生产力成果的移植能否实现，还要看有关国家和地区加入国际交往的程度及其在这种交往中的地位和作用。其次，国际环境还包括国际政治关系的状况。国际政治局势的演变常常使一些国家亲近起来，而使另一些国家疏远甚至对立起来，这无疑会对生产力成果的移植发生不同的影响。但是一般说来，生产力成果的移植需要一个和平友好的政治环境，国际关系的紧张、对峙甚至发生战争，都是十分不利的。

生产力发展中的超越实现的第二个方面的条件，是国民教育水平和资金积累。生产力发展的先进成果的移植需要通过各种具体形式来进行，例如购进技术专利、输入先进设备、聘请外国专家、派出留学生以及培训技术骨干等。而这一切都需要有足够的资金，资金的需要量一般同超越的幅度成正比。而更重要的问题在于，要移植国外的先进成果，光买来是不行的，还必须有人来掌握这些先进的技术和设备，对先进的成果进行消化、吸收，并在此基础上进行新的创造。这种能力，如果说在古代主要依赖于劳动经验的积累，那么在现代就直接取决于国民教育的水平。这不仅是指具有高等文化程度的专业技术队伍的状况，而且也包括广大劳动者的一般文化水平。如果没有相当的国民教育水平，纵使先进的技术成果送上门来，也无法利用和掌握。教育在这里起着至关重要的作用。

生产力发展中的超越能否实现，还要取决于社会的经济关系（生产关系）和政治关系的状况。生产关系或经济关系在现实运动中首先表现为经济制度，不同性质的经济制度对超越的影响也是不同的。例如在资本主义制度下，先进技术的引进和发展归根结底取决于资本家获取最大利润的需要，当新技术不再预示着最大利润的时候，资本主义就会转而反对新技术；而社会主义的经济制度则从根本上为生产力的超越发展开辟了最广阔的前景。其次，经济制度还有一个采取何种体制的问题，那种闭关锁国、与世隔绝的封闭式体制显然是不适合生产力超越发展的要求的，只有实行对外开放才能为超越提供条件。政治关系对生产力超越的影响，主要表现在生产力超越的实现需要一个比较安定的政治局面。特别是在实行计划经济的社会主义国家，政治动乱对生产力发展意味着什么，我国十年"文化大革命"的历史就足以说明。

上面几个方面都属于生产力的超越所必须具备的客观条件。而除此之外，主观条件也是一个极其重要的条件。主观条件包括超越意识和超越对策。所谓超越意识，第一就是要老老实实地承认自己的落后，敢于正视自己同世界先进水平的差距。没有这一条，一切都无从谈起。第二还必须有超越的愿望和勇气，处于落后而不甘心落后，面对差距而奋起直追，这样才有希望。在具备了超越意识的前提下，还必须制定出正确的超越对策。对策的制定要从生产力发展的不平衡性和生产力成果的可移植性这个客观根据出发，以吸收世界先进成果为中心，并以对国内外客观条件的正确分析为基础。制定出一个正确的对策当然不是那么容易的事，但只有具备了这一条，才能积极而又稳妥地将超越付诸实现。

总起来说，国际环境、国民教育水平和资金积累、社会经济关系和政治关系、超越意识和超越对策，这些便是规定着生产力发展中超越的实现的最基本的条件。在超越的根据已经存在的前提下，这些方面的条件不同，超越实现的情况也就不同。因此，我们在研究生产力发展中的超越问题时，不仅要从它的客观根据出发，而且要从国际国内、客观主观等各方面的条件出发，具体地进行分析。例如，战后日本之所以能够实现较大幅度的超越，不仅是因为它当时具备了超越的根据，而且还因为它具备了多种有利条件。战后不久，美国便放弃了限制战败国日本的政策，转向从政治上和经济上极力扶植日本，而当时持续了近20年的资本主义世界的暂时繁荣，也为日本提供了有利的时机；日本历来重视国民教育，即使在战后初期一片混乱，财政十分困难的情况下，也始终没有放松教育，到1954年经济起飞前夕，日本不但普及了初中教育，高中教育的普及率也达到50%；由于有美国充当军事保护伞，日本成为当时军费开支最少的国家之一，这使得它能把有限的资金集中投入到经济建设中去；日本的统治阶级注意调整生产关系，改进企业管理，同时保持了政治局面的基本稳定；最后，日本人深深懂得，一个落后国家要想后来居上，就必须向先进国家学习，从而坚定不移地采取了"吸收性战略"，把吸取世界先进成果作为国策，并根据本国所处的客观条件制定了一系列比较正确的对策。日本成功的经验，值得我们认真研究和借鉴。

三、中国能否超越

必须清醒地看到，我们现有的生产力基础尚处于不完全工业化的阶段，现有的工业技术也只相当于发达国家20世纪50年代甚至更落后一些的水平。要从这样一个落后的基础上实现向以信息技术为标志的新阶段的超越，无疑是一项十分艰巨而宏大的社会工程。然而，无论如何，这一超越的客观根据是存在着的。目前新技术革命已把微电子技术、空间技术、生物工程技术和海洋工程技术等一系列新技术推上了历史的前台,信息时代的曙光已经在地平线上升起。太平洋文明的浪潮拍击着中国的海岸,中国能否超越,就取决于国际国内、客观主观等各个方面的条件。

从国际环境来看,现阶段的国际经济技术交往在生产国际化和资本国际化的基础上有了空前的发展,社会主义和资本主义两种经济体系之间出现了错综复杂的相互联系和交往的新局面。国际政治局势虽然时有动荡,超级大国的角逐不断升级,但只要世界和平力量积极发挥作用,还是能够维持世界和平,阻止或延缓战争的发生的。我国根据国际局势的变化不断调整、充实和完善外交政策,同世界大多数国家保持着友好合作关系,在国际事务中发挥着越来越重要的作用。因此,从总的方面来看,目前的国际环境对我国吸取世界生产力发展的先进成果是比较有利的。

但是,从我国的资金积累和国民教育水平来看,情况却比较复杂。由于我国生产力水平低,国民收入少,积累率只能保持在30%以下,国家财力虽不断增长,但毕竟十分有限,与我们面临的超越的要求有相当的距离。我国的教育事业在过去的几十年内有了很大的发展,但总的来说仍很落后。据1982年人口普查的结果,我国具有大学文化程度的仅500多万人,具有高中和初中文化程度的也只有24400多万人。而文盲半文盲却有23500多万人,将近1/4。我国工业部门拥有的科技人员仅占职工总数的3.5%,农业部门每万人中只有技术人员4人,大大低于发达国家的数字(例如日本这两项数字分别为20%—30%和18/10000)。我国国民教育水平的这种状况,对生产力发展中的超越必然产生十分不利的影响。

从我国的经济关系和政治关系来看,我们已经建立了社会主义的经济制度,但过去那种封闭式的经济体制显然是不适合生产力超越要求的。这种不适合不仅表现在闭关锁国不利于先进技术成果的引进，而且还表现在缺乏活力，即使引进了也难以有效地消化吸收。好在我们已经看清了旧体制的弊病，从而以对外开放、对内搞活为宗旨，全面开展了经济体制的改革。现在改革正在进行中，中国能否超越，将在很大程度上维系于这场改革的成败。我国的政治局面是比较安定的，但政治体制改革的任务也已提上了议事日程。官僚主义、不正之风会对生产力发展中超越的实现发生直接的不利影响，对于这一点，应该有一个清楚的认识。

把上述国际和国内的客观条件综合起来进行分析，我们可以得出以下两点结论。第一，中国所处的客观条件允许中国在吸取新技术革命成果的基础上，着手实现生产力发展中的超越。目前的国际环境是比较有利的；我国的资金积累虽然有限，但毕竟有了一定的数量并且不断增长；国民教育水平虽然落后，但毕竟有了一支还算可观的科技队伍，有了一部分具有较高文化程度的劳动者；我国的经济体制改革正在深入进行，政治局势基本保持稳定；这一切都是有利的条件。因此，我们可以着手有计划地引进和开发新技术，开始有步骤地利用新技术革命的成果，对传统产业进行技术改造，并开始建立和发展新产业，从而拉开整个超越过程的序幕。第二，中国所面临的超越将需要一个较长的历史时期才能完全实现，而且在超越的过程中，不可避免地会有各种形式的过渡。这主要是因为，我国的财力不足，实现全部超越所需的资金须有一个逐渐积累的过程；我国的国民教育事业比较落后，要发展也得一步步来，所以很难在短期内培养出超越所需要的大量科技人才，并提高大多数劳动者的文化技术水平。此外，在目前一个时期内，我们还不得不把主要精力放在经济体制的改革方面。在这种条件下，我们在引进和开发新技术的基础上对传统产业的技术改造需要分若干步才能完成，而新产业的建立和发展也必然不会太快。这里有必要澄清一种误解，即把超越简单地理解为一蹴而就，并由此断然否认中国能够超越。

实际上，我们这里所说的生产力发展中的超越是一个过程概念，有时还会是一个较长的过程。

根据以上各方面的分析，我们的态度应该是：积极而又谨慎地推动我国生产力的超越。应该说，我们已经清楚地看到了我们同世界先进水平的差距，并决心奋起直追；我们已经意识到了世界新技术革命的挑战，并决计抓住这个难得的机会。我们也已经采取了积极引进和开发新技术、利用新技术对传统产业进行技术改造，并在此基础上建立和发展新产业等一系列超越对策。所有这一切无疑都是十分正确的。现在的问题是，我们必须进一步强化我们的超越意识，并进一步科学地制定出各种具体对策。应该让越来越多的人们懂得，我们应该尽可能地吸取人类生产力的发展业已获得的成果，以跳过那些能够跳过的阶段，避免浪费人力物力和财力去复制古董。应当相信，只要我们在主观上有一个正确的认识，并能采取正确的对策，那么我们最终是能够在生产力的发展中实现所预期的超越的。

最后还想指出：我们过去曾犯过"大跃进"的错误，在中国历史上留下了沉痛的教训，对此我们是不应忘记的。但是，我们必须看到，这种"大跃进"同我们这里所讲的超越在性质上是根本不同的。"大跃进"不是积极吸取国外生产力发展的先进成果，而是关起门来"土法上马"；不是根据现有的差距和各方面的客观条件做出切实可行的科学决策，而是单凭主观意愿确定发展指标，搞瞎指挥；不是合理地组织人力、物力、财力，而是一哄而起，"全民大办"。因此，我们决不能把这种"跃进"同建立在科学基础上的生产力发展中的超越混为一谈，以此模糊了我们的视线。

（原载《生产力研究》1987 年第 4 期）

关于生产力与生产关系的几个问题

(1988年5月)

历史唯物主义关于生产力与生产关系的原理,揭示了社会生产方式矛盾运动的规律。它指出,生产力和生产关系是生产方式的两个基本方面,在这两个方面中,生产力是起决定作用的因素,它决定着生产关系的存在和演进;而生产关系又能够反过来作用于生产力,推动或阻碍生产力的发展。生产力和生产关系相互作用,相互制约,便构成社会生产方式的内部矛盾运动。生产力与生产关系的原理在整个历史唯物主义体系中占有重要的地位,要真正深刻地理解和把握这一原理,必须从理论和实践的结合上,对一些具体问题进行认真的思考。在学习过程中,有不少学员常常从不同方面提出各种疑问,这里准备就几个带有普遍性的疑难问题谈一些看法,以期对大家的学习有所帮助。

第一,既然生产力决定生产关系,那么为什么社会主义生产关系是在经济相对落后的国家建立起来的,而西方发达国家却仍然保留着资本主义的生产关系?

生产力决定生产关系,是生产力与生产关系相互作用的第一个方面。我们经常说,有什么样的生产力,就有什么样的生产关系,生产力发展了,生产关系也要随之发展。但是,有些同志觉得,社会历史发展的现实实践似乎与这一原理不大吻合。事实明摆着：一些经济发展相对落后的国家，其生产力水平虽然较低，但却较早地建立了社会主义的生产关系，例如当时的俄国和中国；而那些经济发达国家，例如西欧和美国，其生产力水平虽然较高，但却依然保留着资本主义的生产关系。这个事实不是和教科书上的原理相矛盾么？这怎么能说生产力决定生产关系呢？

在这个问题面前，有不少人陷入了迷惑之中。这并不奇怪，因为它确实有一定的迷惑性，如果我们对历史唯物主义关于生产力决定生产关系的原理缺乏深入正确的理解，那么出现上述疑问是十分自然的。

然而，只要我们运用辩证的观点比较具体地研究一下这个问题，就会发现所有这些疑问都是可以解除的。

首先，从理论上看，我们说生产力决定生产关系，这并不是一个形而上学的命题，而是一个辩证的命题。也就是说，不能对这一原理做形而上学的绝对化的理解，而应该做辩证的、恰当的理解。必须看到，所谓生产力的决定作用，只是从根本意义上和总的趋势上说的，生产力对生产关系提出了一个总的要求，生产关系归根结底是要按照这一要求演进和发展的；但是，生产关系演进和发展的具体过程却会受到其他各种具体的社会历史因素的影响，因而在历史道路、发展速度等方面会表现出许多不同的情况。我们不能把生产力决定生产关系理解得像对号入座那样简单，似乎生产力无条件地决定着生产关系的一切方面、一切具体过程，而生产关系的演进必须绝对整齐划一，不能有任何偏差。这样就把生产力的决定作用形而上学地绝对化了。实际上，在生产力归根到底起决定作用这个总的前提下，生产关系演进和发展的过程是一个非常复杂的、丰富多彩的生动过程，只有对这个过程的各个方面和各种因素进行具体的分析和考察，才能达到对它的比较全面的认识。看不到生产关系演进过程的这种具体复杂性和生动性,我们的理论就会变成僵死的教条。当然,反过来,我们又必须认识到,不论生产关系的演进过程具有怎样的复杂性和生动性,不论它在历史道路、发展速度等方面表现出怎样不同的情况,它最终都是要沿着生产力所指出的总的方向向前发展的,这个总的趋势是不可阻挡的。这是一个问题的两个方面,只有把这两个方面统一起来,才能对生产力决定生产关系的原理有一个辩证的理解。

这个问题还可以从必然性和偶然性的关系上去认识。我们说生产力对生产关系的决定作用在现实的历史过程中体现为一种必然性,它规定着生产关系演进的确定不移的总的方向,即所谓一定要贯彻下去的、不可避免的发展趋势。而这种必然性不是赤裸裸地、简单地展示在那里的,它必须要通过大量的偶然性表现出来,这种偶然性在生产关系的演进过程中就具体地体现为历史道路、发展速度等方面的不同情况。这里偶然性的出现是由于各种具体的社会历史因素造成的,亦即所谓可能出现,也可能不出现,可以这样出现,也可以那样出现的联系。恩格斯说:"被断定为必然的东西,是由纯粹的偶然性构成的,而所谓偶然的东西,是一种有必然性隐藏在里面的形式。"[①] 我们应该从必然性与偶然性的辩证统一中,去把握历史唯物主义关于生产力决定生产关系的原理。

如果我们在理论上对生产力决定生产关系的原理有了一个辩证的理解和把握,那么由此出发去分析实践中遇到的现实问题,就不会感到迷惑不解了。我们说,从现代生产力的状况来看,资本主义生产关系日益显露出其历史的局限性,而只有社会主义生产关系才为生产力的发展开辟了广阔的前景。现代生产力决定了社会主义生产关系一定要取代资本主义的生产关系,这是历史发展的必然趋势,

---

[①] 《马克思恩格斯选集》第 4 卷,人民出版社 1972 年版,第 240 页。

归根结底是不可抗拒的。但是，各个国家和地区什么时候、通过什么样的历史道路走向社会主义，这就带有偶然性了，是由各种具体的社会历史条件所决定的。社会主义的生产关系不是在经济发达国家首先建立起来而是在经济相对落后的国家首先建立起来，这只能用当时的社会历史条件去解释。19 世纪末 20 世纪初，资本主义进入了帝国主义阶段，资本主义世界体系中经济政治发展不平衡的规律表现得十分显著。在这种情况下，无产阶级革命的时机不可能在各个资本主义国家同时成熟，而有可能在少数国家首先成熟。而这种最先出现革命时机成熟的地方不一定是经济最发达的国家，而是资本主义统治最薄弱、各种矛盾最尖锐、革命力量最强大的地方，即列宁所说的"帝国主义链条上的薄弱环节"。在当时，这个薄弱环节首先便是经济发展相对落后的俄国。于是，1917 年的十月革命，使世界上第一个社会主义国家在旧俄国的废墟上建立起来。中国当时也是帝国主义体系中各种矛盾的汇聚点；帝国主义、封建主义和官僚资本主义三座大山的压迫，使中国人民处于忍无可忍的境地，反动势力内部的利益冲突和四分五裂，又使中国的革命力量有机可乘，而俄国十月革命的胜利，则为中国无产阶级树立了榜样。在这样的历史条件下，以毛泽东同志为首的中国共产党人把马克思主义普遍真理同中国革命的具体实践相结合，提出了由新民主主义革命到社会主义革命的一整套正确的路线、方针和政策，结果便使中国较早地进入了社会主义社会。

那么，西方发达国家为什么至今没有走上社会主义道路，而仍然保留着资本主义生产关系呢？这个问题同样应该从具体的社会历史条件中去找原因。一般说来，这些国家中资产阶级统治的力量比较强大，他们注意采取各种手段缓解生产力与生产关系的矛盾以及各种社会矛盾；而对无产阶级及其政党来说，怎样把马克思主义普遍真理同发达国家的具体实践相结合，选择最适合于本国情况的走向社会主义的具体途径，仍是一个有待探讨的问题。此外还有一个重要原因，这就是较早建立了社会主义制度的国家在实践中相继发生了较大的失误，社会主义道路出现了较大曲折，这对西方的社会主义运动造成了极为不利影响。结果，由生产力的要求决定了的、社会主义生产关系一定要取代资本主义生产关系的历史进程在这里遇到了暂时的阻滞和障碍。但是，我们要看到，历史的必然趋势最终是要贯彻下去的，这些国家最终是要过渡到社会主义去的，这个总的方向是改变不了的；生产力的根本意义上的决定作用，最终是要充分得到实现的。

第二，既然生产关系反作用于生产力，那么为什么在已经落后的资本主义生产关系下，生产力仍能有较大发展，而建立了先进生产关系的社会主义国家，生产力发展却出现许多曲折？

生产力与生产关系相互作用的第二个方面，便是生产关系反作用于生产力。我们说生产关系的反作用有两种不同的情况：先进的生产关系能够促进和推动生产力的发展，而落后的生产关系则会阻碍生产力的发展。在这一方面，也有不少同志存在疑问。例如，我们常说资本主义生产关系已经过时了，但资本主义国家的生产力却仍在不断取得新的发展。战后西方发达国家的生产力领域发生了以原子能技术的开发利用为标志的第三次产业革命，而现在又面临着以信息技术的开发利用为标志的新的产业革命；在这个过程中，旧的产业部门不断得到改造，新的产业部门不断出现，整个生产力的现代化程度不断提高。相反地，在那些建立了先进的社会主义生产关系的国家，生产力的发展却出现了曲折，比如在中国，先是"大跃进"的瞎折腾，后是"文化大革命"的大破坏，国民经济一度到达崩溃的边缘。那么，对以上这些事实，我们又该怎样理解呢？

要搞清楚这个问题，首先仍然是要从理论上对生产关系的反作用有一个真正正确的理解，然后才能据此去研究现实。

从生产关系反作用的消极方面来看，我们说落后的生产关系阻碍生产力的发展，但这里应该注意的是，这种阻碍作用不能形而上学地加以夸大。落后的生产关系从根本性质上说不能适合于生产力的状况和要求，它的狭窄的框子在很大程度上对生产力的发展造成限制；但这并不是意味着生产力从此不能再有新的发展，而是说，如果不是这种落后的生产关系的阻碍，生产力将会以更快的速度、在更广阔的范围内得到发展。也就是说，生产关系的阻碍作用一般体现为生产力发展的相对迟滞和延缓，而不是完全停止不前。大家知道，生产力是生产方式中最活跃、最革命的因素，它总是要为自己的前进开辟道路的。对于一种从根本性质上说已经不再适合于它的生产关系，它当然是要以不断积蓄着的力量进行冲击，促使这种生产关系的变革。但是当这个变革尚未到来之前，它也不是简单地停止等待，而是要在旧的生产关系的有限的框子里，尽可能地寻求自己的发展的。在这个问题上，必须看到，不论在什么情况下，人类总是要通过生产力的发展来满足自己不断增长的物质需要。而在现代，尤其应该注意的是，科学技术的不断进步和发展，已成为生产力发展的强大推动力，不论生产关系的状况如何，新的科技成果的出现，总是要不同程度地引起生产力的变化。

具体到现代西方国家的情况来说，资本主义的生产关系已经不适合于现代生产力的要求，生产资料的私人占有和生产高度社会化的矛盾是资本主义社会无法解决的基本矛盾。但是，资本主义的生产关系只能在相当程度上限制生产力的发展速度，使它的内在潜力不能充分发挥出来，而不能完全阻止它的发展；加之战后西方各国对资本主义生产关系的具体形式和具体环节做了许多调整，国家垄断资本主义代替了一般垄断资本主义。这是在资本主义生产关系的原则范围内向社会化方向迈进的一步，从而在一定程度上缓解了生产力与生产关系的矛盾，多少有利于生产力的发展。此外，战后科学技术方面所取得的重大突破，也对资本主义各国生产力的发展起到了重要的推动作用；第三次产业革命的出现是由于采用了第三次科技革命的成果，而新的科技革命的发生，又促使生产力向新的产业革命迈进。总之，西方发达国家的生产力在已经落后的资本主义生产关系下获得一定的甚至是比较重大的发展，这是不足为怪的。而与生产力发展的内在潜力相比，这些发展则是很有限的，这正是资本主义生产关系起了阻碍作用的缘故。

生产关系反作用的消极方面是这样，那么，它的积极作用又是怎样呢？我们说先进的生产关系可以促进和推动生产力的发展，但是这里必须注意两点：第一，生产关系的这种积极作用首先应该从根本意义上来理解，而不能绝对化。先进的生产关系从根本性质上说是适合于生产力的发展要求的，它为生产力的发展开辟了比较广阔的前景。但是它的具体形式和具体环节往往有一个逐渐完善和不断加以调整的过程，在这方面搞得不好，也可能会使这种先进的生产关系的优越性不能很好地发挥出来，由此产生一些问题也是不奇怪的。第二，生产关系对生产力的推动作用并不能代替生产力本身的发展，先进的生产关系只是为生产力的发展提供一种良好的社会条件，而生产力的真正发展还要靠它自身领域里的脚踏实地的努力。回顾我国建国三十多年的历史实践，我们的社会主义生产关系从根本性质上说无疑是先进的，但是问题在于我们一直未能为这种生产关系选择一种最为适合的具体形式。我们过去那种经济体制存在着许多明显的弊端（这一点已众所周知，毋庸赘述），因而在很大程度上影响了社会主义生产关系的优越性的发挥。更为糟糕的是，我们在生产力领域里犯了一连串的错误，要么无视经济发展的客观规律，单凭主观愿望盲目乱来；要么错误地以为"革命搞好了，生产自然而然就上去了",片面强调生产关系的反作用;更为甚者,是把发展生产力当作"唯生产力论"进行批判,人为地造成经济工作的破坏。所有这一切,都不能记在社会主义生产关系的账上,而只能说我们没有把社会主义生产关系所提供的有利条件充分利用来发展生产力。如今,我们已经总结了历史的经验教训,开始从根本上纠正过去的错误。我们已经认识到发展生产力是社会主义阶段的根本任务,懂得了必须按照客观的经济规律进行经济建设;同时,我们深入开展了经济体制的改革,力求建立一种最适合中国国情的、最富有生机和活力的社会主义经济模式。十一届三中全会以来的八年间,我们已经取得了举世瞩目的成就,而随着实践的进一步发展,我国社会主义生产关系的优越性必将更为清楚地显示出来,我们的生产力则一定会获得更快的发展。

第三,怎样理解生产力的社会形式和技术形式?怎样看待生产关系的三个方面和四个环节?

在学习生产力与生产关系的原理时,还有两个问题也有必要一提,这便是生产力的形式问题和生产关系的构成问题。

在过去很长时期里,人们往往只把生产关系看作是生产力的形式。但是近年来,人们逐渐认识到,通常所谓生产关系只是生产力的社会形式;而除了这种形式之外,生产力还有着自己本身的另一种形式,即它的技术结构形式或技术形式。

我们知道,生产力是由劳动者、劳动资料和劳动对象等基本要素构成的。以生产资料所有制为基础的生产关系所体现的主要是一种物质利益关系,它决定着生产力中人的要素和物的要素的社会结合,这种社会结合是本着一定的物质利益原则而进行的。体现着物质利益关系的生产关系是生产力存在的必要形式;但是生产力诸要素的结合不仅有一个利益问题,还有一个技术问题,即是说,生产力的诸要素还必须根据各自的技术特征,按照一定的技术要求进行组合。劳动者是具有一定的劳动技能的，生产工具及其他劳动资料是有着一定的技术性能和技术水平的，而劳动对象也是有一定的技术规格的。它们之间不能随意搭配，而只有把它们合理地组织在一定的技术关系中，才能形成有效的生产力。这种技术关系就是生产力的技术形式。生产力的技术形式对生产力本身的存在和发展具有重要意义，特别是在现代生产力中，生产过程的机械化、自动化、精密化程度越来越高，社会分工和协作的状况日趋复杂，如何科学地实现生产力诸要素的技术组合，已成为提高劳动生产率、挖掘经济效益的关键问题，从而引起了人们的极大关注。

我们通常所说的劳动组织和管理，除了其中调节利益关系的那一部分内容属于生产关系的范畴之外，其他主要是同生产力的技术形式直接相关的。所谓"管理也是生产力"，就是从这个意义上讲的。它的任务就是要合理地调配生产力中的各种要素，使它们在空间上和时间上实现最佳的技术组合。管理科学已成为经济领域中最热门的学问之一，运筹学、系统工程学等新的科学方法在这里得到了广泛的应用。我们过去不懂得经济管理与生产力技术形式的联系，而把西方国家的管理经验当作资本主义剥削工人的手段而简单地加以否定；如今，我们学习国外的先进管理经验，也并非像有些人所认为的那样是搞"资本主义化"，而是从生产力的技术形式的角度为我们的社会主义经济建设服务。对于这个问题，应该有一个正确的认识。

关于生产关系的构成问题，也有一些学员存在着疑问。在这个问题上，学术界曾有两种观点的争议：一种观点认为生产关系包括生产资料的所有制关系、人们在生产过程中的地位关系和劳动产品的分配关系这三个基本方面，即所谓"三方面论"；另一种观点则认为生产关系应该从生产、分配、交换、消费等四个环节来把握，即所谓"四环节论"。我们认为，这两种观点并不是对立的，而是可以统一起来的。它们只不过是从不同的角度上分析生产关系而已。三个方面的划分主要是从横的方向考察生产关系，它揭示的是生产关系在整个生产和再生产过程中所表现出来的、为整个过程所共有的最基本的内容；而四个环节的划分则是从纵的方向考察生产关系，它揭示的是生产关系在生产和再生产过程的各个阶段上的特殊表现形态。三个方面和四个环节的统一表现在，三个方面贯穿于四个环节之中，四个环节则包含着三个方面，三个方面是通过四个环节而具体地展示出来的。因此，我们可以从它们的协调统一中，比较全面地认识生产关系的构成问题。

（原载中共中央党校《函授辅导》1988年第3期）

精神生产研究述评

(1986年10月)

近两年来,精神生产问题日益引起了人们的关注,这方面的探讨正在趋于深入。本文拟对现已涉及的几个主要问题做一简单述评。

一、什么是精神生产

要研究精神生产,必须首先明确这一范畴的基本涵义。目前在这一范畴的理解上存在着两种不同意见。一种意见认为,精神生产即意识生产,也就是说一切意识的产生都属于精神生产的范畴。而另一种意见认为,精神生产只是指意识的高级形式的生产,是通过脑力劳动而进行的科学、艺术、宗教、法学、道德、政治、哲学等的生产,它的范畴比"意识生产"的范畴狭窄得多。持这种意见的论者认为,在原始社会,一般说来只有意识的初级形式的生产,意识的各种高级形式还不具备独立形态,因此本来意义上的精神生产尚未产生。直至原始社会向阶级社会转变之时,出现了体力劳动同脑力劳动的分工,这时精神生产成为社会生产的独立部门,真正的精神生产才算开始。

现在的问题是，以上两种意义都还缺乏充分的论证。持后一种意见的论者强调，意识的低级形式即"日常意识"是人们的物质活动的直接产物，因而不属于精神生产，而意识的高级形式即政治法律思想、哲学、道德、宗教、艺术等不是物质活动的直接产物，而是由某一阶级的知识分子专门制定的，所以是精神生产。这种说法似乎还值得推敲。还有一种说法是，日常意识是与物质活动交织在一起的。但为什么交织在一起就不是精神生产，只有分开才算精神生产？原始社会时意识的生产确实还没有从社会物质生产中独立出来，但据此便说原始社会不存在精神生产，似乎不尽妥当。看来精神生产这一范畴的内涵和外延还需要进一步探讨。

二、精神生产和物质生产以及人类自身生产的关系

精神生产是社会生产的重要组成部分，这一观点得到了大多数论者的一致赞同。过去我们把社会生产仅仅理解为物质生产，忽略了精神生产，结果在理论上和实践上都造成了不良的后果。现在，是重新认识和估价精神生产在社会生产系统中的地位和作用的时候了。

多数论者指出，社会生产包括物质生产、精神生产和人类自身生产等三个主要部分或基本形态，马克思主义经典作家对此曾做过明确的论述。这三种形态的社会生产既相互独立，又相互联系、相互渗透、相互制约，构成一个有机系统。就物质生产和精神生产的关系来看，物质生产是精神生产的基础，它决定和制约着精神生产，每一时代的精神生产始终是该时代物质生产的直接或间接的体现。许多论者都引述了马克思的话："从物质生产的一定形式产生：第一，一定的社会结构，第二，人对自然的一定关系。人们的国家制

度和人们的精神方式由这两者决定"。① 另一方面，精神生产对物质生产又发挥着巨大的作用，它通过自己的成果影响物质生产。有的论者还具体论述了这种影响的四个方面：（1）规定物质生产的方向；（2）指导物质生产的组织和管理；（3）提高劳动者的生产技能和生产积极性；（4）指导生产工具的改革。还有的论者则从促进物质生产力的发展和指导物质生产关系的调整和改革两个方面来加以论述。关于精神生产和人类自身生产的关系，有的论者认为，一方面，人类自身生产决定精神生产，它为精神生产提供劳动主体，是精神生产所反映的客观内容之一，其数量和质量也制约和影响着精神生产的发展。另一方面，人类自身生产又是在一定的文化结构的基础上进行的，因而精神生产又反作用于人类自身生产，影响人类自身生产的数量和质量。

有的论者把社会生产系统中的三种生产之间的关系概括为：人类自身生产是前提，物质生产是基础，精神生产是条件。这三种生产的交互作用，相互适合，协调发展，是社会生产发展的基本规律。而另有的论者则指出，这三种生产的地位和作用在社会发展的不同阶段上是不同的，在当代，精神生产是先导。

总的看来，在这方面的论述虽然有一些具体的差异，但肯定和重视精神生产在社会生产系统中的地位和作用，这一点是一致的。现在的问题是应该进一步深入研究社会生产系统的内部运行机制，并与历史唯物主义关于社会基本矛盾运动以及社会存在决定社会意识的原理统一协调起来。

---

① 《马克思恩格斯全集》第 26 卷（第 1 册），人民出版社 1972 年版，第 296 页。

三、精神生产力、精神生产关系和精神生产方式

不少论者指出,精神生产作为社会生产的一种形态,同物质生产一样也具有生产力和生产关系两个方面,即精神生产力和精神生产关系。这两个方面的统一构成精神生产方式。但有的论者只论及精神生产力和精神生产关系,精神生产方式这一范畴尚未提及。

至于什么是精神生产力,现在一般认为是人们运用精神生产手段生产观念形态产品即精神产品的能力。它由精神劳动者、精神劳动资料(图书资料、科研设备、各种智力生产设施等)和精神劳动对象(包括物质客体和思维客体)等要素构成。而精神生产关系则是人们在精神生产的过程中所形成的人与人之间的关系。与物质生产关系相对应,它也包括三个基本方面:人们对精神生产资料的占有关系,人们在精神生产中的地位和相互关系,以及精神产品的分配关系。

关于精神生产方式内部精神生产力和精神生产关系之间的关系问题,目前主要限于从两个方面进行论述。(1)从与物质生产的联系中揭示精神生产力对精神生产关系的作用。精神生产力与物质生产力相互作用、相互影响,它们的发展首先引起物质生产关系的变革;而随着物质生产关系的变革,精神生产关系也相应地发生变革。(2)精神生产关系制约着精神生产力的发展。当精神生产关系适合精神生产力的要求时,就促进精神生产力的发展,不相适合时就阻碍精神生产力的发展。至于能否说精神生产中也存在着一条类似物质生产关系一定要适合生产力状况的规律,这个问题现在只是被提了出来,尚未进行深入的探讨。

有不少论者还提出了要调整和完善我国的精神生产关系,发展社会主义精神生产力的问题。主要论点有:(1)在精神生产资料的

占有方面，要完善社会主义公有制，主张相互协作，合理利用，打破相互闭锁、自给自足的小生产方式。（2）在人们的相互关系和地位方面，要进一步解决好对待脑力劳动和知识分子的态度问题；要处理好精神生产者内部不同社会集团和层次之间的关系，保证精神生产者处于民主、平等的地位；要搞好精神生产的科学管理。（3）在分配方面，要切实贯彻按劳分配的原则，克服实际存在的精神劳动、报酬偏低的问题，同时也要解决精神生产中的大锅饭、铁饭碗问题，以及论资排辈等问题。还有的论者指出，要发展精神生产力，除了调整和完善精神生产关系外，还必须努力扩大精神劳动者的队伍，重视引进先进思想、科技资料和实验手段，精神生产要面向物质生产。

我认为，对于精神生产方式的研究是目前精神生产研究中的薄弱环带，而这恰恰应是我们今后研究工作的重点。应该说，精神生产方式同物质生产方式一样，有着自己的内部矛盾运动。固然，精神生产是以物质生产为基础的，它受物质生产的决定和制约；但这并不排斥它自身发展的内在逻辑。深入研究精神生产力与精神生产关系的矛盾运动，对于我们认识精神生产的发展规律，指导我们发展社会主义的精神生产，促进社会主义精神文明建设，都有着十分重要的意义。希望有更多的理论工作者在这方面做出努力。

四、关于精神产品

关于精神产品的研究也是目前精神生产研究的一个重要方向。主要涉及两个问题：

（1）精神产品的内涵和外延。有的论者认为，精神产品就是科学、艺术、文学、政治思想、哲学思想等观念形态的产品；另有的论者认为，所谓精神产品，就是与特定历史形式的物质生产活动相联系的脑力劳动的凝结物。这个凝结物是寄托在一定物态上的思想、观念、形象等，它借以表现的形式是语言、文字、符号以及某类音响等。还有的论者则强调，精神产品是指精神生产者在精神生产过程完结之时所创造出来的、具有一定数量和质量的、观念形态的直接产品。以上几种表述，各有侧重。另外还有的论者对精神产品与物质产品的异同进行了比较考察。

（2）关于精神产品的商品化问题。精神产品是不是商品，它是否具有价值？有的论者对此进行了比较详细的分析，认为：精神产品能够满足社会各个方面的需要，因而具有使用价值；精神产品是人类精神劳动的产物，因而具有价值，其价值就是物化、凝固在人类精神劳动产物上的人类抽象劳动。作为商品的精神产品必须是价值与使用价值的统一，但并非所有精神产品都是商品。只有当精神产品是为了满足他人（社会）的需要而生产，并且通过经济意义上的交换转入他人之手，它才成为商品。从历史的角度看，精神产品成为商品，是一个巨大的进步。

还有的论者指出，我们反对精神产品的"完全商品化"，但不能把商品化简单地等同于庸俗或资本主义化。社会主义的精神产品是以马克思主义为指导，是为社会主义事业服务的，我们要反对的，是单纯从赢利观点考虑问题，唯利是图，背离社会主义的错误倾向，而不是反对以商品形式来传播社会主义的精神产品。

我认为，精神产品的商品化问题，是一个具有重要现实意义的问题。在这个问题上容易出现两种偏向：一种是否认精神产品采取商品形式，另一种则是把作为商品的精神产品同其他商品简单地混为一谈。怎样正确地认识这一问题，有必要从理论上进行认真的研究和探讨。

（原载中共中央党校《科研简讯》1986年10月15日，第215期）

关于精神生产力和精神生产关系的研究述评

(1987年1月)

近年来，学术界开展了对于精神生产的研究。在这个研究过程中，越来越多的论者指出，精神生产作为社会生产的一种"特殊的方式"①，同物质生产一样也包含着两个基本方面，即精神生产力和精神生产关系。要认识精神生产的内在规律，就必须研究精神生产力和精神生产关系，以及它们之间的相互联系。下面拟就这方面的研究情况做一简要述评。

一、关于精神生产力

关于精神生产力的研究相对说来开始较早。从目前的情况看，多数论者认为，精神生产力就是精神生产者运用精神生产手段生产观念形态产品的能力，或曰创造精神财富的能力。它包括三个基本要素：（1）精神生产者。有的论者引述马克思恩格斯在《德意志意识形态》中的话："人们是自己的观念、思想等等的生产者"。② 有

---

① 《马克思恩格斯全集》第42卷，人民出版社1979年版，第121页。
② 《马克思恩格斯全集》第3卷，人民出版社1960年版，第29页。

的论者则强调，精神生产者主要指脑力劳动者。还有的论者指出：精神生产者是人类文明发展的产物，随着物质生产力的发展和精神劳动与物质劳动的分工的发生，社会中出现了一批专门的精神生产者。社会能够提供多少剩余劳动产品来供给精神生产者，决定社会有多少人来专门从事精神生产，从而也就从外在的意义上决定着精神生产的规模和水平。（2）精神生产手段。精神生产手段包括物质性的手段和精神性的手段，前者主要是指科学仪器、实验设备、文化用品、图书馆、博物馆、音乐厅、学校、书店、广播电视、出版印刷等，后者则是指思维方法、艺术技巧等。思维方法和艺术技巧是过去精神生产的产物，是在一定的历史条件下形成并在历史上积累起来的思想成果。还有的论者认为，作为思维工具的语言、概念、形象以及各种各样的符号体系，都应属于精神生产手段的范畴。（3）精神生产对象。精神生产对象分为两种，一种是在精神生产过程中为人们的头脑所反映所再现的客观对象，这类对象本身在精神生产过程中并不是被直接地加工改造而改变了自己的存在形态，而只是以观念的形式得到反映和再现。另一种对象则是被精神活动当作原料而进行加工改造的思想资料，它们作为原料进入精神生产过程，并在生产过程中改变了自己的形态，形成了新的精神产品。以上三个要素即精神生产者、精神生产手段和精神生产对象按照它们的内在联系而有机地结合起来，便构成现实的精神生产力。社会的精神生产的水平，直接取决于精神生产力的水平，精神生产力的发展，直接推动着精神生产的发展，创造着社会的精神文明。

但也还有一种观点认为，精神生产力是指直接地参与物质生产过程的一切精神力量，它是社会生产力中的一个有机组成部分。它包括人们关于自身需要和外在自然属性之间的关系的认识，人们关于自然发展规律的认识，人们关于正确地调节、组织和控制自身同自然进行物质能量信息交换的认识，人们关于如何完善和提高自身劳动力的认识，人们关于如何解放和发展社会劳动生产力的认识，人们关于达到实践目标的决心、热情、意志以及自我完善和发展的学说等。持这种观点的论者认为，在脑力劳动和体力劳动的分工出现之前，精神生产力只是作为一个极其次要的因素附着于原始生产劳动的过程中。分工出现之后，精神生产力开始获得相对独立的发展，但在很长时期内，其发展速度缓慢，其作用也远不如物质生产力。而到了近代以后，精神生产力开始上升为社会发展的决定力量，而在当代，它较之物质生产力明显地呈现出越来越快的超前发展的趋势。

这一观点同上面所述观点虽然大相径庭，但稍微仔细地观察一下就会发现，这两种观点实际上是从两个不同的对象出发的。虽然都在谈精神生产力，但前一种观点是讲精神财富的生产能力，而后一种观点则是讲物质生产力中的精神因素的作用，这两种"精神生产力"根本不是一码事。我认为，后一种"精神生产力"并不属于我们讨论的范围，因为我们是在研究精神生产，而不是物质生产。这个问题应该搞清楚。

二、关于精神生产关系

在精神生产关系方面，多数论者认为，人们在精神生产过程中必然要形成一定的社会关系或联系，这种关系就是精神生产关系。精神生产关系是与精神生产力相对应的范畴，它包括三个基本方面：（1）人们对精神生产资料的占有关系；（2）人们在精神生产过程中的地位和作用；（3）精神产品的分配关系。一些论者指出，在阶级社会里，由于精神生产的生产资料为剥削阶级所占有，他们也就垄断了精神生产过程和精神产品的分配。而广大劳动人民则被排斥于精神生产领域之外，他们在思想上处于受奴役的地位。而那些专门从事精神生产的脑力劳动者，只能依附于一定的剥削阶级，从这个意义上说，脑力劳动和体力劳动的对立，具有阶级对立的性质，特别是那些从事意识形态工作而作为剥削阶级代言人的思想家，其剥削阶级属性就更为明显。但这些从事精神生产的脑力劳动者，毕竟不同于占有生产资料而直接从事剥削的阶级实体。在资本主义社会，脑力劳动者还是特定意义上的生产工人，"资产阶级抹去了一切向来受人尊崇和令人敬畏的职业的灵光，它把医生、律师、教士、诗人和学者变成了它出钱招雇的雇佣劳动者。"① 作为精神生产者的知识分子具有两重性：既有依附于资产阶级的一面，又有依附于雇佣工人的一面。而在社会主义社会，知识分子或脑力劳动者的社会地位发生了根本变化，他们同工人、农民一样成了社会的主人。知识分子成了工人阶级的一部分。

有的论者还详细分析了精神生产关系的第二个方面，即人们在精神生产过程中的地位和作用方面的关系，认为这一关系包括：（1）精神生产者同社会统治阶级的关系；（2）精神产品的生产者和消费者的关系；（3）精神生产内部不同工作者集团之间的关系；如此等等。

对精神生产关系的探讨也还有另一种不同的观点。这种观点认为，既然精神生产力是社会生产力体系中的一个重要组成部分，这就决定了精神生产关系也必然是生产关系体系中的一个有机组成部分。精神生产关系有广义和狭义之分，广义的精神生产关系不仅包括人们在物质生产过程中彼此之间所发生的精神生产关系，而且还包括作为人们的社会经济关系的升华物的社会政治思想关系。狭义的精神生产关系才是指在科学、文化、教育、哲学、艺术等的生产过程中精神生产者之间的关系。这种观点显然是把不同的东西混为

---

① 《马克思恩格斯选集》第 1 卷，人民出版社 1972 年版，第 253 页。

一谈了。我们说的精神生产关系,只能从精神生产领域中去把握,在这一领域之外的别的什么关系和联系与这一范畴无关。至于说物质生产领域中有没有精神方面的关系,那是另外一个问题。

在上述第一种观点所涉及的问题中,有一些也还需要进一步探讨。例如,我们不应把精神生产关系的概念同物质生产关系的概念混同起来。从事物质生产的广大劳动群众既然被排斥在专门的精神生产过程之外,他们也就不介入精神生产关系,这似乎应该是一致的。说资本主义社会中知识分子一方面依附于资产阶级,另一方面依附于雇佣工人,这似乎也不是精神生产关系的概念。精神生产关系与物质生产关系是紧密联系着的,但它们毕竟不是等同的。我们要考察的,是在精神生产这个专门的领域内,人们的关系究竟如何。对于这一点,也应该有一个清楚的认识。

三、精神生产力与精神生产关系之间的关系

关于这个问题,目前已进行了如下探讨:

(1) 从与物质生产的联系中去揭示精神生产力对精神生产关系的作用。有论者认为,精神生产力与精神生产关系的矛盾是同物质生产力与物质生产关系的矛盾交织一起的。物质生产力的发展决定着精神生产力的发展,精神生产力又反作用于物质生产力。物质生产力与精神生产力的发展首先引起了物质生产关系的变革,随着物质生产关系的变革,精神生产关系也相应地发生变革。

(2) 精神生产关系制约着精神生产力的发展。当精神生产关系同精神生产力相适合时,就促进精神生产力的发展,不适合时便阻碍精神生产力的发展。有的论者还具体分析了精神生产关系的各个方面对精神生产力的制约作用。有的论者明确提出,在精神生产领域里,也存在着一条生产关系一定要适合生产力状况的规律。而且

由于精神生产更需要个人的自主性和主动创造性，这一规律的作用就更大更直接，精神生产者只有在受到尊重、心情舒畅的气氛中，在合理权益得到保障的前提下，才能进入自由创造的境界，创造出真正的精神珍品来。

（3）有的论者指出，相对于最活跃、最革命的生产力而言，任何一种生产关系都具有保守性或惰性。而相对于物质生产关系而言，精神生产关系具有更大的保守性或惰性。

（4）不少论者还结合我国实际，探讨了如何改革精神生产关系、解放和发展精神生产力的问题。有论者指出：社会主义的精神生产关系同精神生产力的发展是基本适应的，它以社会主义公有制为基础，精神生产资料为全社会所支配，精神生产的目的是用于社会进步和不断满足全社会成员精神生活和全面发展的需要。但是另一方面，我国的社会主义精神生产关系还很不完善，还必须加以调整和改革。在所有制方面，要进一步完善精神生产资料的公有制，充分发挥其优越性，打破实际上存在着的部门所有制、单位所有制和自给自足的小生产的生产方式；在人与人的关系方面，要彻底解决知识分子的社会地位问题，真正做到尊重知识，尊重人才；在分配方面，要在精神生产领域里切实贯彻按劳分配的原则，解决大锅饭、铁饭碗的平均主义问题。

还有的论者强调指出，由于对精神生产者来说，"自主活动"更为重要，因此看一种精神生产关系是否适合于精神生产力，主要的是看它是否适应脑力劳动者的自主活动，是否有利于充分发挥他们的聪明才智。精神生产力发展的主要标志是不断创新，不断为人类的精神财富增添真善美的颗粒。因此，科技文化教育体制的改革，应着眼于建立有助于进行自主活动的新体制。

有的论者还指出，要发展精神生产力，不仅要完善精神生产关系，而且还要对精神生产力本身下功夫。例如，要大力发展教育事业，开发智力资源，努力扩大精神劳动者的队伍，并提高其质量；在精神生产资料方面，要重视采用现代化的技术手段；在精神生产对象方面，要面向物质生产等。

从以上情况来看，对于精神生产力和精神生产关系之间的关系，还有待于从它们的矛盾运动中去进一步研究和把握。我认为，精神生产关系一定要适合精神生产力的规律确实是存在的，它是精神生产方式的内部矛盾运动的基本规律。但是这一规律不仅应从精神生产关系对精神生产力的制约方面去探讨，而且应该首先从精神生产力对精神生产关系的决定作用方面去探讨。这种决定作用是以自己的特殊方式、在特定条件下表现出来的。其次，探讨精神生产力与精神生产关系矛盾运动的规律具有直接的现实意义。从我国目前的实际来看，确实存在着一个如何改革和完善社会主义的精神生产关系，发展精神生产力的问题。

总起来说，关于精神生产力和精神生产关系的研究还是刚刚开始，有待于继续深入和全面展开。而如何认识和确立精神生产的这些范畴在历史唯物主义体系中的地位，也是一件需要花费气力的工作。我们应该努力把这方面的研究和工作推向前进，这无论在理论上还是实践上，都是十分有意义的。

（原载《学术研究动态》1987年第1期）

论发展精神生产力

（1987年5月）

近两年来，随着精神生产研究的逐渐深入，人们已经逐渐明确地认识到，精神生产作为生产的一种"特殊的方式"①，同物质生产一样也包含着两个基本的方面，即精神生产力和精神生产关系。而在精神生产方式中，精神生产力占据着主导地位。要把精神生产推向前进，就必须发展精神生产力。本文拟就如何发展精神生产力这一问题谈些看法。

一

精神生产力即是人们通过脑力劳动而取得意识观念形态的产品即精神产品的能力，它由精神劳动者、精神劳动资料和精神劳动对象等基本要素所构成。要探讨精神生产力的发展问题，必须从物质生产方式与精神生产方式的联系入手。因为这两种生产方式的运动是交织在一起的，它们相互作用、相互影响，构成一个有机联系着的统一运动过程，而其中，物质生产方式对精神生产方式起着决定

---

① 《马克思恩格斯全集》第42卷，人民出版社1979年版，第121页。

作用。我们这里不打算展开叙述两种生产方式的关系和联系的各个方面，而主要是指出发展精神生产力与发展物质生产力之间的联系。

首先我们看到，物质生产力对精神生产力有着直接的制约作用，它的状况在很大程度上直接规定着精神生产力的状况。第一，物质生产是人们一切社会活动的前提，人们必须首先解决衣、食、住、行的问题，然后才能去进行科学研究和艺术创作，才能去发展精神生产力。处于一定的社会发展阶段上的人们的智力开发程度，他们能有多少时间和精力会从事精神生产，或者能在多大程度上实行脑力劳动和体力劳动的分工，社会的精神劳动者的队伍能有多大规模，这一切在总体上都是由这一发展阶段上物质生产力的发展水平所直接规定着的。第二，物质生产力的发展为精神生产力提供劳动资料。图书馆、博物馆、学校、实验室、科研设备、文化用品、出版印刷、广播电视等为精神生产所需要的物质手段，都是同物质生产力的发展联系在一起的，没有这些，精神生产力只能停留在最原始的水平上。特别是在现代，物质生产力所提供的精神劳动资料的数量和质量，直接关系到精神生产力的发展水平。第三，物质生产力的发展还为精神生产力提供了日益广泛的劳动对象，它不断地把自然界的新领域展现在人们的眼前，为精神生产提出新的课题，推动人们的认识不断向自然界人类历史和社会生活的深处和广处进军。由此可见，无论从哪一个方面看，物质生产力的发展都是精神生产力发展的客观基础，要发展精神生产力，就必须发展物质生产力，否则发展精神生产力就是一句空话。

从历史上看，在原始社会，与物质生产力十分低下的状况相适应的精神生产力的水平也处于原始阶段，主要是意识的低级形式的生产。虽然在部落的生活中逐渐发展起来原始的绘画、舞蹈、音乐以及图腾崇拜，但它们相对于意识的高级形式，仍不免是十分幼稚的。到了阶级社会，随着物质生产力水平的提高，精神生产才成为社会生产的一个独立部门，精神生产力的发展也才进入一个新的阶段。而艺术、科学、哲学、道德、宗教、政治法律思想等各种高级的社会意识形式也才从原始意识的混沌状态中分化出来，成为人类精神史上的一朵朵绚丽之花。而到了社会主义社会，精神生产力获得比以往任何一个时代都要大得多的发展；而这一发展也必须以物质生产力的高度发展为基础。

我国现在已经进入了社会主义社会，但是由于历史的原因，我们进入社会主义社会的起点比较低，物质生产力的水平不够高，还处于社会主义的初级阶段，这就在很大的程度上限制了精神生产力的发展。例如，我国物质生产领域中的体力劳动还比较繁重，使众多的劳动者没有多少条件从事智力开发；我们所用于发展文化教育事业的资金数量有限，全国至今还有近四分之一的人处于文盲或半文盲状态；为精神生产所需要的各种物质设施和手段如图书馆、实验室、科研设备等数量少、技术水平低，其他如出版印刷、信息传递等方面也远远不能满足需要；我们的科研人员和众多的知识分子的工作和生活条件仍然比较困难，国家虽然已经尽力改善这一境况，但毕竟是有限度的。所有这些都说明，要发展我国的精神生产力，就必须大力发展我国的物质生产力。

物质生产力的发展是精神生产力发展的前提和基础，但是另一方面我们也必须看到，物质生产力与精神生产力之间并不是简单单向联系；精神生产力又能够反过来对物质生产力发生巨大影响，物质生产力的发展在很大程度上又要依赖于精神生产力的进步。其中最典型的莫过于科学技术，它对于现代物质生产力的发展意味着什么，这是众所周知的。马克思早就指出："劳动生产力是随着科学和技术的不断进步而不断发展的。"[①] 如今有人做过估计，20 世纪 70

[①] 《马克思恩格斯全集》第 23 卷，人民出版社 1972 年版，第 664 页。

年代的物质生产的增长有 60%—80% 是靠科学技术的进步而取得的。我们在探讨精神生产力的发展问题的时候,就不能仅仅停留在物质生产力对精神生产力的制约上,而应该从它们的相互作用中去寻求解决的途径。这就是说,我们既不能离开物质生产力的发展来谈论精神生产力的发展,也不能等到物质生产力发展了,再来发展精神生产力。唯一的途径是两种生产一起抓,使物质生产力与精神生产力相互促进,共同发展。

二

精神生产力的发展问题不仅应该从精神生产方式与物质生产方式的联系中去探究,而且还应从精神生产方式的内部矛盾运动中去探究。同物质生产方式一样,精神生产方式也有着自己的内部矛盾运动。精神生产力和精神生产关系作为精神生产方式的两个基本方面,也处于相互联系、相互影响和相互作用之中。精神生产力是起主导作用的因素,它要求精神生产关系与之相适应。而精神生产关系又对精神生产力有着重大的影响和制约作用,当它适合于精神生产力的状况时,它便促进精神生产力的发展,当它不适合精神生产力的状况时,它便阻碍精神生产力的发展。因此,要发展精神生产力,就必须使精神生产关系适合于精神生产力的要求。

精神生产关系是人们在精神生产中所形成的社会关系,它像物质生产关系一样,也包括三个基本方面:(1)精神生产资料的占有关系;(2)人们在精神生产过程中的地位和作用;(3)精神劳动产品的分配关系。从历史上看,精神生产关系也经历了各种不同的历史形态。社会主义社会实现了精神生产资料的公有制,广大精神劳动者和人民群众成了精神生产的主人,按劳分配的原则成了精神劳动成果分配的基本原则。这样,社会主义的精神生产关系便成为迄今为止最为先进的精神生产关系，它为精神生产力的发展开辟了广阔的前景。

但是，在现实的社会实践中，社会主义的精神生产关系需要有一个逐渐发展完善的过程，它不可能一下子就那么完美无缺。而且，随着精神生产力的不断发展，社会主义精神生产关系也必须不断改变自己的具体形式。从我国的情况来看，我们虽然已经建立了社会主义的精神生产关系，但还很不完善，还存在许多问题。例如，长期以来国家对科学、教育、文化等领域包得过多，统得过死，劳动资料与资金的分配和管理制度趋于僵化，科研机构、学校和文化团体缺乏活力，精神生产的各个领域都存在着不同程度的封闭状况，缺乏应有的联合与协作；人员管理限制过多，人才不能合理流动；精神劳动者在科学研究和文艺创作中的平等地位还缺乏强有力的保障，"双百"方针的具体实施问题还有待于进一步解决；精神生产领域中的平均主义、大锅饭问题也还比较严重地存在。以上这些问题，使社会主义精神生产关系的优越性不能很好地发挥出来，对我国的精神生产力的发展产生着十分不利的影响。因此，要发展我国的精神生产力，就必须对精神生产关系中的这些不合理的环节和方面进行坚决的调整和改革。中央已经做出了关于科技体制改革和教育体制改革的两个决定，文化体制改革也正在探索中。我们应该从完善社会主义精神生产关系、进一步解放和发展精神生产力这个高度来认识这些改革的意义，在抓好经济体制改革和政治体制改革的同时，把精神生产领域的改革大力开展起来，为精神生产力的迅速发展开通道路。

实践证明，我党提出的"百花齐放、百家争鸣"的"双百"方针对于精神生产力的发展具有极其重要的意义。从精神生产关系的角度看，这实际上关系到精神劳动者在精神生产过程中的地位和作用的问题；在社会主义的精神劳动者中间，要承认"真理面前人人平等",要保障学术自由和创作自由。只有这样,才能调动起广大精神劳动者的积极性,使他们的聪明才智充分发挥出来。因此,我们必须坚定不移地坚持"双百"方针,并且要进一步从法律上和制度上保证它的实施。这是完善社会主义精神生产关系的重要一环。但是另一方面,我们也必须看到,坚持"双百"方针,并不等于放任自流。不论是艺术创作还是科学研究,都必须坚持四项基本原则,坚持社会主义方向。而对于一切背离四项基本原则、背离社会主义方向的错误倾向,我们都必须坚决地加以反对。

三

发展物质生产力,是为精神生产力的发展提供物质基础;改革和调整精神生产关系,是为精神生产力的发展开辟良好的社会环境,而仅有这些还是不够的。要发展精神生产力,还必须认识和把握精神生产力本身的发展规律,并在此基础上扎扎实实地进行各方面的工作。

既然精神生产力是由精神劳动者、精神劳动资料和精神劳动对象等基本要素所构成的,那么要发展精神生产力,就必须首先从这些要素的改造和提高入手。精神劳动者是精神生产力中的能动因素,必须大力开发智力资源,扩大精神劳动者的队伍,并努力提高精神劳动者的素质。精神劳动资料是精神生产力发展水平的重要标志,我们必须尽可能地采用现代化的技术手段,改进精神劳动资料的技术性能,并扩大其数量;同时要大力进行思维方式、科学方法论、创作技巧等"软件"的开发和推广应用。在劳动对象方面,我们要提倡精神劳动者开阔视野,面向生活,注意研究和反映物质生产和其他社会实践中所提出的新问题,了解和把握社会精神生活的新需求。

精神生产力作为一个系统，不是诸要素的机械相加，而是按照它们的内在联系而形成的有机组合。因此，这里也像物质生产力一样有一个技术结合形式的问题。只有使精神劳动者、精神劳动资料和精神劳动对象按照合理的原则结合起来，才能有效地发挥它们各自的作用，充分挖掘出精神生产力的内在潜力。我国现在在这方面也存在不少问题，例如一方面是人才紧缺，一方面是人才积压；一方面是没有条件，一方面是设备闲置。这固然首先是精神生产关系方面的原因，但也有一个如何合理组织的技术问题。

精神生产力领域里的另一个重要问题，就是精神生产过程中的科学管理问题。精神生产的每一个具体部门的生产过程，都有着自己的特点。如自然科学的研究必须利用专门的仪器、设备和实验室，在特定的条件下进行；而社会科学家的实验室却是现实社会，他们要在观察、思考、研究现实问题的基础上，把握纷繁复杂的社会现象。因此，要发展精神生产力，就必须尊重精神生产的这些特殊规律，用科学的方法加以管理，而不是简单地用行政手段去领导。坚持"双百"方针，不仅是改革和完善精神生产关系的要求，而且也是精神生产力自身发展规律的要求。当然要发展精神生产力，最终有赖于广大精神劳动者脚踏实地的努力和艰苦的创造劳动。我们的广大知识分子应该感到自己肩上的责任重大，我们应该在自己的岗位上，发愤图强，努力工作，为推动我国的精神生产力的发展做出自己应有的贡献。

总之，只有把以上几个方面有机地统一起来，才能真正地把精神生产力推向前进。

（原载《学习月刊》1987 年第 5 期）

社会意识范畴辨正

(1987年3月)

社会意识是人们所熟悉的一个基本范畴。但是长期以来,在这一范畴的理解上,却存在着一些比较严重的混淆。现在有必要将这一问题提出来,予以澄清。

一

"社会意识"这一范畴,本来是隶属于"意识"这一更为基本的范畴的。唯物主义认为意识是存在的反映,但是"存在"是分为自然界和社会两个大的领域的,也就是分为自然界的存在和"社会存在";而"意识"也就相应地分为两个部分:即对于自然界的存在的反映和对于"社会存在"的反映,前者是人们关于自然的意识,而后者便是所谓的"社会意识"。列宁曾指出:"意识总是**反映**存在的,这是**整个**唯物主义的一般原理";而"社会意识**反映**社会存在",这是"历史唯物主义的原理"。① 应该强调指出的是,"社会意识"这个范畴中的"社会",是指它以社会为对象,是从对象的意

---

① 《列宁选集》第2卷,人民出版社1972年版,第330页。

义上说的，而不是从别的什么意义上说的。它是对于"社会存在"的"复写、摄影、反映"①，而不是对别的什么存在的反映。"社会意识"只是人类全部意识的一个组成部分罢了。

但是，长期以来"社会意识"这一范畴，被看作是"社会的精神生活领域"的同义语，这种情况从流行的大多数哲学教科书中都可看到，而这样一来，"社会意识"范畴的本来涵义便被扭曲了。这大概是由于"社会意识"范畴中的"社会"，被人们从所有关系的意义上去理解，这样"社会意识"自然就变成了"社会中所有的意识"，变成了社会的精神领域，而凡是在社会中存在着的各种意识现象，就都成了"社会意识"了。而这实际上也就是囊括了全部人类意识，试想有哪些意识不是存在于社会之中，而能存在于社会以外的什么地方呢？我们的哲学教科书在讲"社会意识"的时候，是把它当作社会结构中的一个基本层次，认为社会中除了经济生活领域和政治生活领域，还有精神生活领域，而自然科学自然也应属于社会的精神生活领域，于是它便成了"社会意识"的"一种重要形式"。有的教科书则更为直截了当地写道："社会意识包括社会的人的一切意识要素和观念形态"。

这样，两个不同的范畴便被混淆了。"社会意识"被混同于"社会的精神领域"，实际上也就是混同于人类意识的总体。

二

如果问题仅仅是用词上的混淆，仅限于用"社会意识"这个词来表示社会的精神领域，那尚且关系不大。但更为糟糕的是，由于这两个不同的范畴被混为一谈，对它们的本质、特点和规律的认识

---

① 《列宁选集》第 2 卷，人民出版社 1972 年版，第 128 页。

也被混淆起来了。

按照"社会意识"的本来涵义,它是人们对于社会物质生活和物质关系等的认识、观点和看法。这样,我们可以把它的本质规定为社会存在的反映,并进而指出它对社会存在具有相对独立性,并能反过来对社会存在发生作用。这些认识无疑都是十分正确的。例如,人们的经济思想、政治思想,归根到底是人们的现实的经济生活和政治生活的反映,它们又能反过来影响这个现实的经济生活和政治生活。但是,人们在把"社会意识"范畴等同于社会的精神领域的同时,把"社会意识"所特有的规定性和规律,如上面所说的社会意识是社会存在的反映、它的相对独立性和反作用等一股脑地简单地套用到社会精神领域的研究中去,认为这便是社会精神领域的本质、特点和规律。而这样一来,麻烦便发生了。按照这个观点,社会精神领域中的一切意识现象都成了社会存在的反映。而这显然是荒唐的,因为社会精神领域是人类全部意识的集合,而意识本来一部分是社会存在的反映,另一部分则是自然界的存在的反映。而在这里,自然界的存在被不明不白地抹掉了,社会存在成了意识的唯一本源,所有的意识都被看作是社会存在的反映。

以自然科学为例。我们不少教科书都把自然科学列为"社会意识"的一种重要形式,而又说"社会意识"是社会存在的反映,那么自然科学是否也是社会存在的反映呢?这里存在着一个明显的矛盾,因为自然科学就其本身来说无疑是自然界存在的反映,例如物理学是自然界中物理运动及其规律的反映,化学是自然界中化学运动及其规律的反映,它们不是什么社会存在的反映。

把本来属于意识的一个特殊部分即"社会意识"的规定性和规律硬套到整个社会的精神领域,不仅仅是一个逻辑上说不通的问题,更重要的是,它妨碍了我们从社会结构或社会系统的角度去全面地考察社会的精神领域。社会的精神领域作为社会结构中的一个基本层次，作为社会系统中的一个基本要素，它与经济领域、政治领域等其他层次或要素之间有着多方面的关系和联系。当然这里部分地包括着反映与被反映这样一种关系，因为本来意义上的"社会意识"是社会的精神领域中的一个组成部分，它与社会存在的关系应该包括在社会精神领域与其他领域的多种关系之中。但问题在于绝非只有这样一种关系。更为广泛的是各种形式的制约关系。近两年来理论界开始探讨精神生产问题，这实际上就是对社会精神领域与其他领域的关系的认识上的深化，因为它旨在揭示社会精神领域中各种精神成果产生和发展的内外机制。当然除了精神生产之外，还可以从其他角度去研究，但这里的关键之一，就是必须从对"社会意识"范畴的不正确理解和简单套用中走出来。

由此可见，澄清在"社会意识"范畴的理解上存在着的各种混淆，把"社会意识"同"社会的精神领域"科学地区分开来，对于维护历史唯物主义关于社会意识反映社会存在的原理的科学严谨性，对于深入广泛地展开对社会精神领域的研究，都具有直接重要的意义。

(原载《理论教育》1987年第3期)

当前价值观研究中的几个逻辑问题

(2012 年 4 月)

在推进社会主义文化建设的过程中,价值观问题一直是讨论的热点。党的十七届六中全会召开之后,这方面问题更是引起了广泛的关注。而从目前的情况看来,讨论中还存在各种不同的观点和看法,包括某些较大的争议和分歧。为了促进研究的深入,我认为有必要回到基础理论的层面,对价值观研究中的一些基本的逻辑问题做出梳理,以防止和克服由此产生的认识上的偏差。

一、关于价值观研究中的逻辑指向

虽然大家都在谈论价值观问题,但是仔细观察一下就可以看出,不少讨论的关注点却很不相同,各自见仁见智,甚至各说各话。从方法论上讲,这首先就涉及价值观研究的逻辑指向,即所谓价值观研究到底应该研究什么。

价值观研究虽然涉及方方面面的内容,但从总体上说,主要应包括两个基本指向:一是建构意义的研究,即通过研究而建构一种特定的价值观;二是评价意义的研究,即对各种已有的价值观进行研究并做出评价。需要注意的是,这两种研究虽然相互联系,但各自的着眼点却有着明显的不同：对于后一种指向来说，其所面对的是各种不同的价值观体系，需要做的是对这些价值观进行分析和考察，包括它们的形成和演变；而就前一种指向而言，其所要面对的不是某种既有的价值观，而是价值本身，是要对现实存在的各种价值进行分析和考察，然后确定哪些东西是我们所需要的，以及应怎样处理它们之间的关系等，这样才能完成"建构"，从而提炼和概括出一种特定的价值观。

进一步说，这两种研究的区别还在于：以价值观为指向的研究所面对的只是一些观念形态的东西，一些思想材料，它属于社会的精神领域，属于社会意识的范畴；而以价值为指向的研究则要复杂得多，它绝不仅限于这个精神的或观念的领域，因为所谓价值存在于整个社会，包括经济领域、政治领域、文化领域以及社会的其他各个领域；不仅如此，它还存在于整个世界，除了社会各领域之外，还包括作为人类社会的外部环境和存在条件的自然界。这里就涉及对"价值"这一概念的理解。按照马克思的论述，"'价值'这个普遍的概念是从人们对待满足他们需要的外界物的关系中产生的"①，"实际上是表示物为人而存在"②。也就是说，作为一个"普遍概念"的价值体现的是客观事物对作为主体的人所具有的意义，亦即是否符合人的需要；而人的需要是多方面的，要满足这些需要，必然涉及社会的各个领域以及人与自然的关系。凡是作为客体与主体发生联系的事物，都有一个价值问题，对此应有一个全面的理解。

从一般意义上说，这两种指向的研究无疑都是必要的。但从目前的情况看，迫切需要的是前一种研究，即建构我们所需要的价值观。既如此，就要按照这一指向的逻辑要求，对我们所面对的各种

---

① 《马克思恩格斯全集》第 19 卷，人民出版社 1963 年版，第 406 页。
② 《马克思恩格斯全集》第 26 卷，人民出版社 1974 年版，第 326 页。

价值做出研究。但是这里又会遇到一个新的问题：既然我们所要研究的价值涉及社会以及自然界的多个领域，那么这个研究又该如何着手呢？

二、关于价值观研究中的逻辑分层

应该说，无论哪一种指向的价值观研究，都会涉及多种复杂的内容；而建构意义的价值观研究由于要涉及社会以及自然界的多个领域的价值问题，那么情况就更是如此。针对这种情况，我们的研究就不能在一个平面上笼统地进行，而必须区分不同的逻辑层次，并按照这些层次之间的联系循序展开。

这种逻辑分层可以有不同的方法，但最基本的区分应包含两个层面：整体和部分。从人与社会之间的关系看，所谓社会是一个由经济、政治、文化以及其他社会领域所构成的完整的结构体系，它作为客体而与作为主体的人相对应；社会结构体系中的各个构成领域，包括经济领域、政治领域、文化领域等，都有其特殊的地位和作用，对于主体即人而言也都有着不可或缺的价值意义。所以，价值观研究首先应该分别着眼于这些不同的领域，对这些领域的价值问题分别做出分析和研究，从而形成各个领域所特有的价值观，包括经济价值观、政治价值观、文化价值观等。这样一些研究，就属于价值观研究的"部分"层面。这一层面的研究无疑具有基础的意义，但仅仅停留在这个层面显然是不够的；在这一基础上展开的应该是"整体"层面的研究，既着眼于社会结构体系的整体存在，将各个构成领域中的价值问题综合起来进行研究。这里需要强调指出的是，这种整体层面的研究不能只是将各个部分的研究结果机械地拼加起来，而必须真正按照整体的要求去做，其中最重要的是把握各个部分之间的有机联系。社会结构体系本身是一个有机联系的整体，各个领域的价值问题也同样是有机地联系着的。所以，整体层面的价值观研究必须关注这种有机联系，将部分层面的研究真正提升到整体的高度，从而达到真正的整合。

在对整个社会结构体系的价值问题进行分层研究的同时，还应充分重视自然环境方面的价值问题。从主体的角度看，人是社会的人，但同时又属于自然界。人以及人的社会都要借助于一定的自然条件才能存在和发展。因此，这里也存在一个整体与部分的关系问题，整体层面的价值观研究应将自然环境方面的价值问题整合在内，其着眼点便是人类社会与自然界之间的有机联系。

三、关于价值观研究中的逻辑概括

要建构一种价值观，不仅要对主体所面对的各种价值关系做出研究，并在此基础上提出自己的观点和主张；而且还要对这些观点和主张进行概括和提炼，将其恰当、准确地表述出来。但这里有一个常常使人困惑的问题：究竟应该怎样进行这种概括，才能切实做到恰当、准确？

无须赘言，这个问题的解决需要一个基本前提，即必须对这种价值观的基本观点和主张有一个全面的了解和把握。而目前讨论中出现的一些争议和分歧，正是与此有关；其症结其实还不在于如何概括，而是在于究竟要概括什么。既然如上面已经指出过的，建构意义的价值观研究涵盖主客体关系的全部范围，涉及社会以及自然界的多个领域，那么要概括一种价值观，就必须以这种全面性为前提，而不能只是关注于其中的某些方面。而对于整体层面上的价值观研究来说，还要进一步着眼于各个领域之间的有机联系，要通过逻辑概括使这种有机联系充分地体现出来。当然，如果我们要概括的是"核心价值观",还应再进一步,尽可能提炼出其中最能体现这种价值观的基本精神的要素和内涵。

在这个基本前提之下,价值观的提炼和概括还应遵循各种相应的逻辑要求,其中特别应注意的是一般与特殊的关系。任何一种价值观都有自己的特殊规定性,价值观的逻辑概括当然要充分反映这种特殊性,否则就无法使之与其他的价值观区别开来。但各种不同的价值观之间并不是形而上学地隔绝和对立着的,而是存在着各种复杂的交叉和联系,包括某些共性的东西。一般与特殊是相互联结而存在的,因而在把握一种价值观的特殊规定的时候,也要把握它所包含的一般规定,要将二者结合起来。从历史上看,随着社会的发展和进步,价值观领域里也会不断积淀体现着人类文明成果的积极因素,任何一种新的、进步的价值观,都必须从以往的积淀中汲取这些已有的成果,同时克服以往各种价值观的历史局限,在此基础上再前进一步,形成具有时代高度的新的成果。而这种历史的继承和发展,也同样体现出一般和特殊的关系,需要我们辩证地去认识。所以,要对一种价值观做出恰当、准确的表述和概括,必须体现这个一般和特殊的统一,既包含共性的东西和已有的成果,又具有自己的特性和新的时代特征。要真正做到这一点,无疑是有一定的难度的;但唯有这样,才能具有真正的合理性,从而最终站住脚。对于当前正在讨论的社会主义核心价值观来说,正是应该按照这一要求进行提炼和概括;要坚持辩证方法,防止和反对各种片面化、绝对化的不正确倾向。只有沿着这样一条合乎逻辑的正确路径,我们才能顺利达到既定的目标。

(原载《学习时报》2012年4月2日)

关于民主、自由、人权的若干思考

(1992年1月)

近年来,关于民主、自由、人权诸方面的问题不仅成为理论界讨论的热点,而且引起了全社会的普遍关注。马克思主义怎样看待民主、自由、人权?怎样评价资产阶级和以往历史上关于民主、自由、人权的思想和实践?社会主义究竟要不要民主、自由、人权,要什么样的民主、自由、人权,以及怎样才能找到通往理想目标的现实道路?正确解决这些问题,对于我们的社会主义实践无疑具有十分重要的意义。鉴于目前在这些问题上存在着各种模糊和混乱的认识,"左"的和右的错误倾向在不同程度上都有表现,那么在深入研究和探讨的基础上,对这些问题做出真正科学的、马克思主义的回答,就更具有迫切性了。

当前,民主、自由、人权属于综合性质的问题,需要从各个不同层次和不同角度去探讨。在这里,我们并不打算也不可能全面地考察这些问题,而只准备从哲学的层次上,结合理论界的研究状况,就一些重要方面谈一点综合的看法。

一、资产阶级及以往历史上关于民主、自由、人权的思想和实践

民主、自由、人权，曾是资产阶级政治思想体系中影响最大、传播最广的一些观念，也是资产阶级在其政治和社会实践中着力标榜的一些基本原则。而从历史渊源来看，有关的一些重要思想在古希腊时代就已开始萌发。因此，在阐明马克思主义对这些问题的见解之前，有必要概略地考察一下资产阶级以及以往历史上关于这一方面的思想和实践。

早在公元前 6 世纪初，古希腊半岛的奴隶社会中，就出现了以雅典为代表的城邦民主政体。虽然考古学家和历史学家们已经证实，民主最早起源于两河流域的古代东方国家，但雅典无疑是古代奴隶制民主发展最充分的范例。"民主"一词就来自古希腊文，从字面上讲是指"人民的权力"，即由人民行使权力共同治理国家。雅典民主制奉行"主权在民"的原则；以公民大会为城邦最高权力机构。伯里克利曾在一次著名演说中骄傲地宣布："我们的制度之所以被称为民主政治，因为政权是在全体公民手中，而不是在少数人手中。"[①] 但是，在雅典，奴隶是不被算作公民之列的，只有自由人才能成为公民。因此，雅典民主制仅仅是以自由人为范围，伯里克利所说的多数与少数，也仅仅是在这一范围内而言。当然，尽管雅典民主制具有这一重大历史局限，但它在民主发展史上的重要地位仍是毋庸置疑的。

古希腊的许多思想家都曾热烈赞扬雅典民主制，著名哲学家德谟克利特甚至明确说："在一种民主制度中受贫穷，也比在专制统治

---

① [古希腊] 希罗多德：《历史》下册，王以涛译，商务印书馆 1959 年版，第 371 页。

下享受所谓幸福好。"① 古代政治学的奠基者亚里士多德虽然由于他的"中庸"主张而对民主政治颇多微词，但他在《政治学》这一古典名著中却第一次明确划分了政体的"三个要素"，即议事机能、行政机能和审判机能，开了分权论的先河。后来，"罗马史学家"波里比阿又从权力制衡的角度发展了亚里士多德的思想，使之成为近代分权学说的重要思想渊源。

古希腊民主制度的建立和发展，是同古希腊人关于自由的观念联系在一起的。在古希腊人看来，自由首先意味着从奴役中解脱出来，从自由和奴役的对立中，产生了自由人同奴隶的差别。而另一方面，自由又是公民权利的体现，民主政体就是"以自由为其宗旨"②的；专制政体压制公民权利，这时自由就是"对于政治统治者的暴虐的防御"③。德谟克利特在论证民主制度优于专制制度时指出，民主制度之所以优越，是由于"自由比受奴役好"④。关于近代以来正式提出的人权观念，在古希腊时期也有思想萌芽，例如安提丰和阿尔基达马就曾从"自然"的角度论证人的平等关系。到了古罗马时期，西塞罗比较系统地提出了"自然法"的思想，虽然他以此为当时的奴隶制度和贵族统治做论证，但他关于自然法代表"理性"、"正义"，任何国家法律都必须与之相符合的观点，对后世产生了很大的影响，近代资产阶级正是从自然法中，引出了所谓人的"自然权利"。

古希腊罗马时期关于民主、自由、人权等方面的一些重要思想或思想萌芽，在继之而来的中世纪受到基督教神学的严酷压制，而

---

① 李志逵：《欧洲哲学史》上卷，中国人民大学出版社1981年版，第34页。
② [古希腊] 亚里士多德：《政治学》，吴寿彭译，商务印书馆1965年版，第312页。
③ [英] 约翰·密尔：《论自由》，许宝骙译，商务印书馆1959年版，第1页。
④ 李志逵：《欧洲哲学史》上卷，中国人民大学出版社1981年版，第34页。

封建专制制度成为中世纪的普遍政治实践。一直到 15 世纪文艺复兴运动以后，才开始形成近代的民主、自由和人权观念，继而出现了资产阶级的民主共和国。

文艺复兴运动作为封建社会末期新兴资产阶级的思想文化运动，一开始就高举着人性、人权、个性自由的旗帜，猛烈地攻击宗教神学和封建专制统治。但是，这个时期资本主义生产方式还处于萌芽和初生阶段，资产阶级还不可能系统地提出自己的思想理论体系。16 世纪后半期，尼德兰爆发了历史上第一次资产阶级革命，建立了荷兰共和国。荷兰资产阶级思想家格劳秀斯成为近代自然法理论的创始人，并由此论证了人的自然权利的神圣性。另一位思想家斯宾诺莎明确宣称，生存、工作、平等、自由等是人的"天赋权利"。他特别强调人的自由，认为"自由比任何事物都为珍贵"，"政治的真正目的是自由"。① 由此他极力推崇民主政治，认为"在所有政体之中，民主政治是最自然，与个人自由最相结合的政体"②。17 世纪中叶，英国爆发革命，建立了以资产阶级和新贵族的妥协为特征的君主立宪制国家。英国资产阶级思想家洛克被恩格斯称为"1688 年的阶级妥协的产儿"③。他认为人们天生就是自由、平等和独立的，任何人不得侵害他人的生命、健康、自由和财产。私有财产权，在洛克这里成为天赋权利的一个主要方面。洛克是比较系统地论述资产阶级民主制度的第一个思想家，他承袭亚里士多德，在近代首次提出分权制的主张，把立法权归于议会，行政权和联盟权归于以国王为代表的执行机关，而立法权高于行政权和联盟权。这里还应指出，斯宾诺莎、洛克以及其他资产阶级革命早期的思想家，都注重以自

---

① 袁华音：《西方社会思想史》，南开大学出版社 1988 年版，第 187 页。
② ［荷兰］斯宾诺莎：《神学政治论》，温锡增译，商务印书馆 1963 年版，第 219 页。
③ 《马克思恩格斯选集》第 4 卷，人民出版社 1972 年版，第 485 页。

然法、自然状态、自然社会等理论和社会契约论为自己的民主、自由、人权思想做论证，虽然他们对这些理论的理解和阐述各有某些不同。

如果说 17 世纪的英国资产阶级革命还带有一定的妥协性质，那么 18 世纪相继发生的美国独立战争和法国大革命，就具有了更为彻底的意义。而这一时期的资产阶级思想家，把资产阶级关于民主、自由和人权的理论推进到了成熟的阶段。在法国，有伏尔泰、孟德斯鸠、卢梭等一大批启蒙思想家；伏尔泰从人的天赋权利出发，大声疾呼言论自由、出版自由、信仰自由、选举自由、议会自由、财产自由和劳动自由，孟德斯鸠则把政治自由和分权论结合起来，在洛克分权论的基础上进而提出了立法权、行政权和司法权三权分立的主张，并阐述了三权之间互相牵制、保持平衡的原则。卢梭是启蒙思想家中独树一帜的人物，他从对社会契约的激进的理解中引出了关于人民主权的思想，并提出人民主权不可转让、不可分割、不可限制三原则，还进而主张人民革命权利论。在美国，有杰弗逊和潘恩等资产阶级激进派的思想家，他们既坚持人民主权的立场，又赞成三权分立的主张。而自由、平等的自由权利论、社会契约论是他们共同的思想起点。1776 年，美国独立战争发生，杰弗逊等人起草的《独立宣言》宣告了美利坚合众国的成立。这个宣言被马克思称为"第一个人权宣言"[①]，它宣称："人人生而平等，他们都从他们的'造物主'那里被赋予了某些不可转让的权利，其中包括生命权、自由权和追求幸福的权利"。13 年之后，法国大革命爆发，著名的《人权和公民权宣言》（简称《人权宣言》）问世。这个宣言写道："一切政治结合的目的都在于保护人的天赋的不可侵犯的权利；这些权利是：自由、财产、安全以及反抗压迫"。法国启蒙思想

---

① 《马克思恩格斯全集》第 16 卷，人民出版社 1964 年版，第 20 页。

家们的民主、自由和人权思想不仅成为建立法兰西共和国以及美利坚合众国的社会和政治原则，而且也成为后来世界各国资产阶级革命的旗帜。

近代以来资产阶级民主、自由、人权的思想和实践，与古希腊相比有两个显著的特点：一是突破了古希腊把民主、自由公开限制在自由民公民范围内的狭隘性，而在抽象的理论上和实践的形式上承认所有一切社会成员的平等地位和权利，并正式确立了天赋人权的普遍观念。二是用间接民主制取代古希腊的直接民主制，即由人民选举代表组成议会，通过代议制的形式行使国家最高权力。这使得民主政治突破了狭小地域和人口的限制，在幅员辽阔、人口众多的民族国家内成为可能。同时，资产阶级围绕议会制创设了普选制、分权制、两党或多党制等，建立了一套在完备和严密程度上远远超过古希腊的政治组织体系。而资产阶级的自由和人权观念，在代议制民主的形式下也就有了各种特定的内容和涵义。从近代到现代以来的几百年中，资产阶级在民主、自由、人权诸方面的思想和实践虽然出现了各种复杂多样的情况，但在总体上始终体现着这两个基本特点，这从当代各资本主义国家的情况就可以清楚地看出来。

资产阶级关于民主、自由、人权的思想和实践在历史上曾有过十分进步的意义，这一点是应该肯定的。但是，资产阶级的这些思想和实践从一开始就注定要带上阶级的和历史的局限，在抽象的普遍形式下，掩盖着的实际上仍是资产阶级本阶级所有的民主、自由和社会权利。资产阶级利用手中的经济力量和良好的物质文化条件实际上控制着国家政治权力，而经济上处于被奴役地位的无产阶级和广大劳动群众是没有多少条件去参与这种"民主"的。资产阶级国家的民主虽然看上去很热闹，但实际上只不过是"金钱的民主"，不论政治舞台上怎样变换角色，他们都是要维护资产阶级的根本利益的。在这种情况下，自由和人权也只是对资产阶级来说才是现实的，而对无产阶级和广大劳动群众来说，在很大程度上只能是一纸空文，实际上无法兑现。对于资产阶级民主、自由、人权的阶级实质，我们确实应有一个清醒的认识，它远不是有些人想象的那样美妙。不过，在这里也应防止那种把资产阶级民主、自由、人权简单斥为"虚伪"、"骗人"了事的做法，要看到民主制度毕竟是"资本主义所能采用的最好的政治外壳"①，尽管资产阶级国家的民主、自由、人权对无产阶级和广大劳动群众来说还停留在形式上，但这仍是具有历史意义的；同时，无产阶级和广大劳动群众为改变自己地位而争取自身权利的斗争，在现代国家中还是取得了重大成果的。只有把以上两个方面统一起来，才能对资产阶级关于民主、自由、人权的思想和实践做出全面的、客观的评价。

二、历史唯物主义对民主、自由、人权诸问题的基本观点和看法

对于历史上提出并在思想上和实践中产生广泛深刻影响的民主、自由、人权问题，马克思主义当然应该从历史唯物主义的立场上给予科学的回答，并阐明它们与无产阶级解放事业的历史联系。

在历史唯物主义看来，民主作为一个政治范畴，意指人民行使权力共同治理国家，这从一般的角度讲是没有问题的。但是，历史唯物主义强调，民主范畴应该同国家范畴统一起来加以把握，对"人民"也应该进行具体的分析。列宁明确指出，"民主是一种国家形式，一种国家形态"。②而国家作为阶级社会中特有的政治权力体系，包括国体和政体两个方面，所以民主范畴也应该从这两个方面来考察。所谓国体，就是指社会各阶级在国家中的地位，即国家政

---

① 《列宁选集》第3卷，人民出版社1972年版，第181页。
② 《列宁选集》第3卷，人民出版社1972年版，第257页。

权掌握在哪个阶级手里。任何国家都是阶级统治的工具，超阶级的国家是没有的。从这个方面说，民主也绝不是超阶级的，所谓"人民"在阶级社会里无疑是具有阶级的规定性的，而所谓民主，也必然是一定阶级的民主。一定阶级的民主又总是同对另一些阶级的专政联系在一起的，所以列宁说："民主也是'一部分居民对另一部分居民'的统治"。① 从政体方面来看，任何统治阶级都是要以一定的组织形式去建构自己的政权，而民主就是在特定阶级的范围内，按照少数服从多数的原则实行"人民权力"的政治体制。所以列宁又说："民主就是承认少数服从多数的**国家**"。② 从这个意义上讲，民主无非是政治国家的一种特殊的组织形式。这样，只有从国体和政体的统一中，才能全面认识民主范畴的本质内容，忽视其中任何一个方面都是不对的。③

既然民主是政治国家的一种特殊形态，那么，它的实际意义又是什么呢？这个问题似乎很明白，而实际上人们对它的理解往往停留在浅层次上。从直接的意义看来，民主是一定的社会阶级用以调节内部成员的利益关系，维护本阶级整体利益的有效手段，是集中多数成员的智慧，防止失误和偏差的较好途径，也是实现本阶级对敌对阶级专政的得力工具。而从经济基础与上层建筑的关系来说，民主属于政治上层建筑，最终是为特定的经济基础服务的。但是，除了上述这些意义之外，我们还应看到民主的另一方面的意义，这就是对历史主体自身发展的意义。历史唯物主义把主体发展或人的解放看作是社会历史进步的最高价值尺度，而人的解放意味着从自

---

① 《列宁全集》第28卷，人民出版社1990年版，第150—151页。
② 《列宁选集》第3卷，人民出版社1972年版，第241页。
③ 近年来有学者将民主区分为"国家形态"的民主和"非国家形态"的民主，我们这里主要考察的是"国家形态"的民主，至于"非国家形态"的民主，涉及许多具体领域，宜以专文探讨。

然力量和包括政治力量在内的社会力量的奴役和摆布之下解脱出来；而政治民主意味着不同阶级范围内的政治解放，它是通向人的解放的必经道路。马克思在谈到资产阶级民主所实现的"政治解放"时就曾说过："**政治**解放当然是一大进步；尽管它不是一般人类解放的最后形式，但**在**迄今为止的世界制度的范围**内**，它是人类解放的最后形式。"[①] 正是因为政治民主具有这样多方面的深刻的历史意义，它才成为历史上一切进步的社会集团和广大人民群众努力追求的目标。

但是，民主作为上层建筑，其实现程度并不是以人们的意志为转移，而是要受到经济基础即社会经济关系的制约，并且还取决于各种物质的和文化的条件。从经济基础来看，首先，生产资料所有制和整个经济关系体系的性质决定了民主的阶级性质。在经济生活中占据统治地位的社会阶级，必然要在政治生活中占据统治地位；正是由于经济关系中的阶级对立，才决定了国家必然是阶级的国家，民主必然是阶级的民主。资产阶级民主之所以对无产阶级和广大劳动群众只具有形式的意义，其根源也正在这里。其次，经济关系中交往方式的状况，直接制约着民主实现的状况。民主政体并不是在任何一种经济关系的基础上都能建立起来的，只有当一定阶级的成员在经济地位平等的前提下形成广泛的自由交往关系时才有可能。从历史上看，商品经济是民主产生的适宜土壤，因为"交换价值的交换是一切**平等**和**自由**的生产的、现实的基础"。[②] 古希腊城邦民主和近代以后的资产阶级民主，都是以商品经济为基础的，而封建社会中封闭隔绝、自给自足的经济关系，只能产生等级森严的专制政体。除了经济基础方面的制约之外，民主实现的物质条件包括必要

---

① 《马克思恩格斯全集》第 1 卷，人民出版社 1956 年版，第 429 页。
② 《马克思恩格斯全集》第 46 卷上册，人民出版社 1979 年版，第 197 页。

的物质工具和手段,还包括与一定的物质生产力水平相关联的、用以参加政治活动的"闲暇时间"。亚里士多德就曾说过,"在一个政治修明的城邦里,必须大家都有闲暇,不要因为日常生活所需而终身忙碌不已"。① 当然,在古希腊和近代以后资产阶级民主中,统治阶级的"闲暇"都是依靠剥削劳动阶级而得来的。至于民主实现的文化条件,则包括一定的科学文化水平和管理国家的能力,以及与历史传统相联系的政治心理素质。参与民主的社会成员如果不具备这些条件,"民主"仍然只能是一句空话,或只能流于形式。

认识民主的基础和条件是十分重要的,但民主作为一种特殊的政权组织形式,还有着自身实现的内在机制。虽然学术界在这个问题上还存在各种分歧,但从一般的角度讲,这个内在机制应包括政治权力的产生机制、制约机制和回收机制。产生机制主要解决政治权力真正从参与民主的全体社会成员产生的问题,制约机制则保证已经产生的权力不致失控,不致背离它的初衷,而回收机制则是政治权力的最后一道保险杠,它的功能是在政治权力一旦脱开自己的轨道时将其重新收回到参与民主的全体社会成员手中。古希腊城邦民主的实现机制体现为它的公民大会制以及与之相适应的选举制、抽签制等,近代以后的资产阶级民主的实现机制则体现为代议制以及与之相适应的普选制、两党或多党制、三权分立制等。民主实现的机制问题是一个必须精心解决的重大问题,这个问题不解决好,即使有了适宜的基础和条件,民主也不能真正实现,至少不能有效地得到保证。不论哪个阶级的民主,都是如此。

正是基于对民主问题的上述观点,历史唯物主义确立了关于无产阶级民主的基本看法和主张。既然民主作为一种国家形式具有多

---

① [古希腊] 亚里士多德:《政治学》,吴寿彭译,商务印书馆1965年版,第82页。

方面重要意义，那么无产阶级在建立自己的国家时，就必须建立自己的民主；而公有制的生产关系和公有制基础上有计划的商品经济，是无产阶级民主的经济基础；比资本主义更高的劳动生产率和充分的政治活动时间，普遍提高的科学文化水平和广大群众的主人翁意识，是无产阶级民主的物质条件和文化条件；为了确保民主的实现，无产阶级也必须建立有效的权力产生机制、制约机制和回收机制。马克思特别强调，要"以随时可以罢免的勤务员来代替骑在人民头上作威作福的老爷们"，并使"这些勤务员经常在公众监督之下进行工作"。① 从历史地位来看，无产阶级民主将高于以往历史上的一切民主，因为它不再是少数剥削阶级成员的民主，而是广大的劳动群众的民主，它在全社会的范围内第一次实现了民主的本义——多数人的统治。同时，无产阶级民主的地位与无产阶级国家的地位是一致的，无产阶级国家是向国家消亡的过渡，而无产阶级民主也就成为政治民主的最后一种历史形态，随着国家的消亡，它也最终走向消亡。所以列宁指出："民主决不是一种不可逾越的极限，它只是从封建主义到资本主义和从资本主义到共产主义的道路上的一个阶段。"②

历史唯物主义关于民主问题的基本观点和看法是如此，那么关于自由和人权问题又是怎样呢？历史唯物主义认为，自由这个范畴有两种不同的涵义，一是认识论意义上的自由，它是人们对必然的认识和对客观世界的改造；二是社会意义上的自由，它是一种社会权利。社会自由权利包括政治自由权利，也包括经济、思想、文化以及其他社会生活中的自由权利，还包括基本的人身自由权利。我们这里所要考察的，主要就是这种社会权利意义上的自由。那么什

---

① 《马克思恩格斯选集》第2卷，人民出版社1972年版，第414页。
② 《列宁选集》第3卷，人民出版社1972年版，第256页。

么是人权？从历史唯物主义的立场来看，所谓人权就是人的基本的社会权利，包括经济、政治、思想文化以及其他社会生活方面的基本权利，还包括生存权等基本的人身权利。而自由，即各方面的社会自由权利，实际上也就是人权的一个基本内容。所以这两个范畴是联系在一起的。

资产阶级思想家宣扬人生而自由，宣扬"天赋人权"，这是因为他们从历史唯心主义的基本立场出发，把人看作抽象的人，把人的权利看作抽象的权利。而历史唯物主义则认为，"抽象的个人，实际上是属于一定的社会形式的"①，人只能是生活于特定的社会关系之中并为这一社会所规定和制约的现实的人。因此，人的权利一开始就是在社会中形成的，是现实的和具体的，超现实的、抽象的权利是不存在的。自由权利是如此，作为人权的其他基本权利也都是如此。在不同的社会里，人们的基本权利的状况是不同的，而阶级社会中的阶级规定性，也毫不例外地反映在权利领域。不同的阶级对自由和人权的享受是有着实际差别的，从总体上说，超阶级的自由和人权是没有的。②

此外，在历史唯物主义看来，任何权利都是同一定的义务相依存的，"**没有无义务的权利，也没有无权利的义务**"③。因此，它主张从权利和义务的统一中去把握自由和人权范畴。当然，在阶级社会里，权利和义务在阶级之间发生了对立："几乎把一切权利赋予一

---

① 《马克思恩格斯选集》第 1 卷，人民出版社 1972 年版，第 18 页。
② 这里需要说明，在现代，人权问题不仅表现在一定社会内部，而且进而表现为国际人权问题，同时许多发展中国家还把民族国家的自决权和发展权作为人权的重要内容来强调，本文不可能详细论及这些方面，而着重讨论一定社会内部的人权问题。
③ 《马克思恩格斯选集》第 2 卷，人民出版社 1972 年版，第 137 页。

个阶级,另方面却几乎把一切义务推给另一个阶级。"① 但即使在这种对立中,统治阶级的成员在享受自由和其他权利时,也还需要承担本阶级内部的必要的义务,这一点,从《人权宣言》开始就做了明确的规定。幻想只有权利没有义务,是荒唐的。

自由和人权作为人的基本的社会权利,具体表现在经济、政治、思想文化以及其他社会生活领域,因而也就要受到所有这些领域中的社会关系的制约。而具有决定意义的基础,仍然是社会经济领域、经济关系。马克思曾指出:"权利永远不能超出社会的经济结构以及由经济结构制约的社会的文化发展"②。经济关系所直接决定的当然是经济方面的权利,经济关系的状况如何,经济领域中权利分配的状况也就如何,在经济关系中占统治地位的社会阶级,必然垄断着经济领域中的基本权利。在资本主义社会,资产阶级鼓吹的经济方面的自由和人权,是以资本主义私有制为基础的,因此"被宣布为最主要的人权之一的是资产阶级的所有权"③,资产阶级的私有财产被看作是天经地义的。而在这个前提下,经济自由只能是资本所有者阶级所需要的经营自由、贸易自由和竞争自由,而对于无产阶级来说,则只有出卖自己劳动力的自由。经济关系的状况规定着经济方面权利分配的状况,而经济方面的权利又制约着政治、思想、文化以及其他社会生活方面的权利,也制约着包括生存权和人身自由权在内的基本的人身权利。由于人们的经济生活是其他各种生活的基础,"人们首先必须吃、喝、住、穿,然后才能从事政治、科学、艺术、宗教等等"④,同时也由于"从事政治、科学、艺术、宗教等等"也都需要必要的物质资料和物质手段,所以一般说来,政治、

---

① 《马克思恩格斯选集》第4卷,人民出版社1972年版,第174页。
② 《马克思恩格斯选集》第3卷,人民出版社1972年版,第12页。
③ 《马克思恩格斯选集》第3卷,人民出版社1972年版,第57页。
④ 《马克思恩格斯选集》第3卷,人民出版社1972年版,第574页。

思想、文化以及其他社会生活方面的权利分配是和经济方面的权利分配相一致的，在经济方面享有垄断权利的社会阶级，必然会把政治、思想、文化及其他社会生活方面的权利尽可能多地把握在自己手里，而在经济方面处于无权地位的社会阶级，在政治、思想、文化以及其他社会生活方面也会同样处于无权地位。至于人身权利，包括生存权和人身自由权等，也都在根本上为经济生活中的权利关系所制约。在资本主义社会，资产阶级依靠资本所有权垄断着经济领域中的各种基本权利，相应地，他们在政治、思想、文化以及其他社会生活方面，乃至人身方面也都享有垄断的权利；而无产阶级虽然在名义上享有各个方面的同等的基本权利，但由于他们在经济上的无权地位，他们在政治、思想、文化以及其他社会生活方面的自由权利和其他基本权利实际上是难以实现的，甚至他们自己的人身权利也都难以真正得到保证。

  经济领域和经济关系从根本上制约着自由和人权，而政治领域和政治关系对于自由和人权来说则具有直接的制约作用。政治民主在这里同自由和人权有着直接的联系。首先，政治关系的状况直接规定着政治自由和其他政治权利的状况；在存在着统治阶级和被统治阶级的阶级对立的政治关系中，政治自由和其他基本的政治权利必然是具有阶级性的，是按照不同的阶级进行分配，虽然这种阶级性可能掩盖在超阶级的形式下。而对占统治地位的社会阶级来说，具体体现着政治关系的政体状况则制约着政治自由和其他政治权利在本阶级内部的分配状况。在专制政体下，政治自由和其他各种政治权利是按照等级次序分配的，与之相适应的是政治强制和人身依附。马克思在批判君主政体时就曾深刻地指出："君主政体的原则总的说来就是轻视人，蔑视人，**使人不成其为人**"。① 而只有在民主政

---

① 《马克思恩格斯全集》第 1 卷，人民出版社 1956 年版，第 411 页。

体下，才能保证这个阶级的广大成员享有充分的政治自由和其他各种政治权利，至少可以为这些权利的实现提供必不可少的政治形式。其次，社会政治领域和政治关系直接规定着政治自由和政治生活方面的其他基本权利，而政治生活方面的所有这些权利又对经济、思想、文化及其他社会生活方面的基本权利起着重要的保障作用，对基本的人身权利也是如此。因为所有各种基本的社会权利，都是要通过法律的形式加以确认，并借助于政治力量加以维护的，政治上层建筑的本来意义也就在于此。所以，只有在政治上享有充分的权利，才能保证其他社会生活中的基本权利，如果政治上无权，其他方面的权利也就难以维护。而既然对一个阶级的广大成员来说，只有民主政体才能使他们的政治自由和其他政治权利得以实现，那么从总的意义上可以得出结论：民主是自由和人权的基本保障。

要使自由和其他基本的社会权利真正得以广泛实现，除了社会经济基础和政治上层建筑的制约作用之外，同样还需要各种物质和文化条件，并且由于这些权利涉及各个不同领域、不同方面的内容，其条件也就具有各种复杂多样的特点。经济上的自由和其他经济权利的实现需要掌握足够的物质资料，还需要具备适应经济生活需要的文化教育水平。政治上的自由和其他政治权利的实现不仅以物质资料为前提，而且以物质资料为手段，同时还需要充分的闲暇时间——这一点同民主问题上的情况是共同的；至于适应政治生活需要的文化教育水平，当然也是不言而喻的。思想和文化方面的自由和其他权利的实现，无疑需要必要的思想文化水平和充分的精神生活资料，而在这里，物质资料作为前提和手段同样是不可或缺的。最后，关于生存权和人身自由权等人身基本权利，离开了必要的物质条件和文化条件，也只能是一句空话。所以说，要实现自由和人权，最终还需要发展社会生产，包括物质生产和精神生产，创造充分的物质条件和文化条件。

基于对自由和人权的上述基本观点，历史唯物主义认为，自由和人权决不应该只是资产阶级的专利，无产阶级在进行自身解放的斗争中，必须提出自己的自由要求和人权要求。这个要求的基本内容，就是使无产阶级和广大劳动群众在社会经济、政治、思想文化以及其他社会生活方面，真正享有充分的自由权利和其他基本权利，当然也包括生存权和人身自由权等基本的人身权利。而既然这些权利不是什么"天赋权利"而只能是现实社会的权利，无产阶级的自由和人权要求便都是以具体的社会关系和社会条件为依据的。既然各方面的基本权利在根本上都要受到社会经济关系的制约，而在资本主义社会中生产资料的私有制是无产阶级实际处于无权地位的主要根源，那么无产阶级要想实现自己的自由和人权，就必须从根本上废除私有制，建立新的以生产资料公有制为基础的社会经济关系；既然社会政治关系对各方面的权利有着直接的规定作用，而政治民主是自由和人权的基本保障，那么无产阶级就必须把自由和人权的要求同民主要求统一起来，建立无产阶级民主；而既然自由和人权的实现还需要各方面的物质和文化条件，那么无产阶级就必须大力发展社会物质生产和精神生产，建设高度的物质文明和精神文明，以适应广大群众实现自己权利的需要。当然，无产阶级和广大劳动群众在实现自己的权利的时候，要真正坚持权利和义务的统一，坚决克服过去的阶级社会里权利和义务在阶级间的对立和分离。以上各个方面的要求，实际上也就是无产阶级社会主义革命和建设的基本原则，而确保无产阶级和广大劳动群众实现自由和人权，无疑应该成为社会主义社会的基本宗旨之一。对于这一点，我们过去是不够清楚的，而在今天，我们必须有一个明确的认识了。

最后我们应该强调指出，社会主义社会不仅不应该回避民主、自由、人权问题，而且必须下大功夫，花大气力真正解决好这些问题。必须明确，社会主义要想真正战胜资本主义，除了要创造出比资本主义更高的劳动生产率和其他条件外，一个极为重要的条件就是要有比资本主义更高的民主、自由和人权。在这个问题上，盲目推崇资本主义的民主、自由、人权，抹煞其历史的和阶级的局限性的资产阶级自由化倾向，无疑是错误的和应该坚决反对的；而那种忽视社会主义的民主、自由、人权，动不动就简单地把民主、自由、人权与资本主义联系在一起加以否定的错误倾向，也同样是愚昧的和必须坚决反对的。

三、社会主义实践与民主、自由、人权

按照马克思和恩格斯原先的设想，社会主义革命将在发达资本主义的基础上发生并取得成功。然而历史的进程却超出了他们的预料，社会主义首先是在一些发展相对落后的国家开始建立起来的。我国甚至没有经历过独立的资本主义发展阶段，是以半殖民地、半封建社会为起点的，这就决定了我国在建设社会主义的道路上必然要经过一个特殊的"初级阶段"。社会主义生长过程中的这种特殊情况本来就给民主、自由、人权诸问题的应有解决造成了许多不利条件，而不幸的是这方面的问题在过去很长时期里被人们不同程度地忽视了。我们党在总结过去几十年的发展实践时指出："我国社会主义发展中的主要历史教训，一是没有集中力量发展经济，二是没有切实建设民主政治。"[①] 而不加强社会主义民主建设，广大人民群众的各方面社会权利也就不能很好地得到保障。直到党的十一届三中全会以后，随着社会主义建设新时期的到来，民主、自由、人权等

[①] 《十二大以来重要文献选编》（下），人民出版社1988年版，第1183页。

问题才日益引起了人们的重视；改革开放十年来，这方面无论在理论上还是实践上都取得了重要的进展。然而我们必须看到，我们在这些问题上所面临的困难仍是很多的，我们的工作还是刚刚起步，我们的任务还是很艰巨的。我们必须从我国现阶段的实际出发，深刻认识在民主、自由、人权诸方面所存在的问题和不足，探讨解决问题的途径和方法。

在民主建设方面，我们所应特别注意解决的至少有以下几个重要问题：

第一，进一步解决好经济关系领域中的"主人翁"问题和商品经济问题，为社会主义民主政治提供坚实的经济基础。

按照历史唯物主义的观点，社会主义公有制和有计划的商品经济是社会主义民主的经济基础。公有制的意义在于使工人阶级和广大劳动群众真正成为生产资料的主人，从而确立他们在整个经济关系领域中的主人翁地位；而有计划的商品经济则是要在广大劳动者独立自主和平等合作的原则下建立全社会范围内的普遍交往关系。从我国情况来看，社会主义公有制自从1956年生产资料所有制的社会主义改造基本完成之后就基本确立起来了，应该说经济关系领域里已经发生了根本变革。但是，我们又必须看到，经济关系方面的一个难点问题我们过去一直没有解决好，这就是个人、集体和社会这三个层次的利益相统一的问题。在过去那种经济体制下，这三个层次的利益关系在很大程度上是脱节的，或者至少是松散的和模糊不清的，以至于公有制在一定意义上变成了一种与它的主体即工人阶级和广大劳动群众相脱离的抽象的客体，工人阶级和广大劳动群众在经济关系中的主人翁地位实际上无法很好地实现，与之相应的自然是主人翁意识的淡漠。那种曾普遍存在的"不负责任"、"低效益"、"吃大锅饭"、"雇佣观念"等现象，就是这方面的表现。经济关系中的这种情况反映到政治领域里，便使得工人阶级和广大劳动群众在政治上的主人翁地位受到影响，并且十分不利于社会范围的普遍的民主意识的生成，从而使社会主义民主建设在很大程度上失去动力。所以，那种以为只要建立了生产资料的公有制，社会主义民主在这方面的经济基础就完事大吉的观点，是一种很肤浅的认识。这里的关键是要通过利益关系的处理，真正解决好"主人翁"的问题。与这个问题相联系而存在的，是我国社会主义商品经济发展很不充分的问题。我国社会主义建设的经济起点本来就比较低，生产力水平不高，经济发展很不平衡，非社会化的成分还占很大比重，所以商品经济的土壤本来就很薄弱。再加上长期以来认识上的错误和人为的限制，更是阻碍了社会主义商品经济的正常发展，却代之以行政权力直接控制和管理经济。其结果，一方面造成了分隔闭锁的经济关系格局，另一方面不利于经济领域中劳动者之间自主平等的交换关系的形成，反而助长了各种特权现象。这种情况反映到政治领域里，也在很大程度上造成社会的民主意识弱化，民主参与能力低下，极不利于社会主义民主政治建设。以上两个经济关系方面的问题，正是我们的经济体制改革所要解决的重点问题，好在我们对这两个问题今天已有了比较深入的认识。而只有解决好这两个问题，才能为我国的社会主义民主政治提供坚实的经济基础。

第二，迅速提高我国的物质生产和精神生产水平，为社会主义民主政治提供充分的物质和文化条件。

我国建国几十年来，在物质生产和精神生产方面都已取得了重大成就，这是不容置疑的历史事实。但是，应该看到，从社会主义民主政治建设的要求来说，我国现有的物质文化条件仍是十分不够的。我们还不能提供充分的物质手段和资料来满足广大人民群众广泛参与民主生活的需要，广大劳动者的劳动负担也还比较沉重，在一些相对落后的地区,不少群众还不得不通过更为紧张的劳动去解决温饱问题,这样他们参与政治生活的时间和精力还不能得到保证。我国的文化教育事业也还比较落后,要提高全民族的文化教育水平,还需要经过长期的努力。列宁在谈到当时俄国的文化条件时曾说过:"我们深深知道,俄国文化不发达是什么意思,它对苏维埃政权有什么影响;苏维埃政权在原则上实行了高得无比的无产阶级民主……可是这种文化上的落后性却贬低了苏维埃政权并使官僚制度复活。"① 在中国,也同样存在类似的问题。此外,由于我国有着几千年的封建传统的影响,广大干部和群众的政治心理素质也还不能适应民主政治的要求,"为民作主"的传统心理还相当广泛地存在。以上所有这些物质文化条件方面的缺陷和不足,只能依靠我们大力发展社会主义的物质生产和精神生产,通过逐步的努力去克服和弥补。

第三,理顺政治领域的各种权力关系,建立健全社会主义民主的实现机制。

为了保证工人阶级和广大劳动群众真正成为国家的主人,社会主义社会也必须建立有效的权力产生机制、制约机制和回收机制。我国的民主政体采用的是人民代表大会制,这种体制是根据马克思关于"议行合一"的思想,由人民选举代表组成国家最高权力机关,并由此派生出国家行政机关和司法机关。这种政体的权力产生和回收机制,是通过人民对代表的选举权和撤换权,人民代表大会对国家行政、司法人员的任免权体现的;权力制约机制则是通过行政、司法机关对人民代表大会负责等规则体现的;而在所有这些方面,党的组织都发挥着领导作用。十一届三中全会以来,我们在政治体制改革方面做了许多工作,但是必须看到,我们的政治实践与政治

---

① 《列宁选集》第3卷,人民出版社1972年版,第784页。

原则之间仍是有相当的距离的。现在我们所面临的任务，就是要在党的领导下，按照"一切权力属于人民"的原则，切实建立健全社会主义民主的各项机制。这包括采取得力措施确保人民代表大会的最高权力机关地位，并保证其发挥各项作用和职能，决不能使之沦为"橡皮图章"；完善代表选举和撤换制，克服选举的形式主义现象，使代表职务不再仅仅是荣誉性质而真正具有政治性质；理顺党政关系，克服长期存在的某些弊端；建立健全各权力机关的自我监督和相互监督系统；增加政治透明度，实行公开化，逐步拓宽公民直接参政、议政、监政的渠道；认真实行干部轮换制度，彻底废除终身制等。只有真正解决好上述各方面具体问题，社会主义民主才能最终真正得到实现，而这正是社会主义政治体制改革所要完成的具有深远意义的历史任务。

在加强社会主义民主政治建设的同时，我们在实现社会主义自由和人权方面也有许多工作要做，并且这与社会主义民主政治建设有着密切联系。

首先，要通过经济体制改革，进一步解决使工人阶级和广大劳动群众充分享受自由和人权的经济基础问题。在这方面，我们面临的仍是社会主义公有制已从根本上确立，但工人阶级和广大劳动群众在经济关系中的主人翁地位还未能很好实现的问题。而这个问题必然直接妨碍工人阶级和广大劳动群众充分享受经济生活方面的自由和其他应有的社会权利，并通过此影响到他们在政治、思想、文化以及其他社会生活方面的实际权利，乃至人身方面的实际权利。因此，解决好这个问题，对社会主义自由和人权的实现具有根本性的决定意义。

其次，要通过政治体制改革和社会主义民主政治建设，进一步解决使工人阶级和广大劳动群众充分享受自由和人权的政治保障问题。由于我国现阶段民主发展水平的限制，工人阶级和广大劳动群众的各项自由和其他社会权利还缺乏足够充分的政治保障。这个问题要随着我国政治体制改革的不断深化和社会主义民主建设的不断加强，而逐步地得到解决。

再次，社会主义自由和人权的充分实现同样需要解决物质和文化条件问题。我国现阶段物质生产和精神生产的水平不高，还不能为广大人民群众实际享受各方面社会权利提供充分的条件，同时许多群众还不懂得如何正确维护和行使自己的权利。这方面问题，只能靠大力发展社会生产来解决。

最后，随着社会主义实践的发展，我们还应逐步扩展社会主义自由和人权的内容，并使之进一步确定化和具体化。我们的宪法和法律现已对公民基本权利和其他各方面权利做了明确规定，这里无疑体现着社会主义自由和人权的基本内容。但是，应该看到，这些内容是受到我国社会主义实践的现阶段的制约的，随着社会主义实践的发展，它也应不断扩展。同时，许多权利规定现在还存在不够确定和过于泛泛的情况，还需要在确定性和具体性上下功夫。对于社会主义自由和人权的真正实现来说，这无疑也是必不可少的重要环节，当然，权利和义务的统一是这一环节的题中应有之义。

把以上各方面情况总起来看，我们显然应该清醒地认识到，由于我国社会主义初级阶段各方面因素的限制，我们对民主、自由、人权诸问题的解决的确是要有一个逐渐前进的过程的，那种急于求成，不顾实际基础和条件，希望一下子就立刻实现理想目标的倾向无疑是错误的、行不通的。但是同时我们又必须看到，我们现有的基础和条件还是允许我们去做许多事情的，我们在进一步实现民主、自由、人权方面的现有的潜力和可能性是相当大的，而且随着社会主义改革和建设事业的发展，这种潜力和可能性是在不断增大的；

那种借口中国各方面还比较落后、条件不具备而消极等待、不做积极努力，连现阶段能够做到的事情也不去做的态度，同样是十分错误的，是我们必须坚决反对的。这两种错误的倾向在我们的社会主义实践中都有表现，必须引起我们的警惕。我们应该把理想与现实结合起来，把发展的连续性和阶段性统一起来，脚踏实地地推动我国社会主义民主、自由、人权的进一步发展和实现。

（原载中共中央党校哲学教研部编：《当代哲学思潮研究》，中央党校出版社1992年版）

马克思与自由问题

(1998年6月)

对自由问题的关注,在马克思创立自己的思想体系的过程中贯穿始终。这一问题本身在理论和实践的领域所具有的重大价值意义,使得马克思不能不从各个方面和不同层次上对它进行综合的探析,并力求以他所达到的新的历史高度,超越以往时代的局限,对这一"历史之谜"做出新的、真正科学的解答。马克思的自由观是全面的,所以我们必须全面地予以把握;马克思的自由观是科学的,而这也就要求我们必须以足够科学的态度来对待它。

一、马克思解决自由问题的方法论

还在马克思属于青年黑格尔派的时候,他对自由问题的看法就已显露出一个鲜明的倾向,这就是对自由的现实性及其实现道路的注重。在他那篇以探讨德谟克利特和伊壁鸠鲁哲学为主题的博士论文以及为准备这一论文所做的笔记里,他对伊壁鸠鲁克服德谟克利特原子论只承认必然性而否认偶然性的宿命论缺陷,以"原子偏离直线"这一"最深刻的结论"为根据所阐发的自由思想,给予了充分的肯定;但同时也批评伊壁鸠鲁"重视的只是意识的自由",是以

"**求自我意识的宁静**"为目的的"脱离实在的自由",即不是向外部世界去寻求,而只是向自己内心去寻求的主观自由。马克思反对像伊壁鸠鲁那样只是"在**哲学**中想到**满足**和**幸福**",明确主张"在自身中变得自由的理论精神成为实践力量,作为意志走出阿门塞斯冥国,面向那存在于理论精神之外的尘世的现实",从而实现"世界的哲学化"和"哲学的世界化"。①

当然,这时的马克思还只是从青年黑格尔派的立场把"哲学的实践"仅仅理解为理论的"批判",他把青年黑格尔派称为"自由派",认为只有它"才能带来真实的进步"。而当马克思从唯心主义立场转到唯物主义立场之后,他才进一步以现实的、理性的实践代替了抽象的"批判"的实践,从而把自由问题真正理解为现实物质世界中具有真实意义的问题。

在1843年的《〈黑格尔法哲学批判〉导言》中,马克思已明确指出,"批判的武器当然不能代替武器的批判,物质力量只能用物质力量来摧毁。"②"理论的解放"当然不是没有意义,但它最终是要"掌握群众",从而"变成物质力量"③。从这一立场出发,他把自由问题同德国革命的现实道路联结起来,并把自由的实现寄托于无产阶级的解放斗争,认为"从社会自由这一必要前提出发,创造人类存在的一切条件"④。马克思还嘲笑了那种回避现实,而到"史前的条顿原始森林去寻找我们的自由的历史"⑤ 的消极态度和错误立场。

马克思从唯物主义立场出发主张从现实世界中寻找自由之路,这就要求对当时青年黑格尔派以及其他关于自由的唯心主义虚幻主

---

① 《马克思恩格斯全集》第1卷,人民出版社1995年版,第75、76页。
② 《马克思恩格斯选集》第1卷,人民出版社1995年版,第9页。
③ 《马克思恩格斯选集》第1卷,人民出版社1995年版,第9页。
④ 《马克思恩格斯选集》第1卷,人民出版社1995年版,第14页。
⑤ 《马克思恩格斯选集》第1卷,人民出版社1995年版,第3页。

张进行批判。随后，马克思又集中批判了桑乔等人所宣扬的所谓"摆脱的自由"和"独自性"。在青年黑格尔派的桑乔看来，自由就是"摆脱某物"，或摆脱某种限制，但是这种"摆脱"的自由是难以实现的；"自由在自由的形式中是不可能成为我们的"，而只有通过"独自性"才能"成为我们**自己的**"。所谓独自性，就是不论在什么情况下，我都是"我自己"，例如"我的身体并没有从拷打和鞭笞的痛苦中获得'自由'"，"但**我的**呻吟和翻抖证明：我还是属于我自己的，我还是我自己的我"。这种虚幻的自欺欺人的自由观，理所当然地遭到了马克思的嘲弄和痛斥。马克思指出："这里他是把**自己**和'**自由**'作为两个方面对立起来的，而独自性就变成简单的存在，单纯的现在，而且还是'最卑贱的'现在"。① 桑乔的这套"理论"，只不过是"德国小资产阶级对自己的软弱无力所进行的最庸俗的自我粉饰，从而聊以自慰"。②

马克思批判唯心主义的虚幻的自由观，从唯物主义出发强调自由问题的现实性、实践性，这就为自由之谜的真正科学的解答准备了基本的前提。世界是现实的、物质的世界，人是生活在现实世界中的现实的人，只有抛开关于自由的一切虚假的幻想，真正从物质世界的现实性出发，才有可能在自由问题上做出真正科学的回答，并在实践中找到通往自由的真正道路。

二、经济自由、政治自由和思想文化自由

19世纪40年代初，德国社会各阶级的矛盾日趋激化，而封建专制制度还在竭力维持自己的统治。马克思一投身于现实的社会实践，

---

① 《马克思恩格斯全集》第3卷，人民出版社1960年版，第353页。
② 《马克思恩格斯全集》第3卷，人民出版社1960年版，第358页。

首先遇到的便是成为当时关注的焦点的政治自由和思想文化自由问题。马克思以《莱茵报》等报刊为阵地，以抨击当时普鲁士政府的书报检查制度和关于出版自由的辩论为线索，阐明了自己在这方面问题上的一系列观点和主张。

出版自由首先属于思想文化自由的问题，同时又具有政治自由的意义。普鲁士政府企图以控制出版和书报检查来压抑思想和文化自由，维护其政治专制。马克思对此进行了坚决的抗争，他指出："你们赞美大自然令人赏心悦目的千姿百态和无穷无尽的丰富宝藏，你们并不要求玫瑰花散发出和紫罗兰一样的芳香，但你们为什么却要求世界上最丰富的东西——精神只能有一种存在形式呢？……每一滴水在太阳的照耀下都闪耀着无穷无尽的色彩。但是精神的太阳，无论它照耀多少个体，无论它照耀着什么事物，却只准产生一种色彩，就是**官方的色彩**！精神的最主要形式是**欢乐**、**光明**，但你们却要使阴暗成为精神的唯一合适的表现。"① 马克思强调自由出版物所体现的精神自由即思想文化自由的意义，指出"自由报刊是人民精神的洞察一切的慧眼"，"是人民用来观察自己的一面精神上的镜子"，"它不断从现实世界中涌出，又作为越来越丰富的精神唤起新的生机，流回现实世界"。② 从政治自由的意义上说，马克思强调"自由的出版物是把个人同国家和整个世界联系起来的有声的纽带"，如果不是自由的而是"受检查的"出版物，那么"政府只听见**自己的声音**，它也知道它听见的只是自己的声音，但是它却耽于幻觉，似乎听见的是人民的声音，而且要求人民同样耽于这种幻觉。因此，人民也就有一部分陷入政治迷信，另一部分陷入政治上的不信任，或者说完全离开国家生活，变成**一群只顾个人的庸人**"。③

---

① 《马克思恩格斯全集》第 1 卷，人民出版社 1995 年版，第 111 页。
② 《马克思恩格斯全集》第 1 卷，人民出版社 1995 年版，第 179 页。
③ 《马克思恩格斯全集》第 1 卷，人民出版社 1995 年版，第 179—183 页。

请不要把马克思在 1843 年的这些思想简单地归之于民主主义的范畴。它们无疑具有普遍和深远的意义。当马克思转到唯物主义和共产主义的立场上后,他决没有放弃这些思想,而是在此基础上继续前进了;对于政治自由和思想文化自由问题,马克思始终予以很大的重视,并充分肯定它们在无产阶级解放事业中的意义。

按照马克思的观点,虽然政治自由仅仅意味着"通过**国家这个中介**得到解放",但"**政治解放**当然是一大进步;尽管它不是一般人类解放的最后形式,但**在**迄今为止的世界制度的范围**内**,它是人的解放的最后形式。"① 对于作为"人类解放"的历史承担者的无产阶级来说,仅靠政治自由和思想文化自由当然不能从根本上解决问题,但政治自由和思想文化自由却是无产阶级解放事业的不可缺少的重要环节。另一方面,马克思多次指出,政治自由和思想文化自由从历史上看原是资产阶级为了自己的利益而举起的旗帜,但"只有在**为人民争取权利**和**自由**的幌子下,它才能从政府手中为**自己**争得权利和自由"②。无产阶级应该认清资产阶级统治下政治自由和思想文化自由的阶级实质,但同时又必须善于利用这种自由权利,为自身的彻底解放而斗争。《共产党宣言》中所谓"利用资产阶级统治所必然带来的社会的和政治的条件作为反对资产阶级的武器"③,就包括这一方面的内容。

正是由于以上两个方面的原因,马克思主张无产阶级积极参加争取政治自由和思想文化自由的民主革命和斗争。1848 年欧洲革命爆发后,马克思领导创办了作为"民主派的旗帜"但"在各个具体场合,都强调了自己的特殊的无产阶级性质"④ 的《新莱茵报》。在

---

① 《马克思恩格斯全集》第 1 卷,人民出版社 1956 年版,第 426、429 页。
② 《马克思恩格斯全集》第 6 卷,人民出版社 1961 年版,第 122 页。
③ 《马克思恩格斯选集》第 1 卷,人民出版社 1995 年版,第 306 页。
④ 《马克思恩格斯选集》第 4 卷,人民出版社 1995 年版,第 182 页。

指导无产阶级在这场革命中的实践活动的过程中，为无产阶级争取政治自由和思想文化自由，是报纸的主题之一。马克思在报纸上揭露和抨击了封建贵族阶级和资产阶级妥协派竭力压制无产阶级的自由权利的反动行径，即使当革命遭到挫折，形势日趋严峻的情况下，马克思仍坚定地宣告："反革命会变得愈益蛮横无耻，它会宣布戒严，取消出版自由，封闭俱乐部和禁止人民集会，从而使我们处于奴隶地位，但这是不会长久的，高声雄鸡的叫声会宣布解放的时刻。"①

马克思重视政治自由和思想文化自由问题，重视为无产阶级争取这方面的权利，但他毕竟知道，仅仅停留在这一方面还是远远不够的。作为历史唯物主义的创始人，马克思揭示了经济领域对政治领域和思想文化领域的基础地位，同样，在自由权利方面，经济自由比政治自由和思想文化自由具有更为根本的意义；而从全部自由权利的现实根据来说，"权利永远不能超出社会的经济结构以及由经济结构所制约的社会的文化发展。"马克思正是从这一立场出发，由政治自由和思想文化自由进而深入地研究经济自由以及作为全部自由权利基础的经济关系，揭示了资本主义自由的实质和根源，并指出了无产阶级真正获得自由和解放的现实道路。

马克思指出，在现今资产阶级生产关系的范围内，所谓自由只不过意味着贸易的自由，买卖的自由，亦即所谓"交换自由"。这种自由如果只从表面上看，似乎真有"自由"的假象，但若具体地研究一下它的真正内容，其资产阶级实质就显露出来了。在资本主义的交换关系中，资本家和工人以交换双方的身份进行劳动力的买和卖；这种交换在形式上的确是自由权利的体现。马克思说："这个领域确实是天赋人权的真正伊甸园。……自由！因为商品例如劳动力

---

① 《马克思恩格斯全集》第 5 卷，人民出版社 1958 年版，第 486 页。

的买者和卖者，只取决于自己的自由意志。他们是作为自由的、在法律上平等的人缔结契约的"。① 但是，由于劳动力是一种特殊的商品，"资本家换来的那个价值的使用价值本身，是价值增殖的要素，而这种价值增殖的尺度，是活劳动和劳动时间，并且是比物化在劳动能力中的劳动时间更多的劳动时间，即比再生产活劳动者所需要的劳动时间更多的劳动时间。"这样，"资本借助交换的**形式**，**不经交换**就占有了他人的劳动时间。"② 而工人"在成交以后却发现：他不是'自由的当事人'，他自由出卖自己劳动力的时间，是他被迫出卖劳动力的时间"。③ 因此，所谓交换自由或贸易、买卖的自由，在实质上只是资本家剥削工人的自由，而工人只有被剥削的"自由"。

资本主义交换自由为什么在自由的形式下却掩盖着阶级剥削的内容？其原因在于，这种交换自由所赖以存在的资本主义交换关系，是建立在资本主义私有制的基础上的，即所谓"私有财产"制度之上的。如马克思所指出的："买者是资本家，卖者是雇佣工人。而这种关系所以会发生，是因为劳动力实现的条件——生活资料和生产资料——已经作为别人的财产而和劳动力的所有者相分离了"④，也就是说，物质的生产条件以资本和地产的形式掌握在非劳动者的手中，而人民大众则只有人身的生产条件，即劳动力。

正因为资本主义的经济自由从实质上说是以资本主义私有制和交换关系为基础的资本家阶级的自由，所以就不难理解，为这种经济自由所制约的政治自由和思想文化自由，在总体上也只能是被资产阶级所控制。马克思指出："交换价值的交换是一切**平等**和**自由**的生产的、现实的基础。……作为在法律的、政治的、社会的关系上

---

① 《马克思恩格斯选集》第 2 卷，人民出版社 1995 年版，第 176 页。
② 《马克思恩格斯全集》第 46 卷下册，人民出版社 1980 年版，第 186—187 页。
③ 《马克思恩格斯选集》第 2 卷，人民出版社 1995 年版，第 200 页。
④ 《马克思恩格斯全集》第 24 卷，人民出版社 1972 年版，第 38 页。

发展了的东西，平等和自由不过是另一次方上的这种基础而已。"①资本主义交换关系的发展，必然要求在经济、政治和思想文化等各个社会领域实现自由，但由于资本主义交换关系是以资本家阶级占有制为前提，而自由权利的真正享受必须具备各种物质的和精神的手段，因此资本主义社会的自由在实质上只能是资产阶级的自由，而对无产阶级来说，很大程度上仅是有形式的意义。

基于从经济领域入手对资本主义自由的实质及其经济关系基础的分析，马克思深刻地指出：既然"劳动者在经济上受劳动资料即生活源泉的垄断者的支配，是一切形式的奴役即一切社会贫困、精神屈辱和政治依附的基础"，"因而工人阶级的经济解放是一切政治运动都应该作为手段服从于它的伟大目标"。②而所谓经济解放，就是要"消灭私有制"③，消除雇佣劳动，"以自由的联合的劳动条件去代替劳动受奴役的经济条件"④。只有实现这种经济解放，才能最终完成不同于单纯的"政治解放"的"人类解放"，实现真正的社会意义上的自由。只有这时，社会各个领域里的自由权利对无产阶级和广大劳动群众来说才不仅仅具有形式的意义，而真正具有实在的内容。

三、主体自由和个性自由

无论是经济自由，还是政治自由和思想文化自由，都是人们之间的社会权利关系意义上的自由。而马克思除了深入研究了这种社

---

① 《马克思恩格斯全集》第 30 卷，人民出版社 1995 年版，第 199 页。
② 《马克思恩格斯全集》第 16 卷，人民出版社 1964 年版，第 599 页。
③ 《马克思恩格斯选集》第 1 卷，人民出版社 1995 年版，第 286 页。
④ 《马克思恩格斯选集》第 3 卷，人民出版社 1995 年版，第 98 页。

会权利关系意义上的自由之外，还从其他不同的角度和意义上，对自由问题进行了全方位的探讨。

在哲学发展史上，自由一直是与必然相对应的一个范畴。而这一范畴所反映的，是人对外部世界的认识论意义上的主客体关系。马克思从彻底的唯物主义立场出发，首先承认作为客体的外部世界的客观实在性和物质统一性，并认为物质世界的运动、变化和发展都是由其内部的客观规律所支配，因而是具有必然性的；包括人们生活于其中的社会关系体系的运动，在马克思看来也同样是"一种自然史的过程"①。而作为主体的人本身，一方面"直接地是自然存在物"②，另一方面又是"社会存在物"③，所以他一方面要受到自然存在的必然性的制约，另一方面又要受到社会存在的必然性的制约；人的活动必须以遵循客观规律为前提。但是另一方面，马克思又认为，人之所以成为主体，是因为他是一种具有思维和意识的特殊的生命存在，能够进行自觉能动的认识和实践。所以，马克思认为，"人应该在实践中证明……自己思维的现实性和力量"④，亦即通过实践创造对象世界或改造对象世界。这就是说，人不能只是被动地服从必然性的摆布，而应努力去实现主体的自由。这种自由的实质，如恩格斯所指出的"不在于幻想中摆脱自然规律而独立，而在于认识这些规律，从而能够有计划地使自然规律为一定的目的服务"⑤。

按照马克思的观点，这种主体自由的实现是一个历史的过程。自然界起初是作为一种完全异己的、有无限威力的和不可制服的力量与人们对立的；而随着生产力的不断发展，人们一步步地认识和

---

① 《马克思恩格斯选集》第2卷，人民出版社1995年版，第102页。
② 《马克思恩格斯全集》第42卷，人民出版社1979年版，第167页。
③ 《马克思恩格斯全集》第42卷，人民出版社1979年版，第122页。
④ 《马克思恩格斯选集》第1卷，人民出版社1995年版，第55页。
⑤ 《马克思恩格斯选集》第3卷，人民出版社1995年版，第455页。

征服了这种自然力量，从而也一步步地接近自由。但是，在私有制社会特别是资本主义社会里，人们的生产劳动的成果却存在着"异化"现象；同时，资本主义"供求关系""就像古典古代的命运之神一样，遨游于寰球之上"①。这种异化和盲目的状况，只有在共产主义的条件下才能消除。

马克思不仅探究了认识论意义上的主体自由问题，而且还特别注意探究了人的发展意义上的个性自由问题。马克思认为，"一个种的全部特性、种的类特性就在于生命活动的性质，而人的类特性恰恰就是自由的有意识的活动"。② 马克思的这个论断常常被人们仅仅从"能动性"的角度去理解，其实不然。这里所说的自由活动，是从"人的生命的自由表现"的意义上讲的，也就是使自己的生命活动本身变成自己的意志和意识的对象。马克思进一步指出，"这种自由见之于活动恰恰就是劳动"；这种劳动当然是指作为"被看作个人自己提出的目的"和"个人的自我实现"的劳动，亦即"真正自由的劳动"。③ "我的劳动是**自由的生命表现**，因此是**生活的乐趣**"；"我在劳动中肯定了自己的**个人**生命，从而也就肯定了我的个性**特点**"。④

然而，马克思指出，在私有制社会，"在奴隶劳动、徭役劳动、雇佣劳动这样一些劳动的历史形式下，劳动始终是令人厌恶的事情，始终表现为**外在的强制劳动**"。⑤ 马克思认为，这也是一种异化或外化，是劳动活动本身的异化，其实质是不同于前述"物的异化"的

---

① 《马克思恩格斯选集》第1卷，人民出版社1995年版，第87页。
② 《马克思恩格斯选集》第1卷，人民出版社1995年版，第46页。
③ 《马克思恩格斯全集》第46卷下册，人民出版社1980年版，第112—113页。
④ 《马克思恩格斯全集》第42卷，人民出版社1979年版，第38页。
⑤ 《马克思恩格斯全集》第46卷下册，人民出版社1980年版，第112—113页。

人的"自我异化"。① 怎样才能消除这种劳动本身的异化呢？其途径当然也只能是消灭私有制，建立共产主义的"自由人联合体"。

但是，请注意，随着研究的深入，马克思对这个问题又做了更加具体的分析。他看到，劳动本身的外部强迫性可以消除，但以生活必需品的生产为目的的劳动却会继续存在，"在一切社会形态中，在一切可能的生产方式中"，人们"都必须这样做"②。而这种劳动与他原先设想的仅仅以劳动本身作为"生命自由体现"的"真正自由的劳动"还是有区别的。因此，马克思把这个"真正物质生产的领域"叫作"必然王国"③，认为在这里虽然也可以在消除外在强迫关系的意义上接近人的自由发展，但终究是有限度的。他说："这个领域内的自由只能是：社会化的人，联合起来的生产者，将合理地调节他们和自然之间的物质变换，……在最无愧于和最适合于他们的人类本性的条件下来进行这种物质变换。但是，这个领域始终是一个必然王国。"④那么，什么是自由王国呢？马克思的解释是："自由王国只是在必需和外在目的规定要做的劳动终止的地方才开始；因而按照事物的本性来说，它存在于真正物质生产领域的彼岸。""在这个必然王国的彼岸，作为目的本身的人类能力的发挥，真正的自由王国，就开始了。"⑤ 这里所强调的，正是人自身的自由发展。

也正是从人的自由发展的角度，马克思曾把社会历史划分为三大阶段或三大"形态"：第一个阶段是"人的依赖关系"，第二个阶段是"以物的依赖性为基础的人的独立性"，而在第三个阶段上，才

---

① 《马克思恩格斯选集》第1卷，人民出版社1995年版，第44页。
② 《马克思恩格斯全集》第25卷，人民出版社1974年版，第926页。
③ 《马克思恩格斯全集》第25卷，人民出版社1974年版，第926页。
④ 《马克思恩格斯全集》第25卷，人民出版社1974年版，第926—927页。
⑤ 《马克思恩格斯全集》第25卷，人民出版社1974年版，第926—927页。

能实现"建立在个人全面发展和他们共同的、社会的生产能力成为从属于他们的社会财富这一基础上的自由个性"。① 马克思把人的发展的高级阶段概括为"自由个性",这一思想是十分深刻的。而这个自由个性,也必须从马克思所强调的"生命的自由表现"以及上述关于必然王国与自由王国的思想去理解。

马克思从他在自由问题上的现实的、实践的立场亦即唯物主义和共产主义的基本立场出发,从人与人之间的社会权利关系、人与对象世界之间的主客体关系、人与自身发展的关系等不同角度和方面,对自由问题进行了全面深入的研究和探讨。这些不同方面的问题相互之间既存在差异,同时又是内在地联系着的。只有把马克思在这些方面的思想统一起来把握,才能真正全面地了解马克思的自由观。

如果我们要对马克思的自由思想做一个归纳,那么最为适合的还是《共产党宣言》中那个著名的论断:"代替那存在着阶级和阶级对立的资产阶级旧社会的,将是这样一个联合体,在那里,每个人的自由发展是一切人的自由发展的条件。"② 恩格斯曾认为这一论断最能代表马克思和他关于未来社会的思想,而这一论断的落脚点,恰恰就是——自由。

(原载中国人学学会编:《人学与现代化》,广西人民出版社1998年版,发表时标题改为"马克思的自由观")

---

① 《马克思恩格斯全集》第 46 卷上册,人民出版社 1979 年版,第 104 页。
② 《马克思恩格斯选集》第 1 卷,人民出版社 1995 年版,第 294 页。

关于自由的几个问题

(1991年4月)

关于自由的问题,近年来人们谈论得很多。从中可以看出,由于各种错误思潮的影响,不少人在这个问题上还存在一些模糊认识。为了正确地认识和把握马克思主义的自由观,本文拟从哲学的角度对自由问题谈一些看法。

一、关于自由的实质问题

"自由"是一个古老的概念。在历史的发展过程中,人们对"自由"赋予了各种不同的涵义,有着不同的理解和解释。在古希腊人那里,自由是指从奴役中解脱出来;而到了近代以后,自由被资产阶级思想家奉为"天赋人权"。许多哲学家把自由看作和必然相对应的范畴,而功利主义者约翰·密尔则从"社会自由"的角度,探讨"社会所能合法施用于个人的权力的性质和限度"①。有些人认为自由就是为所欲为;现代存在主义者则宣称"决定论是没有的",

---

① [英]约翰·密尔:《论自由》,程崇华译商务印书馆1959年版,第1页。

"人就是自由"①，如此等等。究竟应该怎样正确地认识和把握自由这一范畴的实质呢？

在马克思主义哲学看来，自由这个范畴具有两种不同的涵义：一是认识论意义上的自由，一是社会权利意义上的自由。

从认识论的意义来看，自由这一范畴，主要反映了人与外部世界的客观规律之间的关系。

马克思主义哲学认为，物质世界存在着不以人的意志为转移的客观规律，它表现为一种必然性。而人在客观规律面前又不是无所作为的，而是可以能动地认识这些规律，并在认识的指导下，改造外部世界。所谓自由，就是对客观规律所表现的必然性的认识和对外部世界的改造。基于这一基本观点，马克思主义哲学反对机械唯物主义的自由观，因为后者只强调物质世界的客观规律性，忽视或否认人的自觉能动性，认为自由就是顺从必然，听任必然的摆布。同时，马克思主义哲学又反对唯心主义的自由观，因为这种自由观或者否认客观规律，片面鼓吹"自我的新动力"，或者虽然认识到"内在的必然性就是自由"，但却把这种必然性理解为"绝对理念"的自身逻辑（黑格尔）。萨特的存在主义则把自由和必然对立起来，强调意志和自我意识的自由，是一种主观唯心主义的自由观。

从社会权利的意义来看，自由这一范畴，主要是指人们在一定社会关系中得到认可并受到法律保障的、按照自己的意志进行活动的权利。马克思主义认为，人的本质"是一切社会关系的总和"②，任何人都是生活于一定的社会关系体系中的现实的人。因此，自由权利同其他任何权利一样，都只能是属于一定的社会关系体系的、具有为这一社会关系体系所规定的特殊内容的现实的权利。

---

① ［法］让-保罗·萨特：《存在主义是一种人道主义》，周煦良、汤永宽译，上海译文出版社1988年版，第12页。
② 《马克思恩格斯选集》第1卷，人民出版社1972年版，第18页。

马克思主义哲学正确地揭示了认识论意义上的自由和社会权利意义上的自由,并指出这两种意义的自由既相互区别,又相互联系。只有从二者的有机统一中,才能真正科学地把握自由的实质。

二、关于自由的基础和条件问题

无论是认识论意义上的自由,还是社会权利意义上的自由,它们都不是凭空实现的,而是有着特定的社会基础和条件的。不认识这些基础和条件,就不能正确地认识自由问题。

从认识论的意义来看,自由的基础就是马克思主义哲学特别强调的社会实践。人们要想认识必然,必须通过实践。实践是联结主体和客体的桥梁,只有在实践的基础上,人们才能获得自由。除了实践基础之外,自由的实现还需要各种具体的物质文化条件,包括物质生产和精神生产手段的扩充,物质生活和精神生活资料的丰富,主体素质的提高,等等。当然,这些条件本身也是与实践分不开的。自由实现的程度和发展的水平,最终是要受社会实践的深度和广度、受上述各类条件制约的。整个人类社会发展的历史,也就是人们不断推进社会实践,不断创造出各种物质文化条件,从而不断实现自由的历史。在每一个新的社会发展阶段上,人类的自由都获得了新的扩展,虽然每个阶段又都有自己的历史局限。

从社会权利的意义上来看,自由的现实性决定了它必然要受到整个现实的社会关系的制约,而其中最基础的,是社会经济关系的制约。马克思指出:"权利永远不能超出社会的经济结构以及由经济结构制约的社会的文化发展。"[①] 经济关系所直接决定的当然是经济生活中的自由权利,社会的经济关系状况如何,经济方面自由权利

---

① 《马克思恩格斯选集》第3卷,人民出版社1972年版,第12页。

的分配状况也就如何。而由于经济生活在全部社会生活中的决定意义，政治、思想、文化及其他社会生活领域中的自由权利分配状况同经济方面的自由权利分配状况在实质上总是具有一致性。在这里，不能不说到自由的阶级性问题。在阶级社会里，由于经济关系具有阶级关系的性质，经济方面的自由权利必然是按照不同的阶级进行分配的；而在经济自由权利方面占据垄断地位的社会阶级，必然会进而全面地控制政治、思想、文化以及其他社会生活方面的自由权利。在资本主义社会，从表面上看，自由权利是人人都有的，但由于经济关系中的阶级对立，经济自由只能是资本所有者阶级所需要的经营自由、贸易自由和竞争自由。而对于根本不占有生产资料的无产阶级来说，则只有出卖自己劳动力的自由。与此相适应，政治、思想、文化等领域中的自由权利，也必然会被资产阶级利用其在经济上的垄断地位而实际上控制在自己手里，至于无产阶级在这些方面的自由权利，则由于缺乏经济基础而实际上无法真正实现。只有在消灭了阶级对立的社会主义社会里，经济关系中的不平等才能从根本上得到消除，这时才有可能谈到为全社会大多数成员所有的、广泛的自由权利问题。

社会自由权利的实现不仅为经济基础所决定，而且还需要各方面的物质文化条件。必要的物质生产和精神生产资料、物质生活和精神生活资料当然是不可缺少的。主体的自觉意识和文化素质，以及从事各种社会活动的充裕时间等也都是重要条件。在阶级社会里，这些条件的分配也是不平等的。居于统治地位的社会阶级，正是借助于对这些条件的垄断而垄断社会自由权利的。直到社会主义社会，因为消灭了阶级对立，从而也就消灭了这些条件的阶级垄断。但是，要实现全社会广大成员的充分自由，社会主义社会还必须大力发展物质生产和精神生产，从根本上创造出充分的物质文化条件。社会自由究竟实现到多大程度，最终还是要依赖于这些条件。

社会权利意义上的自由和认识论意义上的自由，都是随着社会的发展而发展的。恩格斯指出，当人类进入共产主义社会阶段，才将最终成为自然界和自己社会的主人，从而"从动物的生存条件进入真正人的生存条件"，这时，人类才能最终实现"从必然王国进入自由王国的飞跃"①。

三、关于自由的界限问题

自由是人类自古以来所追求的理想目标，它随着社会的进步和发展而不断得到实现。但是，人们在追求自由时不可忘记：无论是认识论意义上的自由，还是社会权利意义上的自由，都是有其客观的界限的，为所欲为的、完全不受约束的自由是不存在的。

自由在认识论的意义上，以不违背客观规律为其最终的界限。人类可以认识规律并能动地利用规律，但决不能任意地背离规律。正如恩格斯所说："自由不在于幻想中摆脱自然规律而独立。"② 辩证唯物主义认识论在承认人的自觉能动性时，终究是以承认外部规律的客观性为前提的。任何不顾客观规律，盲目乱来的所谓"自由"，必然要在实践中碰壁。

自由作为社会权利，需要得到一定的社会关系体系的"认可"，这个认可本身就是有界限的。只有当自由不至于破坏既定的社会秩序，不至于损害社会利益的时候，它才会被认可。在这里，自由被认可和不被认可的界限通常是通过社会所制定的法律和纪律体现出来的。马克思就曾明确指出："自由就是从事一切对别人没有害处的活动的权利。每个人所能进行的对别人没有害处的活动的界限是由

---

① 《马克思恩格斯选集》第 3 卷，人民出版社 1972 年版，第 323 页。
② 《马克思恩格斯选集》第 3 卷，人民出版社 1972 年版，第 153 页。

法律规定的，正像地界是由界标确定的一样。"① 法国启蒙思想家孟德斯鸠也说过："自由是做法律所许可的一切事情的权利；如果一个公民能做法律所禁止的事情，他就不再有自由了，因为其他的人也同样会有这个权利。"②

当然，在阶级社会里，自由的界限也是具有阶级性的。法律是统治阶级意志的体现。统治阶级总是要借助于法律来维护自己剥削和压迫被统治阶级的自由。同时，尽可能地限制被统治阶级反抗剥削和压迫的自由。但是，对于统治阶级的每一个成员来说，自由也并非没有界限的。这个界限，一方面是为统治阶级内部的利益关系所决定的，另一方面则是为了使统治阶级压迫和剥削被统治阶级的自由，不至于超出后者所能"承受"的限度。总之，是为维持既定的社会关系和社会秩序所必需的。那种以为自由就是随心所欲、想干什么就干什么的观点，实际上是小资产阶级无政府主义的荒谬主张，在任何一个社会里都是行不通的。

从不断推进社会变革、使社会关系不断合理化的意义上讲，自由的界限在具体规定性方面是可变的。但这是自由的界限不断合理化的问题，而不是界限的有无问题。在社会主义社会，消灭了阶级对立，社会关系体系发生了根本变革，广大人民群众的根本利益是一致的。这时，自由的界限才真正取决于整个社会的共同利益，而不是狭隘的个别阶级的利益。社会主义社会的法律和纪律，就应该是这一界限的最合理的体现。当然，社会主义社会需要一个逐步成熟和发展的过程，社会主义的法律和纪律也有一个逐步健全和完善的过程。在这个过程中，广大人民群众自由权利的不断实现，与自由的界限不断合理化，本质上是完全一致的。

---

① 《马克思恩格斯全集》第 1 卷，人民出版社 1956 年版，第 438 页。
② [法] 孟德斯鸠：《论法的精神》上册，张雁深译，商务印书馆 1963 年版，第 154 页。

四、关于个人自由与集体自由、人类自由的关系问题

人类社会是由众多的个人所构成的。从一般意义上说，每个人都在以这样或那样的方式追求自由。由于每一个人都生活在现实的社会关系体系之中，而不是像人本主义所认为的那样抽象地存在着，所以每一个人在追求自由的时候，必然要涉及个人自由与他人自由、集体自由乃至人类自由的关系问题。

资产阶级个人主义在自由问题上的基本倾向，是片面地强调个人自由，推崇个人奋斗，把个人权利看得高于一切。这种个人主义在萨特的存在主义哲学中甚至发展到这样一个极端，以至于认为"每个人仅仅在他反对别人的时候，方是绝对地自由的"①。马克思主义哲学从历史唯物主义的基本立场出发，坚决揭露资产阶级个人主义自由观的荒谬性和危害性，主张在集体主义的原则下，将个人自由与集体自由、人类自由正确地统一起来。

从自由的认识论意义来说，人们要想获得自由，即要不断认识客观规律并改造外部世界，就只能通过社会的途径，通过集体的乃至整个人类的共同努力，才能够实现，单靠某一个人的力量是办不到的。在阶级社会中，虽然社会分工和阶级分化交织并存，使得人们在实现这方面自由的过程中呈现出各种阶级差别，但有一点是确定无疑的：任何人都不可能超出他所处的整个社会的自由实现水平。在社会主义社会，工人阶级和广大劳动群众，只有在共同利益的基础上联合起来，分工协作，共同进行各方面的社会实践，才能不断认识和把握外部世界的客观规律，并利用这些规律为全社会造福。单纯依靠个人奋斗的路子，是根本走不通的。

---

① 刘放桐等：《现代西方哲学》，人民出版社1981年版，第565页。

从自由的社会权利意义来说，个人自由同样要受到集体自由和人类自由的制约。人们的自由权利之间的关系是由处于特定发展阶段的特定的社会关系体系规定的，个人自由不能超出这个关系的范围。因此，个人自由的实现水平不能超出整个社会的自由实现水平，不能摆脱某一社会阶段的特定的历史局限。在阶级社会中，不论是被统治阶级的成员，还是统治阶级的成员，其个人自由的状况都要受本阶级的集体自由的状况的制约。而自由权利方面的阶级差别，从总体上说，则是人类自由实现过程中必经的历史形态。到了社会主义社会，集体自由开始失去旧的、狭隘的阶级属性，人类自由获得了划时代意义的历史进步。这时，个人自由、集体自由、人类自由的和谐统一进入了一个全新的发展阶段。工人阶级和广大劳动群众，只有把个人自由同集体自由、人类自由联系起来，为推进社会进步和人类解放而奋斗，才是实现自由的正确道路。那种脱离集体自由和人类自由而片面追求个人自由权利的倾向，不仅是错误的，而且是根本不现实的。

马克思和恩格斯在《共产党宣言》中有一段名言，这段名言曾被恩格斯用作最能代表他们思想的题词："代替那存在着阶级和阶级对立的资产阶级旧社会的，将是这样一个联合体，在那里，每个人的自由发展是一切人的自由发展的条件。"① 这是经典作家对未来共产主义社会中个人自由与集体自由、人类自由统一关系的科学预见，也是我们为之奋斗的理想目标。让我们沿着马克思主义创始人指出的方向，脚踏实地地做出自己的努力吧。

（原载《阵地》1991年第4期，发表时标题改为"从哲学角度谈自由"；收入《阵地》杂志编辑部编：《人权、民主、自由纵横谈》，中国人民公安大学出版社1991年版）

---

① 《马克思恩格斯选集》第1卷，人民出版社1972年版，第273页。

历史主体研究四题

(1990 年 11 月)

近年来，主客体问题特别是主体问题的研究不仅在认识论领域里广泛展开，而且也成为社会历史理论研究中的重要课题。过去，人们对社会历史的研究往往侧重于历史客体的方面，而对历史主体，对主体在历史发展中的地位和作用，则在很大程度上忽略了。因此，现在加强这一方面的研究，无疑可以成为我们的社会历史理论获得新的进步的契机。

一、历史主体的规定与特性

要研究历史主体方面的问题，首先必须对这一主体本身进行一番探索，把握其基本规定和特性。目前学术界对此虽已进行过一些讨论，但还存在着一些具体问题有待于进一步认识。

从哲学史上看，历史主体这一范畴曾经历过一个演化过程。在马克思主义哲学产生之前，黑格尔把历史主体理解为神秘的"绝对精神"，费尔巴哈则把历史主体看作是"抽象的人"。只有马克思和恩格斯才科学地解决了历史运动中的主体问题，他们指出：作为历史主体的不是别的，而只是"现实的、活生生的人"①，所谓历史也只能是这种"作为既定的主体的人的现实的历史"②。

那么，马克思和恩格斯所说的这种"现实的人"，又具有怎样的本质规定呢？按照马克思和恩格斯的思想，应该把这一规定概括为自然本质与社会本质的统一。一方面，马克思明确指出，"人直接地是自然存在物"③，它首先是有血有肉的生命存在，而且是有思维和意识功能的特殊的生命存在。另一方面，马克思和恩格斯又指出，人还是"社会存在物"④，他的本质是"一切社会关系的总和"⑤。费尔巴哈只看到人的自然本质而没有看到其社会本质，这是他局限于"抽象的人"的错误根源。但是应该指出，马克思恩格斯批评费尔巴哈，决不是要否定人的自然本质，而只是因为费尔巴哈没能在此基础上再前进一步。过去一个时期，人们常常只强调马克思恩格斯关于人的社会本质的观点，似乎他们只讲人的社会本质而不讲人的自然本质，这是不正确的。人的特性是人的本质规定的具体表现。而人作为历史主体，与作为一般认识主体，其特性的表现是有所不同的。

从历史主体的角度看，人具有多层次多方面的需要，这是我们应该注意的第一个主要特性。人的需要根源于人自身存在和发展的要求，大致可以划分为三类：物质生活需要、精神生活需要和综合性需要。物质生活需要主要是生理方面的需要，包括衣食住行等等；精神生活需要则是心理方面的需要，包括文化享受、情感交流、获取知识、维护自尊心、满足道义感等等；而所谓综合性需要主要指

---

① 《马克思恩格斯全集》第 2 卷，人民出版社 1957 年版，第 118 页。
② 《马克思恩格斯全集》第 42 卷，人民出版社 1979 年版，第 159 页。
③ 《马克思恩格斯全集》第 42 卷，人民出版社 1979 年版，第 167 页。
④ 《马克思恩格斯全集》第 42 卷，人民出版社 1979 年版，第 122 页。
⑤ 《马克思恩格斯选集》第 1 卷，人民出版社 1972 年版，第 18 页。

自我实现（才能发挥、价值确认等等）的需要，这是人作为生理存在和心理存在相统一的整体需要。应该指出，我们对第一类需要是了解的，而对第二类和第三类需要的认识和重视程度则很不够。但若不全面地、深刻地研究这些需要，就不可能认识历史主体的价值地位和作用。

作为历史主体的人，是具有历史能动性的人，这是我们应该注意的第二个主要特性。所谓历史能动性包括认识和实践两个方面，它作为人的主体特性而涵盖他在各个具体的历史领域里的自觉活动能力，这首先便包括进行物质生产和精神生产的能力，即人们常说的劳动能力，其次还包括在经济关系、政治关系及其他社会关系领域里自觉活动的能力。有人把"劳动"（严格说来应是劳动能力）单列出来作为人的特性之一，我认为还是把它包括在历史能动性这个范畴之中更合乎逻辑。

作为历史主体的人具有多层次、多方面的需要，同时又具有认识与实践相统一的历史能动性，这两个特性联结在一起，就有了一种更深刻、更完整的意义。人若是仅有需要而没有满足需要的能力，这个需要就是空的；而历史能动性正是提供了那样一种能力。反过来，需要为主体的能动性规定了明确的方向，使其具有超越盲目性的指向性。把握了这两个主要特性的有机统一，就为我们研究历史主体的各方面问题提供了一个基本的出发点。

二、历史主体的价值地位

历史的主体是现实的、活生生的人，那么，历史主体本身在历史发展中处于什么样的价值地位呢？也就是说，在历史主客体相统一的庞杂的价值序列中，主体的存在和发展被排在什么位置上呢？

历史主体的价值地位问题，是主体研究中一个极端重要而又为人们注意不够的问题。

我们对这一问题的回答是，主体，即人本身，是全部历史发展的最高目的，它在历史的价值序列表中应该排在首要的地位。人们从事物质生产和精神生产，从事政治活动和其他各种社会活动，人们建构各种社会关系，然后又不断地改变它们、重构它们，推动整个社会体系的演进和发展，所有这一切都是为了什么？从最终的意义上说，就是为了人本身。主体所创造出来的全部历史，归根结底是为了主体自身的存在和发展，是为了不断满足其多层次、多方面的需要。

这个问题本来并不复杂，人们常常把建立一个理想的社会体系视为最高目的，或者把社会体系的进步赋予最高的价值意义。其实不然，理想的社会体系或社会体系的进步只是为主体本身的存在和发展提供良好的外部条件，而不能代替主体的地位。在主体的地位面前，这些仍不过是手段。

马克思主义认为，所谓历史最终体现为人自身的发展史，使人在各种历史实践中、通过推动整个社会体系的进步而不断扩展自己的本质、并不断自我完善和自我解放的过程。当人类刚刚从动物界分离出来的时候，作为主体的人的物质生活水平、精神生活水平以及自我实现的水平都处在十分简单和原始的层次上，应该说，在从奴隶社会、封建社会到资本主义社会的历史演进中，人作为主体的自我发展和自我完善在许多方面获得了长足的进步。然而，只是在资本主义所创造的现代生产力基础之上，人类真正解放的新的重大可能性才出现了。随着生产力的继续高度发展，社会的物质财富和精神财富有可能达到"充分涌流"的程度，人与人之间的阶级对立将最终消灭，人们的物质生活需要、精神生活需要和自我实现需要的充分满足将最终实现。这便是共产主义社会的曙光。而社会主义社会将是到达这一理想阶段的过渡。人们为社会主义和共产主义而奋斗，最终目的是"解放全人类"，使人类进入主体自身发展的全新境界。

马克思主义的创始人本身就是整个人类的优秀代表。他们从早年开始就立志献身于"最能为人类谋福利"的职业，他们毕生的奋斗就是为了寻求人类的解放。马克思恩格斯早期的一些主要著作表明，人的本质异化及复归，曾是他们关心的主要课题。但是，他们日益感到，只有具体研究全部社会体系的客观规律，才能真正找到人类解放的道路。于是，他们从劳动——生产方式入手，揭示了生产力和生产关系、经济基础和上层建筑的矛盾运动，阐明了人类社会从低级到高级的演进过程。他们的结论是，只有在共产主义的社会阶段上，"人才在一定意义上最终地脱离了动物界，从动物的生存条件进入真正人的生存条件"。① 可以说，马克思主义的全部学说，都是以揭示人类解放的现实道路为宗旨的，有人指责马克思主义体系中存在着"人学空场"，这是不符合事实的。但是，后人在研究和阐发马克思主义的过程中，确实存在着以历史客体湮没历史主体、忽视主体价值地位的错误倾向，这是我们今天所要加以纠正的。

作为历史主体的人是历史发展的最高目的，历史的发展最终体现为人自身的发展，衡量一个社会的进步程度，可以有各种不同的准则，但最终还是要看它对人的需要满足程度如何，对人的存在和发展的适合程度如何。当然，这里有一个全面衡量的问题。主体尺度本身也是具有辩证性质的。但是，说主体尺度是历史发展的最高尺度，同我们所讲的生产力标准是否矛盾呢？并不矛盾。因为当我们说生产力是根本标准的时候，主要是从历史客体的角度来说的，

---

① 《马克思恩格斯选集》第 3 卷，人民出版社 1972 年版，第 323 页。

全部社会体系的存在和发展都是建立在生产力的基础之上的，要想推动社会进步，最根本的办法就是发展生产力。所以，生产力标准所体现的，主要是历史发展的客观规律，这与体现历史发展最高目的的主体尺度，具有各自不同的意义。

三、历史主体的能动作用

历史主体具有多层次、多方面的需要，又具有特殊的历史能动性，他可以在自己的需要支使下能动地认识历史客体、改造历史客体。历史主体的这些特性在现实的历史过程中发挥出来，便对历史发展起到一种特殊的能动作用。但是这种能动作用究竟如何呢？这便是历史主体研究的另一个重要问题。

历史主体的能动作用可以集中地概括为"选择"二字，即与客观历史规律的决定作用相对应的主体选择作用。这就是说，社会历史发展过程并不简单地是一个仅由客观规律决定的死板进程，而是一个处处体现着主体意志的、经过主体自觉选择的生动过程，主体的选择直接影响到社会历史的具体状况，有时还会造成重大的历史差异。通常所谓加快或延缓历史发展等，都不过是主体选择作用的具体表现而已。

主体的能动作用为什么会体现为这样一种选择作用，这必须从历史主客体的特殊关系来解释。人同社会的关系，与人同自然界的关系，是有重大差别的。当人同自然界发生主客体关系的时候，有一个明显的特点，这就是作为客体的自然界本身是不依赖于人及其活动而存在的。自然界的各个领域均有自己的独立的、不依赖于人的活动的自然运动规律，而人作为主体只是从自然领域外部作用于自然客体，作为一种外部力量而影响自然运动过程。但在社会历史领域里，情况就完全不同了。在这里，作为客体的整个社会体系是同人及其活动直接联结在一起的,并且是由人来承担的。人们从事物质生产活动,形成了社会与自然的关系(生产力),以及社会经济关系(生产关系);人们从事社会政治活动和思想领域的活动,形成了社会政治关系和思想关系。所谓生产力与生产关系、经济基础与上层建筑,都是在人的活动中产生并以人及其活动为依托的,离开了人,这一切便化为乌有。而所谓的历史规律,例如生产力与生产关系、经济基础与上层建筑矛盾运动的规律,也全部是在人的历史实践中并通过这一实践而表现出来的,它们实质上是作为人的活动的一种总的趋势和取向而存在的。离开了人的活动,历史规律也就无从谈起。

人是整个社会体系的承担者,人的历史实践是历史规律体现者,这样,当主体的历史能动性发挥出来的时候,历史运动就带上了明显的主体意志亦即主体选择的痕迹。一般说来,历史发展的客观规律通过人们的自身利益反映在人们的意识中,形成一定的意向、观念、主张等,引导着人们的历史实践。但是,由于主体自身的具体状况不同,包括生理与心理素质的不同,社会经验与文化素养的不同,知识水平和诸种能力的不同,看问题的角度与方法不同,以及作为群体的整体状况不同等,其对历史规律的意识和反映以及对行动方案和具体方式的选择也就不同,因而其行动和实践的过程也就不同。由于主体的这种选择作用,历史发展的客观规律常常表现出一定的弹性和波动性,而历史的实际进程则常常表现出随机性和多样性。历史进程的多样性在全部历史发展中到处可见,若不从主体选择的角度研究问题,就无法认识这种多样性。

我们从一般的角度探讨主体选择问题时,往往是把历史主体作为人类总体来看待的。但在实际过程中,人类总体的选择结果,是在内部各种集团、群体乃至个体之间的矛盾冲突中形成的。恩格斯就曾明确指出:"历史是这样创造的:最终的结果总是从许多单个的意志的相互冲突中产生出来的",这些不同意志最后融合为"一个总的合力"。① 这个历史的"合力"首先体现了一种客观规律,这便是历史的必然性;但这个合力具体怎样构成,各种"单个意志"以及集团意志在冲突中具体如何展开,胜负结果如何,是有很大的偶然性的。代表着这些不同意志的各种具体主体的具体选择,常会使"合力"发生戏剧性的变化。在这里,我们可以看到,某些杰出的领袖人物怎样常常对历史发生深刻的影响。

历史主体可以通过自觉选择而对历史发展起到特殊的能动作用,这是我们在社会历史理论研究中必须认识的一个重要方面。但是,在过去的一个时期里,人们往往过于强调历史发展的客观规律性,强调所谓"决定论"的一面,忽视了主体的历史能动作用,亦即所谓"选择论"的一面,这无疑是不正确的。应该指出,当马克思恩格斯创立唯物史观的时候,他们的主要任务是推翻唯心主义而确立历史唯物主义的基本原则,而"这一任务,归根到底,就是要发现那些作为支配规律在人类社会的历史上为自己开辟道路的一般运动规律"。② 因此,马克思和恩格斯把主要精力放在客观历史规律的研究上,这是无可非议的。即使在这样的情况下,他们也多次论及主体的历史能动作用。在今天,当我们完整地把握和阐发历史唯物主义理论的时候,若仍是仅仅侧重于客观历史规律的一面,那就不应该了。我们必须在继续深入探究客观历史规律的同时,充分重视和肯定历史主体的能动作用,这样才能达到对社会历史运动的比较全面的认识。

---

① 《马克思恩格斯选集》第 4 卷,人民出版社 1972 年版,第 478—479 页。
② 《马克思恩格斯选集》第 4 卷,人民出版社 1972 年版,第 243 页。

四、历史主体研究的合理限界

深入进行历史主体方面的研究,无论从理论上还是从实践上说,都具有十分重要的意义。从理论上说,它可以使马克思主义的社会历史理论获得进一步的丰富和发展,从而驳斥所谓"人学空场"、"机械决定论"等指责和攻击;在实践上,则可以使我们深刻理解社会主义革命和建设的根本宗旨,把理想与现实结合起来,努力建造一个为了人的社会;同时,注意提高主体素质,正确发挥历史主体的能动选择作用。特别应该指出的是,我们过去在对待主体的价值地位方面存在着失误,这是在今后的实践中应该认真加以解决的问题。

但是,在目前的历史主体研究中,确实也存在着一个合理限界的问题。列宁说过,真理再往前多走一小步就会变成谬误。我们在进行历史主体研究的时候,如果不注意这个合理限界,也必然会走到错误道路上去。

当我们研究历史主体的价值地位,指出社会历史归根结底是人本身的发展史时,我们不应忘记,作为历史主体的人是要受到整个社会体系的制约的,人的发展水平是要受到整个社会体系的发展水平制约的。首先是受到物质生产水平和精神生产水平的制约,其次是受到社会经济关系、政治关系以及其他各种社会关系的制约。若是离开了这些社会制约而去抽象地谈论人的发展,把人的发展看作是一个纯粹独立的过程,那么我们就会重新回到费尔巴哈的人本主义那里去,就会导致一种不能容许的倒退。在社会主义社会中,由于生产力的发展水平还不够高,人们的社会关系还不可避免地带有旧式分工的痕迹,要想马上实现每一个人的真正自由发展无疑是不可能的;我们所能做的,只是在这个社会阶段所允许的限度内,尽可能地挖掘潜力,为主体的发展提供条件。在我们的社会历史实践中,我们当然要以主体本身为最高目的,但为了这个主体目的,我们还必须在客体方面下功夫,即在推进整个社会发展方面下功夫,除此之外,别无他法。

在研究主体的能动作用方面,也存在着类似的问题。历史主体具有历史能动性,他可以在历史发展过程中起到重要的选择作用。但是,历史客体即整个社会体系毕竟是要受到客观历史规律的支配的,我们讲主体选择,决不是不要客观规律,决不能以"选择论"否定"决定论"。那种夸大主体的能动作用,夸大主体选择的有限范围,以至于抹煞客观历史规律的错误倾向,是我们必须加以反对的。实际上,主体的选择作用只是使客观历史规律的展现具有比自然规律大得多的弹性和波动性,而并没有摆脱这个客观规律性。如果说主体选择作用使历史发展过程具有很大的偶然性,那么为客观历史规律所决定的必然性终究要在这种偶然性中为自己开辟道路。此外,主体能动作用归根到底要受到客观历史规律的制约,主体的选择如果超出了客观规律所容许的合理限度,或者从根本上背离了客观规律,那么这种选择无论如何也不可能实现,而只能在实践中碰壁。这一点,是我们在社会历史实践中所必须牢记的。

(原载中共中央党校马克思主义哲学教研室、中共湖北省委党校哲学教研室编:《主体与客体》,中共中央党校出版社1990年版,发表时标题改为"历史主体的地位和作用")

正确认识历史主体的选择作用

(1991年5月)

与认识论领域里的主客体研究相对应,社会历史理论中的主客体问题即历史主客体问题也成为人们普遍关注的问题。学术界对历史主体和历史客体这一对概念的理解虽然还存在分歧,但一般说来,历史主体即是在历史中活动着的现实的人,而历史客体则是社会历史领域里的一切对象性存在,主要是人们所处于其中的社会结构体系。历史主客体研究涉及许多具体方面的问题,而其中一个热点问题便是历史主体的选择作用问题。历史主体在社会历史发展中的选择作用究竟如何,应该怎样正确地认识这种作用?本文拟就此谈一些基本的看法。

一、历史主体的选择作用确实存在并有其客观根据

我们这里所说的历史主体的选择作用,不是简单地指决策过程中的一个具体环节,而是从总的意义上说的同客观历史规律的决定作用相对应的能动选择。应该承认,这种选择作用在历史发展过程中是确实存在的,它是历史主体的能动特性的集中体现。这就是说,社会历史发展过程并不简单是一个仅仅由客观规律决定的机械的、

死板的进程，而是一个处处体现着主体意志、经过主体自觉选择的生动过程。历史主体的选择直接影响到社会历史的具体状况，有时还会造成重大的历史差异。通常所谓加快或延缓历史发展等，也都不过是历史主体选择作用的具体表现而已。

那么，历史主体为什么会起到这样一种选择作用呢？要了解这一点，必须从历史主客体的特殊关系去探究。人同社会的关系，与人同自然界的关系，是有重大差别的。当人同自然界发生主客体关系的时候，有一个明显的特点，这就是作为客体的自然界本身是不依赖于人及其活动而存在的。自然界的各个领域均有自己的独立的、不依赖于人的活动的自然运动规律，而人作为主体只是从自然领域外部作用于自然客体，作为一种外部力量而影响自然运动过程。但在社会领域里，情况就完全不同了。在这里，作为客体的整个社会体系是同人及其活动直接联结在一起的，并且是由人来承担的。人们从事物质生产活动，形成了社会与自然的关系（生产力），以及社会经济关系（生产关系）；人们从事社会政治活动和思想领域的活动，形成了社会政治关系和思想关系。所谓生产力与生产关系、经济基础与上层建筑，都是在人的活动中产生，并以人及其活动为依托的，离开了人，这一切便化为乌有。而所谓的历史规律，例如生产力与生产关系、经济基础与上层建筑的矛盾运动规律，也全部是在人的历史实践中形成并通过这一实践而表现出来的，它们实质上是作为人的活动的一种总的趋势和一般取向而存在的。离开了人的活动，历史规律也就无从谈起。

人是整个社会体系的承担者，人的历史实践是历史规律的体现者。这样，当人即主体的历史能动性发挥出来的时候，历史运动就带上了明显的主体意志亦即主体选择的痕迹。一般说来，历史发展的客观规律通过人们的自身利益反映在人们的意识中，形成一定的意向、观念、主张等，引导着人们的历史实践。但是，由于主体自身的具体状况不同，包括生理与心理素质的不同，社会经验与文化素养的不同，知识水平与诸方面能力的不同，看问题的角度与方法不同，以及作为群体的整体状况不同等，其对历史规律的意识和反映也就不同，而其选择的行动方案和具体方式也就不同，最后，其行动和实践的过程也就不同。结果，所形成的历史现实也就往往具有各种程度的不同。由于历史主体的这种选择作用，历史发展的客观规律往往表现出一定的弹性和波动性，而历史的实际进程则常常表现出随机性和多样性。例如，生产力决定生产关系是历史发展的一条基本规律，但是，当这个规律在主体的实践中展现出来的时候，便具有了多种复杂的情况。人们从根本上说都要按照生产力的要求建构生产关系，但是他们却可以通过自己的选择而使得生产关系具有不同的形式和特点，甚至可以在一定范围内做出性质不同的选择。历史进程的多样性在社会历史的各个领域里到处可见，而这些多样性都是同历史主体的选择作用联系在一起的。

我们从一般的角度探讨历史主体的选择作用时，往往是把历史主体作为人类总体来看待的。但在实际过程中，人类总体的选择结果，是在内部各种集团群体乃至个体之间的矛盾冲突中形成的。恩格斯就曾明确指出："历史是这样创造的：最终的结果总是从许多单个的意志的相互冲突中产生出来的"，这些不同意志最后融合为"一个总的合力"。① 这个历史的"合力"虽然首先体现了一种客观规律在里面，这便是历史的必然性。但这个合力具体怎样构成，各种"单个意志"以及集团意志在冲突中具体如何展开，胜负结果如何，却是有很大的偶然性的。代表着这些不同意志的各种具体主体的具体选择，常会使"合力"发生戏剧性的变化。

不管怎样说，历史主客体的特殊关系使得人的能动性在历史发

---

① 《马克思恩格斯选集》第4卷，人民出版社1972年版，第478—479页。

展过程中展开为选择作用,这种选择作用同历史发展的多样性联系在一起,这便是我们首先应该明确的基本结论。

二、认识历史主体的选择作用具有重要的理论和实践意义

既然历史主体的选择作用确实存在并有其客观根据,那么我们也就应该客观地对它进行认识和估价。而正确认识和估价历史主体的选择作用,无论从理论上还是从实践上看,都具有十分重要的意义。

首先,从基本理论来看,正确认识历史主体的选择作用,可以使我们的社会历史理论更加全面和完善,更加接近历史实际。在过去的一段时期里,我们往往偏重于研究历史发展的客观规律,强调所谓"决定作用"的一面,忽视了历史主体的选择作用,或者至少是重视不够。这样做的结果,便是在不少场合把历史发展的客观规律理解得过于机械,把复杂生动的历史过程理解得过于简单和死板,而对社会历史运动中表现出来的丰富多样性往往不能令人信服地予以说明。如今,在坚持历史唯物主义的基本立场、强调历史发展的客观规律的决定作用的前提下,恰当地估价历史主体的选择作用,把决定作用和选择作用这两个方面科学地统一起来,无疑可以成为我们的社会历史理论获得新的进步的契机。

应该指出,当马克思和恩格斯创立唯物史观的时候,他们的主要任务是推翻历史唯心主义而确立历史唯物主义的基本原则。而"这一任务,归根到底,就是要发现那些作为支配规律在人类社会的历史上为自己开辟道路的一般运动规律"[①]。因此,马克思和恩格斯

[①] 《马克思恩格斯选集》第4卷,人民出版社1972年版,第243页。

把主要精力放在客观历史规律的研究上,这是无可非议的。但即使在这样的情况下,他们也多次论及历史主体的能动作用。在今天,当我们完整地把握和阐发历史唯物主义理论的时候,若一直简单地侧重于客观历史规律的一面,而不是把历史主体的选择作用作为客观历史规律的决定作用的补充,那就是不应该了。

其次,从我国的社会主义实践来看,正确认识历史主体的选择作用,可以促使我们增强主体责任意识,加强主体修养,提高主体各方面的能力,自觉地发挥好应有的选择作用,把我们的社会主义改革和建设事业顺利地推向前进。我们应该明确地认识到,我们的事业搞得好坏,比较顺利还是比较曲折,不能简单地只从客观规律去说明,我们作为历史主体负有不可推卸的选择责任。我们应该在可能的条件下,尽量使我们的选择符合客观历史规律的要求,从而使我们的事业少遭曲折。从几十年的历程来看,我们既有正确选择的经验,也有错误选择的教训。在建立新中国的斗争中,以毛泽东同志为首的中国共产党人把马克思主义的普遍真理与中国革命的具体实际相结合,选择了一条以农村包围城市、最后夺取城市的正确道路,从而保证了中国革命的胜利,这是一个选择成功的范例。而当我们的社会主义制度基本确立之后,我们没有及时地把工作重点转移到经济工作上来,在很长的时期里忽视了发展生产力这个根本任务,而是离开生产力的要求一味进行生产关系和上层建筑领域里的"革命",结果使我们的社会主义事业走了一段很大的弯路,这是我们选择失误所造成的,历史主体的责任不能推卸。十一届三中全会以后我们进入了社会主义建设和改革的新时期,摆在我们面前的是新的选择。我们的生产力怎样发展,我们的全面改革如何进行,就要看我们做出什么样的决策,选择什么样的方案。对此,我们应该具备很强的主体责任感,才能担负起我们的历史使命。

要发挥好历史主体的选择作用,加强主体修养是一个重要环节。

我们要提高全党的马克思主义理论水平，特别要注重广大干部的理论学习。不仅要学习马克思主义理论，而且要广泛掌握各方面的科学知识。通过学习，提高主体认识能力和实践能力，为正确发挥历史主体的选择作用创造条件。

我们主张客观地认识和估价历史主体的选择作用，但或许有的同志对此存在疑虑：这样做会不会妨碍我们对客观历史规律的认识？这样一种疑虑是可以消除的。因为我们讲的选择作用，是在承认客观历史规律的决定作用的前提下讲的，是有条件的和有范围的。这样做不仅不会妨碍我们对客观历史规律的认识，相反会使我们具体地认识客观历史规律的实际展开过程，从而更全面、更生动地认识这些规律。应该说，如果我们不去认识和估价历史主体的选择作用，只强调客观规律的决定作用，那样才恰恰会妨碍我们对客观历史规律的认识，因为那样就离机械决定论和宿命论不远了。当然，对那种离开客观规律的决定作用抽象地谈论历史主体的选择作用的错误倾向，我们是要坚决反对的。下面我们就来谈这个问题。

三、历史主体的选择作用不能无限度地加以夸大

在历史主体研究中，确实也存在着一种过分夸大历史主体的选择作用，以至于贬低乃至否定客观历史规律的决定作用的错误倾向。有些人看到历史过程中表现出来的丰富多样性和随机性，就简单地认为整个历史都不过是作为历史主体的人们按照自己的意志描绘出来的，对社会历史过程中有没有一般规律产生怀疑，以至于滑向唯心主义的唯意志论。因此，我们在指出对历史主体的选择作用应该客观地加以认识和估价的同时，还需要明确指出问题的另一方面，即历史主体的选择作用归根到底是从属于客观历史规律的决定作用的。

这个问题可以从两个具体方面来看。一方面，历史主体的选择意志归根到底是由隐藏在背后的客观历史规律规定的。人们在历史过程中虽然可以做出各种不同的具体选择，这些选择的差别是与主体状况的差别分不开的，但它们毕竟有一个共同点，这就是它们都是对客观规律的反映，只不过由于主体状况的差别，而对规律的反映有好有坏，有不同程度、不同层次、不同侧面而已。社会历史发展的客观规律通过千差万别的主体意志这个中间环节而在人们的选择实践中具体展开，这使它具有了丰富多样的表现形式，但在这些不同的形式中，内容是统一的，客观规律本身是不会消融的。另一方面，从历史主体的选择结果来看，虽然人们可以按照自己的意志做出各种不同的具体选择，但选择的最终结果如何，终究要受到客观历史规律的制约。如果人们的选择比较地符合客观历史规律的要求，那么他们的选择最终会在实践中获得成功，在历史发展过程中得到确认，如果是相反的情况，即我们的选择没有能够很好地反映客观历史规律或者是直接违背这些规律的，那么他们的选择最终是要失败的，是不能成立的。但是这里有这样一种情况，就是错误的选择在具体历史过程中也可能暂时地维持一段时间，几种不同的选择都有暂时的可能性。历史的发展是需要通过适当的时间来做出自己的公断的，这种情况是社会历史过程的丰富生动性的具体体现。但是归根到底，客观历史规律的决定作用是要不可抗拒地展现出来的，社会历史发展最终要按照自己的必然性的轨道前进。

把以上两个方面统一起来，我们可以说，尽管历史主体在历史发展中可以起到能动的选择作用，但是社会历史发展终归是一个客观历史规律决定的"自然历史过程"①。如果说历史主体的选择作用

---

① 《马克思恩格斯选集》第2卷，人民出版社1972年版，第208页。

使这一过程表现出丰富多样的偶然性的话,那么客观历史规律所决定的必然性最终要通过各种偶然性给自己开辟道路。

在我们的社会主义实践中,我们所必须牢记的一条原则,就是要把我们的选择建立在符合客观历史规律的基础上。我们会面临各种选择的可能性,但是只有符合客观历史规律的那种选择,才是我们所需要的。对我们来说,是否符合客观规律,是衡量我们的选择是否正确的客观尺度。我们只有在尊重客观规律的前提下,充分发挥主体能动性,科学地进行主体选择,才能在实践中取得预期的结果。

(原载《甘肃理论学刊》1991年第3期)

人民群众创造历史与个人历史作用的辩证关系

（1987 年 7 月）

几千年来，在旧的剥削阶级思想家那里，英雄、伟人、帝王将相被看作是历史的创造者，而人民群众则被认为是一些只"供实验的材料"，"一大堆多余的废品"，"一片瓦砾场"，真乃"历史者英雄之舞台也，舍英雄几无历史"。马克思主义彻底清算了这种唯心主义的历史观，指出只有人民群众才是历史的真正创造者，而个人在群众的创造面前却是渺小的。但是另一方面，马克思主义也坚决反对了认为个人在历史上不起作用的形而上学机械决定论，指出处于特殊历史地位的特殊历史人物能够在一定条件下影响历史的进程。马克思主义的历史观是唯物的和辩证的，它第一次科学地解决了人民群众和个人在历史上的作用这个重大问题。

人民群众创造历史，他们是社会物质财富和精神财富的创造者，是实现社会变革的决定力量，他们决定着历史的基本面貌。而个人则给历史的发展打上不同色彩的特殊印记，加快或者延缓历史的进程。但是，人民群众创造历史与个人历史作用这两者之间的关系是怎样的呢？本文准备对这一问题进行一些探讨。

一

要探讨这一问题，首先必须搞清楚这两种不同作用的客观根据。

为什么人民群众能够创造历史，而个人则只能给予历史以一定的影响？这里至少有两个基本方面的原因。第一，人民群众是组成社会的主体部分，而个人则不过是社会中的一分子。我们知道，人类社会之不同于自然界的一个基本特点，就在于它是由具有意识的、经过思虑或凭激情行动的、追求某种目的的人所组成的。而我们所说的人民群众，包括了社会中的大多数人，他们无疑是组成社会的主体部分。所谓历史不过是社会即人们自身和他们的实践、他们的各种联系和关系的有规律的发展和演进的过程，而历史则首先是社会主体部分的历史。具体说来，人民群众首先是物质生产方式的主体。物质生产是整个社会和全部历史的基础，而人民群众便是这种物质生产的主要力量。人民群众不但是物质生产方式的主体，而且也是社会政治领域和意识领域的主体。人们在经济活动的基础上进行政治活动，并在这些活动中形成以经济关系为基础的政治关系，这些关系构成社会的政治结构。而人民群众作为社会的大多数，必然是社会政治关系的主要承担者，他们通过自己在政治领域中的实践使社会政治关系得到现实的体现。因此，一种政治关系或政治结构的建立和瓦解，以及全部政治领域的历史发展，都只有通过人民群众的实践才能得到实现。在社会意识领域里，人民群众的意识是构成整个社会的意识的主要组成部分，任何一种意识，只有被广大人民群众所接受，才能成为具有普遍性的社会的意识。而社会的精神生产如科学和文化的发展，也是以人民群众中的脑力劳动者为主体，他们的创造活动是社会精神生产发展的主干，而那些被视为天才贡献的杰出成果只不过是这个主干上所结出的瑰丽的花朵。这样，不论在哪一个领域中，人民群众都是社会的主体，而每个领域的历史都首先是人民群众的历史。因此马克思和恩格斯指出，"整个历史的过程"，"由活生生的人民群众……本身的发展所决定"。① 至于历史上的个人，就他们是个人而言，在人民群众中不过是沧海一粟罢了，他们作为社会构成中的一分子，无论是在生产方式中还是在社会政治领域和意识领域中，都只能通过自己的具体活动，对历史的形成起到自己的一份作用，而这种作用当然是不能同人民群众的主体作用相提并论的。

第二，社会运动的规律和历史发展的必然性只有通过人民群众的实践才能得到展开和实现，而个人的活动则是次要的和不确定的因素。社会历史是一个有规律的、按照其自身法则运动着的自然历史过程，而社会运动的一般规律在自己的展开过程中表现为历史发展的必然性。但是，在社会领域中，一切运动和发展都是要通过人的活动来实现的，人民群众既然是社会的主体部分，社会运动的规律和历史发展的必然性只有通过他们的实践才能体现出来；离开了人民群众的实践，社会运动的规律就无从展开，历史发展的必然性也就无从实现。而人民群众的根本利益，决定了他们最终一定要在实践中代表这种必然性。正是在这个意义上，恩格斯才指出："如果要去探究那些隐藏在——自觉地或不自觉地，而且往往是不自觉地——历史人物的动机背后并且构成历史的真正的最后动力的动力，那么应当注意的，与其说是个别人物、即使是非常杰出的人物的动机，不如说是使广大群众、使整个整个的民族，以及在每一民族中间又使整个整个阶级行动起来的动机。"② 而个人作为社会中的个体，他的活动对社会运动规律和历史发展的必然性的体现却是次要

---

① 《马克思恩格斯全集》第7卷，人民出版社1959年版，第318页。
② 《马克思恩格斯选集》第4卷，人民出版社1972年版，第245页。

的和不确定的，他可以顺应历史的必然性，也可以逆历史的潮流而动，而不论他如何活动，都不会对社会运动规律的展开和历史必然性的实现产生决定性的影响，他的活动并不是必不可少的因素。当然这并不是说任何作用都没有，个人的历史活动无疑会从积极或消极的方面对社会运动规律的展开和历史发展的必然性的实现起到某种促进或阻碍的作用。但这种作用在人民群众的实践面前却是十分有限的。

人民群众是组成社会的主体部分，而个人只不过是社会中的一分子，社会运动的规律和历史发展的必然性只有通过人民群众的实践才能得到展开和实现，而个人的活动则是次要的和不确定因素，这便是人民群众和个人在历史上不同作用的最主要的客观根据。

二

人民群众创造历史，而个人则影响历史的具体进程，但是人民群众和个人并不是互不相干地、各自独立地进行活动，而是在彼此的联系中对历史发生作用。他们的两种不同作用之间存在着统一的客观机制。总的说来，人民群众创造历史的社会实践是个人历史作用的基本前提和客观基础；而个人的历史活动则对人民群众创造历史的社会实践发生影响。它们的关系主要体现在以下几个方面。

第一，个人历史作用要顺应人民群众社会实践的根本要求，而这一根本要求在群众实践中的具体体现却会因个人的历史活动而有自觉程度的不同。

人民群众创造历史的客观根据之一，就是历史发展的客观要求必然要通过人民群众的实践反映出来，人民群众的社会实践是社会运动规律的生动体现，它代表着历史发展的必然性。因此，个人要在历史上发挥较大的作用，就必须顺应群众实践的根本要求，而顺应群众实践的根本要求,也就是顺应历史发展的必然性。人民群众实践的根本要求是不可抗拒的,任何个人都不能阻挡它的实现。而个人如果背离了群众实践的根本要求,就必然一事无成,或者最终被历史所抛弃。

环顾古今中外历史上做出突出贡献的杰出人物,无不是顺应了群众实践的根本要求。两千二百年前,秦王嬴政统一中国,建立了专制主义的中央集权的封建国家,因为他代表了广大农民群众和当时的地主阶级要求统一的愿望。秦二世时陈胜、吴广揭竿而起,成为秦末农民战争的著名领袖,也是因为他们代表了当时广大群众反抗统治阶级残酷剥削和压迫的要求。18世纪中叶北美殖民地的独立战争,把一个伟大的人物——乔治·华盛顿推到了历史的前台,使他成为美利坚合众国的开国元勋,而一个世纪之后,亚伯拉罕·林肯在南北战争中代表了美国资产阶阶级和广大群众用民主方式解决土地问题和消灭奴隶制的要求,从而在美国历史和人类历史上与华盛顿齐名。人民群众创造历史的社会实践使一切顺应它的历史人物流芳千古,而对于违背它的历史人物遗臭万年。希特勒对尼采的"权力意志"和"超人"哲学推崇备至,他以为像他这样的"超人"和"天才"理所当然应该支配整个世界,结果成为人类历史的千古罪人,落得个身败名裂的可耻下场。

我们在这里特别指出人民群众实践的根本要求,是因为只有这种根本要求才能真正代表历史发展的必然性。一般说来,社会发展的必然规律是要通过人民群众的实践体现出来的,但是,这种体现往往不是直截了当,而是通过群众的自身利益的中介折射在群众的实践中,促使群众为自己的切身利益而斗争。但是究竟怎样方能使自己的利益得到实现,群众往往难以一下子清楚地认识到问题的本质和根源。因此,人民群众的实践往往是不自觉地反映着历史的必然性,它的内在的根本的要求是通过各种各样的自发的、带有一定程度的盲目性的具体要求而体现出来的。

但是，所有那些与根本要求相偏离的具体倾向都是终将被人民群众在不断前进的实践中所纠正，而代表着历史必然性群众实践的根本要求必然要为自己开辟道路。决定着个人历史作用的性质并要求个人作用与之相顺应的，正是这种根本要求。

但是另一方面，正是因为人民群众创造历史的实践具有一定程度的自发性，个人的历史活动就有可能对其根本要求的自觉体现发生影响。历史上的杰出人物往往具有优秀的品格和卓越的才能，往往能够比较早地认识社会历史发展的必然性。"他的见识要比别人的远些，他的愿望要比别人的强烈些。他把先前的社会理性发展进程所提出的紧急科学任务拿来加以解决；他把先前的社会关系发展过程所引起的新的社会需要指明出来；他担负起满足这种需要的发起责任。"① 因此，杰出人物往往能够为人民群众的实践提出比较正确的指导思想和行动纲领，从而把人民群众实践的根本要求比较集中地体现出来。杰出人物的作用就在于他把群众实践的自发性上升到自觉性，从而成为群众实践的引导者。列宁曾指出："'思想家'所以配称为思想家，就是因为他走在自发运动的前面，为它指出道路"② 例如，在近代，当欧洲历史走过中世纪阶段的漫漫黑暗，新兴的资本主义的曙光开始显露出来的时候，资产阶级的思想家们便提出了一系列新的社会理论和学说。14—16世纪文艺复兴运动的思想家们高举人文主义的旗帜，以人性反对神性，以个人幸福和"个人自由"反对禁欲主义，恩格斯称他们是"给资产阶级的现代统治打下基础的人物"③。而18世纪法国启蒙思想家更是"为行将到来

---

① 《普列汉诺夫哲学著作选集》第2卷，生活·读书·新知三联书店1959年版，第373页。
② 《列宁全集》第5卷，人民出版社1959年版，第283页。
③ 《马克思恩格斯选集》第3卷，人民出版社1972年版，第445页。

的革命启发过人们头脑的""伟大人物"①，以狄德罗为首的百科全书派的唯物主义学说"为《人权宣言》提供了底本"②，而"卢梭的社会契约在实践中表现为……资产阶级的民主共和国"③。

个人的历史活动可以使群众实践的根本要求比较自觉地体现出来，但也可以从另一个方向起作用，即在一定的时间内把群众的实践引导到偏离它的根本要求的方向上去。例如 19 世纪国际工人运动中的普鲁东主义、巴枯宁主义、拉萨尔主义等都曾对无产阶级前进的方向发生过消极的影响，以至于马克思和恩格斯在他们的一生中不得不花费很大的精力同这些偏离无产阶级的根本利益、偏离无产阶级实践的根本要求的错误思潮进行斗争。但是，人民群众实践的这种"偏离"毕竟只是暂时的，群众终究会觉悟起来，摆脱这些错误思潮的影响。

第二，个人的历史作用要通过人民群众创造历史的实践才能实现，而人民群众实践的具体过程却会由于个人的历史活动而采取不同的道路和途径。

既然人民群众是组成社会的主体，他们本身以及他们的实践活动、他们在这些活动中所承担的各种关系和联系是社会的基本内容；既然人民群众的实践代表着社会前进的主流，新的历史要从他们的创造实践中诞生，那么很显然，任何个人想要对历史发生作用，就必须通过人民群众创造历史的实践过程才能做到这一点。也就是说，他对历史发展的影响，只能通过对人民群众的实践的影响来实现。先进人物加速历史的发展，是通过个人活动推动了群众实践的结果，而反动人物延缓历史的发展，也是通过其个人活动阻碍了群众实践的结果。

---

① 《马克思恩格斯选集》第 3 卷，人民出版社 1972 年版，第 404 页。
② 《马克思恩格斯选集》第 3 卷，人民出版社 1972 年版，第 395 页。
③ 《马克思恩格斯选集》第 3 卷，人民出版社 1972 年版，第 405 页。

杰出人物能够比一般人更为自觉地认识社会发展的必然性，从而能够提出比较正确的理论和纲领，但是新的社会目标的实现，单靠他们个人的奋斗是不可能的，还必须把这些理论和纲领交给群众，把它们变成广大群众的创造性的实践。马克思指出："有识之士往往通过无形的纽带同人民的机体联系在一起"①。列宁也指出："如果共产党员（以及所有成功地开始了大革命的革命家）以为单靠革命家的手就能完成革命事业，那将是他们最大最危险的错误之一。恰恰相反，革命家只能起真正富有生命力的先进阶级的先锋队的作用，……先锋队只有当它不脱离自己领导的群众并真正引导全体群众前进时，才能完成其先锋队的任务。"② 19世纪末叶，中国的民族资本主义有了初步的发展，新的社会因素与旧的社会制度的矛盾日益暴露出来。在这样的社会条件下，中国资产阶级的改良派发起了著名的"戊戌变法"运动。但是这场运动在短短的一百多天内就失败了，其失败的一个重要原因，就是维新派脱离了广大人民群众的实践。他们只指望一个封建皇帝和他们自己少数"天才"，以为"自古非常之事，必恃有为之君"③，而"有非常之才，则是以济非常之变"④，因此他们找不到打破旧势力的力量源泉，变来变去，最后只能孤零零地"引颈受戮"。而与此相比较，19世纪中叶日本"明治维新"之所以能够获得成功，一个重要的原因，就是当时领导这场维新的资产阶级化的下级武士比较充分地发动了群众，特别是

---

① 《马克思恩格斯全集》第33卷，人民出版社1973年版，第178页。
② 《列宁选集》第4卷，人民出版社1972年版，第603页。
③ 康有为：《公车上书》，见中国史学会主编：《戊戌变法》第2册，神州国光社1953年版，第153页。
④ 梁启超：《变法通议》，见中国史学会主编：《戊戌变法》第3册，神州国光社1953年版，第21页。

利用了农民起义的力量。①中国伟大的革命民主主义者孙中山毕生为中国的进步事业而奋斗,他在生命的最后时刻留下了著名的《总理遗嘱》:"余致力国民革命,凡四十年,其目的在求中国之自由平等。积四十年之经验,深知欲达到此目的,必须唤起民众。"孙中山先生是从自己的毕生实践中,认识到个人的历史作用必须通过人民群众的实践才能实现这个道理的。

个人的历史作用必须通过人民群众的实践才能实现,但是另一方面,人民群众创造历史的具体实践过程又会受到个人活动的影响。这是因为,人民群众在实践中向社会发展的客观规律所确定的必然方向和历史目标迈进的时候,存在着一个通过何种途径、采取何种方式以及何种步骤的问题,这样就为一切杰出的政治家、军事家、经济技术专家以及各方面的杰出人物提供了一个广阔的历史舞台,使他们能够在这个舞台上充分地发挥自己的智慧和才干,去导演一幕幕威武雄壮的历史活剧。当然,在这个舞台上也不免会出现一些蹩脚的导演和演员,他们则会把群众实践引入错误和曲折的途径。

在半个世纪以前,当中国人民在中国共产党的领导下为自己的解放事业而斗争的时候,就曾面临中国革命的道路如何走的问题。党内的右倾机会主义者主张"二次革命论",而"左"倾主义者则主张"不断革命论",这两种机会主义的路线曾经给中国革命带来了重大的损失和挫折。以毛泽东同志为代表的中国共产党人科学地分析了中国革命的历史特点,指出中国只能实行由无产阶级领导的、人民大众的反帝反封建的新民主主义革命,而这个革命必将转入社会主义革命。毛泽东同志还把马克思主义的普遍真理同中国革命的具体实践相结合,提出了以农村包围城市,最后夺取城市的红色政

---

① 参见[日]井上清:《日本历史》中册,天津历史研究所译,天津人民出版社1975年版,第479页。

权理论，并随着革命的进程制定了一系列的政治—军事策略，使得中国革命战胜了种种艰难曲折，通过自己的独特的途径走向成功。毛泽东同志对中国革命的具体道路所做出的杰出贡献，是历史上的杰出人物影响人民群众实践过程的范例。但是，毛泽东同志在中国的社会主义革命和建设时期却犯了严重的错误，这就是他把所谓"文化大革命"作为巩固无产阶级专政、推进社会主义革命和建设的手段和途径，结果给中国的社会主义事业造成了一场灾难。

第三，个人历史作用的优劣大小要根据人民群众创造历史的实践结果来评价，而群众实践的既定目标的实现却会由于个人的历史活动而加快或者延缓。

既然个人的历史作用必须通过人民群众创造历史的实践才能得到实现，那么顺理成章，个人历史作用的优劣大小只有通过人民群众实践的结果来评价。凡是促使人民群众的实践按照历史发展的必然性的要求达到既定的社会目标从而取得成功的个人作用，都是值得肯定的；而在其他因素不变的前提下，群众实践所取得的成功越大，其既定目标的实现越迅速，付出的代价越小，个人的历史作用也就越大。至于说从消极的或反动的方面所表现出来的个人作用，则可以从反面的意义上去评价。例如，在中国历史上，唐太宗李世民是一个杰出的地主阶级政治家，他面对隋末唐初屡经战乱后社会经济凋敝残破的状况，推行轻徭薄赋、爱惜民力、保护生产的基本国策，开创了"贞观之治"的繁荣局面。明太祖朱元璋也是一个杰出的人物，他当政之后奖励垦荒、移民屯田、兴修水利、解放奴隶，使得社会经济在短短的三十几年间得到迅速恢复和发展。他们的共同之处，都是通过个人的积极努力，成功地推进了人民群众的社会实践，从而体现出较大的个人作用。而隋炀帝则不同，他昏庸暴虐，荒淫无度，对内残酷地压榨民众，对外则不断地发动侵略战争，广大人民群众连生存都难以保障，更谈不上去发展生产了。因此，隋炀帝成为中国历史上反面人物的典型。

这里应该指出，根据人民群众的实践结果来评价个人作用，同根据历史的发展评价个人作用，本质上是一致的。因为这里所说的人民群众的实践，是创造历史的实践，而这种实践的结果，就是历史本身。当然，对个人作用的评价问题不能做机械的理解，在一些重要的历史场合，往往不能过于简单地、片面地以某一个别实践过程的暂时的成功或挫折来评价个人作用，而要从完整的历史角度看问题，即从一系列的有内在联系的群众实践的整体过程出发去看问题。

与这个问题相对应的另一方面，便是个人的历史活动，能够影响人民群众实践的结果。因为个人的历史活动能够影响人民群众实践的根本要求的自觉体现，能够影响人民群众实践的具体过程，所以也必然会影响其结果。当然，群众实践的根本方向是受必然性支配的，群众实践的结果，是由各方面的复杂因素所造成的。但是，群众实践的既定目标的实现，确实可以因个人活动的影响而加快或者延缓。而对群众实践结果的影响，也就是对历史本身的影响。例如，在中国古代史上，萧何、张良和韩信是著名的"汉初三杰"，他们对刘邦统一天下和西汉政权的建立起了重要的作用。在当时，西汉的统一代表了群众实践的要求，但是，没有萧何的贤能、张良的智谋和韩信的军事才干，西汉的统一恐怕不会那样快地实现，而社会也许还要动荡一个时期。在世界现代史上，苏联十月革命的成功和第一个社会主义国家的建立，是同列宁及布尔什维克党人的杰出领导分不开的。根据社会发展的必然规律，广大人民群众的实践一定要冲破资本主义的牢笼，创造出一个崭新的历史时代的，但是如果按照第二国际的领袖们的设计，社会主义革命的胜利也许还要推迟很长时间，整个现代史也就要向后推迟很长时间。可见，个人的历史活动在对人民群众实践的结果的影响中表现出重要的历史作用，以及作为历史偶然性的本质属性。

第四，个人的历史作用会受到群众实践的历史局限性的制约，而人民群众创造历史的实践也会受到个人活动的历史局限性的影响。

马克思指出："人们自己创造自己的历史，但是他们并不是随心所欲地创造，并不是在他们自己选定的条件下创造，而是在直接碰到的、既定的、从过去承继下来的条件下创造。"① 群众的实践是创造历史的实践，但是这种实践无疑要受到他们以往活动的结果——既有的社会历史条件的制约，要受到社会内部矛盾运动和发展的客观规律的制约。因此，人民群众创造实践必然具有历史的局限性，而个人的历史作用不可避免地受到群众实践的这种历史局限性的制约，因为他必须通过人民群众的实践才能对历史起作用。社会发展的新的历史任务，只有当各方面的客观条件趋向成熟的时候，才会通过广大人民群众的实践得到解决，没有这样的社会历史条件，任何英雄和天才都无能为力，不论他们已经具有怎样的科学预见。另一方面，人民群众的实践还有一个自觉程度的问题，在群众还没有比较清楚地认识到自己的历史使命，而仍然处于自发运动的阶段时，即使各方面的客观条件成熟了，群众也难以正确地加以利用。这时，走在前面的少数先进人物所能做的，只是宣传群众，教育群众，等待群众的觉悟。

早在19世纪40年代，马克思和恩格斯就科学地分析了资本主义社会所固有的矛盾，揭示了资本主义必然为社会主义所代替的客观规律。但是，在他们所生活的时代，推翻资本主义社会、建立新的社会主义社会的社会历史条件毕竟还不够成熟，而现代工人阶级和广大人民群众虽然已经开始进行独立的政治运动，但是他们毕竟还没有用科学的理论武装起来，他们的实践仍然带有很大程度的自

---

① 《马克思恩格斯选集》第1卷，人民出版社1972年版，第603页。

发性质，并且受到各种资产阶级和小资产阶级的思潮的影响。因此，马克思和恩格斯一生中的主要精力，是用来建立科学的社会主义理论，并用这个理论教育无产阶级，把工人运动引导到正确的轨道上来，为行将到来的无产阶级社会主义革命进行思想上和组织上的准备。但是，他们不可能在当时就直接领导创建一个社会主义国家，这并非是他们不具备个人方面的能力，而是因为群众实践的历史局限性使他们受到了制约。把社会主义由理想变成现实的历史任务，是由列宁领导俄国的工人阶级和人民群众完成的，因为 20 世纪初的俄国是帝国主义世界一切矛盾的集合点，而俄国的工人阶级和人民群众在布尔什维克党的旗帜下团结和组织起来了，群众实践的主、客观条件均已成熟。

个人的历史作用要受人民群众实践的历史局限性的制约，而人民群众的实践也会受到个人活动的历史局限性的影响。因为历史上的群众实践都有一定的自发性，而个人往往担负着领导者和先驱者的重大责任。而领导者有时由于所处的历史条件和社会地位的限制，很难较好地担负起这一责任，这就不可避免地影响人民群众实践的发展。在中国近代史上，曾有过三次革命高潮的出现。1851 年开始的太平天国农民战争，席卷了大半个中国，坚持了十多年，但是终归失败了。而它失败的主要原因之一，就是它的领导者们作为农民的代表，为跟随他们的群众所描绘的只是一幅以小生产为基础的、带有几分民主色彩的但永远也不可能实现的理想天国的图画。1899—1900 年的义和团运动也是一样，它虽然在反对帝国主义侵略的斗争中起到了重要的作用，但是它的领袖们同样被农民小生产者的狭隘地位限制了自己的眼界。1911 年资产阶级领导的辛亥革命，推翻了中国历史上最后一个皇帝，但它并没有动摇半殖民地、半封建的社会基础，最终被中外反动势力所绞杀。这次革命证明，中国的民族资产阶级及其代表人物由于其先天的软弱性，不能领导中国反帝反封建的民主革命取得胜利。这样,中国的旧民主主义革命便以这三次革命运动的失败而告终,而领导中国革命走向新生的历史任务,便历史地落在了中国工人阶级及其领袖们的肩上。

三

以上我们从几个主要方面考察了人民群众创造历史与个人历史作用的关系。从这一考察中可以看出,人民群众创造历史的社会实践,决定着个人的历史作用。个人作用要顺应人民群众实践的根本要求,要通过人民群众的实践才能实现,要以人民群众的实践结果作为评价的尺度,最后还要受到人民群众实践的历史局限性的制约。因此,人民群众创造历史的社会实践是个人历史作用的基本前提和客观基础。然而另一方面,个人的历史活动对人民群众实践的影响也是不容忽视的,人民群众实践的根本要求的具体体现会因个人的历史活动而有自觉程度的不同,人民群众实践的具体过程会因个人的历史活动而采取不同的道路和途径,人民群众实践的既定目标的实现会因个人的历史活动而加快或者延缓,人民群众的实践还会受到个人历史活动的历史局限性的影响。但是,应该指出,个人的历史活动对人民群众实践的影响是建立在人民群众创造历史的社会实践决定个人历史作用的前提和基础上的,这种影响的范围是有限的。历史上的杰出人物之所以能够起到人民群众实践的引导者的作用,是因为他们的个人活动集中体现了人民群众实践的根本要求,这样群众才承认他们,拥护他们,跟他们走。杰出人物的活动能够对群众实践的具体过程并且进而对群众实践的结果发生积极的影响,也是因为人民群众的实践必然要寻找自己的最适当的途径和形式,以求尽可能快地和尽可能圆满地达到其为历史的必然性所规定了的社会目标,而杰出人物的历史活动恰恰适应了群众实践的这种需要。

至于说从消极的或反动的方面起作用的个人活动也能对人民群众的实践发生影响，则是因为在这时人民群众的觉悟和认识程度、他们的组织和联系都还不够，他们的创造力还没有充分发挥出来。而这只能是暂时的，人民群众的实践的发展一定会冲破所有一切阻力和障碍。不论怎样的个人历史活动，都不能改变人民群众实践的根本方向和总的趋势，不能改变群众实践按照历史的必然性实现其历史使命的基本进程。

从对人民群众创造历史和个人历史作用的关系的研究当中，我们还可以看到所谓英雄和群众"共同创造"论的错误根源。"共创论"的错误之处，就在于它无限度地夸大了个人作用的意义，割断了它对人民群众的社会实践的依赖关系；他们只看到个人在一定限度内对人民群众实践的影响，而忽视了人民群众的实践对个人历史作用的决定意义，结果便把有限的个人作用变成和人民群众的创造作用相互平行的、互相独立的同等作用。而这种失去现实规定的、没有根基的"创造"作用，是从哪里获得它的力量泉源的呢？对这个问题的解释，就很容易走到二元论的道路上去。因此，我们必须坚持人民群众创造历史这个历史唯物主义的基本观点，反对"共创"论的错误观点。

正确认识人民群众创造历史与个人历史作用的关系，具有重要的理论意义和实践意义。因为人民群众创造历史的过程和个人发挥其历史作用的过程，在现实的历史发展中本来就是一个统一的过程。只有在认识这两种不同作用的基础上进而认识它们之间的辩证关系，才能全面地理解和把握历史唯物主义关于人民群众和个人在历史上的作用的基本原理。而在我们的社会主义革命和建设的实践中，只有正确地认识了人民群众创造历史与个人历史作用的关系，才能自觉地处理好这方面的一系列具体问题，无论在哪一个具体的社会领域，都要把人民群众的社会实践作为个人历史活动的前提和基础，同时又要充分发挥个人的历史活动对人民群众实践的积极影响，从而在人民群众和个人的两种不同作用的辩证统一中，更好地推动我们的社会主义事业和整个社会历史的前进。

（原载本书编写组编：《历史唯物主义研究》，求实出版社1987年版）

阶级分析和阶层分析：两种不同方法的比较研究

（2005 年 1 月）

一

在社会发展战略的研究中，主体战略具有十分重要的地位。要研究主体战略，就要对主体结构做出分析；而要进行主体结构分析，就需要借助科学的方法。但正是在这个分析方法问题上，近年来的讨论中出现了一些新的争议和分歧，这些分歧主要是围绕阶级分析和阶层分析这两种方法展开的。

阶级分析方法和阶层分析方法作为社会主体结构分析的不同方法，虽然都是着眼于主体结构，但却具有不同的规定性。阶级分析方法是我们过去十分熟悉的方法，它所关注的主要是人们在社会的经济关系亦即生产关系中的不同地位。由于人们在生产关系中所处的地位不同，便形成了不同的社会集团，这些不同的社会集团便是所谓的阶级。按照列宁所下的定义，"所谓阶级，就是这样一些集团，由于它们在一定社会经济结构中所处的地位不同，其中一个集团能够占有另一个集团的劳动"。① 而阶层分析方法原是西方社会学中广泛使用的一种方法，也叫社会分层方法，它是以人们的收入、职业、受教育的程度以及权利等为标准，将人们划分为各种不同的社会阶层，研究不同层次之间的人们的社会差别。阶层分析方法与阶级分析方法的一个很大的不同，便是它的着眼点并不集中在主体之间某种特定的地位差别上，而是广泛注意主体之间的各种差别；因此阶层分析的具体尺度和标准具有多样性。

那么，应该如何看待这两种不同的方法，如何评价这两种方法的价值意义和适用性呢？这是讨论中分歧和争议的焦点所在。一种观点认为，阶级分析方法在社会发展的特定阶段、特定意义上有其应用价值，而在更广泛的意义上则有其局限性；阶层分析方法则不同，它可以适用于各个不同的阶段并具有更为广泛的意义，因而应作为主体状况分析的主要方法。有的论者特别着眼于当代中国社会发展的实践，认为阶级分析方法主要适用于进行社会革命的目的，而在当今社会发展的新的条件下，这一方法就不再适合了，而应改用阶层分析方法。另一种观点则与此不同，认为阶级分析方法是马克思主义的基本方法，不仅适用于过去的革命实践，也同样适用于当代社会发展的新阶段，因而不赞成用阶层分析方法取代阶级分析方法。

面对讨论中出现的这些争议和分歧，我们有必要对阶级分析和阶层分析这两种方法做一些具体的考察，并对有关的问题做出进一步的探讨和研究。

---

① 《列宁选集》第4卷，人民出版社1995年版，第11页。

二

应该说，阶级分析方法的确是马克思主义用来分析主体结构的一种基本方法，这一点在马克思主义的经典作家那里有着清楚的体现。这种方法的关键是以人们在经济关系亦即生产关系中的现实地位作为切入点，并由此将各类主体区分为不同的阶级。而它之所以选择这样一个切入点，是有着自己的特殊缘由的；这是因为在整个社会结构体系中，生产关系处于一种特殊重要的地位。按照历史唯物主义所揭示的社会结构体系的内在联系，社会的经济领域相对于政治领域、思想文化领域等其他各个领域来说具有更为根本的意义，"物质生活的生产方式制约着整个社会生活、政治生活和精神生活的过程。"① 而经济领域包括生产力和生产关系这两个结构层次，其中生产力决定生产关系，而生产关系则是生产力所必需的社会形式，同时，它还是整个政治的和思想的上层建筑所赖以存在的直接基础。从社会主体来看，正是由于生产关系在社会结构体系中的这种特殊重要的地位，人们在生产关系中所处的现实地位也就具有了相应的重要意义。人们在生产关系中所处的地位不同，他们在政治领域和思想文化领域中所处的地位也就相应地不同；如马克思曾指出的，"一个阶级是社会上占统治地位的**物质**力量，同时也是社会上占统治地位的**精神力量**。"② 从人们在生产关系中所处的不同地位入手区分不同的阶级，就可以抓住问题的根本，从而从总体上认识和把握人们在整个社会结构体系中所处的不同地位。而进一步说，我们之所以要进行主体地位分析，是因为人们在社会结构体系中的现实地位

---

① 《马克思恩格斯选集》第 2 卷，人民出版社 1995 年版，第 32 页。
② 《马克思恩格斯选集》第 1 卷，人民出版社 1995 年版，第 98 页。

决定着他们对于社会发展的态度和倾向；主体战略的制定要求通过对主体的社会地位的分析研究这种态度和倾向，并对各类社会群体在这一阶段的社会发展过程中所可能发挥的不同作用做出评价。而既然人们在社会结构体系中的地位从根本上取决于他们在生产关系中的地位，那么从人们在生产关系中的地位入手进行阶级分析，对于主体战略的制定来说就应该是十分必要的了。

但是，当我们对阶级分析方法做出这样的评价时，有一个重要之点应该特别予以说明。既然阶级分析方法主要着眼于人们在生产关系中的现实地位，那么这种现实地位具体应该如何区分呢？这里存在着两种不同的意见。一种意见强调这种现实地位之间的对立关系，即将不同的社会集团在生产关系中处于相互对立的地位作为阶级存在的标志和区分不同阶级的标准，特别是强调列宁所指出的"其中一个集团能够占有另一个集团的劳动"。而另一种意见则认为应该从更广泛的意义上来理解问题，主张按照人们在生产关系中的现实地位之间的差别来区分阶级，而把不同的社会集团之间的对立关系看作是阶级关系中的一种特殊形态。这两种意见都有其道理，但比较而言，后一种意见应该更为适当。阶级关系首先是一种差别关系，差别发展到极端便形成对立；对立关系只是阶级关系在特定条件下出现的特殊形态，而不是普遍形态。过去我们区分剥削阶级和被剥削阶级，包括奴隶主阶级和奴隶阶级、地主阶级和农民阶级、资产阶级和无产阶级等，的确是从不同的社会集团在生产关系中的现实地位之间的对立关系出发的；但介于这些对立阶级之间还有各种中间阶级，这就是一种差别关系。至于进入社会主义阶段后所区分的工人阶级、农民阶级等，更是体现着一种生产关系中的差别关系，而不是对立关系。此外还应指出，即便是对立关系，也不应形而上学地、绝对化地去理解，而是应该从辩证的、对立统一的观点去理解。

如果我们这样来理解阶级的存在和区分，那么阶级分析方法就不应该被看作是只适用于过去的社会变革时期，而且也仍然适用于当代中国社会发展的新的阶段。虽然社会结构体系已经发生了很大的变化，但人们在生产关系中的现实地位之间仍然存在各种差别，仍然可以进行阶级分析。对于社会发展的主体战略来说，阶级分析方法仍然有着特殊重要的意义。

与此相关，这里还有必要澄清讨论中提出的另一个疑问，即阶级分析方法运用于主体战略的目标指向似乎只能是阶级斗争和社会革命，而不利于新的条件下的社会发展。这个看法同样是不正确的。阶级分析方法的作用是通过对主体结构的分析达到对社会发展的主体条件的认识和把握，从而为主体战略的制定提供依据；至于主体战略的目标导向，则是服从于整个社会发展战略体系的总体目标，而这个总体目标又是取决于这一阶段上社会发展的历史任务。阶级分析方法在过去可以为实现社会革命的战略目标服务，在今天也同样可以为新的条件下推进社会发展的战略目标服务。当然，过去我们在这个问题上出过偏差，将阶级分析方法不适当地加以滥用，并不顾社会发展阶段的变化而错误地实行"以阶级斗争为纲"，结果造成了严重后果，使人们一提起"阶级"二字就心有余悸。这个教训是应该汲取的，但我们又不能因此而简单地否定阶级分析方法，而是应该把对这一方法的不正确的应用，特别是以错误的战略目标为导向的不正确应用，与这一方法本身的正确要求恰当地区分开来。

我们肯定阶级分析方法在正确理解和应用的前提下有其特殊的价值，反对将这种方法加以曲解和否定；但是另一方面又要看到，这一方法又的确有其相应的局限性。这种局限性主要表现在，仅仅从主体在生产关系中所处的地位差别，还不足以反映主体之间存在的多种不同性质以及不同程度的差异和区别，不足以反映主体的全面状况。除了在生产关系中的地位差别亦即由此决定的在整个社会结构体系中的地位差别之外，主体之间的差别还表现在其他各个具体的方面；前者虽然是一种根本性的差别，但它毕竟不能代替其他各个方面的分析，而这些分析对于主体战略的制定来说也都具有各自的意义。因此，这里便涉及我们要讨论的另一种方法——阶层分析方法。

三

在考察阶层分析方法时，首先需要说明，所谓阶层分析可以从两种含义上来理解。其一是作为阶级分析方法的一个具体环节，对不同的社会阶级进行进一步的分析，在阶级内部进一步划分不同的阶层；其二才是讨论中所涉及的广义的阶层分析方法，即不局限于阶级关系，而是从整个主体结构的角度划分阶层，这便是所谓的社会分层方法，所区分的阶层便是社会阶层。

阶级内部的阶层分析较之笼统的阶级分析当然更为具体，它可以进一步揭示出同一个阶级的不同主体之间的地位差别，以及他们在社会发展进程中可能起到的作用方面的差别，这对于主体战略的制定无疑是重要的。但是，这种阶层分析仍然有着既定的局限性，即它所采取的切入点仍然是人们在生产关系中的现实地位，只不过是着眼于这种现实地位之间的更为具体的差别而已。这样一个特定的角度，仍然不能满足主体结构分析的全面性要求。而从整个主体结构着眼的广义的阶层分析方法则与此不同，它并不是固定在某一个特定的角度和切入点，而是根据需要采用多种角度和不同的切入点；由此，可以区分出各种不同意义的社会阶层，描绘出各种不同类型的主体结构。例如，从人们所从事的职业着眼，可以区分出工人、农民、军人、教师、科技人员、党政管理人员、企业管理人员以及无业或失业人员等各种不同的社会阶层；而从人们的收入水平着眼，可以区分出高收入者、中等收入者、低收入者以及贫困线以下者等不同的社会阶层；而从人们受教育的程度着眼，则可以区分出高学历者、中等学历者、低学历者和文盲、半文盲等不同的社会阶层。这种社会阶层分析方法具有很大的灵活性，可以更加具体和细致地反映出主体之间社会地位的差异。不同角度的社会阶层分析可以相互交叉和重叠，从而可以较好地适应主体状况分析的全面性要求。因此，在主体战略的研究中，阶层分析方法完全可以作为一种有效的分析方法，它会使我们的主体战略更加符合各种社会主体的各个方面的具体实际。

应该看到，这种阶层分析方法之所以在近年来的讨论中引起了广泛的关注，是有着自己的客观根据的，它与当代中国社会发展的特殊背景相关联。在过去的革命时期，中国社会发展所面临的首要任务是进行社会结构体系的根本变革，这时阶级矛盾突出，阶级斗争成为主体战略的主要手段，所以阶级分析方法自然体现出特殊重要的意义。而在革命胜利之后，中国社会的发展经由新民主主义的过渡而进入到社会主义社会初级阶段，这时进行经济建设、大力发展生产力便成为社会的首要任务；相应地，中国社会的主体结构也发生了变化，原有的阶级对立关系已被破除，工人阶级和农民阶级成为社会主义公有制条件下的两大基本阶级，它们之间的关系如前所述并不是对立性质，而只是在生产关系中所处地位的差别关系。在这种情况下，主体战略的主要着眼点本应该及时地由开展阶级斗争转变为妥善处理新的主体结构中的各种非对抗性矛盾，亦即通常所谓人民内部矛盾，目的是尽可能地调动一切积极因素，为社会主义建设服务。如果是这样的话，仅用阶级分析方法来进行主体结构分析就是不够的了，而阶层分析方法的长处正好可以发挥出来，使我们得以对各类主体之间的各种差别进行多种角度的研究和把握。但遗憾的是我们当时对中国社会发展的认识上犯了错误，没有能够及时实现这一转变，结果导致阶级分析方法被严重地滥用并遭到扭曲，而阶层分析方法则被抛到一边，甚至遭到批判和否定。直到中共十一届三中全会之后，我们才最终纠正了这一错误，实现了工作重点的转移，将经济建设确定为一切工作的中心；而主体战略的着眼点也才随之转变过来，对主体结构的分析也才提出了新的要求。特别是经过了20多年改革开放的实践，中国社会的各个领域都获得了重大发展，社会的主体结构方面也相应地出现了许多新的情况。原有的结构成分不断分化和演变，新的结构成分不断形成和生长，各类主体之间的关系呈现出这一阶段所特有的复杂多样性。在这种新的社会背景下，主体战略的研究迫切需要对主体结构方面的这些新的变化做出新的分析，以便更好地解决各类主体之间的矛盾，处理好他们之间的关系，从而为进一步推动社会发展创造适宜的主体条件。虽然阶级分析方法仍可以转而为新的战略目标服务，但其固有的局限性使之难以适应主体结构分析的多样性要求。这样，社会分层意义上的阶层分析方法便呼之欲出了。从近年来有关这一方法的研究特别是应用研究来看，虽然还存在这样那样的不足，但毕竟已取得了一定的成果，这些成果对于现阶段社会发展的主体战略来说无疑是很有价值的。

我们肯定阶层分析方法的价值意义，特别是在当代中国社会发展的新的阶段上具有广泛的适用性，那种囿于某种成见而怀疑和否定阶层分析方法的观点是不正确的。但是与此同时，我们也必须指出，阶层分析方法同样具有自己的局限性。与阶级分析方法相比，它虽然具有较好的全面性，但在深刻性上却明显不及。虽然从各种不同的角度所进行的社会阶层分析都能够这样那样地帮助我们了解和把握社会主体的状况，但对于主体的社会地位的把握归根到底还是应该从他们在生产关系中的现实地位入手。离开了这一分析，主体战略的设计就会失去最根本的依据。因此，那种过分夸大阶层分析方法的作用、以为只要有这种方法就足够了的观点,同样是不可取的。

四

从以上对两种不同方法的考察可以看出,阶级分析方法和阶层分析方法各自都有自身的特殊规定性,都有自己的特殊价值和适用范围,同时也都有自己的短处或局限性。那么,究竟应该怎样对待这两种不同的分析方法呢?显然,我们不应该将二者简单地对立起来,陷入"非此即彼"的形而上学思维方式;那种企图以其中的一种方法否定另一种方法的倾向是不正确的。正确的做法只能是科学地把握它们各自的规定性,并将二者合理地结合起来加以应用。这样就可以形成一种积极的互补关系,既能发挥两种分析方法的长处,又能避免它们各自的短处;既能从生产关系的层面揭示不同的主体在社会地位上的具有根本意义的差别,又能从各个不同的角度了解和把握主体在其他各个具体方面的差别。通过这种结合,使我们得以达到对主体状况的比较全面和完整的认识,从而为主体战略的制定提供更为充分的依据和支持。

在谈到两种方法的结合问题时,我们还应注意到讨论中出现的一种不同倾向,这便是试图将阶层分析方法进一步扩展,从而将阶级分析方法的有关要素包容在阶层分析方法当中,混合起来加以使用。这种做法不同于我们所说的结合。应该指出,主体结构分析需要相对确定的尺度,不论阶级分析还是阶层分析都是如此。阶级分析的尺度比较集中,其确定性自不必说;而阶层分析的尺度虽然是多样性的,也同样有确定性的要求,即不论是从哪一个角度、以哪一种标准去划分社会阶层,都必须一以贯之,而不能随意改变。不同的尺度之间当然是相互联系的,由此区分的阶级结构也好,各种阶层结构也好，都是可以也应该联系起来去把握的。但在这样做时，一定要注意防止将不同的标准和尺度混淆起来，造成逻辑上的矛盾和混乱。

还有的论者试图从词源学或语义学上去论证阶级分析与阶层分析的统一性。其实，从最一般的意义上讲，社会分层应是一个十分广泛的范畴，它无非是要给社会主体区分出不同的阶层或层次。而在这个意义上，阶级分析也可以被看作是一种社会分层方法，只不过是一种有着自己的特殊尺度的特殊的社会分层方法；它所区分的各个阶级也是社会阶层，只不过是一些具有特殊规定的社会阶层。但是，由于在实际的应用过程中，阶级分析方法是被当作一种特殊的主体分析方法相对独立地加以使用的，而社会分层意义上的阶层分析方法则是在阶级分析之外的其他角度和方面使用的，所以才形成了这两种方法的相对区别。我们应该注意理清这两种方法的逻辑关系，并按照这种逻辑关系将它们真正合理地结合起来。

（原载《新视野》2005 年第 1 期）

社会进步与人的发展

(1991年8月)

在历史唯物主义看来,整个人类历史过程包括两个基本的方面,即社会进步与人的发展。我们要全面地认识人类历史过程及其内在机制,就必须在正确认识社会与人的关系的基础上,把社会进步与人的发展这两个基本方面统一起来加以把握;同时也只有这样,才能科学地解决好社会主义实践中一系列有关问题。应该承认,在过去的一个时期中,我们对这一课题的研究是不够的,特别是对人的发展问题注意不够。近些年来,这方面的研究有了较大的进展,但也出现了一些新的分歧。在今天这一讲中,我们就围绕这一课题做一些探讨,供同志们在学习中参考。

准备分三个大问题来讲:

一、社会与人:历史领域中的主客体关系

要认识社会进步与人的发展问题,首先需要弄清社会与人的基本规定及其相互关系,而值得注意的是,正是在这个基本规定和关系的理解上,存在着一些混淆,这妨碍着我们对社会进步与人的发展问题的研究。因此,我们必须从这两个基本范畴谈起。

大家知道，从一般意义上说，社会是指整个人类集合体，或者说人类生活和活动的整个领域。虽然学术界对于社会这一范畴的理解存在各种分歧，但当我们从一般的意义上讲到"社会"范畴的时候，它至少包括以下几个内容：（1）现实地生活和活动着的人；（2）人们之间所形成的经济的、政治的、思想的以及其他一切社会关系；（3）人的社会活动所创造的物质成果和精神成果。如果我们从这个意义上来理解社会与人的关系，那么前者当然是包括后者在内的，这两个概念是重叠的。但是，当我们从哲学上把社会与人作为两个相对应的概念提出，并且要进一步研究社会进步与人的发展问题的时候，我们所讲的社会就不是简单地从它的一般意义出发，而是赋予它以一种特殊的规定性，即专指人所赖以生活其中的社会结构体系，包括各种社会关系和各类社会活动成果，实际上也就是一般社会范畴中的后两项内容。由此而论，历史唯物主义所揭示的社会基本矛盾体系，即生产力和生产关系、经济基础和上层建筑，便是对这种与人相对应的社会结构体系的科学概括。而与这种社会结构维系所对应的人，则是泛指在这种社会结构体系中现实地存在着的一切人，或者说现实存在的人的总和。只有这个意义上的"人"，才能与作为社会关系和社会成果总和的"社会"相对应。

我们所讲的社会是指人赖以生存其中的社会结构体系，我们所讲的人是生存于社会结构体系中的人，这种社会与人的关系，就是所谓历史客体和历史主体的关系。人构成历史领域中的主体的方面，而社会，即人所生活和活动于其中的社会结构体系，则构成历史领域中的客体的方面。人之所以成为历史主体，是由于其作为自然存在物和社会存在物的统一，具有两个显著的特性：（1）人具有多层次、多方面的需要，包括生理需要、心理需要，或物质生活需要、精神生活需要等；（2）人具有自觉能动的特性，包括能动地认识外部存在和能动地改造外部存在的能力。人们就是为了满足自身各方面的需要,发挥自身的自觉能动作用,不断进行社会各个领域中的实践活动的。而另一方面,社会结构体系作为历史客体,其最为显著的特性便是它的客观物质性。社会结构体系从本质上说是物质的,虽然其中包含有意识形态等内容,但它们是作为社会物质关系的反映而存在的。这种社会结构体系的运动在根本上受客观规律的支配,不以人们的意志为转移。社会与人作为历史客体和历史主体的相互关系,就是依照它们双方各自的特性展开的,总的说来包括以下两个主要内容:

第一,社会与人作为历史客体和历史主体,是相互依存、相互联结的。没有历史主体,就无所谓历史客体,没有历史客体,也就无所谓历史主体;没有人,就没有社会,没有社会,也就没有人。具体说来,一方面,作为历史客体的社会是由作为历史主体的人所建立起来的。社会结构体系中的全部社会关系,都是在人的实践活动中形成的;人们从事物质生产活动,形成了社会与自然的关系(生产力),以及社会经济关系(生产关系),人们从事社会政治活动和思想文化活动,形成了社会政治关系和思想文化关系。人是所有这些社会关系的承担者。同时,社会结构体系中的全部物质的和精神的社会成果,也都是人在自己的实践活动中创造的。因此,以生产力、生产关系(经济基础)、上层建筑为主干的整个社会结构体系,都是在人的活动中产生并以人及其活动为依托的,离开了人,这一切便化为乌有。另一方面,作为历史主体的人又总是生存于一定的社会结构体系之中的,离开社会的孤立的和抽象的人是没有的。正如马克思在批评费尔巴哈的"抽象的个人"时指出的:"他所分析的抽象的个人,实际上是属于一定的社会形式的。"① 人的一切实践活动,不论是物质生产活动,还是社会政治活动、思想文化活动

---

① 《马克思恩格斯选集》第 1 卷,人民出版社 1972 年版,第 18 页。

等，都离不开一定的社会关系，并要以一定的物质的和精神的社会成果为条件。离开了这一切，离开了社会结构体系，人的活动就无法进行，人本身的存在也就成为问题。

第二，社会与人作为历史客体和历史主体，又是相互作用、相互影响的。历史客体以其客观物质性制约历史主体，而历史主体又通过能动的实践改造历史客体。具体说来，一方面，既然作为历史主体的人必须依赖于一定的社会结构体系才能生活和活动，那么作为历史客体的社会结构体系的状况，必然规定着人本身及其生活和活动的状况。马克思所说的人的本质"是一切社会关系的总和"[①]，就是强调社会对人的这种制约作用。他在另一个地方所说的"人们自己创造自己的历史，但是他们并不是随心所欲地创造，并不是在他们自己选定的条件下创造，而是在直接碰到的、既定的、从过去承继下来的条件下创造"[②]，这也是强调社会对人的制约作用。作为历史客体的社会结构体系具有不以人的意志为转移的客观物质性，这便使得社会对人的制约作用在根本上具有客观强制性。"人们不能自由选择**自己的生产力**"，也"决不能""自由选择某一社会形式。"[③] 人一开始就生活和活动于按照其自身的客观规律所存在和运动着的一定的社会结构体系中，他的内在本质和外在表现，他的各个方面的状况，从总体上说无不打上他所处的社会结构体系的印记；而他的一切活动，也只能以这个社会结构体系所允许的方式、在其所规定的范围之内进行。但是另一方面，既然作为历史客体的社会结构体系又是由人作为其实际承担者的，那么作为历史主体的人及其活动的状况，又必然会反过来影响到社会结构体系的状况。我们在考察社会结构体系的状况时往往将其同人的素质联系起来，这就

---

① 《马克思恩格斯选集》第 1 卷，人民出版社 1972 年版，第 18 页。
② 《马克思恩格斯选集》第 1 卷，人民出版社 1972 年版，第 603 页。
③ 《马克思恩格斯选集》第 4 卷，人民出版社 1972 年版，第 320—321 页。

是承认人本身的状况对社会结构体系的影响。人作为历史主体具有多层次、多方面的需要,同时又具有认识和改造外部存在的自觉能动性,那么人必然要从自身需要出发,通过实践而能动地作用于作为历史客体的社会结构体系。社会结构体系从根本上说是受其固有的客观规律所支配的,在这个意义上它不依人们的意志为转移;但是人们却可以通过对客观规律的认识和把握,自觉地推动社会结构体系的变革。而作为主体的人本身及其活动的状况不同,对社会结构体系的作用和影响也就不同。

有些学者把社会与人作为历史客体和历史主体的这种相互作用和相互影响,概括为主体客体化和客体主体化、对象化和非对象化。历史主体改造社会,把自身的力量凝结在历史客体之上,这是主体的客体化和对象化;历史客体又规定和塑造了历史主体,这是客体的主体化和非对象化。正如马克思所指出的:"人创造环境,同样,环境也创造人。"①

弄清了社会进步和人的发展问题中所谓社会和人这两个基本范畴的规定性,了解了它们之间的关系是历史客体和历史主体的关系,这便为我们下面的研究扫清了道路。在此我们可以明确排除一种最常见的混淆,即把社会与人之间的历史主客体关系同群体与个体的关系混为一谈。社会与人在某些其他场合是可以从群体与个体、集体与个人的角度去理解的,但是这种意义的社会与人同我们这里所要研究的社会进步和人的发展问题中的社会与人,并不是相同的概念,决不能混淆。这一点,请大家务必注意。

---

① 《马克思恩格斯选集》第 1 卷,人民出版社 1972 年版,第 43 页。

二、社会进步与人的发展：历史过程的两个基本方面

所谓社会是作为历史客体的社会结构体系，所谓人是作为历史主体的人。无论社会还是人，都不是一成不变地存在着的，而是处于不断的进步和发展过程之中的。作为历史客体的社会总是不断地由低级形态向高级形态演进，与之相应的是作为历史主体的人不断地成长和完善。我们先来分别考察一下历史过程的这两个基本方面，然后再全面把握它们之间的辩证关系。

1. 社会进步是作为历史客体的社会结构体系不断由低级形态向高级形态演进的历史过程

社会进步作为一个特定的哲学概念，有着它的特定的涵义，它主要是指作为历史客体的社会结构体系不断由低级形态向高级形态的演进。从范围看，社会进步表现在社会结构体系的各个领域和各个方面：既包括以经济关系、政治关系、思想文化关系为内容的全部社会关系方面的进步，也包括以物质文明、精神文明为标志的社会成果方面的进步，换句话说，包括生产力、生产关系（经济基础）、上层建筑等各个社会结构层次的进步。从程度看，社会进步既表现为从旧的社会形态向新的社会形态的质的飞跃，又表现为同一社会形态内的量的进化。实际上，社会进步总是从一定社会形态内部、从处于特定形态的社会结构体系的各个领域和各个方面的量的变化开始的，新的社会因素逐渐形成和生长起来，最后量变引起质变，推动整个社会结构体系从一种形态过渡到另一种新的、更高级的形态。社会形态的量变和质变，是社会进步的两种表现形式。

社会进步的基本动力机制，在社会结构体系内部主要便是历史唯物主义所揭示的社会基本矛盾运动，即生产力与生产关系、经济基础与上层建筑这两对矛盾的统一。生产力是社会结构体系中最革

命、最活跃的因素，它的不断进步推动生产关系的相应的进步，而生产关系的进步又带动整个政治的和思想的上层建筑领域的进步。这些原理大家都是知道的。那么，社会进步的评价标准又是什么呢？从作为历史客体的社会结构体系本身来看，既然社会进步表现在它的各个领域和各个方面，评价社会进步的标准也应该是一个综合的范畴；就是说，社会各个领域和各个方面，都应该有自己的特定的标准。但是，从根本上说，生产力是"社会进步的最高标准"①，因为整个社会结构体系的进步，归根到底取决于生产力的进步，所以最终必须以生产力的进步来衡量。当然，说生产力是"最高标准"，决不意味着它是"唯一标准"，我们在评价社会进步时，必须善于把生产力标准同生产关系、上层建筑以及其他社会领域和方面的特殊标准协调统一起来，全面地加以把握。特别是要注意社会进步过程中各个领域和方面的不平衡性，注意社会基本矛盾运动本身所具有的辩证性质，防止简单化和片面性的错误。

　　社会进步是一个历史的过程。从人类社会一开始，作为历史客体的社会结构体系就处在不断的进步过程之中。按照社会进步的一般规律，从原始社会到奴隶社会、封建社会、资本主义社会，然后又到社会主义和共产主义社会，是它所经历的和将要经历的几个基本的历史阶段，或者说几种基本的历史形态。当然，就世界不同地区、不同民族和不同国家来说，由于它们所处的具体历史环境和历史条件不同，它们内部的各方面具体情况不同，它们的社会结构体系演进的具体过程会出现各种多样性和复杂性来。特别是一些国家和地区，由于受先进国家和地区的影响，可能在社会进步的过程中发生超越某些历史阶段的情况。但是所有这一切，都是社会进步的一般规律在具体条件下的特殊表现而已，并不能因此否认一般规律

---

① 《列宁全集》第16卷，人民出版社1988年版，第209页。

的存在。我们应该善于把社会进步的一般过程和特殊过程统一起来，辩证地加以把握。最后，我们还应看到，社会进步的总的趋势是前进的、上升的，但是具体道路却是曲折的。社会进步的取得不会是一条直线、一帆风顺，而是会遇到许多困难和挫折，会发生各种偏差和失误，甚至出现大的倒退和反复。但社会进步的历史趋势终归是不可阻挡的，它最终会在曲折中为自己开辟道路。

2. 人的发展是作为历史主体的人不断开拓自身能力和不断实现自身需要的历史过程

人的发展这一概念，在学术界存在不同的理解。有一种观点强调人的能力的发展，这是对人的发展的狭义的理解。而在这里，当我们从与社会进步相对应的角度谈到人的发展的时候，这种狭义的理解是不适用的。我们应该从更广泛的意义上去理解人的发展，这至少应包括两个方面的内容：除了人的各方面能力的不断开拓之外，还包括人本身各方面需要的不断实现。在这个更广泛的意义上，人的发展与人的解放属于同一序列的概念。

我们已经指出，人作为历史主体，具有一种特殊的自觉能动性，其中包括认识外部存在和改造外部存在的能力，或者说认识能力和实践能力；人们从事物质生产和精神生产，从事经济活动、政治活动和其他社会活动，都是人的认识能力和实践能力的综合体现。但是，人的能力并不是从来如此和固定不变的，而是要经历一个从低到高、从小到大、从片面到全面的不断开拓和发展的过程。另一方面，人作为历史主体，又是具有多层次、多方面的需要的，其中包括物质生活需要和精神生活需要等；人们之所以要发挥自己的自觉能动性，开拓自身各方面的能力，从事各方面的认识和实践活动，最终都是为了实现和满足自身的需要。但人的需要的实现也同样不是一蹴而就的，而是在长期的过程中不断地完成的：从低层次的满足到高层次的满足，从有限的满足到充分的满足，从片面的满足到全面的满足，如此等等。人的能力的开拓和人的需要的实现这两个方面的统一，就构成人的发展的主要内容。而哲学上所讲的人的解放，也是包括以上两个方面的内容，它强调使人从自然力量和社会力量的盲目摆布之下解脱出来，真正成为自己命运的主人，从而由"必然王国"进入"自由王国"；而这就意味着人能够充分开拓自身的能力，充分满足自身的需要。当然，我们在谈到人的解放的时候，也是强调它是一个过程，需要一步步地逐渐得到实现。因此，所谓人的发展过程，也就是人不断获得解放的过程。

作为历史主体的人处于不断的发展过程中，那么推动这一发展的动力机制又是什么呢？人们往往从作为历史客体的社会结构体系的不断进步来说明这一机制，认为社会进步促进人的发展。这个说明本身并没有错，但这毕竟是来自历史客体方面的动力，我们将在探讨社会进步与人的发展的关系时探讨这一问题。而现在的问题是，历史主体自身方面的动力是什么呢？存在于人的发展过程内部的动力机制又是什么呢？这个问题只能从作为历史主体的人的两个基本特性、从人的发展的两个基本内容之间的关系来回答。

人作为历史主体，一方面具有多层次、多方面的需要，另一方面则具有自觉能动性，具有认识能力和实践能力。在人的发展过程中，需要和能力是作为一对矛盾存在着的。需要表现为人们发挥自觉能动性、进行各种社会活动的目的，而自觉能动性或认识和实践能力，则是人们实现自身需要的手段。人们总是从一定的需要出发去运用自身能力，而一切能力的运用，也都是为了满足一定的需要。马克思指出："人们为了能够'创造历史'，必须能够生活。但是为了生活，首先就需要衣、食、住以及其他东西。因此第一个历史活动就是生产满足这些需要的资料，即生产物质生活本身。"① 马克思

---

① 《马克思恩格斯选集》第 1 卷，人民出版社 1972 年版，第 32 页。

这里所讲的，主要是人的物质生活需要和人的物质生产能力的关系；而人除了基本的物质生活需要外，还有广泛的其他需要，这就要求人们运用其他各种社会活动能力去加以实现。但是，人的需要和能力之间总是存在矛盾：需要是不断生长的，"已经得到满足的第一个需要本身、满足需要的活动和已经获得的为满足需要用的工具又引起新的需要。"[①] 而新产生的需要，往往超出人的既有能力所可以满足的范围，能力落后于需要。在这种情况下，人们便会设法改善自己的能力，包括认识能力和实践能力，以使它提高到能够适合于新的需要的水平。但是这个新的适合、新的满足，马上又会引起更进一步的新的需要，需要和能力之间又发生了新的矛盾，要求人们去解决。人的需要和能力之间的这种矛盾，永远不会完结，它不断解决又不断产生，贯穿于人的发展的全部过程。然而，正是需要和能力的这种矛盾，成为人的发展的主体方面的动因，而这种矛盾的不断产生和不断解决，便是作为历史主体的人的发展过程本身的动力机制。人的需要的不断生长，促使人们不断地开拓自己的各方面能力，而人的能力的不断开拓，又不断地将新的需要和新的满足问题提上议事日程。需要和能力之间矛盾的每一次解决，都使得人的发展不同程度地上升到新的水平，而这个发展恰恰是人的需要不断实现和人的能力不断开拓这两方面内容的统一。

我们在考察社会进步的时候，有一个评价标准问题，而在考察人的发展的时候，也当然是要有评价标准的。不过关于这一标准学术界还缺乏足够的探讨。一般说来，人的发展既然包括各方面需要的不断实现和各方面能力不断开拓这两个基本内容，那么评价人的发展的标准和尺度也就应该从这两个基本方面去把握。一方面，要考察人的需要生长到了什么水平，它在什么层次、什么范围和什么

---

① 《马克思恩格斯选集》第1卷，人民出版社1972年版，第32页。

程度上得到实现；另一方面，要考察人的能力的发展水平，它在哪些方面、哪些程度、哪个等级上得到开拓。当然，还可以有更具体的质的和量的标准，这就要根据具体情况去决定了。

如果我们从整个人类历史的角度来看人的发展，那么人类社会所经历的各个阶段，同时也就是人的发展所经历的各个阶段。在原始社会阶段，人刚刚从动物界分离出来，无论是需要还是能力，都处于最简单、最低级的发展水平上。原始人只能以简陋的石器，进行渔猎采集等简单的生产劳动，所实现的也只能是最基本的物质生活需要。精神生活还基本上处于萌芽状态，而社会活动还主要局限在血缘关系的胎胞里。进入奴隶社会之后，人的发展水平从总体上说有了明显提高，人们已经能够用金属制造工具，能够生产出剩余产品，而且开始开拓精神生产的能力，能够进行文化、艺术、哲学、宗教等方面的创造，并扩大了进行社会交往、社会管理等方面的能力。相应地，人们的物质生活需要有了进一步满足的可能，而精神生活需要也开始在一些方面得到实现。但是，人类在总体上的这些发展，却是在阶级分化和阶级对立中实现的：奴隶主阶级不劳而获，剥削奴隶阶级的劳动成果以填自己的私壑，而奴隶阶级从事繁重的社会劳动，本身却过着悲惨的生活，并且连人身的自由都没有。这一方面表现为人的发展的不平等，另一方面也表现为人的发展的片面化。阶级发展的片面化再加上社会分工造成的其他各种片面化，使人的发展出现了总体发展的全面性与个体发展的片面性的矛盾；而阶级发展的不平等，更是使一部分人的发展以另一部分人的牺牲为代价。从奴隶社会阶段进入到封建社会阶段，人的发展在总体上继续取得成果，人们在农业和手工业生产中的技艺臻于完善，进行文化、艺术、思想等精神生产的技能也日益精湛，进行社会交往和社会政治活动的能力也在增强。相应地，人们的物质生活水平又有提高，精神生活趋于丰富。从阶级发展来看，剥削阶级与被剥削阶级之间发展的不平等继续存在,但处于对封建主阶级半依附地位的农民取代完全依附于奴隶主阶级的奴隶,生活有所改善并获得一定的自由,这毕竟是人的发展过程中的积极成果。个体发展的片面性问题随着社会分工的进一步细致化而更加明显,自给自足的自然经济使得这种片面发展在很大程度上仍具有相对的意义。

自从封建社会过渡到资本主义社会,人的发展也开始了一个重要的历史阶段。从总体上看,人的能力在这一阶段获得了重大的发展:人发明了机器,以此大大拓展了自己进行物质生产的能力,机器生产在规模、范围、效率、质量等各个方面大大超过了手工生产,并使人类有可能向宏观和微观的更广泛领域进军。人的精神生产能力也借助于工业化手段而大大提高,科学作为精神生产的重要部门飞速发展。而人们的社会交往和社会活动能力,则借助于交通和通信事业的发达而大大增强。与这种能力相适应,人们的物质生活需要和精神生活需要在远远超过以往时代的程度上和范围内得到实现和满足。从阶级发展来看,资本主义社会存在资产阶级和工人阶级在发展上的实际不平等,但资本主义毕竟在政治上废除了旧的封建等级制度和宗法关系,实现了人的"政治解放"。马克思说:"**政治解放当然是一大进步,尽管它不是一般人类解放的最后形式**"。① 在资本主义大机器生产中,分工从社会各行业之间渗透到每一个生产过程本身,把作为个体的人的片面发展推向极端,但另一方面,大机器又简化了劳动职能的区别,强化了教育与生产的结合,并由于技术基础的不断更新而导致劳动的流动性,这样便又日益酝酿着使作为个体的人全面发展的可能性和必然性。

在以往历史阶段的全部发展成果的基础上,人的发展终将进入社会主义和共产主义的发展阶段。而这一阶段的发展目标,是要实

---

① 《马克思恩格斯文集》第 1 卷,人民出版社 1956 年版,第 429 页。

现一个根本的飞跃,即实现人的彻底解放和真正自由、全面的发展。在这一阶段上,经过长期的努力,人的能力最终将达到使"集体财富的一切源泉都充分涌流"①的程度,人将"第一次成为自然界的自觉的和真正的主人","成为自己的社会结合的主人"②,而人的物质的和精神的需要都将最大限度地得到实现。阶级发展的不平等将被彻底消灭,"每个人的自由发展"将是"一切人的自由发展的条件"③。束缚人的发展的旧式分工也将不复存在,从而有可能"用那种把不同社会职能当作互相交替的活动方式的全面发展的个人,来代替只是承担一种社会局部职能的局部个人"④,人作为个体的全面发展与人的总体上的全面发展将最终归于一致。这便是人的发展的光辉前景,这个前景是要在社会主义到共产主义的长期实践中逐渐实现的。

马克思在《政治经济学手稿(1857—1858年)》中,曾从人的发展过程的角度,把人类社会划分为三大社会形态。这就是学术界近年来讨论的"三大社会形态"理论。马克思指出:"人的依赖关系(起初完全是自然发生的),是最初的社会形态,在这种形态下,人的生产能力只是在狭窄的范围内和孤立的地点上发展着。以物的依赖性为基础的人的独立性,是第二大形态,在这种形态下,才形成普遍的社会物质变换,全面的关系,多方面的需求以及全面的能力的体系。建立在个人全面发展和他们共同的社会生产能力成为他们的社会财富这一基础上的自由个性,是第三个阶段。第二个阶段为第三个阶段创造条件。"⑤马克思的三大形态或三个阶段的划分,

---

① 《马克思恩格斯选集》第3卷,人民出版社1972年版,第12页。
② 《马克思恩格斯选集》第3卷,人民出版社1972年版,第323页。
③ 《马克思恩格斯选集》第1卷,人民出版社1972年版,第273页。
④ 《马克思恩格斯全集》第23卷,人民出版社1972年版,第535页。
⑤ 《马克思恩格斯全集》第46卷上册,人民出版社1979年版,第104页。

正是对人的发展过程的一个总的概括。所谓第一种形态或第一个阶段，是资本主义以前的发展阶段，"人的依赖性"是说人被束缚在血缘的、宗法的、等级的关系之中。第二种形态或第二个阶段是资本主义发展阶段，"以物的依赖性为基础的人的独立性"，是说人在形式上获得了独立性，但实际上仍受到资本主义私有制的局限。第三种形态或第三个阶段是社会主义和共产主义的发展阶段，"自由个性"也就是人的彻底解放和真正自由、全面的发展。这三种形态和三个阶段的基本内容，包括了我们前面所描述的人的发展的各个具体方面。

3. 社会进步与人的发展的相互关系

我们已经分别考察了社会进步和人的发展。那么，在实际历史过程中，这两个基本方面的相互关系又是怎样的呢？

首先，在实际历史过程中，社会进步和人的发展是相互联系、相互制约的，不可能有离开社会进步的孤立的人的发展，也不可能有离开人的发展的孤立的社会进步。

从一个方面看，社会进步制约着人的发展，人的发展有赖于社会进步。既然人作为历史主体要受到作为历史客体的社会结构体系的制约，人只能在按照自身客观规律存在和运动着的社会结构体系中生活和活动，那么人本身的发展程度，必然要直接依赖于社会结构体系的进步程度。不论是人的能力的不断开拓，还是人的需要的不断实现，都有赖于社会物质文明和精神文明成果的不断积累，有赖于社会关系和社会制度的不断进步。无论在什么时候，作为历史主体的人的发展水平都不能超出作为历史客体的社会的进步水平，而要想促进人的发展，就必须推动社会进步。但是，社会进步从根本上说又是一个不依人的意志为转移的客观进程，社会内部的客观规律决定着一定的社会结构体系的存在和运动，也决定着整个社会进步的历史过程。作为社会进步的基本动力机制的，是生产力与生产关系、经济基础与上层建筑的矛盾运动。这样，人的发展的全部进程，就只能随着社会进步的客观进程而逐步展开。从历史上看，从原始社会到奴隶社会、封建社会、资本主义社会，然后又到社会主义和共产主义社会，人的发展的各个阶段只能与社会进步的各个阶段相适应。人的发展的每一项成果，都是在社会进步的特定阶段的基础上取得的。我们不能要求原始社会的人们摆脱对血缘关系的依附，也不能要求奴隶社会、封建社会和资本主义社会的人们超越阶级关系的局限，而作为人的发展的理想目标的真正自由和全面的发展，只有当社会进步到社会主义和共产主义阶段，各方面社会条件都已具备的时候才有可能。

社会进步制约着人的发展，而从另一个方面看，人的发展又反过来制约着社会进步，社会进步又有赖于人的发展。既然作为历史主体的人是作为历史客体的社会结构体系的实际承担者，人本身的素质和流动状况直接影响到社会结构体系的状况，那么社会进步的历史过程就必须要有人的发展过程与之相适应。社会进步到何种水平，就必须要求人的发展也达到相当的水平。否则，在社会进步过程中所产生的新的社会结构体系就会由于缺少新的主体承担者而不能立足，社会进步也就无法实现。从历史上看，从原始社会到奴隶社会、封建社会、资本主义社会，然后再到社会主义和共产主义社会，在社会进步的每一个历史阶段上，都要求改变作为历史主体的人的存在状态，只有当人由旧的主体发展成为新的主体的时候，特定阶段上的社会进步才能真正完成。很显然，原始社会的旧的主体不能承担阶级社会的进步，而阶级社会的旧的主体也无法承担社会主义和共产主义社会的进步。这里需要作为历史主体的人实现与这些社会阶段相适应的发展。此外，人的发展对社会进步的制约还表现在，既然人可以发挥自觉能动性，在遵循客观规律的前提下能动地改造社会，那么人的发展程度越高，其自觉能动性也就越强；只有人的不断发展，才能使人不断地在更高的层次上发挥自己的能动性，自觉地改造社会，从而不断地推动社会进步。

社会进步与人的发展的关系首先表现为两者的相互联系、相互制约，但是其次我们还应指出，人类历史过程的这两个基本方面之间，存在着目的和手段的关系。

在谈到这个问题的时候，我们必须再一次明确，社会进步和人的发展问题中的社会与人，是指作为历史客体的社会结构体系和作为历史主体的人，而不是指人的群体和个体。我们只能从历史客体和历史主体的关系出发去考察社会进步与人的发展的关系，而不能从群体和个体的关系出发，或者说从集体和个人的关系出发。之所以强调这一点，是因为从以上不同的理解出发，对目的和手段的问题的解决也是不同的；而恰恰在这个问题上，存在着比较明显的混淆。

明确了问题的出发点，我们应该不难看出，在社会进步和人的发展这两个基本方面之间，从根本意义上说，作为历史主体的人的发展是人类历史过程的最终目的，而作为历史客体的社会结构体系的进步则是实现这一目的的必需手段。普列汉诺夫曾说过："人们创造他们的历史，完全不是为了沿着一个预先绘好的路线进行，也不是因为他们必须服从某种抽象的（拉布里奥拉称之为形而上学的）进化律。人们这样做是努力满足他们自己的需要。"[①] 试想人们致力于发展生产力、变革社会关系、推动社会进步，从根本上说是为了什么？最终还是为了人本身的发展。由于人的发展要受社会进步的制约，所以推动社会进步就成为实现人的发展的必需手段。如果说在过去的阶级社会里，人们的社会活动的目的难免局限于阶级的利

[①] 《普列汉诺夫哲学著作选集》第 2 卷，生活·读书·新知三联书店 1959 年版，第 267 页。

益，那么对于现代无产阶级来说，我们之所以要建立社会主义社会和共产主义社会，最终就是为了解放全人类。我们通常把实现共产主义作为最高理想和最终目的，这主要是从社会进步的意义上说的，而若把社会进步与人的发展联系起来看，共产主义社会又成为手段。我们不是为了实现共产主义而实现共产主义，而是因为只有在共产主义社会里，人才能真正得到自由的、全面的发展，广大人民群众才能获得彻底的解放。马克思主义创始人在他们的著作中反复阐明这一思想，恩格斯曾把《共产党宣言》中的那句名言——"代替那存在着阶级和阶级对立的旧社会的，将是这样一个联系体，在那里，每个人的自由发展是一切人的自由发展的条件"——作为最能概括他们思想的题词，而这里所强调的，正是社会进步基础上的人的发展。

当然，若从具体的历史过程来说，目的和手段是辩证地转化着的。要促进人的发展，必须推动社会进步，这时人的发展是目的，社会进步是手段；而为了推动社会进步，又必须促进人的发展，这时社会进步成为目的，人的发展又是手段。具体历史过程中目的和手段的这种辩证关系我们要善于把握，但又不能因此而模糊了上述根本意义上目的与手段的区分。

把以上的考察综合起来说，既然社会进步和人的发展作为人类历史过程的两个基本方面，是如此密切地相互联系和相互制约着的，而在这种联系和制约中，又体现着目的和手段的辩证关系，那么我们在把握人类历史过程的时候，就必须把这两个基本方面有机地统一起来。那种只讲社会进步，不讲人的发展，把社会进步同人的发展分割开来的片面倾向，是错误的；而那种只讲人的发展，不讲社会进步，使人的发展同社会进步相脱节的片面倾向，也同样是错误的。只有按照社会进步和人的发展这两个基本方面本来具有的辩证关系，将它们统一起来加以把握，才能全面、深刻地认识整个人类历史的真谛，也才能真正全面、深刻地认识人类历史过程的内在机制。这应该是我们的基本结论。

三、社会主义实践中的进步与发展问题

我们现在正处于社会主义的历史阶段，我们所面临的直接任务，是在历史唯物主义的指导下，正确地认识和解决社会主义实践中的社会进步和人的发展问题。这方面问题关系到我们社会主义实践的总体战略，具有十分重大的意义，因而必须给予足够的重视。

社会主义阶段是资本主义阶段向共产主义阶段的过渡。一方面，它宣告了旧的私有制社会的终结，消灭了阶级剥削和阶级压迫，从而为社会进步和人的发展开辟了广阔的前景；但是另一方面，它毕竟还刚刚从私有制社会脱胎而来，难免在各方面都还带有旧的痕迹，社会进步和人的发展都还要受到各种历史条件的局限。社会主义阶段的历史任务，就是要在批判地吸收人类历史以往发展的全部积极成果的基础上，大力发展物质生产和精神生产，不断完善各种社会关系，积极推动整个社会结构体系向共产主义社会演进；同时，大力开发广大人民群众的聪明才智，发展他们在社会各个领域中的认识和实践能力，不断满足他们的物质生活和精神生活需要，逐渐接近人的真正自由和全面发展的光辉前景。

但是，我们所必须面对的一个现实是，我国不是在资本主义充分发展的基础上进入社会主义社会，而是在半殖民地、半封建社会的落后的基础上建设社会主义的，因此，我国不得不经过一个特殊的"社会主义初级阶段"。在这个"初级阶段"上，无论是社会进步还是人的发展，都面临着由于起点较低而带来的一系列困难。从社会进步方面看，我们的物质生产还不发达，生产力水平低，工业化的任务尚未彻底完成。精神生产相应地受到制约，科学、教育、

文化事业发展有限。社会关系方面也很不成熟,社会主义的一些基本原则还存在理论与实践的较大差距。与社会进步的这种状况相对应,人的发展水平也不够高,广大劳动者的劳动能力和其他社会领域的活动能力还远未充分开发,全国人口中还有很大一部分文盲半文盲,人民群众的生活水平还停留在温饱线上。虽然从原则上确立了人民群众的主人翁地位,但这一原则的具体实现还有待进一步努力。当然,应该看到,新中国成立几十年来,我们在社会进步方面、在人的发展方面都取得了很大的成绩,但我们毕竟还没有超出"初级阶段",这个初级阶段还要继续延续一定的时期。在这种历史条件下,我们应该怎样解决好社会主义实践中的社会进步和人的发展的一系列问题呢?

在社会进步方面,我们在现阶段所面临的最迫切的任务,就是把经济建设搞上去,亦即尽快提高生产力水平,摆脱经济落后局面。如果说社会主义的根本任务是发展生产力,那么对我们所处的社会主义初级阶段来说,这个根本任务就显得尤其突出,具有重要的紧迫的意义。它不仅关系到整个社会主义的社会结构体系能否不断进步的问题,而且关系到这个体系能否站住脚、能否坚持得住的问题。具体说来,我们的目标是在本世纪末实现工农业生产总值翻两番,然后再以50年或者更长一点的时间赶上和接近世界发达国家,最终实现四个现代化。围绕经济建设这个中心,我们一方面要坚持四项基本原则,即坚持社会主义的根本制度;另一方面又要坚持改革开放,变革旧的不适合现代化要求的社会体制,代之以富有活力的新体制。不强调坚持四项基本原则,我们的社会主义社会就有可能被颠覆;而若不坚定地进行改革开放,社会主义的优越性就难以很好地发挥出来,社会主义社会的进步也就难以实现。最后,社会主义物质文明建设要和社会主义精神文明建设协调统一起来,在建设社会主义物质文明的同时,加强社会主义的思想和文化建设,实现全方位的现代化，推动社会结构体系的全面进步。

在人的发展方面，我们首先必须全面提高广大社会成员的素质。要提高人们的思想道德水平和文化教育水平，努力改变国民教育程度低的落后局面，扫除文盲和半文盲现象，使广大劳动者具备掌握现代化生产手段、在社会生产实践中有效地发挥主导作用的能力，并且还应具备在社会经济关系、政治关系以及其他关系领域里真正发挥主人翁作用的能力。人的能力的全面发展在现阶段还不可能普遍实现，专业化发展仍是主要的发展趋势，但我们应该注意消减社会职能片面性的消极影响，注意开通社会各个领域、各个行业之间的交流渠道，使人的专业化发展和全面发展尽可能地结合起来。在提高人的素质的同时，我们要不断满足广大人民群众的物质和文化生活需要，提高他们的生活水平。我们正在努力实现的到本世纪末"翻两番"的战略目标，从人民生活的角度看，就是在80年代工农业生产总值翻一番的基础上解决广大人民群众的温饱问题，而在90年代（至2000年）工农业生产总值第二次翻番的基础上，使广大人民群众的生活达到小康水平。现在第一步即解决温饱问题的目标已经实现，我们正在为达到小康而努力。当然，在2000年以后，随着我国现代化事业的最后成功，我国人民的生活水平也将达到一个全新的高度。

在谈到人民生活问题时，我们应该指出，由于人的需要具有多层次、多方面的特点，人民生活问题也就具有十分丰富的内容。除了基本的物质生活和文化生活之外，参加社会政治生活、享受自己的民主权利、承担自己作为社会主人的义务，也是社会主义社会广大社会成员的生活需要，通常人们把这一需要同人的自我实现联结起来，归入精神生活之列。但不论怎样说，在我们的社会主义实践中，要注意解决好这方面的问题。我们搞社会主义改革，当然是为了促进生产力的发展，但与此同时我们不应忽视改革的另一方面的意义：促使社会关系不断合理化，以实现人民群众社会政治生活方面的需要。随着我国现代化事业的发展，我们应该不断加强社会主义民主建设，从而不断提高广大人民群众的社会政治生活水平。

社会进步和人的发展作为人类历史过程的两个基本方面，是相互联系、相互制约的，这一点在我国现阶段的社会主义实践中也有着突出的表现，所以我们必须处理好它们二者的协调统一关系。在这个问题上，我们应着重指出以下三点：

第一，我国现阶段人的发展问题的解决，只能以社会主义建设和改革的不断推进为依托。既然人的发展归根到底要受到社会进步的制约，作为历史主体的人的发展水平不能超越作为历史客体的社会结构体系的进步水平，那么在现阶段，人的发展问题的解决，必然要受到社会主义初级阶段的社会经济、政治和文化条件的限制。现阶段人的发展方面存在的问题，在根本上是由社会生产（包括物质生产和精神生产）的不发达、社会关系（包括经济关系和政治关系等）的不成熟所造成的。而要解决这些问题，只有一个途径，这就是在党的基本路线的指引下，大力推进社会主义建设和改革。现阶段人的发展的具体目标和步骤，只能与社会主义建设和改革的战略目标和步骤相一致。在这里要反对那种不顾社会主义初级阶段的社会条件，盲目追求人的发展的错误倾向，例如在物质生活和精神生活上追求"超前消费"，在社会政治生活中沉溺于过于理想化的、超现实的要求等。这是离开社会进步追求人的发展的片面性错误在现阶段的具体表现。这样做的结果，不仅在实践中行不通，而且还会反过来妨碍社会进步和人的发展的正常进程。

第二，在现有社会条件下，又要尽可能地实现人的发展。我们说人的发展水平不能超越社会进步的水平，并不意味着将人的发展问题消极地附属于社会进步问题。既然作为历史客体的社会结构体系的进步归根到底是为作为历史主体的人的发展服务的，那么在社会主义建设和改革的推进过程中，我们必须随时注意积极地解决社会主义各个具体阶段上的人的发展问题。社会主义建设和改革的总目标当然是推进社会主义社会的进步，最终实现共产主义，从而实现人的发展的美好前景；但是这一长远目标应该同社会主义各个具体阶段上的人的发展的具体实现统一起来。应该指出，在社会进步的每一阶段上，人的发展都有相当的潜力；在我们目前所处的社会主义初级阶段，虽然人的发展受到各种社会经济、政治、文化条件的限制，但其潜力仍是十分大的。只要我们在这个问题上持积极态度，就一定会挖掘出这些潜力，使人的发展在现有社会条件下达到其可能达到的最佳程度。例如，在现有经济发展水平上，怎样合理地安排社会财富的分配和消费，消除各种不合理现象，就直接关系到人民群众的实际生活状况；我们的社会主义民主政治建设当然要有一个逐步推进的过程，但是在现阶段，我们应该尽可能地利用既有的社会条件，尽可能地满足人民群众的民主要求。应该承认，在不少方面，我们的工作不能说都做得很好了，现阶段人的发展的不少潜力，我们还没有挖掘出来，或者还没有注意到去挖掘。这是我们今后应进一步努力的。在这里，要反对的是那种把人的发展方面的一切问题都简单地归结为初级阶段的社会条件，以此为借口不去挖掘现有潜力的错误倾向，要反对那种把社会主义建设和改革同社会主义具体阶段上的人的发展割裂开来、只讲前者不讲后者的错误倾向。这种错误倾向，会从根本上损害我们的社会主义事业的真实意义，是十分要不得的。

第三，社会现代化需要人的现代化，只有把这两个方面统一起来，才能保证社会主义现代化事业的顺利前进。我们已经指出，社会进步也要受到人的发展的制约，没有人的相应的发展，社会进步便也不能实现。在现阶段，我们要实现生产力方面的现代化，还要实现社会各个领域的全方位的现代化，这都要求作为历史主体的人的发展也达到现代化的程度,以与历史客体方面的现代化相适应。现代化的社会结构体系是要由作为历史主体的人来承担的,我们社会中的广大成员如果不具备现代化的观念、现代化的教育水平、现代化的工作能力以及其他各方面的现代化素质,社会主义社会的现代化就不可能得到实现。我们在实践中常常可以看到人的素质不高对我们的现代化事业的影响,而要解决这一问题,就必须把人的现代化同社会现代化协调统一起来,把它们作为社会主义现代化事业的两个基本方面,共同不断地加以推进。

社会主义阶段是一个长期的历史过程,无论在社会进步还是人的发展方面,我们都担负着光荣而艰巨的历史任务。许多问题需要我们在实践中逐渐探索和解决,有时要在经历较大的曲折之后才能获得比较正确的认识。但是我们相信,不论我们在推进社会进步和人的发展的过程中遇到多少困难和曲折,只要我们在马克思主义哲学的指导下坚持不懈地进行努力,我们的社会主义事业就一定会不断前进,最终实现共产主义的社会理想和人的真正全面、自由发展的美好前景。

(本文为中共中央党校讲稿,曾印发校内相关班次,此处依据中央党校教务部1991年8月印发稿)

第三篇　实践领域的应用与思考

中国道路的哲学启示

（2010 年 7 月）

在当代中国社会发展的进程中，我们经过长期的艰苦探索，特别是改革开放 30 多年的不懈努力，最终走出了一条符合中国实际的发展道路，取得了举世瞩目的发展成就。从哲学上回顾和总结我们所走过的道路，可以给我们以许多的启示，这对于在新的阶段上继续开拓前进，具有十分重要的意义。

启示一：社会发展应以人的发展为最高价值目标，而人的发展又只能通过推动社会发展来实现。必须把社会发展和人的发展有机地统一起来。

社会与人之间的关系，是社会发展进程中首先应关注的基本关系。在马克思主义哲学看来，人是社会历史领域中的主体，而由经济、政治、文化等基本领域所构成的社会结构体系则是与人相对应的客体。社会与人在发展中相互制约，但在价值上具有不同的意义：人的发展是目的，社会发展是手段，社会发展最终是为了人的。因此，马克思和恩格斯所创立的科学社会主义，就是把"每个人的自由发展是一切人的自由发展的条件"作为最高价值目标。而另一方面，人的发展又不能离开社会；马克思主义哲学不是像人本主义那样抽象地谈论人，而是着眼于"现实的人"，研究人所在的社会，主张将社会发展与人的发展统一起来,通过推动社会发展而为人的发展创造条件。

对于马克思主义哲学的这些观点,我们其实并不陌生。应该说,我们党从成立的那天起,便是把为人民谋利益作为自己的根本宗旨。我们推翻旧社会,建立社会主义新中国,就是为人民求解放,使人民群众过上幸福美好的生活。但是应该承认,在过去的一个时期里,由于各方面的局限,我们对于"什么是社会主义"的问题如邓小平所说并没有"完全搞清楚",对于社会主义社会价值目标的认识也没有真正到位,以至于将社会主义教条化,一些本来是手段的东西被当成了目的本身,而真正的目的反而被忽视了。这样搞的结果,经济上是普遍贫穷,政治上则是阶级斗争扩大化,所谓"文化大革命"更是一场浩劫,使人的价值和权利遭到粗暴的践踏。十一届三中全会以后,我们党对社会主义进行了重新反思和再认识,从而将最终的关注点放在了如何才能使人民利益更好地得到实现上。从邓小平理论到"三个代表"重要思想,再到"科学发展观"等重大战略思想的提出,这样一种价值取向成为整个中国特色社会主义理论体系的一个显著特征,也是新时期中国社会发展的一个基本趋势。特别是"科学发展观"鲜明地提出"以人为本",并将其置于核心地位,强调"发展为了人民、发展依靠人民、发展成果由人民共享",更是具有十分深远的历史意义。以此为指导,人的发展作为最高价值目标正在建设中国特色社会主义的实践中牢固地确立起来。

有了正确的价值目标,还需要有实现这一目标的手段。从一般意义上讲,社会主义社会作为社会历史发展的新的阶段,理应创造出比资本主义社会更为有利的条件来促进人的发展和解放,这是它的优越性的最终体现。然而由于历史的原因,我国是在相对落后的基础上建设社会主义的,至今仍处于社会主义的初级阶段;这样一种特殊的实际,便使得人的发展的价值目标的实现在很大程度上受到局限。而这也就给我们提出了一个特殊的要求，即要以加倍的努力推动生产力和社会各领域的发展，尽快实现社会现代化，从而真正承担起历史的使命。使我们感到鼓舞的是，经过60多年的奋斗，特别是改革开放30多年来的快速发展，我国的生产力水平已有了很大的提高，社会各个领域都发生了深刻的变化。我国现代化战略的前两步目标已经实现，现正为全面建设小康社会、实现第三步战略目标而奋斗。而随着社会的发展和进步，我国人民的生活质量和水平不断提高，民生问题越来越多地得到关注和解决。当然，我们清醒地认识到，目前已有的这些成果还十分有限，我国社会发展的整体水平还不够高，离既定的目标还有很大的差距。这就要求我们不能有任何的松懈，而必须不断做出新的努力。在新的发展阶段上，要继续坚持"以人为本"，进一步推动社会各领域的发展，力求创造出更为有利的条件，"让人民生活得更加幸福、更有尊严"。

启示二：要推动社会发展，必须尊重社会历史领域的客观规律，同时又要充分发挥主体的能动作用。应该把这两个方面有机地统一起来。

当年马克思和恩格斯创立自己的哲学的时候，所取得的一个重大突破，便是揭示了社会历史领域的客观规律，创立了唯物史观。社会历史领域的客观规律决定了社会历史发展的必然趋势，要推动社会的发展和进步，首先必须认识和遵循这种客观规律；但人作为主体，并不是只能消极地适应必然，而是可以借助于对规律的认识和把握，能动地发挥作用，自觉地创造历史。马克思主义哲学主张辩证的决定论，它要求将客观规律的决定作用与主体的能动选择有机地统一起来，反对简单对立，以及片面化、走极端。

在我们党的历史上，对于马克思主义哲学的这一方法论要求，也是十分重视的。当年我们之所以能够战胜种种艰难险阻，取得了中国革命的胜利，就是因为我们认真研究和探索中国社会发展的客观规律，在尊重客观规律的前提下充分发挥主体的能动作用、正确地做出了自己的选择。新中国成立后，我们经过新民主主义的过渡而进入社会主义阶段，在各个领域里继续取得了一系列重要成就；但与此同时，具体实践中也出现了比较严重的失误和偏差。这首先表现在忽视生产力的发展，迟迟不能完成工作重点的转移，在已经改变了的条件下还要搞"以阶级斗争为纲"；其次则是脱离生产力发展的实际，一味进行生产关系和上层建筑领域里的"革命"，结果建立了一套高度集中的计划经济体制以及与之相应的政治体制。这样一种搞法，在很大程度上违背了历史唯物主义所揭示的生产力与生产关系、经济基础与上层建筑矛盾运动的规律，所以不可能站住脚。至于那种片面夸大人的能动作用的错误倾向，以为"人有多大胆、地有多大产"，不顾实际搞"大跃进"、"穷过渡"等等，更是给我们的事业造成了严重的损害。

十一届三中全会之后，我们党认真总结了以往的经验教训，根据社会发展客观规律的要求，重新调整我们的路线、方针、政策。首先是果断停止了"以阶级斗争为纲"，将工作重点转移到经济建设上来，真正把发展生产力放在根本地位来对待；其次是围绕经济建设这个中心，在坚持"四项基本原则"的前提下，全面实行改革开放。在这样一条基本路线的指引下，我们坚持"三个有利于"的判断标准，从根本上破除了旧的计划经济体制，代之以社会主义市场经济新体制；同时大力推进社会各领域的改革，进行社会主义民主政治建设、社会主义先进文化建设、社会主义和谐社会建设以及生态文明建设。这样一种新的搞法，不同于传统的"苏联模式"，而属于"中国特色社会主义道路"，它是我们党带领人民从中国实际出发所做出的重大历史选择。实践证明，这样一种新的选择符合社会发展的客观规律，是正确的和科学的；正因为如此，我们才能够取得今天这样的巨大成就。从这条道路中可以清楚地看到，尊重客观规律与发挥主体能动作用这两个方面是怎样有机地统一起来的；而在尊重客观规律的前提下，人作为主体又可以怎样自觉地创造自己的历史。总结过去，面对未来，我们应该坚定信心，沿着这条道路继续脚踏实地地走下去。同时应该看到，在现阶段改革和发展的进程中，我们又面临着许多新的挑战，特别是有不少难点问题等待我们去解决；而这就需要我们继续坚持科学的态度，以马克思主义哲学的方法论为指导，从社会发展的客观规律出发进行具体的研究，切实做到按客观规律的要求办事，而不是主观主义地想当然。只有这样，才能真正做出正确的决策，使主体的能动作用在新的阶段上更好地发挥出来。

启示三：在发挥主体作用的过程中，一定要重视实践，在实践的基础上坚持解放思想、实事求是。这样才能促使以上两个统一的最终实现。

人作为主体要在尊重客观规律的前提下能动地发挥作用，还必须处理好认识和实践过程中的一系列重要问题。马克思主义哲学主张辩证唯物主义的认识论，把人的认识看作一个不断发展着的无止境的过程。特别是突出强调了实践的意义，认为实践是认识的基础，是检验认识真理性的尺度，更是人们改造世界和改造自身的手段；它把主客体连通起来，使主体客体化和客体主体化这一双向互动过程得以完成。只有借助于这一途径，人们才能够不断达到自己的目的，而前面所讲到的尊重客观规律与发挥人的能动作用的统一，以及社会发展与人的发展的统一，也才能够最终得到实现。

从理论上说，我们党对这方面问题原本是有着明确认识的。毛泽东曾在《实践论》中对马克思主义哲学的认识论进行过深刻的阐发，并将"实事求是"确定为党的思想路线的核心。在过去的革命战争年代，我们在实践中大胆探索，成功地走出了一条"农村包围城市、最后夺取城市"的中国式道路。在建设社会主义的过程中，我们也曾力求从中国的实际出发，走自己的路；然而由于各方面的局限，最后还是在很大程度上照搬了苏联模式，而且越搞越僵化，直至严重脱离实际。在思想领域中，也出现了偏离马克思主义哲学认识论和党的思想路线的错误倾向，书本上的东西被当作教条，领袖人物的言论成了绝对真理。因此，当十年"文革"终于结束的时候，我们不得不首先进行思想领域的拨乱反正，重新恢复和确立党的实事求是的思想路线。而要做到这一点，就必须在实践的基础上解放思想；于是一场关于真理标准的大讨论轰轰烈烈地开展起来，最终以"实践是检验真理的唯一标准"这一马克思主义哲学的认识论方法打破了以"两个凡是"为代表的僵化思想的束缚，从而为全面实行改革开放做了必要的思想理论的准备。也正是在这一正确方法的指导下，我们立足于中国国情和具体实际，在实践中大胆探索，勇于创新，最终开辟了中国特色社会主义的新的道路。

正如人们所看到的，新道路的开辟并不是一件容易的事情。许多问题都是前人没有遇到过的，解决起来难度很大；各方面的认识也不可能一步到位，种种疑虑和争议在所难免。这就需要合理安排和把握实践的进程，使之按照自身的逻辑循序渐进地逐步展开，并在这一过程中推动认识的逐步深入。几十年来，我们正是这样一步一步地走过来的，可以说是边实践边认识，边探索边总结，"摸着石头过河"，不断推进解放思想、实事求是，排除各种错误倾向的影响和阻碍，这才取得了今天这样的成就和进展。当然，中国的改革是一项十分复杂的社会工程，还有许多难关有待于继续攻克；我们各方面的发展任务都还没有完成，建设中国特色社会主义的宏伟蓝图还远没有实现。因此，我们在这条新的道路上的认识和实践还需要继续进行下去。然而应该相信，只要我们坚持马克思主义哲学的认识论方法，努力在新的实践中不断进行新的探索，就一定能够不断加深对中国社会发展的客观规律的认识,从而使主体的能动作用在尊重客观规律的前提下得到有效发挥;而做到了这一点,就一定能够将我国的社会发展不断推进到新的阶段,进而将人的发展问题的解决不断提升到新的水平。

(原载《人民日报》2010年7月7日;收入中共中央党校哲学教研部编:《哲学与社会》第4辑,中国时代经济出版社2011年版)

中国社会发展道路的科学探索

——纪念中共十一届三中全会召开20周年

（1998年11月）

在当代中国社会发展的进程中，中共十一届三中全会是一个划时代的里程碑。它标志着中国共产党人已经从社会主义实践的重大曲折和失误中走了出来，开始重新探索真正适合于中国实际的社会发展道路，由此进入了建设有中国特色社会主义的新时期。如今，我们纪念十一届三中全会召开20周年，就应该深刻理解这一新的探索的科学精神，进一步确立对建设有中国特色社会主义道路的坚定信心。

一

在1978年的十一届三中全会之前，中国已经经历了社会主义实践的长期历程。如果说1949年中华人民共和国的成立使中国进入了新民主主义的过渡阶段，那么1956年的所有制改造的基本完成，便标志着社会主义社会在中国的正式建立。从这时起到1978年，也有22年的时间，而这许多年的社会主义实践结果如何呢？

应该肯定，我们在这些年中付出了十分艰苦的努力，也取得了不少重要的成就。我们开始形成自己的工业体系，并且拿出了"两弹一星"；我们确立了社会主义的基本社会制度，使广大劳动群众从根本上翻了身；以马克思列宁主义、毛泽东思想为指导的思想文化体系，也已成为意识形态的主流。但是尽管如此，我们仍不得不承认，这一时期的社会主义实践存在严重失误。这主要表现在：经济上虽有发展，但总的看来发展不快，"人民生活没有得到多大的改善"；① 社会主义基本制度虽然建立了，但体制上运转不灵，经济方面是高度集中的计划经济体制，死板僵硬，吃大锅饭，群众没有积极性；政治方面则是"权力过分集中"②的政治体制，各种运动不断，最后导致了"文化大革命"这场浩劫；思想文化领域里则越搞越"左"，致使现代迷信盛行。这些明显的问题，大大损害了社会主义的形象，人们对自己所走过的路不禁产生了种种疑问：社会主义难道就是这种样子，这条路究竟还能否走得下去？

严峻的事实使社会主义面临挑战。然而仔细分析一下以往实践中发生的问题，便可以看出，我们并不能简单地从中引出否定社会主义的结论；相反，这些问题的产生根源，正是在于我们过去的搞法很大程度上背离了科学社会主义的基本要求，丢弃了它所应有的科学精神。

必须指出，马克思和恩格斯所创立的科学社会主义，是以历史唯物主义所揭示的社会历史发展的一般规律为其科学依据的。历史唯物主义指出，生产力与生产关系、经济基础与上层建筑这两对基本矛盾的运动，推动着社会形式由低级到高级的不断演进，而其中生产力的发展具有最为根本的意义。以此为依据，科学社会主义有了两个最基本的要求：第一，社会主义社会必须把发展生产力作为根本任务，必须把生产力发展到一个高于资本主义阶段的新水平，

---

① 《邓小平文选》第 2 卷，人民出版社 1994 年版，第 249 页。
② 《邓小平文选》第 2 卷，人民出版社 1994 年版，第 327 页。

并相应提高人民生活水平；第二，社会主义社会还必须以生产力的发展水平为客观根据，建构自己的整个社会结构体系，并随着生产力的发展而不断推动社会的进步。科学社会主义的这两个基本要求体现着它的科学精神，只有这样，社会主义才能真正成为科学。

如果说科学社会主义的这两个基本要求具有普遍的意义，那么对于中国社会主义的特殊实际来说，它便显得尤其重要。众所周知，中国历史上没有经历过独立发展资本主义的完整阶段，而是在半殖民地半封建社会的基础上，经过新民主主义的过渡而进入到社会主义社会。这就使我们不得不面对一个特殊实际，即我们的生产力不发达，社会主义的起点低，以至于不得不经历一个特有的"初级阶段"。在这种特殊实际下，科学社会主义的两个基本要求便有了相应的特殊意义：第一，发展生产力这一根本任务，对中国来说更为迫切，我们必须加倍重视，以尽快消除生产力不发达的缺欠；第二，既然我们的"起点低"，那么就必须由此出发去探寻社会主义的特殊实现形式，或者说建设社会主义的特殊道路。不懂得这两点，就不能在中国的实践中贯彻科学社会主义的基本要求，就不能体现它的科学精神。

然而，遗憾的是，我们过去实践中的做法，恰恰在这两个方面发生了严重错误。第一，我们未能及时实现工作重点的转移，长期实行"以阶级斗争为纲"，经济建设没有提到应有的地位，忽视发展生产力。这不能不说是一个根本性的错误。第二，我们对社会主义社会的建构，很大程度上没能从中国生产力的实际出发，而是从对某些"本本"的教条化理解乃至不正确的认识出发；所形成的那套旧体制不仅本身有着明显缺陷，而且从根本上脱离了生产力的客观根据，不能适合生产力的状况。这一方面的错误，同样不是枝节性的，而是根本性的。这两个方面错误的共同实质，正是背离了科学社会主义的基本要求，特别是背离了这种特殊要求在我们社会主义的特殊实际下的特殊体现，从而也就在很大程度上失去了社会主义的科学精神，最终造成了过去实践的不成功结果。可以说，这样一种不正确的搞法，不成功是必然的。

认清了我们过去社会主义实践不成功的根源，就要真正科学地克服和纠正已有的偏差和失误，为当代中国的社会发展开辟新的、正确的道路。而以邓小平为代表的中国共产党人正是这样做的，十一届三中全会就是这样一次历史的转折。

二

"文化大革命"结束后，"三落三起"的邓小平终于有可能带领全党对以往的曲折道路进行严肃反思。他指出，严峻的事实已经表明，过去的那种搞法是行不通的，如不及时纠正和改变，"我们的现代化事业和社会主义事业就会被葬送"，①"只能是死路一条"。② 那么怎样才能加以纠正和改变呢？邓小平针对当时的思想实际，首先抓了"解放思想、实事求是"这个根本问题。

当时的情况是，过去长期形成的对马克思主义某些"本本"的教条化理解，以及关于社会主义的某些死板的甚至扭曲了的观念紧紧地束缚着人们的头脑，如邓小平所说："满脑袋框框"③，"处在僵化半僵化的状态"④，特别是所谓"两个凡是"的提出，更是将这种状态推向了极端。不打破这种思想禁锢，一切都无从谈起。于是，在邓小平和老一辈革命家的支持下，一场以"实践是检验真理的唯

---

① 《邓小平文选》第 2 卷，人民出版社 1994 年版，第 150 页。
② 《邓小平文选》第 3 卷，人民出版社 1994 年版，第 370 页。
③ 《邓小平文选》第 3 卷，人民出版社 1994 年版，第 261 页。
④ 《邓小平文选》第 2 卷，人民出版社 1994 年版，第 141 页。

一标准"为主题的大讨论在全国范围内轰轰烈烈地开展起来。这场讨论进行得十分深入,起到了重大的思想解放作用,为重新恢复和确立实事求是的思想路线提供了条件,为十一届三中全会的召开和建设有中国特色社会主义道路的开辟做了重要的思想理论准备。邓小平曾充分肯定:"就全国范围来说,就大的方面来说,通过实践是检验真理唯一标准和'两个凡是'的争论,已经比较明确地解决了我们的思想路线问题"①;他强调,"真理标准问题的讨论是基本建设,不解决思想路线问题,不解放思想,正确的政治路线就制定不出来,制定了也贯彻不下去。"②

正是借助于这场真理标准讨论的重大成果,遵循解放思想、实事求是的思想路线,邓小平领导全党进行了拨乱反正,下决心抛弃过去那些错误的或不切实际的做法,重新回到科学社会主义的基本要求上来,从中国的实际出发探索真正适合于中国的发展道路。1978年12月召开的中共十一届三中全会,正式决定放弃"以阶级斗争为纲",实现工作重点转移,将经济建设确立为一切工作的中心。这一重大决策从根本上纠正了过去忽视发展生产力的错误,邓小平称之为"最根本的拨乱反正"③。邓小平反复指出,"马克思主义最注重发展生产力","社会主义阶段的最根本任务就是发展生产力";④ 过去我们在这方面"吃了一个大亏",⑤ 如今把工作重点转移到经济建设上来,就是要大力发展生产力,尽快实现"四个现代化"。他强调:"现在要横下心来,除了爆发大规模战争,就要始终如一地、贯彻始终地搞这件事,一切围绕着这件事,不受任何干扰。

---

① 《邓小平文选》第2卷,人民出版社1994年版,第190页。
② 《邓小平文选》第2卷,人民出版社1994年版,第191页。
③ 《邓小平文选》第3卷,人民出版社1994年版,第141页。
④ 《邓小平文选》第3卷,人民出版社1994年版,第63页。
⑤ 《邓小平文选》第3卷,人民出版社1994年版,第141页。

就是爆发大规模战争，打仗以后也要继续干，或者重新干。我们全党全民要把这个雄心壮志牢固地树立起来，扭着不放，'顽固'一点，毫不动摇。"① 这样，我国社会主义现代化建设终于得以进入一个全新的阶段。

十一届三中全会不仅实现了工作重点向经济建设的转移，而且还拉开了我国体制改革的帷幕。这一改革正是针对过去那套旧体制脱离生产力实际的错误，决心回到我国生产力发展的客观根据上来，重新建构一套真正具有生机和活力的新体制。邓小平明确宣布："我是主张改革的，不改革就没有出路"。② 并且，"改革是全面的改革，包括经济体制改革、政治体制改革和相应的其他各个领域的改革。"③ 邓小平还特别强调了这场改革的彻底性要求，提出"要从根本上改变"④ 旧体制；他把这场改革看作是"革命性的变革"⑤，认为也是"中国的第二次革命"⑥。此外改革与开放相联系，在对内改革的同时，还必须实行对外开放。邓小平指出："经验证明，关起门来搞建设是不能成功的"⑦，所以，"过去二十多年的封闭状况必须改变"⑧，我们所要建构的新体制，必须同时是一种开放的体制。

强调改革是"第二次革命"，是否要改变我们的社会主义制度？不是，邓小平认为，"我们建立的社会主义制度是个好制度，必须坚持。"⑨ 为此，他提出了著名的"四项基本原则"，其实质也就是要

---

① 《邓小平文选》第 2 卷，人民出版社 1994 年版，第 249 页。
② 《邓小平文选》第 3 卷，人民出版社 1994 年版，第 287 页。
③ 《邓小平文选》第 2 卷，人民出版社 1994 年版，第 237 页。
④ 《邓小平文选》第 3 卷，人民出版社 1994 年版，第 370 页。
⑤ 《邓小平文选》第 3 卷，人民出版社 1994 年版，第 135 页。
⑥ 《邓小平文选》第 3 卷，人民出版社 1994 年版，第 113 页。
⑦ 《邓小平文选》第 3 卷，人民出版社 1994 年版，第 78 页。
⑧ 《邓小平文选》第 3 卷，人民出版社 1994 年版，第 265 页。
⑨ 《邓小平文选》第 3 卷，人民出版社 1994 年版，第 116 页。

坚持社会主义的基本制度。要正确认识这一问题，必须科学地理解制度和体制的相互关系。制度和体制实质上是内容和形式的关系，制度是内容，体制是制度的具体实现形式。一种内容可以有多种不同的形式，一种制度也可以有多种不同的体制。我们的改革，主要是体制层次上的改革，它作为革命，也是体制层次上的革命。我们要从根本上改变旧体制，正是为了给社会主义基本制度寻找一种更为适宜的新体制，以此作为它的全新的实现形式。所以，改革的彻底性与坚持社会主义制度是一致的，"改革是社会主义制度的自我完善"。①

邓小平指出："'文化大革命'结束以后，我们冷静地估计了形势，考虑今后的路怎么走。界限的划分是我们党的十一届三中全会，这次会议确定了一系列的方针和政策。"② 正是以十一届三中全会为起点，中国共产党人开始真正把科学社会主义的基本要求落在实处，依照"一个中心，两个基本点"的基本路线，逐渐开辟出一条真正切合中国实际的社会发展道路，"总的说来，这条道路叫做建设有中国特色的社会主义道路。"③ 有中国特色社会主义道路的开辟，是马克思主义同中国实际相结合的"第二次飞跃"，在这次飞跃过程中，我们党形成了自己的新的理论成果，这就是邓小平理论。邓小平理论是建设有中国特色社会主义的理论，它从一开始就是同建设有中国特色社会主义的实践直接地联结在一起，成为我们进行科学探索的指南。

---

① 《邓小平文选》第 3 卷，人民出版社 1994 年版，第 141 页。
② 《邓小平文选》第 3 卷，人民出版社 1994 年版，第 157 页。
③ 《邓小平文选》第 3 卷，人民出版社 1994 年版，第 65 页。

三

从1978年的十一届三中全会到现在,又是20个年头过去。在这20年中,我们党领导人民以邓小平理论为指导,沿着建设有中国特色的社会主义道路开拓前进。虽然经历了各种风风雨雨,遇到了各种困难和考验,但我们终于满载着令人骄傲的成果走过来了。

按照党的基本路线的要求,我们在这20年间始终紧紧抓住经济建设这个中心不放松,努力推进我国生产力的发展。我们调动起社会各个方面的积极力量投入到经济建设中来,并大力吸收和借鉴国外的先进技术和管理经验;我们在坚持农业为基础地位的前提下,不断调整和优化产业结构,改造和提高传统产业,发展新兴产业和高科技产业,同时注意地区经济合理布局和协调发展,发挥各地优势;我们确定了科教兴国和可持续发展战略,重视提高劳动者素质,努力促进经济增长方式的转变。经过一系列努力,我们的国民经济持续快速发展,取得了举世瞩目的成就,提前实现了"翻两番"的战略目标,人民生活也在解决温饱问题的基础上,稳步进入小康。

在坚持四项基本原则的前提下,我们在这20年间全方位地推进了改革开放。在经济体制方面,我们经过反复实践、反复摸索,终于形成了社会主义市场经济的目标模式,并从各个方面着手建构这一新体制的基本框架。同时,还根据初级阶段生产力的实际,建立了以公有制为主体、多种所有制经济共同发展的基本经济制度,并积极探索公有制的多种实现形式。这些改革成果体现了我们建设有中国特色社会主义实践的独特创造,也说明社会主义完全有可能在不同于旧有模式的新体制下焕发出应有的生机和活力;市场经济作为手段,不仅可以为资本主义所用,而且也同样可以为社会主义所用,社会主义市场经济体制适合我国现阶段的生产力水平。与经济体制改革相配合，我们在政治体制改革方面也取得了一定的进展，社会主义民主和法制建设逐步得到加强，行政管理体制、干部管理体制以及政府机构设置等也都发生了积极的变化。

在思想文化领域里，20年来我们也取得了重要的成就。虽然在一定程度上出现了"一手硬、一手软"的情况，但社会主义精神文明建设毕竟在不断向前推进。解放思想、实事求是的思想路线推动了思想理论界的活跃，教育体制、科技体制、文化体制的改革促进了教育、科学、文化事业的发展。中国人的精神面貌，较之20多年前已大不相同了。

以上各方面实践的结果，充分证明了建设有中国特色的社会主义道路是适合我国现阶段实际的正确选择，是一条充满希望的、现实的道路。实践也表明，只要我们真正按照科学社会主义的基本要求去做，就能够脚踏实地地将社会主义事业推向前进。邓小平曾说过："我们的改革不仅在中国，而且在国际范围内也是一种试验，我们相信会成功。如果成功了，可以对世界上的社会主义事业和不发达国家的发展提供某些经验。"[①] 在经过了20年的实践之后，我们更加可以相信，只要沿着我们既定的道路坚定不移地走下去，我们就完全有希望把这场"试验"搞成功，把有中国特色的社会主义搞成功。

当然，在充分肯定20年来所取得成就的同时，也决不应回避这一过程中出现的问题和所面临的各种困难。我们必须清醒地看到，我国生产力虽然有了较大发展，但国民经济的整体素质和效益还不高；在"翻两番"的基础上，我们还将进一步实现第三步战略目标，在下个世纪中叶超过中等发达国家的水平，基本实现现代化，这一步的任务更加艰巨，难度也更大。我们的经济体制改革尚未完成，

[①] 《邓小平文选》第3卷，人民出版社1994年版，第135页。

现在处于攻坚阶段；特别是国有企业的改革难度很大，原有的行政纽带的束缚难以摆脱，适应市场机制的经济联系未能真正建立。这个问题不解决，社会主义市场经济体制的基本框架就无法按期构成。政治体制改革虽有进展，但总的说来还有待大力推进，特别是腐败现象的不断蔓延已在各个领域造成严重危害。思想文化领域中也还存在不少问题，社会转型时期的某种混乱以及文化冲突有待于正确对待和解决，教育、科学、文化事业还需要实实在在的投入。总之，距离预期的成功还有很长的路要走，还有很多难题要破解。但是，我们坚信只要继续发扬贯穿20年实践的科学精神，坚持进行新的开拓，就一定能够不断取得新的突破和成就。我们应该做出不懈的努力，如江泽民同志在十五大报告中所要求的那样，高举邓小平理论的伟大旗帜，把十一届三中全会所开启的建设有中国特色社会主义的伟大事业全面推向21世纪。

（原载《新视野》1998年第5期）

实践精神与当代中国社会发展

——纪念真理标准讨论20周年

（1998年4月）

恩格斯曾指出，在历史发展过程中，哲学变革多次做过政治变革的"先导"。而在1978年，正是一场哲学层次上的思想运动震撼了中国大地，拉开了整整一个新时代的序幕，这便是关于真理标准的大讨论。回顾20年来中国社会发展的历程，可以毫不夸张地说，这场讨论的基本精神——实践是检验真理的唯一标准，始终是并将继续是指引我们在困难中不断开辟道路的火炬。

一

20年前，当中国刚刚从"文化大革命"的噩梦中醒来，便发现严峻的挑战已不容回避地摆在面前。如果说自1956年底所有制改造基本完成算起中国即已进入社会主义社会，那么社会主义搞了多年，虽然取得了一些重要的成绩，但同时也发生了许多问题。经济上发展不快，人民生活没有得到多大的改善；社会主义基本制度虽然建立了，但体制上运转不灵；经济方面死板僵化，吃大锅饭，群众没有积极性；政治方面运动不断，最后导致了"文化大革命"这场浩劫。人们对自己所走过的路不禁产生了种种疑问，这条路究竟还能否走得下去？

面对挑战，以邓小平为代表的中国共产党人决心对已往的路子进行反思。他们确认，严峻的事实已经表明，我们在建设社会主义方面出现了重大偏差和失误，违背了客观规律，脱离了中国的实际。如不及时纠正和改变，"我们的现代化事业和社会主义事业就会被葬送"①，"只能是死路一条"②。但是，一旦要着手总结和纠正过去的错误，首先便遇到了很大的思想障碍。

当时，对马克思主义某些"本本"的教条化理解、关于社会主义的某些死板的甚至扭曲了的观念还紧紧地束缚着人们的头脑，"左"的倾向严重，如邓小平所指出的"满脑袋框框"③，"处在僵化或半僵化的状态"④。特别是所谓"两个凡是"的提出，更是将这种倾向推到了极点。不打破这种思想的禁锢，一切都无从谈起。历史呼唤着一场全面的思想解放运动，当时的形势要求全党借助于解放思想这一前提，重新恢复和确立实事求是的思想路线。于是，在邓小平等老一辈革命家的支持下，一场以"实践是检验真理的唯一标准"为主题的大讨论适逢时机地开展起来了。这场讨论进行得十分广泛和深入，起到了极其重大的历史作用。邓小平曾充分肯定："就全国范围来说，就大的方面来说，通过实践是检验真理唯一标准和'两个凡是'的争论，已经比较明确地解决了我们的思想路线问题"⑤。他还进一步指出了这场讨论的意义："真理标准问题的讨论是基本建设，不解决思想路线问题，不解放思想，正确的政治路

---

① 《邓小平文选》第 2 卷，人民出版社 1994 年版，第 150 页。
② 《邓小平文选》第 3 卷，人民出版社 1994 年版，第 370 页。
③ 《邓小平文选》第 3 卷，人民出版社 1994 年版，第 261 页。
④ 《邓小平文选》第 2 卷，人民出版社 1994 年版，第 141 页。
⑤ 《邓小平文选》第 2 卷，人民出版社 1994 年版，第 190 页。

线就制定不出来，制定了也贯彻不下去。……这场争论的意义太大了"[1]。

正是借助于这场讨论的重大成果，遵循解放思想、实事求是的思想路线，邓小平领导全党抛弃了过去那些错误的或不切实际的做法，重新从中国的实际出发设计适合于中国的发展道路。首先放弃"以阶级斗争为纲"，在十一届三中全会上实现了工作重点的转移，将经济建设确立为一切工作的中心；然后在坚持四项基本原则的前提下，实行改革开放，决心从根本上革除那套僵化、封闭的旧体制，代之以真正适合生产力要求的、充满生机和活力的新体制。由此形成了一条党在社会主义初级阶段的基本路线，并在这条基本路线指引下，开始了建设有中国特色社会主义的新探索。从此，当代中国社会发展进入了一个全新的时期。

二

以1978年真理标准大讨论为思想理论准备，以同年年底召开的十一届三中全会为起点的社会主义建设新时期，20年来经历了各种风风雨雨，终于满载着令人骄傲的成果走过来了。在这一过程中，邓小平领导我们党采用"不争论"的战略，高扬实践的精神，坚持"拿事实来说话"[2]，鼓励"大胆地试，大胆地闯"[3]，在实践中开拓进取。邓小平说得好："我们现在所干的事业是一项新事业，马克思没有讲过，我们的前人没有做过，其他社会主义国家也没有干过，

---

[1] 《邓小平文选》第2卷，人民出版社1994年版，第191页。
[2] 《邓小平文选》第2卷，人民出版社1994年版，第155页。
[3] 《邓小平文选》第2卷，人民出版社1994年版，第372页。

所以，没有现成的经验可学。我们只能在干中学，在实践中摸索。"① 正是本着这样一种精神，我们才得以将建设有中国特色社会主义的事业一步步地推向前进。

在经济建设方面，我们在 20 年间始终紧紧抓住这个中心不放松，从中国国情出发，在实践中探索加速发展、尽快实现现代化的特殊道路。经过努力，我们取得了显著的成就，国内生产总值提前实现"翻两番"的战略目标，并成功地做到了"软着陆"。在经济体制改革方面，我们经过反复实践、反复摸索，终于形成了社会主义市场经济的目标模式，并从全方位着手建构这一新体制的基本框架；同时，还根据初级阶段的生产力实际，建立了以公有制为主体、多种所有制经济共同发展的基本经济制度，并积极探索公有制的多种实现形式。这些改革成果包含着我国建设有中国特色社会主义实践的独特创造。在政治体制改革方面和文化建设方面，我们也在 20 年的实践中做了许多新的探索，社会主义民主法制建设和精神文明建设都取得了重要的成果。而所有这些成果，无不体现着解放思想、实事求是、勇于突破、勇于创造的实践精神，没有这种精神，就没有这一切。

众所周知，为取得这些改革和发展的成果，我们曾经历了这样和那样的考验，冲破了一个又一个的思想障碍。国内发生的政治风波和国际上的苏东剧变，都曾对我们造成压力和影响，一些人企图借此怀疑和动摇党的基本路线，而我们并没有为之所动。从某些僵化的观念出发抽象地谈论姓"社"姓"资"的"左"的倾向，曾顽固地阻碍着改革开放，使人们迈不开步子，不敢闯，我们党在坚持实践标准的基础上，又重申和强调了历史唯物主义的生产力标准，邓小平同志又进而将生产力标准扩展为"三个有利于"的判断标准，

---

① 《邓小平文选》第 2 卷，人民出版社 1994 年版，第 258 页。

由此将解放思想、实事求是的思想路线进一步落到实处,保证了改革开放的不断推进,从把市场经济等同于资本主义到确认它只是手段,从对非公有制经济的疑惧和抵触到承认它是社会主义市场经济的重要组成部分,从对公有制经济的传统理解到不断创造它的丰富多样的新的实现形式,这里每一个重大问题上的进展都经过思想上的尖锐交锋,而最终都是在实践的基础上提高了认识,依赖于实践精神冲破了种种思想禁锢。离开了实践精神,我们就寸步难行。

新时期实践精神的弘扬,很大程度上得益于邓小平提出的"不争论"战略。邓小平说过:"不搞争论,是我的一个发明。"① 不争论,不是不需要弄清问题,而是要把认识建立在实践的基础上,不搞没有根据的空洞争论。在实践的任务十分紧迫地摆在面前的情况下,尤其是如此。邓小平同志说得清楚:"不争论,是为了争取时间干。一争论就复杂了,把时间都争掉了,什么也干不成。"② 他认为,"改革的政策,人们一开始并不是都能理解的,要通过事实的证明才能被普遍接受。"所以,"我们的做法是允许不同观点存在","让改革的实际进展去说服他们"。③ 这种"不争论"的战略起到了十分积极的作用,也真正把实践摆在了首要的、根本的位置上,既保证了抓紧时间干实事,又为许多复杂的认识问题的解决提供了客观根据。而正是在实践的不断推进的过程中,人们才得以不断地转变观念,从而不断地达到对改革开放的共识。

我们在这20年中突出实践精神,是否意味着贬低理论的指导作用?决不。建设有中国特色社会主义的实践当然需要理论的指导,没有理论指导的实践是盲目的实践。只不过在这里,实践应真正置于基础的地位,理论不应是脱离实践的僵化的教条,而应是实践的

---

① 《邓小平文选》第3卷,人民出版社1994年版,第374页。
② 《邓小平文选》第3卷,人民出版社1994年版,第374页。
③ 《邓小平文选》第3卷,人民出版社1994年版,第155—156页。

科学概括和总结。我们党在倡导解放思想、实事求是，以实践精神破除各种僵化教条的同时，还十分重视以马克思主义的基本立场、观点和方法研究当代实践中的新问题，对建设有中国特色社会主义的实践成果不断进行概括、总结、提炼、上升，最终形成了自己的新的科学理论体系——邓小平理论。这一理论是真正建立在新的实践基础上的活生生的理论，是当代中国实践精神的升华。它一产生，就对建设有中国特色社会主义的实践起到了重大的指导作用，从而使我们的实践成为更加自觉的实践。

三

我们纪念真理标准讨论20周年，总结20年来中国社会发展中的实践精神，最终是要继承和发扬这种精神，在新的实践中把建设有中国特色社会主义的事业继续向前推进。必须看到，我们在各方面都还面临着艰巨的任务。

虽然在这20年中我们坚持了"一个中心"，在经济建设上取得了显著成就，但是总的看来我国生产力水平仍是比较低的，这从根本上规定了我国的社会主义社会仍然处于初级阶段。在实现"翻两番"的基础上，我们还将进一步实现第三步战略目标，在下世纪中叶赶上中等发达国家的水平，基本实现现代化。这一步的任务更加艰巨，难度也更大。这就要求我们本着实践精神，继续探索加快我国经济发展的新路子，解决从经济结构到经济增长方式的一系列不适应的问题，保证再上新的台阶。

我们的经济体制改革在闯过一道又一道难关之后，现在正在进行最后的攻坚。计划经济的旧体制已被打破，社会主义市场经济新体制的各个组成部分——包括市场体系、宏观调控体系、社会保障体系等已初步建构起来，而问题在于市场主体方面，国有经济的改革尚未完全到位。国有企业一直难以摆脱行政纽带的束缚，适应市场经济体制的经济联系未能真正建立。这里不仅仅是企业制度本身的问题，而且在于国有资产管理体制的问题。九届人大通过的政府机构改革方案在这方面迈出了可贵的一步，而要真正有效地解决问题，还需要继续解放思想、实事求是，切实按客观规律办事。整个公有制经济都要按照市场经济体制的要求，继续寻找自己的适宜的实现形式，进一步与市场经济"接轨"。不解决这个问题，社会主义市场经济体制的基本框架就不能最终建立，我们的改革就有可能功亏一篑。不进则退，经济体制改革的攻坚志在必克。

随着经济体制改革的深化，我国政治体制改革的呼声愈益高涨。这方面改革必须有一个与经济体制改革相衔接的总体战略设计，一俟时机成熟，就必须果断出击。市场经济体制要求与之相适应的政治体制，而政治体制改革的核心问题是社会主义民主政治建设。在这方面，解放思想、转变观念的任务尤其艰巨。只有大力弘扬20年发展中所贯穿的真理标准讨论的实践精神，才有可能穿越种种思想障碍，将政治体制改革切实推开。

在思想文化领域里，鉴于"一手硬、一手软"问题的存在，我国的社会主义精神文明建设正在不断加大力度。然而思想道德方面的问题并不是容易解决的，尤其在转型时期更是如此。我们必须从初级阶段国情和建设有中国特色社会主义的实际出发，从社会发展的整体战略着眼，建构真正有生命力的思想道德体系，再塑中华民族的精神支柱。而这就必须要求在实践中不断提炼、修改、检验和完善我们的认识。至于教育、科学、文化事业，现在需要的不是空话，而是在实践中扎扎实实地干起来，把科教兴国的战略进一步落到实处，把社会主义文化事业进一步推向繁荣。

江泽民同志在十五大报告中强调，"在把我们的事业全面推向21世纪的历史时刻，必须郑重指出：全党要毫不动摇地坚持党在社会主义初级阶段的基本路线,把以经济建设为中心同四项基本原则、改革开放这两个基本点统一于建设有中国特色社会主义的伟大实践。"① 实践是我们的出发点,也是我们的落脚点,我们正在进行的伟大实践,必将创造出更加辉煌的成果。

愿真理标准讨论的实践精神永存。

(原载《深圳特区报》1998年4月23日;《人民论坛》1998年第5期、《中国特色社会主义研究》1998年第4期转载;收入庞元正、刘维林主编:《让思想冲破牢笼——"真理标准讨论"与新的思想解放》,中国人民大学出版社1998年版)

---

① 《中国共产党第十五次全国代表大会文件汇编》,人民出版社1997年版,第18页。

唯物史观与当代中国社会发展

(1999年1月)

唯物史观即历史唯物主义是马克思主义哲学的最重要的成果,也是邓小平理论哲学基础的最重要的组成部分;解放思想、实事求是这一精髓,最终也应从历史唯物主义的层次上去把握。如今,在纪念十一届三中全会二十周年之际,我们必须深刻理解邓小平和我们党怎样运用唯物史观解决当代中国社会发展的重大问题,从而开辟了建设有中国特色社会主义的道路;同时也应深入研究和思考,在社会发展的新的实践中怎样继续坚持唯物史观,把我们的事业进一步推向前进。

一、唯物史观与邓小平理论:当代中国社会发展道路的科学探索

我们应该明确,马克思和恩格斯创立的唯物史观之所以在马克思主义哲学乃至整个马克思主义体系中占有特殊重要的地位,不仅仅是因为其在哲学史上的革命性意义,而更重要的是由于它为马克思主义的科学社会主义提供了科学依据。这个问题虽然时常这样那样地被人们所提及,但实践证明要真正搞懂并不容易,因为我们过

去恰恰就是在这个科学依据问题上发生了重大错误；而十一届三中全会以后有中国特色社会主义道路的开辟，最根本的就是使社会主义重新回到这个科学依据上来。

1. 马克思主义哲学的唯物史观与科学社会主义

众所周知，社会主义一开始并不是马克思主义的发明，在马克思主义产生以前，就曾有各种社会主义的思潮存在。但是，这时的社会主义思潮属于空想社会主义的范畴。其所以是空想，是因为这时的历史观领域长期被唯心主义占据统治地位，人类社会的历史发展被看作是偶然事件的杂乱堆积，或是"以哲学家头脑中臆造的联系来代替应当在事变中指出的现实的联系"①；所以人们虽有对于未来社会的美好设想，但却无法找到通往未来社会的现实道路。一直到马克思、恩格斯创立了唯物史观亦即历史唯物主义，才彻底结束了这种局面。历史唯物主义科学地揭示了社会历史发展的客观规律，指出虽然社会历史领域中由于人的活动而使过程具有主体性特点，但社会发展终究是一个由低级形态向高级形态不断演进的"自然历史过程"②，社会主义必然要取代资本主义。马克思、恩格斯进而运用历史唯物主义研究和揭示了资本主义社会的内在矛盾，创立了剩余价值学说，才最终使社会主义由空想变成科学（恩格斯），从而产生了马克思主义的科学社会主义。

马克思主义的科学社会主义之所以称为科学，最根本的就是由于它是以历史唯物主义所揭示的客观规律为前提的；历史唯物主义的基本原理，构成科学社会主义的科学依据。马克思主义创始人指出了社会主义取代资本主义的必然趋势和现实道路，并对未来社会的建构原则做了某些探索；但他们反对给未来社会开具一劳永逸的

---

① 《马克思恩格斯选集》第4卷，人民出版社1972年版，第242页。
② 《马克思恩格斯全集》第23卷，人民出版社1972年版，第12页。

药方，而是主张遵循历史唯物主义的基本原理，在建设社会主义的具体实践中具体地解决问题。按照历史唯物主义的观点，社会的经济、政治、文化等各个领域的发展都是按照它们之间联系的内在逻辑展开的，而生产力与生产关系、经济基础与上层建筑之间的矛盾构成社会的基本矛盾，它们的运动决定着社会形态的发展；其中，生产力的发展具有最为根本的意义。由此出发，科学社会主义便有了两个最基本的要求：第一，必须以发展生产力为社会主义社会的根本任务，这是其他一切发展的物质基础；第二，必须从生产力的实际出发建构社会主义社会的整个社会体系，并随着生产力的发展而不断推动社会各个领域的进步。可以说，这两个基本要求从根本上体现着科学社会主义的科学精神，只有这样去做，社会主义才能真正成为科学。

2. 中国社会主义的特殊实际与以往曲折实践的问题分析

由于特殊的历史原因，中国社会发展不是像一般进程所要求的那样，在资本主义充分发展的基础上进入社会主义阶段；而是在半殖民地、半封建社会的相对落后的基础上，经由新民主主义阶段的过渡而较早地进入了社会主义社会。这样一来，我们就不得不面对一个特殊实际，即我们的生产力不发达，社会主义的起点低，以至于不得不经历一个特有的"初级阶段"。而从历史唯物主义的立场来看，科学社会主义的两个基本要求在这里便具有了相应的特殊意义：（1）发展生产力这一根本任务，对中国的社会主义实践来说更为迫切，我们必须把它放在特殊重要的地位，尽快消除这方面的缺欠；（2）既然我们的"起点低"，我们就必须从特殊的生产力实际出发，寻找社会主义的特殊实现形式或特殊道路。能否在我们的社会主义实践中切实贯彻这两个要求，直接关系到科学社会主义的科学精神能否真正体现出来。

公正地说，我们在十一届三中全会以前的社会主义实践中是付出了艰苦的努力，并取得了不少重要成绩的。我们开始形成自己的工业体系，并从总体上确立了社会主义的基本制度。但尽管如此，毕竟搞得不成功：经济发展不快，"人民生活没有得到多大的改善"①；体制上运转不灵，经济方面死板僵硬，吃大锅饭，群众没有积极性，政治方面则各种运动不断，最后导致了"文化大革命"这场浩劫。结果内部压力和外部压力越来越大，人们不禁产生了种种困惑与疑问：社会主义这条路子究竟能否走得下去？

其实，如果我们对问题做一些稍微仔细的分析，就可以发现，我们并不能从以往实践的曲折中得出否定社会主义的结论。追究产生这些问题的原因，主要有以下两点：第一，我们长期以来一直未能实现工作重点的转移，一直没有把经济建设摆在应有的地位上，而是"'以阶级斗争为纲'，忽视发展生产力"②；第二，在社会主义基本制度得到确立的同时，我们在具体体制的建构上没有能够真正从中国的生产力实际出发，而是从对某些本本的教条化的乃至不正确的理解出发，特别是在很大程度上照搬了苏联模式，以至于形成了一套高度集中的计划经济体制以及与之相应的政治体制，这套体制不仅本身有着明显的缺陷，而且从根本上说脱离了中国生产力的实际，不能适合生产力的要求。考察一下这两个方面的做法，不难看出其错误之处正是在于背离了上述科学社会主义的两个基本要求，没有将这两个基本要求在我国社会主义特殊实践中的特殊意义体现出来。其实质，也就是背离了历史唯物主义的基本立场，从而使社会主义离开了自己的科学依据。所以，我国以往实践的不成功并不等于科学社会主义的不成功；恰恰相反，它正好从反面证明了科学社会主义的科学性要求不容背离。

---

① 《邓小平文选》第2卷，人民出版社1994年版，第249页。
② 《邓小平文选》第3卷，人民出版社1994年版，第141页。

应该指出，社会主义不只是有一种模式，而是可以有多种模式。模式与体制属于同一序列的范畴，而制度和体制的关系，从哲学上说应属于内容和形式的关系。一种内容可以有多种形式，一种制度也可以采取各种不同的体制。邓小平曾讲"社会主义制度并不等于建设社会主义的具体做法"①，也可以从这个意义上去理解。在社会主义建设的过程中，旧的模式不成功，还可以在实践中探索新的模式；从这个角度说，也不能将以往社会主义实践中的曲折简单地等同于社会主义的失败，其所证明的只是原有的那套苏联模式的不适合。

3. 回到历史唯物主义：邓小平理论和新道路的开辟

正是基于对问题的这种认识，在"文化大革命"结束之后，以中共十一届三中全会为标志，邓小平带领全党重新恢复和确立了"解放思想、实事求是"的思想路线，并在这条思想路线的指引下开始了根本性的拨乱反正。首先，果断放弃"以阶级斗争为纲"，迅速实现工作重点转移，将经济建设确立为一切工作的中心。对此，邓小平称为"最根本的拨乱反正"。他指出，"现在要横下心来，除了爆发大规模战争，就要始终如一地、贯彻始终地搞这件事，一切围绕这件事，不受任何干扰。"他再三强调，"我们全党全民要把这个雄心壮志牢固地树立起来，扭着不放，'顽固一点'，毫不动摇。"②其次，在坚持"四项基本原则"的前提下，下决心对旧体制进行全面改革，同时实行对外开放。邓小平明确宣布，"我是主张改革的，不改革就没有出路。"③ "坚持改革开放是决定中国命运的一招。"④

---

① 《邓小平文选》第2卷，人民出版社1994年版，第250页。
② 《邓小平文选》第2卷，人民出版社1994年版，第249页。
③ 《邓小平文选》第3卷，人民出版社1993年版，第237页。
④ 《邓小平文选》第3卷，人民出版社1993年版，第368页。

这次改革一开始就十分明确，它不是要从本本或某些教条出发，而是要真正从我国生产力发展的实际出发，即如邓小平所说，"不管你搞什么，一定要有利于发展生产力"①；同时，它不是要对旧体制修修补补，而是要"从根本上改变"旧体制②，重新建构一套充满生机和活力的新体制。所以邓小平十分强调这场改革的彻底性，明确称之为"中国的第二次革命"。

以十一届三中全会为标志的这两项重大的拨乱反正，无疑具有根本性的意义。其实质不是别的，而正是从根本上纠正原来的错误，使中国的社会主义实践重新回到科学社会主义的两个基本要求上来，也就是回到历史唯物主义的基本立场上来。这是中国社会主义实践的一个具有划时代性质的转变，正是以这两项拨乱反正为开端，我党逐步明确了"一个中心，两个基本点"的初级阶段基本路线，并按照这一基本路线开辟了建设有中国特色社会主义的新的道路。对此，我们只有从历史唯物主义的高度，才能有一个比较到位的评价和认识，才能抓住问题的根本，从而真正认识其科学意义。

有中国特色社会主义道路的开辟，是我们党对当代中国社会发展道路的科学探索，是马克思主义同中国实际相结合的"第二次飞跃"。正是在这次飞跃过程中，我们党形成了自己的新的理论体系，即邓小平理论。邓小平理论的真正价值，就在于它没有拘泥于马克思主义本本中的某些具体结论，而是运用马克思主义的基本立场、观点和方法，特别是历史唯物主义的立场、观点和方法，创造性地探索和解决中国社会主义实践中的具体问题，从而真正科学地坚持和发展了马克思主义。由此，它才得以成为马克思主义在中国发展的新阶段。

---

① 《邓小平文选》第3卷，人民出版社1993年版，第312页。
② 《邓小平文选》第3卷，人民出版社1993年版，第370页。

从中共十一届三中全会算起，我们对有中国特色的社会主义这条新的道路的探索已经经历了 20 年。在邓小平理论的指导下，我们在各方面都取得了重大的成就。经济建设迅速发展，生产力水平和人民生活水平明显提高，"翻两番"的战略目标正在稳步实现。经济体制改革方面已正式确立了建立社会主义市场经济体制的目标模式，其基本框架正在逐渐形成之中；政治体制改革和其他各方面的改革不同程度地展开，社会主义精神文明建设也有了重要进展。虽然在实践的过程中也出现了这样那样的问题，但这条道路从总体上看无疑是成功的。实践充分证明，只有坚持历史唯物主义的基本立场，真正按照科学社会主义的科学要求去做，才能够脚踏实地地推进我们的事业。这也正是 20 年来我们得以成功的根本奥秘之所在。

二、唯物史观与新的实践：当代中国社会发展的跨世纪战略

十一届三中全会以来的 20 年，我们取得的成就举世瞩目；但同时必须看到，中国社会发展所面临的形势仍十分严峻。在世纪之交的关键时期，我们别无选择，只能继续坚持唯物史观，按照历史唯物主义的立场、观点和方法去研究和解决新的实践所提出的新的问题，沿着邓小平开辟的有中国特色社会主义道路继续前进。党的十五大已针对我国现阶段实际，明确提出了跨世纪发展的总体战略，对此我们必须从唯物史观的高度深刻认识和理解。

1. 现阶段社会发展的任务与跨世纪战略的科学要求

历史唯物主义视野中的社会发展，当然是指包括经济、政治、文化等各个领域的发展在内的整个社会结构体系的发展。在现阶段，我国社会发展的各个领域都还面临着艰巨的任务：在经济领域里，生产力虽有较大发展，但总体水平仍比较低，在完成"翻两番"之

后，还将面对更为不易的"第三步"发展任务；生产关系层面的经济体制改革则面临攻坚，国有经济的改革若不能到位，社会主义市场经济的基本框架就无法如期建立起来。在政治领域里，建设社会主义民主和法治国家的任务还有待于借助政治体制改革而大力推进；而在思想文化领域里，如何建立与社会主义市场经济相适应的思想道德体系和教育科学文化体系，仍有许多难题需要探索解决。

面对这样一些艰巨任务，我们必须有一个正确的社会发展战略做指导。而从历史唯物主义的高度来看，社会发展战略的制定必须遵循一个最基本的原则，即它不能仅从人们的主观愿望出发，而必须从社会发展的客观规律出发。这也就是它的科学性要求。特别应该指出，既然历史唯物主义已经揭示，社会的经济、政治、文化等各个领域的发展都是按照它们之间联系的内在逻辑展开的，那么我们在制定社会发展战略时，就必须以这种内在逻辑为其客观依据，从总体上协调和把握各领域发展的统一进程。

具体说来，我国现阶段社会发展中首先必须继续坚持以经济建设为中心，加速发展生产力。这一点是由生产力在社会发展中的逻辑定位和我国的特殊实际所规定的，决不能有任何含糊和动摇。我们必须针对目前经济发展中的问题和不足，下气力提高国民经济的总体素质，尽快实现经济增长方式的转变，在最终完成"翻两番"的基础上继续向第三步战略目标冲击。其次，经济体制改革必须坚持抓紧时间，下决心突破国有经济改革这个难关，力争在近年内最终建立起新体制的基本框架。这既是确保经济发展的必要条件，又是为政治体制改革和其他方面的改革提供支点，在目前具有至关重要的意义；而这两方面的意义又都是由生产关系在社会发展中的逻辑定位所规定的。值得注意的是，目前国有经济的改革必须"顺藤摸瓜"，从根本上解决问题。国有企业的改革实质上是国有经济的改革，即必须从包括国有资产管理体制和其他配套环节在内的整个国有经济的体系着眼，而绝不仅仅是企业本身的问题。再次，政治体制改革必须随着经济体制改革的推进而逐渐加大力度，当新的经济体制的基本框架建立之后，政治体制改革将有可能也有必要以此为支点而在其应有的更深层次上展开；这是政治上层建筑在社会发展中的逻辑定位所规定的。政治体制改革比经济体制改革更为复杂，在战略上必须把握好；而按照历史唯物主义所揭示的客观逻辑办事，是必须特别加以强调的一条。最后，精神文明建设必须克服"一手硬、一手软"的现象而切实加强，但这里必须注意两点：一是"两手都要硬"并不等于将精神文明建设与经济建设平列，而是按照二者之间的逻辑关系，使它们各自都到位；二是精神文明建设必须从社会主义市场经济的现实基础出发，而不能从某种永恒不变的抽象观念出发。这两个重要之点，都应从思想上层建筑在社会发展中的逻辑定位去理解。

总之，我们必须按照历史唯物主义所揭示的社会各领域之间的内在联系，按照社会发展的客观规律去制定和贯彻我们的总体战略，从而真正科学地推动社会全面协调发展。中共十五大所提出的跨世纪战略，总起来说便是"围绕经济建设这个中心，经济体制改革要有新的突破，政治体制改革要继续深入，精神文明建设要切实加强，各个方面相互配合，实现经济和社会全面进步"①。这一总体战略正是体现了社会发展本身的内在逻辑的要求，我们应该从历史唯物主义的高度去认识，以真正把握其科学性。而十五大报告中从各个方面对这一总体战略所做的阐述，包括经济、政治、文化等各领域发展战略的阐述，也都应该本着这一精神去把握，而不能离开它们之间的内在联系，孤立地、片面地去理解。

---

① 《中国共产党第十五次全国代表大会文件汇编》，人民出版社1997年版，第2页。

2. 关于转型时期的序间状态及其对策问题

研究我国社会发展战略，还必须注意到这样一个事实，即20年来的改革与发展，已引起了中国社会的深刻变化，促使中国进入了一个特殊的社会转型时期。理论界已从各种不同的角度对社会转型问题进行了研究，而这里所要指出的是，现阶段中国社会发展中所出现的一些突出问题，在很大程度上与这个转型时期有关，应该从转型过程去分析。

从一般意义上说，社会转型必然意味着原有社会类型下的既定秩序被打破，随着向新的社会类型的转变而建立与之相应的新的秩序。在社会转型正在进行而未完成之前，新旧两种社会秩序只能处于交替过渡之中，这时的社会运行便会表现出一种非常规的特殊状态，这种状态可以称为序间状态。正是在这种状态下，一些社会问题往往容易比较突出地表现出来。中国现阶段的社会转型，就使社会运行处于这样一种序间状态，并已经由此衍生了一些值得关注的问题。

例如，由于国有经济的改革迟迟未能到位，国有资产的流失比较严重。虽然这里有历史的和现实的等多种因素的影响，但旧的经营方式不再有效，新的经营方式又未真正形成，特别是一些带有根本性质的关系一直没有理顺，无疑是最关键的原因。以"寻租"为主要特征的腐败现象在各个领域的蔓延，是当今中国最令人担忧的问题之一，而经济秩序和政治秩序的序间状态，无疑为其提供了特殊的土壤。此外，由于各方面的社会运行在序间状态中不同程度地具有非确定性的特点，以及有关约束机制的不健全，使得这样那样的"失范"现象相当广泛地发生，并使某些投机行为有机可乘。诸如此类的问题都与现阶段社会运行的序间状态相关联，而且这个序间状态越长，这些问题就越突出。我们对于这些问题的认识，决不能仅停留在现象的层次，而必须科学地分析问题的根源；在这里，同样需要历史唯物主义的态度。

对于转型时期社会运行的序间状态及其所衍生的各种问题,必须针对其特殊性而采取特殊对策。一方面,应尽可能地处理好新旧两种秩序之间的衔接问题,减少可能出现的缺口和漏洞。对处于复合式运行中的新旧两种机制,都应尽可能地加以利用:旧机制虽然在总体上已不再适宜,但在未完全变革之前,仍要利用其某些方面为过渡时期服务;而新机制的形成和建立,从一开始就应该尽量注意系统配套的原则,并有必要的预后设计。另一方面,考虑到序间状态的过渡性质,有必要视情况设立特别处置系列。包括建立序间状态运行的特殊监测系统,尤其是易发问题的特别预警系统,以便于及时掌握动态,未雨绸缪;制定过渡性约法和政策体系,尽可能地减少这一时期非确定性的不利影响;设置应对性的专门力量和手段,在严格掌握的前提下采取特殊方式运作。通过这样一系列特殊措施,尽可能把问题控制在较小的限度内,保证社会运行的正常进行和社会转型的顺利完成。可以看出,我们在现阶段的实践中已经和正在从以上两个方面做出努力,并取得了一定的效果;但还应该进一步提高认识的自觉程度,加强有关工作,以保证问题的更为有效的解决。

虽然我们遇到了这样那样的问题,但当代中国社会发展毕竟正以其不可抗拒的历史必然性迅速展开。邓小平开辟的建设有中国特色的社会主义道路,给中国乃至世界带来了新的希望和曙光。邓小平说过:"我们的改革不仅在中国,而且在国际范围内也是一种试验,我们相信会成功。如果成功了,可以对世界上的社会主义事业和不发达国家的发展提供某些经验。"① 应该相信,只要我们坚持像邓小平那样运用马克思主义的立场、观点和方法,特别是

---

① 《邓小平文选》第3卷,人民出版社1993年版,第135页。

历史唯物主义的立场、观点和方法，创造性地研究和探索，继续在实践中开拓前进，我们就一定能把我们的事业全面推向 21 世纪，直至最后的成功。

（原为中共中央党校讲课提纲，曾印发校内相关班次；修改后刊载于《北京日报》1999 年 1 月 3 日；收入中共北京市委宣传部编：《北京市纪念改革开放 20 周年文集》（二），同心出版社 1999 年版；此处依据《北京日报》发表稿）

按照客观规律的要求加快推动中国社会发展

(1999年6月)

随着1999年钟声敲响,新世纪的脚步已清晰可闻。而在这世纪交替即将到来之际,中国社会发展的整体进程正处于一个十分关键的阶段。我们刚刚庆贺了20年来的辉煌成就——这些成就足以令每一个中国人感到鼓舞和自豪;同时我们也非常清醒地看到,改革在攻坚过程中遇到了严峻的挑战,经济、政治、文化等各个领域的发展都承受着极大的压力。逆水行舟,不进则退;面对现阶段的形势,理性的思索使我们不能不突出强调一个带根本性的方法论问题:在我们各个领域的实践中,社会发展的客观规律必须得到应有的尊重;按照客观规律的要求加快推动中国社会发展,是我们今天所必须承担的历史职责。

一

从一般道理上讲,强调尊重社会发展的客观规律,似乎并不难为人们所接受。首先,确认人类社会的发展不是偶然事件的杂乱堆积或由人们的主观意志所决定的任意过程,而是有着自己内在的客观规律,这本是历史唯物主义的基本观点。当年马克思和恩格斯创立唯物史观,就曾从人们"行动的目的"追踪至"行动实际产生的结果",又从"精神的动力"追溯到"隐藏在这些动力后面的……动力的动力"①,最后发现,社会领域的运动和发展虽然由于人们活动的主体性特点而不同于自然领域,但"它丝毫不能改变这样一个事实:历史进程是受内在的一般规律支配的"②。由此出发,马克思和恩格斯深刻地考察了物质生活的生产方式在社会发展中的根本地位,并进一步分析了生产力和生产关系、经济基础和上层建筑的矛盾运动,从而对社会发展的一般规律做了科学的揭示。历史唯物主义的基本原理,对于我们的社会实践无疑具有根本的指导意义:既然社会发展是受内在的一般规律支配的,那么我们只有充分尊重客观规律,按照客观规律的要求去做,才能对社会发展起积极的推动作用;而若忽视和违背客观规律,仅仅从自己的主观意志出发去进行社会实践,那么非但不能达到预期的目的,而且还一定会受到客观规律的惩罚。

其次,进一步说,我们现在正在进行的社会实践是建设有中国特色社会主义的实践,这是马克思主义的科学社会主义在中国的实践;而必须明确,正是以唯物史观所揭示的客观规律为依据,马克思和恩格斯才将社会主义从空想变成了科学。科学社会主义与空想社会主义的根本区别就在于,它不是仅仅依据某种良好的愿望去进行主观构想,而是从社会发展的客观规律去把握人类社会从低级阶段向高级阶段不断演进的必然趋势,并要求按照客观规律的要求去建设社会主义。科学社会主义的"科学"二字就是建立在承认并遵循客观规律的基础上的,离开了这一基础,就没有科学社会主义,社会主义事业也就不可能成功。所以,我们如果要真正科学地推进

---

① 《马克思恩格斯选集》第 4 卷,人民出版社 1972 年版,第 244 页。
② 《马克思恩格斯选集》第 4 卷,人民出版社 1972 年版,第 243 页。

我们的社会主义实践,就必须坚持按社会发展的客观规律办事,而决不能忽视和违背客观规律。

虽然历史唯物主义和科学社会主义关于社会发展客观规律的这种基本立场和观点对许多人来说不算陌生,但是要在现实实践中真正贯彻这一立场和观点,却并不是一件容易的事。这一方面是因为人们对社会发展规律的认识需要在实践中逐渐展开,一定阶段上的认识总会存在这样那样的偏差和局限,乃至各种错误;而另一方面,人们在一定阶段上的认识成果以及相应的实践方面的成果一旦形成,又往往会被当作相对稳定的东西确定下来,一旦为客观规律所推动的社会发展要求突破这些东西,各种各样的疑虑和困惑便产生出来,矛盾与冲突在所难免。在改革开放 20 年的历程中,我们已深深体会到这一点,而在现阶段正在进行的实践中,我们更为真切地感受到这一点。因此,在这里,我们必须毫不含糊地指出:社会发展的客观规律的要求无可争议地是第一位的,而我们认识和活动的已有成果——不论这些成果曾怎样为人们所尊崇,或怎样为人们所熟悉和习惯——都只能是第二位的;后者必须服从前者,必须根据前者的要求而改变,而决不能以这样那样的理由抱着不放,甚至将其置于客观规律的要求之上。只有这样,才是真正贯彻了历史唯物主义和科学社会主义的基本立场和观点。

与此相关联,这里有必要澄清所谓坚持党性原则与遵循客观规律的关系。一种观点认为,坚持党性原则就是要坚持某些既定的认识和实践的成果。这当然有一定的道理,因为既定的成果如果是遵循客观规律的要求而得来的,并且在现阶段仍然符合客观规律的要求,那么无疑应该坚持。但是,假若把这一点绝对化,忘记或割裂了既有成果与客观规律的联系,把它们看作是"本应如此"的、至高无上的先在前提,看作无论怎样都不许触动的"圣物",无论其是否符合客观规律的要求都一味地坚持,并将此理解为党性原则,那就是对党性原则的莫大曲解。其实，按照马克思主义的观点，坚持党性原则与遵循客观规律在根本上是一致的，遵循客观规律本身就是最大的党性原则，因为它属于马克思主义的根本立场和要求，坚持党性首先就要坚持这个立场和要求，而其他那些东西都是从这里派生出来的。我们决不能舍本而求末，只抓住枝节而丢掉了根本。

现在全党正在深入学习邓小平理论。邓小平理论的精髓是"解放思想、实事求是"；而应该指出的是，这一精髓的最终落脚点不是别的，正是认识和把握客观规律，照客观规律办事。毛泽东同志曾对实事求是的含义做了明确的阐释，指出"'实事'就是客观存在着的一切事物，'是'就是客观事物的内部联系，即规律性，'求'就是我们去研究"①。邓小平继承了毛泽东关于实事求是的思想，又特别在前面加了"解放思想"四个字，为什么呢？就是因为过去所形成的许多僵化的观念束缚了我们的头脑，使我们无法做到实事求是，所以必须首先解放思想。解放思想是实事求是的前提，邓小平强调解放思想，就是为了破除那些禁锢人们思想的僵化的"条条"、"框框"，真正回到实事求是的立场上来，回到客观规律的要求上来。所以，坚持"解放思想、实事求是"，最终就是要坚持照客观规律办事，对此我们一定要有一个深刻的认识。

二

回顾以往我国社会主义实践的曲折过程，我们不能不遗憾地看到，正是在尊重客观规律的问题上，我们曾有过太多的教训。首先，如邓小平同志所指出的，"多少年来我们吃了一个大亏：社会主义改

---

① 《毛泽东选集》第3卷，人民出版社1991年版，第801页。

造基本完成了,还是'以阶级斗争为纲',忽视发展生产力"①,"经过几次波折,始终没有把我们的工作着重点转到社会主义建设这方面来"②。其次,我们脱离自己的生产力实际,机械地照搬书本上的某些结论和别国模式,建立了一套高度集中的计划经济体制以及与之相应的政治体制,而"旧的那一套经过几十年的实践证明是不成功的"③。追究这些错误的实质,从根本上说就是违背了历史唯物主义所揭示的生产力与生产关系、经济基础与上层建筑这两对基本矛盾运动的规律,特别是违背了生产力在社会发展中具有最为根本的地位和最终决定作用的规律;而这样一来,也就违背了科学社会主义的基本要求,从而使得我们的社会主义实践在"科学"二字上大打折扣。虽然我们曾自以为是"最最革命"、"最最马列主义",但在社会发展的客观规律面前最终都无济于事,这一教训不可谓不深刻。

以十一届三中全会为起点,邓小平带领全党对以往的做法进行了全面的"拨乱反正":首先果断地停止了"以阶级斗争为纲",迅速实现了工作重点的转移,确立了经济建设这个中心;其次是在坚持"四项基本原则"的前提下,着手对经济体制、政治体制以及其他各方面体制进行全面改革,同时实行对外开放。由此形成以"一个中心,两个基本点"为核心内容的党在社会主义初级阶段的基本路线,并在这条基本路线的指引下开始了建设有中国特色社会主义的新的探索。如邓小平所指出的,"这是我国历史上的一个伟大的转折"④,而这一转折的实质,从根本上说就是重新从历史唯物主义所揭示的客观规律出发来开展我们的社会主义实践,从而使我们的实

---

① 《邓小平文选》第3卷,人民出版社1993年版,第141页。
② 《邓小平文选》第2卷,人民出版社1994年版,第249页。
③ 《邓小平文选》第3卷,人民出版社1993年版,第237页。
④ 《邓小平文选》第2卷,人民出版社1994年版,第159页。

践真正回到科学社会主义的科学要求上来。而这也正是邓小平理论"解放思想、实事求是"这一精髓的实际体现。不了解这一点,就不能真正理解我们所经历的这一伟大转折,也就不能真正懂得什么是建设有中国的特色社会主义。

十一届三中全会以后的20年来,我们沿着建设有中国特色社会主义的新的道路开拓前进,在经济、政治、文化等各个领域里都取得了重大的成就。而这些成就的取得,无一不是重新认识现阶段社会发展的客观规律、不断突破原有的僵化观念的束缚、努力按照客观规律的要求去做的结果。在经济领域里,我们一方面认真研究经济发展特别是后发展国家经济发展的规律,制定和实施了比较科学的经济发展战略;另一方面则从我国生产力的实际出发大力推进经济体制的改革,在经历了各种曲折探索和矛盾冲突之后,终于打破了把计划经济等同于社会主义、把市场经济等同于资本主义的传统思维,确立了社会主义市场经济的目标模式。过去被认为神圣不可侵犯的东西推翻了,过去被认为坚决不能接受的东西搞起来了,这里的取舍标准就是看它是否符合客观规律的要求,是否能够促进生产力的发展;而实践证明我们的选择是正确的。在政治领域和文化领域里,我们也是力图按照客观规律的要求探索前进,政治体制改革和精神文明建设的每一项成果,都是这样得来的,只不过这里所遇到的矛盾和障碍更多、更为敏感和复杂罢了。20年来中国社会发展的实践告诉我们,只要我们自觉遵循社会各领域发展的客观规律,大胆探索,勇于创新,我们就能够不断前进;而那些不符合客观规律或者过去曾经符合而现在不符合客观规律的东西,无论怎样根深蒂固,最终都是站不住的。

过去的终究已然过去,关键是要看今天和未来。如今我们已处于跨世纪的关键时期,而从我国社会发展的总体局势来看,20年的成就虽然辉煌,却并未能使我们感到轻松:正如我们一开始就指出的那样，更为严峻的挑战正摆在我们面前。在经济领域里，我们的发展速度虽然较快，但经济效益并不理想，增长方式的转变仍未完成；经济体制改革遇到难关，主要是国有经济的改革迟滞不前，现代企业制度难以建立，现有企业大面积亏损，国有资产流失严重，内部和外部的各种矛盾尖锐化。须知建立社会主义市场经济的关键是寻找社会主义公有制与市场经济相结合的具体实现形式，如果国有企业的改革不能取得预期的突破，整个社会主义市场经济新体制的基本框架就不能按要求在本世纪末建立起来，我们的经济体制改革就会功亏一篑。在政治领域里，我们的政治体制改革虽然取得了一定的进展，但总体上看还很不深入，特别是一些实质性问题尚未涉及；以"寻租"为主要特征的腐败继续蔓延，政治和社会领域中的"失范"现象普遍存在，从"人治"向"法治"的转变仍很艰难。在思想文化领域里，繁荣的同时也存在这样那样的混乱，如何建立与社会主义市场经济相适应的新的思想道德体系和教育、科学、文化体系，使精神文明建设真正落到实处，也有许多难题迫切需要解决。所有这些方面的问题，都直接关系到我们建设有中国特色社会主义事业的成败，形势逼人，使我们不能不感到忧虑和关注。

　　那么，究竟怎样才能打破面前的种种困难，使我们的社会发展在这关键时期取得关键性的突破呢？分析一下这些问题出现的根源，首先自然是由于我们对新的发展过程中的客观规律的认识还十分不够；正如邓小平所说，"我们现在所干的事业是一项新事业，马克思没有讲过，我们的前人没有做过……我们只能在干中学，在实践中摸索。"① 但与此同时，我们也不能不看到这样一种倾向成为我们前进的障碍：即教条式地、机械和死板地抱住某些过去形成的观念和做法不放，不善于也不愿意去研究新的发展进程中客观规律的要求；

---

① 《邓小平文选》第 3 卷，人民出版社 1993 年版，第 258 页。

把某些僵化的东西看得高于一切，即使其与客观规律已发生明显的抵触，甚至已造成明显的损害，也不愿改变。可以说，在现阶段遇到的每一个"难点"问题上，几乎都不同程度地存在这种情况。对此，我们必须明确态度，坚决地加以反对。我们所应该做的，就是坚持历史唯物主义和科学社会主义的基本立场，坚持解放思想、实事求是的思想路线，坚持按社会发展的客观规律办事，坚决破除一切与客观规律的要求不相符合的东西，坚定不移地推进社会各个领域的改革和发展。

例如，在经济体制改革方面，实践已经表明必须把国有经济的改革作为一个从上到下的完整体系来对待，特别是要把国有资产管理体制的改革和企业制度的改革结合起来。我们应该像《中共中央关于建立社会主义市场经济若干问题的决定》所指出的那样，"按照政府的社会经济管理职能和国有资产所有者职能分开的原则，积极探索国有资产管理和经营的合理形式和途径"；必须改变过去那种以行政方式管理和经营国有资产的观念和做法，力求使企业与所有者之间的纽带真正从行政纽带转变成经济纽带。与之相对应，企业改制必须到位，必须打破原有的企业管理和经营模式，建立科学的法人治理结构，按照市场经济的客观规律的要求解决"老三会"和"新三会"的矛盾。只有这样，才能从根本上理顺国有经济的内部关系，现代企业制度才能真正建立起来，国有经济也才能真正与市场经济接轨。而在政治体制改革方面，我们则必须在认真研究社会政治领域的客观规律的基础上，对原有的许多传统观念和做法进行重新审视，选择适当的时机将一些更深层的问题提上日程，特别是科学解决权力产生机制和监督制约机制等方面的问题，按照十五大所提出的建设社会主义民主政治和法治国家的要求，建构与社会主义市场经济体制相适应的新的政治体制。在这里，传统观念的阻力将会更大，但再大的阻力都必须打破，也一定能够打破。

20世纪即将过去，21世纪正向我们走来。我们的任务艰巨而时间紧迫，不容许再有任何犹豫和拖延，更不能因为主观的失误而坐失良机。一切取决于我们的正确选择和努力，而只有充分尊重社会发展的客观规律，自觉按照客观规律的要求去做，下气力破除障碍，加快推动中国社会发展，我们才能最终迎来一个灿烂的明天。

（原载《理论学刊》1999年第3期，发表时标题改为"中国社会主义实践与遵循客观规律"）

当代中国社会发展进程中的基本关系与内在逻辑

(2009 年 9 月)

回顾新中国成立后的 60 年，中国社会经历了一个波澜壮阔的发展历程。我们党将马克思主义的普遍真理与中国社会的具体实际相结合，在特殊的历史条件下艰苦探索，最终开辟了一条中国特色的社会主义道路，并在这一背景下将社会现代化不断推向前进。对于这样一个重要进程，无疑需要从不同的角度和层面进行深入研究和总结；而本文则试图从唯物史观的角度，着眼于社会领域中的几个基本关系，就这些关系在当代中国社会发展进程中的演变做一些具体的分析和考察，由此探索当代中国社会发展的内在逻辑。

一、社会主体与社会客体：追寻社会发展的价值目标

社会领域与自然领域的最明显的不同，便是存在着作为社会主体的人。人存在于社会之中，而由经济、政治、文化等基本领域所构成的社会结构体系则作为客体与主体相对应。要考察当代中国社会发展进程中的基本关系，首先应注意的便是这个社会主体与社会客体之间的关系。

按照历史唯物主义的观点，社会主体与社会客体之间是相互联系和制约着的。人是现实的人，它的存在要受到作为客体的社会结构体系的制约；而作为客体的社会结构体系又是主体认识和改造的对象，是在人的实践中发展和改变着的。这样一种相互联系和相互制约，无疑是社会主客体之间关系的基础；但除了这种联系和制约之外，社会主客体之间还存在着一种特殊的价值关系：人（主体）是目的，社会（客体）是手段，社会发展最终是为人的发展服务的。对人的最高价值意义的确认，是历史唯物主义的基本精神；但历史唯物主义不是像人本主义那样抽象地谈论人，而是以现实的人为出发点，主张通过推动社会进步和发展而为人的发展和解放创造条件，这就把对人的关怀建立在科学方法的基础之上，将人文精神与科学精神统一起来。历史唯物主义还特别指出，人的发展和解放是一个历史的过程，而社会主义和共产主义社会作为人类社会发展的高级阶段，应在继承以往社会发展特别是资本主义阶段所取得的文明成果的基础上，进一步克服其历史局限，将人的发展和解放提高到新的水平。正如马克思和恩格斯在《共产党宣言》中所宣告的："代替那存在着阶级和阶级对立的资产阶级旧社会的，将是这样一个联合体，在那里，每个人的自由发展是一切人的自由发展的条件。"①

历史唯物主义将人的发展和解放作为社会发展特别是社会主义社会的最高价值目标，是以对社会主客体关系的科学认识为基础的，它反映了社会主客体关系演变的客观规律和必然趋势，因而从这一特定的角度和方面体现了社会发展的内在逻辑。而在当代中国社会发展的实践中，这一内在逻辑正是以其固有的客观必然性展现出来；当然我们对这方面的问题曾有过一个逐步认识的过程，包括某种失误和偏差。

---

① 《马克思恩格斯选集》第 1 卷，人民出版社 1995 年版，第 294 页。

应该说，我们党从成立的那天起，便是把为人民谋利益作为自己的根本宗旨；党领导人民闹革命，推翻旧社会，建立新中国，就是为人民求解放，是要让广大人民摆脱"三座大山"的压迫，翻身当家做主人。所以，新中国成立时，毛泽东庄严宣告："占人类总数四分之一的中国人从此站立起来了"①。新中国成立后，党领导人民迅速恢复了国民经济和社会秩序，并经过新民主主义的历史过渡，建立起社会主义的基本制度，使广大人民开始了全新的生活。但是与此同时，我们又不能不遗憾地看到，由于各方面的局限，我们对于社会主义社会价值目标的认识还不够到位，以致在以后的具体实践中，将社会主义搞得越来越僵化和教条化，本来是手段的东西被当成了目的本身，而真正的目的反而被忽视了。结果搞来搞去，经济上是普遍贫穷，政治上是阶级斗争扩大化，所谓"文化大革命"更是一场浩劫，使人的权利和价值遭到粗暴的践踏。

"文化大革命"结束后，邓小平带领全党拨乱反正，这样一种偏差才开始得到纠正。在对社会主义进行重新反思和认识的过程中，我们党将最终的关注点放在了如何才能使人民利益更好地得到实现上，认为"社会主义的优越性归根到底要体现在它的生产力比资本主义发展得更快一些、更高一些，并且在发展生产力的基础上不断改善人民的物质文化生活"②。随着全党工作重点的转移和改革开放的全面展开，邓小平提出了著名的"三个有利于"标准，其落脚点正是"有利于提高人民生活水平"；他的"三步走"战略，也同样是这个落脚点。这样一种明确的价值取向，成为邓小平理论的一个显著特征，也是新时期中国社会发展的一个基本趋势。在以后的实践中，我们在这方面的认识不断深化："三个代表"重要思想进一步

---

① 《毛泽东文集》第 5 卷，人民出版社 1996 年版，第 343 页。
② 《邓小平文选》第 3 卷，人民出版社 1993 年版，第 63 页。

强调了要"代表中国最广大人民的根本利益";而"科学发展观"则更加鲜明地提出"以人为本",并将其置于核心地位,强调"发展为了人民、发展依靠人民、发展成果由人民共享"①。中共十七大报告明确指出:"党的一切奋斗和工作都是为了造福人民。要始终把实现好、维护好、发展好最广大人民的根本利益作为党和国家一切工作的出发点和落脚点"。②以此为指导,人的发展和解放这一最高价值目标正在建设中国特色社会主义的实践中具体地确立起来。

当然,应该看到,人的发展和解放是一个内涵十分丰富的历史范畴,要使这一目标真正得到实现,并不是一件容易的事情。而从我国现阶段社会发展的实际来看,这方面还存在许多问题和不足;现在最需要的,不是更多的空谈,而是脚踏实地的努力。虽然从总体上说,我们的社会发展水平还不够高,还处在社会主义初级阶段,因而难免会有各种局限;但应该看到,经过这么多年的发展,我们毕竟有了一定的基础,具备了相当的实力,只要认真努力,很多事情是能够做得更好一些的。同时,只要我们沿着正确的方向继续推动社会发展,就能不断创造出新的、更为有利的条件,从而促进最高价值目标的不断实现。

二、社会结构与基本矛盾:全面协调发展的曲折探索

社会主体即人的发展和解放是社会发展的最高价值目标,而这一目标又只能通过作为客体的社会结构体系的发展和进步才能得到

---

① 《中国共产党第十七次全国代表大会文件汇编》,人民出版社 2007 年版,第 15 页。
② 《中国共产党第十七次全国代表大会文件汇编》,人民出版社 2007 年版,第 15 页。

实现。那么,怎样才能推动社会结构体系的发展和进步?这就涉及这一体系内部的各种关系。

从一般意义上说,所谓社会结构体系是包括经济、政治、文化等基本领域在内的完整体系;按照系统观点,这些基本领域不是机械地堆积在一起,而是有机地联系着的。历史唯物主义对此做了进一步的研究,从而区分出生产力与生产关系、经济基础与上层建筑等基本层次,并揭示了这些层次之间的联系机制。"人们在自己生活的社会生产中发生一定的、必然的、不以他们的意志为转移的关系,即同他们的物质生产力的一定发展阶段相适合的生产关系。这些生产关系的总和构成社会的经济结构,即有法律的和政治的上层建筑竖立其上并有一定的社会意识形式与之相适应的现实基础。物质生活的生产方式制约着整个社会生活、政治生活和精神生活的过程。"① 具体说来,生产力决定生产关系,生产关系反作用于生产力;经济基础决定上层建筑,上层建筑反作用于经济基础;两对矛盾相互联结,形成社会基本矛盾,制约着整个社会结构体系的发展进程。这个基本矛盾运动的规律,给我们提出了明确的要求,要在实践中推动社会结构体系的进步和发展,就必须遵循这一规律,处理好社会结构体系内部的关系,使社会各个领域、各个层次的发展真正协调和统一起来,形成一个整体进程。这样,社会结构体系内部关系的演变便体现出一种客观必然性,它应是社会发展内在逻辑的重要组成方面。

从新中国成立 60 年的历程来看,我们在这方面关系的把握上经历了一个曲折探索的过程。新中国成立之初,我们从生产力发展以及整个社会发展的实际出发,并没有直接进入社会主义社会,而是建立了一个新民主主义的社会体系,这是符合社会基本矛盾运动的

---

① 《马克思恩格斯选集》第 2 卷,人民出版社 1995 年版,第 32 页。

规律的。在这一时期，生产力得到很大的解放，经济建设迅速展开，社会的政治、文化等各个领域也都显示出蓬勃生机。1956年底社会主义改造基本完成以后，社会主义制度在我国基本建立起来，这无疑是中国社会发展中的一次重大飞跃，将我们带到了一个全新的发展阶段。但是遗憾的是，在这一过程中，我们力求建立一种高度集中的计划经济体制以及与之相应的政治体制，这就在很大程度上脱离了生产力的实际，出现了明显的偏差。再加上迟迟没能完成工作重点的转移，而是继续搞"以阶级斗争为纲"，这就更是对生产力和整个社会的发展造成了不利影响。因此，改革开放前的这一历史时期，虽然我们在经济、政治、文化等各个领域都取得了一定的成果，包括现代工业体系的初步建立和"两弹一星"这样的重大成果，但总体上看发展缓慢。如邓小平指出的："旧的那一套经过几十年的实践证明是不成功的。……中国社会从一九五八年到一九七八年的二十年时间，实际上处于停滞和徘徊的状态，国家的经济和人民的生活没有得到多大的发展和提高。"①

正是针对实践中出现的这些问题，邓小平带领全党拨乱反正，开始了新的探索。首先是果断停止了"以阶级斗争为纲"，实现了工作重点的转移，把生产力作为社会主义社会的根本任务来对待；然后在此基础上，对经济体制、政治体制和其他各方面体制进行全面改革。这场改革被称为"中国的第二次革命"②，其目的就是要从生产力发展的客观要求出发，解决生产关系以及上层建筑层次上的不适和、不协调问题。具体说来，就是要破除原有的那种计划经济旧体制，代之以社会主义市场经济新体制，同时大力推进社会主义民主政治建设，建立与新的经济体制相适应的新的政治体制。而在思

---

① 《邓小平文选》第3卷，人民出版社1993年版，第237页。
② 《邓小平文选》第3卷，人民出版社1993年版，第113页。

想文化领域里，也要相应地推进各项改革，大力进行思想道德建设和教育科学文化建设。在30年的实践中，我们的改革由易到难，由浅入深，不断向前推进，特别是经济体制改革取得了突破性成果，社会主义市场经济新体制的基本框架已初步确立；而改革的动力作用也已充分显示出来，使我国的经济发展突飞猛进，生产力水平大大提高。从1978年到2008年，我国的经济总量从3645亿元增长到300670亿元，从世界排名第10位跃至仅次于美国、日本的第3位，平均年增长率接近10%。与经济领域的改革和发展相适应，我们的政治体制改革和文化体制改革也逐步展开，社会主义民主政治建设和文化建设都取得了重大成就。从总体上看，这一时期我们在科学处理社会结构体系的内部关系，促使社会各个领域、各个层次的全面协调发展方面做得是比较好的。特别是科学发展观提出以后，社会全面协调发展的要求得到了充分的重视，并作为当代中国社会发展的内在逻辑进一步体现出来。

而在肯定成绩的同时，我们也应清醒地看到，这方面的实践中也还存在一定的差距和不足。由于生产力迅速发展，整个社会全面转型，而社会结构中的一些层次和方面没能及时跟上，于是便出现了某些不协调、不配套的问题。我们的改革采取渐进式战略在不同领域分步推进，这也难免会造成某种过渡性失衡。从各个结构层次的状况看，我们目前的生产力水平还不够高，长期形成的结构性矛盾和粗放型增长方式尚未根本改变；而生产关系层次上影响生产力发展的体制机制障碍依然存在，新的市场经济体制还很不完善，经济体制改革还需要继续攻坚。在政治领域里，权力寻租和腐败问题比较严重，政治体制改革的一些深层次问题还有待提上日程，社会主义民主政体的具体模式还需要进一步探索。在思想文化领域中，也还存在各种消极混乱现象，社会失范问题比较突出，文化体制改革还远没有到位。所有这些问题的存在，都对当代中国的社会发展进程造成了不利的影响,因而必须在新的实践中下气力研究和解决。

三、国内社会与国际社会:从封闭到开放的历史转换

一个国家的社会发展,并不是一个孤立的过程,而是与其他国家的社会发展同属于世界历史的进程。因此,考察当代中国社会发展进程中的基本关系,不仅应着眼于国内社会,而且还应考察国内社会与国际社会之间的关系。

在历史上,人类社会在国际范围的相互关系经历了一个逐步演变的过程。如果说在古代时期,世界各个地区、各个民族和各个国家之间虽然也曾有过不同程度的交往和联系,但毕竟是以总体上的自给自足和封闭隔绝为前提的,那么自近代以后,这种关系就开始发生了根本的改变。资本主义的兴起、大工业的发展和世界市场的形成,开创了真正意义上的世界性的依赖和联系。如马克思和恩格斯所指出的:"过去那种地方的和民族的自给自足和闭关自守状态,被各民族的各方面的互相往来和各方面的互相依赖所代替了。"① 而"各个相互影响的活动范围在这个发展进程中越是扩大,各民族的原始封闭状态由于日益完善的生产方式、交往以及因交往而自然形成的不同民族之间的分工消灭得越是彻底,历史也就越是成为世界历史"②。马克思和恩格斯的论断已经为社会发展的实践所证实;经过几个世纪的发展,这种世界性的依赖和联系越来越广泛和充分地生长起来,"历史向世界历史的转变"越来越成为现实。特别是随着战后新技术革命的发生和信息时代的到来,所谓"全球化"浪潮席卷

---

① 《马克思恩格斯选集》第 1 卷,人民出版社 1995 年版,第 273 页。
② 《马克思恩格斯选集》第 1 卷,人民出版社 1995 年版,第 88 页。

世界，正在将"世界历史"的发展推进到一个全新的阶段。由此可见，马克思和恩格斯关于"世界历史"的思想，深刻地反映了人类社会发展的客观规律和必然趋势，这种"世界历史"的形成从国际关系和整个世界的角度体现了社会发展的内在逻辑。

而若考察一下当代中国社会发展的历史进程，可以清楚地看到这一内在逻辑是怎样具体地展现出来，并推动着我们在特殊的背景下经历了从封闭到开放的重大转换。众所周知，新中国是经历了血与火的洗礼之后，在内外战争的废墟上建立起来的，当时的主要背景是反抗帝国主义的压迫，以及社会主义与资本主义两大阵营的对立。严酷的国际环境和种种现实威胁，加上我们自己思想认识上"左"的观念和"非此即彼"的思维方式，使我们选择了一种相对封闭的国际战略。邓小平同志曾对此做过深刻的分析："我们建国以来长期处于同世界隔绝的状态。这在相当长一个时期不是我们自己的原因，国际上反对中国的势力，反对中国社会主义的势力，迫使我们处于隔绝、孤立状态。60年代我们有了同国际上加强交往合作的条件，但是我们自己孤立自己。"① 尽管有各种复杂的原因，但从总体上看，这种隔绝和孤立的状态对我们的经济建设及整个社会发展产生了不利的影响，使我们无法有效地利用世界市场的外部条件和国际范围的有利因素促进自身的发展。"经验证明，关起门来搞建设是不能成功的，中国的发展离不开世界"。②

十一届三中全会以后，我们认真总结了以往的经验和教训，在开始进行改革的同时，下决心打破封闭，实行对外开放。这一决策首先在经济领域中付诸实施，包括设立经济特区，分批开放沿海港口城市和各类内陆城市，实行特殊优惠政策吸引外资，积极开展对

---

① 《邓小平文选》第2卷，人民出版社1994年版，第232页。
② 《邓小平文选》第3卷，人民出版社1993年版，第78页。

外经济技术交流与合作,在"引进来"的同时鼓励"走出去",不断扩大对世界市场和国际资源的有效利用。而随着经济领域中对外开放的不断推进,政治领域和文化领域的对外开放也逐步展开。同时,我们还充分发挥在联合国和其他各种国际组织中的作用,积极参与各方面的国际事务,为解决人类共同面对的重大国际问题做出贡献。经过努力,到上个世纪90年代中期,我国便已形成了"全方位、多层次、宽领域"的对外开放格局①,当代中国以全新的形象走向世界。21世纪初,经过艰苦的谈判,中国正式成为世界贸易组织(WTO)的成员,这标志着我们全面融入世界经济体系,对外开放又进入了一个新的发展阶段。我国在对外开放方面所取得的显著进展,有力地促进了国内各项改革,对经济发展以及整个社会的发展都起到了重大的推动作用;可以说,国内改革和发展的各项成就的取得,都是和对外开放方针的实施分不开的。对外开放作为当代中国社会发展的内在逻辑的体现,已成为一种不可阻挡的历史潮流和必然趋势。

当然,在对外开放的过程中,也不可避免地存在着一些消极因素的影响。国际环境中还有各种对我们不利的因素,我国的经济安全以及政治安全、文化安全等方面都面临风险和压力,新的全球化浪潮更是给我们带来各种挑战。这就要求我们在继续推进对外开放的过程中,有针对性地采取措施,认真处理好这些方面的问题。与此同时,要充分利用已有的条件和机遇,迎难而上,进一步提高对外开放的水平。特别是按照中共十七大的部署,把"引进来"和"走出去"更好地结合起来,扩大开放领域,优化开放结构,提高开放质量,完善内外联动、互利共赢、安全高效的开放型经济体系,

---

① 《中国共产党第十五次全国代表大会文件汇编》,人民出版社1997年版,第29页。

形成经济全球化条件下参与国际经济合作和竞争的新优势。在当前全球金融危机的形势下，应沉着应对，积极调整，力求将危机转化为机遇，进一步促进国内经济和社会发展，提升我国在国际上的地位和影响力，为建立更为合理的国际关系新秩序做出努力。

四、人类社会与自然环境：走向可持续发展的战略选择

无论国内社会还是国际社会，还都属于人类社会的范畴。而若将视野再放宽一点，那么所谓社会发展进程中的基本关系，就不仅仅限于人类社会本身，并且还应该包括社会与自然之间的关系。在当代，这方面关系具有特殊重要的意义。

在历史唯物主义看来，人类社会与自然界作为两个相对独立的有机系统，是不可分割地联系着的；二者之间相互制约、相互作用，不断进行物质和能量交换。其中，人类社会的存在与发展要以自然界为前提；因为人类社会本身就是在自然界长期发展的基础上产生的，而作为社会主体的人，本来就是自然界的一部分，是作为一种特殊的生命存在物而存在的。这一点就决定了人类社会对自然环境的根本上的依赖性。同时，人类社会的一切活动都是在一定的自然环境中进行的，都必须借助于自然环境，包括蕴藏在这一环境中的各种资源；自然环境作为一种基本条件，制约着社会发展的各个方面和整体过程。而另一方面，社会发展又会对自然环境产生重大影响；人是能动的存在物，他不像动物一样只是被动地依赖自然，而是要"通过实践创造**对象世界**，**改造无机界**"[①]，即"再生产整个自然界"[②]。这种实践活动如果进行得当，当然会作为人类社会与自然

---

① 《马克思恩格斯选集》第 1 卷，人民出版社 1995 年版，第 46 页。
② 《马克思恩格斯选集》第 1 卷，人民出版社 1995 年版，第 46 页。

界进行物质能量交换的基本方式而发挥其积极作用；但若违背了客观规律，或者只是为了一时之需而不顾后果，那就必然会导致对自然环境的破坏，从而损害人类社会自身存在和发展的根基。所以，人类在自己的社会发展进程中，必须注意解决好保护自然环境的问题，将社会发展与环境保护这两个方面有机地统一起来。这一要求同样属于社会发展的内在逻辑的范畴，是我们在社会实践中所必须遵循的客观要求。

从世界范围看，社会与自然这两个不同系统的关系在不同历史阶段上有着不同的情况。如果说在早先的渔猎社会和农业社会阶段上还没有出现大的问题，那么自从进入工业社会阶段之后，这方面问题便日渐明显地突出出来了。由于人类在物质生产过程中的盲目开发和索取，各种工业加工手段和化学物质的大量使用以及废弃物的不适当处置，造成了对自然生态系统的严重侵扰和生态平衡的破坏，导致了自然环境的不断污染和各类资源的耗竭。面对日趋严重的环境问题，人类不得不对自己的行为做出反省，并重新思考社会与自然的关系，以及推进经济和整个社会发展的方式与路径。而正是在这个背景下，所谓可持续发展开始成为一种全球性的战略思路；国际社会在联合国的推动下开始了多方面的合作，力图共同拯救"人类家园"。

在当代中国的社会发展进程中，我们有关这一问题的认识和实践大体上与世界同步。应该说，在新中国成立之后的一个时期中，环境问题还没有明显地表现出来，我们对此也还没有足够的认识。在重视发挥人的能动性的同时，往往过分强调了对自然的征服与改造，做了不少填湖造田、毁林开荒之类的荒唐事。而在人口问题上对马寅初的错误批判，更是造成了难以挽回的后果。之后，随着环境问题在世界范围内日益凸现，这方面问题也越来越引起了我们的关注。从上个世纪80年代起，我们便着手制定并实施了一系列保护环境的方针、政策，建立了专门的工作机构，并成为联合国环境规划署的理事国。到了 90 年代，中国积极参与筹备和参加了联合国环发大会，并成为联合国可持续发展委员会的成员国，随后又及时发布了《中国 21 世纪议程》。进入 21 世纪，中国又参与筹备和参加了可持续发展世界首脑会议，并发布了《中国 21 世纪初可持续发展行动纲要》。可持续发展被确定为我国社会发展的一项基本战略，受到了党和国家的高度重视，并在各个方面的实践中得到了有效的推进。如今，在我们党提出的科学发展观中，可持续发展又被当作一项基本要求，摆在特殊重要的地位加以强调。转变发展方式，走向可持续发展，这一战略选择无疑是当代中国社会发展进程中内在逻辑的重要体现。

应该说，中国作为一个发展中国家，面临着艰巨的发展任务，当然应该抓住时机，继续大力推进经济以及整个社会的发展。但同时又必须清醒地意识到，我们决不能再走发达国家曾经走过的"高生产、高消耗、高污染"的老路，而应将加快发展与保护环境这两方面的要求较好地结合起来，走新型工业化道路。如十七大所提出的，"坚持生产发展、生活富裕、生态良好的文明发展道路，建设资源节约型、环境友好型社会"，努力"使人民在良好的生态环境中生产和生活，实现经济社会永续发展"。[①] 从目前情况看，虽然我们在环境保护方面已做出了多方面的努力，但我国的环境形势依然十分严峻；各类环境污染和生态恶化的情况相当严重，主要污染物排放大大超过环境承载能力。面对这些问题，我们必须要有危机感和紧迫感，要找准问题的症结所在，有针对性地采取措施；特别是要抓紧实现经济发展方式的转变，力求从根本上扭转局面。在国际范围

---

① 《中国共产党第十七次全国代表大会文件汇编》，人民出版社 2007 年版，第 15—16 页。

内，我们也应从发展中国家的实际出发，担负起"共同的但有区别的责任"①，继续积极参与环境保护的国际合作，为促进全球环境问题的解决做出应有的贡献。

以上我们着眼于社会领域中的几个基本关系，包括社会主体与社会客体之间的关系、社会结构体系自身内部的关系、国内社会与国际社会之间的关系以及人类社会与自然环境之间的关系，对这些关系在当代中国社会发展进程中的演变做了分析和考察。从这一考察可以看出，对社会发展价值目标的不懈追寻，实现全面协调发展的曲折探索，从封闭到开放的历史转换，以及走向可持续发展的战略选择，在根本上都是以历史唯物主义所揭示的客观规律为依据的，因而都是社会发展进程的内在逻辑的体现。当然，这里需要特别指出的是，强调社会发展的内在逻辑，决不是要否定人们创造自己历史的能动作用；因为历史终究是人写的，社会发展的内在逻辑并不会自然而然地得到实现，而是要借助于作为社会主体的人的实践。但是人的实践不应是盲目的实践，更不能随心所欲、任意妄为，而应自觉认识社会发展的客观规律，遵循社会发展的内在逻辑。只有这样，才能真正实现预期的目的，将当代中国的社会发展不断推向前进。

（原载《中共中央党校学报》2009年第5期；收入中共中央党校哲学教研部编：《哲学与社会》第2辑，中国时代经济出版社2010年版）

---

① 《里约热内卢环境与发展宣言》，联合国环境与发展会议，1992年6月。

坚持"三个有利于"的判断标准

(1994年3月)

解放思想、实事求是的思想路线，体现在社会主义改革实践中，一条基本的要求便是坚持"三个有利于"的判断标准，亦即邓小平同志所提出的："判断的标准，应该主要看是否有利于发展社会主义社会的生产力，是否有利于增强社会主义国家的综合国力，是否有利于提高人民的生活水平。"① 关于这一判断标准，近年来已有不少的阐述和讨论，而在这里我们所要着重指出的是，必须从应有的理论高度和实践高度，进一步深刻地认识和把握这一标准；同时，对于这方面实践中所出现的一些疑点和难点问题，我们也应做一些探讨和分析。

一、从应有的理论高度和实践高度认识"三个有利于"的判断标准

邓小平同志提出的"三个有利于"的判断标准，其基本精神便是以生产力发展的客观要求作为社会主义改革的根本准则，从生产

---

① 《邓小平文选》第3卷，人民出版社1993年版，第372页。

力的实际出发进行改革。"三个有利于"中,"有利于发展社会主义社会的生产力"是最根本的一条,而"有利于增强社会主义国家的综合国力"和"有利于提高人民的生活水平"则是社会主义社会生产力发展的直接结果。只有发展生产力,才能增强国力,提高人民生活水平;而发展生产力的结果,一定要体现在国力的增强和人民生活水平的提高上。在社会主义社会中,这三个方面是一致的、统一的,这个统一的实质便是历史唯物主义所强调的生产力标准。"三个有利于"的判断标准是对生产力标准的具体阐发和扩展,对此我们首先必须从应有的理论高度来认识。

1. 认识的理论高度:历史唯物主义的基本观点与"三个有利于"的判断标准

认识"三个有利于"标准所应有的理论高度是马克思主义哲学的历史唯物主义,亦即唯物史观。这里我们可以按以下三个逻辑层面进行分析。

层面一:就历史唯物主义的基本观点而言,人类社会的发展是一个由自身内部规律所支配的"自然历史过程"[1],而生产力的发展在其中具有首要的意义。马克思指出:"我们首先应当确定一切人类生存的第一个前提,也就是一切历史的第一个前提,这个前提,是:人们为了能够'创造历史',必须能够生活。但是为了生活,首先就需要衣、食、住以及其他东西。因此第一个历史活动就是生产满足这些需要的资料,即生产物质生活本身。"[2] 他强调,"任何历史观的第一件事情就是必须注意上述基本事实的全部意义和全部范围,并给予应有的重视。"[3] 物质生活领域是整个人类生活的最基本的领

---

[1] 《马克思恩格斯选集》第 2 卷,人民出版社 1972 年版,第 208 页。
[2] 《马克思恩格斯选集》第 1 卷,人民出版社 1972 年版,第 32 页。
[3] 《马克思恩格斯选集》第 1 卷,人民出版社 1972 年版,第 32 页。

域，而只有通过发展生产力，才能解决这一领域的问题。同时，生产力的发展还作为最基本的物质条件而制约着整个社会的发展，社会各个领域的状况最终都必须与生产力的状况相适应。马克思指出，"物质生活的生产方式制约着整个社会生活、政治生活和精神生活的过程"①，列宁则进一步说明："只有把社会关系归结于生产关系，把生产关系归结于生产力的水平，才能有可靠的根据把社会形态的发展看作自然历史过程。"②

正是基于对生产力的地位和作用的这种认识，历史唯物主义承认并主张"生产力标准"，即把是否适合生产力发展的客观要求作为衡量和评价一切社会制度和人们的社会活动的根本尺度，凡是适合生产力的发展要求的，便是应该肯定并坚持去做的，反之则是应该否定和坚决反对的。

层面二：从历史唯物主义的基本观点来看社会主义社会，社会主义社会必须建立在生产力发展的基础之上。一方面，如邓小平同志反复指出的："社会主义制度优越性的根本表现，就是能够允许社会生产力以旧社会所没有的速度迅速发展，使人民不断增长的物质文化生活需要能够逐步得到满足。"③ 这就是说，社会主义能够更好地解决马克思所讲的"生产物质生活本身"的问题，它关系到人民群众的根本利益，"没有这一条，再吹牛也没有用。"④ 另一方面，社会主义的生产关系以及整个社会结构体系的建构，最终都必须以生产力的状况和要求为客观根据，社会主义制度的巩固和完善，经济关系、政治关系以及思想文化等各个领域的进步和发展，也只有随着生产力的发展而逐步实现。离开了生产力这一客观根据，就不

---

① 《马克思恩格斯选集》第 2 卷，人民出版社 1972 年版，第 82 页。
② 《列宁选集》第 1 卷，人民出版社 1972 年版，第 8 页。
③ 《邓小平文选》（一九七五——一九八二年），人民出版社 1983 年版，第 123 页。
④ 《邓小平文选》（一九七五——一九八二年），人民出版社 1983 年版，第 215 页。

可能有科学社会主义。

因此，社会主义社会必须自觉地把适合生产力的客观要求作为各个领域和各方面工作的根本前提，"一切有利于生产力发展的东西，都是符合人民根本利益的，因而是社会主义所要求的，或者是社会主义所允许的。一切不利于生产力发展的东西，都是违反科学社会主义的，是社会主义所不允许的。"① 这是历史唯物主义的生产力标准对社会主义社会的特殊要求，也是区分科学社会主义与各种错误的社会主义观念的根本尺度。

层面三：具体到我国现阶段社会主义实践来说，历史唯物主义关于生产力的基本观点具有特殊重要的意义。这是因为我国社会主义社会是在相对落后的基础上建立起来的，特殊的历史进程给我们提出了特殊的历史任务：在社会主义条件下大力发展生产力，尽快赶上和超过西方发达国家的经济发展水平，使"人民生活一天天好起来"②。只有这样，才能在实践中真正体现社会主义的优越性，社会主义才能最终站住脚。所以邓小平同志强调：要"坚持社会主义，首先要摆脱贫穷落后状态"③。而另一方面，这种特殊的历史进程也给我们提出了一个特殊的要求：必须从相对落后的生产力实际出发，探索建设社会主义的特殊道路。我国社会主义生产关系和整个社会关系体系，都必须找到与这种生产力实际相适合的特殊实现形式，然后再随着生产力的发展不断改进和完善。不懂得这个特殊的要求，离开我国生产力的特殊实际去谈论社会主义，就会背离历史唯物主义的基本立场，背离科学社会主义的基本精神，就必然会在实践中碰壁。

---

① 《中国共产党第十三次全国代表大会文件汇编》，人民出版社1987年版，第72页。

② 《邓小平文选》第3卷，人民出版社1993年版，第171页。

③ 《邓小平文选》第3卷，人民出版社1993年版，第224页。

正是从这一特殊的历史实际出发，邓小平同志把历史唯物主义的生产力标准具体地运用于我国改革开放的实践，提出了"三个有利于"的判断标准。它完全符合历史唯物主义的基本观点，集中体现了科学社会主义的基本精神，是地地道道的马克思主义的东西，这一点绝没有什么含糊。而只有从上述应有的理论高度，我们才能真正深刻地认识这一判断标准，了解它的科学性质。

2. 认识的实践高度：中国改革的根本问题与"三个有利于"的判断标准

认识"三个有利于"的判断标准，不仅要有历史唯物主义的理论高度，而且还要着眼于应有的实践高度，亦即这一标准在现阶段改革实践中的特殊重要的意义。

不同阶段的实践会突出不同的问题，而现阶段我国改革的实践，把"三个有利于"的判断标准推到了最突出的地位。这是由我国改革的根本问题所决定的。

必须明确，我们现在正在进行的社会主义改革，不是一般的修修补补，而是要彻底变革已被实践证明行不通的旧体制，它是中国的"第二次革命"。我国过去参照苏联模式建立起来的那套一大二公、高度集权的计划经济体制，虽然在一定时期曾起过积极的作用，但终究由于其严重的弊端而无法继续实行。问题究竟出在哪里呢？从根本上说，就是因为旧体制严重脱离了中国生产力的实际，犯了离开生产力的客观根据而抽象谈论社会主义的错误。结果，在很大程度上阻碍了生产力的发展，自己本身也无法站得住。而我们所进行的这场改革，不论涉及多少具体方面，最根本的一条，就是要使社会主义重新回到生产力的客观根据上来，回到真正科学的轨道上来，这就是改革所要解决的根本问题。正是为解决这个根本问题，我们才必须彻底废除旧体制，而重新建构适合于中国生产力发展要求的社会主义新体制。

从改革的这一根本问题来看"三个有利于"的判断标准,我们必须认识到,只有坚决贯彻这一标准,才能切实保证改革的根本问题的解决,它不是一般意义的理论原则,而是为改革的根本问题所要求的根本性的方法论准则,因而对这场改革来说具有根本性的意义。我们必须从这个根本意义上把握"三个有利于"的判断标准。

由此我们也可以进一步认识到,在改革中贯彻解放思想、实事求是的思想路线,一定要落实到坚持"三个有利于"的判断标准上来。要彻底变革过去那套脱离生产力实际的旧体制,就必须破除与旧体制相适应的各种不正确的观念,为改革扫清思想障碍。党的十四大报告特别强调要反对三个"停留",即"停留在对马克思主义的某些原则、某些本本的教条式理解上,或者停留在对社会主义的一些不科学的甚至扭曲的认识上,或者停留在那些超越社会主义初级阶段的不正确的思想上"[1];这三个"停留"是阻碍我们改革顺利进行的最主要的思想障碍,其错误实质说到底就是不能从生产力的客观实际出发。而所谓解放思想、实事求是,就是要从这些错误观念的束缚中解脱出来,真正从生产力的实际出发去进行社会主义改革。而"三个有利于"的判断标准,正是集中体现了这一精神。

我们的改革如邓小平同志所说,是一场"很大的试验"[2]。社会主义的旧的模式被实践推翻了,而新的模式怎样搞,"是书本上没有的"[3],只能靠我们在改革中摸索。这样一场全面的、彻底的改革必然会遇到大量复杂的问题,各种疑虑也会时常缠绕着我们。而在这样一种情况下,"三个有利于"的判断标准作为根本性的方法论准则,更是具有突出的作用:它可以使我们抓住最根本的问题,明确

---

[1] 《中国共产党第十四次全国代表大会文件汇编》,人民出版社1992年版,第47页。

[2] 《邓小平文选》第3卷,人民出版社1993年版,第130页。

[3] 《邓小平文选》第3卷,人民出版社1993年版,第130页。

最根本的方向，扫除一切与这一方向相背离的东西，大胆试验，大胆开拓，在实践中勇敢地闯出一条新路子来。

改革作为一场试验，不仅对中国，而且对世界社会主义运动都具有历史性的意义。邓小平同志指出："我们的改革不仅在中国，而且在国际范围内也是一种试验，我们相信会成功。如果成功了，可以对世界上的社会主义事业和不发达国家的发展提供某些经验。"① 随着苏东剧变，世界社会主义运动进入低谷，社会主义向何处去，一时成为极其严峻的问题。中国共产党人没有在曲折和失误面前低头，而是高高举起了社会主义改革的旗帜，要为社会主义寻找新的出路。而作为这场改革的根本性的方法论准则，"三个有利于"的判断标准也就同改革本身一道，与世界社会主义运动的历史命运联结在了一起。

二、坚持"三个有利于"判断标准的几个疑点和难点问题

从应有的理论高度和实践高度深刻认识了"三个有利于"的判断标准，才能使我们在改革中真正自觉地坚持这一判断标准。而在坚持和运用这一标准的过程中，还有一些具体的疑点和难点问题需要澄清和解决。

1. 标准本身的科学规定和具体操作问题

"三个有利于"的判断标准应该成为我国改革过程中最根本的方法论准则，但是我们应该怎样具体地运用这一标准去衡量具体的改革实践，这一标准本身的科学规定性又是怎样的？这个问题必须解决好，否则在具体操作过程中难免会出现偏差，妨碍这一标准的真

---

① 《邓小平文选》第3卷，人民出版社1993年版，第135页。

正贯彻,甚至发生扭曲。

既然"三个有利于"标准的实质是生产力标准,它所包含的"有利于增强社会主义国家的综合国力"和"有利于提高人民的生活水平",从根本上说都统一于"有利于发展社会主义社会的生产力",那么"三个有利于"标准的科学规定性首先便表现为生产力发展的规定性。

生产力作为一个由多种要素、多个环节所构成的有机系统,它的发展可以从许多具体的方面来把握,这些具体方面的规定性可以形成一整套具体的指标体系。理论界对此已做过一些探讨,虽然还存在不同意见,但主要涉及的是以下一些方面:劳动者的素质和积极性;生产资料的性质和技术水平;生产力的微观结构(企业结构);生产力的宏观结构(产业结构、地理布局等);生产管理水平;产量;产值(含人均产值);国民收入(含人均国民收入);劳动生产率;经济增长速度;其他等等。当然,对于这些方面,我们可以从不同的角度进行归类和区分,而这套具体指标体系,也还需要在实践中进一步完善和改进。

为了科学、准确地衡量和评价生产力的发展,建立这样一套具体的指标体系无疑是必要的;但是,从总体上说,我们在把握生产力发展的规定性时应注意以下三个原则:(1)生产力的发展应是整体发展和局部发展的统一。我们所说的生产力发展是指整个社会的生产力,而不仅仅是着眼于某个地区、部门和单位。社会生产力的整体发展当然要以各个地区、部门、单位的生产力的局部发展为基础,但生产力的局部发展必须纳入整体发展的轨道,而不能各行其是,甚至为本地区、本部门和本单位的利益损害整个社会的利益。(2)生产力的发展应是长期发展与短期发展的统一。这就要求我们不仅看到眼前,而且顾及以后;不仅要实现短时期内的发展,而且要为长远发展留足后劲;这样才能保证生产力的发展形成一个持续、稳定、不断增长的良好势头。（3）生产力的发展应是增长速度和经济效益的统一。生产力的发展当然要体现为一定的经济增长速度，包括产值、产量的尽快增长；但这方面的增长应以经济效益的提高为前提，包括生产技术水平、管理水平和劳动生产率的提高。离开效益的速度，不是真正的速度。

从这些主要原则出发，应反对各种庸俗化和简单化的错误倾向。如离开社会生产力的整体发展，而只强调本地区、本部门、本单位的发展；或者把发展生产力简单地归结为盈利和"赚钱"；或者只顾眼前，搞"竭泽而渔"的短期行为；或者忽视效益，单纯追求产值、产量等。这些错误倾向在改革实践中造成了不少的混乱和十分消极的后果，必须坚决地予以反对。

与生产力的发展相适应，综合国力的增强和人民生活水平的提高也都有自己的具体规定性，可以从各个方面去把握；但最关键的一条，就是必须把二者同生产力的发展联系起来，是在生产力发展的基础上的增强和提高。离开生产力的发展而只在分配和消费方面做文章，是不正确的，最终也是行不通的。

2. 全面改革中的根本标准与直接标准

我们所进行的改革是全面的改革，涉及经济、政治、思想文化等各个领域。那么，在改革实践中，我们应该怎样将"三个有利于"的判断标准运用于这些不同的领域？怎样才算坚持了"三个有利于"的判断标准？这里有一个根本标准和直接标准的关系问题要搞清楚。

"三个有利于"的判断标准关系到这场改革的根本问题的解决，是指导改革的根本性的方法论准则，它是作为根本标准而起作用的。也就是说，所有各个领域、各个方面的改革，归根到底都必须符合"三个有利于"的根本要求，必须以保证生产力的发展为前提。但是另一方面，由于各个领域在社会结构体系中的地位和功能不同，与生产力发展的联系方式不同,"三个有利于"的根本标准往往要通过这些领域所特有的直接标准体现出来。

经济领域各部门的直接功能便是发展生产力,所以这一领域改革的直接标准也就是"三个有利于"的根本标准,二者在这里是同一的。而在政治领域和思想文化领域里,情况就多种多样了。这些领域的各种具体部门各自担负着不同的功能,例如组织人事部门的功能是干部的调配、训练和管理;执法部门的功能是建立健全法制,维护社会治安;宣传部门的功能是宣传、鼓动和思想导向;科研部门的功能是进行科学研究、多出成果,文化艺术部门的功能是提供文化艺术产品、组织各种文化艺术活动,如此等等。所有这些部门的改革,都只能以保证本部门应有功能的合理发挥为直接标准,而不是以生产力的发展为直接标准。但是,政治领域和思想文化领域中各个部门的功能的发挥,都这样那样地同生产力的发展相联系:一方面,生产力的发展状况从根本上制约着它们的功能发挥的状况;另一方面,它们的功能发挥的状况又反过来这样那样地影响生产力的发展。所以,这些部门的直接标准又必须同"三个有利于"的根本标准一致起来,即必须以生产力的发展为本部门功能发挥的客观根据,同时通过自己功能的发挥为生产力的发展服务。这样,政治领域和思想文化领域的改革便通过直接标准的合理确立而最终坚持了"三个有利于"的根本标准。

有一种不正确的理解,似乎坚持"三个有利于"的判断标准,就要求直接参与经济领域的工作,于是撇开本部门的正常功能,而通过各种途径介入经济活动,乃至直接兴办各种经济组织。这种倾向的错误在于以根本标准取代直接标准,结果不仅不能坚持根本标准,反而会因本部门的正常功能未能很好发挥、应有的直接标准未能很好坚持而最终妨碍根本标准的贯彻落实。当然,另一方面,那种以为自己的领域或部门远离经济领域,与发展生产力没有直接联系，从而把本部门的直接标准与"三个有利于"的根本标准割裂开来的倾向，也同样是错误的。

3. 坚持"三个有利于"的判断标准与社会主义精神文明建设

我们强调"三个有利于"的判断标准，强调发展生产力，但发展生产力本身属于物质文明建设，在发展生产力、进行社会主义物质文明建设的同时，怎样与社会主义精神文明建设统一起来？强调在改革中坚持"三个有利于"的判断标准，是否会导致"一手硬、一手软"，即对精神文明建设的忽视？这是带有一定普遍性的疑问，特别是在社会精神生活领域中出现了一些消极现象的情况下，这个问题便更为人们所关注。

我们已经明确，把"三个有利于"作为改革的判断标准，是从根本意义上讲的。既然它的实质是生产力标准，那么生产力在社会发展中的根本地位和最终决定作用，要求我们只能以它为根本标准；而我国改革的根本问题，更加突出了这一标准的根本意义。对此，我们必须认识清楚，任何其他标准都不能同这一根本标准相并列，更不能取代这一根本标准。那种主张将精神文明建设与"三个有利于"简单并提的观点，是不科学的。

但是另一方面，我们又要看到，强调"三个有利于"的判断标准，强调发展生产力，决不是不要其他方面的发展，不是不要精神文明建设。社会发展应该是全面的，社会主义社会的建设应该既包括物质文明建设，又包括精神文明建设。邓小平同志一再强调指出："我们要建设的社会主义国家，不但要有高度的物质文明，而且要有高度的精神文明。"[①] 发展生产力是根本，但根本并不等于一切。相反，却是要在生产力发展的基础上，促进社会主义社会的各个领域

[①] 《邓小平文选》（一九七五——一九八二年），人民出版社 1983 年版，第 326 页。

的进步和发展。而且，再进一步说，发展生产力与建设精神文明，二者本身也是相互制约、相互影响着的。发展生产力，建设物质文明，是社会主义精神文明建设的物质基础，精神文明建设当然不能离开这个基础；而反过来，社会主义精神文明建设又通过自己各方面的成果为生产力的发展和物质文明建设提供条件，"不加强精神文明建设，物质文明的建设也要受破坏，走弯路。"① 所以，把发展生产力与精神文明建设对立起来，既不是坚持"三个有利于"判断标准的本义，也不利于这一标准的真正贯彻。

那么，应该怎样把坚持"三个有利于"的判断标准与加强精神文明建设统一起来呢？总的说来，当然正如邓小平同志所要求的，"坚持两手抓"，"两只手都要硬"。② 但这是否就意味着把发展生产力和精神文明建设简单地平列起来呢？否。那只是一种机械的理解，是违背"三个有利于"判断标准的要求的。正确的做法应该是按照发展生产力和精神文明建设之间的本来联系来对待它们，真正科学地"两手抓"。一方面，要从生产力发展的根本地位和决定作用出发，把精神文明建设置于现实的物质基础之上，服从于并服务于生产力的发展要求。"三个有利于"的判断标准作为根本标准，不仅对改革，对精神文明建设也同样适用。另一方面，则要充分利用生产力发展所提供的物质基础，尽可能地推进精神文明建设，使之与生产力的发展、与物质文明建设协调发展，共同进步。只有从这两个方面着手，才能真正使两只手都实实在在地"硬"起来，从而达到坚持"三个有利于"的判断标准与加强精神文明建设的统一。

毋庸讳言，在近些年来的实践中，社会精神生活领域里的确出现了一些消极落后现象，如"一切向钱看"，追求低级趣味，自私自

---

① 《邓小平文选》第 3 卷，人民出版社 1993 年版，第 144 页。
② 《邓小平文选》第 3 卷，人民出版社 1993 年版，第 378 页。

利，损人利己，同时还有腐败堕落和各种丑恶现象。对于这些现象的产生，我们应做全面的分析，其中既有对精神文明建设重视不够的原因，也有体制等方面的原因。要解决这些问题，必须从各方面入手。至于人们对"三个有利于"的判断标准与精神文明建设之间关系的某些误解，以及某种程度上忽视精神文明建设的倾向，我们当然要大力纠正，但不能把各种消极现象的产生记在"三个有利于"标准的账上，更不能由此而动摇这一根本标准。

4. 坚持"三个有利于"的判断标准与公平-效率之争

公平与效率的关系问题是一个长期以来存在争议的问题。而要在改革实践中坚持"三个有利于"的判断标准，也会不可避免地涉及这个问题。十四届三中全会的《决定》明确提出"效率优先，兼顾公平"①，这与"三个有利于"标准的总的精神是一致的。

坚持"三个有利于"的判断标准，首先要解决的就是效率问题。这个效率在这里便集中表现在生产力的发展上。我们所进行的一切改革，最终都必须与生产力的客观要求相适合，必须能够促进生产力的迅速发展。这就是效率优先。只有把生产力的发展这个效率问题解决了，才能为社会主义社会关系体系的完善和进步，从而为社会公平问题的解决准备物质基础。生产力不发展，没有效率，公平问题也就失去了现实的根基。然而另一方面，坚持"三个有利于"的判断标准，又要求我们在改革中尽可能地兼顾公平，处理好社会成员之间的各种利益关系。这既是因为社会主义社会本来就应该在生产力发展的基础上通过社会关系的进步和完善解决好社会公平的问题，如邓小平同志所说的："我们为社会主义奋斗，不但是因为社会主义有条件比资本主义更快地发展生产力，而且因为只有社会主

---

① 《中共中央关于建立社会主义市场经济体制若干问题的决定》，人民出版社1993年版，第19页。

义才能消除资本主义和其他剥削制度所必然产生的种种贪婪、腐败和不公正现象"①；同时也是因为只有正确解决社会公平问题，才能调动广大社会成员的积极性，从而为生产力的发展提供条件。

要在保证生产力的发展、保证效率优先的前提下正确解决社会公平问题，关键是要从生产力发展的客观实际、从生产力所提供的现实基础出发，而不是从关于公平的某种主观愿望出发。这也就是要考虑到现实可能性，即现阶段哪些公平原则可以实现，哪些公平原则还不能实现；哪些不公平现象可以消除，哪些不公平现象还一时难以消除。我们已经建立了社会主义的基本制度，这个制度以生产资料公有制和按劳分配为主体，劳动人民当家作主，这是现阶段所能实现的最大的公平，也是调动广大人民群众的积极性，促进我国生产力发展的最有利条件。但是，我们毕竟还要允许多种所有制形式和多种分配形式的存在，包括私营企业和外资企业中的雇工剥削以及其他非劳动收入的存在，这是现阶段生产力发展的水平决定的，也是有利于生产力的发展的。而我们过去那种追求"纯而又纯"，到处"割尾巴"的做法，实践证明是行不通的。

同时还应指出的是，公平本来就是一个历史的概念。什么是公平，只能历史地评价。奴隶制在今天看来当然是极端的不公平，但"尽管听起来是多么矛盾和离奇——在当时的条件下，采用奴隶制是一个巨大的进步"②，因而是一种历史的公平；资本主义雇佣劳动制度同奴隶制度和封建制度相比，自然又是一种历史的公平；而社会主义社会的按劳分配制度，也同样只是一种历史的公平，因为按照马克思的看法，"在这里**平等的权利**按照原则仍然是**资产阶级的法权**"③，相对于共产主义阶段的按需分配而言，它又是一种不公平。

---

① 《邓小平文选》第 3 卷，人民出版社 1993 年版，第 143 页。
② 《马克思恩格斯选集》第 3 卷，人民出版社 1972 年版，第 220 页。
③ 《马克思恩格斯选集》第 3 卷，人民出版社 1972 年版，第 11 页。

因此，那种脱离一定历史阶段的具体实际，把公平概念抽象化、绝对化的倾向，也是不正确的。

在我国改革实践中，我们还应特别注意克服一种平均主义的公平观。由于历史的原因和旧体制下长期吃"大锅饭"的影响，平均主义观念在很大范围内根深蒂固地存在，用这种观念来看待公平问题，必然会对改革开放以来的许多成果持抵触态度。不克服这种平均主义公平观，就不能真正解决好发展生产力这个效率问题。

当然，在强调正确对待和解决公平问题的同时，对于实践过程中出现的一些明显的分配不公问题，我们也必须引起足够的重视，并认真加以解决。特别是那些通过非法的和不正当的手段获利所造成的分配差距，已引起了群众的极大不满，如不认真解决，必然挫伤广大群众的积极性，并造成社会秩序的混乱，最终妨碍我国生产力的发展。我们必须通过深化改革，完善各方面社会机制，在坚持"三个有利于"的判断标准，保证生产力迅速发展的前提下，把社会公平问题解决在实处，使其达到现阶段所应有的历史水准，从而实现效率和公平的辩证统一。

（本文为中共中央党校讲稿，曾多次印发校内相关班次；收入中共中央党校教务部编：《当代中国马克思主义研究》，国防大学出版社 1994 年版；此处依据 1994 年 3 月中央党校教务部印发稿）

实现科学发展所应把握的几个基本关系

(2008年3月)

改革开放30年来，中国社会发展已经取得了历史性的重大成果，但仍面临着许多新的难题和挑战。要继续完成全面建设小康社会的历史任务，进而实现社会主义现代化的战略目标，就必须按照党的十七大的要求，深入贯彻落实科学发展观，切实解决好社会发展中的各方面问题，真正实现以人为本、全面协调可持续的科学发展。而从社会哲学的层次上看，这里涉及几个基本关系，需要从理论与实践的结合上正确认识和把握。

一、社会自身：各个构成领域之间的关系

从社会哲学的层次研究社会发展，首先应该明确一点，即所谓社会是一个包括经济、政治、文化等各个领域在内的完整的结构体系，是作为一个有机的系统而存在的。相应地，所谓社会发展也就是一个由经济发展、政治发展、文化发展等各个领域的发展所构成的整体性进程。所以，要实现科学发展观所要求的科学发展，首先就必须正确认识和把握社会自身内部的关系，亦即社会结构体系中各个构成领域之间的关系，注意按照社会发展的整体性规定，将经

济发展、政治发展、文化发展等各个领域的发展切实协调统一起来。而正是在这个意义上,中共十七大进一步强调了全面协调发展的原则,并将它作为科学发展观的基本要求。

立足于社会发展的整体性规定去认识全面协调发展的原则,首先当然是要反对将社会各个领域分割开来,片面地、孤立地加以对待,只注意某一个领域的发展,忽视或排斥其他领域的发展。但是,是否将社会各个领域的发展包括经济发展、政治发展、文化发展等等都注意到了,没有遗漏,就算是符合整体性规定,符合全面协调发展的原则了呢?答案仍然是否定的。因为按照系统观点,整体不等于部分之和。如果仅仅是将各个部分机械地拼加起来,即使这种拼加看起来很全面,也不能算作整体;真正的整体在于部分之间的有机统一。所以,不仅仅是要面面俱到地注意到社会结构体系中各个领域的发展,而且要求进一步研究这些领域之间的有机联系,并按照这种有机联系协调有序地推进它们的发展,这样才能真正有效地构成社会发展的统一进程。

既然社会发展的整体性规定和全面协调发展的原则要求着眼于社会各个领域之间的有机联系,那么这些联系具体又是怎样的呢?历史唯物主义已经揭示了存在于其中的客观规律,特别是社会基本矛盾运动的规律。生产力决定生产关系,生产关系反作用于生产力;经济基础决定上层建筑,上层建筑反作用于经济基础;两对矛盾相互联结,构成一个统一的体系,其中生产力具有最为根本的意义。社会结构体系中各个构成领域之间的有机联系,就是按照这样一些规律具体地展开的,要真正立足于社会发展的整体性规定,推动社会全面协调发展,就必须认识和把握这些规律,遵照这些规律办事。正如十七大报告中特别指出的那样,要"促进生产关系与生产力、上层建筑与经济基础相协调"①。在这里，要防止和反对那种忽视社会领域的客观规律、不按客观规律办事的错误倾向，反对主观随意性。

从当代中国社会发展的实践来看，我们在把握社会发展的整体性规定、实现全面协调发展方面做出了很大的努力，但也经历过各种曲折。在过去"左"的思想影响下，我们曾长期"以阶级斗争为纲"，忽视生产力的发展，并脱离生产力发展的实际进行生产关系和上层建筑领域里的"革命"，搞"穷过渡"，留下了深刻的教训。进入新时期以后，我们实现了工作重点的转移，以经济建设为中心推进改革开放。虽然一开始就强调我们的改革是全面的改革，要求将物质文明建设和精神文明建设一起抓等等，但在实际过程中却也出现了这样那样的偏差。经过近30年的发展，我们在各个方面都取得了重大成就，但也还存在一些问题。我们的生产力水平还不够高，经济发展方式的转变还没有完成；经济体制改革仍在攻坚，社会主义市场经济体制还只是初步建立，国有经济改革等方面的一些深层次问题还没能完全解决；政治体制改革仍需要大力推动，一些深层次问题还有待提上日程；思想文化领域里还存在各种消极混乱现象，社会失范问题相当严重；分配差距拉大，社会保障体制还很不完善，各项社会事业的发展还远不能满足需要。所有这些问题，都应按照社会发展的整体性规定和全面协调发展的原则，遵循社会基本矛盾运动的规律，认真研究和解决。

但这里值得注意的是，讨论中存在这样一种观点，即认为我们社会发展实践中出现的某些不够协调的问题，是由于坚持以经济建设为中心造成的；现在强调全面协调发展，就不能再讲这个中心。

---

① 《中国共产党第十七次全国代表大会文件汇编》，人民出版社2007年版，第15页。

这种观点将以经济建设为中心与全面协调发展对立起来了，其错误之处在于不懂得社会结构体系的有机联系及其客观规律，脱离这个联系和规律去理解全面协调发展。我们之所以确定以经济建设为中心，是因为生产力在社会基本矛盾运动中处于最为根本的地位，它对整个社会结构体系的发展具有决定性的意义；只有大力发展生产力，把经济建设搞上去，社会其他领域的发展才能获得现实的根基。强调社会全面协调发展，首先还是要毫不动摇地坚持经济建设这个中心；社会其他领域的发展只能是紧密围绕这个中心，按照它们各自的逻辑定位协调配套地加以推进。所以，党的十七大报告在强调全面协调发展的同时，再次重申"要牢牢扭住经济建设这个中心"，是十分正确和必要的。

二、社会与人：客体与主体之间的关系

在研究作为一个有机整体的社会结构体系的同时，还应研究在这个结构体系中现实地存在着并且作为其主体承担者的人。社会是人的社会，人是社会的人。在这里，社会与人形成一种特殊的主客体关系，作为客体的社会结构体系和作为主体的现实的人相互依赖、相互制约；相应地，社会发展与人的发展也不可分割地联结在一起。因此，要坚持科学发展观，实现科学发展，就不仅要正确认识和把握社会结构体系自身内部的关系，而且要正确认识和把握社会与人的关系，进而处理好社会发展与人的发展的关系。十七大报告突出强调了"以人为本"的原则，并将其确认为科学发展观的核心，正是对这方面问题的合理解答。

所谓社会客体和社会主体的相互依赖、相互制约，以及社会发展与人的发展的相互联结，表现为客体主体化和主体客体化的双向互动过程。一方面，社会客体规定着社会主体，社会发展的状况制

约着人的发展的状况。作为主体的人总是生存于一定的社会结构体系之中的,人的本质"在其现实性上""是一切社会关系的总和"。①因此,要实现人的发展,必须推动社会的发展;只有社会发展了,才能为人的发展提供客观的前提和基础。另一方面,社会主体又反过来规定着社会客体,人的发展的状况也反过来制约社会发展的状况。作为客体的社会结构体系是在人的实践活动中形成的,人们建立了自己的社会,同时还可以借助于自己的实践活动能动地改造社会。所以,人的发展又是社会发展的条件,只有提高人的发展水平,才能不断推动社会发展。

而进一步说,如果我们考察一下包含在这种相互制约和相互联结之中的价值意义,便可以看出这里存在着一种目的和手段的关系。从根本上说,作为社会主体的人的发展是目的,而作为社会客体的社会结构体系的发展则是手段。人们致力于推动社会结构体系的发展和进步,最终还是为了人自身的发展。离开了人的发展这一目的,社会发展就没有任何意义。当然,在具体过程中,目的和手段是可以转化的:社会发展需要人来推动,这时人的发展又具有手段的意义。但这种转化只是相对的,在社会主客体的关系中,人以及人的发展归根到底是目的。

应该指出,强调人的发展的目的意义,是马克思主义哲学的一个基本观点。对此,马克思和恩格斯曾做过充分的论述,并将这一观点贯穿于他们的整个思想体系。从早期开始,马克思和恩格斯就是把"人类解放"作为自己的根本关注点。当然,他们起初受德国古典哲学的影响,在人的问题的研究上还带有人本主义痕迹;但他们很快就从"抽象的人"转向"现实的人",从历史唯物主义的科学立场对人的问题进行重新审视。有一种观点,似乎马克思和恩格

---

① 《马克思恩格斯选集》第1卷,人民出版社1995年版,第56页。

斯在早期是关注人的，而后期却致力于揭示社会发展的客观规律，研究科学社会主义，因而出现了思想上的某种"断裂"。其实，这种观点并没有真正理解马克思和恩格斯思想发展的内在逻辑。马克思和恩格斯自始至终都没有离开人的发展和解放这一根本的关注点，他们揭示社会发展的客观规律，是为了探索人的发展和解放的现实道路；他们创立科学社会主义学说，最终还是为了实现人的解放，为人的发展创造社会条件。正如他们在《共产党宣言》中所宣告的那样："代替那存在着阶级和阶级对立的资产阶级旧社会的，将是这样一个联合体，在那里，每个人的自由发展是一切人的自由发展的条件。"① 马克思和恩格斯的历史成就，正是在于将人文关怀建立在科学方法的基础之上，将人文精神与科学精神有机地统一起来。

遗憾的是，对于马克思主义哲学的这一基本观点，我们过去的认识是不够的。人们曾批评以往对马克思主义哲学的研究中存在"见物不见人"的问题，这在一定程度上反映了这方面观念的缺失。邓小平同志曾说过，"什么叫社会主义，什么叫马克思主义？我们过去对这个问题的认识不是完全清醒的。"② 相应地，我们究竟为了什么搞社会主义，社会主义的目的究竟是什么，也没有完全搞清楚。结果，一些本来是手段的东西被当成了目的本身，而真正的目的反而被忽视了。至于"文化大革命"一场浩劫，更是粗暴地践踏了人的价值和尊严。中共十一届三中全会之后，我们从各个方面进行了拨乱反正，在这个问题上也进行了反思，认识上和实践上都不断取得进步。从"三个有利于"到"三个代表"，我们党越来越突出地强调最广大人民的根本利益，并以此作为党和国家一切工作的出发点和落脚点。如今，在科学发展观中又明确提出要"以人为本"，亦

---

① 《马克思恩格斯选集》第4卷，人民出版社1995年版，第294页。
② 《邓小平文选》第3卷，人民出版社1993年版，第63页。

即把人放在最为根本的地位,作为社会发展的最高价值目标,从而体现了一种根本性的人文关怀。中共十七大报告强调,"党的一切奋斗和工作都是为了造福人民","发展为了人民、依靠人民、发展成果由人民共享"。[①] 这一要求,对于当代中国的社会发展来说,无疑具有特殊重要的意义。

当然,正如上面已经指出的,马克思主义反对抽象地谈论人,而主张将人文关怀建立在科学方法的基础之上。我们今天讲"以人为本",也必须坚持马克思主义的这种科学精神,着眼于人的现实存在,遵循社会历史领域的客观规律,探索和解决现阶段各种现实的社会问题,通过推进整个社会结构体系的发展和进步来促进人自身的发展。而科学地把握社会发展的整体性要求,实现社会各个领域的全面协调发展,在这里就成为一个必要的条件和手段。我们应该借助于这一条件,将"以人为本"的原则真正落到实处。

三、社会与自然:不同系统之间的关系

人类社会作为一个有机的系统,并不是孤立地存在着,而是与自然界相联系的。自然界是一个巨大的系统,它构成人类社会存在和发展的外部环境。从社会哲学上说,社会与自然之间的关系,是两个不同系统之间相互制约、相互作用,不断进行物质和能量交换的关系,而社会发展就是在这一过程中实现的。因此,要解决科学发展的问题,就不能不考虑社会与自然这两个不同系统之间的关系;而十七大在论述科学发展观的基本要求时,将可持续发展与全面协调发展并提,也正是着眼于这一点,并将其提到应有的高度来对待。

---

① 《中国共产党第十七次全国代表大会文件汇编》,人民出版社2007年版,第15页。

众所周知，人类社会是在自然界长期发展的基础上产生的。作为社会主体的人，首先是自然界的一部分，是作为一种特殊的生命存在物而存在的，而这一点，就决定了人类社会对自然环境的根本上的依赖性。按照马克思的说法，"自然界，就它自身不是人的身体而言，是人的**无机的身体**。人靠自然界**生活**。这就是说，自然界是人为了不致死亡而必须与之处于持续不断的交互作用过程的、人的**身体**。"① 不仅如此，人类社会的一切活动都是在一定的自然环境中进行的，都必须借助于自然环境，包括蕴藏在这一环境中的各种资源。所以，自然环境作为一种基本条件，制约着社会发展的各个方面和整体过程。而另一方面，社会发展又会对自然环境发生重大影响。人是能动的存在物，他并不是像动物一样只是被动地依赖自然，而是要"通过实践创造**对象世界**，改造**无机界**"，即"再生产整个自然界"。② 其中，物质生产活动便是"人们仅仅为了能够生活就必须每日每时都要进行的""第一个历史活动"。③ 这种物质生产活动以及其他各种实践活动如果进行得当，当然会作为人类社会与自然界进行物质能量交换的基本方式而发挥其积极作用；但若违背了客观规律，或者只是为了一时之需而不顾后果，那就会导致对自然环境的破坏，从而损害人类社会自身存在和发展的根基。

社会与自然这两个不同系统的关系在社会发展的不同阶段上有着不同的情况。如果说在早先的渔猎社会和农业社会阶段上还没有出现大的问题，那么自从进入工业社会阶段之后，这方面问题便日渐明显地突出出来了。由于人类在物质生产过程中盲目开发和索取、各种工业加工手段和化学物质的大量使用以及废弃物的不适当处置，造成对自然生态系统的严重侵扰和生态平衡的破坏，导致了自然环

---

① 《马克思恩格斯选集》第 1 卷，人民出版社 1995 年版，第 45 页。
② 《马克思恩格斯选集》第 1 卷，人民出版社 1995 年版，第 46 页。
③ 《马克思恩格斯选集》第 1 卷，人民出版社 1995 年版，第 78—79 页。

境的各种污染和各类资源的耗竭,包括气候变异、酸雨成灾、水质变坏、噪声升级、放射性物质扩散、自然灾害频发、森林和草地萎缩、土地荒漠化、能源匮乏、水资源短缺、金属矿产资源消耗剧增、动植物资源锐减等。面对这些严重的问题,人类不得不对自己的行为做出反省,并重新思考社会与自然的关系,以及推进经济以及整个社会发展的方式和路径;而可持续发展便是在这个背景下提出的一种全球性的战略思路。按照联合国世界环境和发展委员会的定义,所谓可持续发展就是指"既满足当代人的需求又不对后代人满足其需求的能力构成危害的发展",其中的关键是要实现人口、经济、社会、环境和资源等方面的相互协调,也就是要将社会发展与环境保护统一起来。围绕这一战略思路,联合国已先后成立了环境规划署、世界环境与发展委员会、可持续发展委员会等专门机构,召开了联合国人类环境会议(1972)、联合国环境与发展大会(1992)、可持续发展世界首脑会议(2002)等重要会议,通过和签署了《人类环境行动计划》、《21世纪议程》、《可持续发展世界首脑会议实施计划》、《联合国气候变化框架公约》等一系列重要文件。国际社会在联合国的推动下开始了多方面的合作,越来越多的国家参加到这一过程中来,共同拯救"人类家园"。

中国是一个发展中国家,面临着艰巨的发展任务。我们无疑应该抓住时机,继续大力推进经济以及整个社会的发展;但同时又必须清醒地意识到,我们不能再走发达国家曾经走过的"高生产、高消耗、高污染"的老路,而应按照可持续发展的要求,走出一条符合自己实际的、能够将加快发展与保护环境这两方面的要求较好地结合起来的新型工业化道路。在这方面,我们已经做出了积极的努力:从上世纪80年代开始,我们就制定并实施了一系列保护环境的方针、政策和措施,建立了专门的工作机构,并成为联合国环境规划署的理事国。到了90年代,中国积极参与筹备和参加了联合国环发大会，并成为联合国可持续发展委员会的成员国，随后又及时发布了《中国 21 世纪议程》。进入 21 世纪，中国又参与筹备和参加了可持续发展世界首脑会议，并发布了《中国 21 世纪初可持续发展行动纲要》。可持续发展作为我国社会发展的一项基本战略，受到了党和国家的高度重视，并在各个方面的实践中得到了有效的推进。但同时也应看到，我国社会发展中的环境形势依然十分严峻。一些地方环境污染和生态恶化相当严重，主要污染物排放超过环境承载能力；经济增长的资源环境代价过大，节能减排任务完成困难。这些问题的存在，对可持续发展战略造成很大的阻碍和危害，需要我们认真对待和解决。

党的十七大指出，要"坚持生产发展、生活富裕、生态良好的文明发展道路，建设资源节约型、环境友好型社会"①；同时提出要"建设生态文明"，并将其作为现阶段全面建设小康社会的一个新要求。② 我们应认真贯彻落实十七大的各项部署，有针对性地采取措施，将社会发展与环境保护这两个方面更好地结合起来，促使可持续发展的基本要求进一步得到实现。

（原载《新视野》2008 年第 2 期）

---

① 《中国共产党第十七次全国代表大会文件汇编》，人民出版社 2007 年版，第 15 页。
② 《中国共产党第十七次全国代表大会文件汇编》，人民出版社 2007 年版，第 20 页。

遵循唯物史观,推进"四个全面"

(2015年7月)

当前,全党和全国人民正在以习近平同志为总书记的党中央领导下,统筹实施全面建成小康社会、全面深化改革、全面推进依法治国、全面从严治党的战略布局。这一战略布局涉及当代中国社会的各个领域和各个方面,是一项宏大的系统工程;我们应以马克思主义的科学世界观和方法论为指导,特别是从历史唯物主义的理论高度,深刻认识"四个全面"的内在要求,推动这一战略布局的顺利实施。

一

众所周知,历史唯物主义作为马克思主义哲学最重要的成果,在历史观方面取得了根本性的突破。它克服了社会历史领域的特殊性给人们造成的认识上的障碍,揭示了这一领域的客观规律,以及由这些规律所支配的必然趋势。正如恩格斯所指出的,虽然在社会历史领域活动着的是"具有意识的、经过思虑或凭激情行动的、追求某种目的的人",但这"丝毫不能改变一个事实:历史进程是受内在的一般规律支配的"①。因此,要深刻认识我们党提出的"四个全面"战略布局,就不能仅仅从主观方面去理解,而应该着眼于现阶段中国社会发展的客观实际,从客观规律和历史必然性的角度去认识。

首先应该看到,从传统社会走向现代社会、最终实现社会现代化,是历史发展的必然趋势。由于特殊的历史原因,我国过去长期处于传统的农业社会阶段,现代化进程相对迟滞。新中国成立后,这一进程在新的历史条件下全面展开;进入改革开放新时期,现代化建设更是从各个方面加速推进。按照我们党确定的"三步走"战略,我们将在经历"温饱"阶段和"小康"阶段之后,于21世纪中叶基本实现现代化的宏伟目标。经过努力,到20世纪末时,我们已基本实现了前两步战略目标,人民生活总体上达到了小康水平。但正如当时党的十六大所指出的,这时的小康"还是低水平的、不全面的、发展很不平衡的小康"②。根据进入新世纪后的新形势,十六大提出"要在本世纪头二十年,集中力量,全面建设惠及十几亿人口的更高水平的小康社会",并将"全面建设小康社会"确定为"实现现代化战略第三步战略目标必经的承上启下的发展阶段"③。之后,党的十七大在十六大确立的整体目标的基础上,对全面建设小康社会提出了"新的更高要求"④;而党的十八大则在对各领域发展做出新的规划的同时,进一步要求全面把握机遇,沉着应对挑战,确保到2020年"全面建成小康社会"⑤。可以说,把"全面建成小康社会"作为现阶段的战略目标,符合中国现代化的实际,体现了

---

① 《马克思恩格斯文集》第4卷,人民出版社2009年版,第302页。
② 《十六大以来重要文献选编》(上),中央文献出版社2005年版,第14页。
③ 《十六大以来重要文献选编》(上),中央文献出版社2005年版,第14、15页。
④ 《十七大以来重要文献选编》(上),中央文献出版社2009年版,第15页。
⑤ 《十八大以来重要文献选编》(上),中央文献出版社2014年版,第13页。

社会发展的历史必然性。

有了正确的战略目标,还必须有确保这一目标实现的手段。这同样需要根据社会历史领域的客观规律,从各个方面采取措施。社会现代化是一场深刻的社会变革,全面建成小康社会必须对社会各领域的体制机制做出调整和改变,因此必须全面深化改革,通过改革破除那些阻碍社会发展进步的旧体制、旧机制,建立为全面建成小康社会所需要的新体制、新机制。现代社会是法治社会,全面建成小康社会必须要有健全的法治体系做保障,因此必须全面推进依法治国,建立中国特色的社会主义法治体系。全面建成小康社会是我们党提出的战略目标,实现这一战略目标的关键在党,因此必须全面从严治党,保持党的先进性和纯洁性,提高党的执政能力和领导能力。这样一来,"全面深化改革"、"全面推进依法治国"和"全面从严治党"便成为"全面建成小康社会"所必需的重大战略举措,并与"全面建成小康社会"共同构成"四个全面"的整体战略布局。

二

"四个全面"的战略布局体现了社会历史领域的客观规律及其所决定的历史必然性,而要将这一战略布局真正付诸实施,还必须进一步认识这些规律,并以此为依据去进行各方面的具体实践。

按照历史唯物主义的观点,人类社会是一个由经济、政治、文化等基本领域以及其他社会领域所构成的完整的结构体系。社会结构体系中的各个构成领域不是机械地堆积在一起,而是依据其内在机制有机地联系着的;由此出发,可以进一步区分出生产力与生产关系、经济基础与上层建筑等基本层次。生产力决定生产关系,生产关系反作用于生产力;经济基础决定上层建筑,上层建筑反作用于经济基础。两对矛盾相互联结，形成社会基本矛盾，制约着整个社会结构体系的存在和发展。而社会各个构成领域本身，还有着各自的规律；人类社会与自然界之间，也同样是相互制约和联系着的。历史唯物主义强调，社会历史领域的这些规律同自然领域的规律一样，都是不以人的意志为转移的；人们的社会活动要想取得成功，就必须自觉遵循这些规律，而不能忽视和违背这些规律。

应该明确，我们党提出的"全面建成小康社会"的战略目标，并不是仅仅局限于社会结构体系的某一个构成领域，而是着眼于整个社会，是一个全方位的整体目标。按照十八大报告的论述，这一目标是与经济建设、政治建设、文化建设、社会建设、生态文明建设等"五位一体"的总布局相对应的，具体包括"经济持续健康发展"、"人民民主不断扩大"、"文化软实力显著增强"、"人民生活水平全面提高"、"资源节约型和环境友好型社会建设取得重大进展"等各项内容。[①] 而需要进一步强调的是，所有这些不同领域的建设目标并不是各自独立、互不相干，而是紧密联系和统一着的；要真正实现这些目标，就不能将它们分割开来，片面地加以对待，而必须着眼于它们之间的有机联系，将各个领域的建设协调起来加以推进，使这些目标从整体上得到实现。如果只是注重某些领域的建设，而忽视或放松其他相关领域的建设，就会使小康社会建设的整个进程出现失衡乃至脱节，最终影响到整体目标的实现。

"四个全面"中的战略目标是如此，各项战略措施也同样是如此。就全面深化改革而言，这里同样涉及社会结构体系的各个领域，包括经济体制改革、政治体制改革、文化体制改革以及社会其他领域的改革。这些改革也同样是相互联结、相互制约的，必须依照社

---

① 《十八大以来重要文献选编》（上），中央文献出版社2014年版，第13—14页。

会结构体系有机联系的内在机制,特别是生产力与生产关系、经济基础与上层建筑矛盾运动的规律,统筹协调,整体推进。按照十八届三中全会的部署,全面深化改革还包括生态文明体制改革和党的建设制度改革。党的建设属于社会政治领域,这方面改革应与政治体制改革统筹把握;而生态文明体制改革则涉及社会领域与自然领域之间的关系,必须按照这两个领域之间的联系机制有序展开,并与社会结构体系本身的各方面改革协调统一起来。十八届三中全会的《决定》特别提出,"必须更加注重改革的系统性、整体性、协同性"①,习近平总书记系列重要讲话中也一再强调了这一点,我们应深刻理解和把握。而从根本上说,无论哪个领域的改革,改什么,如何改,都要以客观规律的要求为依据,而不能主观随意地去进行。这是历史唯物主义方法论的基本原则,也是我们的改革能否取得成功的根本决定因素。

在全面推进依法治国方面,社会基本矛盾运动的规律也同样起着根本性的作用。法治体系建设属于上层建筑,因而必然要受到作为经济基础的经济关系的制约;全面推进依法治国的具体实践,必须与社会主义市场经济的发展进程相适应。应通过深化经济体制改革,促进社会主义市场经济新体制的进一步完善,为全面推进依法治国提供现实基础。而在上层建筑范围内,各个不同的组成部分之间也会相互影响和制约,法治体系建设应纳入政治建设的范畴,与社会主义民主政治建设统筹协调;此外还需要得到文化建设等方面的支持。要通过深化政治体制改革和文化体制改革,从整体上提高政治建设和文化建设的水平,为全面推进依法治国创造必要条件。

---

① 《中共中央关于全面深化改革若干重大问题的决定》,人民出版社2013年版,第3页。

对于全面从严治党来说，也存在同样的要求。党的建设也属于上层建筑，当然也需要协调好与上层建筑范围内其他进程之间的关系，与社会主义民主政治建设、法治体系建设以及文化建设等方面有机地统一起来；但从更根本的意义上说，则是要处理好与经济基础之间的关系。应通过深化经济体制改革、完善社会主义市场经济体制，进一步解决好全面从严治党的现实基础问题。目前我们正在大力开展反腐败斗争，从这一斗争所遇到的复杂情况看，各种形式的权力寻租和非法利益输送，都是以经济关系领域中存在的缺陷和弊端为前提的。只有下气力将经济体制改革进一步推进到位，特别是在一系列难点问题上取得突破，才能真正使反腐败斗争立于不败之地。

三

历史唯物主义突出强调了社会历史领域中的客观规律，要求照客观规律办事；但这决不意味着否定人的主体性，似乎只要消极地顺应和服从这些规律就可以了。恰好相反，历史唯物主义十分重视人作为主体的存在及其主体性的发挥，认为主体不是一种被动的和消极的存在，而是能动的、积极的存在，人们完全可以发挥自身所特有的能动作用，通过自觉实践而影响和改变作为客体的外部世界。主体选择在社会历史进程的具体展开中具有十分重要的作用，应该把历史决定论与主体选择论有机地结合起来，而不是机械地对立起来。

按照历史唯物主义的这一观点，我们在实施"四个全面"战略布局的过程中，就应在遵循客观规律的前提下，充分发挥主体的能动作用，通过自觉实践达到预期的目的。应该说，我们党提出现代化建设"三步走"战略，本身就是从中国的具体实际出发所做出的充满智慧的路径选择；而将"全面建成小康社会"作为这一进程中的阶段性目标，更是一个创造性的设计和安排。但是，要实现这样一个战略目标，绝不是一件容易的事，它需要我们在实践中积极探索、奋力开拓。"全面小康"是干出来的，等是等不来的。我们应进一步增强历史责任感和使命感，努力用自己的双手创造党和国家事业发展的美好未来。

我国的改革是一场极其深刻的社会变革，难免会遇到种种困难和障碍。而改革越是深入，难度也就越大。如今，改革已进入深水区和攻坚期，面对的都是一些难啃的硬骨头；要在这样一种情况下全面深化改革，对人的主体性的发挥无疑有着很高的要求。党的十八大报告强调指出，全面深化改革需要有"更大的政治勇气和智慧"①。一要有更大的勇气，不畏艰难，敢于突破；二要有更多的智慧，能够驾驭复杂的局势。现阶段改革任务的这种复杂性和艰巨性，既带来严峻挑战，同时也提供了发挥才干、建功立业的历史机遇；我们要敢于担当，迎难而上，为全面深化改革贡献力量。

由于历史和现实的原因，现阶段我国的法治体系还很不完备，全面推进依法治国也面临诸多难题。如何破解这些难题，同样需要发挥主体的能动作用，进一步理顺关系，创造性地开展工作。特别应注意的是，现代法治体系的建立不仅需要有一整套完备的法律体系以及立法、执法、司法等相关制度体系，同时还要求社会成员具备相应的法治观念和意识。而由于我国历史上长期处于传统社会，"人治"观念的影响根深蒂固，"熟人社会"、"人情社会"的特征仍广泛存在。要全面推进依法治国，就必须从主体自身素质的提高入手，打破传统局限，促进观念转变。

---

① 《十八大以来重要文献选编》（上），中央文献出版社2014年版，第14页。

作为"四个全面"战略布局中的关键环节,全面从严治党对于主体能动作用的要求更为直接。要从根本上解决党的建设中存在的突出问题,必须加强各方面的体制和机制建设;但同时还应充分重视党员干部的思想教育,切实解决好世界观、价值观、人生观问题,进一步加强党性修养,如习近平总书记所强调的"在思想上正本清源、固根守魂",自觉抵制和反对各种不良倾向,提高拒腐防变能力。党的各方面建设最终是要通过人来推动的,只有将全面从严治党的要求转化为广大党员干部的自觉行动,才能确保这一重大战略举措取得应有的成效。

(原载《经济日报》2015 年 7 月 16 日)

坚持党的基本路线，推动社会全面进步

(2017年9月)

习近平总书记在省部级主要领导干部专题研讨班上的重要讲话中强调指出，要牢牢把握社会主义初级阶段这个最大国情，坚持党的基本路线，在继续推动经济发展的同时，更好解决我国社会出现的各种问题，更好实现各项事业全面发展，更好发展中国特色社会主义事业，更好推动人的全面发展、社会全面进步。这一重要论述关系到现阶段中国特色社会主义事业的总体部署，应该从理论与实践的结合上深入学习和领会。

一、党的基本路线符合社会基本矛盾运动规律和我国社会主义初级阶段基本国情，必须毫不动摇地继续坚持

对于一个马克思主义政党来说，要领导人民推动社会发展进步，首先必须正确认识和判断当时所处的发展阶段，并由此出发确定党在这一阶段的基本路线。新中国成立后，我们党在这方面进行了积极的探索，取得了重要的认识成果，但同时也经历了重大失误和曲折。特别是在社会主义改造基本完成之后，仍继续实行"以阶级斗

争为纲"，最终导致了"文化大革命"这场浩劫。十一届三中全会之后，我们党拨乱反正，纠正了这一错误，把党和国家的工作重点转移到经济建设上来，开启了改革开放的新时代。经过实践探索和深刻反思，最终形成了我国仍处于并将长期处于社会主义初级阶段的战略判断，进而确定了党在社会主义初级阶段的基本路线，即"领导和团结全国各族人民，以经济建设为中心，坚持四项基本原则，坚持改革开放，自力更生，艰苦创业，为把我国建设成为富强民主文明和谐的社会主义现代化国家而奋斗"[①]。这一基本路线的核心内容，便是"一个中心，两个基本点"。

应该看到，这一基本路线的形成，体现了我们党在总结以往经验教训的基础上，对社会基本矛盾运动规律的深刻认识。按照历史唯物主义的观点，人类社会是一个由经济、政治、文化以及其他社会领域所构成的完整的结构体系；依据这些构成领域之间的内在联系，可以进一步区分出生产力与生产关系、经济基础与上层建筑等基本层次。这些层次之间相互作用、相互制约，形成社会基本矛盾，制约着整个社会结构体系的存在和发展；其中生产力处于最根本的地位，在社会基本矛盾运动中起着最终决定作用。当然，在社会发展的不同阶段，社会基本矛盾的具体状况也是不同的。在社会主义社会建立之前，旧的生产关系严重阻碍生产力的发展，旧的上层建筑又极力维护旧的经济基础，因而必须从根本上加以改变，通过社会革命来解决矛盾。而当社会主义社会建立之后，在新的生产关系推动下大力发展生产力便成为社会的根本任务，这个问题的解决从根本上制约着整个社会的进步和发展。所以，把党和国家的工作重点从大规模的阶级斗争转移到经济建设上来，把经济建设确摆在中

---

① 《中国共产党第十八次全国代表大会文件汇编》，人民出版社2012年版，第66页。

心位置，就成为社会基本矛盾运动的必然要求。社会主义生产关系及其上层建筑从根本性质上说适合生产力的发展要求，因而必须坚持；但在一些具体环节和方面，以及作为基本制度实现形式的具体体制上，仍会存在各种不适应的情况，所以又需要通过改革加以调整和完善。由此，坚持四项基本原则、坚持改革开放，便成为不可或缺的两个基本点。

从我国社会主义社会的具体实际看，我们是在经济文化相对落后的基础上建设社会主义的；虽然我们已经确立了社会主义的基本制度，但仍然处于并将长期处于社会主义初级阶段。在这一特殊条件下，发展生产力这一根本任务便更加迫切地摆在面前，要求我们下定决心，紧紧扭住经济建设这个中心不放松，尽快提高生产力的发展水平。同时还应看到，新中国成立后的制度设计很大程度上借鉴了苏联模式，形成了一种高度集中的计划经济体制以及与之相应的政治体制。这种体制不利于生产力的发展，必须通过全面改革加以破除，代之以更加有利于生产力发展的新体制。当然，这个改革不是要改变我们的基本制度，而是要为社会主义制度寻找更为适宜的实现形式。这样一来，"一个中心，两个基本点"在当代中国的实践中便有了特殊的内涵，反映了社会主义初级阶段的历史特点。

正是由于这样一些原因，我们党对这一基本路线给予了特别的重视和强调。党的十三大对基本路线的内容做出了明确概括和阐述，十四大则将其正式写入党章。党的十五大、十六大、十七大，一直到党的十八大，都一以贯之地突出强调这一基本路线，要求全党无论遇到什么困难和风险，都必须毫不动摇地加以坚持。十一届三中全会以来的近40年中，正是在这一基本路线的指引下，我们党带领人民聚精会神搞建设，大力发展生产力，在坚持四项基本原则的前提下全面实行改革开放，推动中国特色社会主义事业不断向前发展，取得了举世瞩目的重大成就。实践充分证明，"一个中心，两个基本点"的基本路线符合社会基本矛盾运动的客观规律和我国社会主义初级阶段的基本国情,是我们事业成功的根本保证。因此,这条基本路线必须继续坚持下去。正如习近平同志一再指出的:"党的基本路线是国家的生命线、人民的幸福线,我们要坚持把以经济建设为中心作为兴国之要、把四项基本原则作为立国之本、把改革开放作为强国之路,不能有丝毫动摇。"①

二、从中国特色社会主义事业全局的高度深刻理解和把握党的基本路线,推动当代中国社会的全面进步

党的基本路线的提出是以社会基本矛盾运动的客观规律和我国社会主义初级阶段的基本国情为依据,而它的着眼点则是整个社会发展的统一进程和建设中国特色社会主义的事业全局。要真正坚持好、贯彻好党的基本路线,就必须立足于这一高度,深刻理解和把握其内在要求。

按照历史唯物主义的观点,人类社会的结构体系并不是各个基本领域的机械拼加,而是一个有机联系的统一整体;人类社会的发展进程也不是各领域发展的简单汇集,而是按照其整体联系协调展开的统一进程。而社会基本矛盾运动规律所体现的,正是这一整体联系的内在机制。生产力与生产关系、经济基础与上层建筑之间按照各自的功能定位相互制约、相互作用,推动着社会各领域的发展进步,最终形成社会整体发展的统一进程。因此,在建设中国特色社会主义的实践中,必须遵循社会基本矛盾运动的规律,将社会各

---

① 习近平:《在庆祝中国共产党成立95周年大会上的讲话》,人民出版社2016年版,第14页。

个领域的建设和发展协调统一起来，从整体上加以推进。而以"一个中心，两个基本点"为核心内容的党的基本路线，内在地包含着社会发展的这一整体性要求，体现了协调推进社会各领域发展的客观逻辑。

如前所述，党的基本路线突出强调以经济建设为中心，是因为生产力在社会结构体系中的根本地位，以及发展生产力作为社会主义社会的根本任务在我国社会主义初级阶段的迫切需要。不发展生产力，经济建设搞不上去，其他领域的建设就没有根基，整个社会的发展都会受到限制。但同时也应看到，以经济建设为中心绝不是"单打一"，只要抓好经济建设就可以了；而是要围绕这一中心，协调推进社会各个领域的建设和发展。抓经济建设是发展生产力，而要发展生产力就必须调整好生产关系，以及与之相应的上层建筑。生产力决定生产关系、经济基础决定上层建筑，而生产关系和上层建筑又反作用于生产力和经济基础，这里存在的是相互作用，而不是单方面的作用。只有协调推进社会结构体系各个层次、各个领域的共同发展，才能为生产力的发展创造必要的社会条件。因此，党的基本路线在突出"一个中心"的同时，还强调"两个基本点"，即坚持四项基本原则、坚持改革开放；其着眼点就是要解决生产关系和上层建筑方面的问题，破除以往那种已被实践证明不成功的旧体制，代之更加适合生产力要求的新体制，将社会各个领域的发展推进到新的水平。"一个中心"与"两个基本点"是相互联结的，"两个基本点"围绕和服务于"一个中心"，而"一个中心"规定和支撑着"两个基本点"。二者统一于建设中国特色社会主义的伟大实践，推动着当代中国社会的全面进步和发展。

进一步说，人类社会中存在着的主体是人，人是社会结构体系的承担者，而由经济、政治、文化等基本领域所构成的整个社会结构体系则作为社会客体与主体相对应。历史唯物主义认为，社会主体与社会客体是相互联系和制约的。人作为现实的人生活于现实的社会中，作为客体的社会结构体系规定着人的存在和发展；而人作为主体，又要根据自己的需求在实践中能动地认识和改造社会客体。就价值关系而言，人（主体）是目的，社会（客体）是手段，社会发展最终是为人的发展和解放服务的。历史唯物主义强调人的最高价值意义，而在建设中国特色社会主义的实践中，同样应将人的发展和解放作为整个社会发展的最高价值目标。对于党在社会主义初级阶段的基本路线，也必须从这一价值目标出发去理解。应该看到，我们搞经济建设也好，推进改革开放和社会各领域的发展也好，最终都是为了满足广大人民群众自身发展的需要，为了他们的根本利益更好地得到实现。为了这一目标，首先当然要重视发展生产力，把经济建设搞上去；但与此同时，人民群众的需求和利益又是多层次、多方面的，还必须协调推进社会各个层次、各个领域的进步和发展，使人民群众的根本利益全方位地得到实现。

我们强调社会主义初级阶段是最大国情，但初级阶段也不是一成不变的。在牢牢把握这一最大国情的同时，还应充分了解其不断变化的特点，及时研究和解决实践中出现的新问题。应该说，经过近40年的不懈努力，我们的生产力已经有了很大发展，各项改革不断深化，社会主义市场经济体制的基本框架已经确立，经济建设、政治建设、文化建设、社会建设、生态文明建设等方面都取得了重大成就。随着整个社会的发展进步，人民生活显著改善，各方面利益不断得到实现。但同时也应看到，我们的发展还不够充分，生产力水平还不够高；改革的任务仍很艰巨，还有许多难啃的"硬骨头"；如何将社会各领域的发展与经济发展更好地协调和统一起来，还有不少问题需要进一步解决。在已有的基础上，人民群众对于美好生活的向往更加强烈，期盼有更好的教育、更稳定的工作、更满意的收入、更可靠的社会保障、更高水平的医疗卫生服务、更舒适的居住条件、更优美的环境、更丰富的精神文化生活。面对这样一些新的情况和新的要求,我们必须要有一个清醒的认识,做出新的更大的努力。首先还是要继续坚持以经济建设为中心,大力发展生产力,这一条不能有任何松懈;但同时还要以更大的政治勇气和智慧全面深化改革,并且要更加注重改革的系统性、整体性和协同性,更加重视社会各领域的共同进步和发展。如习近平总书记在讲话中所强调的那样,在继续推动经济发展的同时,更好解决我国社会出现的各种问题,更好实现各项事业全面发展,更好发展中国特色社会主义事业,更好推动人的全面发展、社会全面进步。

建设中国特色社会主义是一项长期而艰巨的历史任务,党在社会主义初级阶段的基本路线为我们的事业发展指出了正确方向和路径。当前,中国特色社会主义已进入新的发展阶段,我们要在以习近平同志为核心的党中央领导下,以新的精神状态和奋斗姿态投入新的实践,统筹推进"五位一体"总体布局,协调推进"四个全面"战略布局,为决胜全面建成小康社会、实现"两个一百年"的奋斗目标和中华民族伟大复兴的中国梦而奋斗,努力夺取建设中国特色社会主义的新的更大胜利。

(原载《人民日报》2017年9月21日)

从整体高度把握全面建成小康社会的目标要求

(2013 年 6 月)

党的十八大在总结十六大和十七大以来全面建设小康社会成就的基础上，进一步提出了全面建成小康社会的目标要求。对此，我们应该深刻认识和理解，特别是要依据历史唯物主义的方法论，将这一目标放在社会主义现代化建设的历史进程中，从整体的高度去把握。

一

众所周知，"小康"原本是中国古代思想史上的一个概念；而借用这一概念来表示中国社会现代化进程中的一个特殊阶段，是由邓小平同志提出的。应该说，从改革开放初到党的十八大，关于小康社会建设的认识和实践经历了一个逐步展开的过程。

上世纪 70 年代末，中国从十年动乱中走出来，进入改革开放和社会主义现代化建设的新时期。邓小平同志领导我们党从中国的具体实际出发，制定了"三步走"的现代化战略：第一步是从 1980 年到 1990 年，实现国民生产总值翻一番，解决人民的温饱问题；第二步是从 1990 年到 2000 年，国民生产总值再翻一番，人民生活达到小康水平；第三步则是从21世纪初到世纪中叶，再用50年左右的时间，使人均国民生产总值达到中等发达国家的水平，人民生活比较富裕，基本实现现代化。"小康"这一历史概念就这样被赋予了新的内涵，成为中国现代化总体战略中的重要一环。

"三步走"战略提出之后，我们党领导人民进行了坚持不懈的努力，一步步地将其付诸实施。到20世纪末，我们如期实现了第一步和第二步战略目标，人民生活总体上达到了小康水平。但这是否就算是进入"小康"社会了呢？2002年召开的中共十六大，对这个问题做出了一个令人关注的重要回答。十六大报告首先肯定了已有的成就，认为"这是社会主义制度的伟大胜利，是中华民族发展史上的一个新的里程碑"；但与此同时，报告又在深刻分析我国社会各领域发展状况的基础上，做出了一个十分清醒的判断，认为"现在达到的小康还是低水平的、不全面的、发展很不平衡的小康"。根据进入新世纪后的新的形势，十六大正式提出"要在本世纪头二十年，集中力量，全面建设惠及十几亿人口的更高水平的小康社会"，并从经济、政治、文化、社会以及生态等各个方面，对全面建设小康社会的目标做了具体论述，其中包括"国内生产总值到2020年力争比2000年翻两番"等具体指标。同时，十六大报告还明确指出，全面建设小康社会是我国"实现现代化战略第三步战略目标必经的承上启下的发展阶段"；而全面建设小康社会的目标，"是与加快推进现代化相统一的目标"。

2007年，根据我国社会各领域改革和发展的新的形势，党的十七大又在十六大确立的整体目标的基础上，对全面建设小康社会提出了"新的更高要求"，其中强调了转变发展方式、实现经济"又好又快"发展，"扩大社会主义民主"，"加强文化建设"，"加快发展社会事业"，"建设生态文明"等内容，并将经济发展指标修改为"人均国内生产总值到2020年比2000年翻两番"。

2012年，党的十八大总结了过去五年以及十六大以来十年发展的成就和经验，又根据新的实际，对全面建设小康社会进一步提出了新的要求，包括"经济持续健康发展"、"人民民主不断扩大"、"文化软实力显著增强"、"人民生活水平全面提高"、"资源节约型、环境友好型社会建设取得重大进展"等方面，并根据经济发展的实际情况，提出了"实现国内生产总值和城乡居民人均收入比2010年翻一番"这一新的发展指标。十八大要求全党，全面把握机遇，沉着应对挑战，确保到2020年实现"全面建成小康社会"的宏伟目标。至此，我们党对小康社会建设的认识和实践又进入了一个新的阶段。

二

从"人民生活达到小康"到"全面建设小康社会"，再到"全面建成小康社会"，清楚地展现出我们党在小康社会建设问题上的认识脉络。小康社会建设的目标从侧重强调经济发展和人民生活水平的提高，逐步扩展为包括经济、政治、文化、社会（狭义）等各个领域在内的整个社会结构体系的发展目标，而且还包括了生态环境和可持续发展方面的目标，从而使"小康社会"真正成为一个完整的社会发展阶段。这里的关键在于"全面"二字，它不能仅仅从一般意义上去理解，而必须从整体的高度去把握；这便需要借助于历史唯物主义的方法论，从社会结构体系和中国社会主义现代化的历史进程做出分析。

按照历史唯物主义的观点，人类社会是一个由经济、政治、文化、社会（狭义）等基本领域所构成的完整的结构体系，这些领域不是相互隔绝和孤立地存在着，而是内在地联系着的；它们相互作用、相互制约，形成一个有机的整体。相应地，人类社会的发展进程，也不是各个领域孤立发展的过程，而是各个领域的在相互联结中的统一发展进程。同时，人类社会与自然界之间，也是相互制约和联系着的，人类社会的存在与发展，离不开自然环境的支持。因此，认识和解决社会发展实践中的重大战略问题，就不能仅仅着眼于其中的某个领域，而必须把它放到整个社会结构体系内部和外部的有机联系中去，从整体的高度去研究；我们所说的小康社会建设，正是这样的重大战略问题，因而也必须具备这样的整体高度。

进一步说，既然我们将小康社会建设作为社会主义现代化进程中的一个特殊阶段来对待，那么就应该遵循现代化进程本身的内在逻辑。所谓现代化是指人类社会从传统社会向现代社会的转化；从历史唯物主义的观点来看，这是技术社会形态视角内的一种深刻转型，其实质是从农业社会转向工业社会和信息社会。而由于历史的原因，中国是在经济社会形态已进入社会主义阶段的条件下推进现代化，由此便形成社会主义现代化的特殊进程。从基本内容来说，所谓现代化同样涵盖社会各个领域，包括经济现代化、政治现代化、文化现代化以及社会其他领域的现代化；从更广泛的意义上说，还应包括人类社会与自然界之间关系的现代化。现代化的这些不同领域和方面同样是有机地联系着的，只有从整体的高度将它们协调统一起来，才能真正有效地加以推进。而小康社会建设作为社会主义现代化进程中的一个特殊阶段，也必须符合这一进程的整体性要求，与各个领域和方面的现代化进程相衔接。只有这样，才能真正使小康社会建设的目标"与加快推进现代化相统一"。

十八大提出的全面建成小康社会的战略目标，正是体现了这样一个整体高度。按照十八大报告的论述，这一目标涉及社会的各个领域：在经济领域里，要使经济持续健康发展；在政治领域里，要使人民民主不断扩大；在文化领域里，要使文化软实力显著增强；在社会领域里，要使人民生活水平全面提高；在生态领域里，要使资源节约型、环境友好型社会建设取得重大进展。而所有这些不同领域的建设目标，都不是孤立的、互不相干的，而是紧密联系和统一着的。要真正实现这些目标，就不能将它们分割开来，片面地加以对待，而必须着眼于它们之间的有机联系，将各个领域的建设协调起来加以推进，使这些目标从整体上得到实现。

十八大报告在论述全面建成小康社会的目标要求时，还突出强调要"不失时机地深化重要领域的改革"，并具体阐述了经济领域、政治领域、文化领域、社会领域以及生态领域的改革任务和要求。而需要注意的是，报告中有关改革的这些论述都是在"全面深化"的主题下进行的，对此也同样应从整体的高度去理解。中国的改革从一开始就是涵盖社会各个领域的全面的改革，是"中国的第二次革命"；由于改革的任务十分艰巨，我们采取了渐进式战略，从经济领域的改革入手，各领域改革逐步推开。经过30多年的艰苦努力，已取得了重大成果，旧的计划经济体制被打破，新的社会主义市场经济体制初步建立起来；而随着经济体制改革取得突破，政治体制改革、文化体制改革以及社会其他领域的体制改革也都在不断深化。如今，在新的发展阶段上，中国改革正面临着一个新的更高要求，这就是进一步加强顶层设计，将各领域的改革更好地协调和统一起来，作为一个整体向前推进。各领域的改革之间本来都是相互联系和制约着的，一些深层次问题更是涉及方方面面，只有从整体高度配套推进各领域的改革，才能真正攻克难关，取得突破。

（原载《学习时报》2013年6月3日）

社会发展动力问题与我国社会主义改革

(1993 年 7 月)

解放思想、实事求是作为党的思想路线的基本要求,体现在社会历史领域里,一个极为重要的方面,就是要正确认识社会主义改革。

当然,我们这里不是要讲改革的各种具体问题,而是围绕党的思想路线,从世界观和方法论的高度,从唯物史观的层次上讲改革。我们所进行的社会主义改革使我们正在经历一场深刻的革命,对于担负领导工作的同志来说,只是埋头于改革的具体问题是不够的,还必须从应有的高度不断加深对改革的认识,特别是一些紧要的地方必须吃透。只有这样,才能从宏观上正确地指导改革实践,并进而正确探索和解决改革中的各种具体问题。

在这个层次上,问题很多,但不准备面面俱到,只是着重从社会发展动力的角度,针对人们所关心的一些热点,对有关改革的问题进行一些考察和探讨。

一、历史唯物主义的动力观与改革在社会主义社会动力体系中的地位

社会发展动力问题,是历史唯物主义特别关注的一个重要课题。因为历史唯物主义要真正揭示人类社会发展的客观规律,就必须对这一问题做出回答;只有科学地解决这一问题,才能正确地指导人们去推动社会的发展和进步。在我们的社会主义实践中,我们不可不重视这个发展动力的问题;而党的十四大报告特别强调指出,改革是社会主义社会的重要动力。① 对此,我们必须运用历史唯物主义的动力观,在全面分析社会主义社会动力体系的基础上,真正科学地加以认识。

1. 历史唯物主义关于社会发展动力问题的一般观点

按照历史唯物主义的观点,人类社会的发展动力是一个多层次、多方面的复合体系。其中,从社会基本结构方面着眼,生产力与生产关系、经济基础与上层建筑这一基本矛盾是推动人类社会向前发展的基本动力。生产力决定生产关系、生产关系反作用于生产力,经济基础决定上层建筑、上层建筑反作用于经济基础,正是在这两对矛盾的推动下,人类社会才由低级形态不断地向高级形态演进。而在由两对矛盾所构成的社会基本矛盾体系中,历史唯物主义更加强调生产力与生产关系的矛盾,认为这一矛盾在推动社会发展方面具有更为根本的意义。在生产力与生产关系的矛盾中,历史唯物主义又指出生产力的最终决定意义,认为它是整个社会发展的最终决定力量。人们要想促进社会发展,最终必须在处理好生产力和生产关系之间矛盾的条件下,促进生产力的进步和发展。

---

① 《中国共产党第十四次全国代表大会文件汇编》,人民出版社 1992 年版,第 13 页。

在确认社会基本矛盾是社会发展的基本动力的基础上,历史唯物主义还进一步提出了阶级斗争是阶级社会发展的直接动力、革命是历史的火车头、人民群众是历史的真正创造者等重要观点。阶级斗争是由阶级社会的基本矛盾所规定和制约着的,它作为直接动力是对社会基本矛盾这一基本动力的反映和体现;社会革命则是阶级社会中社会基本矛盾和阶级斗争不断尖锐化和激化的情况下,比较彻底地解决矛盾,促使整个社会形态发生质变的必要环节和手段。而所谓人民群众创造历史,是从人的活动的角度,从人民群众和个人历史作用的关系上说的,其本义是强调人民群众在社会历史发展中的决定作用,同时并不否认杰出人物对推动社会进步的积极贡献。

在近些年来的研究和探讨中,人们还对需要和利益在社会发展中的作用给予了很大的重视,而这个方面的问题又是与历史主客体的研究联系着的。所谓历史主体是在现实的社会关系结构中活动着的现实的人,而所谓历史客体则是人们所处于其中的社会关系结构体系。作为主体的人具有多层次、多方面的需要和利益要求,这种需要和利益推动着他们去进行各个领域的社会实践,最终促进作为历史客体的社会关系体系的进步。当然,历史主体本身又是受历史客体所制约的,社会关系体系的进步使得人们的需要和利益不断满足和实现,从而促使主体本身的不断进步。在这种历史主体—客体的互动关系中,需要和生产的相互制约、相互推动具有首要的意义,马克思曾在《德意志意识形态》中将二者列为"最初的历史的关系的四个因素"① 中的头两个要素。需要和利益对于我们认识社会基本矛盾的运动,认识阶级社会中阶级斗争和社会革命,以及人民群众的历史作用,都是必不可少的重要环节。因此,当我们从历史主

---

① 《马克思恩格斯选集》第1卷,人民出版社1972年版,第34页。

客体的统一关系着眼考察社会发展动力问题时，对需要、利益以及需要和生产的关系给予足够的重视，当然也是十分必要的。

2. 社会主义社会的动力体系与改革的动力地位

历史唯物主义关于社会发展动力的一般观点有如上述，那么，具体到社会主义社会，它的发展动力又该如何认识呢？社会主义社会是从阶级社会脱胎而来的新型社会形态，它的动力体系与以往的阶级社会有何异同呢？对此，马克思和恩格斯没有也不可能为我们准备好现成的答案，而只能靠我们在历史唯物主义一般观点指导下，从社会主义社会的具体实践中不断地研究和探讨。

应该承认，在这方面我们的认识曾经历了一个曲折的过程。当年斯大林曾轻率地断言社会主义社会消灭了矛盾，主张所谓全社会政治上、道义上的一致和各民族的团结推动社会发展的"一致动力说"。我们党在50年代中期社会主义改造基本完成之后，批评了斯大林的这种观点，对社会主义社会的矛盾和动力问题曾做了初步正确的探讨，但遗憾的是不久又滑向了另一个方向的错误，即严重夸大阶级斗争在社会主义社会的地位和作用，形成了一种"阶级斗争动力论"，企图依靠所谓"无产阶级专政下的继续革命"解决问题。直到"文化大革命"结束和党的十一届三中全会以后，我们才重新回到历史唯物主义的立场上，对社会主义社会的矛盾和动力问题进行新的研究和探索。虽然我们的认识至今仍然很不够，虽然理论界在这个问题上还存在很多争议和分歧，但我们至少可以在一些最重要的方面形成比较清楚的认识了。

首先，"在社会主义社会中，基本的矛盾仍然是生产关系和生产力之间的矛盾，上层建筑和经济基础之间的矛盾"[①]，这一基本矛盾

[①]《毛泽东著作选读》下册，人民出版社1986年版，第767页。

构成"推动着社会主义社会向前发展"①的基本动力。毛泽东同志在50年代中的这一论断,当时曾具有开拓性的意义,至今仍然是正确的。历史唯物主义动力观的最基本的观点,无疑同样适合于社会主义社会;社会主义的生产关系与生产力之间、上层建筑与经济基础之间,并不是像斯大林所认为的那样完全适合,而同样存在着矛盾。但是另一方面,社会主义社会的基本矛盾,同旧社会相比又"具有根本不同的性质和情况"②,其基本特点是根本适合条件下的不适合:社会主义生产关系对生产力、上层建筑对经济基础从根本制度上讲是适合的,不适合的只是"某些环节和方面",以及作为根本制度的表现形式的具体体制。在这种情况下,社会主义社会的主要矛盾已经是落后的社会生产与人民不断增长的物质文化需要之间的矛盾,社会的根本任务是发展生产力;而社会主义社会整个基本矛盾体系中"既相适合又不相适合"的问题,也是要以这一根本任务为中心去加以解决的。

其次,作为社会主义社会基本动力的基本矛盾的这种状况,反映在社会发展的直接动力上,阶级斗争的地位和作用便退居其次,而人民内部矛盾上升为主体方面的主要矛盾,并成为占主导地位的直接动力。因为社会主义制度从总体上说消灭了作为阶级的剥削阶级,从而也就消灭了对抗性质的阶级关系;阶级斗争虽然还在一定范围内存在,但它已不是同整个敌对阶级的斗争,而只是作为这种斗争的残留,同各种敌对分子之间的斗争。这样,阶级斗争作为直接动力的作用虽然还在一定意义上存在,但已经不占主导地位。应该明确,社会主义社会是阶级社会向无阶级社会的过渡,我们不能把历史唯物主义关于阶级社会发展和演替过程中阶级斗争起直接动

---

① 《毛泽东选集》第5卷,人民出版社1977年版,第350页。
② 《毛泽东著作选读》下册,人民出版社1986年版,第767页。

力作用的观点，简单地照搬到社会主义社会中来。过去我们不懂得这一点，仍然把阶级斗争奉为主要动力，以为"阶级斗争，一抓就灵"，结果不但不能推动社会前进，反而造成了严重的破坏，教训是深刻的。而取代阶级斗争上升为主导地位的人民内部矛盾，反映了社会主义社会基本矛盾的特点，只有正确处理这些人民内部矛盾，才能不断推动社会主义社会的进步和发展。

第三，既然社会主义社会的基本矛盾作为基本动力而呈现出"基本适合条件下的不适合"这一特点，而人民内部矛盾取代阶级斗争成为占主导的直接动力，那么作为解决这些矛盾并使其动力作用最终得以实现的途径和手段，也就不再是社会主义社会建立时所曾经历的社会革命，而是作为社会主义社会本身自我调整和完善的社会主义改革。这种改革不是要从根本上改变社会主义制度，而是在肯定根本制度的前提下，变革那些不适应的环节和方面，以及作为根本制度表现形式的具体体制；而通过这种变革，人民内部的各种矛盾也相应地得到解决。社会主义改革是我们在长期实践中经过曲折的探索而找到的解决社会主义基本矛盾以及人民内部矛盾的有效方式，它本身也因此而构成社会主义社会动力体系中的基本组成部分。

此外，我们对社会主义社会的动力体系当然也还可以从人民群众的历史作用、从历史主客体关系（包括需要和利益）的角度去分析。历史唯物主义关于人民群众历史作用的原理在社会主义社会仍具有普遍的意义；至于历史主体和历史客体两方面的相互制约、相互促进，实际上我们在承认社会主义社会的主要矛盾是人民不断增长的物质文化需要同落后的社会生产之间的矛盾时，已经触及了二者关系的最根本的环节——需要和生产的关系。社会主义社会的基本矛盾与人民内部矛盾之间，也体现着历史主客体的制约关系，而其中起中介作用的，也正是主体的需要和利益。至于社会主义改革，同样是与主体的需要和利益密切相关的：通过改革解决社会主义社会的基本矛盾以及各种人民内部矛盾，最终是为了保证广大人民群众根本利益的实现，并进一步合理地调整他们的直接利益。而改革本身所体现的，也正是历史主客体两方面进步与发展的统一。

从以上关于社会主义社会动力体系的分析，我们应该可以看出改革所具有的特殊重要的地位。如果说在阶级社会的社会形态更替过程中，意味着社会各个领域的根本变革的社会革命是历史前进的火车头，那么在社会主义社会的自身发展过程中，改革则起着不可替代的先导作用。毋庸置疑，改革的动力作用是要以社会主义社会基本矛盾这一基本动力为基础，并以人民内部矛盾这一直接动力为依托的，同时也要以历史主体本身的需要和利益为目的的，但是没有改革，所有这些矛盾的解决及其动力作用的实现都将成为不可能，而历史主体的需要和利益——不论是根本利益的实现还是直接利益的调整，都将成为空话。最后，社会主义改革当然是要通过人民群众的历史实践才能进行，但人民群众创造历史的作用，在这里突出地体现在改革这一环节上。所以，可以说，没有改革的推动，就没有社会主义社会的发展，在社会主义社会动力体系中，关键的环节是要抓好改革，以改革的动力作用，带动整个动力体系的作用的实现。

如果我们把改革在社会主义社会动力体系中的地位同我国所处的特殊历史条件联系起来，就更能够清楚地认识其特殊重要意义。从我国国内的情况看，我们如今尚处于一个特定的"社会主义初级阶段"，在这个阶段中，如何把社会主义基本原则同我国具体国情相结合，尚是一个有待于解决的问题，而我们过去搞的那套高度集中的旧体制，已被实践证明是不成功的；从国际环境看，苏东剧变使世界社会主义运动进入低谷，苏联模式的社会主义已经宣告失败。僵化、保守是没有出路的，社会主义向何处去，形势逼人，迫使我们加紧探索新的道路。在这样一种特殊条件下，要想扫除困惑、冲出困境，没有别的办法，只有进行改革。只有改革才能给社会主义带来新的生机和希望，也只有改革，才能使我国实现社会主义现代化。因此，在谈到社会主义社会发展动力问题时，我们不能不加倍重视改革，强调社会主义改革的重要地位和作用。

二、社会主义改革动力作用的力度要求及其理论分析

在运用历史唯物主义的动力观分析社会主义社会的发展动力，并从总体上弄清改革在社会主义动力体系中的地位和作用之后，接下来一个实质性问题便是：在现阶段，我国社会主义改革动力作用应该在什么程度上得到发挥，也就是说应该达到怎样的力度？这个问题关系到改革的动力作用的真正实现以及改革本身的成败，必须搞清楚。对此，我们开始时是认识不够的，只是在 14 年的改革实践中，才逐步达到认识的深化。在这里，我们主要想指出以下几个重要之点。

1. 改革的双重规定及其彻底性质

十四大报告对我们正在进行的社会主义改革有这样一个明确的概括："它不是要改变我们社会主义制度的性质，而是社会主义制度的自我完善和发展。它也不是原有经济体制的细枝末节的修补，而是经济体制的根本性变革"。[①] 这一概括恰当地揭示了社会主义改革的双重规定，亦即一个问题的两个方面。我们在分析改革动力作用的力度时，首先要准确地把握这一双重规定。而在这里，我们应特

---

① 《中国共产党第十四次全国代表大会文件汇编》，人民出版社 1992 年版，第 4 页。

别注意的是后一个方面的规定,即所谓"经济体制的根本性变革"。这一提法与邓小平同志南方谈话中强调"从根本上"改变旧体制的精神是一致的,它突出体现了改革的彻底性的要求,是14年来深化认识的重要成果,对此必须吃透。而要真正达到比较深刻的认识,又必须了解历史唯物主义在生产关系等方面基本理论研究的深化,因为它们本来就是密切联系着的。

过去哲学上讲生产关系,总是把它作为生产力的形式来看待,认为生产力是内容,生产关系是形式,二者的统一构成生产方式。这一认识不能说错,但仅仅停留在这种比较单一的区分上,而不对生产关系本身再做具体的分析,必然导致简单化的理解。反映在对社会主义制度的认识上,便是曾存在一时的"唯一模式论",即认为社会主义生产关系只能有一种模式,这就是苏联模式。制度和体制的区分这时还不可能提出,还被看作是一回事;而改革问题,这时也就只限于对社会主义生产关系的某些不完善的具体环节进行调整,这当然还不是我们今天意义上的改革。

随着实践的发展,人们逐渐对"唯一模式论"发生怀疑,开始认识到社会主义制度可以而且应该根据本国实际去选择不同的模式。这便促使人们从哲学理论的高度进行新的探讨。结果发现,生产关系不能仅仅从形式的意义上去理解,它对生产力来说是形式,而就它本身而言,也有一个内容和形式的统一问题。形式和内容的区分是相对于一定的范围和条件而言的,不能把它们绝对化。生产关系作为一种物质利益关系,其内容主要是规定着这一关系根本性质的一些基本原则;但这些原则还需要通过各种的具体规定和要求体现出来,这便是生产关系的具体实现形式。一定的内容可以通过不同的形式展现出来,一种生产关系,也完全可以有各种不同的具体实现形式。具体到社会主义生产关系,当然也不可能只有一种"模式",而是可以有各种不同的"模式"。所谓模式,也就是它的具体实现形式。正是基于这样一种认识，人们开始把"制度"和"体制"作为两个相互对应的概念来看待，确认一种制度可以采取各种不同的体制。而社会主义制度和体制的关系，当然也不例外。

有了对生产关系的这种新的、更进一步的认识，并区分了"制度"和"体制"这两个相互联系但又各不相同的概念，我们才得以正式提出"体制改革"这一目标，并以此作为社会主义改革的基本任务。既然社会主义生产关系可以从根本制度和具体体制的统一来把握，那么在社会主义社会的生产力与生产关系的矛盾运动中，生产关系对生产力的不适合的问题究竟出在哪里呢？看来不简单地是"某些环节和方面"的问题，而是社会主义生产关系的具体实现形式，亦即它的具体体制不适合。我们过去参照苏联模式所建立的那套高度集中的计划经济体制，存在着严重的弊端，不能适应现阶段我国生产力发展的实际水平和要求，它作为社会主义生产关系的不好的实现形式，严重地妨碍了社会主义生产关系的本质内容的真正展现，妨碍了社会主义优越性的真正发挥。所以，我们的改革必须以变革这种旧的实现形式或体制为主要目标，而不仅仅是像过去所提的那样只限于生产关系的"某些环节和方面"。而这样一来，也就开始明确了我国社会主义改革发挥其动力作用的一个基本的力度要求：它必须在体制方面实现一个新的转变，建立一种更为适合的新体制以取代旧体制，亦即为社会主义生产关系寻找一种新的实现形式。社会主义改革要想有效地发挥自己的动力作用，就必须达到这样的力度。

体制改革的目标在于变革旧体制而建立新体制，但是，在过去一个时期的改革实践中，仍有一个问题是人们不太清楚的，这就是我们究竟要怎样变革旧体制，通过这种变革建立一种什么样的新体制。我们过去那套体制本是高度集中的计划经济体制，在改革初期我们只是试图在保证计划经济的前提下加入市场经济的因素，即所谓"以计划经济为主,市场调节为辅"。在此之后,又渐次提出"有计划的商品经济","计划与市场相结合"。这样一些对体制改革的具体构想,实际上并未脱出以计划经济为特征的旧体制的窠臼,所谓新体制也只能是在旧体制基础上的修补和翻新。而党的十四大在这方面所取得的突破性进展,就是正式提出了建立社会主义市场经济新体制的构想,从而最终抛弃了旧的计划经济体制的模式。在此基础上,十四大报告才特别强调了这一思想:我们的改革不是对原有经济体制的修修补补,而是经济体制的"根本性变革"。这就是说,我们必须从根本上彻底地、完全地改变旧体制,重新建立一种与旧体制根本不同的新体制。市场经济体制的构想与"根本性"变革要求的提出,将改革动力作用的力度要求又向前推进了一步,即它所要完成的旧体制向新体制的转变必须是"根本性"的转变,这样才能保证它的动力作用真正到位。如果达不到这种"根本性"的要求,那么改革应有的动力作用就难以实现,而改革本身也不会取得成功。这一彻底的力度要求,可以说切实抓住了我国生产力与生产关系矛盾的要害,找到了现阶段我国社会发展的症结所在,我们必须认真把握、深刻领会。

我们强调对旧体制实行"根本性的变革",会不会动摇社会主义制度本身?一些好心的人们抱有这样的疑问。而若从哲学的高度了解了生产关系本身的内容和形式的关系,并像我们上面所指出的那样弄清了制度和体制的关系,就会明白,这种所谓"根本性变革"仅仅是在体制的意义上说的,是在社会主义生产关系的实现形式的意义上说的,并不会动摇作为它的基本内容的根本制度。形式当然会对内容产生影响,但我们的改革恰是要破除那种不利于内容的旧形式,为社会主义生产关系探寻更有利于它的新的实现形式。作为社会主义生产关系实现形式的具体体制是要从根本上加以变革的,而作为社会主义生产关系基本内容的根本制度是不能动摇的,由此便产生了对我国社会主义改革的双重规定,而这也就是我国改革在发挥其动力作用时的双重力度要求。

此外还应说明的是,我们以上侧重从生产关系的角度阐述改革的双重规定和彻底性,而上层建筑方面也同样存在这一要求。上层建筑也有一个内容和形式的关系,一种政治制度,需要通过各种具体的政治体制表现出来。而既然作为经济基础的生产关系需要在体制上进行根本变革,那么上层建筑也必须相应地变革其体制。我们在把握改革动力作用的彻底性力度要求时,也不应忘记这一方面。

2. 改革也是解放生产力

大家记得,邓小平同志在 1992 年春视察南方的谈话中明确指出:"革命是解放生产力,改革也是解放生产力"①,过去"只讲在社会主义条件下发展生产力,没有讲还要通过改革解放生产力,不完全,应该把解放生产力和发展生产力两个讲全了"②。这次十四大报告特别注意吸收了小平同志这一思想,对"改革也是解放生产力"予以了充分的肯定和强调。而对于我们所要进行的改革动力作用力度分析来说,这无疑是又一个十分重要的方面。

改革作为社会主义社会发展的重要动力,不仅表现在它直接推动着作为社会主义生产关系实现形式的经济体制以及其他各方面体制的变革,而且还要进一步体现为对生产力进步的推动作用。如果说前面对于改革的双重规定及其彻底性的分析是从生产关系以及上层建筑等方面的变革着眼看改革动力作用的力度要求,那么在这里,则是要进而从生产力的进步着眼来看改革动力作用的力度,即它对生产力的进步应该起到怎样的推动作用,亦即在什么程度上起到这种作用。这方面的力度要求,不是别的,正是"通过改革解放生产

---

① 《邓小平文选》第 3 卷,人民出版社 1993 年版,第 370 页。
② 《邓小平文选》第 3 卷,人民出版社 1993 年版,第 370 页。

力",其关键点在"解放"二字上。

对于这一问题,我们过去的确是认识不够的。正如邓小平同志所说的,往往只讲在社会主义制度下发展生产力,不讲通过改革解放生产力。"解放"是与"束缚"相对而言的,说社会主义生产关系还存在"束缚"生产力的问题,还需要进行"解放",这在过去是人们难以接受的。就是在改革进行了很长一个时期以后,仍有不少人对此表示怀疑,觉得有否定社会主义之嫌。原因何在?从理论上说,这在很大程度上是由于不了解生产关系的本质内容与它的实现形式之间的关系,不了解制度和体制的区别和联系。过去往往把生产关系仅仅看作生产力的形式,对生产关系本身的内容和形式还没有加以区分,把制度和体制还看作是一回事。这样,如果要说到"束缚"生产力和"解放"生产力的问题,必然要涉及对社会主义生产关系和社会主义制度本身的根本评价,而这当然也就难以说通。

如今,当我们进一步认识了生产关系不仅是生产力的社会形式,而它本身也有一个基本内容与实现形式的关系;认识了一种制度可以有各种不同的具体体制,制度和体制的关系可以从内容和形式的角度去把握的时候,这个问题应该说就不难解决了。我们说通过改革解放生产力,是针对我国社会主义生产关系的具体实现形式亦即具体体制而言,并不涉及社会主义生产关系的本质内容和根本制度。社会主义生产关系从根本性质上说是适合生产力发展要求的,是为生产力的发展开辟了广阔前景的。但是,我国生产关系所采取的那种旧的实现形式或体制,是不好的,它妨碍了社会主义生产关系的优越性的发挥,束缚了生产力的发展。我们所进行的社会主义改革,就是要打破旧体制对生产力的这种束缚,从而使生产力解放出来。由于旧体制的不适合已经不是某些部分和方面,而是整体性的不适合,对这种旧体制的改革不是部分的修补,而是根本性的变革,那么对生产力而言，完全可以说是一次"解放"。这一解放的成果，就是真正促进我国生产力的迅速发展，到本世纪末实现"翻两番"，并在此基础上尽快实现社会主义现代化的宏伟目标。而在旧体制的束缚下，这一目标是很难实现的。

特别需要指出的是，由于我们过去一个时期中不懂得生产关系还有一个自身实现形式亦即具体体制的问题，因而也就无从了解这种实现形式或体制在生产力—生产关系矛盾运动中的作用和意义。人们曾以为，只要社会主义生产关系作为一种根本制度而得到确立，便可以完事大吉，它的优越性就会如人们所期望的那样展现出来，从而迅速推动生产力的发展。其实不然，社会主义几十年的实践已经证明，如果我们不能从生产力的具体实际出发，为社会主义生产关系寻找到真正适合的实现形式，不能为社会主义制度选择一种真正有利的具体体制，那么社会主义的优越性就会受到压抑而不能很好地得到发挥，社会主义的基本原则还有可能受到各种扭曲。这样一种受到压抑的、扭曲了的社会主义生产关系，也就无法起到对生产力的积极促进作用，相反还会妨害生产力的发展。这个认识是我们经历了多年的曲折才达到的，而我们现在的问题也正是出在这里。如今，我们若不能通过改革解决这个具体实现形式或体制的问题，我们的社会主义制度就无法站住脚跟。

革命是解放生产力，改革也是解放生产力。这两个"解放"当然是有着不同的内涵的：前者是针对已经从根本上不适合于生产力的整个生产关系和社会制度，是通过这种生产关系和社会制度本身的根本性变革而达到的；而后者即改革则是针对社会主义生产关系的不适合的具体实现形式或具体体制，通过这种实现形式或体制的根本性变革而达到的。但是两个解放的共同之处，在于都是要大大推动生产力的发展和进步。因此，我们把解放生产力作为改革动力作用的进一步的力度要求，它的动力作用必须也应该在这个力度上发挥出来。这一力度要求，与前述双重规定及其彻底性的力度要求，是完全一致的。

3. 改革是一场新的革命

在考察我国社会主义改革动力作用的力度要求时，还有一个十分重要的观点必须注意，这便是关于改革是一场新的革命的观点。邓小平同志曾多次提到这一观点，而党的十四大报告则用了大段篇幅对此加以阐述。报告指出，以毛泽东同志为核心的第一代中央领导集体，领导全党和全国各族人民进行了"中国有史以来最伟大的革命"，建立了社会主义新中国；而以邓小平同志为核心的第二代中央领导集体，则领导全党和全国各族人民开始了"又一次伟大革命"，这就是我们正在进行的社会主义改革。① 将这次改革同建立新中国的革命相提并论，这个评价当然是相当高的。而这同时也就是对改革的动力作用，提出了很高的力度要求。

一些同志对"革命"这个概念存在疑问。一谈到革命，往往使人联想到武装斗争、暴力冲突、政权易位、一个阶级推翻另一个阶级的统治。我们过去所经历的那场革命，正是这样的革命。而改革，也能称之为革命么？为了正确地认识问题，有必要首先弄清革命这一概念。的确，历史唯物主义所讲的革命，亦即社会革命，原本是有着特定的涵义的。所谓社会革命，是指社会形态的质变，一种社会形态向另一种社会形态的转变。这种社会革命包括社会经济、政治、文化等全方位的根本变革，其中政治革命是首要环节，即所谓"革命的首要问题是政权问题"。而政治革命又往往是通过暴力革命的形式进行的，当然也不排除非暴力的形式。这些观点，在一般历史唯物主义教科书上都有阐述。但是，"革命"这一概念又具有狭义

---

① 《中国共产党第十四次全国代表大会文件汇编》，人民出版社1992年版，第3页。

和广义两种涵义，历史唯物主义通常所讲的社会革命只是它的狭义的涵义。从广义来说，革命又可以泛指各种广泛和深刻的变革，例如我们通常所说的技术革命、思想革命等。事物在发展过程中产生有重大意义的、划时代的变化，都可以称之为革命。这样，当我们依据革命的双重涵义来看待我们所经历的两次"革命"时，就会发现：第一次革命亦即毛泽东同志领导的创建社会主义新中国的革命，是从狭义的革命即历史唯物主义的社会革命的涵义上说的，它是社会形态的质的变革，是一个阶级推翻另一个阶级的统治。而第二次革命亦即邓小平同志为总设计师的社会主义改革，则是从广义上说的，是广义的革命。这一点十四大报告中有着明确的说明："就其引起社会变革的广度和深度来说，是开始了一场新的革命。"① 我们所进行的改革虽然并不是社会形态的质变，也不是一个阶级推翻另一个阶级，但它对我国社会发展的影响，的确是十分广泛和深刻的，就广义而言称得上是一次"革命"，或者说应该成为一次革命。

改革对我国社会发展的深刻影响，首先表现为它要完成旧的经济体制的根本性变革，即由高度集中的计划经济体制转向社会主义市场经济体制。而随着经济体制的根本变革，政治体制和其他方面的体制也要进行相应的变革。虽然这些变革不会动摇社会主义的基本制度，但在具体体制的领域里，无疑具有最深刻的意义。其次，改革不是要一般地促进生产力的发展，而是要打破旧体制对生产力发展的束缚，从而"解放"生产力。其结果，就是尽快实现社会主义现代化。因此，对我国经济建设和生产力的发展来说，改革无疑也具有极其重大的意义。再次，对于社会的思想文化领域，对于社会风气、社会心理、价值观念、生活方式等各个方面，改革都将产

---

① 《中国共产党第十四次全国代表大会文件汇编》，人民出版社1992年版，第3页。

生全方位的影响，促使社会的精神面貌发生巨大变化。特别是过去几十年历史遗留下来的某些惰性心理沉积和旧的计划经济体制下形成的一些扭曲观念，将在改革的洪流中受到猛烈的冲刷。最后，从总体上说，改革是建设有中国特色社会主义的必由之路，通过改革，我们将为社会主义的现实发展开辟出一条全新的途径，这不仅对我国社会主义社会，而且对整个世界社会主义运动都将产生划时代的历史影响。改革作为一场革命，其意义最终在此。

明确了改革的革命意义，我们在把握改革动力作用的力度时，就必须从这个革命的高度来把握。如果说前述双重规定及其彻底性的要求是从体制本身而言的对改革动力作用的力度要求，解放生产力是从生产力发展的角度对改革动力作用的力度要求，那么这里所说的改革也是一场革命，就是从整个社会进步的高度对改革动力作用的力度要求。我们正在进行的改革肩负着如此重要的使命，它对我国社会发展的动力作用只有按照以上各个方面的力度要求去发挥，才能真正到位。对此，我们一定要有一个充分的认识，并要以真正坚决、彻底的态度，投入到改革的实践中去。

三、发挥改革动力作用所必须处理好的几个关系

改革是社会主义社会的重要动力，它的动力作用必须达到各方面既定的力度要求，才能真正实现。但是，要保证改革按照既定的力度要求正确发挥其动力作用，还必须处理好以下几个方面的关系。

1. 改革动力作用与其客观依据以及生产力自身发展的关系

社会主义改革的动力作用不是无源之水、无本之木，它是以社会主义社会基本矛盾的运动为基础的。而历史唯物主义的最重要的观点之一，就是强调生产力在社会基本矛盾体系中的最终决定

意义，社会主义改革要想真正发挥动力作用，就必须以生产力的实际状况为其客观依据。并不是说随便哪一种改革都可以起到动力作用，那种脱离生产力客观实际的盲目乱改，不仅不会起动力作用，相反还会起破坏作用。只有切实从生产力的实际出发，才能保证改革的动力作用的发挥。再进一步说，我们之所以强调改革动力作用的发挥必须达到应有的力度，必须从根本上改变旧体制，其原因不是别的，也正是因为过去那种高度集中的计划经济体制从根本上不适合我国生产力的实际，只有实行根本性的变革，建立新的市场经济体制，才能适合生产力的要求。所以，也只有从生产力这个客观依据出发，才能正确理解改革动力作用的力度要求，并自觉地实现这个要求。隐藏在改革动力力度要求背后的，正是生产力的客观要求。

处理好改革动力作用与其客观依据的关系，在今天有着特殊重要的意义。党的十四大报告强调指出要反对三个"停留"，即"停留在对马克思主义的某些原则、某些本本的教条式理解上，或者停留在对社会主义的一些不科学的甚至扭曲的认识上，或者停留在那些超越社会主义初级阶段的不正确的思想上"[①]；这三个"停留"是妨碍我们改革的主要认识障碍，而其错误实质说到底就是不能真正从生产力的客观实际出发。如果按照这三个"停留"去指导改革，那么改革的动力作用显然难以正确地发挥出来，更难以达到应有的力度要求。三个"停留"的影响不可低估，所以我们在认识和发挥改革的动力作用时，必须坚定不移地把它置于生产力的实际要求这一客观依据之上。

---

① 《中国共产党第十四次全国代表大会文件汇编》，人民出版社1992年版，第47页。

与这一问题相关联的,是改革的动力作用与生产力自身发展的关系。这里必须指出,改革虽然可以对生产力起到重大的推动作用,但它并不能代替生产力的自身发展。那种以为只要把改革搞好了,生产力"自然而然"就上去了的观点,是一种很大的误解。其实,改革的动力作用只是表现在为生产力的发展建立一种比较理想的社会关系环境和利益机制,亦即一种比较有利的外部条件。而生产力能不能迅速发展起来,归根结底还要取决于人们是否把握了生产力系统本身的内在规律,并在经济建设的领域里脚踏实地地做出努力。这方面我们过去的认识是不够的,对于生产力本身的规律、经济建设本身的规律,研究得不够。现在当然有了不少进步,经济学领域也在原有的以生产关系为主要对象的政治经济学之外,又新开辟了生产力经济学这一新的学科,这都是应该肯定的。但最终还要求我们把对生产力的认识运用于发展生产力的实践,借助于改革的动力,把经济建设切实搞上去。

2. 经济体制改革与政治体制改革,以及改革动力系统的各个环节之间的关系

社会主义改革是一项庞大的社会系统工程,而它的动力作用也是以系统的形式发挥出来的。所以,要正确发挥改革的动力作用,就必须处理好改革动力系统本身的协调配套关系。这方面的关系处理不好,改革的动力作用就会大打折扣,甚至出现不应有的偏差。

这里最突出的问题莫过于经济体制改革和政治体制改革的关系。按照历史唯物主义的基本原理,经济基础决定上层建筑,上层建筑反作用于经济基础,二者是相互作用、相互制约的;因此,经济体制改革与政治体制改革应该协调统一、相互促进。在运用历史唯物主义原理认识经济体制改革和政治体制改革的关系时,有一点必须注意:历史唯物主义在谈到经济基础决定上层建筑时,常常讲经济

基础的变革决定上层建筑的变革，经济基础变化了，上层建筑也要"随之变化"。那么，能不能据此认为经济基础的变化与上层建筑的变化就是简单的先后关系，并进而得出"先把经济体制改革搞好了，再去搞政治体制改革"的结论呢？不能。因为所谓经济基础的变革决定上层建筑的变革，是从变革的客观动因和根源的意义上讲的，上层建筑之所以会发生变化，是由于经济基础本身的变革要求在推动着它。但是就变革的具体展开过程来说，二者却是密切结合和相互交织在一起的，往往是经济基础先发生部分的变化，产生一些新的成分，而当这些成分生长到一定程度时，就由于受到旧的上层建筑的压抑而不得不着手进行政治方面的变革，然后再借助于新的上层建筑的支持反过来实现经济基础的彻底变革。有时，甚至需要首先进行上层建筑方面的变革，然后借助新的上层建筑的力量实现经济基础的变革，例如我国社会主义社会的产生过程就是如此。具体到我国经济体制改革和政治体制改革的关系来说，政治体制改革在根本上是由经济体制改革所推动的，这没有错；但二者的具体展开过程，却要根据改革进展的实际情况而定。从我国的实际看来，政治体制改革必须与经济体制改革结合进行，统一配套。我们已经深深感到，经济体制改革中遇到的许多困扰，都涉及政治体制方面的问题，如果不及时进行政治体制的相应改革，经济体制改革就无法深入下去，甚至会完全"走样"。

应该说，我国经济体制改革开始不久，政治体制改革的要求就已提出。早在1980年，邓小平同志就发表了《党和国家领导制度的改革》这一纲领性的讲话；1987年，党的十三大正式确定了政治体制改革的任务和方针；我国的政治体制改革在艰难的探索中初步开辟了自己的道路。但是，1989年政治风波和苏东剧变之后，一些同志动摇了政治体制改革的决心，他们认为苏东出问题，就是因为搞政治体制改革，搞民主化、公开化搞坏了，所以我们还是不要去碰这个难题，还是先把经济体制改革搞好再说。这种认识和主张的初衷虽然可以理解，但它本身毕竟是不正确的，因为它不符合经济体制改革和政治体制改革相互制约的客观规律；试图离开政治体制改革的配合而单搞经济体制改革，只是一厢情愿的主观幻想。苏东搞政治体制改革出了问题，我们应该以积极的态度去吸取他们的经验教训，以便把我们的改革搞好；而不能以消极的态度去对待，因噎废食，以至于放弃我们自己的改革。这次党的十四大明确指出，我们不仅要深化经济体制改革，而且要"同时相应地"推进政治体制改革。这就为我们再次指明了正确的方针，我们一定要不动摇地按照这一方针去做。

除了处理好经济体制改革和政治体制改革的关系之外，我们还要注意处理好改革过程中各个具体环节之间的关系。任何一项重大措施的出台，都需要有一系列相关的措施相配套，否则很难收到预期的效果。我们在这方面有过不少教训。我们有一些政策，本身不可谓不好，但实行起来就"走样"，问题往往也出在各个环节之间的协调配套上。所以，要搞好改革，一定要有系统观念。从发挥改革动力作用的角度而言，处理好这方面的关系，的确是不可或缺的一个重要条件。

3. 社会变革与社会安定、正效应与负效应的关系

改革是一场新的革命，它的革命性质体现着对它的动力作用的力度要求；而既然是一场革命，那么其引起社会变革的深度和广度必然会对整个社会生活造成巨大的影响。但是，中国现在面临的一个难题是：一方面必须进行改革，而且是革命性的改革；另一方面却又不得不格外重视社会安定的问题，因为中国人在短短的几十年里已经经受了太多的动荡和折腾，而经济社会发展在这些动荡中已一次次错过了宝贵的时机，现在无论是从人们的社会心理上，还是从经济社会发展的客观需要上，都渴望能维持一个比较安定的社会

局面。加之中国是一个大国，一乱起来就不好收拾。而这就要求我们，在充分发挥改革的动力作用的时候，应注意处理好社会变革与社会安定的关系。

无疑地，要在实现变革的同时完全避免震荡，总是四平八稳，是不可能的。对于这一点，我们应该向人民讲清楚，为了改革的成功，我们必须承受。但是另一方面，我们在实施改革的过程中，又应尽可能地采取比较稳妥的步骤，并加以必要的辅助措施，以尽量减少社会震荡的程度，特别是防止和避免出现大的震荡。这涉及我国改革的基本战略。在这方面有各种不同的意见和方案，但从我国实际情况出发，还是以逐步推进、积极稳妥的战略为好。当然，这决不是意味着缩手缩脚，不敢迈开步子，也不是要慢慢腾腾，拖延改革进程；应该采取的步骤必须坚决采取，应该抓紧进行的事情必须尽快去办，我们还是要提倡解放思想，大胆改革，锐意创新。我们这里所强调的，只是要将革命精神与科学态度结合起来，尽量避免曲折，切实保障我国社会主义改革的顺利进行，并使它的动力作用正常地得到发挥。

从一定意义上说，处理好社会变革与社会安定的关系，也就是要处理好改革的正效应与负效应的关系。社会通过变革而走向进步，这是改革的正效应；而改革过程中的社会震荡，则属于改革的负效应。除此之外，改革的正效应和负效应还在其他方面表现出来：新体制取代旧体制，这是改革的正效应；而两种体制转轨和过渡期间，旧体制和旧秩序被打破、新体制和新秩序还没有完全建立起来这样一种情况，又会造成一定的混乱和各种漏洞，给社会投机分子提供可乘之机，这是改革的负效应。改革旧的不合理的经济关系和政治关系，这是改革的正效应；而既定的利益格局的变化，有时又会给人们造成不同程度的、暂时的痛苦与损失，这也是改革的负效应。这样一次深刻的社会变革，绝不会不付一点代价就能轻而易举地获得成功，改革在发挥它的动力作用的时候，也不会没有一些负效应，我们应该懂得这一点。但是，我们同时又有责任把这种负效应减少到最低限度，而不应该以此为由放弃我们的努力，更不能把它变成掩盖我们工作失误的借口。实践表明，有许多具体问题，如果我们认真加以对待，是会处理得好一些的。

（本文为中共中央党校讲稿，曾印发校内相关班次；收入中共中央党校出版社组织编写：《马克思主义科学世界观和党的思想路线专题讲座》，中共中央党校出版社1993年版，发表时标题改为"改革是社会主义社会发展的动力"）

在新的历史条件下坚持推进改革开放

——访中共中央党校教育长贾高建

(2012 年 12 月)

党的十八大在总结过去五年的工作和党的十六大以来的奋斗历程及取得的历史性成就的基础上,对在新的历史条件下进一步推进中国特色社会主义事业做出了全面部署;其中特别强调要"坚持推进改革开放",并提出"必须以更大的政治勇气和智慧,不失时机深化重要领域的改革,坚决破除一切妨碍科学发展的思想观念和体制机制弊端"。[1] 近日,记者围绕对这一重大问题的认识,采访了中共中央党校教育长贾高建教授。

一、充分认识改革开放对于当代中国社会发展的特殊重要意义

《中国社会科学报》:党的十八大提出要把"坚持推进改革开放"作为新的历史条件下必须牢牢把握的一项基本要求,并使之成为全党全国各族人民的共同信念。应该如何理解这一要求?

贾高建:我们应该充分认识到,改革开放对于当代中国社会发

---

[1] 《中国共产党第十八次全国代表大会文件汇编》,人民出版社 2012 年版,第 13、17 页。

展具有特殊重要的意义。它是我们党在 20 世纪的社会主义实践遇到重大曲折的复杂情况下所做出的重大决策,是在解放思想、实事求是的思想路线指引下探索中国社会发展道路的重大举措。过去我们搞社会主义,虽然取得了不少成绩,但也发生了重大偏差和失误。特别是在苏东剧变、世界社会主义运动遭遇低谷的形势下,路究竟应该怎么走?我们党在紧要历史关头表现出应有的智慧,"既不走封闭僵化的老路,也不走改旗易帜的邪路",而是全面实行改革开放,开辟了一条中国特色社会主义的新的道路。30 多年来,正是在改革开放的强力推动下,我们在经济建设和社会各领域的发展中取得了一系列举世瞩目的成就,整个社会的面貌发生了极其深刻的变化。

还在党的十八大召开前夕,胡锦涛同志就在省部级主要领导干部专题研讨班开班式上的重要讲话中谆谆告诫全党:"全党同志必须牢记,我国过去 30 多年的快速发展靠的是改革开放,我国未来发展也必须坚定不移依靠改革开放。只有改革开放才能发展中国、发展社会主义、发展马克思主义。"① 这次十八大报告中进一步明确提出,要把"坚持推进改革开放"作为新的历史条件下必须牢牢把握的一项基本要求,并使之成为全党全国各族人民的共同信念。② 这是在总结已有实践的基础上所得出的重要结论,必须深刻认识和理解。应该看到,我们是在改革开放中开创了中国特色社会主义的伟大事业,而要将这一事业继续推向前进,也只能依靠改革开放。正如党的十八大报告所指出的,"改革开放是坚持和发展中国特色社会主义的必由之路"③。

---

① 《人民日报》,2012 年 7 月 24 日,第 1 版。
② 《中国共产党第十八次全国代表大会文件汇编》,人民出版社 2012 年版,第 13 页。
③ 《中国共产党第十八次全国代表大会文件汇编》,人民出版社 2012 年版,第 13 页。

二、改革仍面临着许多难题和挑战，必须下气力向前推进

《中国社会科学报》：改革开放已进行了30多年，并取得了重大成果。为什么十八大报告中强调"必须以更大的政治勇气和智慧，不失时机深化重要领域的改革，坚决破除一切妨碍科学发展的思想观念和体制机制弊端"？

贾高建：我们的改革是一场十分深刻的社会变革，邓小平同志曾称之为"中国的第二次革命"。① 经过30多年的努力，我们的确已经取得了一系列重大成果，尤其是在经济领域里，原有的计划经济体制已被破除，社会主义市场经济的基本框架已经建立起来。但同时又要看到，我们的改革还远没有到位，各方面仍面临着许多特殊的难题和挑战。按照十八大报告中的论述，现阶段"制约科学发展的体制机制障碍较多，深化改革开放和转变经济发展方式任务艰巨"②。具体说来，我们的社会主义市场经济体制还很不完善，经济体制改革还需要继续攻坚；社会主义民主政治的具体模式还需要进一步探索，政治体制改革的一些深层次问题还有待提上日程；思想文化领域中的一些关系应该进一步理顺，文化体制改革还需要大力推进；社会领域里的各种矛盾表现突出，社会体制改革必须进一步加快步伐。此外，党的十八大把生态文明建设作为建设中国特色社会主义的一个重要方面纳入"五位一体"的总体布局③，并提出要

---

① 《邓小平文选》第3卷，人民出版社1993年版，第113页。
② 《中国共产党第十八次全国代表大会文件汇编》，人民出版社2012年版，第5页。
③ 《中国共产党第十八次全国代表大会文件汇编》，人民出版社2012年版，第11—12页。

"加强生态文明制度建设"①,这里也涉及相关体制的改革问题。改革和开放是相互联系的,只有进一步深化改革,才能更为有效地促进我国经济、政治、文化以及社会其他各个领域的对外交流与合作,更好地吸收和借鉴人类文明成果,并在国际舞台上发挥更为重要的作用。所以,在新的阶段上,我们决不能有任何松懈,而必须继续努力,把改革开放坚定不移地推向前进。

然而必须看到,要继续推进改革,绝不是一件容易的事情。现阶段改革已进入深水区,遇到的都是难点问题;而改革越是深入,难度也就越大。特别是要在重要领域打破某种既定的利益格局,难免会遇到重重阻力。但是我们没有退路,只能迎难而上。如果犹豫徘徊、停滞不前,不仅会坐失良机,而且已有的改革成果也会遭到扭曲。所以十八大报告强调,"必须以更大的政治勇气和智慧,不失时机深化重要领域的改革,坚决破除一切妨碍科学发展的思想观念和体制机制弊端"。这里首先要有更大的勇气,不畏艰难,敢于突破;同时又要有更多的智慧,能够驾驭复杂的局势,尽可能地化解各种冲突和矛盾,这样才能确保改革顺利进行。

三、要进一步推进改革,必须坚持按客观规律办事

《中国社会科学报》:在深化改革的实践中,应坚持什么样的方法论原则?

贾高建:无论经济体制改革还是社会其他领域的改革,说到底都是要调整和改变社会结构体系中的各种社会关系。而社会结构体系的存在与发展是有着自己的客观规律的,作为社会主体的人的活

---

① 《中国共产党第十八次全国代表大会文件汇编》,人民出版社2012年版,第37页。

动必须遵循这些规律，否则就不能取得成功。改革也同样是如此，要想在新的历史条件下进一步推进各项改革，就必须充分尊重社会结构体系自身固有的规律，坚持按客观规律办事，防止主观随意性。我们强调要有更大的勇气和智慧，也都是以此为前提的，只有在尊重客观规律的前提下，勇气和智慧才能真正成为改革的"正能量"，否则就会适得其反。进一步说，历史唯物主义揭示了生产力与生产关系、经济基础与上层建筑之间矛盾运动的规律，这是社会结构体系中最基本的规律，也是我们的改革所应遵循的最基本的依据。经济体制改革如何搞，要看生产力的发展给生产关系提出了什么样的要求，以及具备了什么样的条件；政治体制改革如何搞，则要看经济基础的变革给上层建筑提出了什么样的要求，以及具备了什么样的条件。其他各方面改革，也都要遵循这一规律。这里所需要的是一种彻底的唯物主义精神：只要是符合客观规律要求的，就应该积极支持；而不符合客观规律要求的，则坚决不能搞。只要我们将这一方法论原则贯彻到底，就一定能够攻克各种难关，不断取得新的突破。

当然，历史唯物主义强调客观规律的决定作用，绝不是主张机械决定论。这些规律的作用不能简单、机械地去理解，而是要辩证地认识和把握。绝对性和相对性是相互联结而存在的，必然性则要通过各种偶然性表现出来。客观规律所具有的这种辩证性质为主体选择留下了广阔的余地，从而使具体的历史进程具有了丰富的多样性。在现阶段的改革实践中，我们应该切实把握好这个关系，在尊重客观规律的前提下，充分发挥主体的能动性，精心设计，统筹考虑，力求在多种可能性中做出最为合理的选择，使改革的目标更好地得到实现。

（原载《中国社会科学报》2012 年 12 月 28 日）

公平与效率：有关争议问题探析

（2006年5月）

公平与效率的关系问题，是一个存在很大争议的问题。在中国改革开放的进程中，我们曾将"效率优先、兼顾公平"确定为处理这方面关系的基本原则；而在近一个时期以来的讨论中，有不少论者对这一原则提出质疑，认为应该将公平摆在更重要的位置上，使公平与效率并重。究竟应该怎样认识这一问题？我认为，这一问题并不是孰轻孰重这样简单，而应该从更深的层次上进行探讨。

如果仔细考察一下以上两种不同的观点和主张，就可以看出它们实际上有着一个共同的前提，即将公平与效率看作是相互对立的两个东西，在这个前提下争论二者孰轻孰重。而在我看来，这个前提本身就值得怀疑。下面便就此谈一些看法参加讨论。

一、澄清基本概念：我们要的是什么样的公平和效率

要想对公平与效率的关系问题做出分析，首先必须从这两个基本概念的逻辑规定入手，弄清楚究竟什么是公平和效率。而正是在

这个基本规定的理解上，存在着一些模糊的和不正确的认识，并由此导致了对二者关系的认识上的偏差。

首先来看公平。这一概念主要用于社会关系、社会政策、社会活动等方面的评价，其基本含义应是公道、平衡。一般说来似乎并不复杂，但是仔细考察一下便可发现，究竟怎样才算是公平，其实并不容易说清楚。因为这里涉及一个评价尺度问题，从不同的尺度出发，可以得出不同的结论。而由于不同的主体在现实的社会结构体系中处于不同的地位，具有不同的利益关系和价值取向，所以在公平问题上的诉求和主张也就往往不同，甚至相互冲突。如果仅仅从这些主体各自所选取的尺度出发，对公平问题的讨论永远不会有一致的结果。对此，马克思主义的历史唯物主义认为，在公平问题上不能仅仅有主观的尺度，还应有一个客观的尺度，这便是看一种公平诉求是否符合社会发展的客观规律，以及由这一规律所决定的历史必然性。只有符合客观规律、符合历史必然性的，才是应该肯定和倡导的；反之则是应该否定和反对的。而进一步说，由于在社会基本矛盾运动中，生产力处于最为根本的地位，所以在公平问题上还是要讲生产力标准，是否适合生产力的发展要求，应该是评价公平问题的最为根本的客观尺度。以这一尺度来评价的公平，是客观的公平。

但是，这里紧接着又产生了新的问题：社会发展是一个由低级形态到高级形态不断演进的历史过程，所谓历史必然性便是通过这一过程表现出来；而在社会发展的不同阶段上，生产力的发展水平和要求是不一样的。与此相应，对公平的评价也是随着生产力和整个社会发展的历史进程而不断变化着的。这就是说，生产力作为公平评价的客观尺度，只能是一种历史的、相对的尺度，而不是一成不变的绝对的尺度；所谓公平也只能是历史的、相对的公平，而不会有一成不变的、绝对的公平。

将以上的论述综合起来说,所谓公平,应该具有客观性和历史性,是客观的公平和历史的公平。只有这种公平,才是真正具有生命力的、能够在现实的社会基础上生长起来并结出真实花朵的公平,才是我们所应该确认的公平。而从已有讨论中的情况看,人们往往容易从某种特定的观念出发,将公平等同于某种特定的关系和做法,甚至简单地理解为平均分配,人人有份、利益均沾。这种观点无疑是不正确的,其错误的实质,就在于忽视和否定了公平的客观性和历史性,只讲主观尺度,不讲客观尺度,同时以绝对的尺度代替历史的、相对的尺度。这种公平,不是真正的公平。

其次,我们再来看效率。从广义上讲,这一概念应是指经济活动以及其他各种社会活动中投入和产出的比率;而在有关公平和效率问题的讨论中,所谓效率主要是着眼于经济领域,是从经济发展的角度来理解的。经济发展也就是生产力的发展,因此所谓效率实际上是一个表示生产力发展成果的概念,是生产力发展中的投入产出关系。一般说来,投入少、产出多,效率就高,反之效率就低,这个最基本的规定性是比较容易理解的。但是,这里应该注意的是,对效率这一概念的把握不能仅仅停留在一般的含义上,而应该从具体的和历史的角度,进一步了解它的特殊的规定性。一方面,当我们讲到效率问题时,要把局部的效率与整体的效率统一起来,不仅要讲局部的效率,而且要讲整体的效率;也就是说,我们不仅要看生产力发展的某些局部成果,而且要从整个社会的高度来看待生产力的发展。局部的效率要服从整体的效率,以损害整体效率、影响生产力整体发展为代价而取得的局部效率,不是真正的效率。另一方面,还要把短期效率与长期效率统一起来,不仅要讲短期的效率,而且要讲长期的效率;不仅要看生产力在当前时期的发展,而且要看生产力的长远发展。短期的效率要服从长期的效率,以损害长期效率、妨碍生产力长远发展为代价而取得的短期效率,也不是真正的效率。

应该指出，在有关的讨论中，一些论者只是笼统地谈论效益问题，没有弄清究竟是什么样的效率，往往对局部的或短期的效率也都不加区分地一概加以肯定，以为只要有生产力的某种局部的或短期的发展，就算是有效率，这种倾向是不正确的。

二、把握内在联系：公平和效率之间不存在形而上学的对立

从上面对公平和效率这两个概念所做的分析出发来做进一步的考察，就不难发现它们二者之间其实并不是一种非此即彼、互不相容的对立关系，而是内在地联系着的，在根本上是一致的、统一的。

一方面，既然我们所讲的公平是客观的和历史的公平，这种公平只能随着生产力的发展而不断地得到实现，那么它便不可能脱离或排斥效率，而是以效率为基础和前提的。因为所谓效率本身就是生产力发展成果的体现，效率越高，生产力发展的成果就越多，实现公平的条件就越充分，基础就越坚实，公平的实现程度就越高；反之，效率越低，生产力发展的成果越少，实现公平的条件就越差，基础就越薄弱，公平实现的程度就越低。从这个意义上说，没有效率，就没有公平。当然这里的效率是指局部效率与整体效率的统一，以及短期效率与长期效率的统一；仅仅有生产力的某些局部的、暂时的发展，没有生产力的整体的、长远的发展，甚至以局部的和暂时的发展损害整体的和长远的发展，是不能真正解决公平问题的。

另一方面，既然我们所讲的效率是局部效率与整体效率的统一，以及短期效率与长期效率的统一，那么它也不可能脱离或排斥公平，而是以公平为条件和保证。当然这里的公平是指客观的、历史的公

平。这样一种公平，实际上体现着生产关系以及整个社会关系体系的合理状况，公平问题解决得越好（在客观的、历史的尺度下），生产关系以及整个社会关系体系就越是合理，从而也就越是有利于经济活动中的效率的提高，有利于生产力的发展（当然是在上述两个统一的意义上）；反之，公平问题解决得不好，生产关系以及整个社会关系体系缺乏合理性，经济活动中的效率就难以提高，生产力发展就不能不受影响。从这个意义上也可以说，没有公平，就没有效率。

把这两个方面综合起来看，公平与效率应是相互依存的：公平不能离开效率而存在，效率也不能离开公平而存在；或者说，没有离开效率的公平，也没有离开公平的效率。这便是二者之间的一致性、统一性。当然，这里需要强调指出的是，要把握公平与效率之间的这种内在联系，必须以正确理解这两个概念的基本规定为前提。对概念的理解不正确，对其基本规定的认识不到位，就不可能正确认识二者之间的这种关系，搞不好就会将二者割裂开来，甚至对立起来。而在目前的讨论中，正是存在着这种值得注意的情况，一些分歧和争议也正是由此而生。

应该承认，过去那种效率优先、兼顾公平的提法，的确有着明显的缺陷。但其欠缺之处，并非像一些论者所认为的那样在于孰轻孰重、孰前孰后的处理上，而是在于它的立论的前提就是把公平与效率形而上学地对立起来，割断了二者的内在联系，否定了二者的一致性、统一性。按照这一提法，似乎可以有脱离公平的效率，为了解决这个效率问题，公平问题只能先往后放，待效率"优先"发展起来了，再来解决公平问题。实际上这是不可能的。试想当生产关系以及整个社会关系体系处于一种不合理、不公平的状态时，生产力的发展必然会受到影响，怎么可能会有真正意义上的效率？即使是有某种局部的效率，也不会有整体的效率；或者会有某些短期的效率，但不会有长期的效率。所以，效率优先、兼顾公平的提法确实是不妥当的。那么为什么会出现这一问题？追根到底，正是因为对公平和效率这两个基本概念的理解出了偏差，特别是将公平理解为某种特定的关系和做法，甚至是某种平均主义的东西，忽视了公平的客观性和历史性。由于这样一种"公平"一时还难以做到，或者说这样做了难免会影响效率，所以只能"兼顾"。本来是具体的、历史的概念被形而上学地绝对化了，公平与效率的关系也就必然会被形而上学地对立起来。

既然效率优先、兼顾公平的提法存在缺陷，那么对它进行反思和提出批评，就应该是正常的和必要的了。但值得关注的是，一些批评意见并没有抓住问题的实质，而是以不同的甚至相反的方式重复了同样的错误。例如有一种观点认为，不能把公平问题的解决放在"兼顾"的位置上，而应放在与效率同等重要的位置上。这一观点初看上去似乎有一定道理，但仔细考察一下却不尽然。因为这一观点的前提，仍然是将公平看作某种绝对的、固定不变的东西，看作某种特定的关系和做法，认为对这样一种特定意义的公平应该给予更多的重视，并在继续解决好效率问题的同时进一步解决好这种公平问题。虽然就其具体内容而言，这一主张中包含着某种合理的成分，但由于它的方法论前提发生了错误，即忽视了公平概念的客观性和历史性，割裂了公平和效率的有机联系，所以从根本上讲是不正确的。正确的做法不是在孰轻孰重、孰前孰后的处理上做文章，而是要摆脱那种形而上学的对立关系，真正按照公平与效率之间的有机联系，将二者辩证地统一起来。

在目前的讨论中还有一种观点，即主张将市场和政府的职能区分开来，市场管效率，政府管公平。这种观点同样也是不正确的。其错误的实质，也正是由于割裂了公平与效率的有机联系，将二者形而上学地对立起来；似乎市场机制下只有效率、没有公平，而政府的宏观调控只讲公平、不讲效率。应该看到,市场机制当然有利于效率的提高,否则我们就没有必要搞市场经济了;但是市场机制之所以能够促进效率,不是因为别的,正是因为它体现了一种基本的公平,否则就不会有什么效率。当然市场不是万能的,市场机制也有它的局限,也存在失灵的问题,所以才需要政府进行宏观调控。而政府所要解决的问题并不仅仅是一个公平问题,而且也包括效率问题;因为市场失灵所造成的不公平,最终会影响到生产力的发展和效率的提高(在整体和长远的意义上),政府通过宏观调控消除这种不公平,正是为更好地提高效率提供保障。这里同样需要全面把握公平和效率这两个概念的基本规定,不能把它们理解得过于狭窄,不能搞绝对化和片面化。

三、弄清问题根源:现阶段的分配不公不能归罪于效率

在现阶段,公平与效率问题为什么会引起这么多的讨论和关注?具体分析一下就可以看出,这主要是因为分配不公的问题在社会发展的现实过程中比较明显地凸现出来。改革开放20多年来,我国的经济发展和整个社会发展取得了举世瞩目的成就,人民生活水平有了很大的提高。但是与此同时,也出现了一些新的问题,其中就包括收入差距不断拉大,财富在一些人手中快速积聚起来,而许多弱势群体处境艰难。据测算,我国的基尼系数已达到0.45以上,超过了国际警戒线。对这一问题,我们当然必须给予充分的重视,认真加以研究和解决。但是,要切实解决好这一问题,首先需要弄清问题的真正根源,然后才能有针对性地采取措施。而从目前讨论中的情况看,一些论者在探寻造成现阶段分配不公的原因时,却找错了地方。

在这些论者看来，现阶段之所以会出现分配不公、收入差距过大的问题，就是由于我们在处理公平与效率的关系上只重效率、不重公平，从而导致了这一结果。这个看法是不能成立的。因为它实际上还是将公平与效率分割开来、对立起来，似乎效率可以在没有公平的情况下单独得到提高，而且这种提高还会带来不公平问题。这当然是不正确的。我们的生产力之所以能够得到发展，效率之所以能够得到提高，不是因为别的，而恰恰是因为我们比较好地解决了公平问题。这一点必须明确，因为它实际上涉及对中国改革的评价。我们过去实行计划经济体制，运转不灵，很大程度上就是因为分配上的平均主义，搞"大锅饭"、"铁饭碗"，干多干少一个样，干与不干一个样，结果大家没有积极性。以客观的、历史的尺度来看，这就是一种不公平，它妨碍了生产力的发展和效率的提高。通过体制改革，我们打破了这种旧体制，代之以社会主义市场经济新体制，确立了按劳分配为主体，多种分配方式并存的分配制度，实行劳动、资本、技术和管理等生产要素按贡献参与分配的原则，鼓励一部分人通过诚实劳动和合法经营先富起来，从而有效地调动了各方面的积极性，促进了各种生产要素的合理配置，最终提高了效率，发展了生产力。以客观的、历史的尺度来看，这就是一种公平，一种客观的、历史的公平，一种与效率相一致、相统一的公平。从这个意义上说，我们的改革就是通过对公平问题的解决，才最终达到对效率问题的解决；而绝不是只重效率、不重公平，这个说法不符合事实。实际上也没有这种可能，因为如前所述，效率和公平是不可分离的，没有离开效率的公平，也没有离开公平的效率。

那么，现阶段的分配不公问题究竟是什么原因造成的？它与改革有无关系？当然有关系，不过不是因为改革只重效率、不重公平，而是因为在解决公平问题的过程中，在力图通过体制改革克服旧体制下的不公平并建立一种新的比较公平的经济关系的过程中，还没有能够形成一种有效的机制,以防止和控制另一个方向的偏差,即分配差距过大的倾向;特别是防止那些通过不合法、不正当的手段牟取暴利的行为。这里既涉及宏观调控体系的进一步健全,也涉及市场体系的进一步完善和市场秩序的进一步规范;既涉及经济体制改革的进一步深化,也涉及政治体制改革以及其他各方面改革的进一步推进。我们已经提出要调节过高收入、取缔非法收入、加强对垄断行业收入分配的监管、扩大中等收入者比重、提高低收入者收入水平等,但具体如何落实,还有待于在改革中继续探索。

这里需要特别说明的是,这种分配不公问题的存在,不仅不是为效率所带来的,而且是与效率的要求相违背的。它在妨害了公平的同时,也不可避免地妨害了效率。当然我们这里所说的是整体的和长远的效率,而不仅仅是局部的和暂时的效率。从整个社会生产力发展的长远角度看,分配差距过大和分配上的平均主义一样都是不利的和有害的,特别是那种利用不合法、不正当的手段牟取暴利的行为,更是以危害社会整体的利益为前提的,它是社会肌体上的毒瘤,必须坚决清除。因此,解决这种分配不公的问题,不仅不会影响效率,而且只会促进发展、提高效率。进一步实现公平和进一步提高效率,绝不是什么"鱼和熊掌不可兼得",而是密切相关、相互联结的,是根本一致的。应当相信,只要我们摒弃那种"非此即彼"的形而上学思维方式,真正把握公平与效率之间的有机联系,就一定能够切实解决好这方面存在的问题,将我们的改革和发展进一步推向前进。

(原载《理论动态》2006 年 5 月 30 日,第 1708 期)

现阶段经济发展问题的社会综合分析

(1996年5月)

在现阶段中国社会发展的进程中,经济发展无疑具有特殊的、根本性的意义。而要研究经济发展问题,当然首先应从经济发展本身的内在机制和规律入手;但同时必须看到,经济发展并不是脱离社会发展的总体进程而孤立地展开的,而是要这样那样地受到这一总体进程的制约。因此,我们应该进一步把经济发展问题放在社会发展的大视野中,从综合的层面上进行研究。本文正是试图由此出发,就现阶段我国经济发展的实际做一些综合分析。

一、积极态势:快速发展的社会支持

当我们把目光投向现阶段我国经济发展的实际,首先无疑应该确认这样一个基本事实,即呈现在我们面前的是一种持续快速发展的积极态势。1980—1990年国民生产总值平均每年增长9%,1991—1995年平均每年增长12%,"六五"、"七五"、"八五"三个五年计划圆满完成,国民生产总值比1980年"翻两番"的目标已提前实现;在这一过程中,经济结构发生了很大变化,现代化的程度不断提高。与经济的快速发展相伴随,人民生活水平也提高很快,全国绝大多数人的温饱问题已经解决，现正在向小康目标前进。中国经济在近十几年中取得的发展成就和持续快速发展的积极态势使全世界为之瞩目。

为什么现阶段中国经济的发展能够呈现出这样一种积极态势，持续快速发展的奥秘何在？最直接的回答当然是我们在经济建设方面集中了主要的精力，下了很大的力气，并努力把握经济发展本身的机制和规律，用以指导我们的建设实践；我们在产业方向、地区布局、技术改造、生产协作以及发展步骤、发展途径等方面确定了符合我国生产力实际的战略决策，并依靠广大劳动者的艰苦工作将其付诸实施。但是，若从更为广泛的背景看，则应进一步指出，这一快速发展态势的形成，并不仅是由于经济发展领域本身，而同时也是社会各个领域和方面共同努力，从综合的层面上提供了重大的社会支持的结果。并且，这种社会支持在特定意义上可以说起了决定性的作用。

回顾改革开放之前特别是"文化大革命"时期，"左"的观念束缚着人们的头脑，搞社会主义与发展生产力被分割乃至对立起来。"文化大革命"结束后，我们首先在思想领域中进行拨乱反正，重新确立了解放思想、实事求是的思想路线，突出强调了大力发展生产力、迅速推动经济建设对于我国现阶段社会主义实践的首要意义。这是一场广泛持久的思想动员。它经历了种种争论，在新的实践中不断走向深入，最终使"抓住时机，发展自己"、"发展才是硬道理"日趋成为全社会的共识。这样一种思想动员，为我国经济发展进入正常轨道和迅速起飞提供了强有力的思想支持。

随着思想领域的拨乱反正和思想路线的重新确立，我们在政治上彻底纠正了那种"以阶级斗争为纲"的错误，把工作重点正式转移到经济建设上来，把经济建设确立为一切工作的中心。围绕这一中心，又提出在坚持四项基本原则的前提下进行改革开放，由此产生了"一个中心，两个基本点"的基本政治路线。有了这条基本政治路线，我们才有可能把全社会的力量切实凝聚起来，一心一意地投入到现代化建设中去。十多年来，虽然风风雨雨，几经冲击，但我们终究坚持了这条基本政治路线，始终紧紧把住经济建设这个中心不放松。这一坚定的政治立场和政治方向，为现阶段我国经济的迅速发展提供了强有力的政治支持。

按照上述基本政治路线指出的方向，我们从 70 年代末起拉开了被称作"中国第二次革命"的全面体制改革的序幕。我国原有的那套高度集中的计划经济体制虽然在新中国成立初期起过一定的积极作用，但在以后的发展中愈来愈显露出僵死的弊端，必须从根本上加以革除。我们在改革实践中逐渐确立了建构社会主义市场经济新体制的目标模式，并一步步向这一目标靠近。如果说僵死的旧体制难免导致封闭，那么充满活力的新体制必然要求开放。改革开放为我国经济建设带来了勃勃生机，社会主义市场经济新体制虽然尚在建构过程中，但已经对生产力起到了重大的解放和促进作用。若没有改革开放和新旧体制的转换，就不可能有现阶段经济的快速发展。这可以说是生产关系层面上的至关重要的体制支持。

如此，由思想支持到政治支持，由政治支持到体制支持，三者依照逻辑和历史的统一连贯展开，构成一种全方位社会支持的基本框架。离开这一基本框架，或者离开这一基本框架中的任何一项，都不可能有今天中国经济发展的成就和持续快速发展的积极态势。这是我们必须认识到的。

二、发展缺陷：效益低下等问题的社会原因

在确认现阶段中国经济持续快速发展这一积极态势的同时，我们又应清醒地注意到问题的另一方面，即现阶段经济发展过程中也

显露出明显的缺陷，主要是经济效益差、结构欠合理以及短期行为等问题的存在。

所谓经济效益差的问题具体表现在，我国经济规模虽大但整体素质不高，管理跟不上，科技含量低，产品质量不过关，生产成本高，资源浪费严重，加之盲目铺新摊子，低水平重复建设，基本上属于粗放型经济增长方式。所谓结构欠合理具体表现为农业基础薄弱，基础设施和基础工业仍未摆脱"瓶颈"状态，一般低水平的加工工业过度扩张等；而所谓短期行为则是指经济发展中只顾眼前，不顾长远，甚至为了追求一时的功效不惜损害长远利益。应该承认，由于有这些问题的存在，致使现阶段经济发展速度虽快，但在实绩方面却打了很大的折扣。

若要探究这些问题存在的根源，无疑也应首先从经济建设领域本身去考察。效益不好的粗放型经济增长方式在经济发展的一定阶段上，特别是像我国这样仍属相对落后的阶段上有其存在的根据和某种必然性，也是许多国家都普遍经历过的；农业生产受自然条件的制约较多，基础设施和基础工业的发展本身有较大困难；经济发展中的眼前利益和长远利益既相统一，又存在着相互矛盾。加之我们在经济决策和经济政策导向的科学性、合理性上的某些不足，以及实际操作经验缺乏等，都是问题的直接原因。然而除了这一类的原因之外，我们还必须从社会各领域综合制约的角度去分析，进一步认识其广泛的社会原因。

从直接制约着经济发展亦即生产力发展的经济关系亦即生产关系的状况看，我国现阶段正处于旧的计划经济体制向新的市场经济体制转变的过渡过程中。旧体制本身缺乏解决效益问题的有效机制，而新体制又尚未建成，特别是国有资产管理体制和企业制度等方面改革还有待推进，宏观调控体系也有待完善，致使新的有效机制还无法很快形成并作用到位，这就导致经济效益问题的解决缺少必要的动力和约束，相反却存在许多空档、漏洞和混乱现象。所以，人们把现阶段经济发展中效益不好的最主要原因归结于经济体制和运行机制，是很有根据的。同样，产业结构欠合理与短期行为等问题，也都存在上述体制和机制方面的原因。特别是在农业问题上，原有的统购统销那一套计划经济体制已不适合，而农村经济市场化进程又推进困难，并受到城市经济市场化进程的限制；政府已不宜继续使用以行政手段为主的农业调控方式，而新的适宜的农业调控方式又未能确立。这样就造成了一系列矛盾，影响了农业发展。

从政治关系领域的状况看，我们虽然在政治体制改革方面已做了一些努力，但与经济体制改革相比还有待进一步展开。这样，在走向市场经济的过程中，政治体制方面的一些问题便不断显露出来。明显影响到现阶段经济发展的特别有以下两个因素：其一，我们的干部体制存在弊端，干部的考察和使用存在"虚假效应"。所谓"干部造数字，数字出干部"，致使一些干部在经济工作中重速度而轻效益，热衷于表面文章，铺摊子、上项目，以使自己"政绩"显著。而生产结构方面的问题也与此有很大关系，有些干部对农业讲得多，干得少，"口号农业"成为普遍现象。至于短期行为问题，更是在极大程度上归因于此，只求任期内"政绩"，哪管身后如何。其二，由于缺少有效的权力约束机制和监督机制，以权钱交易为主要特征的腐败现象蔓延开来，致使市场机制扭曲，经济秩序遭到破坏，造成经济发展中的许多不正常现象，包括上述各种问题的发生。这方面的消极影响不可低估。

从思想文化领域的状况看，过去长时期中形成的计划经济的旧观念仍在这样那样地束缚着人们的头脑，妨碍着市场经济条件下经济发展的实践。过去人们已经习惯于计划经济体制下的"等、靠、要"，国家对企业生产大包大揽，生产建设经常被当作"政治任务"去对待，很少去考虑经济效益问题，也缺乏科学管理的基本概念。

这种旧观念的影响无疑是造成现阶段经济发展中效益差等问题的思想原因之一。同时还应看到，中国尚处于农业社会向工业社会转型的过程中，多少年来自给自足的生产方式造成的小生产的落后观念根深蒂固地存在，从而在更深的层次上为粗放型经济增长方式提供了思想的和心理的背景。其中目光短浅、思路狭隘等特性，无疑也同产业结构欠合理、短期行为等方面的问题联系在一起。

以上经济关系、政治关系以及思想文化等领域的种种不利因素和特殊状况，都从不同的角度影响着现阶段经济发展的实践；而它们各自之间也是相互贯通、相互交织，形成一种因果联系的社会之网，与经济建设本身的各种原因组合起来，共同发生作用。不了解这些社会原因，就不能真正认识现阶段经济发展中存在的缺陷和问题。

三、新的任务：方式转变的社会条件

中国经济发展到今天，的确有必要认真总结一下过去的经验，采取得力措施解决现存的问题，以保证新的、更进一步的发展。中央有针对性地提出了由粗放型经济增长方式向集约型经济增长方式转变，把提高经济效益作为经济工作中心的指导方针，同时明确强调调整产业结构和实现可持续发展。这一指导方针和相关要求无疑是极为必要、十分正确的，但究竟怎样才能使之真正得以落实呢？

就经济建设领域本身而言，我们必须把经济增长方式的转变体现在从经济决策到操作实施的每一个环节上，要狠抓管理，大力推进技术进步，提高劳动生产率，并尽可能杜绝或减少浪费；要严格把关，坚决控制低水平重复建设，不断提高整体经济素质，努力把速度和效益统一起来。而加强农业和调整整个产业结构，克服短期行为和实现可持续发展，最终也必须依靠这一领域中的真抓实干。但是，除此之外，我们同时还需要从社会其他各个领域入手，消除现阶段经济发展中各种问题存在的社会根源，为经济增长方式的转变和相关要求的实现创造综合的社会条件。

在经济关系亦即生产关系领域里，必须继续深化经济体制改革，尽快实现由传统的计划经济体制向社会主义市场经济体制转变。《国民经济和社会发展"九五"计划和2010年远景目标纲要》把经济体制的这一转变与经济增长方式由粗放型向集约型的转变并提，列为"具有全局意义的两个根本性转变"；而这两个转变是相互联结的，没有经济体制的转变，就难以实现经济增长方式的转变。要落实产业结构调整和实现可持续发展等要求，同样必须从经济体制上解决问题。目前特别是要抓紧推进国有资产管理体制和建立现代企业制度，塑造真正的市场主体等方面的改革，同时在已有的初步框架的基础上健全和完善国家宏观调控体系，促进市场体系的继续发育，尽可能缩短向市场经济新体制过渡或转变的中间过程。

在政治关系领域里，必须大力加强社会主义民主和法制建设，积极而又稳妥地推进政治体制改革。既然现阶段经济发展中的诸种问题均与政治体制的某些弊端相关联，特别是干部体制和权力约束机制等方面，那么我们就应下全力克服这些弊端，为经济增长方式的转换以及产业结构调整、实现可持续发展创造良好的政治条件。应该看到，随着本世纪末市场经济新体制基本框架的建立，我们将有可能以此为支点将政治体制改革推向深入，我们应及时抓住时机，解决好这方面存在的一些问题。而在目前，我们应尽力按照经济发展的新要求制定必要的政治措施，把增长方式转变和效益等指标同干部考核挂起钩来，同时加大反腐工作的力度，尽可能排除各种消极因素对经济发展的影响。

在思想文化领域里,则必须进一步促进观念转变。要实现经济增长方式由粗放型向集约型的转变,先要有观念转变这一思想条件。应大力破除计划经济的旧观念,建立市场经济的新观念;破除不讲效益、忽视科技的旧观念,建立以效益为中心,科技是第一生产力的新观念。同时,要大力克服小生产的狭隘意识,拓宽眼界,放开胸怀,培植整体意识和长远意识。这对于解决经济发展中的现存问题,实现新的发展要求,无疑具有十分重要的意义。

(原载《科学社会主义》1996年第3期)

市场经济与政治秩序

(2002 年 3 月)

一、市场经济与政治秩序的联结点

经济与政治的联系,植根于人类生活的丰富内涵在整体性范畴下的价值分层。经济生活关系到作为人的社会属性的自然依托的自然属性的存在,是社会与自然之间联系的现实纽结,因而无可争议地具有最为根本的地位。所以,当马克思和恩格斯发现了"历来为繁芜丛杂的意识形态所掩盖着的一个简单事实:人们首先必须吃、喝、住、穿,然后才能从事政治、科学、艺术、宗教等等"① 的时候,一种科学的历史观便举行了自己的奠基礼。按照历史唯物主义的观点,经济领域可以区分为生产力和生产关系两个层次,生产力决定生产关系,而生产关系则作为直接的经济基础决定着政治的和思想的上层建筑。从社会结构中的逻辑定位来看,市场经济作为经济关系亦即生产关系的具体实现形式,属于经济基础的领域;而政治秩序作为政治关系的实现形式,则是属于上层建筑的领域。一个

---

① 《马克思恩格斯选集》第 3 卷,人民出版社 1995 年版,第 776 页。

社会如要建立市场经济的经济体制，就应相应地建立与之相适合的政治秩序，市场经济的出现必然要以其客观性的力量改变人们的政治活动方式，而不论主体的意志如何——从根本上说，主体意志与客观必然性的分离本身也总是以更为有力的、从而也更有生机的协调为归宿的。

应该看到，市场经济作为一种特殊的经济体制，作为生产关系亦即经济关系的特殊实现形式，有着自己的既定的运行方式和规则。市场经济体制当然要与某种经济制度相结合，并体现规定着某种生产关系根本性质的原则内容，而制度或内容方面的差别无疑会对市场经济体制的运作产生不同的作用；即便在同一种制度或内容的前提下，市场经济在实际生活中的具体样态也会因各种历史的和民族的特殊因素而呈现出多样性。这些是在考察中必须意识到的。但是尽管如此，我们毕竟还是可以从中概括出具有一般或普遍意义的特征和规则。而正是这些特征和规则，必然要在政治领域中反映出来，影响和改变人们政治活动的方式，以及社会的政治秩序的特征。为什么呢？这里的一个关键问题是，市场经济的运作需要借助于政治力量来维护，需要依靠国家政权的力量来保证。而市场经济与政治秩序的联结点也就在这里出现了。

自从人类脱离远古时代的氏族社会——那时确曾有过"不需要国家、而且根本不知国家和国家权力为何物"[1]、"在大多数情况下，历来的习俗就把一切调整好了"[2] 的美妙图景，但那是在生产水平极其低下的原始条件下的简单秩序——以来，社会秩序包括经济秩序就必须由国家这种"表面上凌驾于社会之上的力量"[3] 使用强制性的手段来维持，如若有人试图破坏这种秩序，就以这些手段加以

---

[1] 《马克思恩格斯选集》第 3 卷，人民出版社 1995 年版，第 174 页。
[2] 《马克思恩格斯选集》第 4 卷，人民出版社 1995 年版，第 95 页。
[3] 《马克思恩格斯选集》第 4 卷，人民出版社 1995 年版，第 170 页。

制止和惩治。在人类文明达到一个全新的水准之前，这种状况不会改变。而问题在于，并不是任何一种类型的政治力量或国家权力都能够适合于某一种特定的经济秩序的需要。这首先是取决于政治权力的控制方式，须知国家仅仅是在"表面上"超越社会，实际上总是这样那样地为社会所控制，社会控制的方式是怎样的，国家、政治权力作用于经济秩序和社会秩序的方式也就怎样，而这种控制方式若是不能与经济体制的运行规则协调一致和保持平衡，政治权力的作用就会与既定的经济秩序的要求发生种种偏离和冲突，乃至破坏和排斥这种秩序。其次，国家、政治权力自身运作的技术方式，包括政治程序、效率、合理性程度、风险系数等，也有一个与经济秩序的要求是否相协调、相一致的问题。所以，每一种经济关系、经济体制、经济秩序，都有自己的特定的政治要求，即要求建立适合于自己的政治关系、政治体制、政治秩序来为其服务。而在这里，市场经济运行的特定秩序，也必然要向政治国家提出相应的政治要求，既包括政治权力的控制方式上的要求，也包括政治权力运作的技术方式上的要求；不实现这些要求，市场经济体制的运行就不能得到保证。

不仅如此。这里不但有一个必要性的问题，而且还有一个可能性的问题。政治国家的存在和运作，都不是仅靠空谈和"信念"等等就能维持的，而要靠实实在在的物质资料和手段，而这些资料和手段又都只能来自经济领域。所以，经济领域的关系和秩序，直接关系到可能提供的物质资源的控制和分配情况，进而也就规定了政治秩序形成的可能性。从根本上说，谁控制了相关的物质资源，谁就能够控制国家、政治权力；因而不同的经济秩序，必然会产生相应的政治控制方式，亦即不同的政治秩序。物质资源的控制无疑首先取决于经济制度，而不是经济体制；但经济体制也绝不是无关紧要，它可以在物质资源的实际操作的层面上决定其实际控制的相对性。而在这里，市场经济体制就是作为物质资源的一种相对的控制方式起作用的，所以它无疑可以为建构相应的政治秩序提供经济上的可能性。

当然，无论是经济秩序还是政治秩序，背后都是一个利益问题，一定的经济秩序就是一定的经济利益的实现方式和分割方式，而一定的政治秩序也可以从政治利益的角度去理解。政治利益在本质上与经济利益联系在一起，说到底是以经济利益为基础，并且以经济利益为目的的。这又回到了历史唯物主义关于经济与政治之间联系的基本观点上：经济生活相对于政治生活来讲终究具有更为根本的地位，政治领域归根到底要从属于经济领域。

这样，市场经济作为一种有着特殊的运行规则的特殊的经济体制，必然要向政治国家提出自己的特殊的政治要求，同时又为建构与自身秩序相适应的政治秩序提供了可能性。那么，从具体内容上说，这种特殊的政治要求以及相应的可能性究竟是怎样的呢？

二、市场经济的内在逻辑及其在政治上的"另一次方"

一般说来，发展市场经济，就要建立各种相互联结的市场体系，并使市场在资源配置上起基础性作用；同时还要建立相应的宏观调控体系，使"看得见的手"与"看不见的手"协同动作，这一方面的必要性自凯恩斯以来也已获得广泛承认。在市场中活动的主体包括企业、居民、政府和其他非营利性机构，其中企业作为具有独立地位的商品生产者和经营者，以相互平等的法人身份进入市场，从事商品生产和交换，并在遵守共同秩序的要求和尊重他人平等权利的前提下进行自由竞争。在这一过程中，价值规律始终是作为市场经济运行的最基本规律而起作用。

如果我们进一步研究一下这一运行规则，那么就应该不难看出，市场经济的运行内在地包含着两个重要的逻辑规定：第一，在市场上活动的主体具有经济交往方面的平等地位；第二，与这种平等相伴随的是主体活动的自由性质。在这个问题上，我们非常有必要回顾一下马克思曾经做过的深刻分析。

马克思指出："实际上，只要把商品和劳动还只看作交换价值，只要把不同商品互相之间发生的关系看作这些交换价值彼此之间的交换，看作它们之间的等同，那就是把进行这一过程的个人即主体只是单纯地看作交换者。"进一步说，"只要考察的是形式规定——而且这种形式规定是经济规定，是个人借以互相发生交往关系的规定，是他们的社会职能的或彼此之间社会关系的指示器——那么，在这些个人之间就绝对没有任何差别。因此，作为交换的主体，他们的关系是**平等**的关系。"① 这种平等，实质上就是商品交换中所必需的统一尺度即交换价值面前的平等，是人类劳动在化除异质性之后的抽象劳动意义上的平等。市场就其本性来说不承认特权，只承认价值，作为抽象劳动的凝结的价值——虽然价值必须以使用价值为依托，而抽象劳动也只能蕴藏于具体劳动当中。而值得注意的是，马克思在这里也谈到了使用价值，他说"这种使用价值，即完全处在交换的经济规定之外的交换内容，丝毫无损于个人的社会平等，相反的却使他们的自然差别成为他们的社会平等的基础"②；因为，"个人之间以及他们的商品之间的这种自然差别……是使这些个人结为一体的动因，是使他们作为交换者发生他们被**假定为**和被**证明为**平等的人的那种社会关系的动因。"③

马克思接着指出，"……除了平等的规定以外，还要加上**自由**的

---

① 《马克思恩格斯全集》第 30 卷，人民出版社 1995 年版，第 195 页。
② 《马克思恩格斯全集》第 30 卷，人民出版社 1995 年版，第 197 页。
③ 《马克思恩格斯全集》第 30 卷，人民出版社 1995 年版，第 197—198 页。

规定。"因为,"尽管个人 A 需要个人 B 的商品,但他并不是用暴力去占有这个商品,反过来也一样,相反地他们互相承认对方是所有者,是把自己的意志渗透到商品中去的人格。因此,在这里第一次出现了人格这一法的因素以及其中包含的自由的因素。"① 这也就是说,"从交换行为本身出发,个人,每一个个人,都自身反映为排他的并占支配地位的(具有决定作用的)交换主体。因而这就确立了个人的完全自由"。②

马克思对交换关系所做的这一分析,正是从内在机理上说明了市场经济的运行所包含的两个逻辑规定。平等和自由是以交换关系为纽带的市场经济本身所固有的内在属性,没有这两个逻辑规定,商品生产和交换关系就不能维持,市场经济就无法正常运作。当然,马克思的分析是以市场经济的一种特殊形态即资本主义市场经济为背景的,所以马克思在分析了交换关系中的平等和自由之后,紧接着便揭示了这种平等和自由在资本主义条件下怎样掩盖了更为深刻的不平等和不自由。但是,在这里,首先应该明确的是,如果我们将市场经济作为一种经济体制而与体现着不同"主义"的经济制度相对剥离开来加以考察的话,那么就应该承认,作为体制的市场经济本身是有着平等和自由的属性的,至于这一要求在不同的制度条件下是否出现扭曲,则是另一个问题。而需要进一步指出的是,正是市场经济的这两个逻辑规定,必然要转化为政治要求而在政治秩序方面反映出来。这首先是因为,既然经济秩序是以平等和自由的原则存在和运行的,那么只有以同样的平等和自由的原则实现政治权力的社会控制,才有可靠的保证使政治国家真正承认并维持这种经济秩序,而不至于因政治控制上的非平衡状态而导致对经济秩序

---

① 《马克思恩格斯全集》第 30 卷,人民出版社 1995 年版,第 198 页。
② 《马克思恩格斯全集》第 30 卷,人民出版社 1995 年版,第 199 页。

的公开或隐蔽的偏离性干预；而从政治权力的运作方式来说，只有采取同样的平等、自由的政治原则，才能保证其与市场经济相协调的技术上的合理性，包括效率原则的相应体现和政治风险的共同承担。其次则还应看到，市场经济体制中的平等自由原则，体现了为政治运行所必需的那些物质资料和手段的一种相对社会化的控制方式，虽然这在不同制度条件下同样可能出现种种"合理的背离"，但它毕竟在体制所能够发生作用的范围内，为以同样平等、自由的原则建构政治秩序提供了可能性。无论在那一种制度条件下，这都是一种不可小觑的可能性。

可以说，正是基于对经济秩序与政治秩序之间关系的深刻洞察和理解，马克思进一步提出了他那个著名的论断："……平等和自由不仅在以交换价值为基础的交换中受到尊重，而且交换价值的交换是一切**平等**和**自由**的生产的现实的基础。"他精辟地指出："作为纯粹观念，自由和平等仅仅是交换价值过程的各种要素的一种理想化的表现；作为在法律的、政治的和社会的关系上发展了的东西，自由和平等不过是另一次方上的再生产物而已。"① 马克思的这一结论，无疑具有普遍的意义，对于我们今天的研究来说同样是适用的。就市场经济与政治秩序的关系而言，政治上的平等和自由，只能是经济秩序中的平等和自由的"另一次方"。

我们肯定马克思关于交换关系中的平等和自由原则的分析，肯定市场经济作为一种经济体制所具有的逻辑规定及其政治表现，那么，对于马克思的另一方面的意见，即对资本主义市场经济的分析批判，究竟又应怎样认识呢？如果我们把作为经济体制的市场经济与不同的经济制度结合起来进行考察，那么就应该看到，市场经济的平等和自由原则在不同制度条件下的实际体现是很不相同的。资

---

① 《马克思恩格斯全集》第 31 卷，人民出版社 1998 年版，第 362 页。

本主义经济制度是以生产资料私有制和雇佣劳动为特征的,存在于市场经济背后的是资本与劳动的对立。所以马克思深刻地指出:"在现存的资产阶级社会的总体上,商品表现为价格以及商品的流通等等,只是表面的过程,而在这一过程的背后,在深处,进行的完全是不同的另一些过程,在这些过程中个人之间这种表面上的平等和自由就消失了。"① 马克思的批判尖锐地直指资本主义市场经济的深处,由经济制度决定的这种资本与劳动的对立确实与市场经济体制的平等、自由原则形成明显的矛盾,使形式和内容分离,在平等和自由的普遍形式下,存在着相当深刻的实际上的不平等、不自由。这种矛盾也必然要反映到政治领域中来:既然物质资源的占有和控制存在着实际上的不平等,那么政治权力的控制上也必然存在相应的不平等,政治国家实际上掌握在占有充裕的物质资源的社会群体手中,而不论表面上的情况如何。当然,随着生产力的发展和社会文明程度的普遍提高,社会政治生活的普遍参与能力也会相应地提高,这在现代资本主义社会中可以清楚地看到。但这只改变了问题的程度而不改变问题的实质,矛盾依然存在。这也就是市场经济在资本主义条件下所具有的历史局限。然而尽管如此,我们也不应简单地否认市场经济体制中的平等、自由原则的现实意义:它毕竟在体制的范围内——哪怕是在形式上——实现了这两个原则,并要求政治体制也相应地实现这两个原则。对人类历史的进步过程来说,这本身就具有重要价值。

如今,我们正在进行的经济体制改革,是要创造一种新的结构模式,这就是将市场经济体制与社会主义经济制度结合起来,形成社会主义市场经济。我们的社会主义经济制度是以生产资料公有制为主体的,这就为消除资本主义私有制基础上的资本与劳动

---

① 《马克思恩格斯全集》第 30 卷,人民出版社 1995 年版,第 202 页。

的对立提供了条件。这也就是说，市场经济体制中的平等和自由的原则在这一制度的基础上有了真正实现的可能——不仅是在形式上，而且是在形式和内容的统一上；不仅是在体制上，而且是在体制和制度的统一上。不过应该注意，我们这里所说的公有制并不就是过去计划经济体制下的国营企业等特定的公有制形式，必须把在实现形式上具有丰富可能性的公有制原则同过去形成的某些具体的公有制形式（特别是那些存在明显缺陷的不好的形式）相对区别开来；在市场经济条件下，公有制经济特别是国有经济必须为自己寻找新的、更为适宜的实现形式，这样才能与市场经济真正接轨。当然，这也是我们在目前的改革中正在做的事情，也是有待于进一步攻克的难点。然而不管怎样，如果我们能够在经济体制改革中取得预期的突破，最终建立起社会主义市场经济的基本框架，市场经济体制的两个逻辑规定——平等和自由原则的实现就将会获得全新的前景。而这两个在更深层次上得到实现的逻辑规定在政治领域中反映出来，也必然会为消除对政治国家的实际控制上的矛盾、实现政治秩序与经济秩序的新的和谐提供可能。这将是人类文明史上的一大进步。

三、政治秩序的体制定位与模式选择

市场经济——无论是资本主义市场经济，还是社会主义市场经济，至少从体制的层面上看都内在地包含着平等、自由的逻辑规定，而这两个逻辑规定必然要求在政治领域中也相应地实现出来。但是，如果要在政治领域中实现平等和自由的原则，即按照这种原则去建构政治秩序，就需要有相应的政治体制来支持。那么怎样的政治体制才能符合这一要求呢？对这个问题的回答应该说不存在太多的疑问，这就是在现代政治中为人们广泛接受的民主政体。

所谓政治体制，也就是通常所说的"政体"，这两个概念应该是相通的。政治体制与政治制度相对应，政体则与国体相对应。按照历史唯物主义的观点，所谓国体是指国家的基本性质，即国家政权掌握在谁的手中，社会各阶级或社会集团在国家政权中的地位如何；而政体则是一个国家的政权组织形式，即国家的政权体系按照怎样的方式去建构。其实，所谓政治制度和政治体制这两个概念也应该从相应的涵义上去理解：政治制度是有关国家基本性质、有关政权归属的基本规定，亦即国体的体现；政治体制则是政治制度的具体实现形式，亦即国家政权的组织形式，它是政体的体现。历史上曾有过各种不同的国体，而更是出现过多种多样的政体形式，民主政体就是其中的一种。当然，在马克思主义的典籍中，民主不仅是从政体层面，而且首先是从国体的层面上去理解的。也就是说，民主首先有一个国体意义上的归属问题，即所谓民主是谁的民主。既然国家是与阶级统治联系在一起的，民主也就不可能是超阶级的，所以列宁说"民主也是'一部分居民对另一部分居民'的统治"。① 但是无论怎样，民主毕竟是作为一种特定的政体形式出现的，如果我们暂且抛开它所服务的国体，仅从政体本身的层面上说，它的最一般的特征就是在特定的社会范围内，按照少数服从多数的原则实行"人民权力"的政治体制。所以列宁又说："民主就是承认少数服从多数的国家"。② 而正是这样一种政体形式，能够较好地保证以市场经济为基础的平等、自由原则在政治秩序中的实现，从而能够成为与市场经济体制相适合的政治体制。

考察一下民主政体的运作机制，不论其具体样态如何，一般说来都包括政治权力的产生机制、监督制约机制和回收机制等各个环

---

① 《列宁全集》第28卷，人民出版社1990年版，第151页。
② 《列宁选集》第3卷，人民出版社1995年版，第241页。

节，而少数服从多数的原则也就体现在这些环节中。产生机制主要解决政治权力如何从参与民主的全体社会成员中产生的问题；监督制约机制则保证已经产生的政治权力按照既定的要求进行运作，而不至于偏离轨道以及失控；回收机制则是政治权力的最后一道保险杠，它的功能是在政治权力一旦发生大的问题时将其重新收回到参与民主的全体社会成员手中。而这些机制的前提，也就是整个民主政体的前提，就是承认参与民主的全体社会成员具有平等的公民地位和自由权利。如果不平等，就意味着特权的存在；有特权，就不可能少数服从多数，因而民主也就成为不可能。自由更是如此，如果社会成员在政治生活中没有自由表达自己意志的权利，那么民主机制的上述各个环节都将失去意义，最后只能意味着专制。所以，民主政体的存在本身就是与平等、自由的原则联系在一起的，是贯穿和渗透着这两个原则的；要实行民主，就必须维护平等和自由；而它所设置的各个环节，以及所奉行的少数服从多数的原则，也就是要从体制和机制上排除一切特权，排除一切专制的可能。民主政体为平等和自由在政治秩序中的实现提供体制和机制方面的"硬件"支持，而反过来说，它的灵魂就是平等和自由。

但是在这里，我们也同样遇到了前面在分析市场经济体制时所遇到的问题，这就是体制本身的原则在不同的制度条件下的实现程度问题，而这个问题正是与国体问题相关联的。在古希腊雅典的城邦民主制中，民主的参与范围是明确地、公开地加以限制的，这种民主虽然在伯利克里时期达到了全盛，但只有少量的自由民才能成为有资格参与这一民主的公民，而占人口大多数的奴隶、异邦人和全体妇女是没有公民权的。但是近代以后发展起来的资本主义社会的民主政体，似乎并没有这种公开的限制——即使初期曾有过某些诸如财产差别等等的具体规定，也正如恩格斯所说"决不是本质的东西"，而"国家的最高形式，民主共和国……已经不再正式讲什么财产差别了"①。然而，资本主义社会的民主政体是与资本主义国家的国体、亦即资本主义的基本政治制度结合在一起的；而这种国体或基本政治制度是以承认资本主义私有制基础上的资本与劳动的对立为一切政治过程的前提的。政治过程的参与能力以及对政治权力的控制能力实际上是以经济实力做基础，虽然资本主义民主在政体的意义上具有普遍的形式，但"在这种国家中，财富是间接地但也是更可靠地运用它的权力的"②。我们已经指出了为资本主义经济制度所决定的劳动与资本的对立与市场经济体制的平等和自由原则的矛盾，及其在政治领域中的相应表现；而当民主政体的各个环节的运作由于受到资本的间接的支配而在很大程度上流于形式的时候，平等和自由的原则在政治领域中的实现就更是失去了应有的"硬件"支持，从而步履维艰。

资本主义民主带有不可避免的历史局限，而我们这里所关注的是作为它的替代物的社会主义民主，是民主政体与社会主义国家的国体的结合，亦即民主作为一种政治体制与社会主义基本政治制度的结合。虽然理论逻辑与历史实践之间尚存在这样那样的差异，但从本质规定上说，这一制度应是立足于扬弃资本与劳动的对立，这便为民主原则在政体意义上的真正普遍的实现提供了可能。资本对政治程序的实际上的支配应被废止，民主政体的各方面机制应该真正有效地发生作用，平等和自由的原则从而得到切实有力的保证。当然这一切不仅取决于政治制度以及作为政治制度的基础的经济制度，而且还在更根本的意义上取决于生产力的水平；然而不管怎样，民主政体应该也必须作为与社会主义市场经济体制相适应的政治体制而得到发展。

---

① 《马克思恩格斯选集》第 4 卷，人民出版社 1995 年版，第 173 页。
② 《马克思恩格斯选集》第 4 卷，人民出版社 1995 年版，第 173 页。

当然，这里还有一个存在很大争议的问题有待进一步探讨，这就是社会主义社会的民主政体具体应该如何建构。虽然民主政体的基本特征是共同的、一致的，但它的具体的建构方式却是随着各种历史的和现实的具体条件的差异而有所不同。所以，近代的民主政体不同于古代的民主政体，而现代的民主政体又在不同国家和地区演变出多种不同的样态。这里应该强调的是，社会主义国家在建构自己的民主政体时，完全可以像在经济体制方面那样，吸收和借鉴资本主义国家的好的经验和做法，根据本国的实际，创造出最能体现民主原则、最能保证民主机制在各个环节上的有效作用，从而也最能够保障政治秩序中的平等和自由的政治体制。而这一任务，只能随着社会主义市场经济体制的逐步建立而相应地逐步完成。

（原载《中共中央党校学报》2002年第2期；中国监察学会《研究参考》2004年第4期转载）

市场经济与法治国家：内在联系的逻辑分析

（2006 年 3 月）

随着我国经济体制改革的不断深化，社会主义市场经济新体制正在取代旧的计划经济体制而逐步建立起来；而在这一基础上，建设社会主义法治国家的历史任务越来越迫切地提到了议事日程。市场经济与法治国家之间有着内在的联系，市场经济呼唤和要求法治，这已经成为人们的共识。但是，市场经济与法治国家之间的内在联系究竟是怎样展开的，它的客观逻辑又是如何呢？这里便就此问题做一些分析和探讨。

一

探讨市场经济与法治国家的内在联系，先要区分两个基本概念，这就是"法治"与"法制"。所谓法制是上层建筑中的一个特殊组成部分，它附属于社会的政治体系，作为政治体系的运作手段而存在；而所谓法治则是政治体系运作的一种特殊方式，即承认法制手段在政治体系运作中的根本地位，严格以法律为准绳治理国家。法治与人治相对应，后者不是依据法律，而是依照统治者的主观意志治理国家。人治与法治的区别不在于有没有法制，而在于怎样对待法制手段，把它置于何种地位。

从历史上看，人治的方式曾是政治体系运作的普遍方式。在封建社会中，专制君主具有至高无上的权力，虽然在多数情况下也存在这样那样的法制体系，但权大于法，圣旨大于法，法律只是在一定的限度内起作用；而封建法制本身就是维护这种专制统治的，特别是维护专制君主的至上地位。而到了近代以后，随着资本主义社会的建立，政治体系的运作方式开始由人治转变为法治，超越于法律之上的至上权力以及各种特权被废止，一切政治运作都被纳入法律约束的范围之内。那么这一转变是如何发生的呢？法治方式作为政治运作的普遍方式是怎样确立的呢？在这里，作为直接的现实基础起作用的，不是别的，正是市场经济作为一种特殊的经济体制的形成和发展。

具体考察一下便可以看出，在封建社会的阶段上，其生产关系所采用的是与传统的小农经济相适应的自给自足的自然经济体制，这种体制是相对封闭的，人们在经济活动中没有太多的社会交往。与之相应，人们的经济活动也就带有各种自发的和特殊经验的性质，即主要为一个个封闭单元的自然特点所影响，按照各自的不同经验和所选择的方式进行生产，对统一的规则没有太多的要求。而在近代以后发展起来并首先为资本主义所采用的市场经济体制中，情况就完全不同了。这种经济体制与机器大工业相适应，它本身具有显著的社会化和开放性的特点。在这种体制下，各个具体的生产过程都通过市场连接起来，人们不得不通过广泛的社会交往来完成自己的经济活动。人们不再是直接为自己的消费需要而生产，而是为市场需要而生产；他们生产的成果也不再简单地作为产品，而是作为商品而存在。如马克思所指出的："在商品生产者的社会里，一般的社会生产关系是这样的：生产者把他们的产品当作商品，从而当作价值来对待，而且通过这种物的形式，把他们的私人劳动当作等同的人类劳动来互相发生关系。"① 而这样一种借助于广泛的社会交往和社会联系而进行的社会生产，就必然相应地产生一种客观的和普遍的要求，即需要有统一的、大家共同遵守的社会规则来规范各类经济主体的活动。因为只有依靠这样一些规则，社会生产才能有秩序地正常进行，而不至于发生混乱；否则，市场经济体制将不能维持。

市场经济的运行需要一种统一规则，那么这种统一规则应该是怎样的？这里至少应指出如下两点：第一，这种规则应该是比较确定并带有强制性的。所谓比较确定，就是内容比较明确，不容易引起争议和误解；同时一旦形成，就比较稳定，在较长的时期里持续发生作用，而不是变化不定，忽而这样、忽而那样。所谓带有强制性，就是说这些规则不是可以遵守可以不遵守，而是必须遵守的，它应该用强有力的手段加以维护，如若有人背离，就将受到惩罚。只有具备这样的特征，这些规则才能有效地发挥作用，维持市场经济的正常运行。第二，这些规则还必须具有最为根本的地位，一切主体的活动都必须纳入其所规定的范围。平等和自由是市场经济的基本特性，在市场经济运行中，市场主体只能以平等的商品所有者的身份自由地进行商品交换；这里的平等实际上是由作为商品交换的必需尺度的交换价值的平等所决定的，在这种尺度面前，任何高高在上的特权都没有存在的理由。而正是由于市场经济的这种特性，它所要求的统一规则也必须是适用于一切主体，即要求一切人都按照共同的规则去做，而不能有可以超越这些规则的特殊主体；在规则面前，必须人人平等，不允许有任何特权存在。规则是最根本的，而一切人都必须服从它；否则，市场机制就会遭到扭曲，市场经济的运行就会受到影响，或者遭到破坏。

---

① 《马克思恩格斯选集》第 2 卷，人民出版社 1985 年版，第 142 页。

市场经济所要求的统一规则须具备这样两个规定性,而正是这样两个规定性,表明了市场经济的法治诉求。首先,要使得一种规则具有确定性和强制性,最直接的方式便是将这种规则上升为法律,通过立法的形式将其确定下来,并通过国家政权体系的强制性力量予以推行。这也就是所谓的法制手段,市场经济需要有与之相适应的法制手段。其次,市场经济要求将统一规则置于最根本的地位,而当这种规则上升为法律之后,这一要求也就是意味着承认法制手段的根本地位,承认法律面前人人平等,从而也就是承认法治的根本原则。按照这一要求,当国家政权体系在以强制性力量维持已上升为法律的市场经济运行规则的时候,必须做到对一切主体一视同仁,同时它自身也必须严格按照法律的规定行事,不能有任何人凌驾于法律之上。这正是法治国家的基本要求。

当然,这里还有一个逻辑上的转换,即由经济领域到政治领域的转换。由于经济秩序是需要政治上层建筑来维持的,所以对经济秩序的要求也就必然要反映为对政治秩序的要求;而在这里,市场经济的运行的法治要求,也必然要反映为对政治体系本身运作的法治要求。只有政治体系本身的运作实行法治的原则,它才有可能在对市场经济的秩序履行其应尽的职责时真正按照法治的原则办事。所以,经济领域的法治与政治领域的法治是相通的,前者是后者的基础,而后者是前者的保障。而经济领域的法治与政治领域的法治统一起来,就构成法治社会的主干,从而决定和带动着社会其他领域也都走上法治的轨道。当政治体系的运作无论从它本身的意义上还是在它所发生作用的任何领域里,都能真正尊重法制手段的根本地位,法治国家的根本原则——依法治国——才能真正得到实现。

正是由于市场经济作为一种经济体制所具有的这种法治诉求,使得近代以后采用市场经济体制的资本主义国家先后建立和完善了自己的法制体系,并使法治方式成为政治体系运作的普遍方式。当然，这里应该指出，由于资本主义社会的市场经济体制是与资本主义经济制度相结合的，其运行规则也相应地体现着资本主义经济制度的特殊内容，而这些特殊的经济内容隐藏在市场经济的法治诉求的背后，并与之一同反映在政治领域中，便使得政治体系运作的法治方式服务于资本主义的特殊的政治内容。如今，我们不是在资本主义条件下，而是在社会主义条件下发展市场经济，我们是要将市场经济体制与社会主义的经济制度相结合，建构社会主义市场经济的新体制。在这种条件下，市场经济的一般规则也必然要体现社会主义经济制度的特殊内容，这种特殊内容也同样要包含在市场经济的法治诉求中；与之相对应，在政治上层建筑的领域里，政治体系运作的法治方式也必然要服务于社会主义的特殊的政治内容。但是，无论资本主义还是社会主义，只要搞市场经济，就必然会产生相应的法治诉求，要求建立与之相适应的法治国家；二者之间联系的内在逻辑，应该是有共同之处的。

二

市场经济的法治诉求，直接体现在作为政治上层建筑的国家运用法制手段对经济领域的活动进行管理，特别是对市场经济运行秩序的维持上；所以我们首先来对这一层面的问题做一些考察。

从逻辑上看，这一层面的问题包含两个相互联结的要求：第一，作为前提，首先必须具备适合需要的法制手段，亦即建立反映市场经济要求、体现市场经济一般规则的法律体系；第二，国家必须切实运用这一法制手段，亦即保证市场经济法律体系切实得到实施。这两个要求不可或缺，必须一环扣一环地得到落实。

关于市场经济法律体系的建立，可以从不同的角度去考虑。但一般说来，其基本框架应根据市场经济体制的基本构成和市场经济运行的基本过程来确定，内容上应涵盖这个基本构成和基本过程的各个方面和各个环节。

所谓市场经济体制的基本构成，包括在市场上从事经济活动的各种市场主体，多领域、全方位的市场体系，政府对经济的宏观调控体系，以及社会保障体系等；同时，市场经济体制还具有开放性，涉及对外经济技术交流与合作。以上这些方面的内容统一起来，便构成市场经济体制的基本框架。而从市场经济的运行过程看，则主要包括生产、分配、流通、消费等基本环节。与市场经济体制的基本构成和市场经济运行的基本过程相对应，市场经济法律体系也应包括相关方面的内容：第一要有规范市场主体的法律，这方面法律主要是确认各种市场主体的资格，规定有关市场主体设立、变更和终止的统一程序和方式，以及区分市场主体的不同类型，明确各类主体的地位、权利和义务等；制定这方面法律的目的在于确保进入市场的主体合乎市场经济运行的基本要求，具备参与市场经济过程的基本能力和条件，这是保证市场经济正常运行所必须首先解决的问题。第二要有规范市场行为、维持市场秩序的法律，这方面法律主要是解决市场体系运作的基本规则问题，确保各种市场主体进入市场后的行为方式符合价值规律的要求，保证市场机制有效地发挥作用。这里应从法律上对市场主体在财产的占有、使用、处分和收益等方面的权利做出规定，同时相应地明确其在行使权利的同时所应履行的义务，以及应该承担的法律责任；对于各种破坏市场秩序、危害他人和公众利益的行为，必须依法予以惩处。第三要有规范宏观调控的法律，这方面法律主要围绕市场经济条件下政府对经济进行宏观调控的职能，对宏观调控的原则要求和基本方式做出规定；通过这些法律的制定和实施，一方面使得政府的宏观调控行为能够依照法律充分展开，以保证宏观调控的应有力度，另一方面又严格限定宏观调控的作用范围，确保政府对经济的干预不至于超过合理的界限。第四要有规范社会保障的法律，这方面法律是要按照市场经济条件下建立健全社会保障体系的需要，针对失业、医疗、养老等社会问题，以及特殊社会群体和优抚对象的实际情况，将社会保障的任务、要求、方式、途径等具体地规定下来，以确保其有效地发挥作用。第五还要有规范对外开放、涉外经济的法律，这方面法律主要是根据市场经济条件下对外进行经济技术交往的需要，对进出口贸易、引进外资、技术合作等各种经济活动的基本规则和要求进行统一规范。

以上各个方面的法律是直接围绕市场经济的各个方面展开的，它们构成市场经济法律体系的主要框架。而从更大的范围来说，市场经济体制的确立和保证还需要借助于其他有关的法律形式，包括宪法、刑法等。宪法作为国家的根本大法，规定着社会的基本制度和体制形式，而市场经济作为一种经济体制，理应在宪法中得到确认和规定。刑法是规定对各种犯罪行为进行刑事处罚的法律，而对市场经济运行中发生的各种犯罪行为的确认和处罚，当然也必须借助于刑法。其他一些具有普遍适用性的法律，也都从不同角度涉及市场经济体制和市场经济的运行。

市场经济法律体系的建立是对市场经济实行法治的前提，但有了适用的法律体系，还需要以有效的方式保证各方面法律的实施；即不仅要"有法可依"，而且还要"有法必依、执法必严、违法必究"。而要达到这一要求，就必须具备以下几个条件：

第一，国家政府机关作为市场经济运作的管理者，必须坚持依法行政的原则，严格按照市场经济法律体系的要求去进行管理，切实将一切市场主体的活动都纳入到市场经济法律体系的规范当中。市场经济法律体系面前人人平等，决不能允许任何单位和个人有超越于法律之上的特权；而管理者本身首先必须遵纪守法，自觉维护法律的尊严。各种市场主体之间在市场经济运行中所发生的各种问题，特别是各种利益矛盾和冲突，作为管理者的政府机关都必须严格依法办事，公正处理，而决不能滥用自己的行政权力，搞"权大于法"，靠"官本位"办事；更不能以权谋私，搞"权钱交易"。同时，还要本着为人民服务和对社会负责的精神，尽心尽力地履行好自己的职责，决不允许玩忽职守，搞官僚主义，或者擅自放弃自己的法定职权。只有管理者自己严格依法行政，才有可能要求作为被管理者的其他市场主体真正依法行为；这是市场经济法律体系能否得到实施的关键一环。

第二，国家建立专门的司法系统，并赋予其负责维护和实施市场经济法律体系的专门职责。所谓司法系统包括司法机构和司法人员队伍。司法机构应包括司法行政机关、审判机关、检察机关等，在各个机构内部，还应根据法律的分类设置各种具体的工作部门；而维护和实施市场经济法律体系的各项任务，就分解到各类机构的各个部门具体承担，必要时还应根据条件设置特殊的工作部门。在司法机构中工作的司法人员，应具有良好的法律专业基础，并能熟悉和了解市场经济体制的基本构成和市场经济的运行过程，精通市场经济法律体系的各方面内容，具有处理市场经济运行过程中各种法律问题的能力。这样的一套机构和人员，代表国家执行司法职能；其他任何机关、团体和个人都必须遵从司法系统依法做出的裁定，而不能自行其是，无视或破坏司法系统的权威。对于在市场经济运行过程中触犯相关的法律、构成犯罪的，不论是什么人，都必须由司法机关依法惩处。

第三，在确立了司法系统的特殊地位之后，还必须保证司法系统本身的行为公正和有效率，使其真正履行好自己的司法职责。既然社会建立了专门的司法系统来维护和实施市场经济法律体系，那么其司法行为的好坏和履行职责的程度，自然就直接关系到市场经济法律体系的实施结果。如若司法系统在司法活动中出现问题，不能依法办事，甚至执法犯法，市场经济法律体系的实施自然就无从谈起。

以上几个方面的条件可以说是保证市场经济法律体系能够切实得到实施的必备条件，这几个条件不具备，即使有了适宜的法律体系，也很难真正落实。那么，怎样才能具备这些条件呢？思想道德方面的灌输和教育固然重要，但关键是要有一种有效的权力运作方式，即要将行政和司法等各方面的权力限定在预设的合理轨道上，使其不至于发生各种偏离。没有这样一种限定，一切都将成为空话。而这一要求无疑已超出了经济关系的领域，而涉及社会政治的领域，即必须从政治体系本身的法治化入手去解决。这便使我们的考察紧接着转入下一个问题。

三

一般说来，所谓国家政治体系，也就是以国家政权为核心的政治关系的体系。而政治关系又包括政治制度和政治体制两个层次，亦即通常所谓"国体"和"政体"。国体或政治制度体现着国家的基本性质，即这个国家政权掌握在谁的手里，是哪个阶级或社会集团掌握政权；而政体或政治体制则是体现着国家政权的组织形式，即掌握政权的社会集团用怎样的具体形式来建构自己的政权。就政体层次而言，可以有专制政体、集权政体与民主政体等不同的形式；而政治体系的法治化问题解决得如何，就直接取决于政治体系本身采用那一种政体形式。如前所述，法治与人治相对立，它们是政治体系的两种不同的运作方式；而这两种运作方式，都需要有一定的体制支持，政治体系采用不同的政体形式，就会支持不同的运作方式。

在通常情况下，专制的或集权的政体形式无法支持法治的运作方式，而只能导向人治的运作方式。因为专制者或集权统治者具有至高无上的地位和权力，这种权力在很大程度上是不受监督和约束的；而且，整个国家政权系统的建构主要依赖于从上到下一级一级的权力派生，政事相应地取决于各级掌权者的意志。虽然在专制或集权政体下也会有法制，有时还会有比较完整的法律体系，但在这样一种权力体系面前，法律毕竟是第二位的，权大于法。且不说许多超越于法律之上的特权的存在，就是法律明文规定了的事情，也会在各级权力的直接或间接的干预、影响下发生各种各样的扭曲。所以，从历史上看，凡是采用专制政体或集权政体的地方，都是这样那样地实行人治的方式。

而在民主政体的形式下，情况就不同了。可以说，这种政体形式必然地要求实行法治，而且也只有在这种政体下，政治体系本身的法治化才有可能得到实现。因为民主政体的基本特征就是人民掌握权力共同治理国家，就是将权力从根本上掌握在参与民主的全体社会成员手中，就是在废除特权、承认公民的平等权利的前提下实行少数服从多数的原则。当然，民主本身可以从国体和政体两个层次上去把握：从国体的层次上说，民主有着自己的阶级属性，即是谁的民主，是哪些阶级或社会集团的民主，是由谁来掌握、谁来参与、在什么样的社会范围内实行的民主；而从政体的层次上说，民主又是一种特殊的政权组织形式，即是在国体所规定的范围内，由参与民主的阶级或社会集团按照这种政体所具有的基本特征去组织自己的政权。我们在这里所谈论的，就是民主作为政体所具有的这种基本特征。在这种民主政体之下，没有至高无上的君主和从上到下的特权，一切社会成员都是以平等的身份参与政治过程，那么为了不至于各行其是、发生混乱，就必须有为大家所接受并愿意共同遵循的活动规则，而且这些规则必须具有权威性，任何人都不得随意违反；于是就要借助于法律的形式，将这些为政治过程所需要的活动规则有效地确定下来。同时，为了保证这些规则不被破坏，还必须建立有效的权力控制机制，使任何人、任何机构和组织都只能在法律的范围内活动；民主政体所具有的这种机制，正是确保有关政治运作的法律的实施从而也是政治体系本身的法治化最终得以实现的直接保证。

与市场经济法律体系的建构必须与市场经济体制的构成和市场经济运行的过程相对应一样，在这里，民主政体下的政治法律体系也应该与民主政体的基本构成和民主政治运行的基本过程相对应。民主政体在历史上有直接民主制和间接民主制之分，而现代民主政体主要是间接民主制。当年古希腊雅典的直接民主制只能适用于当时城邦范围较小、参与民主的社会成员数量较少的特定条件，而近代以后产生的间接民主制使得民主政治突破了狭小地域和人口的限制，在幅员辽阔、人口众多的民族国家内成为可能，直到今天仍然是民主政体的最为适宜的实现形式。就这种间接民主制的基本构成来说，它要有代表参与民主的全体社会成员行使最高政治权力的专门机构，即代议机构；要有负责管理国家日常事务的行政机构，即设有各种行政职能部门的政府机构；还要有专门的司法机构，即具体负责法律实施的检察机关和审判机关。以上几个方面的机构和权力相对独立，但同时又相互联系和制约。而就这种民主政体下的政治运行过程来看，其基本环节包括立法、行政、司法等各方面政治权力的产生，各方面政治权力在自己的职能范围内从做出决策到付诸实施的具体运作（以及对这种运作过程的监督和制约），各方面政治权力的重新调整、变动和回收。这几个基本环节的统一构成现代民主政治运行过程的主要内容。那么，根据现代民主政体的这种基本构成和民主政治的运行过程，民主政治法律体系的构成无疑也应包括关于代议机构的组织方式和运作方式的法律、关于行政机构的组织方式和运作方式的法律、关于司法机构的组织方式和运作方式的法律等各种相应的内容。当然，除了以上各方面的专门法律之外，这里也像经济领域中的情况一样，还需要有各种综合性的法律的支持。

有了规范政治体系运作的法律体系，这些法律的实施又是怎样来保证的呢？这就要靠民主政体本身内在地包含着的权力制约机制起作用了。在民主政体的形式下，所谓权力制约机制可以区分为两个基本层次：社会对权力机构的外部制约和权力机构自身内部的制约。从社会的外部制约看，政治权力的产生和回收从根本上取决于参与民主的全体社会成员，尽管在代议制的条件下还带有间接的性质，但这毕竟意味着政治权力归根结底控制在社会手中。而社会对权力机构的制约还包括各种监督手段，其中舆论监督具有特殊重要的作用。而从权力机构自身的内部制约看，立法、行政、司法等各方面的权力体系之间既相互独立又相互联结，形成一种相互监督、相互制约的关系；而各类权力体系之中还有着专门面对本系统的更为具体的监督制约机制。虽然在现代政治实践中，民主政体的具体建构又有着各种不同的形式，但不论哪一种民主政体形式，都有自己的特殊的权力制约机制。而有关民主政体的法律体系既是对这种权力制约机制的确认，又是以这种权力制约机制为依托，这种现实的机制反过来成为法律实施的保证。

这样，当政治领域中也建立起了自己的法律体系，并且借助于民主政体的内在机制而切实得以实施，从而真正实现了法治化的时候，经济领域的法治化即市场经济法律体系的建立和实施就有了必要的保障，从而也才具有了现实的可能性。政治领域的法治化以经济领域的法治化为基础，政治体系本身的运作采用法治的方式，是以市场经济体制的法治要求为根据的；而政治领域的法治化反过来又成为满足市场经济体制的法治要求、实现经济领域的法治化的必要条件。这里所体现的正是历史唯物主义所揭示的经济基础与上层建筑之间相互制约、相互作用的关系,只有将二者有机地统一起来,辩证地加以把握,才能真正有效地解决问题。离开市场经济的法治要求,政治体系本身的法治化是没有根据的;而没有政治领域的法治化,经济领域的法治化又是无法实现的。只有将经济领域的法治化和政治领域的法治化结合起来,才能真正有效地建构起法治国家的基本框架。

(原载《新视野》2006年第2期)

市场经济条件下道德观念演变的双层分析

(1994 年 7 月)

究竟如何客观地评价和把握市场经济条件下道德观念的演变？这个问题目前存在较大争议。为了将这方面研究推向深入，有必要提出一个具有方法论性质的问题：对道德观念演变必须进一步做双层分析。

毋庸置疑，我们正在建立的市场经济体制作为社会主义生产关系的实现形式，有着自身相对独立和完整的体系结构，在其运行过程中必然以自己的客观必然性对道德领域发生影响，并产生和塑造出反映自身需要的道德观念体系。虽然市场经济的框架在改革实践中尚未最后确立，但根据作为改革目标的理论模型进行一般条件下的抽象研究，可以成为把握演变基本趋势的主要方法。但是，市场经济的理论模型并不等同于市场经济生长的现实形态，一般条件下的纯粹过程的研究也不能代替特殊条件下的综合过程研究，而道德观念演变的多种复杂现象，恰恰是直接产生于这种现实形态和综合过程。在现阶段改革进程尚待深入且存在过渡性失衡的情况下，这种现实形态和综合过程的分析尤其具有特殊意义。如此便构成所谓双层分析。

一、理论模型分析：演变的基本趋向

单纯就市场经济体制本身而言，它作为一种特定的经济运行形式具有以下最一般的规定性：参与市场活动的主体在社会分工和自身利益分离的基础上以独立的经济人的身份相互对立；经济人之间的关系通过商品—货币交换表现出来，这种交换关系的基本原则是等价原则；经济活动的主要驱动力是经济人的自身利益，但自身利益的实现在市场关系中必然受到他人利益的制约："每个人为另一个人服务，目的是为自己服务；每一个人都把另一个人当作自己的手段互相利用。"① 市场经济体制的这些一般规定性，无论在资本主义私有制的基础上还是社会主义公有制的基础上都会存在，分析道德演变的机理当然必须着眼于此。但是一种不正确的倾向是，将上述一般规定性以及市场经济体制本身同它的不同的制度内容割裂开来，使之绝对化，并简单地由此引出诸种道德结论，特别是利己主义本性的结论。而实际上，市场经济体制与不同的制度内容相结合，其一般规定性也会表现出不同的特殊状态，从而转化为特殊规定：这种包含一般规定在内的特殊规定性才是探究道德演变机理的可靠依据。

资本主义市场经济是以私有制的生产关系为其本质的内容，市场活动的主体作为经济人是绝对独立地发生关系：他们的利益分离是根本的分离，他们本人则是"孤立的、封闭在自身的单子的""市民社会的成员"②。他们通过交换价值的交换所追求和实现的只

---

① 《马克思恩格斯全集》第 46 卷上册，人民出版社 1979 年版，第 196 页。
② 《马克思恩格斯全集》第 1 卷，人民出版社 1956 年版，第 438、439 页。

是他们自己的私利——"是自私利益,并没有更高的东西要去实现。"①(当然,这种经济人在实现自己的私利时,仍不能不受到相互间利益关系制约的限制。)而对于社会主义市场经济来说,它所体现的本质内容是公有制为主体的生产关系,作为独立的商品生产者和经营者的公有制企业是在所有权、产权、经营权相对分开的基础上形成的相对独立的市场主体,它们之间的利益分离是在共同的所有者权益的前提下的非根本性分离。这种地位的经济人(包括企业法人和自然人)毫无疑问有着自己的特殊利益(这一点完全符合市场经济体制的一般规定),但这种特殊利益是以共同利益为前提的,并且这种共同利益绝不同于资本主义市场经济中那种作为"自私利益的交换"的"共同利益"②。经济人的特殊利益在这里也是要通过等价原则下的商品—货币交换而得到实现,但统一的所有者权益必须首先得到保证;并且由于这种共同利益关系,各个经济人之间的利益制约便不再仅仅表现为外在的限制,而同时也转化为他们活动的内在的要求,当然这种要求仍只是在遵循市场经济的正常秩序的意义上存在。

市场经济体制与不同的制度内容相结合所产生的这些不同的规定性,对道德演变的作用也明显不同。资本主义市场经济的特性比较自然地导致利己主义和个人主义的道德倾向,这种利己主义和个人主义又往往具有拜金主义的形式,只是规范的资本主义市场经济也总是要以权利和义务相统一的形式对各个经济人的自利倾向加以约束,以调节相互间的冲突,于是便形成所谓"合理利己主义"。而在社会主义市场经济条件下,却不能简单地照搬这一结论,因为它所体现的利益关系的双重性质,为社会利益和个人利益的矛盾的合

---

① 《马克思恩格斯全集》第 46 卷上册,人民出版社 1979 年版,第 197 页。
② 《马克思恩格斯全集》第 46 卷上册,人民出版社 1979 年版,第 197 页。

理解决提供了客观的逻辑根据,从而有可能导致一种包容二者统一的"新集体主义"道德趋向。这种新集体主义不是像旧的计划体制下将群体利益绝对化,从而湮没了个人特殊利益,最后将群体利益变成一种僵硬的、空洞的、异在的东西;而是充分肯定个人依照市场经济的基本规则对特殊利益的追求,确认这种追求的合理性,只是与此同时强调按照双重利益关系的要求,将个人特殊利益与统一的所有者权益所代表的共同利益联结起来,协调一致而不发生背离,这种协调一致便是道德上的善。这样,这种新集体主义既克服了绝对集体主义倾向的缺陷,又同时与利己主义、个人主义划清了界限。

社会主义市场经济的双重利益关系结构促进新集体主义道德趋向的生成,同时也会促动一系列相应的观念变化。正是由于借助于市场运行的特殊规则合理解决了集体利益和个人利益的矛盾,在保障共同利益的前提下充分肯定个人特殊利益,所以才会产生对个性和个人创造的真正尊重,才会从市场正常运行中个人特殊利益的合理实现去理解公平原则,也才会有效地激发起人们的进取精神,形成以独立人格为核心的现代平等意识。这些新的观念都是与新集体主义趋向相照应,并以之为导引的。而正是新集体主义以及各方面观念的这些相应变化,构成社会主义市场经济条件下道德观念演变的基本趋向,这一趋向无疑是积极的、进步的。

或许有一种担心,即上述新集体主义趋向以及作为其客观逻辑根据的双重利益关系结构,是否与市场经济的运行机制相吻合?市场经济的运行机制主要是通过价值规律和自由竞争,促使生产者不断改进技术,提高劳动生产率,以此实现利润最大化,从而推动社会生产的不断发展。在资本主义私有制的条件下,由于经济人之间的利益根本性分离和利己主义的道德倾向,市场经济的这一机制实际上易于遭到破坏,资本家可以通过各种非正当的途径牟取暴利,因为目的规定了手段,他们追求的只是自己的私利。而社会主义市场经济的双重利益关系，恰恰要求维护上述机制不被破坏；经济人在追求自己特殊利益时，须以统一的所有者权益所要求的共同利益为前提，而这个共同利益的实现，只能依赖市场机制的正常作用（包括各类资源合理配置、优胜劣汰等）。这样，社会主义市场经济的双重利益关系比资本主义的单一私人利益关系更能与市场机制相吻合，而以这种双重利益关系为根据的新集体主义道德趋向，比利己主义更有利于维护市场机制的正常实现。

在理论模型的层次上确认新集体主义为主导的观念变化为社会主义市场经济条件下道德演变基本趋向的同时，无疑也应看到下面一点；由于所谓双重利益关系毕竟包含着经济人的特殊利益的相对对立和分离，并且这种分离要借助于商品—货币关系表现出来，那么也就潜在地包含着在一定条件下特殊利益脱离共同利益的前提而无限扩张和膨胀的可能性。这种可能性反映在道德的层面上就成为利己主义、个人主义和拜金主义等消极倾向的诱因。特殊利益的扩张和膨胀是双层利益结构的破坏和扭曲，是由于机制故障才能普遍出现的非正常现象，它的潜在和显在两种形态均可对道德演变发生影响，而以后者更甚。但从理论模型的总体分析来看，这方面的影响终究是次要的，不应因此而模糊了对演变基本趋向的认识和把握。

二、现实形态分析：多种复杂倾向的产生

如果说对社会主义市场经济的理论模型分析并不至于导出令人失望的结论，那么当我们回到它的现实形态，情况立刻便复杂起来。

首先我们看到的是一种正在形成中的、尚未从旧体制的羁束下完全解脱出来的半成品的市场经济形式，与理论模型的设计目标还相去甚远。中国走向市场经济的改革是由边缘向中心部位推进，在多种经济成分中私有企业（内资、外资）及个体经济较早进入市场，

而作为主体的公有制经济尤其是国有企业步履迟缓。目前正在进行的国有企业产权制度改革和现代企业制度的建立是整个经济体制改革的难点，这一难点不能攻克，所谓社会主义市场经济体制就不能真正建立。当然，从市场体系的发育来看，现在也远未成熟，市场机制还不能有效地发挥作用。这样一种未成型的生长状态，使得社会主义市场经济的核心结构——双重利益关系结构无法真正确立，经济人的特殊利益与共同利益仍处于某种脱节和松散状态中；而作为道德流变基本趋向的新集体主义也就因缺少现实的根据而不能充分地展现开来，相反，那种潜在的利己主义、拜金主义倾向倒会在不规则的货币—商品关系的刺激下表现活跃。

同时不能不指出的是，现阶段市场经济体制的建立过程中存在着因整个社会的基本结构体系的过渡性失衡而衍生的各种畸变现象。旧的经济体制隶属于旧的社会结构体系，中国的改革从总的规定性上应是整个社会结构体系的转型。然而由于特定的历史原因和现实矛盾的复杂性，这一改革只能首先以经济结构的转换为突破口，力求以新的市场经济体制基本框架的确立为整个社会结构体系的变革提供必要的支撑点。但是，经济体制改革的突破和政治体制以及思想文化体系变革的相对滞后，必然造成社会基本结构的过渡性失衡，而这种失衡不可避免地会衍生出各种畸变。在市场经济体制的建立过程中，由于原有的政治体制缺乏与市场经济相适合的自我控制和自我约束机制，结果便较大面积地出现了以权钱交易为实质内容的"寻租"现象；其在政治领域里表现为腐败，而在经济领域里则表现为由政治特权转换而来的经济特权对市场秩序的破坏，市场机制发生扭曲，非正当的特殊利益恣意膨胀，正在组建中的双重利益结构因之遇到重大阻碍。这类经济、政治畸变反映到道德的层面，便使得本来就处于活跃状态的利己主义、拜金主义等倾向夹杂着权力意志论的斑驳色彩恶性扩张起来。

在思想文化领域中，原有的思想文化体系在市场经济的发展面前显露出固有的局限，而新的思想文化体系的形成尚在酝酿过程之中。于是便产生了某种混沌和虚空，思想上的困惑和认识上的混乱在所难免。理论与实际的这样那样的脱节和矛盾，导致了带有逆反性质的精神虚无主义、不信任主义和颓唐倾向，厌弃和贬斥精神追求，沉湎和热衷于物质"实惠"。这类现象从总体上看无疑具有畸变性质，而当经济和政治领域中的畸变在思想文化领域中折射出来，更加强化了这一领域本身所产生的这类畸变倾向。不难看出，精神虚无主义与道德上的利己主义以及拜金主义等几乎不需要多少过渡便可以相通，在市场经济有所发展但又发展不够完备的条件下，这种过渡便在相当广泛的范围内成为现实。

对现阶段市场经济发展的现实形态的分析，可以为道德演变中令人担忧的消极倾向做出相关的解答；这些消极倾向的确与市场经济的发展相联系，但同时又不难看出，这种联系绝非本质的、必然的联系，而如上所述主要是社会主义市场经济发展不成熟、加之社会结构体系的过渡性失衡衍生畸变的条件下的突出产物。根据我国改革的总体进程，本世纪末将力求攻克国有企业改革的难关，理顺产权关系，建立现代企业制度，将市场经济体制的基本框架确立起来。而若达到这一目标，社会主义市场经济所特有的双重利益关系结构将真正开始形成，经济人的特殊利益与共同利益相脱节以及特殊利益非正常膨胀的问题将得到的有效解决。同时，以市场经济体制基本框架为支撑点，整个社会结构体系的变革将全面拓开，与市场经济体制相适应的政治体制和思想文化体系逐步形成，过渡性失衡走向新的平衡，妨害市场经济正常秩序的各种畸变将大为化解。在这个新的发展阶段上，利己主义、个人主义、拜金主义等亦将相应地受到有效的抑制，而为社会主义市场经济的内在特性所规定的新集体主义的基本趋向，则将现实地获得自己的应有地位。

当然，要使改革顺利完成现阶段的预期任务而进入这个新的阶段，并促使道德演变由现阶段的矛盾、冲突和非正常状态进入新的正常进展的轨道，是一项难度甚大的社会工程。社会主义市场经济的创造性构想能否由理论模式最终转化为现实存在，整个社会结构体系能否相应地实现新的转换，还需要在实践中继续探索。而社会道德演变的现实结果，最终取决于这场改革试验的成败。

理论模型与现实形态这两个层次的分析相结合，使我们有可能获得对社会主义市场经济条件下道德观念演变的比较深刻和全面的认识。既然可以确认，社会主义市场经济的发展与道德进步，就其基本趋向而言是可以协调一致的；而现阶段突出存在的各种消极倾向或者所谓"滑坡"恰恰是社会主义市场经济发展不成熟、不充分的产物，可以也只能随着社会主义市场经济的发展而得到克服；那么我们就不应因道德领域中的暂时混乱而畏惧不前，而应坚定地把准方向，在理性的导引下奋力度过改革进程中的这一艰难阶段。这正是现阶段道德观念演变的现实出路所在。

（原载《现代哲学》1994年第4期；收入韩树英、龚育之、杨春贵等著：《邓小平哲学思想与当代中国社会主义实践》，中共中央党校出版社1995年版）

关于市场经济与道德流变研究的几个方法论问题

（1996年5月）

市场经济与道德流变的关系问题，是目前人们普遍关注的热点之一。我们的改革是要以社会主义市场经济新体制取代计划经济旧体制，而这一深刻变革必然会对社会道德领域发生重大影响。随着现阶段改革的不断推进，道德领域的变化已经日益明显地显露出来，并引起了一系列尖锐的矛盾和冲突。过去为人们所熟悉的一些道德准则和行为方式受到冲击而显得无所适从，一些陌生的观念和倾向正在形成和扩展，而各种消极现象的出现不能不令人担忧。那么，在市场经济浪潮的冲击下，道德领域的流变趋向究竟是怎样的？究竟应该怎样认识和把握这一流变？人们围绕这个问题展开了讨论，提出了种种不同的见解和观点。对流变的基本趋向持肯定观点，认为市场经济促进道德进步者有之，主张两分法，认为市场经济对道德流变有双重作用者有之；而取基本否定的态度，断言市场经济与道德进步属于"二律背反"者亦有之。一时间众说纷纭，争论迭起。

面对现阶段实践中提出的活生生的现实课题以及围绕这一课题的困惑和争议，我认为有必要提请人们在讨论中注意一个重要前提，即必须首先解决有关的方法论问题。探索市场经济基础上的道德流变问题是一件颇为复杂的工作，当我们从身边的生动体验开始对这一课题的思考时,既要立足于坚实的感性基础,又要能够拨开错综交织的现象之网,深入把握其内在的本质联系。这就必须具备正确的方法论手段。而目前讨论中出现的许多争议,正是在很大程度上与这个方法论问题有关。不解决方法论问题,整个课题本身的研究就不能正确进行。因此,在这里,我们便试图针对讨论中的实际,就几个重要的方法论问题提出一些看法。

一、道德观念及其流变的评价尺度

既然道德领域的矛盾与冲突已经日趋明显地显露出来,那么首先当然需要对冲突中的各种道德观念和道德倾向有一个正确的评价,即判定这些观念和倾向哪些是积极的、进步的、可以肯定的,哪些则是消极的、退步的、应当否定的。评价当然主要针对现阶段改革过程中新出现的道德观念和倾向,但对新的观念和倾向的评价又必须同对原有的、传统的道德观念和倾向的评价结合起来,如此才能获得对这一领域的变化或流变的基本性质的认识。

这种意义上的评价不同于一般伦理学意义上的道德评价,后者往往是指从一定的道德观念出发对某种社会行为或现象的评价,而这里是要对道德观念本身进行评价,并且是一种动态评价,即评价其变化或流变的性质。这种评价是社会哲学意义上的评价。但是,在进行这种评价时,一个最关键的问题必须明确:评价所依据的标准或尺度应该是什么?就是说,我们究竟按照什么尺度来评判一种道德观念或倾向是进步的还是退步的,是积极的还是消极的?按照什么尺度来评判道德领域中变化或流变的性质?这个尺度问题不解决,就难免会产生种种不同的评价而难以协调。

从目前讨论中的情况看,首先正是在这种道德评价上存在争议和分歧,而其原因也正在于评价尺度问题。我们往往可以看到这样一种思维方式，即自觉或不自觉地以某种既定的道德观念为预定的、先在的前提，由此出发去观察和评价其他不同的道德观念以及道德观念的流变，从而得出肯定或否定的结论。这样一种思维方式实际上是以是否与自己所选定的那种道德观念相一致为尺度，这种尺度是一种观念尺度，是以观念去评价观念，以道德去评价道德。这样一种方式是不能科学地进行道德流变的评价的。

恩格斯曾经深刻地指出："人们自觉地或不自觉地，归根到底总是从他们阶级地位所依据的实际关系中——从他们进行生产和交换的经济关系中，获得自己的伦理观念"①，"一切以往的道德论归根到底都是当时的社会经济状况的产物。"② 道德作为一种社会意识，取决于社会的现实存在，其合理性也只能以它所赖以产生的社会存在去说明。在一定的社会存在的基础上，与之相适应的一定的道德观念有其存在并占据应有地位的理由。但是问题在于，社会存在并不是固定不变的，社会的经济关系以及整个社会关系体系是处于不断的演变和发展过程中的；而当社会存在发生了变化，建立在这一现实基础之上的原有的道德观念也就开始失去自己的合理根据，变成一种不再适宜的、过时的东西。因此，试图把某种道德观念看作永恒真理而抱住不放，并将其作为至高无上的尺度去评判其他道德观念——尤其是在新的社会存在的基础上产生的新的观念，无疑是不正确的。尽管它所评价的各种道德观念中的确可能存在消极的、应该否定的东西，但这种评价方法仍是不可取的。对此，恩格斯讲得非常明确："我们拒绝想把任何道德教条当作永恒的、终极的、从此不变的伦理规律强加给我们的一切无理要求，这种要求的借口是，道德世界也有凌驾于历史和民族差别之上的不变的原则。"③

---

① 《马克思恩格斯选集》第 3 卷，人民出版社 1995 年版，第 434 页。
② 《马克思恩格斯选集》第 3 卷，人民出版社 1995 年版，第 435 页。
③ 《马克思恩格斯选集》第 3 卷，人民出版社 1995 年版，第 435 页。

那么，正确的评价尺度和方法应该是什么呢？从历史唯物主义的基本立场出发，既然道德作为一种社会意识从属于社会存在，社会存在是第一性的，社会意识是第二性，社会存在决定社会意识，社会意识又反作用于社会存在，那么判断一种道德观念是进步的还是非进步的、是积极的还是消极的、是应该肯定的还是应该否定的，必须以社会存在领域的客观要求为尺度，即以社会生产方式以及整个社会关系体系进步和发展的客观要求为尺度。这是一种现实的、客观的评价尺度。凡是符合社会发展的客观规律，适应社会生产和整个社会关系体系进步和发展的客观要求的，便是进步的、积极的和应该肯定的，反之则是非进步的、消极的和应该否定的。判定一种道德观念是如此，判定道德领域的变化或流变的性质，也是如此。

这里涉及讨论中提出的生产力标准问题。道德观念以及道德流变的评价是否应遵循生产力标准？从根本意义上说，回答无疑应是肯定的。历史唯物主义的生产力标准是评价一切社会制度、社会关系和社会现象是否进步的根本标准，社会道德领域当然包括在内。但生产力标准作为一种"根本标准"，只是在"归根结底"的意义上起作用，即要求道德流变必须归根到底与生产力的发展进步相一致；而从直接的意义上说，评价道德观念和道德流变的尺度首先应是社会经济关系及整个社会关系体系。因为在社会结构中，道德领域虽然同生产力有着某些直接的联系，但主要是通过经济关系和整个社会关系体系间接地与生产力发生联系。它直接反映着人们的社会关系，并作为调节人们行为的社会规范反过来影响和作用于社会关系。其中，经济关系（生产关系）对道德领域来说具有直接基础的意义，而道德属于观念上层建筑，它直接从属于经济基础。所以，评价道德观念和道德流变的性质，首先要看它是否适合经济关系和整个社会关系体系进步与发展的要求，应该把这一直接尺度同生产力发展的根本尺度统一起来，全面地、科学地予以把握。

具体到我国现阶段的实践来说，以建立社会主义市场经济新体制为目标的经济体制改革是我国经济关系进步与发展的直接体现。实践已经证明，旧的计划经济体制不能适合我国生产力发展的客观实际，只有从根本上改变这种旧体制，代之以市场经济新体制，才能真正有力地推动生产力的发展。在这一深刻的社会变革面前，衡量和评价各种道德观念以及道德流变，必须以是否适合社会主义市场经济发展的客观要求为尺度，与这一客观要求相适合，便是进步的、积极的、应该肯定的，否则便是非进步的、消极的、应该否定的。如若拘守着旧的计划经济体制下的某些旧观念，并由此出发贬斥适合市场经济新体制的新观念，便是离开了道德观念评价的客观尺度，也就背离了历史唯物主义的科学立场。

我们强调评价道德观念与道德流变的客观尺度，但同时应该指出的是，这一客观尺度并不排斥道德领域的进步有自己的特殊的进程和线索，而在它进步的每一个阶段上，都有不同于其他阶段的规定和特征，表现出由低级到高级的前进上升，最终指向某种代表着道德进步的历史趋势的道德理想。不过，道德进步的这一历史进程，是与社会生产方式以及整个社会关系体系的进步和发展过程相一致的，并且是以后者为客观依据的。不可能有离开社会进步基础的孤立的道德进步，更不能将道德进步与社会进步抽象地对立起来。只有在坚持道德评价的客观尺度的前提下，才能真实地揭示道德进步本身的内在逻辑。

此外还有一种容易产生的误解必须予以澄清：我们按照客观尺度的精神，主张以是否适合社会主义市场经济发展的客观要求去评价现阶段我国道德领域的变化或流变，这并不意味着对走向市场经济的改革过程中所产生的一切道德观念上的变化都持肯定的态度。借用黑格尔的话来说，现存的并不就是现实的，只有符合必然性的东西才是现实的。现阶段道德领域的变化纷繁复杂，我们必须科学地加以区别,弄清哪些是真正适合社会主义市场经济发展要求、亦即符合客观必然性的,哪些则不是,决不能笼统地混为一谈。

二、道德流变的多重制约与抽象方法

不论我们对现阶段道德观念的流变评价如何,我们都须进一步探索这一流变的现实根源,说明其与发展市场经济的联系。流变中的种种不同的道德观念和倾向——不论其是进步的还是非进步的,积极的还是消极的、应该肯定的还是应该否定的——究竟是怎样产生的?发展社会主义市场经济,何以会产生这样一些观念和倾向?这是我们应该回答的问题。但是,当我们面对这样的问题的时候,首先应该清醒地认识一个重要的事实:道德领域虽然以经济关系的领域为直接的基础,但同时还要受到政治关系领域的制约,也会受到其所在的整个社会意识领域的状况的制约,最后还从根本上取决于生产力的发展水平;因此,道德观念的流变实际上是社会各方面综合发展的产物,是多重制约的结果,而不是仅仅归结于经济关系的变化。这样,要正确分析现阶段道德流变与市场经济的联系,首先必须在思维中对多重制约关系实行剥离,分析各种道德观念和倾向的产生在何种程度上归因于发展市场经济,而又在何种程度上归因于其他社会条件的制约。而这便需要科学抽象的方法,理性中的剥离实质上便是一种抽象。

政治关系领域的基本属性问题,在学术界存在长久的争议,这里我们可以暂且搁置一旁。但至少有一点应该明确,这一领域是一个十分现实的领域,它的内在结构的性质和形式,人们在这一领域的活动方式和特点,都会反映到道德领域,对有关道德观念的产生和变化起着重大作用。而具体到我国现阶段政治关系领域的状况,我们需要特别注意的是这样一个现实——由于我国改革采取的是从经济体制入手重点突破、逐层展开的战略，政治体制改革与经济体制改革相比在现阶段明显滞后，因而出现了某种过渡性失衡，这种过渡性失衡以及由此产生的特殊问题与现阶段道德领域中的矛盾与冲突密切相关。

从中国改革的实际条件出发，考虑到旧体制积弊深重，改革任务艰巨，同时又必须服从经济发展的迫切需要，保证社会稳定，要想将改革一下子从经济体制、政治体制等各个层面上全面铺开、同时推进，是不可能的；只能分步进行，首先从经济体制入手。但是这样一来，当经济体制开始转入社会主义市场经济的轨道时，政治体制却还保留了在旧的计划经济体制基础上形成的许多特征，结果一方面使得某些与旧体制相适应的旧的道德观念在经济体制方面的根基发生变革之后仍有政治体制方面的依据，而另一方面，更主要的是，这种过渡性失衡难以避免地衍生出某些畸变，对现阶段道德流变产生了十分消极的影响。由于原有的政治体制是以计划经济体制为依托，按照计划经济体制的要求而建构的，它在走向市场经济的过程中愈来愈显露出与新的经济体制的不适应，特别是不具备在市场经济条件下自我约束、合理规范的有效机制；在商品—货币关系的冲击下，相对薄弱的防护堤很容易出现裂隙和缺口，以权钱交易、以权谋私为典型特征的各种腐败现象作为政治畸变在经济—政治结构错位而出现的"虚空"地带迅速滋长和蔓延开来。这类政治畸变反映在道德领域里，极大地刺激了各种消极倾向的发展，严重地毒化了社会风气。腐败发生在党和国家的政治肌体和干部队伍中，对公众道德的消极影响具有放大效应，这一点决不可低估。

从道德领域所归属的整个社会意识领域的状况来看，我国社会意识领域的基本内容是以马克思主义为指导的社会主义思想文化体系。但是应该看到，由于几十年来社会主义在实践中遭受了种种挫折，特别是苏东剧变使国际社会主义运动进入低谷，加之我国目前实践中所面临的某些困难，使一些人对社会主义和马克思主义产生了怀疑，社会意识领域里存在着一种迷惘和颓唐的思潮，表现为所谓"精神疲软"和"信仰危机"。这种思潮在社会意识的各种形式和各个方面都有反映，道德领域自然也不例外。在一定程度上说，现阶段道德流变中某些消极倾向的产生，正是这种"精神疲软"和"信仰危机"的反映；如果将道德领域的某些消极倾向概括为"道德冷漠症"，那么这种"冷漠症"无疑是与"疲软症"联系在一起的。

同时还应注意的是，随着对外开放的发展，西方社会的各种思潮对我国社会意识领域不断发生影响。在吸取其积极意义的文明成果的同时，某些消极的东西也不免通过各种渠道渗透进来。在道德领域里，西方个人主义等思潮的侵袭是显而易见的，西方某些腐朽生活方式也产生了消极不利的影响。对于这方面的因素，我们也应实事求是地、恰当地予以估计。

社会生产力对道德流变的最终决定作用，固然是通过经济关系的中介环节体现出来的，但它从物质条件的意义上对道德领域的某种直接制约作用，也是不可忽视的。一般说来，生产力的发展提供的物质条件越丰富，对于社会道德领域的进步越有促进作用；如若生产落后，物质匮乏，无疑会对道德领域造成压力。生产力的发展作为社会的物质文明，对包括道德进步在内的社会精神文明具有物质基础的意义，而与此相应，人们的物质生活无疑也是精神生活的基础。从我国实际情况来看，由于我们是在相对落后的生产力基础上建设社会主义的，物质条件的缺乏一直是道德建设以及整个精神文明建设的不利因素；而在发展社会主义市场经济的过程中，这一落后的不利因素则对道德领域中某些消极现象的产生起到了一定的诱发作用。加之过去长时期中受"左"的倾向影响，忽视提高人民物质生活水平，脱离物质条件一味强调精神领域的"革命"，作为历史的反弹，现阶段出现偏重物质利益、鄙夷精神追求的倾向，也是有一定的客观原因的。

我们分析了现阶段道德观念流变所受到的多重制约，特别是指出某些消极倾向的产生与各方面社会条件的关系，并不是说这些倾向与发展市场经济无关。它们无疑都是在发展市场经济的过程中明显地显露出来的，如我们一开始就指出的，与市场经济的发展有着这样那样的联系。但通过这种分析，可以使我们将各种其他方面的制约从复杂交织的联系总体中"抽象"出来，剩下的便是比较纯粹的（当然仍是相对意义上的）市场经济发展与道德流变的关系。当然，从相反的角度看，这也可以说是把市场经济发展与道德流变的关系从多种联系的总体中抽象出来，而其他社会条件的制约则被排除或"剥离"开去。在这一课题的整个研究中，这种抽象方法都是必不可少的，目前讨论中那种不做具体考察而把道德领域的各种变化简单地、笼统地归之于市场经济发展的做法，是不可取的。

三、道德流变的过程性质与双层分析方法

运用抽象方法排除了其他社会条件的多重制约，便可以着手切入主题本身，从经济关系的领域，亦即市场经济的发展中去探索现阶段道德观念流变的根源，分析二者之间的内在联系。但是在这一步的研究中，仍存在值得注意但往往被忽视了的方法论问题。

从逻辑上说，研究市场经济与道德流变的关系，无疑应从市场经济这种特定的经济体制本身所具有的内在规定和运行方式中去揭示它的道德要求，从而说明市场经济的发展何以会引起道德领域的种种变化。但是，当我们循着现阶段道德领域中这些变化的线索追溯到经济关系领域的时候，我们所看到的并不是一种既成的市场经

济体制，而只是它的建构和生长过程，它的未完成的雏形，是从旧的计划经济体制向新的市场经济制转化中的过渡状态。真正的社会主义市场经济，还只是作为改革的目标模式，作为一种理论模型存在，还没有在实践中最终变为现实。而现阶段道德领域中的种种变化以及相应的矛盾和冲突，实际上都是在现有过渡状态的基础上产生的，这就造成了一种特殊的情况。

按照改革的目标模式或理论模型，我们所要建立的社会主义市场经济新体制，是要使市场在国家宏观调控下对资源配置起基础性作用。围绕这一宗旨，需要从各方面入手进行改革，对此《中共中央关于建立社会主义市场经济体制若干问题的决定》做了概括的表述："必须坚持以公有制为主体、多种经济成分共同发展的方针，进一步转换国有企业经营机制，建立适应市场经济要求，产权清晰、权责明确、政企分开、管理科学的现代企业制度；建立全国统一开放的市场体系，实现城乡市场紧密结合，国内市场与国际市场相互衔接，促进资源优化配置；转变政府管理经济的职能，建立以间接手段为主的完善的宏观调控体系，保护国民经济的健康运行；建立以按劳分配为主体，效率优先、兼顾公平的收入分配制度，鼓励一部分地区一部分人先富起来，走共同富裕的道路；建立多层次的社会保障制度，为城乡居民提供同我国国情相适应的社会保障，促进经济发展和社会稳定。"[1]《决定》指出："这些主要环节是相互联系和相互制约的有机整体，构成社会主义市场经济体制的基本框架。"[2] 十多年来，我们的改革实际上一直不断地向这个目标模式靠近，特别是党的十四大正式确认这一模式以后，更是在许多方面取

---

[1] 《中共中央关于建立社会主义市场经济体制若干问题的决定》，人民出版社1993年版，第2—3页。

[2] 《中共中央关于建立社会主义市场经济体制若干问题的决定》，人民出版社1993年版，第3页。

得了重大突破。但是，从总体上看，仍存在很大距离：国有企业改革和建立现代企业制度的工作刚刚开始试点，市场的发育尚很不充分，政府职能尚有待继续转变，新的宏观调控体系也才有一个初步的轮廓，新的分配制度还在探索之中，社会保障体系的改革还没有全面铺开。按照预计，如果改革进展顺利，直到本世纪末，社会主义市场经济体制的基本框架才有可能建立起来，而要进一步充实和完善这一框架，则还需要更长的时间。

与经济体制改革的这一渐进过程相适应，道德领域的变化或流变也显示出过程性的特点。由与旧的计划经济体制相适应的道德观念向与新的市场经济体制相适应的道德观念的转变，是随着旧的计划经济体制的破除和新的市场经济体制的逐步建立而逐步地完成的。道德流变的基本方向或趋势，是由建立社会主义市场经济体制这一改革目标、由经济体制演变的现实趋向所决定的，但道德流变的具体过程，却要受到经济体制改革的现实过程的局限和制约。现阶段由计划经济体制向市场经济体制过渡的特殊状态，这一状态中的不成熟、不完备、不确定的特点，都会在道德领域中反映出来，造成这一阶段道德流变中的种种复杂情况。

特别应该指出的是，在新旧两种体制过渡的过程中，由于新的市场经济体制尚未形成，而旧的计划经济体制又被打破，难免会出现一定程度的模糊和混乱，使投机活动有机可乘，造成各种不正常的现象。而上面提到的政治体制改革相对滞后所造成的过渡性失衡，不仅在政治领域中引起畸变，而且也在经济领域中引起畸变，这主要表现为由政治特权转换而来的经济特权对市场秩序的破坏，使市场机制发生扭曲，同时助长了各种投机活动。过渡阶段上存在的这些消极不利的现象，必然会对道德领域发生影响，而现阶段道德流变中的某些消极倾向的产生和扩展，无疑可以在这里找到现实的根源。

面对经济体制改革的复杂进程和由此造成的道德观念流变的过程性特点,我们应该如何科学地把握其内在联系?这里有必要提出一种针对性的方法,这便是所谓双层分析方法。一方面,要认识社会主义市场经济体制本身所内涵的道德要求和这一体制基础上道德流变的基本趋向,就不能简单地从现阶段正在形成中的、非成熟的、过渡状态的经济体制出发,或者将现阶段道德领域的多种变化简单地同新的市场经济体制本身联结起来;而是要适当超越现实,依据体制改革的目标模式和方向,对将要建立的社会主义市场经济体制进行理论模型分析,亦即预计中的完成状态分析,并相应地对道德流变中的种种现象进行分类清理,确认其中真正与理论模型分析相吻合的内容,由此把握流变的基本趋向。另一方面,又不能撇开现阶段道德领域中已然发生的多种变化以及矛盾冲突不问,只满足于从新体制的理论模型分析中引出应然意义上的结论,而是要在理论模型分析的基础上,进一步分析社会主义市场经济体制在生长和形成过程中的现实形态,分析其各种不成熟、不完备、不规范的特点以及非正常现象,由此说明道德流变中的多种复杂倾向何以在这种现实形态的基础上产生出来,以及流变的基本趋向逐步展现的曲折过程。

如此,从社会主义市场经济体制的理论模型出发进行分析和从它的现实形态出发进行分析,这两个不同层次的分析各自具有特定的意义,要全面、正确地认识现阶段道德观念流变及其与市场经济发展的关系,必须二者统一起来,不可或缺。这便是所谓双层分析方法。在目前讨论中,这方面存在一定的混乱,往往没有将这两个不同的层次区分开来,将第一个层次的分析混入第二个层次以及将第二个层次的分析混入第一个层次的做法均可看到。这些偏差无疑是应该纠正的。

四、正确把握市场经济的一般规定和特殊规定

在认识我国经济体制改革的历史进程和道德观念流变的过程性特点，进而对市场经济和道德流变的关系进行双层分析的时候，还有一个相关的方法论问题必须注意，这便是正确把握市场经济的一般规定和特殊规定，并将二者科学地统一起来。只有这样，才能正确地认识道德观念流变的真实根据，揭示市场经济与道德流变之间的内在联系。而在这一问题上，目前讨论中也存在一定的混乱和偏差。

在过去很长时期里，我们一直把市场经济视为资本主义经济制度的同义语。似乎社会主义＝计划经济，资本主义＝市场经济，二者作为两种不同的经济制度相互对立，互不相容。经过几十年的曲折实践，那种高度集中的计划经济模式日益显露出僵化的弊端，计划经济与市场经济的僵硬对立才越来越引起人们的怀疑。然而对这一问题的认识是逐步地深化的：最初是提出"以计划经济为主，市场调节为辅"，小心翼翼地向计划经济的领域中引入市场经济的某些因素；然后又进一步提出"有计划的商品经济"，强调"计划与市场相结合"；最后终于认识到计划与市场都是手段，并不属于社会经济制度，社会主义也可以搞市场经济，从而提出了社会主义市场经济的目标模式。

正是在这一认识阶段上，我们才有可能比较科学地把握市场经济的一般规定。原来所谓市场经济不具有社会经济制度的属性，而只是一种社会经济体制，是社会经济制度的具体实现形式。一种社会经济制度的内容主要应从生产关系中的生产资料所有制关系、生产过程中人们之间的地位关系、产品分配关系等具体方面——从这些关系的基本性质去理解，而这些内容必须要通过一定的具体形式

实现出来，这便需要一定的体制。计划经济和市场经济，实际上都属于这种体制的范畴。一种经济制度可以有不同的经济体制，究竟选择哪一种体制，关键要从生产力的实际出发。从我国现阶段的条件来看，社会主义经济制度选择计划经济体制是不适合的，而只有市场经济体制才是真正适宜的。

从社会哲学的层次上说，对市场经济的这个一般规定的理解涉及生产方式理论研究的深化。以往我们对生产方式的认识主要是区分生产力和生产关系两个基本方面，生产力是内容，生产关系则是形式，二者的有机结合便构成生产方式。这一认识无疑是正确的，但是如果仅仅停留在这一认识上，那就是不够的。实际上，所谓内容和形式是相对而言的，生产力和生产关系这两个基本方面本身还可以各自做出进一步具体的分析。生产力作为一个系统，其内容由一系列基本要素所构成，而这些要素必须按照一定的技术要求、通过一定的技术关系组合起来，才能形成现实的生产力，这种技术组合便是生产力本身的技术结构形式。同样，生产关系也是一个系统，它除了在生产方式中充当社会形式外，本身也有自己的内容和形式。它的内容包括一系列具体方面，主要是决定着这些具体方面性质的原则规定；而这些原则规定要想实现出来，也必须通过一定的具体形式。这样，如果说生产关系的内容凝结为一定的经济制度，那么生产关系的具体实现形式便具体地表现为一定的经济体制。因此，所谓市场经济作为一种经济体制，在社会哲学的层次上便归属于生产关系的具体实现形式的序列。

市场经济是一种经济体制，是经济制度的一种具体实现形式，亦即生产关系的一种具体实现形式，那么这种体制的主要特征是什么呢？如果说计划经济体制是力图借助高度集中的计划手段组织经济运行并实现生产关系的内容，那么市场经济体制便是以市场机制为组织经济运行的主要机制，并要求生产关系的基本内容通过这种市场机制来实现。当然，市场经济体制在依赖市场机制的同时并不简单排斥计划机制，相反却要求政府对市场进行计划指导和干预，亦即所谓宏观调控，只不过这种"计划"必须以市场机制为基础。从总体上看，市场经济体制的主要特征可以概括为以下几点：(1) 由自身利益分离、处于自主地位的经济组织（主要是企业）或个人构成市场主体，进行商品生产和交换，这种市场主体应自主经营、自负盈亏、自己承担市场竞争的风险；(2) 建立全面的市场体系，包括商品市场、资本市场、劳动力市场等，保证商品和生产要素的自由流动，形成竞争机制，服从价值规律，支配各种市场主体的活动；(3) 配置有效的宏观调控体系，由政府运用财政、税收、金融等经济手段以及必要的行政手段对市场经济进行计划指导和干预；(4) 建立相应的社会保障体系，由社会统一规划、统一管理，为保证社会成员的基本生活权利而提供救助和补贴；(5) 建立健全经济法规体系，依照法规规范各类经济活动，实行法制经济；(6) 现代市场经济愈来愈具有国际化的特点，发展国际经济交往，并形成国际通行的规则和惯例。市场经济体制的这些主要特征，是它的一般规定的具体体现；不论它作为具体实现形式为哪一种经济制度（生产关系）所采用，这些特征都是共同的、普遍存在的，我们在考察市场经济与道德流变的联系机制时，首先必须考虑这些一般意义的特征。

明确了市场经济的一般规定及其体现，我们还必须进而认识其特殊规定以及相应体现。因为我们所要面对的不是抽象存在的市场经济，而是与社会主义生产关系的基本内容、与社会主义经济制度结合在一起的，内容和形式相统一的现实形态的市场经济，亦即社会主义市场经济。从历史上看，市场经济一直是资本主义生产关系或经济制度的具体实现形式，是以资本主义市场经济的特殊形态存在着的，这也是人们长期以来误将市场经济与资本主

637

义画等号的客观原因。而在现阶段的改革中，我们则是要将市场经济体制用作社会主义经济制度的实现形式，在原有的"社会主义—计划经济"和"资本主义—市场经济"的对立之中开辟出社会主义市场经济的新的道路。在这里，市场经济被加上"社会主义"的定语，同原先"资本主义"的定语一样，并不是说明市场经济体制本身的性质，而是说明它的归属、它的内容。社会主义市场经济就是以社会主义经济制度为内容的市场经济体制，亦即所谓社会主义条件下的市场经济，这可以看作是市场经济在中国现阶段改革中的特殊规定。

作为这种特殊规定的体现，社会主义市场经济在具备市场经济的一般性特征的基础上，又具有自身所独有的某些特征：（1）社会主义市场经济是在以公有制为主体、多种经济成分并存的所有制结构基础上建立并运行的，从作为主体部分的公有制经济（特别是国有经济）来看，我们将在实行政企分开、进行国有资产管理体制改革的前提下建立现代企业制度，以塑造符合市场经济要求的市场主体；但这部分市场主体之间的利益分离是在以共同的最终所有者权益所体现的共同利益的总的前提下相对地存在的，这一特征特别值得注意。在市场经济体制的各个环节和市场经济运行的全部过程中，这一特征都会显著地表现出来并发生广泛的影响。（2）社会主义市场经济不存在阶级对立，劳动者之间平等合作，通过市场相互交换劳动。虽然由于多种经济成分的原因而存在私营企业主等非基本的社会集团，但他们的地位要从属于上述基本关系。（3）社会主义市场经济实行以按劳分配为主体、多种分配方式并存的分配原则，强调共同富裕，在此前提下允许一部分人通过诚实劳动和合法经营先富起来。这一特征与以上两个特征相照应，通过市场机制和国家宏观调控而表现出来。社会主义市场经济的这些特征，与资本主义市场经济以私有制为基础、存在阶级对立和雇佣劳动、实行按资分配为主和两极分化等特征形成鲜明对照；对我们所要考察的道德领域的流变来说，无疑会产生特殊的作用和影响，这是我们所必须认真加以研究的。

市场经济的一般规定和特殊规定是相互贯通、相互联结的，我们应该将它们统一起来，全面地予以把握。在探讨市场经济与道德流变的内在联系机制时，那种仅仅泛泛地谈论市场经济、忽视社会主义市场经济的特殊规定及其与资本主义市场经济之间区别的做法，或者仅仅强调社会主义市场经济的特殊规定、忽视其一般规定的做法，都是片面的、不正确的。

当然，我们这里对市场经济的一般规定和特殊规定所做的分析，都是从其典型形态或完成状态、从作为我国现阶段改革目标的理论模型的层面上着眼的，而正如上面所指出的，在现阶段的实际过程中，这一目标尚未实现，社会主义市场经济新体制还处在建构状态或未完成的过渡状态。这样，上述一般规定和特殊规定及其相应特征就难以在现阶段实践中完全体现出来，并难免存在种种偏离和扭曲。在从这些规定入手分析市场经济与道德流变的内在联系时，必须充分认识这一点。

以上关于方法论方面的几个问题，是我们在探讨市场经济与道德流变这一现实课题时所应特别注意解决的。只要我们从历史唯物主义的基本立场正确解决了这些方法论问题，并努力将这些方法论的要求贯穿于整个课题的研究过程，我们就有可能排除种种错误和混乱，最终取得真正科学的成果。我们将会看到，建立社会主义市场经济新体制，并不会与道德进步构成"二律背反"，相反却会为道德进步提供新的现实基础；在这一基础上，道德流变终究会显示出积极的、前进上升的主导趋向，它将克服旧的计划经济体制基础上所形成的道德观念体系的固有局限和缺陷，进而生成与新的市场经济体制相适应的更富生机和活力的道德观念体系。同时，对于现阶段新旧体制交替的过渡过程中道德领域出现的矛盾交织、泥沙俱下的复杂状况，特别是对于某些明显的消极倾向的非正常扩张，也能有一个比较科学的说明和认识，并对这方面的某些疑问做出比较正确的回答。

（原载中共中央党校哲学教研部编著：《当代哲学前沿问题探索》，中共中央党校出版社 1996 年版）

大胆吸收和借鉴资本主义的文明成果

(1993年2月)

邓小平同志在视察南方的谈话中强调指出,社会主义要赢得与资本主义相比较的优势,就必须大胆吸收和借鉴人类社会创造的一切文明成果,包括资本主义的文明成果。① 邓小平同志的这一论断,回答了当前实践中迫切需要回答的一个重大问题;它体现了马克思主义辩证法的基本精神,对于我们的社会主义建设事业具有根本性的指导意义。

一、社会主义对资本主义的否定应是辩证的否定

唯物辩证法告诉我们,事物的发展是一个由内在矛盾推动的、从低级阶段向高级阶段不断演进的辩证过程。在这个过程中,辩证的否定是发展和进步得以实现的决定性的环节;新的阶段否定旧的阶段,新的事物否定旧的事物,正如马克思所说的,"一系列不同的发展阶段""以一个否定另一个的方式彼此联系着……任何领域的发

---

① 《邓小平文选》第3卷,人民出版社1993年版,第373页。

展不可能不否定自己从前的存在形式。"① 但是，这里的关键在于，"在辩证法中，否定不是简单地说不"②，不是把以往阶段或旧事物简单地抛在一边，而是"扬弃"，即吸取以往发展阶段或旧事物中所包含的一切积极成果，克服其所固有的缺陷和局限，从而达到新的、更高的发展水平。也就是说，辩证的否定乃是包含着肯定的否定。恩格斯曾尖锐地批评过那些把肯定和否定绝对对立起来，把否定等同于无有的简单做法，指出"它们同形而上学思维的狭隘性完全合拍"③。

就人类社会的历史发展而言，整个社会历史过程也就是借助于辩证的否定而不断从低级形态向高级形态演进的过程。从原始社会到奴隶社会，从奴隶社会到封建社会，从封建社会到资本主义社会，从资本主义社会又到社会主义社会，一个阶段否定另一个阶段，而自己又被新的更高的发展阶段所否定，这样形成一个以辩证否定为联系环节的连续发展过程。而在这种否定中，旧的社会形态不是被简单地废弃，而是被"扬弃"，它所包含的积极的、合理的成果通过扬弃而被新的社会形态所吸收，成为新的社会形态进一步发展的前提和基础。只有借助于这种前提和基础，新的社会形态才能进行新的文明成果的创造，才能超过和高于旧的社会形态。在社会主义以前的历史上，不论是奴隶社会对原始社会的否定、封建社会对奴隶社会的否定，还是资本主义社会对封建社会的否定，都是在吸收既有成果基础上的扬弃；而社会主义社会作为高于资本主义社会的全新的社会形态，也决不能离开历史发展的辩证轨道，凭空从天上掉下来，而只能是在批判地扬弃资本主义、在吸取和借鉴资本主义和以往一切文明成果的基础上建立起来。对此，列宁就曾有过明确的

---

① 《马克思恩格斯全集》第 4 卷，人民出版社 1958 年版，第 329 页。
② 《马克思恩格斯选集》第 3 卷，人民出版社 1972 年版，第 181 页。
③ 《马克思恩格斯选集》第 3 卷，人民出版社 1972 年版，第 181 页。

论断:"我们不能设想,除了建立庞大的资本主义文化所获得的一切经验教训的基础上的社会主义,还有别的什么社会主义"。① 社会主义要想战胜资本主义,首先必须向资本主义学习,即把资本主义已经获得的全部文明成果都吸收过来,然后克服资本主义的历史局限和弊端,把人类文明推进到新的历史高度,从而超过资本主义。除此之外,别无他途。

如果说吸取和借鉴资本主义以及人类以往的一切文明成果是社会主义建设的普遍原则,那么对我国现阶段的社会主义实践来说,这一原则更是具有一种特殊重要的意义。这是因为,我国社会主义建设的起步较低,我们没有经历过规范完整的资本主义发展阶段,而是在半殖民地、半封建社会的落后基础上建设社会主义的。这就意味着,我们从本国历史上所能继承的文明成果是很不完美的,其中对于社会主义来说最为重要的资本主义阶段的文明成果十分不足。这一点大大不利于我国社会主义建设事业,我们由于缺少既有的文明成果作为前提和基础而不得不经历一个特有的"社会主义初级阶段"。在这种情况下,就要求我们以高度自觉的态度和主动精神,从本国历史以外的世界历史进程中吸取资本主义发展的文明成果,以弥补本国历史的不足。能否很好地解决这个问题,直接关系到我国社会主义建设能否真正巩固发展,并进入成熟完善的运行轨道,对此我们必须有一个十分清醒的认识。当然,要切实解决好这个问题,对于处在这样一种特殊历史进程中的我国绝非一件易事,我们会遇到来自国内外的种种困难。但是,不论怎样说,这个问题是非解决不可的,不这样,我们就无法完成建设社会主义的历史使命。我们面临着两种选择:要么大胆吸收和借鉴世界资本主义发展的文明成果,尽快赶上和超过资本主义发达国家的发展水平,并达到社会主

---

① 《列宁全集》第27卷,人民出版社1959年版,第258页。

义社会的应有历史高度；要么离开世界历史发展的大道，仅在原有的落后基础上"闭门造车"，那样不可避免地会落在世界历史的后面，陷入十分被动的处境。我们必须做出选择。

看一看我国现今所处的国际环境，就会更加明白这个问题的紧迫性和严峻性。虽然我们在经济建设方面已经取得了不少的成就，但与西方资本主义发达国家相比，仍存在很大的差距，我们周围的新加坡、韩国和中国台湾、中国香港等地的发展水平，也为我们所不及。正如邓小平同志所担忧的那样，周边一些国家和地区发展比我们快，如果我们不发展或发展得太慢，老百姓一比较就有问题了。此外，在政治、文化及其他社会领域里，我们都还存在着许多的不足。苏联解体和东欧剧变，世界社会主义运动进入低潮，使我们面临更大的压力。在这样的背景下，我们若再不重视吸收和借鉴资本主义文明成果、加速我国经济和社会发展，我们就会失去良机。

二、吸收和借鉴：资本主义文明成果分析

社会主义应该吸取和借鉴资本主义文明成果，而对我国现阶段的社会主义实践来说更具有特殊重要的意义，这一点在原则上必须明确。但具体地讲，资本主义究竟有哪些成果可供我们吸收和借鉴呢？

在马克思主义看来，人类社会的历史首先是生产发展的历史，而所谓人类文明成果，则首先体现在生产力的发展水平上。资本主义把社会生产力从过去的手工劳动和半手工劳动推进到大机器生产的阶段，使农业文明推进到工业文明。马克思恩格斯曾指出，"资产阶级在它们不到一百年的阶级统治中所创造的生产力，比过去一切世代创造的全部生产力还要多、还要大。自然力的征服、机器的采用、化学在工业和农业中的应用、轮船的行驶、铁路的通行、电报

的使用,整个整个大陆的开垦,河川的通航,仿佛用法术从地下呼唤出来的大量人口,——过去哪一个世纪能够料想到有这样的生产力潜伏在社会劳动里呢?"① 从马克思恩格斯讲这段话起到现在又过了一百多年,资本主义社会的生产力获得了更为巨大的发展。继蒸汽化时代之后,工业文明在电气化的带动下继续向前推进,电力工业和电器工业的兴起促进了整个产业面貌的改观,工业生产的技术水平也不断提高。特别是在第二次世界大战结束以来,资本主义发达国家的生产力又开始了新的历史性的进步:以电子计算机技术、空间技术、原子能和其他新能源的开发、生物工程、材料工程、海洋工程等新兴技术为标志的又一次技术革命,正在使生产领域发生根本性的变化,工业时代正在转入信息时代,工业文明将要让位于信息文明。面对资本主义生产力发展的这些重大成果,我们决不能有任何懈怠和简慢。我国虽然有了相当的工业化基础,但农业文明仍占据很大的比重,工业化的任务尚未完成,工业技术水平也比西方落后数十年;我国虽然也已建立了一些高技术产业,应用了一些微电子等现代科技成果,但这方面的开发还属于初始阶段。我们必须大力吸收西方发达国家的生产技术成果,抓住时机迎接新技术革命的挑战,尽快赶上和接近发达国家的生产力发展水平。这是我们吸收和借鉴资本主义文明成果的首要任务。

日益发达的生产力需要不断进步的经营和管理,资本主义在其数百年的实践中逐步形成了一系列与其生产力发展水平相适应的经营方式和管理方式。在企业经营上有国营、私营、独资、合资、承包、租赁、集团化、股份制等不同的方式;在企业管理上则更是方式多样。如在管理原则上就有泰罗的"生产作业管理原则"、法约尔的"行政管理原则"、厄威克的"正式组织一般原则"、特里的"以

---

① 《马克思恩格斯选集》第 1 卷,人民出版社 1972 年版,第 256 页。

服务为核心的管理原则"、小罗伯特·沃特曼等人的"以人（职工）为核心的管理原则"等；在管理决策方面有古典决策原则即"最优化原则"和赫伯特·西蒙的"令人满意原则"，以及由上至下、由下至上、"u型决策"等不同的决策形式；在管理组织方面有传统组织设计、行为科学派组织设计、数变组织设计等；在管理控制上有系统论、信息论和控制论的广泛应用；在管理的具体方法上则有经济方法、行政方法、法律方法等传统方法与行为科学管理方法，以及经济教学方法、咨询顾问方法、企业自我审核法等。在所有这些经营方式和管理方式中，有不少好的东西可供我们吸收和借鉴。当然，资本主义的经营管理方式是以资本家所有制为基础，是为资本家剥削雇佣劳动、牟取更多的利润服务的；但这些经营管理方式本身有许多东西是反映了现代生产力的客观要求的，是经营技术性的，完全可以也应该为我们在社会主义经济实践中所采用。我国过去在经营管理方面虽然也摸索出一些好的经验，但总的说来是处于相当落后的地位。经济上不去，很大程度上是由于经营管理上不去。如今，要吸收资本主义文明成果，不能不特别注意这一方面。

资本主义经济是商品经济，市场是其经济运行的基本机制。资本主义商品经济固然是以资本主义私有制为基础的商品经济，但商品经济本身却是为生产力发展水平所决定的社会经济形式发展的必经阶段。资本主义在发展商品经济的过程中建立了一整套完备的市场体系，包括消费品市场、生产资料市场、资金市场、劳务市场、技术市场、信息市场、房地产市场、证券市场等，并形成了一系列相应的市场运行规则、程序和监督管理机制。同对，随着自由资本主义向垄断资本主义的过渡，特别是战后国家垄断资本主义的普遍发展，资本主义国家对经济活动的计划干预和调节作用不断加强，如通过预算、利率、信贷、税收等手段和价格、工资政策调节市场关系，采用经济规划化和加强行政指导等方法影响投资、发展科学、扶植新兴产业、培养熟练劳动力、调整部门间比例等。资本主义商品经济发展起来的市场和计划这两方面的机制，对我们发展社会主义商品经济来说都有着重要的学习和借鉴价值。社会主义经济在现阶段仍只能是商品经济，而我国由于过去商品经济很不发达，急需补上这一课。虽然社会主义商品经济是建立在公有制基础上的商品经济，这一点与资本主义商品经济不同；但商品经济本身有许多规律是共同的，市场和计划，如邓小平同志所说的那样便是发展商品经济的两种基本手段。所以，我们必须注意学习资本主义建立市场体系和国家计划管理的经验，把他们在这方面的积极成果大胆地吸取过来。邓小平同志在这次谈话中特别提到证券和股票等问题，就是属于这一方面的内容。

人类社会各个阶段的文明成果都是全面积累着的，资本主义成果自然也不例外。除了经济领域之外，在政治领域和思想文化领域里，资本主义也同样创造了许多体现着人类文明的积极成果，因而也应该为我们的社会主义实践所吸收和借鉴。资本主义摧毁了过去封建社会的专制制度，建立了资产阶级的民主共和国，这本身是一个具有政治解放意义的历史进步。当然，资本主义民主政治终归是在全社会民主的形式下掩藏着资产阶级民主的实质，但它在社会政治管理、国家行政管理、法制建设等方面所积累的经验，有不少是属于技术性的，是可供我们学习和借鉴的。社会主义是要建立高于资本主义的、真正为工人阶级和广大人民群众所享有的新型民主，而这一目标只有在吸收资本主义民主的积极成果，同时又克服其历史局限的基础上才能达到。在思想文化领域，资本主义的哲学、社会科学、文学、艺术等方面的成果，在排除其资产阶级意识形态的局限之外，仍不失其学习和借鉴价值；资本主义社会中所创造的丰富的自然科学成果，更是整个人类的共同财富；现代西方发达国家的自然科学事业发展很快，新的高科技成果不断涌现，对生产力的发展和整个社会进步的推动作用越来越大，我们只有奋起直追，在这方面下大力气学习和吸收，才能不被越拉越远。此外，资本主义国家重视国民教育，不断提高其社会成员的文化知识水平，这方面的经验对我们这个教育水平相对落后、至今尚有两亿文盲和半文盲的国家来说，也无疑是十分可贵的。这方面以及其他有关方面的成果，我们也都应该认真地加以吸收。

三、反对这一问题上的"左"的倾向

资本主义的成果是多方面的，其中的确有许多积极的东西需要我们去吸收和借鉴，而只有努力做好这种吸收和借鉴工作，才能保证我们的社会主义建设事业沿着社会历史辩证发展的轨道不断推向前进。在这个问题上，特别要反对那种把社会主义与资本主义绝对对立起来、割裂开来，对吸收和借鉴资本主义文明成果持怀疑和否定态度的"左"的倾向。

在这种"左"的倾向看来，资本主义只能是腐朽的、反动的，是与工人阶级和广大劳动群众的利益不相容的，因而必须加以彻底的批判；社会主义高于资本主义，它应该创造出完全不同于资本主义的新的文明，而不应该去学习什么资本主义的东西。这种倾向看上去似乎很革命，听起来很正确，但实际上却是形而上学思维方式的典型表现，它所主张的不是辩证的否定，而是简单的抛弃。按照这种思想去指导实践，社会主义就会失去历史的前提，只会成为"空中楼阁"；而对于我国这样尚处于"初级阶段"的社会主义来说，其危害无疑更大。

我们不应忘记，在极"左"思潮泛滥的"文化大革命"时期，把社会主义与资本主义绝对对立起来的"左"的倾向，也曾一度发展到极点。那时连向资本主义学习先进的科学技术成果，都被说成是"崇洋媚外"、"爬行主义",甚至认为会导致"卫星上天,红旗落地";至于其他方面的学习和借鉴,就更是谈不上了。结果,我们关起门来搞的那套"穷过渡",在实践中处处碰壁;同时由于失去了历史时机,与发达资本主义国家的差距也越拉越大。"文化大革命"之后,人们对这种"左"的倾向有所认识,吸取资本主义科学技术和生产力发展成果的必要性得到了肯定。但是,对于能不能学习和借鉴资本主义的经营管理方式,要不要大力发展商品经济、学习资本主义发展商品经济的经验,却仍是一个时期内争论不休的问题。"左"的影响不是那样简单就能消除的,一些人们总是把资本主义的经营管理方式仅仅看作是资本家剥削工人的手段,而不是看作现代生产力本身的客观要求;总是把商品经济等同于资本主义经济,而不看到它对于社会主义来说也是不可逾越的历史阶段,这种"左"的倾向,对我们的改革开放事业有着很大的消极阻碍作用。如今,当我们冲破上述"左"的束缚而把社会主义商品经济大力发展起来的时候,如何看待计划与市场的关系问题又成为争论的焦点。计划与市场本来都是发展商品经济所必需的手段,但在"左"的思想禁锢下,计划与市场总是被在很大程度上对立起来,似乎社会主义主要是计划经济,而资本主义才是市场经济。这种认识极大地妨碍了我们积极吸取资本主义发达国家建立市场体系和运用市场手段的经验,不利于社会主义市场机制的真正形成。此外,"左"的倾向的影响还表现在经济领域之外的政治和思想文化领域,这些领域中同样有许多本来不属于资本主义所独有的东西被同资本主义等同起来,一些需要吸收和借鉴的积极成果被简单地加以排斥。所有这些"左"的倾向的表现,都是我们必须坚决地加以清除的,不清除它们,吸取和借鉴资本主义文明成果在很大程度仍只能是一句空话。

一些同志总是担心,我们强调吸收和借鉴资本主义文明成果,会不会影响我们的社会主义性质。这种担心是不必要的。因为我们并不是要不问是非地全盘照搬资本主义，不是要引进资本主义的基本制度，而是有选择地吸取其真正有价值的、可以为我所用的积极成果，这些成果是可以也必须成为社会主义建设的历史前提和基础的。只要我们认准了这一点，就应该毫不犹豫地大胆去做，不要被那些不必要的顾虑所拖累。正如我们在前面已经指出的，我国目前所处的特殊背景和条件，使吸收和借鉴资本主义文明成果成为一个十分迫切的问题，我们如果再在这个问题上迟疑徘徊，就会又失良机，更严重的是由此而有可能断送我们的社会主义事业，因此，让我们依照邓小平同志谈话精神，努力、大胆地去探索和实践，把资本主义所创造的所有一切好的、积极的东西，统统吸取过来，为我所用，长我实力，使我们的社会主义事业在人类文明发展的大道上健康、迅速地向前迈进。

（原载中共中央党校哲学教研部编著：《实现思想上的第二次大解放》，中共中央党校出版社1993年版）

经济全球化不等于资本主义化

(2003 年 9 月)

目前，经济全球化的浪潮正在世界范围内迅速展开。虽然学者们所下的定义各有不同，但就其一般特征而言，所谓经济全球化应是指资本、技术、劳务、商品等各种经济资源在全球范围内的自由流动和统一配置，包括生产全球化、技术全球化、金融全球化、贸易全球化等等，使得世界各国的经济发展之间形成一种更加直接和紧密的内在联系。国外一些学者将这种联系称为"世界范围内经济活动的网络联系"。对于这种经济全球化的趋势，当然首先应该从生产力的层次上着眼于其经济意义本身；但是同时又要认识到，经济全球化不仅在狭义的经济发展的意义上包含着现代生产力发展的实在内容，而且还有着自己特定的生产关系形式，亦即体制形式。任何一种生产力的形成，都需要借助于一定的生产关系形式，全球化当然不能例外。然而正是在这里，我们遇到了一个颇具争议的问题：如何确认经济全球化的生产关系形式或体制形式？经济全球化是否就是"资本主义生产方式的全球扩散"，就等于资本主义化？这个问题不弄清楚，就不能正确地认识和对待经济全球化，更谈不上从战略的高度正确应对经济全球化的挑战。

无疑,考察一下经济全球化的推进方式,的确可以看出作为这一浪潮的主导力量的西方发达国家正在力图将自己的规则和主张推向世界,并将自己的体制形式在全球范围内加以放大。但这里有一个关键性的问题,这就是必须将资本主义生产关系的制度内容与它的体制形式亦即市场经济体制区分开来。众所周知,对姓"社"姓"资"的不正确理解曾长期困扰着中国人的头脑,其中就包括将市场经济看作是资本主义,而将计划经济看作是社会主义。随着经济体制改革的推进,我们已最终突破了这一不正确的观念,对制度与体制的辩证关系有了一个比较科学的认识。从理论上说,生产关系本身可以区分为两个层次,即经济制度和经济体制。经济制度是一种生产关系的建构原则的凝结,而经济体制则是这些建构原则的实现形式,经济制度和经济体制之间属于内容和形式的关系。所谓社会主义和资本主义的"主义"性质,应从经济制度的层次去把握;而计划经济也好,市场经济也好,则都是属于经济体制的层面,如邓小平所说"都是手段",本身并没有主义之分。在现阶段,实践证明市场经济体制较之计划经济体制更能适合生产力的实际水平;所以,我们在经济体制改革中提出了社会主义市场经济的目标模式,就是要将市场经济体制与社会主义经济制度有机地结合起来。虽然市场经济体制长期以来一直是为资本主义所采用,但它同样可以作为社会主义经济制度的实现形式而为社会主义所采用。由此,我们在考察经济全球化进程时,也就不能简单地将其归结为"资本主义生产方式的全球扩张";虽然西方发达国家是在资本主义基本经济制度的前提下将市场经济的体制形式运用于经济全球化,但这种体制本身毕竟不能等同于资本主义生产方式,而我国作为社会主义国家,也同样可以在社会主义经济制度的前提下,借助于同样的市场经济体制形式与国际接轨,加入经济全球化的进程。这一点,我们必须明确。

正是基于这样一种认识,我们除了在生产力的层次上采取积极的应对措施外,还应该在生产关系层次上提出这样两个对策要求:一方面,我们当然要在经济全球化的过程当中继续坚持我们的社会主义基本经济制度,而不是没有原则地简单"趋同",所以必须考虑如何采取措施,有效地维护这一原则,确保我们的制度安全。而另一方面,我们又要有明确的态度,在具体体制的层面上接受经济全球化的普遍形式,努力解决好社会主义市场经济新体制的对外接轨问题。这就要求我们在经济体制改革中认真研究和对待国外市场经济的体制建构、运行机制和具体做法,熟悉和了解国际通用的、确实为市场经济本身所需要的各种规则和惯例,从我国的实际出发,尽可能地加以吸收和借鉴。应该肯定,我们在这两个方面都已经做了许多工作,但从实际进展来看,仍有一些环节不够到位,特别是与国际惯例不符的做法还很多,这对我们很不利。此外,在经济全球化的进程中如何科学地处理好以上两个方面的关系,也还需要进一步研究。对于国外市场经济的体制形式,还有一些东西我们认识不够,仍然自觉不自觉地囿于姓"社"姓"资"的习惯性思维而予以排斥;这种情况,应该进一步加以改变。

与上述的对策要求相协调,我们必须面对经济全球化到来的新形势,进一步加速我国经济体制改革的总体进程,尽快攻克剩余的难关,完成计划经济向市场经济的根本性转变。我们要在经济体制的层面上与国际接轨,就必须尽快建立起社会主义市场经济新体制的基本框架。经过20多年的努力,我国的经济体制改革已经从各个方面全面展开并取得了重大成果,但仍有相当长的路程要走。我们的市场体系还不够完备,一些领域的市场化程度还比较低,已有市场的运作也很不规范;我们的宏观调控体系还有待于进一步加强和完善,财税、金融、投资体制的改革还有待继续推进;我们的社会保障体系还在经历着艰难的"脱壳"过程;而我们在市场主体的塑造方面还比较粗糙,特别是还未能取得国有经济改革的根本突破,国有企业还没有完成从行政纽带到经济纽带的转换过程。这些问题,我们都必须尽快加以解决,以适应经济全球化条件下经济运行的要求,力求在经济全球化的进程中处于主动地位。

(原载《学习时报》2003年9月15日,发表时标题改为"怎样看待经济全球化?")

当代中国社会发展的创新要求与领导者的责任

(2002年2月)

当我们站在新的 21 世纪的开端,审视我们所处的历史方位的时候,不难看出当代中国社会正处于一个至关重要的发展阶段。在这个阶段上,社会各方面发展的创新要求十分突出地表现出来,并成为制约整个发展进程的关键。而作为一名领导者,必须意识到自己在这方面的责任;必须正确认识当代中国社会发展的这种创新要求,并将其贯穿到自己的工作中去,通过领导工作的创新而推动整个社会发展的创新进程。

一

当代中国社会发展的基本特征可以从各种不同的角度去考察,而从社会哲学的层次上,不难看出它正在经历着一场特殊的双重转型。所谓社会转型也就是社会类型的改变或转换,对此应依据社会形态理论研究的新的成果,从社会形态的多维视角去认识,特别是从经济社会形态和技术社会形态这两种基本视角去认识。从经济社会形态的视角看,中国正在进行社会主义社会的模式重构,这是一种在既定的社会形态范围内的社会具体类型转换,亦即具体类型意义上的社会转型；而从技术社会形态的视角看，中国则正在经历从传统社会（农业社会）向现代社会（工业社会）的转变，亦即社会现代化的历史过程，这是一种体现着整个社会形态更替（当然是在技术社会形态意义上）的社会基本类型转换，亦即基本类型意义上的社会转型。所谓中国社会的双重转型，就是由这两种不同意义上的社会转型所构成。

当代中国所正在经历的这个双重转型，具有全面和深刻的内容。就经济社会形态意义上的社会转型即社会主义社会的模式重构而言，我们首先要把经济建设确立为一切工作的中心，然后从中国生产力发展的实际出发，在坚持社会主义基本制度的前提下，对作为这一制度的实现形式的具体体制进行彻底的、根本性的改革。我们要彻底革除原有的高度集中的计划经济体制，代之以社会主义市场经济新体制；以此为基础，政治体制和其他方面的社会体制也要进行相应的深刻变革。在思想文化领域里，我们也要建构与新的基础相适应的新的思想道德体系和教育科学文化体系。而就技术社会形态意义上的社会转型即社会现代化而言，我们首先要尽快完成生产力层面上的工业化，并尽可能地吸收信息革命的新成果；同时，生产关系的层面上则要求实现市场化，市场化与工业化的统一构成经济现代化的主要内容。与此相应，社会政治关系层面上的民主化和思想文化领域里的科学化分别构成政治现代化和文化现代化的主要内容。从这些内容可以看出，我们所要完成的双重转型是一项十分艰巨的历史任务；而在当代中国社会发展的现实实践中，如何将社会主义模式重构和社会现代化这两种转型的内容科学地统一起来加以实现，更是一个具有挑战性的历史课题。这种统一在历史上没有先例可循，在总体上就是一种具有创新性质的实践；我们没有现成的经验可以借鉴，而只能在实践中摸索，这里所需要的正是一种全方位的创新精神。

应该说，为推动当代中国的社会发展，促进双重转型的尽快实现，我们已经做出了一系列创造性的探索，创新精神得到了广泛的发扬。十一届三中全会重新确立的"解放思想、实事求是"的思想路线，本身就是一条创新的路线，而正是这条路线指导了20年来的创新实践。我们从中国的实际出发，探索适合于自己的经济发展路子，以世人瞩目的速度推进了生产力的发展；我们在经济体制改革中大胆探索，最终确立了社会主义市场经济新体制的目标模式，并努力将其付诸实现；在政治体制改革和社会主义精神文明建设方面，我们也取得了新的进展。我们将这些新的探索称为"有中国特色的社会主义道路"，而这一道路的方向与社会现代化的方向是根本一致的。可以说，20年来我们所取得的所有这些成就，都渗透和体现着创新精神，是我们党领导人民进行创造性实践的结果。

但是，在充分肯定20年来所取得的创造性成果的同时，我们又必须清醒地看到，我们已有的发展离中国社会的双重转型的完成还有相当的距离，在世纪之交到来之际，我们仍面临着十分艰巨的任务，特别是有一些关键性的难题正等着我们去解决。在生产力发展的层面上，我们的工业化进程尚未最后完成，而信息革命的挑战已越来越严峻；我们所必须认真研究的，是在当今市场化和全球化的条件下，如何将继续完成工业化的任务与吸收信息化的成果更好地结合起来，发挥后发展国家的后发优势，尽快缩短我们与发达国家的差距。在生产关系即经济关系的层面上，我们的改革正在攻坚，如果我们不能尽快为公有制原则寻找到与市场经济体制相适应的新的实现形式，特别是解决好国有企业的实现形式问题，社会主义市场经济新体制的基本框架就无法建构起来，市场化进程就无法完成。在政治关系的层面上，建设社会主义民主政治和法治国家的任务还有待于借助政治体制改革大力推进，一些深层次问题需要进一步探索和解决。最后，在思想文化领域里也存在着不少困惑，如何在全面改革的基础上重塑中华民族的精神支柱,如何推动教育科学文化事业的健康发展,都还有待于进一步的探索。以上各领域发展中的这些难题能不能解决好,关系到中国社会的双重转型能否取得根本性的突破,关系到我们的事业能否以全新的面貌推进到21世纪。而要真正解决这些难题,没有别的办法,只能靠我们更进一步地发扬创新精神,在新的实践中大胆地试、大胆地闯,在社会发展的各个领域都创造出新的成果来。

二

现阶段中国社会发展的实践要求进一步发扬创新精神,而对于社会各个领域的领导者来说,在这一方面负有特殊的历史责任。应该明确,在社会发展的过程中,领导工作的任务就是站在群众的前面,带领和引导群众去推进社会发展的实践。当社会发展进程的展开需要进行创造性的探索的时候,领导者应率先解放思想,以开拓者的面貌出现,研究新情况,解决新问题,为群众指出前进的方向;同时还要善于调动广大群众的积极性,尊重和发挥群众的首创精神,把群众的智慧集中起来,把群众的力量凝聚起来,团结一致,朝着共同的目标而努力。所以,在当代中国社会发展的创新要求面前,领导者首先应该做出积极的反应,以自己的创新努力带动整个社会的创新实践。

从领导工作在社会发展中的功能和作用来看,领导者的创新责任应包括两个主要方面。首先,领导者必须对当代中国社会发展的基本进程及其创新要求有一个清醒的认识,并能上升到理性的高度进行科学的理解和把握,然后提出与这一客观要求相适合的创新决策。领导者是社会各领域发展的决策者,社会发展的客观要求只有通过领导决策,才能转化为社会主体的自觉活动。而要做出正确的决策，领导者就必须对社会发展的基本进程进行科学研究，真正把握其内在联系和必然趋势。在当代中国社会发展的实践中，领导者首先应该研究我们正在经历的特殊的双重转型，即社会主义模式重构和社会现代化的统一，研究双重转型过程中所涉及的各种重大问题，深刻理解它在各个领域的创新要求，从而制定出指导转型实践的总体战略。在此基础上，领导者还应具体地研究现阶段发展进程中所遇到的一系列难点问题，以应有的创新精神提出破解这些难题的对策措施。当然，对于不同领域中的不同的领导者来说，不可能精通所有一切社会领域中的问题，但至少要能够对自己所在领域的问题有一个深入的了解；同时，不论哪一个领域的领导者，都应该对当代中国社会发展的基本进程有一个整体的认识，对社会发展的宏观战略有一个整体的把握，这样才能使自己在本领域中的创新决策上水平、上档次。需要特别强调的是，所谓创新决策一定要讲科学，真正的创新一定要建立在科学的基础上，要符合社会各领域发展的客观规律，而绝不是凭借长官意志任意地标新立异。

其次，作为领导者，不仅要有领导决策上的创新，而且还必须有相应的领导方式上的创新。一定的领导方式是在社会发展的一定阶段上、依据一定的历史条件而形成的，而随着社会的发展和条件的改变，领导方式也必须相应地做出改变。同时，领导工作本身作为一门专门科学的研究对象，其内部的客观规律也会被不断深入地揭示出来，这也促使我们不断改进领导方式。在当代中国社会发展的进程中，随着社会主义模式重构和社会现代化的不断展开，我们原有的领导方式的某些方面已经不能适应变化了的条件，同时也不符合现代领导科学的要求，所以必须加以改变。不论在经济领域里还是在政治、文化领域里，不论在宏观层次上还是在微观层次上，都存在这一问题；如果我们还是用计划经济条件下的那套办法来领导现代市场经济，或者试图将农业社会基础上形成的某些落后的管理方法照搬到工业社会中来，都只能给我们的社会发展造成损害。当代中国社会发展中的双重转型，必然要求领导方式的相应转型；而在现阶段改革和发展的攻坚过程中，更是需要我们从社会各领域的实际出发，运用领导科学研究的新的成果，创造性地进行领导实践，有效地把广大群众团结和组织起来，把大家的积极性充分调动起来，齐心协力，共同突破难关。

领导者在当代中国社会发展的创新进程中负有特殊责任，而这一责任能否真正承担起来，当然直接取决于领导者的创新意识和创新能力。领导者必须对社会发展的创新要求有敏锐的意识，并有足够的能力去进行领导决策和领导方式的创新，进而推动整个社会发展的创新。但与此同时，由于社会发展的创新要求往往与社会利益结构的调整联系在一起，而且越是深刻的社会变革，对既有的利益关系的触动也就越大，所以领导者对待这种创新要求的态度，不可避免地受到领导者本人在各种利益冲突面前的基本立场和价值取向的制约。当代中国社会发展中的双重转型本来就是一场极其深刻的社会变革，邓小平曾明确地将我们正在进行的体制改革称为"中国的第二次革命"；而在现阶段的攻坚过程中，更是涉及许多深层次的矛盾，以及这样那样的敏感问题。这就要求我们的各级领导干部站稳自己的立场，坚持党性原则，真正从党和人民的利益出发，以彻底唯物主义的精神在复杂的局面中开拓前进。既然当代中国社会发展要求创新，现阶段的攻坚过程更要求创新，那么我们就应坚决地按照这一要求去做，勇于创新，善于创新。社会发展的创新进程呼唤着创新的领导者，我们的各级干部都应该成为这样的领导者，为推进当代中国社会发展做出自己的努力。

（原载《理论视野》2002年第2期）

唯物史观与党的群众路线

(2013 年 7 月)

根据党的十八大精神,中央决定在全党开展一次党的群众路线教育实践活动。群众路线是党的生命线和根本工作路线,是我们各项事业取得胜利的重要保证。对此,我们必须依据历史唯物主义的立场、观点、方法,从理论与实践的结合上深刻理解和把握;在此基础上,充分认识这项教育实践活动的意义,切实提高新形势下贯彻党的群众路线的自觉性。

一

如何看待人民群众在历史上的作用,以及人民群众与个人历史作用之间的关系,是人类思想史上的一个重大问题,不同的历史观对此做出了十分不同的回答。历史唯心主义往往把各种英雄、超人等等看作历史的创造者,忽视和贬低人民群众的历史作用;而马克思和恩格斯创立的历史唯物主义则在对人民群众和个人不同历史作用做出科学分析的基础上,深刻地提出了人民群众是历史的创造者的基本观点,驳斥了历史唯心主义的英雄史观。

马克思和恩格斯在谈到这一问题时指出:"一切唯心主义者,不论是哲学上的还是宗教上的,不论是旧的还是新的,都相信灵感、启示、救世主、奇迹创造者,至于这种信仰是采取粗野的、宗教的形式还是文明的哲学的形式,这仅仅取决于他们的教育程度"。他们嘲笑说,"在唯心主义者看来,任何改造世界的运动只存在于某个上帝特选的人的头脑中,世界的命运取决于这个把全部智慧作为自己的私有财产而占有的头脑在宣布自己的启示之前,是否受到了某块现实主义的石块的致命打击。"① 马克思和恩格斯还特别批判了当时的青年黑格尔派布鲁诺等人将少数思想家所代表的所谓"精神"与人民群众对立起来的观点,指出:"布鲁诺先生**所发现的'精神'和'群众'的关系**,事实上不过是**黑格尔历史观的批判的漫画式的完成**,而黑格尔的历史观又不过是关于**精神**和**物质**、**上帝**和**世界**相对立的基督教日耳曼教条的思辨表现。在历史范围内,在人类世界本身范围内,这种对立表现为:**作为积极的精神的少数杰出个人**与**作为精神空虚的群众**、作为**物质**的人类其余部分相对立。"②

与历史唯心主义的观点相反,马克思和恩格斯认为,"全部历史的过程"不是由那些自命不凡的思想家或少数杰出人物所决定,而是"决定于活生生的人民群众本身的发展"。③ 之所以如此,首先是因为人民群众作为历史主体中的基本构成部分,是社会历史发展的主要承担者,一切社会过程的进行都有赖于人民群众的实践,一切社会变革也最终需要通过人民群众的实践来完成;人民群众本身的发展水平及其作用发挥的状况,直接决定着历史过程的结果。在人民群众的决定作用面前,任何个人的作用都只能是第二位的,不管是什么样的杰出人物,离开了人民群众的实践,都将是一事无成。其次,人民群众的实践是社会历史规律借以实现出来的基本途径。

---

① 《马克思恩格斯全集》第3卷,人民出版社1960年版,第630页。
② 《马克思恩格斯文集》第1卷,人民出版社2009年版,第291页。
③ 《马克思恩格斯全集》第10卷,人民出版社1998年版,第318页。

社会历史过程是有着自己的客观规律的,这种客观规律又是通过主体即人的活动来实现的;而人民群众既然是历史主体中的基本构成部分,社会历史发展的客观规律也就只能借助于他们的实践实现出来,离开了人民群众的实践,这些客观规律就无法得到实现。至于某些个人的活动,对社会历史规律的实现来说则是次要的,同时也是不确定的。正是在这个意义上,恩格斯写道:"如果要去探究那些隐藏在——自觉地或不自觉地,而且往往是不自觉地——历史人物的动机背后并且构成历史的真正的最后动力的动力,那么问题涉及的,与其说是个别人物,即使是非常杰出的人物的动机,不如说是使广大群众、使整个整个的民族、并且在每一民族中间又是使整个整个阶级行动起来的动机"①。马克思和恩格斯充分肯定人民群众在历史上的决定作用,并由此提出了他们的那个著名论断:"历史活动是群众的活动,随着历史活动的深入,必将是群众队伍的扩大。"②

认为人民群众是历史的创造者或是主张英雄创造历史,这是历史唯物主义和历史唯心主义之间的一条重要分界线。但是历史唯物主义是否只承认人民群众的作用,而否认个人特别是杰出人物的历史作用呢?当然不是。历史唯物主义只是反对把个人的作用无限度地加以夸大,而并不反对对个人的历史作用恰当地加以估价。马克思曾肯定地指出:"如爱尔维修所说的,每一个社会时代都需要有自己的大人物,如果没有这样的人物,它就要把他们创造出来。"③ 历史上的杰出个人对于他所在的那个时代的社会历史发展起着重要的作用,在一定程度上影响着历史发展的速度和进程。马克思曾从偶然性的角度谈到这些个人的作用,他说:"如果'偶然性'不起任

---

① 《马克思恩格斯选集》第4卷,人民出版社2012年版,第255—256页。
② 《马克思恩格斯文集》第1卷,人民出版社2009年版,第287页。
③ 《马克思恩格斯选集》第1卷,人民出版社2012年版,第502页。

何作用的话,那么世界历史就会带有非常神秘的性质。这些偶然性本身自然纳入总的发展过程中,并且为其他偶然性所补偿。但是,发展的加速和延缓在很大程度上是取决于这些'偶然性'的,其中也包括一开始就站在运动最前面的那些人物的性格这样一种'偶然情况'。"① 在这个问题上,还应注意到恩格斯的著名的"合力论"思想,这一思想实际上是从更为广泛的意义上,肯定了个人在历史上的作用。恩格斯指出,"历史是这样创造的:最终的结果总是从许多个单个的意志的相互冲突中产生出来的",而其中"各个人的意志……虽然都达不到自己的愿望,而是融合为一个总的平均数,一个总的合力,然而从这一事实中决不应做出结论说,这些意志等于零。相反,每个意志都对合力有所贡献,因而是包括在这个合力里面的"。②

强调人民群众在社会历史发展中的决定作用,同时又承认个人特别是杰出个人对历史发展的贡献,这就是历史唯物主义在人民群众和个人历史作用问题上的基本观点。这一原理对于无产阶级及其政党的社会实践具有十分重要的指导意义,我们只有按照历史唯物主义的立场、观点、方法,正确处理好人民群众和个人之间的关系,才能正确地发挥历史主体的能动作用,有效地促进社会历史的发展进程。

二

众所周知,在长期实践中,我们党将历史唯物主义的基本观点与中国革命和建设的具体实际相结合,最终形成了以"一切为了群

---

① 《马克思恩格斯文集》第 10 卷,人民出版社 2009 年版,第 354 页。
② 《马克思恩格斯选集》第 4 卷,人民出版社 2012 年版,第 605—606 页。

众,一切依靠群众,从群众中来、到群众中去"为主要内容的群众路线。这便为各级党员领导干部在实际工作中坚持历史唯物主义的基本观点,处理好人民群众与个人之间的关系,指明了方向和路径。

从内容来看,党的群众路线首先提出了一个明确的价值目标,即"一切为了群众"。这一目标体现了我们党的根本宗旨,是每一个党员领导干部都必须认真遵循的。正如党的十八大所指出的:"为人民服务是党的根本宗旨,以人为本、执政为民是检验党一切执政活动的最高标准。"[1] 应该说,我们党从成立的那天起,便是把为人民谋利益作为自己的使命;党领导人民闹革命,推翻旧社会,建立新中国,正是为人民求解放,让人民翻身当家做主人;党领导人民建立社会主义制度,走中国特色社会主义道路,也正是为人民谋幸福,使中国最广大人民的根本利益在新的社会条件下不断得到实现。人民利益是我们党全部事业的出发点和落脚点,我们每一个党员干部,都要始终把人民利益放在第一位,真正做到权为民所用、情为民所系、利为民所谋。

"一切为了群众"是我们的价值目标,那么怎样才能够围绕这一目标推进党的事业,使这一目标真正得到实现呢?对此,党的群众路线进而提出了一个基本原则,即"一切依靠群众"。这一原则正是以历史唯物主义关于人民群众和个人历史作用的观点为依据的。既然人民群众是社会历史发展的主要承担者,一切社会过程的进行都有赖于人民群众的实践,一切社会变革也最终需要通过人民群众的实践来完成,那么我们党的事业要想取得成功,也必须得到人民群众的拥护和支持。我们的目标是为人民谋利益,但我们不能离开人民群众的实践去实现这一目标,不能代替人民

---

[1] 《中国共产党第十八次全国代表大会文件汇编》,人民出版社2012年版,第47页。

群众去"包打天下",更不能以高高在上的救世主姿态将幸福"赐予"人民群众,而只能动员和组织广大人民群众进行能动的实践,引领他们通过自己的实践去实现自己的利益。这也就是马克思所强调的,"历史活动"说到底"是群众的事业"。在过去的革命战争年代,我们党之所以能够由小到大、由弱到强,在极其困难的条件下一步步发展起来,最终领导中国革命取得成功,就是由于得到了广大人民群众的拥护和支持。人民群众认识到了自己的利益,在党的领导下投入到革命斗争的实践中来,形成了不可阻挡的历史洪流。如今,在新的发展阶段上,我们正在领导人民进行建设中国特色社会主义的新的实践;这是一场彻底改变中国社会面貌、使中国真正走向现代化的伟大事业,更需要广大人民群众的共同参与和投入。没有人民群众的拥护和支持,没有他们的创造性活动,我们的事业就不可能取得成功,这是我们每一个党员领导干部任何时候都必须牢记的基本道理。

"一切依靠群众"是我们必须遵循的基本原则,那么应该如何依照这一原则开展工作,将这一原则真正落到实处?党的群众路线进一步告诉我们,必须要有正确的领导方法,这便是"从群众中来,到群众中去"。这个方法将历史唯物主义的基本观点运用于领导工作的具体实际,明确了将人民群众和个人的历史作用有机结合的工作机制。对此,毛泽东同志曾在《关于领导方法的若干问题》一文中做过专门的论述:"在党的一切实际工作中,凡属正确的领导,必须是从群众中来,到群众中去。这就是说,将群众的意见(分散的无系统的意见)集中起来(经过研究,化为集中的系统的意见),又到群众中去作宣传解释,化为群众的意见,使群众坚持下去,见之于行动,并在群众行动中考验这些意见是否正确。"[①] 既然人民群众

---

① 《毛泽东选集》第3卷,人民出版社1991年版,第899页。

的实践具有根本意义，领导者就应该首先向群众学习，了解群众的诉求，倾听群众的呼声，尊重群众的首创精神。但同时也应看到，在实际过程中，群众的意见往往带有经验的和感性的特点，因而是分散的、不系统的。这就需要我们的领导者充分发挥自己的作用，在此基础上做出进一步深入的研究，从理性的层次将其集中化、系统化，找到隐藏于其中的内在必然性，并提出解决问题的对策。然后，再将自己的认识结果返回到群众中去，让群众了解和接受，并将其付诸实践。在这个过程中，领导者的作用与人民群众的作用融为一体，形成一种良性互动；领导者的作用以人民群众的作用为基础，并最终要汇入到人民群众的作用中去。只有通过这样的结合，才能真正推动历史的进步，舍此别无他途。

我们党 90 多年的历史告诉我们，群众路线是我们党的生命线，只有坚持这条路线，始终保持与人民群众的密切联系，我们才能站稳脚跟，并不断取得事业的胜利。但要真正做到这一点并不容易，尤其是在我们党长期执政的条件下。《中国共产党章程》明确指出："我们党的最大政治优势是密切联系群众，党执政后的最大危险是脱离群众。党风问题、党同人民群众联系问题是关系党生死存亡的问题。"[①] 这是依据历史唯物主义的基本观点，总结我们党的长期历史经验所得出的重要结论，也是对全党的重要警示。应该说，长期以来我们一直关注这方面问题，并采取了一系列措施，取得了一定的成果；但从现阶段的实际情况看，仍存在不少令人担忧的问题，必须充分重视，高度关注。也正因为此，党的十八大提出要围绕保持党的先进性和纯洁性，在全党深入开展以为民务实清廉为主要内容的党的群众路线教育实践活动，着力解决人民群众反映强烈的突出

---

① 《中国共产党第十八次全国代表大会文件汇编》，人民出版社 2012 年版，第 72 页。

问题,提高做好新形势下群众工作的能力。这是事关党生死存亡问题的重大决策,是十分必要和正确的;我们一定要按照中央的部署,认真开展好这项活动,力求收到实效,促使党的群众路线进一步贯彻落实。

(原载《求是》2013年第14期;收入中共中央组织部、中共中央宣传部、中央党的群众路线教育实践活动领导小组编:《党的群众路线教育实践活动理论研讨会论文集》,党建读物出版社2014年版)

把社会发展中的人文关怀与科学精神统一起来

(2005年1月)

在有关发展观问题的讨论中,"以人为本"的原则引起了广泛的关注。论者们见仁见智,从各个不同的角度提出了自己的见解和看法。而这里我所要强调的是,所谓"以人为本"体现了一种根本性的人文关怀,突出这种人文关怀在当代中国社会的发展中无疑具有特殊重要的意义;但是与此同时,我们又决不能忽视和贬低科学精神,离开了科学精神,人文关怀终将是一种华丽的空谈。在当代中国社会发展的实践中,我们必须像马克思主义的创始人当年所做的那样,把人文关怀和科学精神统一起来,将人文关怀建立在科学精神的基础上。

一

我们说"以人为本"的原则体现的是一种根本性的人文关怀,是因为这一原则确认了人在社会发展中的根本地位,将人的发展确定为社会发展的最高价值目标。对此,我们应从马克思主义的基本立场出发,正确认识和理解。

在马克思主义哲学看来,人所生活于其中的社会结构体系与生活于社会结构体系之中的人这二者之间的关系,是一种主客体关系,前者是社会客体,后者是社会主体。从根本上说,社会主体即人的发展是目的,而社会客体即社会结构体系的发展是手段,手段服从目的,社会发展最终要为人的发展服务。当然,在社会发展的具体过程中,目的和手段是可以转化的,因为作为客体的社会结构体系的发展要靠主体即人的活动来推动,这时人的发展又成为社会发展的条件,对社会发展来说具有手段意义。但归根到底,社会发展是为了人的,人是目的,这一点不能含糊。在社会发展的实践中,我们所做的一切都应该最终落脚于人的发展,包括人的生存状态的改善和各方面需要的实现。

必须看到,我们所讲的社会主义,与这种人文精神是一致的。有一种观点,似乎马克思和恩格斯在早期是关注人的,而后期却致力于揭示社会发展的客观规律,研究科学社会主义,因而出现了思想上的某种"断裂"。其实,持这种观点的人们并没有真正理解马克思和恩格斯思想发展的内在逻辑。马克思和恩格斯自始至终都没有离开人的发展这一根本的关注点,他们创立科学社会主义学说,最终还是为了实现人的解放,是为人的发展创造社会条件。还在《德意志意识形态》等著作中,马克思和恩格斯就系统地阐明了他们的这一立场;而在《共产党宣言》中,他们更是明确指出:"代替那存在着阶级和阶级对立的资产阶级旧社会的,将是这样一个联合体,在那里,每个人的自由发展是一切人的自由发展的条件。"① 《资本论》是马克思一生中花费精力最大的著作,被恩格斯称为"工人阶级的圣经";而正是在这部鸿篇巨制中,马克思继续阐发了关于"自由人联合体"的思想,并且进一步论述了人类由"必然王国"向

---

① 《马克思恩格斯选集》第4卷,人民出版社1995年版,第294页。

"自由王国"的过渡。① 如果我们研读一下《资本论》的最初草稿亦即《经济学手稿：1857—1858》，就会更有助于我们对问题的理解；在这份手稿中，马克思提出了著名的"三大社会形态"理论，而"自由个性"被看作是社会发展的第三个阶段上的最主要的特征。② 马克思和恩格斯的著作中处处体现着对人的发展的深切关怀，只有深刻理解这一根本性的人文关怀，才能真正理解马克思和恩格斯的科学社会主义。

应该看到，在过去的一个时期中，对这一问题的认识是不够的，我们社会发展中的许多偏差，都与此有关。现在进一步明确了这方面的认识，从马克思主义的立场出发提出"以人为本"的原则，并将这一原则作为科学发展观的核心内容来看待，这就使得我们的社会发展能够朝着正确的目标向前推进，使中国特色社会主义事业真正充满生机和活力。中国现阶段需要突出"以人为本"，这一原则的特殊重要意义，将在当代中国社会发展的实践中不断显现出来。

二

我们充分肯定"以人为本"的原则对于当代中国社会发展的重要意义，但是另一方面，又必须进一步指出，突出"以人为本"，重视人文关怀，决不是只要从人到人地进行空泛的议论就够了，而是要探索实现人的发展的现实道路，解决人的发展的现实问题。而这里就必须要有科学精神。

马克思主义哲学认为，人是现实的人，而不是抽象的人，人的存在和发展是受到它所生活于其中的现实的社会结构体系的制约的。

---

① 《马克思恩格斯全集》第 25 卷，人民出版社 1974 年版，第 926—927 页。
② 《马克思恩格斯全集》第 46 卷上册，人民出版社 1979 年版，第 104 页。

要解决人的发展问题,必须推动人所在的社会结构体系的发展,而要推动社会结构体系的发展,就必须按照它所固有的客观规律办事,决不能任意而为。这就是社会发展中的科学精神。当年马克思和恩格斯就是为了探索人的发展和解放的现实道路,才下气力深入研究和揭示社会发展的客观规律;他们所创立的科学社会主义学说之所以成为"科学",就是要求从社会发展的客观规律出发去搞社会主义,而不是仅仅从某种道义原则或者良好的愿望出发。马克思和恩格斯在人的问题上的突出贡献,就是将人文关怀建立在科学精神的基础上,从而超越了那种旧的人本主义的历史局限。人本主义者固然也是要强调对人的关怀,但正如马克思和恩格斯在评价费尔巴哈时所指出的,他"从来没有看到现实存在着的、活动的人,而是停留于抽象的'人'"①;"就形式讲,他是实在论的,他把人作为出发点;但是,关于这个人生活的世界却根本没有讲到,因而这个人始终是在宗教哲学中出现的那种抽象的人。……虽然他同其他的人来往,但是任何一个其他的人也和他本人一样是抽象的。"② 马克思和恩格斯早期也曾受到以费尔巴哈为代表的人本主义的影响,但后来他们创立了唯物史观,强调要"从现实的前提出发",把人看作是"处在现实的、可以通过经验观察到的、在一定条件下进行的发展过程中的人"③,并由此揭示了社会发展的客观规律,以及由这些规律所决定的必然趋势,为探索人的发展的现实道路提供了科学依据。

既然马克思主义主张将人文关怀建立在科学精神的基础之上,那么我们今天讲"以人为本",就是要坚持马克思主义的这种科学精神,着眼于人的现实存在,遵循社会历史领域的客观规律,探索和解决现阶段各种现实的社会问题,通过推进整个社会结构体系的发

---

① 《马克思恩格斯选集》第 1 卷,人民出版社 1995 年版,第 78 页。
② 《马克思恩格斯选集》第 4 卷,人民出版社 1995 年版,第 236 页。
③ 《马克思恩格斯选集》第 1 卷,人民出版社 1995 年版,第 73 页。

展和进步来促进人自身的发展，而不能只是停留在一些空泛的愿望和主张上。众所周知，现阶段的中国社会发展正面临着许多十分艰巨的历史任务，如何进一步深化经济、政治、文化等各个领域的改革，实现整个社会全面、协调和可持续的发展，还需要我们下大气力进行研究。只有借助于马克思主义的科学精神，切实解决现阶段社会发展的各方面问题，才能将"以人为本"的原则落到实处，使这种根本性的人文关怀真正体现出来。否则，再漂亮的主张、再良好的愿望，都只能是一纸空文。

在目前的讨论中，应注意防止两种倾向：一种是怀疑和反对"以人为本"的原则，否定或贬低人的发展对社会发展的目的意义，将科学社会主义与根本性的人文关怀对立起来；另一种则是离开社会发展的现实进程而抽象地谈论人的发展，将社会发展中的人文关怀与科学精神割裂开来，厚此薄彼，甚至重新退回到旧的人本主义的水平上去。这两种倾向都是不正确的。我们所应该坚持的是社会发展中的人文关怀和科学精神的统一，并在当代中国社会发展的实践中现实地实现这种统一。

(原载《北京社科》2005年第1期)

推动社会发展进步，实现人民美好向往

（2018 年 3 月）

习近平总书记在党的十九大报告中明确指出，要坚持"以人民为中心"的发展思想，把人民对美好生活的向往作为奋斗目标。① 而与此同时，十九大报告又进一步强调了"两个一百年"的奋斗目标，对决胜全面建成小康社会、开启全面建设社会主义现代化国家的新征程做出了新的战略安排。应该看到，实现人民美好生活向往与推动社会发展进步是不可分割地联系着的，我们应以历史唯物主义的方法论为指导，将这两个方面有机地统一起来，从整体高度全面理解和把握。

第一，人民对美好生活的向往体现了社会发展进步的最高价值目标，应以此作为一切工作的价值引领，贯穿于社会主义现代化建设的全过程。

按照历史唯物主义的观点，社会历史领域中的一种基本关系便是社会主体与社会客体之间的关系。存在于一定的社会结构体系中的现实的人是社会的主体，而包括经济、政治、文化以及其他社会领域在内的整个社会结构体系则作为客体与主体相对应。这二者之

---

① 《中国共产党第十九次全国代表大会文件汇编》，人民出版社 2017 年版，第 17 页。

间无疑是相互联系和制约着的：作为客体的社会结构体系规定着人的存在和发展，而作为主体的人又是一种能动的存在，可以通过实践能动地认识和改造社会客体。从价值观的角度看，作为主体的人是目的，而作为客体的社会结构体系则是手段；社会结构体系的发展和进步，最终都是为人的发展和解放服务的，人的发展应是社会发展的最高价值目标。

正是从这一基本观点出发，马克思主义创始人对资本主义社会进行了深刻批判，揭露了资本主义社会中的阶级矛盾和对立，以及在平等形式下掩盖着的实际上的不平等，特别是工人阶级和广大劳动群众被剥削、被压迫的现实境遇。在此基础上，提出了超越资本主义的历史局限、在更高阶段上实现人的发展和解放的理想目标，这一目标贯穿于他们所创立的科学社会主义学说，成为他们所主张的未来社会主义和共产主义社会的最终价值取向。正如《共产党宣言》中明确指出的："代替那存在着阶级和阶级对立的资产阶级旧社会的，将是这样一个联合体，在那里，每个人的自由发展是一切人的自由发展的条件。"①

中国共产党从成立开始，便是以马克思主义为指导的无产阶级政党，党的根本宗旨就是全心全意为人民服务，矢志不移地为人民谋利益。党领导人民进行革命，推翻旧社会，建立新中国，就是为人民求解放，让工人阶级和广大劳动群众摆脱"三座大山"的压迫，翻身当家做主人。新中国成立后，我们党又领导人民建立了社会主义社会，并积极开展了社会主义建设，目的也是为了让人民过上幸福美好的生活。虽然在实践过程中曾经历了这样那样的曲折，发生过脱离这一价值目标的偏差和失误，但我们党最终战胜了这些曲折和失误，使中国社会发展回到正确方向上来。十一届三中全会之后，

---

① 《马克思恩格斯选集》第1卷，人民出版社2012年版，第422页。

我们党带领人民进行改革开放，开辟了中国特色社会主义的新的道路，并全面推进社会主义现代化建设，其最终目的还是为了提高人民生活水平，实现人民群众的根本利益。正如我们党一再强调的，党的一切奋斗和工作都是为了造福人民，要始终把实现好、维护好、发展好最广大人民的根本利益作为党和国家一切工作的出发点和落脚点。

党的十八大以来，中国特色社会主义进入新时代。习近平总书记提出，要不忘初心、牢记使命，而"中国共产党人的初心和使命，就是为中国人民谋幸福，为中华民族谋复兴"[①]。他多次强调，要坚持"以人民为中心"的发展思想，把人民对美好生活的向往作为奋斗目标。党的十九大将这一重要思想列入习近平新时代社会主义思想的基本内容，以及新时代坚持和发展中国特色社会主义的基本方略，充分表明了这一思想的重要地位，体现了新时代中国特色社会主义的最终价值取向。而十九大对于决胜全面建成小康社会、开启全面建设社会主义现代化国家新征程的战略安排，也都贯穿和体现了这一最高价值目标；无论是全面建成小康社会，还是全面建设社会主义现代化国家，都是着眼于人民对美好生活的向往，是为了满足人民日益增长的美好生活需要。深刻认识这一点，意义十分重大；在推动当代中国社会发展的实践中，一定要牢牢把握这一目标要求，并以此作为一切工作的价值引领。无论做什么、怎样做，最终都应以此来衡量，而不能与之相背离。

[①] 《中国共产党第十九次全国代表大会文件汇编》，人民出版社2017年版，第1页。

第二，社会发展进步是实现人民美好向往的现实途径，必须大力推进社会主义现代化建设，为最高价值目标的实现创造必要条件。

历史唯物主义肯定人作为主体的最高价值意义，但它又不是像旧的人本主义那样抽象地谈论人，将人的发展和解放当成一种空洞的口号。在历史唯物主义看来，人不是一种抽象的存在物，而是现实地存在于一定的社会关系之中的，人的发展和解放要受到作为客体的社会结构体系的制约。只有通过推动社会发展和进步，人的发展和解放才能真正得到实现。而人所在的社会结构体系是一个有机联系的统一整体，其存在和发展是受自身固有的客观规律支配的；对此，历史唯物主义进行了深入探索，最终揭示了生产力与生产关系、经济基础与上层建筑矛盾运动的规律，以及其他一系列重要规律，为我们的社会实践提供了科学的方法论指导。

正是借助于这种科学的方法论，马克思主义创始人深入研究了他们所面对的资本主义社会，揭示了资本主义生产方式及其整个社会结构体系的运动规律，阐明了社会主义和共产主义最终取代资本主义的历史必然性。马克思和恩格斯将社会主义从空想变成科学，就在于他们不是仅凭主观愿望去构想未来的理想社会，而是依据社会发展的客观规律去探索通往理想社会的现实道路。只有通过这样一种现实的努力，才能最终到达理想的彼岸，建立起全新的社会主义和共产主义社会；而只有在这样一种新的社会条件下，才能最大限度地满足人民群众的美好生活需要，马克思主义所主张的最高价值目标——人的发展和解放也才能真正得到实现。

而由于历史的原因，我国是在经济文化相对落后的基础上进入社会主义社会的。这就使我国的社会主义建设不得不经历一个特殊的历史阶段，即社会主义初级阶段。由于社会各方面的发展还很不充分，人民生活水平的提高和最高价值目标的实现不能不受到很大局限。也正因为此，大力推进经济建设以及社会各领域的建设，尽快实现社会主义现代化，便成为这一阶段迫切需要完成的历史任务。新中国成立60多年来，我们党领导人民进行了艰苦的努力，取得了一系列重大成就。特别是改革开放以来，我们党拨乱反正，把工作重点转移到经济建设上来，确定了"一个中心，两个基本点"的基本路线，社会主义现代化建设得以在中国特色社会主义的旗帜下全面展开。我们提出了"三步走"的现代化发展战略，之后又在如期实现前两步战略目标的基础上进一步提出"全面建设小康社会"的新目标，将其作为"实现现代化战略第三步战略目标必经的承上启下的发展阶段"①。经过长期不懈的努力，当代中国社会在各个领域不断取得新的进步，有力地保证了人民生活水平的不断提高。

党的十八大以来，我们党领导人民继续为"全面建成小康社会"②而努力，并进一步明确了"两个一百年"的奋斗目标。党的十九大全面分析了中国特色社会主义进入新时代后的新形势和新要求，提出要在决胜全面建成小康社会、确保其作为第一个百年奋斗目标如期实现的基础上，"乘势而上开启全面建设社会主义现代化国家新征程，向第二个百年奋斗目标进军。"③按照这一要求，十九大对2020年之后的现代化建设做出了两个15年的战略安排，为实现第二个百年奋斗目标指出了具体路径。应该相信，随着这一战略部署的实施和新的战略目标的实现，一定能够更好地造福于广大人民，为满足人民美好生活需要创造出更为有利的社会条件。

---

① 《十六大以来重要文献选编》（上），中央文献出版社2005年版，第14—15页。
② 《十八大以来重要文献选编》（上），中央文献出版社2014年版，第13页。
③ 《中国共产党第十九次全国代表大会文件汇编》，人民出版社2017年版，第22页。

第三，立足现阶段的具体实际，将推动社会发展进步与实现人民美好向往有机地统一起来，确保各项战略安排真正落到实处。

人民对美好生活的向往体现了社会发展进步的最高价值目标，而社会发展进步又是实现人民美好向往的现实途径。党的十九大为我们描绘了进一步推进社会主义现代化、实现人民美好生活向往的新的蓝图，接下来所应该做的，便是从现阶段的具体实际出发，将这两个方面的要求有机地统一起来，脚踏实地地做出努力，确保十九大的各项战略安排真正落到实处。

按照十九大的部署，现阶段首先需要做的仍然是积极推进经济建设，进一步提高生产力的发展水平。生产力的发展是整个社会发展的根基，也是实现人民美好生活需要的根本前提，决不能有任何松懈。要继续坚持党在社会主义初级阶段的基本路线，将经济建设摆在中心位置切实抓紧抓好。虽然经过长期的努力，我国的社会生产力已经获得了长足的发展，但目前仍存在各种差距和不足。发展不平衡不充分的一些突出问题尚未解决，发展质量和效益还不高，创新能力不够强，实体经济水平有待提高。针对这些问题，必须进一步转变发展方式、优化经济结构、转换增长动力，加快建设现代化经济体系。要深化供给侧结构性改革，着力发展实体经济，增强我国经济质量优势；加快建设创新型国家，为现代化经济体系提供战略支撑；实施乡村振兴战略，把解决好"三农"问题作为全党工作重中之重；实施区域协调发展战略，建立更加有效的区域协调发展新机制；完善社会主义市场经济体制，推动形成全面开放新格局。通过这些努力，使生产力水平得到进一步提升，为全面建成小康社会和社会主义现代化强国，进而更好地实现人民美好生活向往提供坚实基础。

在继续重视经济建设的同时，还必须按照"五位一体"的总体布局，统筹推进政治建设、文化建设、社会建设以及生态文明建设，从整体高度推动整个社会的发展进步。这是全面建成小康社会、实现社会主义现代化的题中应有之义,也是实现人民美好生活向往不可或缺的重要条件。正如党的十九大报告所指出的,现阶段人民美好生活需要日益广泛,不仅对物质文化生活提出了更高要求,而且在民主、法治、公平、正义、安全、环境等方面的要求日益增长。为此,必须相应推进社会各领域的建设,全方位满足这些新的要求。而从现阶段情况看,我们还面临着不少难题,发展社会主义民主、建设社会主义法治国家的任务仍很艰巨,意识形态领域的斗争依然复杂,民生领域还有不少短板,社会文明水平尚需提高,社会矛盾和问题交织叠加,生态环境保护任重道远。针对这些问题,必须进一步采取措施,健全人民当家作主制度体系,发展社会主义民主政治,推进法治国家建设;坚定文化自信,推动社会主义文化繁荣兴盛,推动社会主义精神文明和物质文明协调发展;提高保障和改善民生水平,加强和创新社会治理,让改革发展成果更多更公平惠及全体人民;加快生态文明体制改革,建设美丽中国,提供更多优质生态产品以满足人民日益增长的优美生态环境需要。

中国共产党是中国特色社会主义事业的最高政治领导力量,要不断推进当代中国社会发展、实现人民美好生活向往,必须下气力把我们的党建设好。要坚持和加强党的全面领导,坚定不移全面从严治党,不断提高党的执政能力和领导水平。进一步增强"四个意识",在以习近平同志为核心的党中央带领下,深入贯彻落实党的十九大所做出的决策部署,不忘初心、牢记使命,继续坚持不懈地开拓进取,努力夺取全面建成小康社会和全面建设社会主义现代化强国的新胜利,使人民对美好生活的向往在更高水平上不断得到实现。

(原载《人民日报》2018年3月19日)